FLAVIUS JOSEPHUS

GESCHICHTE DES JÜDISCHEN KRIEGES

Flavius Josephus

GESCHICHTE DES JÜDISCHEN KRIEGES

Fourier-Verlag G.m.b.H.

AUS DEM GRIECHISCHEN
ÜBERSETZUNG VON HEINRICH CLEMENTZ

Gesamtherstellung: Peli-Printing, Israel
ISBN: 3-8201-0022-9

VORWORT

1. Der Krieg der Judäer gegen die Römer, der an Bedeutung unter allen Kriegen zwischen Städten oder Völkern nicht nur unserer Zeit, sondern auch vergangener Tage seinesgleichen sucht, ist schon wiederholt beschrieben worden. Doch unternahmen dies teils solche Schriftsteller, die, ohne Zeugen der Ereignisse gewesen zu sein, vom Hörensagen törichte, widerspruchsvolle Geschichten sammelten und rhetorisch verarbeiteten, teils solche, die zwar mit dabei waren, aber aus Liebedienerei gegen die Römer oder aus Haß gegen die Judäer es mit der Wahrheit nicht genau nahmen. So bestehen ihre Schriften aus einem Gemisch von Anklagen und Lobhudeleien, lassen historische Treue dagegen stark vermissen. Aus diesem Grunde habe ich, Josephus, des Matathias Sohn, aus Jerusalem gebürtiger Hebräer und Priester, der zu Beginn des Krieges selbst gegen die Römer gekämpft und in seinem späteren Verlauf ihn als unfreiwilliger Augenzeuge mitgemacht hat, den Entschluß gefaßt, die Geschichte des Krieges, die ich den asiatischen Völkern in ihrer Muttersprache(1) habe zugehen lassen, nun auch für die römischen Untertanen in griechischer Übersetzung zu bearbeiten.

2. Als diese, wie gesagt, höchst bedeutungsvolle Bewegung begann, krankte der römische Staat an inneren Übeln(2), während diejenigen Judäer, die auf Umsturz der bestehenden Verhältnisse sannen, die unruhigen Zeiten für einen Aufstand geeignet hielten, zumal sie an Streitkräften wie an Geldmitteln keinen Mangel hatten. So hofften in dieser Verwirrung die einen, den Orient zu gewinnen, wie die anderen fürchteten, ihn zu verlieren. Hegten doch die Judäer die Überzeugung, ihre Stammesgenossen jenseits des Euphrats würden zugleich mit ihnen zu den Waffen grei-

Anmerkung: Die Ziffern in runden Klammern verweisen auf die Anmerkungen am Schluß dieses Bandes.

fen, während den Römern nicht nur die benachbarten Gallier, sondern auch die unruhigen Kelten zu schaffen machten. Nach Neros Tod vollends geriet alles in Aufruhr; manchen veranlaßte die günstige Gelegenheit, seine Hand nach der Krone auszustrecken, und dem nach Geschenken lüsternen Heer war ein Thronwechsel immer willkommen. Ich hielt es für unrecht, den Sachverhalt so wichtiger Vorgänge nicht aufzuklären und, während Parther, Babylonier, die fernsten Araber, unsere Volksgenossen jenseits des Euphrats und die Adiabener durch meine Bemühung von dem Beginn, den vielen Wechselfällen und dem Ausgang des Krieges genaue Kenntnis erhalten hatten, die Griechen sowie diejenigen Römer, die den Feldzug nicht mitgemacht, darüber in Unwissenheit und auf die Lektüre schmeichlerischer oder lügenhafter Machwerke angewiesen sein zu lassen.

3. Und doch entblöden sich die Verfasser nicht, den Titel „Geschichte" über ihre Arbeit zu setzen, die ganz abgesehen von ihrem mangelhaften Inhalt, mir auch noch ihren Zweck zu verfehlen scheint. In der Absicht, die Römer recht groß dastehen zu lassen, suchen sie der Judäer Macht überall zu verkleinern und verächtlich zu machen. Es will mir aber nicht einleuchten, inwiefern die Besieger unbedeutender Feinde so groß erscheinen sollten. Dazu kommt, daß sie weder die lange Dauer des Krieges berücksichtigen noch die bedeutenden Verluste des römischen Heeres, noch die Größe der Feldherren, deren Ruhm meines Erachtens zusammenschrumpft, wenn die so außerordentlich mühsame Eroberung Jerusalems keine glänzende Kriegstat gewesen sein soll.

4. Es liegt jedoch nicht in meiner Absicht, mich mit den Lobrednern der Römer zu messen und meinerseits die Taten meiner Landsleute zu übertreiben, sondern ich will das auf beiden Seiten tatsächlich Geschehene genau berichten; und wenn ich aus Trauer über das Unglück meiner Vaterstadt mich meinem Schmerz überlasse, will ich mit der Erzählung der Begebenheiten zugleich meiner Stimmung ein kleines Opfer bringen. Daß innere Zwietracht den Untergang der Stadt verschuldete und die Tyrannen der Judäer selbst die Römer wider deren Willen zwangen, Feuer an den heiligen Tempel zu legen, dafür ist

Caesar Titus, der ihn zerstörte, selbst Zeuge. Er hatte während des ganzen Krieges Mitleid mit dem Volk, das sich von Empörern leiten ließ, und er hat die Zerstörung der Stadt wiederholt aus eigenem Antrieb hinausgeschoben und die Belagerung in die Länge gezogen, um den Schuldigen Zeit zu lassen, ihren Sinn zu ändern. Will mich jemand darum schelten, was ich voll Trauer über das Los meiner Vaterstadt gegen die Tyrannen und ihren Anhang von Banditen klage, so möge er diesen Verstoß gegen das Gesetz der Geschichtsschreibung meinem Schmerze zugute halten. Denn von allen Städten unter der Oberhoheit der Römer hatte keine einen so großen Wohlstand erreicht wie unsere, keine aber stürzte auch in eine solche Tiefe des Unglücks hinab. Ja, kein Mißgeschick aller Zeiten scheint mir mit dem der Judäer vergleichbar zu sein. Daß kein Fremder die Schuld daran trägt, ist es, was es mir unmöglich macht, meiner Wehmut Herr zu werden. Ist jedoch ein Richter so unerbittlich, daß sein Herz dem Mitleid verschlossen ist, so schreibe er die Tatsachen auf Rechnung der Geschichte, die Wehklagen auf Rechnung des Geschichtsschreibers.

5. Doch könnte ich mit Recht den gelehrten Griechen vorwerfen, daß sie, obwohl sie in Zeiten großer Ereignisse leben, die bedeutender sind als die früheren Kriege, dennoch stets an den Schriftstellern, die diese Ereignisse beschreiben, Kritik üben. Dabei werden sie von diesen, wenn auch nicht an gewandter Darstellung, so doch jedenfalls an Ehrlichkeit übertroffen. Da unternehmen es jene Gelehrten, die Geschichte der Assyrer oder der Meder zu bearbeiten, als hätten es die alten Geschichtsschreiber nicht gut genug verstanden. Und doch sind diese ihnen sowohl in der Kunst der Geschichtsschreibung als in planvoller Anlage ihrer Werke überlegen. Sie verfolgten eben nur den Zweck, die Geschichte ihrer eigenen Zeit zu schildern, wobei einerseits der Umstand, daß sie die Ereignisse selbst miterlebt hatten, eine besonders lichtvolle Darstellung ermöglichte, anderseits lügenhafte Berichte von den mit dem wirklichen Sachverhalt vertrauten Lesern als solche gebrandmarkt worden wären. Auf besonderes Lob kann also nur derjenige Anspruch erheben, der die genau den Tatsachen entsprechende Geschichte seiner eigenen Zeit der

Vergessenheit entreißt und sie für die Nachwelt aufzeichnet. Fleißige, sorgfältige Arbeit kann nicht dem nachgerühmt werden, der bloß eines anderen Plan und Gedankengang umformt, sondern nur dem, der einem originellen Stoff durch selbständige Darstellung Geist und Leben verleiht. Deshalb habe ich, obwohl ein Fremder, weder Mühe noch Kosten gescheut, um Griechen und Römern die Geschichte jener Kriegstaten erzählen zu können. Die einheimischen Griechen haben zwar, wo es Geldgewinn und Prozesse gilt, stets einen offenen Mund und eine gelöste Zunge. Handelt es sich aber um Geschichtsschreibung, wo man bei der Wahrheit bleiben und mit Mühe die Tatsachen zusammensuchen muß, so spielen sie die Stummen und überlassen es talentlosen Leuten, die oft nicht einmal Bescheid wissen, die Taten der Feldherren zu schildern. So werde denn die echte Geschichtsschreibung bei uns um so mehr in Ehren gehalten, als sie bei den Griechen vernachlässigt wird.

6. Die alte Geschichte der Judäer zu schreiben und darzutun, was für ein Volk sie waren, wie sie auszogen aus Ägypten, welche Länder sie durchirrten, welche Gebiete sie einnahmen und wieder wegzogen, hielt ich jedoch hier nicht für geboten und außerdem für überflüssig, da einerseits viele Judäer vor mir die Geschichte ihrer Vorfahren hinreichend genau bearbeitet haben, anderseits manche Griechen, indem sie jene Schriften in ihre Muttersprache übertrugen, von der Wahrheit im allgemeinen nicht sehr abgewichen sind. Meine Darstellung soll vielmehr da beginnen, wo diese Schriftsteller und die Propheten aufhören. Und zwar werde ich nur den von mir selbst miterlebten Krieg ausführlicher und möglichst genau beschreiben, bei den Ereignissen vor meiner Zeit dagegen mich mit einem kurzen Überblick begnügen.

7. Somit werde ich berichten, wie Antiochos mit dem Beinamen Epiphanes, nachdem er Jerusalem erobert und die Stadt drei Jahre und sechs Monate in seiner Gewalt gehabt hatte, von den Hasmonäern vertrieben wurde; wie deren Nachkommen in einem Thronstreit die Entscheidung der Römer und des Pompeius anriefen; wie Herodes, der Sohn des Antipatros, mit Hilfe des Sosius ihrer Herrschaft ein Ende bereitete; wie nach des Herodes Tod unter dem

römischen Caesar Augustus und dem Statthalter des Landes Quintilius Varus das Volk sich empörte; wie im zwölften Jahre von Neros Regierung der Krieg ausbrach; was sich unter Cestius ereignete und wie viele Orte die Judäer zu Beginn des Krieges angriffen.

8. Weiterhin will ich erzählen, wie die Judäer die umliegenden Städte befestigten; wie Nero nach den Niederlagen des Cestius seine Oberhoheit gefährdet glaubte und Vespasian mit der Leitung des Krieges betraute; wie dieser mit seinem ältesten Sohn in das Land der Judäer einrückte; wie stark das von ihm befehligte römische Heer war und wie viele Hilfstruppen ihm bei der Verwüstung von Galiläa zu Gebote standen; wie er die Städte dieser Landschaft teils mit Gewalt, teils durch freiwillige Kapitulation in seinen Besitz brachte. Dann will ich die Kriegstaktik der Römer, die vortreffliche Ausbildung ihrer Legionen, ferner Größe und natürliche Beschaffenheit von Ober- und Untergaliäa, die Grenzen Judäas, die Eigentümlichkeiten des Landes, seine Seen und Quellen, schließlich die Schicksale der eroberten Städte mit äußerster Sorgfalt schildern, und zwar, wie ich es selbst gesehen und erlebt habe. Denn auch von meinem persönlichen Mißgeschick will ich nichts verschweigen, da ja meine Leser die Tatsachen kennen.

9. Im ferneren Verlauf werde ich darlegen, wie um die Zeit, da es mit den Judäern schon bedenklich stand, Nero starb und Vespasian, der eben gegen Jerusalem aufgebrochen war, zum Imperator erhoben und abberufen wurde; welche Vorzeichen ihm diese Würde verkündet hatten; wie Rom von einrückenden Truppen überflutet und wie Vespasian wider seinen Willen von den Soldaten zum Kaiser ausgerufen wurde; wie hierauf, nachdem er zur Ordnung der Reichsangelegenheiten nach Ägypten abgereist war, Parteienstreit unter den Judäern ausbrach und Tyrannen die Herrschaft über sie erlangten, die sich ihrerseits gegenseitig bekämpften.

10. Die Erzählung fährt dann fort zu berichten, wie Titus von Ägypten her abermals ins Land einfiel; auf welche Weise, wo und in welcher Stärke er sein Heer zusammenbrachte; wie bei seinem Anrücken die Stadt infolge des inneren Haders litt; wie oft er stürmen und wie viele

Wälle er aufwerfen ließ. Weiterhin werde ich schildern den Umfang und die Größe der drei Mauern, die starke Befestigung der Stadt, den Plan des Heiligtums und des Tempels, die Maße dieser Bauwerke und des Altars, und zwar alles mit genauester Sorgfalt; schließlich einige festliche Gebräuche, die sieben Reinigungen und die gottesdienstlichen Pflichten der Priester, ihre und des Hohenpriesters Kleidung sowie die Beschaffenheit des Allerheiligsten im Tempel, ohne dem, was ich als sicher verbürgen kann, etwas hinzuzufügen noch etwas davon zu verschweigen.

11. Hierauf werde ich das grausame Wüten der Tyrannen gegen ihre eigenen Landsleute beschreiben und auf der anderen Seite das schonende Verhalten der Römer gegen die Fremden; dann wie oft Titus, von dem Wunsche beseelt, die Stadt und den Tempel zu retten, die Empörer zu einem Vergleich aufforderte. Auch werde ich die Not und das Unglück des Volkes darlegen und zeigen, was es bis zum Falle der Stadt durch den Krieg, durch inneren Zwist und durch Hunger zu leiden hatte. Verschweigen will ich weder das traurige Geschick der Überläufer noch die Hinrichtung von Gefangenen, und dann werde ich berichten, wie der Tempel gegen den Willen des Caesars(3) in Flammen aufging und was von den heiligen Geräten dem Feuer entrissen wurde; weiterhin die völlige Zerstörung der Stadt und die wunderbaren Vorzeichen, die sie angekündigt hatten; die Gefangennahme der Tyrannen; die Menge der als Sklaven verkauften Judäer und ihr verschiedenartiges Schicksal; hierauf, wie die Römer die letzten Reste bewaffneten Widerstandes brachen und die festen Plätze bis auf den Grund zerstörten; endlich wie Titus das Land bereiste, die Ordnung herstellte, nach Italien zurückkehrte und triumphierte.

12. Das alles habe ich in sieben Büchern beschrieben. Während ich Kennern der Tatsachen und Augenzeugen des Krieges keinen Grund zu Klagen oder Vorwürfen ließ, habe ich sie für wahrheitsliebende, nicht für bloß Unterhaltung suchende Leser zusammengestellt. Ich beginne die eigentliche Erzählung, wie ich es in der allgemeinen Inhaltsübersicht angedeutet habe.

ERSTES BUCH

1. Kapitel: Antiochos IV. in Jerusalem. Die Makkabäer

1. Während Antiochos Epiphanes mit Ptolemaios VI. wegen des Besitzes von Groß-Syrien Krieg führte, entstanden unter den vornehmen Judäern Streitigkeiten über den Machtvorrang, da keiner der Würdenträger sich seinesgleichen unterordnen wollte.(4) In diesem Zwist gewann Onias, einer von den Hohenpriestern(5), die Oberhand und vertrieb die Söhne des Tobias aus der Stadt. Diese flohen zu Antiochos, den sie baten, in Judäa einzurücken und dabei ihre Dienste als Heerführer anzunehmen. Der König ließ sich dazu um so leichter bereden, als er sich schon lange mit dieser Absicht trug. Er drang daher mit großer Streitmacht ins Land ein, stürmte die Stadt(6), ließ viele Anhänger des Ptolemaios niedermachen und seine Soldaten uneingeschränkt plündern, beraubte selbst den Tempel und machte das tägliche Opfer für drei Jahre und sechs Monate unmöglich. Der Hohepriester Onias floh zu Ptolemaios und erhielt von ihm einen Platz im Bezirk von Heliopolis, wo er ein Jerusalem ähnliches Städtchen und einen Tempel nach dem Muster des Jerusalemer baute. Hierüber werde ich an passender Stelle(7) noch Näheres mitteilen.

2. Antiochos genügte weder die unverhoffte Einnahme der Stadt noch die Plünderung, noch das entsetzliche Blutbad, sondern im Taumel seiner Leidenschaft und in Erinnerung an seine während der Belagerung bestandenen Strapazen zwang er die Judäer, im Widerspruch mit den heimischen Gesetzen ihre Kinder unbeschnitten zu lassen und Schweine auf dem Altar zu opfern. Gegen diese Bestimmungen lehnte sich das ganze Volk auf, doch wurden die angesehensten Bürger hingerichtet. Bakchides, der von Antiochos eingesetzte Kommandant der Besatzungstruppen, verschärfte die

gegen den Gott gerichteten Befehle durch seine angeborene Grausamkeit und überschritt jedes Maß des Frevels, indem er die vornehmen Judäer der Reihe nach foltern ließ und der gesamten Bürgerschaft täglich mit Zerstörung der Stadt drohte, bis endlich das Übermaß seiner Greuel die Bedrängten zur Rache trieb.(8)

3. Matathias(9) nämlich, der Sohn des Hasmon, ein Priester aus dem Dorfe Modein, bewaffnete sich und die Seinigen (er hatte fünf Söhne) und erstach Bakchides, worauf er sich aus Furcht vor der starken Besatzung zunächst ins Gebirge(10) zurückzog. Als aber eine Menge Volk sich um ihn scharte, faßte er Mut, stieg von den Bergen herab, schlug die Heerführer des Antiochos in einer Schlacht und vertrieb sie aus Judäa. Dieser Erfolg verschaffte ihm Macht und Ansehen, und freiwillig unterstellten sich ihm seine Landsleute aus Dankbarkeit für die Befreiung von den Fremden. Bei seinem Tode hinterließ er den Oberbefehl seinem ältesten Sohn Judas.(11)

4. Dieser stellte in der Voraussicht, daß Antiochos nicht untätig bleiben werde, aus seinen Landsleuten ein Heer zusammen, schloß als erster ein Freundschaftsbündnis mit den Römern(12) und schlug Epiphanes(13), als er wieder ins Land einfiel, mit großen Verlusten zurück. Im Vollgefühl seines Sieges griff er die Besatzung in der Stadt an, die noch nicht vernichtet war, warf sie aus der oberen Stadt und drängte sie in der unteren – Akra genannt – zusammen. Dann bemächtigte er sich des Tempels, reinigte den ganzen Platz, umgab ihn mit einer Mauer, ließ, weil die früheren gottesdienstlichen Geräte unrein geworden waren, neue anfertigen und in den Tempel bringen, errichtete einen anderen Altar und führte die Opfer wieder ein. Kaum hatte die Stadt ihren heiligen Charakter zurückgewonnen, starb Antiochos, und Erbe seines Throns wie seines Judäerhasses wurde sein Sohn Antiochos.

5. An der Spitze eines Heeres von 50 000 Mann zu Fuß, ungefähr 5000 Reitern und 80 Elefanten drang dieser durch Judäa in das Bergland ein, eroberte das Städtchen Bethsur(14) und stieß in den Engpaß bei dem Orte Bethzacharia mit Judas und seinen Truppen zusammen. Bevor jedoch die Heere handgemein wurden, bemerkte des Judas Bruder Eleazar einen Elefanten, der bedeutend größer als

die anderen und mit einem hohen Turm und vergoldeter Schutzwehr geschmückt war. In der Annahme, auf diesem Elefanten befinde sich Antiochos, eilte er den Seinen weit voraus, durchbrach die Reihen der Feinde und drang bis zu dem Elefanten vor. Wegen der Größe des Tieres konnte er jedoch den vermeintlichen König nicht erreichen, verwundete aber den Elefanten am Bauch, so daß dieser über ihm zusammenbrach und ihn zu Tode drückte. So vollbrachte er eigentlich nichts weiter, als daß er sein Leben für den Ruhm in die Schanze schlug und sich an eine große Tat heranwagte. Der Führer des Elefanten war tatsächlich ein gemeiner Soldat. Aber selbst wenn es Antiochos gewesen wäre, hätte der kühne Krieger nichts als den Ruhm gehabt, in der bloßen Hoffnung auf eine Heldentat sich dem Tode freiwillig preisgegeben zu haben. Für seinen Bruder war dieses Ereignis eine Vorbedeutung des Ausgangs der Schlacht. Die Judäer hielten zwar tapfer und lange Zeit stand, doch gewannen die Königlichen, an Zahl überlegen und vom Glück begünstigt, schließlich die Oberhand. Nach schweren Verlusten floh Judas mit dem Rest des Heeres in die Toparchie(15) von Gophna. Antiochos marschierte nach Jerusalem, zog aber nach wenigen Tagen aus Mangel an Lebensmitteln wieder ab und ließ eine, wie ihm schien, hinreichend starke Besatzung zurück. Sein übriges Heer führte er nach Syrien in die Winterquartiere.

6. Nach dem Abzug des Königs blieb Judas nicht untätig. Mit zahlreichen Landsleuten, die sich ihm anschlossen, und denen, die sich aus der Schlacht gerettet hatten, lieferte er bei dem Dorfe Adasa den Heerführern des Antiochos eine Schlacht, in der er aber, nachdem er tapfer gekämpft und viele Feinde niedergemacht hatte, den Tod fand.(16) Wenige Tage später wurde sein Bruder Joannes(17) von den Anhängern des Antiochos hinterlistigerweise überfallen und getötet.

2. *Kapitel: Die Nachfolger des Judas*

1. Dem Judas folgte sein Bruder Jonathan(18), der das Interesse seiner Landsleute sehr umsichtig wahrnahm, durch ein Bündnis mit den Römern seine Herrschaft befestigte und sich mit dem jungen Antiochos(19) aussöhnte. Doch all dies gewährleistete ihm keine genügende Sicherheit. Der Tyrann Tryphon, der Vormund des jungen Antiochos, konspirierte gegen diesen und suchte daher zunächst dessen Freunde aus dem Weg zu räumen. So nahm er auch Jonathan, der sich mit nur schwacher Bedeckung nach Ptolemaïs zu Antiochos begeben hatte, hinterlistigerweise gefangen und legte ihn in Fesseln, worauf er gegen die Judäer zu Felde zog. Von Simon, Jonathans Bruder, zurückgeschlagen, ließ er dann den Gefangenen aus Zorn über die erlittene Niederlage umbringen.

2. Nun ergriff Simon(20) mit großer Energie die Regierung, eroberte die Nachbarstädte Gazara, Joppe und Jamneia, schleifte die Akra und nahm ihre Besatzung gefangen. Später verbündete er sich mit Antiochos gegen Tryphon, den dieser vor seinem Feldzug gegen die Meder(21) in Dora belagerte. Obgleich er zur Niederwerfung Tryphons seinen Beistand geleistet, vermochte Simon nicht, die Habgier des Königs zu dämpfen. Bald darauf sandte Antiochos seinen Feldherrn Kendebaios an der Spitze eines Heeres, um Judäa zu verwüsten und Simon zu unterwerfen. Dieser aber, obwohl bereits ein Greis, führte den Krieg mit jugendlicher Kraft, schickte seine Söhne mit dem Kern seiner Truppen gegen Kendebaios voraus und griff selbst mit einer Heeresabteilung von der anderen Seite an. An vielen Stellen und auch im Gebirge legte er Hinterhalte und beherrschte auf diese Weise die Zugänge. Nach einem glänzenden Sieg wurde er zum Hohenpriester ernannt und befreite die Judäer von der Herrschaft der Makedonen, unter der sie 170 Jahre(22) lang gestanden hatten.

3. Aber auch er fiel heimtückischen Nachstellungen zum Opfer, die sein eigener Schwiegersohn Ptolemaios während eines Gastmahls ins Werk setzte.(23) Dieser kerkerte Simons Frau und zwei seiner Söhne ein und sandte Meuchelmörder aus, um den dritten, der Joannes Hyrkanos hieß,

zu töten. Der Jüngling erhielt von ihrer Ankunft Nachricht und eilte im Vertrauen darauf, daß das Volk der ruhmreichen Taten seines Vaters gedenken und das schändliche Vorgehen des Ptolemaios verabscheuen werde, in die Stadt. Durch ein anderes Tor suchte zugleich Ptolemaios in Jerusalem einzudringen, wurde aber vom Volk, das Hyrkanos bereits aufgenommen hatte, zurückgeworfen. Daraufhin zog er sich nach Dagon, einer der Jericho beherrschenden Burgen, zurück; Hyrkanos, der das hohepriesterliche Amt seines Vaters angetreten hatte, opferte Gott und brach eiligst gegen Ptolemaios auf, um seiner Mutter und seinen Brüdern zu helfen.

4. Obgleich er bei der Belagerung der Festung im Vorteil war, beugte ihn doch gerechter Schmerz. Ptolemaios ließ, sooft er bedrängt wurde, Hyrkanos' Mutter und Brüder auf die Mauer führen und sie vor seinen Augen geißeln, drohte auch, sie hinunterstürzen zu lassen, wenn er nicht abziehe. Mitleid und Furcht ergriffen bei diesem Anblick jedesmal Hyrkanos und erwiesen sich mächtiger als sein Zorn. Seine Mutter aber, die weder die Geißelung noch der ihr angedrohte Tod einzuschüchtern vermochten, streckte die Hände aus und beschwor ihren Sohn, nicht aus Mitleid mit ihrer Qual den Ruchlosen zu schonen; denn der Tod durch des Ptolemaios Hand sei ihr lieber als Unsterblichkeit, wenn nur dieser für die Schandtaten, die er gegen ihre Familie verübt habe, büßen müsse. Bedachte Joannes die Standhaftigkeit seiner Mutter und hörte er ihr Bitten, so ließ er ungestüm den Angriff erneuern; sah er aber, wie man sie schlug und quälte, wurde er mutlos und von Gefühlen zerrissen. Während die Belagerung sich so in die Länge zog, kam das Sabbatjahr heran(24), das bei den Judäern in jedem siebenten Jahre, wie in jeder Woche der siebente Tag, gefeiert wird. Auf diese Weise wurde Ptolemaios von der Belagerung befreit; er tötete die Brüder und die Mutter des Joannes und floh zu Zenon mit dem Beinamen Kotylas, dem Tyrannen von Philadelpheia(25).

5. Mittlerweile rückte Antiochos, noch immer erbittert über die Niederlage, die Simon ihm beigebracht hatte, in Judäa ein, setzte sich vor Jerusalem fest und belagerte Hyrkanos. Dieser aber öffnete das Grabmal Davids, der

alle Könige an Reichtum übertroffen hatte, entnahm der Gruft über 3000 Talente(26) und bewog Antiochos durch Zahlung von 300 Talenten, die Belagerung aufzuheben. Der Rest des Geldes ermöglichte ihm, fremde Söldner zu halten, und zwar war er der erste Judäer, der dies tat.

6. Als etwas später Antiochos gegen die Meder(27) zog und ihm dadurch Gelegenheit zur Rache bot, fiel er über die syrischen Städte her, die er von bewaffneter Mannschaft verlassen zu finden hoffte, wie es auch wirklich der Fall war. So eroberte er Medaba und Samaga mit den umliegenden Städten, dann auch Sichem und Garizin und brachte die Kuthäer, die um ein dem Tempel zu Jerusalem nachgebildetes Heiligtum wohnten, unter seine Botmäßigkeit.(28) Auch nahm er nicht wenige Städte Idumäas ein, darunter Adoreon und Marisa.

7. Dann rückte er vor Samareia, wo jetzt die von König Herodes gegründete Stadt Sebaste(29) liegt, schloß sie rings mit einem Wall ein und übertrug die Belagerung seinen Söhnen Aristobulos und Antigonos. Diese betrieben die Belagerung mit allem Eifer, und bald wütete in der Stadt eine solche Hungersnot, daß die Einwohner selbst die ungewöhnlichsten Nahrungsmittel zu sich nahmen. Sie riefen deshalb den Antiochos mit dem Beinamen Aspendios(30) zu Hilfe, der ihrer Bitte zwar bereitwillig nachkam, aber von Aristobulos geschlagen wurde. Die Brüder setzten ihm bis Skythopolis nach, doch entkam er. Seine Verfolger wandten sich nun wieder gegen Samareia, schlossen dessen Bewohner erneut ganz ein, eroberten schließlich die Stadt, zerstörten sie und verkauften die Bürger als Sklaven. Und da ihnen das Glück so günstig war, ließen sie ihren Eifer nicht erkalten, sondern rückten mit ihrem Heer bis Skythopolis, griffen die Stadt an und verwüsteten das ganze Land diesseits des Karmelgebirges.

8. Aber der Neid über das Glück des Joannes und seiner Söhne rief unter den Einheimischen eine Empörung hervor.(31) Sie rotteten sich zusammen und ruhten nicht, bis es zum Kampf kam, in dem die Aufrührer jedoch geschlagen wurden. Den Rest seiner Tage verlebte Joannes glücklich, und nachdem er volle 31 Jahre aufs beste regiert hatte, starb er. Er hinterließ fünf Söhne. Er war in der Tat glücklich zu preisen; denn sein Lebensweg gibt nicht die

geringste Veranlassung, dem Schicksal Vorwürfe zu machen. Drei der höchsten Würden vereinigte er in seiner Person, die Herrschaft über sein Volk, das Hohepriestertum und die Prophetenwürde, und so innig verkehrte mit ihm die Gottheit, daß ihm nichts Zukünftiges verborgen blieb. So sah und sagte er von seinen beiden ältesten Söhnen voraus, daß sie nicht lange an der Spitze des Staates bleiben würden. Es lohnt die Mühe, ihren Untergang zu schildern, da er so weit von dem Glück ihres Vaters verschieden war.

3. Kapitel: Die Regierung des Aristobulos

1. Nach dem Tode seines Vaters änderte Aristobulos, der älteste der Brüder, die Regierungsform in eine Königsherrschaft um und setzte sich als erster, 471 Jahre und drei Monate nach der Rückkehr des Volkes aus der Babylonischen Gefangenschaft, die Krone auf.(32) Antigonos, seinem nächstjüngeren Bruder, dem er augenscheinlich sehr zugetan war, vergönnte er die gleiche Ehre, während er die übrigen in Fesseln und strengem Gewahrsam hielt. Auch seine Mutter, die mit ihm wegen der Regierungsgewalt im Streit lag, weil Joannes sie zur Herrscherin bestimmt hatte, ließ er ins Gefängnis werfen und trieb seine Grausamkeit so weit, daß er sie im Kerker verhungern ließ.
2. Die Rache ereilte ihn in der Person seines Bruders Antigonos, den er liebte und an seiner Seite mitregieren ließ. Er tötete diesen auf Grund von Verleumdungen, die ruchlose Höflinge ersonnen hatten. Anfangs schenkte Aristobulos dem Gerede keinen Glauben, teils weil er seinem Bruder wirklich zugetan war, teils weil er die Anschwärzungen zumeist auf Neid zurückführte. Als aber Antigonos von einem Feldzug zurückkehrte und in glänzendem Aufzug zu dem Fest kam, bei dem man nach väterlicher Sitte dem Gott zu Ehren Laubhütten errichtet(33), traf es sich, daß Aristobulos gerade krank war. Antigonos begab sich am Schluß des Festes in Begleitung seiner Leibgarde und mit denkbar größtem Prachtaufwand nach dem Tempel, um für seinen Bruder zu beten. In diesem Augenblick traten die Verleumder vor den König und schilderten ihm den pomp-

haften Aufzug der Bewaffneten und das für einen Untertan übermäßig stolze Gebaren des Antigonos, der mit einer so großen Schar nur gekommen sei, um ihn zu ermorden. Es sei ihm unerträglich, nur Mitregent zu sein, da er sich des Thrones selbst bemächtigen zu können glaube.

3. Nur zögernd schenkte Aristobulos diesen Vorstellungen Glauben, und um einerseits seinen Argwohn nicht offenkundig werden zu lassen, anderseits für alle Fälle gesichert zu sein, beorderte er seine Leibwache in eines der unterirdischen und dunklen Gelasse der Burg, in der er lag (sie hieß früher Baris, erhielt später den Namen Antonia), und befahl Antigonos, falls er unbewaffnet komme, passieren zu lassen, wenn er dagegen bewaffnet sei, ihn niederzustoßen. Zugleich ließ er seinen Bruder auffordern, ohne Waffen zu ihm zu kommen. Daraufhin entwarf die Königin mit den Verschwörern einen ränkevollen Plan. Sie überredeten die Abgesandten des Königs, dessen Befehl zu verschweigen und Antigonos zu melden, sein Bruder habe gehört, daß er sich in Galiläa eine herrliche Rüstung habe anfertigen lassen; weil seine Krankheit es ihm bisher unmöglich gemacht habe, sie anzusehen, so sei es jetzt, da Antigonos abreisen wolle, sein dringender Wunsch, ihn in diesem Waffenschmuck zu empfangen.

4. Als Antigonos das hörte, kam er, da die bisher von seinem Bruder ihm entgegengebrachte Gesinnung keinen Argwohn in ihm aufkommen ließ, in seiner Waffenrüstung wie zu einer Parade. Als er aber zu dem dunklen Durchgang, der Stratonsturm genannt wurde, gekommen war, stachen ihn die Soldaten der Leibwache nieder – ein deutlicher Beweis dafür, daß Verleumdung alle Bande des Wohlwollens und der Natur zerreißt und daß kein Gefühl stark genug ist, um der Mißgunst begegnen zu können.

5. Verwundern muß man sich hierbei über einen Essener namens Judas, der noch nie teilweise oder ganz falsch geweissagt hatte. Als er Antigonos durch den Tempelhof gehen sah, rief er seinen vertrauten Schülern, von denen nicht wenige bei ihm saßen, zu: „Nun würde ich lieber sterben, da die Wahrheit vor mir gestorben und eine meiner Weissagungen falsch war! Ist doch Antigonos noch am Leben, der heute hätte sterben sollen. Beim Stratonsturm(34) – so wollte es sein Schicksal – hätte ihn der

Meuchelmord treffen sollen; doch der liegt 600 Stadien(35) von hier entfernt, und jetzt ist schon die vierte Stunde des Tages. Die Zeit straft die Prophezeiung Lügen!“ Nach diesen Worten versank der Greis lange in wehmütiges, gedankenvolles Schweigen, bis eine Weile nachher gemeldet wurde, daß Antigonos in dem unterirdischen Durchgang, der, wie Kaisareia am Meer, Stratonsturm hieß, ermordet worden war. Hierdurch war der Seher verwirrt worden.

6. Die Reue über diese Tat verschlimmerte des Aristobulos Krankheit. Die beständigen Gewissensbisse wegen des Mordes ließen ihn mehr und mehr dahinsiechen, bis endlich das Übermaß des Grams seine Eingeweide zerriß und er eine Menge Blut spie. Als einer der ihn pflegenden Pagen dieses forttrug, stolperte er, wie es das Schicksal wollte, gerade an der Stelle, wo Antigonos ermordet worden war, und verschüttete das Blut des Mörders über die Spuren vom Blute des Ermordeten. Sogleich erhoben die Anwesenden ein Geschrei, als hätte der Page das Blut absichtlich dort verschüttet. Als der König das Geschrei hörte, erkundigte er sich sofort nach der Ursache; und da niemand sie ihm mitteilen mochte, bestand er um so mehr darauf, sie zu erfahren. Doch erst als er mit Zwang drohte, gestand man ihm die Wahrheit; nun füllten sich seine Augen mit Tränen, und er seufzte so laut, als seine Schwäche es zuließ: „So konnten also meine Taten dem Auge Gottes nicht verborgen bleiben, und schnell trifft mich die Strafe für den Mord an meinen Verwandten. Wie lange denn noch, schändlicher Leib, willst du die Seele zurückhalten, die dem Urteil des Bruders und der Mutter verfallen ist? Und wie lange soll ich ihnen mein Blut tropfenweise als Opfer spenden? Sollen sie es doch alles auf einmal nehmen, und möge die Gottheit nicht länger ihren Spott mit dem Leichenopfer aus meinen Eingeweiden treiben!“ Nach diesen Worten starb er, nachdem er nur ein Jahr regiert hatte.(36)

4. Kapitel: Die Regierung Alexanders Jannaios

1. Des Aristobulos Gattin befreite nun dessen Brüder aus dem Gefängnis und ernannte zum König Alexander, der sowohl seines Alters als seines gemäßigten Charakters wegen dieses Vorzuges wert zu sein schien. Kaum aber war er auf den Thron gelangt, ließ er einen seiner Brüder, der Herrschergelüste zeigte, umbringen; den andern dagegen, der sich mit einem Leben fern von Staatsgeschäften begnügte, hielt er in Ehren.

2. Bald lieferte er dem Ptolemaios mit dem Beinamen Lathuros(37), der die Stadt Asochis eingenommen hatte, ein Gefecht. Obgleich er viele Feinde niedermachte, neigte sich der Sieg doch auf des Ptolemaios Seite. Als dieser später, von seiner Mutter Kleopatra verfolgt, sich nach Ägypten begeben hatte, nahm Alexander nach einer Belagerung Gadara ein sowie Amathus, die wichtigste Festung jenseits des Jordans, in der die kostbarsten Schätze des Theodoros, Sohns des Zenon, aufbewahrt wurden. Plötzlich jedoch erschien Theodoros, erbeutete seine eigenen Schätze samt dem Gepäck des Königs und tötete gegen 10 000 Judäer. Alexander erholte sich von dieser Niederlage wieder, wandte sich nach der Meeresküste und eroberte Rapheia, Gaza und Anthedon, das später von König Herodes Agrippias genannt wurde.

3. Als er diese Städte unterworfen hatte, brach während eines Festes ein Aufstand der Judäer gegen ihn aus, wie überhaupt Empörungen meist bei Festen beginnen. Diesen Aufruhr niederzuwerfen, wäre ihm wohl nicht gelungen, wenn ihm nicht die fremden Söldner geholfen hätten. Sie waren Pisider und Kiliker, denn Syrer nahm er wegen ihres angestammten Hasses gegen die Judäer nicht in Sold. Nachdem er über 6000 Empörer getötet hatte, fiel er in Arabien(38) ein, unterwarf dieses Land sowie die Galaditer und Moabiter, die er tributpflichtig machte, und kehrte dann nach Amathus zurück. Da Theodoros, durch Alexanders Erfolge erschreckt, die Festung verlassen hatte, traf dieser sie ohne Besatzung an und machte sie dem Erdboden gleich.

4. Bald darauf hatte er ein Gefecht mit dem Araberkönig Obedas zu bestehen, der ihm bei Gaulana(39) einen Hinter-

halt gelegt hatte. In dieser Schlacht verlor er sein ganzes Heer, das in eine tiefe Schlucht gedrängt und hier von der Menge der Kamele erdrückt wurde. Er selbst entkam nach Jerusalem. Dort aber nahm das Volk, das ihn schon längst haßte, die Größe des ihm zugestoßenen Unglücks zum Anlaß, um sich gegen ihn zu empören. Doch auch diesmal siegte er, und innerhalb von sechs Jahren metzelte er in schnell aufeinanderfolgenden Schlachten nicht weniger als 50 000 Judäer nieder. Indes brachten ihm diese Siege, durch die er die Kräfte seines Reiches aufrieb, so wenig Freude, daß er die Waffen niederlegte und auf gütlichem Wege sich mit seinen Untertanen zu verständigen suchte. Doch erreichte er durch diese Sinnesänderung und sein wenig folgerichtiges Handeln nichts weiter, als daß das Volk ihn noch mehr haßte. Als er fragte, was er denn tun müsse, um die Judäer zu befriedigen, entgegneten sie: sterben, obwohl selbst sein Tod sie kaum mit ihm aussöhnen werde, da er so viele Schandtaten auf dem Gewissen habe. Zugleich riefen sie Demetrios mit dem Beinamen Eukairos(40)• zu Hilfe, der in der Hoffnung auf Vergrößerung seines Gebiets dem Ruf bereitwillig Folge leistete und mit einem Heer heranrückte. Bei Sichem vereinigten sich die Judäer mit ihren Bundesgenossen.

5. Mit 1000 Reitern und 8000 Söldnern zu Fuß sowie dem ihm wohlgesinnten Teil der Judäer, gegen 10 000 Mann, stand Alexander dem vereinigten Heer von 3000 Reitern und 14 000 Mann zu Fuß gegenüber. Ehe es zum Handgemenge kam, versuchten beide Könige durch Herolde, gegenseitig ihre Truppen zum Abfall zu bewegen: Demetrios hoffte, die Söldner Alexanders, dieser die zu Demetrios haltenden Judäer auf seine Seite zu bringen. Da aber weder die Judäer ihre Erbitterung noch die Griechen ihre Treue verleugneten, blieb nichts anderes übrig, als das Schwert entscheiden zu lassen. Demetrios siegte, obwohl Alexanders Söldner sich heldenmütig schlugen. Das Endergebnis der Schlacht gestaltete sich jedoch für beide Teile gleich unerwartet. Obwohl Demetrios gesiegt hatte, blieben die Judäer, die ihn gerufen hatten, nicht bei ihm, sondern 6000 von ihnen gingen aus Mitleid mit seinem Unglück zu Alexander über, der ins Gebirge geflohen war. Dieser Wendung der Dinge vermochte Demetrios nicht

standzuhalten, und in der Meinung, Alexander sei jetzt wieder kampfbereit und das gesamte Volk stehe zu ihm, zog er ab.

6. Doch die Menge gab auch nach dem Abmarsch der Bundesgenossen die Feindseligkeiten nicht auf, sondern lag beständig mit Alexander im Krieg, bis die meisten niedergemacht, die übrigen in die Stadt Bemeselis gedrängt und nach deren Zerstörung gefangen nach Jerusalem gebracht worden waren. Alexanders Zorn kannte nun keine Grenzen mehr, so daß er seine Grausamkeit bis zur Gottlosigkeit trieb. Er ließ 800 Gefangene mitten in der Stadt ans Kreuz schlagen, ihre Frauen und Kinder vor ihren Augen töten, während er selbst mit seinen Nebenfrauen zechend zusah. Infolgedessen ergriff das Volk ein solcher Schrecken, daß in der Nacht darauf 8000 seiner Gegner aus Judäa flohen, die erst nach dem Tode Alexanders zurückzukehren wagten. Nachdem er durch solche Maßnahmen spät und mühsam seinem Reiche Ruhe verschafft hatte, legte er die Waffen nieder.

7. Erneut wurde er aufgestört durch des Demetrios Bruder Antiochos mit dem Beinamen Dionysos, den letzten Seleukiden.(41) Als dieser zu einem Feldzug gegen die Araber aufbrach, ließ Alexander die ganze Strecke zwischen dem Gebirge bei Antipatris(42) und der Küste bei Joppe mit einem tiefen Graben durchziehen und vor dem Graben eine Mauer mit hölzernen Türmen errichten, um die leicht angreifbaren Stellen zu schützen. Doch vermochte er damit Antiochos nicht abzuwehren; denn dieser verbrannte die Türme, füllte den Graben aus, marschierte mit seinem Heer durch Judäa und wandte sich sogleich gegen die Araber, indem er die Rache an Alexander, der ihn hatte aufhalten wollen, auf eine spätere Zeit verschob. Der Araberkönig zog sich in eine für ihn günstigere Gegend zurück, machte dann mit seiner 10 000 Mann starken Reiterei eine plötzliche Schwenkung und griff das Heer des Antiochos an, noch ehe es in Schlachtordnung aufgestellt war. Ein heißer Kampf entspann sich, in dem das Heer des Antiochos, solange er selbst am Leben war, standhielt, obwohl die Araber ihm gewaltig zusetzten. Sobald er aber gefallen war, da er keine Gefahr scheute, um seinen bedrängten Truppen zu helfen, wandte sich

alles zur Flucht. Der größte Teil seines Heeres kam in der Schlacht oder auf dem Rückzug um, während der Rest, der sich in das Dorf Kana flüchtete, bis auf wenige Überlebende verhungerte.

8. Hierauf riefen die Bewohner von Damaskus aus Haß gegen Ptolemaios Mennaios den Aretas herbei und ernannten ihn zum König von Koilesyrien.(43) Dieser zog gegen Judäa und besiegte Alexander, kehrte aber nach Abschluß eines Vergleichs wieder heim. Alexander eroberte seinerseits Pella und rückte, erneut nach den Schätzen des Theodoros lüstern, vor Gerasa, schloß die Besatzung mit einer dreifachen Mauer ein und stürmte die Stadt. Ferner verwüstete er Gaulana, Seleukeia und das sogenannte Antiochostal, nahm die starke Festung Gamala, deren Kommandanten, Demetrios, er wegen vieler gegen ihn erhobener Anklagen absetzte. Nachdem er volle drei Jahre im Felde gelegen hatte, kehrte er nach Judäa zurück, wo er wegen seiner Erfolge von der Bevölkerung herzlich empfangen wurde. Doch kaum ruhte er von den Kriegsstrapazen aus, als er erkrankte; und weil das Leiden, ein viertägiges Wechselfieber, ihm arg zusetzte, glaubte er es durch erneute Tätigkeit von sich abschütteln zu können. Als er aber in dieser Absicht zur Unzeit einen Feldzug unternahm und sich den Mühen über seine Kräfte hinaus aussetzte, starb er mitten im Krieg nach siebenundzwanzigjähriger Regierung.(44)

5. *Kapitel: Alexandra und die Pharisäer*

1. Die Herrschaft hinterließ er seiner Frau Alexandra, da er überzeugt war, daß die Judäer ihr noch am willigsten Gehorsam leisten würden, weil sie von seiner Grausamkeit weit entfernt war und sich durch ihren Widerstand gegen Ungesetzlichkeiten die Zuneigung des Volkes erworben hatte. In dieser Erwartung hatte er sich auch nicht getäuscht: Die Frau wußte sich in der Tat durch die günstige Meinung, die sie von ihrer Frömmigkeit verbreitete, die Herrschaft zu sichern. Die traditionellen Gebräuche des Volkes beobachtete sie aufs peinlichste und enthob gleich anfangs die Übertreter der heiligen Gesetze ihrer Ämter.

Von den beiden Söhnen, die sie Alexander geboren hatte, ernannte sie Hyrkanos zum Hohenpriester, weil er der ältere und zu träge war, um ihr in der Regierung Schwierigkeiten zu bereiten; den jüngeren, Aristobulos, beschränkte sie wegen seines feurigen Temperaments auf das Privatleben.

2. Mit ihr wuchsen auch die Pharisäer in die Macht, eine judäische Gruppe, deren Angehörige für besonders fromm und gesetzeskundig gelten. Ihnen war Alexandra als gottesfürchtige Frau überaus zugetan. Sie betörten aber allmählich die Einfalt der Frau und waren bald die eigentlichen Herrscher, die nach Gefallen verbannten und zurückriefen, lösten und banden, wen sie wollten. Alles in allem genommen, hatten sie die Freuden des Königtums, während Alexandra die Kosten und Beschwerden hatte. Übrigens war sie der Leitung eines größeren Staatswesens wohl gewachsen. Durch ständige Einberufungen verdoppelte sie die Stärke ihrer Truppen und nahm nicht wenige fremde Söldner in Dienst, so daß sie die Kraft des Volkes zu mehren und den auswärtigen Fürsten die nötige Furcht einzuflößen vermochte. So herrschte sie über ihre Untertanen und die Pharisäer über sie.

3. Ihnen war es zuzuschreiben, daß ein gewisser Diogenes, ein vornehmer Mann und Freund Alexanders, hingerichtet wurde. Sie beschuldigten ihn, Alexander die Kreuzigung der Achthundert geraten zu haben. Ebenso wußten sie es bei der Königin durchzusetzen, daß auch die übrigen Männer, die Alexander dazu veranlaßt hatten, mit dem Tode büßen mußten. Aus religiöser Scheu beugte sich Alexandra völlig den Pharisäern, und so überantworteten diese dem Henker, wen sie wollten. Die angesehensten unter den gefährdeten Bürgern nahmen ihre Zuflucht zu Aristobulos, und dieser brachte seine Mutter dahin, die Männer ihrer hohen Stellung wegen zu schonen oder, wenn sie nicht unschuldig wären, sie wenigstens nur aus der Stadt zu verweisen. Nachdem ihnen Straflosigkeit bewilligt worden war, zerstreuten sie sich im Lande. Hierauf schickte Alexandra unter dem Vorwand, Ptolemaios bedränge fortwährend Damaskus, ein Heer gegen diese Stadt, das jedoch nichts Bemerkenswertes verrichtete. Dann suchte sie den Armenierkönig Tigranes, der vor

Ptolemais lag und Kleopatra belagerte, durch Verträge und Geschenke zum Abzug zu veranlassen. Er zog sich aber sehr schnell wegen der Unruhen in Armenien zurück, in das Lucullus eingefallen war.(45)

4. Um diese Zeit erkrankte Alexandra, und ihr jüngerer Sohn Aristobulos hatte nichts Eiligeres zu tun, als mit Hilfe seiner zahlreichen und ihm wegen seines feurigen Temperaments ohne Ausnahme treu ergebenen Anhänger alle Festungen in Besitz zu nehmen. Mit dem Geld, das er dort vorfand, warb er Söldner an und machte sich zum König. Da Hyrkanos sich darüber beklagte, befahl seine Mutter, die Gattin und die Kinder des Aristobulos in der Antonia einzukerkern. Dies war eine im Norden an den Tempel stoßende feste Burg, die, wie erwähnt, früher Baris hieß, später aber zur Zeit der Herrschaft des Antonius nach diesem benannt wurde, wie auch die Städte Sebaste und Agrippias diese Namen statt ihrer früheren dem Sebastos und Agrippa zu Ehren erhielten. Bevor jedoch Alexandra gegen Aristobulos wegen der Demütigung seines Bruders einschreiten konnte, starb sie, nachdem sie neun Jahre regiert hatte.(46)

6. Kapitel: Der Streit zwischen Aristobulos und Hyrkanos. Eingreifen des Pompeius

1. Der eigentliche Erbe des Reiches war Hyrkanos, dem seine Mutter noch vor ihrem Tode die Königswürde übertragen hatte; doch an Energie und Geist überragte ihn Aristobulos. In einem Gefecht bei Jericho, wo sie miteinander um die Herrschaft stritten, verließen Hyrkanos die meisten seiner Anhänger und gingen zu Aristobulos über. Hyrkanos floh mit dem Rest seiner Getreuen und vermochte noch rechtzeitig die Antonia zu erreichen, wo er sich der Frau und der Kinder des Aristobulos als Geiseln für seinen Schutz versicherte. Bevor es indes zu einem unheilbaren Zerwürfnis kam, verglich er sich mit seinem Bruder dahin, daß Aristobulos König sein und er selbst dem Thron entsagen, im übrigen aber alle Ehren genießen solle, die dem Bruder des Königs gebührten. Unter diesen Bedingungen söhnten sie sich miteinander im Tempel

aus, umarmten sich vor den Augen des sie umgebenden Volkes und vertauschten ihre Wohnungen: Aristobulos bezog den Königspalast, Hyrkanos das Haus des Aristobulos.

2. Der unerwartete Erfolg des Aristobulos bestürzte seine Gegner, darunter besonders den Antipatros, der ihm schon längst ein Dorn im Auge war. Von Geburt Idumäer(47), stand er infolge seiner Abstammung, seines Reichtums und seiner Macht an der Spitze seines Volkes. Antipatros beredete einerseits Hyrkanos, zu dem Araberkönig Aretas zu fliehen, um die Königswürde wieder zu erringen, anderseits Aretas, Hyrkanos aufzunehmen und ihn auf seinen Thron zurückzuführen. Um Aretas geneigt zu machen, schmähte er den Charakter des Aristobulos ebensosehr, wie er den des Hyrkanos lobte, fügte auch hinzu, es stehe dem Beherrscher eines so glänzenden Reiches wohl an, seine schützende Hand über den zu halten, dem Unrecht widerfahren sei. Unrecht aber sei Hyrkanos in der Tat geschehen, da er des Throns beraubt worden sei, der ihm seines höheren Alters wegen zukomme. Nachdem er so auf beide eingewirkt hatte, verließ er bei Nacht in Begleitung des Hyrkanos die Stadt und gelangte in eiliger Flucht wohlbehalten nach Petra, der Hauptstadt Arabiens. Hier stellte er Hyrkanos unter des Königs Schutz, suchte diesen mit vielen Worten und durch reiche Geschenke für sich einzunehmen und brachte ihn schließlich dahin, daß er ein Heer zur Verfügung stellte, um seinen Schützling wieder in seine Herrschaft einzusetzen. Dieser Truppenmacht, 50 000 Mann zu Fuß und zu Pferd, vermochte Aristobulos nicht standzuhalten. Er wurde gleich beim ersten Zusammenstoß geschlagen und nach Jerusalem gedrängt, wo er zweifellos in die Hände seiner Feinde gefallen wäre, hätte nicht der römische Feldherr Scaurus die günstige Gelegenheit genutzt und die Stadt entsetzt. Scaurus war von Pompeius dem Großen, der gegen Tigranes Krieg führte, aus Armenien nach Syrien geschickt worden. Als er nach der soeben von Metellus und Lollius eroberten Stadt Damaskus gekommen war und diese beiden anderswohin beordert hatte, erfuhr er den Stand der Dinge in Judäa. Er eilte sogleich dorthin, um einen unverhofften Vorteil wahrzunehmen.

3. Kaum hatte er das Land betreten, stellten sich Gesandte

beider Brüder bei ihm ein, von denen jeder für sich Hilfe erbat. Doch schwerer als Gerechtigkeit wogen 300 Talente, die Aristobulos mitgegeben hatte. Nach Empfang dieses Geldes ließ Scaurus Hyrkanos und den Arabern durch Herolde mit dem Einschreiten der Römer und des Pompeius drohen, falls sie die Belagerung nicht einstellten. Daraufhin marschierte Aretas bestürzt aus Judäa nach Philadelpheia ab, während Scaurus nach Damaskus zurückkehrte. Aristobulos genügte es aber nicht, der Gefangenschaft entgangen zu sein; er verfolgte die Feinde mit seinem ganzen Heer und lieferte ihnen bei Papyron ein Gefecht, in dem er über 6000 Mann tötete, darunter auch des Antipatros Bruder Phallion.

4. Des Beistandes der Araber beraubt, setzten Hyrkanos und Antipatros ihre Hoffnung auf die Gegner, und da Pompeius auf seinem Marsch durch Syrien eben in Damaskus angelangt war, flüchteten sie zu ihm. Ohne Geschenke, nur auf die schon bei Aretas geltend gemachten Rechtsgründe sich beziehend, baten sie ihn, das gewaltsame Vorgehen des Aristobulos zu mißbilligen und den auf den Thron zu setzen, der seinem Alter und Charakter nach Anspruch darauf habe. Doch auch Aristobulos ließ nicht auf sich warten, sondern fand sich im Vertrauen auf die Bestechung des Scaurus mit allem möglichen königlichen Gepränge ein. Da er es aber für unwürdig hielt, den Unterwürfigen zu spielen, und es nicht über sich bringen konnte, sich und seinen Rang um eines Vorteils willen zu erniedrigen, zog er sich über Dion zurück.

5. Entrüstet brach Pompeius, da ihn gleichzeitig auch Hyrkanos und dessen Anhänger mit Bitten bestürmten, mit dem römischen Heer und vielen syrischen Hilfstruppen gegen Aristobulos auf. Als er an Pella und Skythopolis vorbei auf dem Landweg Koreai erreicht hatte, wo Judäa beginnt, wurde ihm gemeldet, Aristobulos habe sich nach Alexandreion, einer aufs beste ausgerüsteten und auf dem Gipfel eines Berges gelegenen Festung, geflüchtet. Er ließ ihm befehlen herunterzukommen. Dieser herrischen Aufforderung gegenüber hatte Aristobulos nicht übel Lust, es lieber aufs Äußerste ankommen zu lassen, als zu gehorchen. Da er aber seine Anhänger von Furcht ergriffen sah und sie ihm zuredeten, er möge doch die unwiderstehliche Kraft

der Römer bedenken, ließ er sich umstimmen und stieg zu Pompeius hinab. Hier setzte er weitläufig seine Rechtsansprüche auf den Thron auseinander und kehrte dann in seine Festung zurück. Später kam er auf Ersuchen seines Bruders abermals herab, besprach sich mit diesem über die Rechtsfrage und begab sich, ungehindert von Pompeius, wieder hinauf. Zwischen Furcht und Hoffnung schwebend, pflegte er zu kommen, um Pompeius zu veranlassen, seine Forderungen zu bewilligen; zurück aber ging er, um nicht den Anschein zu erwecken, als gäbe er schon im voraus seine Sache auf. Als jedoch Pompeius ihn aufforderte, die Festungen auszuliefern, und ihn zwang, den Kommandanten, die Weisungen hatten, nur schriftlichen Befehlen ihres Königs zu gehorchen, durch eigenhändige Briefe den Abzug zu befehlen, fügte er sich zwar diesem Ansinnen, zog sich aber erbittert nach Jerusalem zurück und rüstete sich zum Kampf gegen Pompeius.

6. Pompeius folgte ihm, ohne ihm Zeit zu Vorbereitungen zu lassen, wobei ihm die Kunde vom Tod des Mithridates, die er bei Jericho erhielt, noch anspornte. Um Jericho ist die fruchtbarste Gegend Judäas. Hier gedeihen Palmen und Balsambäume in Menge. (Balsam wird gewonnen, indem man mit scharfen Steinen den Stamm in seinem unteren Teile ritzt und die aus den Einschnitten fließenden Tropfen sammelt.) Dort schlug Pompeius für eine Nacht sein Lager auf und rückte in der Morgenfrühe gegen Jerusalem vor. Durch sein Erscheinen in Schrecken versetzt, ging Aristobulos ihm als Bittsteller entgegen, und es gelang ihm, durch Geldversprechungen und die Zusage, daß er sich selbst und die Stadt in seine Hände geben wolle, den Zorn des Pompeius zu beschwichtigen. Doch hielt er keine seiner Zusagen, und als Gabinius erschien, um das Geld in Empfang zu nehmen, ließen ihn die Anhänger des Aristobulos nicht einmal in die Stadt ein.

7. Kapitel: Pompeius erobert Jerusalem

1. Hierüber entrüstet, ließ Pompeius Aristobulos festnehmen und suchte, als er der Stadt näher gekommen war, einen günstigen Angriffspunkt Dabei fand er, daß die

Mauern wegen ihrer Festigkeit und weil sie außen von einer tiefen Schlucht umgeben waren, schwer einnehmbar und das jenseits der Schlucht gelegene Heiligtum derartig starke Befestigungen aufwies, daß selbst nach dem Falle der Stadt die Feinde an ihm einen zweiten Zufluchtsort haben würden

2. Während er geraume Zeit zu keinem Entschluß kommen konnte, brach in der Stadt der Parteienstreit aus, indem die Anhänger des Aristobulos für den Krieg und die Befreiung des Königs eintraten, die auf des Hyrkanos Seite stehenden Bürger erklärten, man müsse Pompeius die Tore öffnen. Die Furcht vor dem disziplinierten Heer der Römer bewirkte, daß die zweite Partei immer stärker wurde. Als die Anhänger des Aristobulos sich in der Minderheit sahen, zogen sie sich in den Tempel zurück, brachen die Brücke ab, die ihn mit der Stadt verband, und rüsteten sich zum äußersten Widerstand. Die andere Partei lud die Römer in die Stadt ein und übergab ihnen den Königspalast. Pompeius entsandte einen seiner Unterbefehlshaber, Piso, mit einer Heeresabteilung, der die Stadt besetzte. Er stellte Posten in der Stadt auf, und da es ihm nicht gelang, auch nur einen der in den Tempel Geflohenen durch gütliches Zureden zum Übertritt zu veranlassen, richtete er alles zur Belagerung ein, wobei die Leute des Hyrkanos ihm bereitwillig mit Rat und Tat zur Hand gingen.

3. Pompeius ließ auf der Nordseite den Graben und die ganze Talschlucht ausfüllen, wozu die Soldaten das Material herbeitrugen. Die Ausfüllung war recht schwierig, einmal wegen der bedeutenden Tiefe, dann aber auch, weil die Judäer von oben her auf alle mögliche Weise die Arbeit zu verhindern suchten. Die Römer wären damit auch wohl nicht zu Ende gekommen, wenn nicht Pompeius jeden siebenten Tag, an dem die Judäer aus religiösen Rücksichten sich aller Arbeit enthalten, zur Erhöhung des Dammes benützt und den Soldaten an diesem Tage das Handgemenge untersagt hätte; denn zu ihrer persönlichen Verteidigung dürfen die Judäer auch am Sabbat kämpfen. Als die Talschlucht ausgefüllt war, ließ er hohe Türme auf dem Damm errichten und die von Tyros mitgebrachten Belagerungsmaschinen heranschaffen; mit ihnen unternahm er einen Versuch gegen die Mauer, während Wurfmaschinen

die Judäer zurücktrieben, die dies von oben zu verhindern suchten. Die Türme, die hier besonders stark und schön sind, hielten jedoch sehr lange stand.

4. Während die Römer viele Mühen zu ertragen hatten, konnte Pompeius nicht umhin, sich über die mutige Ausdauer der Judäer wie auch besonders darüber zu verwundern, daß sie mitten im Hagel der Geschosse ihren Gottesdienst im vollen Umfang weiterführten. Als wenn die Stadt sich des tiefsten Friedens erfreute, wurden die täglichen Opfer, die Reinigungen und alle Kultverrichtungen dem Gott zu Ehren aufs genaueste vollzogen. Selbst als der Tempel gestürmt wurde und die Leichen sich um den Altar auftürmten, ließen sie von dem gesetzlichen Gottesdienst nicht ab. Im dritten Monat der Belagerung drangen die Römer, nachdem sie mit vieler Mühe einen der Türme zerstört hatten, in das Heiligtum ein.(48) Der erste, der die Mauer zu überspringen wagte, war Cornelius Faustus, der Sohn Sullas, dem zwei Zenturionen, Furius und Fabius, gefolgt von ihren Abteilungen, sich anschlossen. Von allen Seiten umzingelten sie die Judäer und töteten die einen auf der Flucht nach dem Tempelgebäude, die anderen nach kurzer Gegenwehr.(49)

5. Dabei blieben viele Priester, obwohl sie die Feinde mit gezogenem Schwert auf sich zukommen sahen, unerschrocken beim heiligen Dienst und wurden, während sie Trank- und Rauchopfer darbrachten, getötet; die Verehrung der Gottheit galt ihnen mehr als ihre eigene Rettung. Die meisten fielen von der Hand ihrer eigenen ihnen feindlich gesinnten Landsleute; unzählige stürzten sich die steilen Schluchten hinunter; einige steckten rasend vor Verzweiflung die Anbauten der Mauer in Brand und fanden in den Flammen ihr Ende. 12 000 Judäer kamen auf diese Weise um, während die Römer nur vereinzelte Tote, aber viele Verwundete hatten.

6. Nichts konnte das Volk in dieser schrecklichen Lage so schwer treffen, als daß das bis jetzt unbetretene Allerheiligste von Fremden gesehen wurde. Pompeius ging mit seinem Gefolge in den Teil des Tempels, den nur der Hohepriester betreten durfte, und betrachtete, was darin war: den Leuchter und die Lampen, den Tisch, die Opferschalen und die Räuchergefäße, alles von gediegenem Gold,

die Menge des aufgespeicherten Räucherwerks und den gegen 2000 Talente betragenden Tempelschatz. Doch rührte er weder diesen noch irgendeines der heiligen Geräte an; vielmehr ließ er am Tage nach der Erstürmung den Tempelraum durch die Tempeldiener reinigen und die üblichen Opfer darbringen. Dann ernannte er Hyrkanos wieder zum Hohenpriester, weil er sich bei der Belagerung als sehr hilfsbereit erwiesen, dann aber ganz besonders, weil er die Landbevölkerung, die sich anschickte, für Aristobulos zu den Waffen zu greifen, davon abgehalten hatte. So gewann er, wie es einem guten Feldherrn ziemt, das Volk mehr durch Wohlwollen als durch Furcht. Unter den Kriegsgefangenen befand sich auch der Schwiegervater des Aristobulos, der zugleich sein Onkel war. Die Haupturheber des Krieges ließ Pompeius enthaupten; Faustus und die anderen, die an seiner Seite mutig gekämpft hatten, beschenkte er mit herrlichen Kampfpreisen. Dann legte er dem Land und der Stadt Jerusalem eine Steuer auf.
7. Eine weitere Folge des Krieges war, daß Pompeius dem Volk die Städte, die es in Koilesyrien erobert hatte, wieder abnahm, sie dem römischen Legaten unterstellte und die Judäer auf ihre eigenen Grenzen beschränkte. Das von den Judäern zerstörte Gadara baute er einem seiner Freigelassenen, Demetrios, der von dort gebürtig war, zu Gefallen wieder auf. Dann befreite er von ihrer Oberherrschaft alle Städte im Binnenland, die sie nicht zerstört hatten, nämlich Hippos, Skythopolis, Pella, Samareia, Jamneia, Marisa, ferner Azotos und Arethusa, desgleichen die Küstenstädte Gaza, Joppe, Dora und die Stadt, die früher Stratonsturm hieß, später von König Herodes aufs prächtigste umgebaut und Kaisareia genannt wurde. Alle diese Städte gab er ihren eingeborenen Bürgern zurück und teilte sie der Provinz Syrien zu. Nachdem er diese einschließlich Judäa und dem Gebiet bis Ägypten einerseits und zum Euphrat anderseits dem Scaurus, dem er zwei Legionen zur Verfügung stellte, zur Verwaltung übergeben hatte, eilte er durch Kilikien nach Rom, wohin er den Aristobulos und dessen Familie, zwei Töchter und zwei Söhne, als Gefangene mitführte. Von diesen floh der eine, Alexander, unterwegs, während der jüngere, Antigonos, mit seinen Schwestern nach Rom gebracht wurde.

8. Kapitel: *Gabinius, Crassus und Cassius in Judäa*

1. Unterdessen war Scaurus in Arabien eingefallen. Dort hielt ihn zwar von Petra das schwer passierbare Terrain ab; er verwüstete aber die Umgegend stark, obwohl er auch hier viel auszustehen hatte, da sein Heer durch Hunger litt. Hyrkanos half, indem er durch Antipatros Lebensmittel schickte. Da Antipatros auch mit Aretas befreundet war, sandte Scaurus ihn zu diesem, damit er den Araber berede, den Frieden durch Geld zu erkaufen. Wirklich war Aretas bereit, 300 Talente zu zahlen, worauf Scaurus sein Heer aus Arabien zurückzog.

2. Schwere Sorgen bereitete Hyrkanos der dem Pompeius entwichene Sohn des Aristobulos, Alexander, der im Laufe der Zeit ein starkes Heer zusammengebracht hatte und jetzt in Judäa einfiel. Es schien, als ob es ihm schnell gelingen würde, Hyrkanos zu stürzen; denn bereits stand er vor Jerusalem und begann, die von Pompeius zerstörte Mauer wiederaufzubauen.(50) Doch Gabinius, der Nachfolger des Scaurus(51) in Syrien und ein Mann von vielfach erprobter Tapferkeit, zog sogleich gegen Alexander, der bestürzt über dessen Anmarsch sein Heer auf 10 000 Fußsoldaten und 1500 Reiter verstärkte. Außerdem befestigte er geeignete Plätze, wie Alexandreion, Hyrkania und Machairus in der Nähe des arabischen Berglandes.

3. Gabinius sandte Marcus Antonius mit einem Teil seiner Truppen voraus und folgte selbst mit der Hauptmacht nach. Mit den Unterbefehlshabern des Antonius vereinigten sich des Antipatros Elitetruppen und die übrigen Streitkräfte der Judäer unter Anführung von Malichos und Peitholaos und rückten Alexander entgegen. Bald darauf traf auch Gabinius mit seinen Truppen ein. Diesem vereinten feindlichen Heere fühlte sich Alexander nicht gewachsen; er zog sich zurück, wurde aber in der Nähe von Jerusalem zu einem Gefecht gezwungen, in dem er 6000 Mann verlor: 3000 fielen und 3000 gerieten in Gefangenschaft. Er selbst floh mit dem Rest nach Alexandreion.

4. Als Gabinius vor dieser Festung anlangte und viele Judäer dort im Lager fand, versuchte er, indem er ihnen Verzeihung für das Vorgefallene in Aussicht stellte, sie ohne Kampf zu gewinnen. Da sie aber einen Vergleich

selbstbewußt zurückwiesen, machte er viele von ihnen nieder und schloß die übrigen in die Festung ein. In diesem Treffen tat sich der Truppenführer Marcus Antonius hervor; zwar zeigte er sich auch sonst stets tapfer, doch so heldenhaft wie diesmal nirgends. Gabinius ließ eine Abteilung zur Eroberung des Kastells zurück und brach auf, um die Städte, die nicht so viel gelitten hatten, in besseren Zustand zu bringen und die zerstörten wiederaufzubauen. So wurden auf seinen Befehl die Städte Skythopolis, Samareia, Anthedon, Apollonia, Jamneia, Rapheia, Marisa, Adoreos, Gamala, Azotos und viele andere wieder bevölkert, und freudig strömten die Einwohner in ihnen zusammen.

5. Nachdem er das besorgt hatte, zog er wieder vor Alexandreion und belagerte es so nachdrücklich, daß Alexander verzweifelt Gesandte zu ihm schickte, die um Verzeihung seiner Vergehen bitten sollten. Er übergab die noch in seinem Besitz befindlichen Festungen Hyrkania und Machairus und lieferte bald auch Alexandreion aus. Alle diese Plätze schleifte Gabinius, damit sie nicht zu Brutstätten neuer Kriegswirren würden. Dazu hatte ihm die Mutter Alexanders geraten, die sich, besorgt um die Gefangenen in Rom, ihren Gatten und ihre übrigen Kinder, zu Gabinius begeben hatte, um ihn zur Milde zu stimmen. Hierauf führte Gabinius Hyrkanos nach Jerusalem, wo er ihm die Obhut des Tempels übertrug und die Verfassung so einrichtete, daß die Vornehmsten an der Spitze standen. Das Volk teilte er dann in fünf Bezirke und teilte den einen Jerusalem, den zweiten Gadara, den dritten Amathus, den vierten Jericho, den fünften Sepphoris in Galiläa zu. (52) Zu ihrer Freude waren die Judäer somit von der Herrschaft eines einzelnen befreit und für die Zukunft einer aristokratischen Regierung unterstellt.

6. Nicht lange danach entstanden neue Unruhen durch Aristobulos, der von Rom geflohen war und eine Menge aufrührerischer oder ihm von früher her ergebener Judäer an sich gezogen hatte. Zunächst besetzte er Alexandreion und versuchte, es wieder zu befestigen. Als er aber erfuhr, daß Gabinius ein Heer unter Sissenna, Antonius und Servilius gegen ihn gesandt habe, zog er sich nach Machairus zurück. Dabei entledigte er sich der unnützen Anhänger

und behielt nur die etwa 8000 Bewaffneten bei sich, unter denen sich auch der Unterbefehlshaber aus Jerusalem, Peitholaos, befand, der mit tausend Mann zu ihm übergegangen war. Die Römer folgten ihnen, und es kam zu einer Schlacht, in der des Aristobulos Leute zwar tapfer kämpften und lange standhielten, endlich aber von den Römern überwältigt wurden. 5000 von ihnen fielen, gegen 2000 flüchteten auf eine Anhöhe, die übrigen durchbrachen mit Aristobulos die Reihen der Römer und wurden nach Machairus gedrängt. Hier bezog der König am ersten Abend Nachtquartier in den Ruinen und befestigte dann den Platz notdürftig in der Hoffnung, noch ein Heer zusammenbringen zu können, wenn der Krieg vielleicht etwas lässiger geführt würde. Als die Römer angriffen, leistete er ihnen zwei Tage lang über seine Kräfte Widerstand, wurde dann gefangengenommen und mit seinem ebenfalls aus Rom entflohenen Sohn Antigonos gefesselt vor Gabinius gebracht, der ihn nach Rom zurückschickte. Der Senat ließ ihn einkerkern, seine Kinder aber nach Judäa bringen, weil Gabinius in einem Schreiben mitgeteilt hatte, er habe dies der Gattin des Aristobulos für die Auslieferung der Festungen versprochen.

7. Einen Feldzug gegen die Parther verhinderte die Angelegenheit des Ptolemaios.(53) Wegen ihm mußte Gabinius am Euphrat umkehren, um den König in Ägypten wieder einzusetzen; dabei unterstützten ihn Hyrkanos und Antipatros. Antipatros insbesondere verschaffte ihm Geld, Waffen, Getreide und Hilfstruppen; er veranlaßte auch die Judäer, die bei Pelusion die Grenzen nach Ägypten zu bewachen hatten, Gabinius durchzulassen. Nach dem Abzug des Gabinius geriet ganz Syrien in Bewegung, und auch die Judäer wurden durch Alexander, des Aristobulos Sohn, zu erneutem Abfall verleitet. Er brachte ein ansehnliches Heer zusammen und beabsichtigte, alle Römer im Lande zu töten. Gabinius, der wegen der Unruhen aus Ägypten zurückgeeilt war, sandte besorgt Antipatros zu einigen der Empörer, die sich auch wirklich umstimmen ließen. Immerhin blieben Alexander noch 30 000 Mann, gegen die Gabinius ausrückte. Die Judäer zogen ihm entgegen, und es kam beim Berg Tabor zu einer Schlacht, in der 10 000 Judäer fielen, während der Rest in wilder Flucht auseinanderstob.

Gabinius zog nach Jerusalem und richtete die Verfassung nach des Antipatros Wünschen ein. Von dort brach er gegen die Nabatäer auf, die er besiegte. Die parthischen Flüchtlinge(54) Mithridates und Orsanes ließ er heimlich entkommen, während er seinen Soldaten sagte, sie seien geflohen.

8. Des Gabinius Nachfolger in der Verwaltung Syriens war Crassus.(55) Er entnahm zu seinem Feldzug gegen die Parther dem Tempel von Jerusalem außer allem übrigen Gold auch die 2000 Talente, die Pompeius nicht angetastet hatte. Er hatte kaum den Euphrat überschritten, als er mit seinem Heer umkam. Doch das gehört nicht weiter hierher.

9. Nach dem Tode des Crassus versuchten die Parther in Syrien einzudringen, wurden aber von Cassius(56), der sich in diese Provinz geflüchtet hatte, zurückgeschlagen. Nachdem Cassius sich Syriens versichert hatte, zog er nach Judäa, eroberte Tarichaia und verkaufte gegen 30 000 Judäer in die Sklaverei. Dann ließ er auf des Antipatros Rat Peitholaos töten, der die aufrührerischen Anhänger des Aristobulos gesammelt hatte. Antipatros hatte eine vornehme Araberin namens Kypros geheiratet, die ihm vier Söhne schenkte, Phasaelos, Herodes (den nachmaligen König), Joseph und Pheroras, sowie eine Tochter Salome. Mit allen Machthabern ringsum bereits in gastfreundlichen Beziehungen stehend, trat er durch diese Heirat in ein besonders enges Verhältnis zu dem Araberkönig, dessen Obhut er seine Kinder anvertraute, als er den Krieg gegen Aristobulos begann. Cassius nötigte Alexander zu dem Versprechen, Ruhe halten zu wollen, und wandte sich wieder nach dem Euphrat, um den Parthern den Übergang zu verwehren, wovon an anderer Stelle die Rede sein soll.(57)

9. Kapitel: Tod des Aristobulos. Antipatros unterstützt Caesar

1. Als Pompeius mit dem Senat über das Jonische Meer geflohen und Caesar Herr über Rom und das Reich geworden war, ließ er Aristobulos frei, übergab ihm zwei Legionen und wollte ihn schleunigst nach Syrien senden; er

hoffte, durch ihn diese Provinz und ganz Judäa leicht für sich gewinnen zu können. Doch der Neid machte des Aristobulos guten Willen und Caesars Hoffnung zunichte; denn Aristobulos wurde von den Anhängern des Pompeius vergiftet. (58) Lange Zeit konnte sein Leichnam nicht in heimischer Erde bestattet werden, sondern lag in Honig einbalsamiert, bis er später von Antonius den Judäern zugeschickt wurde, um in den Königsgräbern beigesetzt zu werden.

2. Auch sein Sohn Alexander starb. Scipio (59) ließ ihn in Antiocheia auf Befehl des Pompeius enthaupten, nachdem ihm vorher wegen des den Römern zugefügten Schadens der Prozeß gemacht worden war. Seiner Geschwister nahm sich Ptolemaios Mennaios, der Beherrscher von Chalkis am Fuße des Libanon, an, der seinen Sohn Philippion nach Askalon sandte, um sie abzuholen. Es gelang ihm, Antigonos und dessen Schwestern ihrer Mutter, der Witwe des Aristobulos, zu entreißen und zu seinem Vater zu bringen. In die jüngere der Schwestern, Alexandra, verliebte er sich und heiratete sie, wurde aber ihretwegen von seinem eigenen Vater getötet, der selbst Alexandra zur Frau nahm und nun den Geschwistern seiner Gemahlin sein besonderes Wohlwollen zuwandte.

3. Nach dem Tode des Pompeius wechselte Antipatros die Farbe und trat auf Caesars Seite über. Als der pergamenische König Mithridates (60) mit seinem Heer, das er nach Ägypten führen wollte, bei Askalon haltmachen mußte, weil er den Weg über Pelusion nicht erzwingen konnte, bewog Antipatros nicht nur die ihm befreundeten Araber, Hilfe zu leisten, sondern rückte auch selbst mit etwa 3000 Mann judäischer Fußtruppen an. Ferner veranlaßte er bedeutende syrische Persönlichkeiten, wie die am Libanon lebenden Fürsten Ptolemaios und Jamblichos (61), den Feldzug zu unterstützen, durch deren Einfluß dann auch die Städte dieser Gegend bereitwillig ihren Beistand zusagten. Nachdem dank des Antipatros Eingreifen die Streitkräfte des Mithridates sich bedeutend vermehrt hatten, marschierte er vor Pelusion und belagerte die Stadt, da man ihm den Durchmarsch verweigerte. Bei dem folgenden Sturm erwarb sich Antipatros Kriegsruhm, indem er in den ihm zugewiesenen Teil der Mauer eine Bresche schlug

und mit seiner Schar allen anderen voran in die Stadt eindrang.

4. So fiel Pelusion; doch beim weiteren Vorrücken wurde das Heer abermals aufgehalten durch die ägyptischen Judäer, die den sogenannten Bezirk des Onias (62) bewohnten. Wieder war es Antipatros, der diese bewog, nicht nur ihren Widerstand aufzugeben, sondern auch die Truppen mit den nötigen Lebensmitteln zu versehen. Infolgedessen leisteten auch die Bewohner der Umgegend von Memphis keinen Widerstand und schlossen sich freiwillig Mithridates an. Er umging das Delta und lieferte den Ägyptern eine Schlacht in der Gegend, die „Judäerlager“ (63) genannt wird. Hier gerieten er selbst und sein rechter Flügel in Gefahr; doch Antipatros kam ihm am Ufer des Flusses entlang zu Hilfe und befreite ihn aus der Umklammerung, nachdem er zuvor mit dem von ihm befehligten linken Flügel die ihm gegenüberstehende feindliche Abteilung geworfen hatte. Dann drang er auf die Verfolger des Mithridates ein, tötete viele von ihnen und setzte den übrigen so weit nach, daß er ihr Lager in seine Gewalt brachte. Dabei fielen nur achtzig seiner Soldaten, während Mithridates auf der Flucht gegen 800 verloren hatte. Nachdem der König so unverhofft der Gefahr entgangen war, erstattete er ohne alle Verleumdungen einen Bericht über die Taten des Antipatros.

5. Caesar belobigte Antipatros reichlich und stachelte ihn dazu an, sich noch weiteren Gefahren für ihn auszusetzen. Bei solchen Gelegenheiten bewies Antipatros stets eine außerordentliche Kühnheit, und bald war fast sein ganzer Körper mit Narben, Malen seiner Tapferkeit, bedeckt. Als Caesar in Ägypten Ruhe und Ordnung hergestellt hatte und nach Syrien zurückgekehrt war, gewährte er ihm Steuerfreiheit und das römische Bürgerrecht, erwies ihm auch sonstige Ehren- und Gunstbezeigungen und machte ihn dadurch zum Gegenstand des Neides. Auch daß Hyrkanos von Caesar in seiner hohepriesterlichen Würde bestätigt wurde, war lediglich dem Einfluß des Antipatros zu verdanken.

10. Kapitel: Antipatros Prokurator von Judäa, Herodes Statthalter von Galiläa

1. Um dieselbe Zeit traf es sich merkwürdigerweise, daß des Aristobulos Sohn Antigonos, der sich bei Caesar befand, das Ansehen des Antipatros noch vermehrte. Denn statt das Schicksal seines Vaters zu beweinen, der, wie man glaubte, wegen seiner feindseligen Gesinnung gegen Pompeius vergiftet worden war, statt über Scipios Grausamkeit gegen seinen Bruder zu klagen, ohne in die Gefühle des Mitleids solche des Neids zu mischen, trat er vielmehr als Ankläger gegen Hyrkanos und Antipatros auf. Er beschuldigte sie, ihn und seine Geschwister aller Gerechtigkeit zum Hohn aus dem Vaterland vertrieben und übermütig ihr Volk drangsaliert zu haben. Zum Feldzug nach Ägypten hätten sie nicht aus Ergebenheit gegen Caesar Hilfstruppen gestellt, sondern nur aus Furcht wegen ihrer früheren Feindseligkeiten und um ihre Freundschaft für Pompeius vergessen zu machen.
2. Da riß Antipatros seine Kleidung auf, zeigte seine zahlreichen Narben und erklärte, er bedürfe keiner Worte, um seine gute Gesinnung gegen Caesar darzutun; denn wenn er auch schweige, so lege doch sein Körper Zeugnis ab. Wundern aber müsse er sich über die Anmaßung des Antigonos, der als Sohn eines den Römern feindlich gesinnten Flüchtlings an Neuerungssucht und Empörungslust seinem Vater gleiche und der sich jetzt unterfange, bei dem römischen Machthaber andere zu verklagen, während er doch froh sein könne, daß er überhaupt noch lebe. Nicht aus Bedürfnis wolle er jetzt teil an den Staatsgeschäften haben, sondern um die Judäer zum Aufruhr zu verleiten und seine Macht zum Schaden derer zu mißbrauchen, die sie ihm verliehen.
3. Nachdem Caesar beide gehört hatte, erklärte er Hyrkanos für den würdigeren Hohenpriester; Antipatros ließ er die Wahl eines einflußreichen Postens frei. Als dieser das Maß der Auszeichnung dem Auszeichnenden anheimgab, wurde er zum Prokurator von ganz Judäa ernannt und erhielt außerdem die Erlaubnis, die zerstörten Mauern der Hauptstadt wieder aufbauen zu lassen.(64) Die Urkunde über diese Ehrung sandte Caesar nach Rom, damit sie im

Kapitol als Denkmal seiner Gerechtigkeit und der Verdienste des Antipatros eingemeiselt würden.

4. Antipatros gab Caesar bis zur Grenze Syriens das Geleit und kehrte dann nach Judäa zurück. Hier stellte er zunächst die von Pompeius zerstörten Mauern Jerusalems wieder her und bereiste dann das Land, um die Unruhen beizulegen, wobei er es weder an Drohungen noch an guten Ratschlägen fehlen ließ. Jeder, der Hyrkanos(65) wohlgesinnt sei, erklärte er, solle sich eines glücklichen und ruhigen Lebens erfreuen, sein Eigentum geschützt sehen und den allgemeinen Frieden genießen. Wer dagegen von den eitlen Erwartungen der Empörer sich blenden lasse, die nur auf ihren persönlichen Vorteil bedacht seien, der werde an ihm statt eines Beraters einen Despoten, an Hyrkanos statt eines Regenten einen Tyrannen, an den Römern und Caesar statt Führern und Freunden Feinde haben. Sie würden nie den Sturz eines Mannes zulassen, den sie selbst eingesetzt hätten. Während er so sprach, ordnete er zugleich nach eigenem Ermessen die Angelegenheiten des Landes; denn Hyrkanos, das sah er wohl ein, war nicht nur zu träge, sondern auch zu energielos, um seine Herrscherpflichten erfüllen zu können. Er ernannte seinen ältesten Sohn Phasaelos zum Befehlshaber von Jerusalem und Umgegend, den zweitältesten, Herodes, der noch sehr jung war, sandte er in derselben Eigenschaft nach Galiläa.

5. Herodes, ein entschlossener Charakter, fand in seinem Wirkungskreis bald Gelegenheit, seine Tatkraft zu beweisen. Er setzte den Räuberanführer Ezekias, der mit einer starken Bande die Grenzgegenden Syriens unsicher machte, gefangen und ließ ihn mit vielen seiner Räuber hinrichten, wodurch er sich die Syrer zu besonderem Dank verpflichtete und man ihn in Dörfern und Städten als Bringer des Friedens und Retter des Eigentums feierte. Hierdurch wurde er auch Sextus Caesar, einem Verwandten des großen Caesar und Präfekten von Syrien, bekannt. Phasaelos mochte hinter dem Ruf seines Bruders nicht zurückstehen und legte es darauf an, sich die Einwohner Jerusalems geneigt zu machen, indem er, obwohl unabhängiger Herr der Stadt, sich jedes anstößigen und übermütigen Auftretens enthielt. So kam es, daß Anti-

patros vom Volk wie ein König geachtet und von jedermann als wirkliches Staatsoberhaupt geehrt wurde. Doch änderte er seine Ergebenheit und Treue gegen Hyrkanos nicht.

6. Aber niemand vermag im Glück der Mißgunst zu entgehen. Schon war Hyrkanos der Ruhm der jungen Leute ein Dorn im Auge; besonders ärgerten ihn die Taten des Herodes(66) und daß ständig Herolde jede neue Ruhmestat verkündeten. Auch reizten ihn manche neidische Höflinge, denen die Klugheit des Antipatros oder seiner Söhne im Wege stand und die Hyrkanos vorstellten, er habe Antipatros und seinen Söhnen die Regierung abgetreten und sitze da mit dem bloßen Titel eines Königs ohne alle Macht. Wie lange wolle er sich noch täuschen und sich Gegenkönige großziehen? Da sei doch von Statthaltern nicht mehr die Rede, sondern offen gebärdeten sie sich als Herrscher, die ihn mißachteten. Habe doch Herodes, ohne von ihm schriftlich oder mündlich beauftragt worden zu sein, eine Menge Menschen entgegen dem judäischen Gesetz ums Leben gebracht. Noch sei er aber nicht König, sondern Privatmann; somit müsse er vor Gericht gestellt werden, um sich vor Hyrkanos und den heimischen Gesetzen zu verantworten, die es nicht gestatteten, jemand ohne rechtskräftige Verurteilung hinzurichten.

7. Derartige Vorstellungen zündeten allmählich bei Hyrkanos, und so lud er endlich im höchsten Zorn Herodes vor Gericht. Auf Zureden seines Vaters und im Vertrauen auf die Lage der Dinge kam dieser nach Jerusalem, nicht ohne zuvor Galiäa durch militärische Posten gesichert zu haben. Er nahm eine Leibwache mit, die nicht so stark war, daß sie Hyrkanos hätte gefährlich werden können, immerhin aber genügte, ihn seinen Neidern nicht unbewehrt erscheinen zu lassen. Sextus Caesar, besorgt, dem jungen Mann könnte infolge der von seinen Widersachern gesponnenen Intrige etwas zustoßen, befahl Hyrkanos ausdrücklich, die gegen Herodes erhobene und auf Mord lautende Anklage fallenzulassen. Daraufhin sprach Hyrkanos Herodes frei, wozu er ohnedem neigte, da er ihm im Grunde genommen zugetan war.(67)

8. Herodes glaubte, gegen den Willen des Königs der Verurteilung entgangen zu sein, und begab sich nach Damaskus

zu Sextus Caesar, entschlossen, einer abermaligen Vorladung nicht Folge zu leisten. Wiederum aber suchten ränkesüchtige Menschen Hyrkanos aufzustacheln, indem sie vorgaben, Herodes sei im Zorn davongegangen und rüste nun gegen ihn. Diesen Einflüsterungen glaubte der König; da er jedoch einsah, daß sein Gegner ihm überlegen war, wußte er vor Ratlosigkeit nicht aus noch ein. Als aber Sextus Caesar Herodes auch noch zum Statthalter von Koilesyrien und Samareia ernannte, geriet Hyrkanos nicht nur wegen der Sympathie des Volkes für ihn, sondern auch wegen seiner nunmehr wirklich angsterregenden Macht in die äußerste Verwirrung und erwartete, daß Herodes bald mit einem Heer gegen ihn anrücken werde.

9. Diese Vermutung erwies sich auch als richtig, denn Herodes, erbittert über die ihm zugedachte Verurteilung, sammelte in der Tat ein Heer und zog vor Jerusalem, um Hyrkanos zu stürzen. Er hätte diesen Plan auch ausgeführt, wenn nicht sein Bruder und sein Vater ihm entgegengeeilt wären und seinen Groll beschwichtigt hätten, indem sie ihn beschworen, er möge seine Rache auf Drohungen beschränken und den König schonen, unter dem er zu so großer Macht gelangt sei. Wenn er über die Vorladung vor Gericht entrüstet sei, solle er anderseits dankbar anerkennen, daß er freigekommen sei, und seine Rettung nicht damit vergelten, daß er hartnäckig bei seinen Racheplänen verharre. Auch möge er bedenken, daß die Gottheit es sei, die das Kriegsglück in der Hand habe, und daß der ungerechten Sache kein Erfolg winke, wenn auch ein Heer für sie streite. Er dürfe deshalb nicht gar so zuversichtlich auf den Sieg hoffen, zumal er im Begriff stehe, gegen einen König zu Feld zu ziehen, der ihm sehr zugetan sei und ihm viele Wohltaten, nie aber Feindseligkeiten erwiesen habe; denn der Schatten von Unrecht, der jetzt auf Hyrkanos laste, sei doch nur darauf zurückzuführen, daß er schlechte Ratgeber gehabt habe. Diesen Vorstellungen gab Herodes nach, besonders da er der Meinung war, für seine Zukunftspläne genüge es, daß er dem Volk einen Begriff von seiner Macht habe beibringen können.

10. Mittlerweile brachen bei Apameia Unruhen unter den Römern aus, und es kam zu einem Bürgerkrieg. Caecilius Bassus, ein Anhänger des Pompeius, hatte Sextus Caesar

ermordet und sich den Oberbefehl über dessen Heer zugelegt. Die anderen Offiziere Caesars griffen, um den Mord zu rächen, Bassus mit ihren gesamten Streitkräften an. Um des getöteten wie auch um des noch lebenden Caesar willen, die beide seine Freunde waren, sandte ihnen Antipatros durch seine Söhne Hilfstruppen zu. Während der Krieg sich in die Länge zog, kam Murcus als Nachfolger des Sextus aus Italien an.

11. Kapitel: Herodes Statthalter von ganz Syrien. Ermordung des Antipatros

1. In eben diese Zeit fiel auch der Anfang des großen römischen Bürgerkrieges, der dadurch veranlaßt wurde, daß Brutus und Cassius Caesar meuchlings ermordeten.(68) Dieser Mord rief größte Unruhe hervor. Die führenden Männer gerieten miteinander in Streit, und jeder schlug sich in der Hoffnung, persönliche Ziele erreichen zu können, zu der Partei, die ihm den größten Vorteil versprach. Da machte sich Cassius nach Syrien auf, um die bei Apameia stehenden Truppen für sich zu gewinnen. Hier söhnte er Murcus mit Bassus aus, stiftete Frieden zwischen den feindlichen Legionen und hob die Belagerung Apameias auf. Dann durchzog er an der Spitze des Heeres das Land und legte den Städten unerschwingliche Kriegssteuern auf.

2. Als er auch die Judäer verpflichtete, 700 Talente zu zahlen, verteilte Antipatros aus Angst vor den Drohungen des Cassius die schleunige Eintreibung des Geldes auf seine Söhne und einige andere Verwandte, unter denen sich auch der ihm feindlich gesinnte Malichos befand – so sehr drängte ihn die Not. Der erste, der den Römer zufriedenstellte, war Herodes; denn er lieferte seinen Anteil aus Galiläa im Betrage von hundert Talenten ab und kam dadurch in große Gunst bei Cassius, der den übrigen Saumseligkeit vorwarf und seinen Zorn an den Städten ausließ. Die Einwohner von Gophna, Ammaus und zwei anderen Städten von geringerer Bedeutung(69) versklavte er und ging so weit, Malichos mit Hinrichtung zu drohen, weil er die Eintreibung so lässig vornehme. Ihn und die

übrigen Städte rettete Antipatros, indem er in aller Eile Cassius durch Zahlung von hundert Talenten beschwichtigte.

3. Malichos erwies sich indes nach dem Abzug des Cassius gegen Antipatros keineswegs dankbar; er verschwor sich gegen den, der ihn wiederholt gerettet hatte und suchte ihn aus dem Weg zu räumen, weil er seine Vergehen zu hindern wußte. Antipatros, den die Macht und die Verschlagenheit des Mannes beunruhigte, begab sich auf die andere Jordanseite, um dort zur Abwehr der Verschwörung ein Heer zu sammeln. Da Malichos seine Pläne entdeckt sah, suchte er die Söhne des Antipatros durch Frechheit zu überlisten, indem er sowohl Phasaelos, den Befehlshaber von Jerusalem, als auch Herodes, dem die Waffenkammer unterstellt war, durch Ausflüchte und Eidschwüre dahin brachte, daß sie ihn mit ihrem Vater wieder aussöhnten. Als Murcus, der damalige Statthalter von Syrien, sich anschickte, Malichos wegen seiner aufrührerischen Umtriebe hinrichten zu lassen, trat Antipatros sogar für ihn ein und rettete ihm erneut das Leben.

4. Als der Krieg zwischen dem jungen Caesar(70) und Antonius einerseits, Cassius und Brutus anderseits ausbrach, warben Cassius und Murcus in Syrien ein Heer, und da Herodes einen großen Teil der dazu erforderlichen Mittel beisteuerte, ernannten sie ihn zum Statthalter(71) von ganz Syrien und gaben ihm eine Abteilung Truppen zu Fuß und zu Pferde. Cassius versprach ihm, er wolle ihn nach Beendigung des Krieges zum König von Judäa machen. Antipatros aber kostete die Machtstellung seines Sohnes und die ihm eröffnete glänzende Aussicht das Leben; denn der für sich besorgte Malichos bestach einen der königlichen Mundschenken, Antipatros Gift zu geben. So starb dieser tatkräftig und in der Leitung wichtiger Angelegenheiten kundige Mann, dem Hyrkanos die Wiedergewinnung und Festigung seiner Herrschaft verdankte, während eines Gastmahls als Opfer von Malichos' Bosheit.

5. Malichos verstand es, die Erbitterung des Volkes, das ihn des Giftmordes verdächtigte, dadurch zu beschwichtigen, daß er die Tat leugnete. Zugleich war er darauf bedacht, seine Macht zu vergrößern, indem er Truppen sammelte; denn er nahm an, daß Herodes nicht ruhig bleiben

würde. Dieser erschien auch in der Tat an der Spitze eines Heeres, um seinen Vater zu rächen. Doch da sein Bruder Phasaelos ihm riet, den Mann nicht offen zu verfolgen, weil er sonst das Volk aufwiegeln würde, begnügte sich Herodes, die Rechtfertigung des Malichos anzuhören, tat, als wenn er weiter keinen Argwohn mehr gegen ihn hege, und veranstaltete seinem Vater ein glänzendes Begräbnis.

6. Dann wandte er sich nach Samareia, das von Unruhen zerrüttet war, und stellte dort die Ordnung wieder her, worauf er mit seinen Soldaten zu einem Fest nach Jerusalem zurückkehrte. Auf Anraten des Malichos, der über den Anmarsch des Herodes besorgt war, sandte Hyrkanos ihm den Befehl entgegen, während der Reinigungszeremonien keinen Fremden zu den Einheimischen hereinzubringen. Herodes achtete weder den Grund noch die Person dessen, der den Befehl erlassen hatte, und rückte bei Nacht in die Stadt ein. Wieder kam Malichos zu ihm und klagte über Antipatros. Herodes verstellte sich ebenfalls, obwohl er seinen Zorn kaum zu bemeistern vermochte, richtete aber ein Schreiben an Cassius, der sowieso auf Malichos nicht gut zu sprechen war, und klagte über die Ermordung seines Vaters. Cassius schrieb zurück, er solle an dem Mörder Rache nehmen, und erteilte zugleich den ihm unterstellten Tribunen insgeheim Befehl, Herodes bei diesem gerechten Akt zu unterstützen.

7. Eben hatte Cassius Laodikeia eingenommen, und von überallher kamen die Großen zu ihm mit Kränzen und sonstigen Geschenken. Diesen Zeitpunkt bestimmte Herodes zur Rache. Malichos, der sich im Gebiet von Tyros befand, schöpfte Verdacht, beschloß, seinen bei den Tyrern als Geisel lebenden Sohn heimlich von dort wegzuschaffen, und bereitete sich vor, nach Judäa zu fliehen. Seine verzweifelte Lage gab ihm sogar noch großartigere Pläne ein. Er dachte nämlich, da Cassius gerade von dem Krieg gegen Antonius in Anspruch genommen war, das Volk zum Abfall von den Römern verleiten, Hyrkanos leicht stürzen und selbst König werden zu können.

8. Doch das Schicksal spottete seiner Hoffnungen. Herodes, der seine Absichten durchschaut hatte, lud ihn mit Hyrkanos zu einem Gastmahl ein. Dann schickte er einen der aufwartenden Sklaven weg, dem Anschein nach, um

das Mahl vorzubereiten, in Wirklichkeit aber, um den Tribunen sagen zu lassen, sie sollten sich vor der Stadt in einen Hinterhalt legen. Diese gingen, eingedenk der Befehle des Cassius, mit Schwertern bewaffnet zur Stadt hinaus bis ans Ufer, wo sie Malichos umringten und erstachen. Hyrkanos wurde vor Schrecken ohnmächtig, kam dann langsam wieder zu sich und erkundigte sich bei Herodes, wer Malichos umgebracht habe. Als einer der Tribunen antwortete: „Ein Befehl des Cassius", rief er aus: „So ist Cassius mein und meines Vaterlandes Retter, indem er den aus dem Wege schaffen ließ, der beiden gefährlich war!" Ob Hyrkanos wirklich so dachte oder ob er nur aus Furcht seine Worte dem Vorfall entsprechend einrichtete, mag dahingestellt bleiben – jedenfalls, Herodes hatte seine Rache an Malichos befriedigt.

12. Kapitel: Phasaelos und Herodes von Antonius zu Tetrarchen ernannt

1. Als Cassius aus Syrien abgezogen war, brachen in Jerusalem abermals Unruhen aus. Ein gewisser Helix trat an der Spitze eines Heerhaufens Phasaelos entgegen, um Herodes in der Person seines Bruders für die Ermordung des Malichos zu strafen. Herodes, der sich damals bei Fabius, dem Kommandanten von Damaskus, aufhielt, war durch Krankheit gehindert, seinem Bruder Hilfe zu bringen. Mittlerweile hatte Phasaelos aus eigener Kraft Helix besiegt. Er warf Hyrkanos Undankbarkeit vor, weil er es mit Helix halte und die Festungen in die Gewalt von Malichos' Bruder habe fallen lassen, der bereits eine ganze Anzahl, darunter auch die stärkste von allen, Masada, weggenommen hatte.

2. Gegen des Herodes Macht vermochte er indessen nichts auszurichten. Kaum war dieser genesen, als er ihm seinen Raub wieder abnahm, ihn aber aus Masada frei abziehen ließ, da er um Schutz flehte. Dann vertrieb er aus Galiläa den Tyrann von Tyros, Marion, der bereits drei der dortigen Festungen erobert hatte. Die bei diesem Feldzug gefangenen Tyrer ließ Herodes am Leben und schickte einige von ihnen sogar mit Geschenken heim, wodurch er sich

bei der Bürgerschaft von Tyros ebenso beliebt wie den Tyrannen verhaßt machte. Obwohl Marion seine Herrschaft von Cassius erhalten hatte, der ganz Syrien in kleine Fürstentümer teilte, unterstützte er aus Haß gegen Herodes den Sohn des Aristobulos, Antigonos, und das um so lieber, als dieser auch Fabius bestochen hatte, ihm bei seiner Wiedereinsetzung behilflich zu sein. Die hierzu nötigen Mittel gewährte Antigonos, der Schwager des Ptolemaios.

3. Gegen diese Feinde zog Herodes und besiegte sie an den Grenzen Judäas, verjagte Antigonos und kehrte dann nach Jerusalem zurück, wo man ihn seines Erfolges wegen willkommen hieß. Auch diejenigen, die ihm sonst nicht gewogen waren, traten ihm jetzt wegen seiner verwandtschaftlichen Beziehungen zu Hyrkanos freundlich entgegen. Nachdem Herodes früher eine Judäerin edler Abkunft, Doris, geheiratet hatte, die ihm einen Sohn, Antipatros, schenkte, verlobte er sich jetzt mit Mariamme, der Tochter von Aristobulos' Sohn Alexander und Enkelin des Hyrkanos, und verschwägerte sich dadurch mit dem König.

4. Als nach dem Tod des Cassius bei Philippoi(72) Caesar nach Italien, Antonius nach Asien ging, erschienen unter den Gesandtschaften, die die Staaten an Antonius nach Bithynien abordneten, auch vornehme Judäer, um über Phasaelos und Herodes Klage zu führen, daß sie die gesamte Macht in den Händen hätten, während Hyrkanos nicht mehr als der Träger eines ehrenvollen Titels sei. Doch auch Herodes fand sich ein und hatte Antonius durch reiche Geschenke bald derart für sich eingenommen, daß seinen Gegnern nicht einmal mehr das Wort gestattet wurde. So mußten sie zunächst wieder abziehen.

5. Erneut kamen hundert der angesehensten Judäer nach Daphne bei Antiocheia zu Antonius, den damals bereits die Liebe zum Sklaven der Kleopatra gemacht hatte, und ließen ihre vornehmsten und beredtesten Genossen als Sprecher auftreten, um die beiden Brüder zu verklagen. Ihnen gegenüber verfocht Messala(73) die Sache der Beschuldigten, wobei er von Hyrkanos als ihrem jetzigen Verwandten unterstützt wurde. Nachdem Antonius beide Teile angehört hatte, fragte er Hyrkanos, wer sich am meisten zum Regenten eigne. Als dieser Herodes und seinem Bru-

der den Vorzug gab, freute sich Antonius sehr, weil er, als er mit Gabinius nach Judäa kam, von ihrem Vater Antipatros gastfreundlich aufgenommen worden war. Er ernannte die Brüder zu Tetrarchen(74) und übertrug ihnen die Verwaltung ganz Judäas.

6. Als die Gesandten hierüber Unwillen zeigten, ließ er fünfzehn von ihnen festnehmen und einkerkern und hatte auch im Sinne, sie hinrichten zu lassen; die übrigen entließ er in Ungnade. Hierdurch gärte es in Jerusalem noch mehr, und abermals ordnete man tausend Gesandte nach Tyros ab, wo Antonius, auf dem Zuge nach Jerusalem begriffen, sich aufhielt. Als diese Gesandten ein lärmendes Geschrei erhoben, schickte Antonius den Kommandanten von Tyros gegen sie mit dem Befehl, alle, die er fange, niederzumachen und die Herrschaft der von ihm ernannten Tetrarchen zu festigen.

7. Vorher hatten sich Herodes und Hyrkanos ans Ufer begeben und die Judäer eindringlich ermahnt, nicht durch unvernünftige Widersetzlichkeit sich selbst in den Untergang und ihr Vaterland in den Krieg zu ziehen. Als jedoch ihr Unwille sich trotz dieser Vorstellungen noch steigerte, schickte Antonius Bewaffnete hinaus, die viele von ihnen töteten oder verwundeten. Für das Begräbnis der Gefallenen und die Pflege der Verwundeten sorgte Hyrkanos. Die aber, die dem Blutbad entronnen waren, verhielten sich nicht ruhig, sondern reizten die Bevölkerung der Umgegend so auf, daß Antonius in Wut geriet und die Gefangenen hinrichten ließ.

13. Kapitel: Parther plündern Jerusalem

1. Zwei Jahre darauf, als der parthische Satrap Barzaphrenes und Pakoros, des Partherkönigs(75) Sohn, Syrien innehatten, beredete Lysanias, der seinem Vater Ptolemaios Mennaios nach dessen Tod in der Regierung gefolgt war, den Satrapen, dem er tausend Talente und 500 Frauen versprach, Antigonos wieder auf den Thron zu setzen und Hyrkanos zu stürzen. Pakoros ging darauf ein und zog selbst die Meeresküste entlang, während er Barzaphrenes durch das Binnenland vorrücken ließ. Von den

Küstenbewohnern schlossen die Tyrer vor Pakoros ihre Tore, während die Bürger von Ptolemais und Sidon ihn aufnahmen. Er übergab einem königlichen Mundschenk, der seinen Namen trug, einen Teil der Reiterei und befahl ihm, in Judäa einzufallen, die Lage der Feinde auszukundschaften und Antigonos, soweit erforderlich, Hilfe zu leisten.

2. Während diese Truppenabteilung das Karmelgebiet verheerte, strömten viele Judäer bei Antigonos zusammen und erklärten sich bereit, an dem Einmarsch teilzunehmen. Antigonos schickte sie nach dem sogenannten Eichwald(76) voraus, um diese Gegend zu besetzen. In dem Kampf, der sich dort entwickelte, schlugen sie die Feinde zurück, verfolgten sie bis Jerusalem und gelangten, unterwegs durch Zuzüge verstärkt, bis vor den Königspalast. Hier rückten ihnen Hyrkanos und Phasaelos mit ansehnlicher Truppenstärke entgegen, und auf dem Marktplatz kam es zum Gefecht, in dem Herodes mit seinen Soldaten die Feinde besiegte und in den Tempel einschloß, wo er sie durch sechzig, auf den nächstgelegenen Häusern aufgestellte Posten bewachen ließ. Der den beiden Brüdern feindlich gesinnte Teil des Volkes aber griff die Häuser an und verbrannte sie samt den Soldaten. Über diesen Verlust erbittert, ging Herodes gegen das Volk vor und tötete viele. Täglich kämpften kleine Gruppen gegeneinander, und des Mordens war kein Ende.

3. Da um diese Zeit das Fest Pentekoste(77) bevorstand, füllte sich die Umgebung des Tempels wie überhaupt die ganze Stadt mit einer Menge meist bewaffneter Landleute. Phasaelos hatte die Mauer, Herodes mit einer kleinen Schar den Königspalast besetzt. Von hier machte er auf der Nordseite Ausfälle gegen die ungeordneten feindlichen Haufen, tötete einen großen Teil, trieb die übrigen in die Flucht und schloß die einen in der Stadt, die anderen im Tempel, wieder andere in der äußeren Umwallung ein. Da schlug Antigonos vor, Pakoros als Vermittler(78) in die Stadt einzulassen. Phasaelos ging darauf ein und nahm den Parther mit 500 Reitern gastfreundlich auf, obwohl dieser nur dem Anschein nach kam, die Unruhen beizulegen, in Wahrheit aber, um Antigonos zu unterstützen. Pakoros beredete heimtückischerweise Phasaelos, wegen der Beile-

gung des Streites als Gesandter zu Barzaphrenes zu gehen, obgleich Herodes seinem Bruder eindringlich abriet und ihn aufforderte, lieber den Arglistigen aus dem Wege zu räumen, als sich seiner List auszuliefern; denn die Barbaren seien von Natur treulos. Phasaelos verließ trotzdem mit Hyrkanos die Stadt, und Pakoros ließ, um weniger Verdacht zu erregen, bei Herodes einige von den Reitern zurück, die man die Freien nannte, während er mit den übrigen Phasaelos das Geleit gab.

4. Als Hyrkanos und Phasaelos in Galiläa eintrafen, fanden sie die Bewohner des Landes in bewaffnetem Aufruhr. Der Satrap, mit dem sie eine Unterredung hatten, war ein findiger Mensch, der seine Anschläge hinter Freundschaftsbezeigungen verdeckte. Infolgedessen machte er ihnen zunächst Geschenke und legte dann einen Hinterhalt, während sie abzogen. Die beiden entdeckten aber den Plan, als man sie zu dem Küstenort Ekdippo führte. Dort hörten sie von den versprochenen tausend Talenten und den 500 Frauen, die Antigonos den Parthern zugesagt hatte und unter denen sich der größte Teil ihrer eigenen Frauen befinden sollte. Ferner erfuhren sie, daß die Barbaren sie jede Nacht überwachten und daß sie schon längst gefangengesetzt worden wären, wenn man damit nicht hätte warten wollen, bis Herodes in Jerusalem verhaftet und so daran gehindert sei, auf die Nachricht von ihrem Schicksal Vorsichtsmaßregeln zu ergreifen. Und daß es sich bei alledem nicht nur um leeres Geschwätz handelte, ging daraus hervor, daß sie in der Ferne bereits die aufgestellten Posten erblicken konnten.

5. Obwohl ein gewisser Ophellios, der von Saramallas, dem reichsten Syrer der damaligen Zeit, den Anschlag erfahren hatte, Phasaelos dringend zur Flucht riet, konnte dieser es nicht über sich bringen, Hyrkanos im Stich zu lassen. Er ging vielmehr geradewegs zu dem Satrapen und machte ihm ins Gesicht hinein Vorwürfe wegen seines Verrats und besonders wegen seiner Geldgier, die ihn dazu verleitet habe. Dann bot er ihm für seine Rettung eine größere Summe, als Antigonos sie ihm für das Königtum versprochen hatte. Der Parther suchte durch Ausflüchte und Eidschwüre den Verdacht von sich abzuwälzen und begab sich zu Pakoros. Sofort nahmen einige der zurückgebliebenen

Parther, die hierzu Befehl hatten, Phasaelos und Hyrkanos gefangen, die sie ihrerseits wegen des verübten Treubruchs und Meineids verwünschten.

6. Unterdessen bemühte sich der von den Parthern vorgeschickte Mundschenk, Herodes in seine Gewalt zu bekommen, indem er ihn dem erhaltenen Auftrag gemäß vor die Mauern herauszulocken suchte. Als Herodes, der von Anfang an gegen die Barbaren Verdacht geschöpft hatte, erfuhr, daß ein Brief, der ihm die gegen ihn gerichteten Anschläge zur Kenntnis bringen sollte, den Feinden in die Hände gefallen sei, hütete er sich, die Stadt zu verlassen, obwohl Pakoros ihm in unverfänglichster Weise hatte sagen lassen, er solle nur getrost den Überbringern des Briefes entgegengehen; denn die Feinde hätten das Schreiben keineswegs aufgefangen, auch enthalte es nichts von einem heimtückischen Anschlag, sondern nur Nachricht über das, was Phasaelos erreicht habe. Zufällig aber hatte Herodes schon von anderer Seite die Gefangennahme seines Bruders erfahren. Auch fand sich des Hyrkanos Tochter Mariamme(79), eine sehr verständige Frau, bei ihm ein und beschwor ihn, in der Stadt zu bleiben und sich nicht den Barbaren anzuvertrauen, die ihm offenbar nach dem Leben trachteten.

7. Während Pakoros und seine Leute noch überlegten, wie sie ihre Absichten heimlich verwirklichen könnten, da man mit offener Gewalt einem so mächtigen Mann nichts anhaben könne, kam Herodes ihnen zuvor und entfloh nachts, ohne daß die Feinde es gewahr wurden, mit seinen nächsten Angehörigen nach Idumäa. Als die Parther dies erfuhren, setzten sie ihm nach. Herodes ließ seine Mutter, seine Schwester, seine Braut(80) mit ihrer Mutter und den jüngsten von seinen Brüdern vorausziehen, während er selbst mit seinem Gefolge zum Schutze seiner Verwandten die Barbaren aufhielt und bei jedem Angriff viele von ihnen tötete. So erreichte er wohlbehalten die Festung Masada.

8. Mehr noch als die Parther machten ihm auf seiner Flucht die Judäer zu schaffen, die ihn beständig bedrängten und ihm, als er sechzig Stadien von der Stadt entfernt war, ein Gefecht von ziemlich langer Dauer lieferten. Herodes schlug sie und richtete ein großes Blutbad unter

ihnen an. Später gründete er an dieser Stelle zur Erinnerung an den Sieg eine Ortschaft, die er mit prächtigen Palästen schmückte, durch eine starke Burg befestigte und nach seinem eigenen Namen Herodion nannte. Auf seiner damaligen Flucht hatten sich täglich eine Menge Menschen an ihn angeschlossen, so daß, als er nach Rhesa in Idumäa kam, sein Bruder Joseph, der ihm bis dahin entgegengezogen war, ihm riet, die meisten seiner Begleiter zu entlassen, da Masada eine solche Menschenmenge von über 9000 nicht fassen könne. Herodes befolgte den Rat, entließ diejenigen, die ihm mehr lästig als nützlich waren, mit dem Notwendigsten versorgt, in verschiedene Gegenden Idumäas und gelangte mit den vertrautesten und rüstigsten seiner Leute, die er bei sich behielt, glücklich in die Festung. Dort ließ er zum Schutz der Frauen 800 Mann mit allen Vorräten für den Fall einer Belagerung zurück und begab sich selbst nach Petra in Arabien.

9. In Jerusalem plünderten unterdessen die Parther, brachen in die Häuser der Entflohenen und in den Königspalast ein und ließen nur den Schatz des Hyrkanos unangetastet, der jedoch nicht mehr als 300 Talente betrug. Im übrigen fiel ihnen nicht so große Beute in die Hände, wie sie erwartet hatten; denn Herodes, der einen Verrat der Barbaren erwartete, hatte seine größten Kostbarkeiten bereits früher nach Idumäa bringen lassen, und das gleiche hatten seine Anhänger getan. Nach dieser Plünderung gingen die Parther in ihrem Übermut so weit, daß sie ohne Kriegserklärung das ganze Land verheerten, die Stadt Marisa zerstörten und nicht nur Antigonos als König einsetzten, sondern ihm auch Phasaelos und Hyrkanos in Fesseln zur Folter übergaben. Hyrkanos, der vor ihm auf die Knie gesunken war, biß Antigonos selbst die Ohren ab(81), damit er bei einer etwaigen erneuten Staatsumwälzung nie wieder das Hohepriesteramt bekleiden könne; denn nur körperlich Makellose dürfen dieser Würde teilhaftig werden.

10. Was Phasaelos anlangt, so kam dessen Charakterstärke dem Antigonos zuvor. Da er weder ein Schwert erfassen noch sonst seine Hände benutzen konnte, zerschmetterte er sich den Kopf an einer Steinwand. Sein heldenmütiger Tod erwies ihn als echten Bruder des Herodes und ließ

Hyrkanos nur um so erbärmlicher erscheinen. Er entsprach den Taten seines Lebens. Es wird auch behauptet, er habe sich von der Verwundung wieder erholt, und erst ein Arzt, der von Antigonos unter dem Schein, ihm Hilfe zu bringen, geschickt worden sei, habe die Wunde mit einem todbringenden Gift gefüllt und ihn so ums Leben gebracht. Mag nun das eine oder das andere der Wahrheit entsprechen, so war jedenfalls die erwähnte Tat die eines Helden. Kurz vor seinem Tode soll er, als er von einer Frau die Kunde erhielt, daß Herodes entkommen sei, noch gesagt haben: „Nun scheide ich glücklich, da ich den lebend hinterlasse, der mich an meinen Feinden rächen wird."

11. So endete Phasaelos. Die Parther verschafften, obwohl ihnen die Frauen, nach denen es sie am meisten gelüstete, entgangen waren, dennoch Antigonos die Herrschaft in Jerusalem und führten Hyrkanos gefangen nach Parthien.(82)

14. Kapitel: Herodes wird von den Römern zum König der Judäer ernannt

1. In der Meinung, sein Bruder sei noch am Leben, beschleunigte Herodes die Reise nach Arabien, um vom König Geld zu erhalten, das einzige Mittel, wodurch er die habsüchtigen Barbaren zugunsten Phasaelos' beeinflussen zu können hoffte. Für den Fall, daß der Araber die Freundschaft seines Vaters vergessen haben und zu kleinlich sein sollte, ihm das Lösegeld zu schenken, wollte er es von ihm leihen und den siebenjährigen Sohn des Phasaelos, den er mit sich genommen, als Pfand zurücklassen. 300 Talente war er gewillt, den Parthern als Lösegeld zu zahlen, und zwar beabsichtigte er, sich dabei der Vermittlung der Tyrer zu bedienen. Das Schicksal war aber seinem Eifer zuvorgekommen: Phasaelos war tot, und des Herodes liebevolles Eintreten für seinen Bruder zwecklos geworden. Zudem fand er, daß von der alten Freundschaft der Araber keine Spur mehr vorhanden war. Ihr König Malichos befahl ihm, das Land unverzüglich zu verlassen, wobei die Parther als Vorwand herhalten mußten. Diese sollten durch eine Gesandtschaft Malichos ersucht haben, Hero-

des aus Arabien auszuweisen, während es in Wirklichkeit dem König nur darum zu tun war, das, was er Antipatros schuldete, zu behalten und sich nicht veranlaßt zu fühlen, nun auch dessen in Not befindlichen Söhnen Hilfe zu leisten. Den Rat zu diesem unverschämten Benehmen erteilten ihm die mächtigsten seiner Höflinge, die gleichfalls Lust hatten, das von Antipatros in Verwahrung gegebene Geld zu unterschlagen.

2. Als Herodes merkte, daß die Araber aus eben dem Grunde, der ihn bewogen hatte, auf ihre gute Freundschaft zu rechnen, seine Feinde geworden waren, antwortete er dem Boten, wie sein Gefühl es ihm eingab, und wandte sich nach Ägypten. Hier bezog er am ersten Abend sein Nachtquartier in einem Tempel auf dem Lande, wo er mit seinem Gefolge, das er zurückgelassen hatte, wieder zusammentraf. Als er tags darauf in Rhinokorura anlangte, erfuhr er den Tod seines Bruders. Anstelle der Sorge nunmehr die Trauer um ihn im Herzen, setzte er seine Reise fort. Dem Araber war mittlerweile sein Benehmen leid geworden, und so sandte er Eilboten hinter dem Gekränkten her, um ihn zurückrufen zu lassen – doch Herodes war ihnen schon weit voraus und in Pelusion angekommen. Hier verweigerten ihm die vor Anker liegenden Schiffe die Überfahrt. Er wandte sich an die Vorsteher der Stadt, die aus Achtung vor dem berühmten und hochstehenden Mann ihn nach Alexandreia geleiten ließen. Dort wurde er von Kleopatra glänzend empfangen, weil sie an ihm einen Feldherrn für den Krieg, zu dem sie gerade anrüstete, zu gewinnen hoffte. Herodes wies jedoch die Anträge der Königin zurück und schiffte sich, ohne die Strenge des Winters oder die Unruhen in Italien zu fürchten, nach Rom ein.

3. In der Nähe von Pamphylien geriet er in einen gefährlichen Sturm, mußte den größten Teil der Ladung über Bord werfen und rettete sich nur mit Mühe nach Rhodos, das im Kriege gegen Cassius sehr gelitten hatte. Hier wurde er von seinen Freunden Ptolemaios und Sapphinios aufgenommen und ließ, obwohl er sich in Geldnot befand, einen sehr großen Dreiruderer bauen, in dem er mit seinen Freunden nach Brundisium fuhr. Von da begab er sich sogleich nach Rom, suchte Antonius, den Freund seines

Vaters, auf, berichtete ihm sein und seiner Familie Mißgeschick und wie er seine nächsten Angehörigen in einer Festung unter den Gefahren der Belagerung habe zurücklassen müssen und trotz Winter und Seesturm als Hilfesuchender zu ihm geeilt sei.

4. Antonius war besorgt angesichts des Unglücks, und indem er sich dankbar der Gastfreundlichkeit des Antipatros erinnerte und die vortrefflichen Eigenschaften des Herodes anerkannte, beschloß er, den früher von ihm ernannten Tetrarchen nunmehr zum König der Judäer zu machen. Nicht minder als sein Wohlwollen(83) für Herodes veranlaßte ihn hierzu sein Haß gegen Antigonos, den er für einen Aufrührer und Römerfeind hielt. Noch bereitwilliger kam ihm Caesar(84) entgegen; denn er dachte an den Kriegszug, den Antipatros mit seinem Vater in Ägypten unternommen hatte, sowie seiner Gastfreundschaft und seines gegen jedermann gefälligen Wesens. Zudem hatte auch er die Tatkraft des Herodes wohl erkannt. Er berief den Senat ein, in dem Messala und danach Atratinus Herodes vorstellten und die gute Gesinnung seines Vaters wie auch seine eigene Ergebenheit gegen die Römer hervorhoben. Zugleich bezeichneten sie Antigonos als Feind, nicht nur seiner früheren Vergehen wegen, sondern auch deshalb, weil er die Römer mißachtet und sich von den Parthern seinen Thron habe geben lassen. Diese Ausführungen machten ersichtlichen Eindruck auf den Senat; als nun Antonius auftrat und nachwies, wie wichtig es für den Krieg gegen die Parther sei, wenn Herodes König werde, stimmten alle zu. Nach Schluß der Senatssitzung nahmen Antonius und Caesar Herodes in die Mitte und begaben sich, begleitet von den Konsuln und den übrigen Würdenträgern, hinaus, um zu opfern und den Beschluß auf dem Kapitol niederzulegen. Antonius bewirtete Herodes am ersten Tage seiner Königswürde.

15. Kapitel: Herodes' Rückkehr nach Judäa und Belagerung Jerusalems

1. Während dieser Zeit belagerte Antigonos die in Masada Eingeschlossenen, die zwar mit allen Lebensmitteln reichlich versehen waren, aber Mangel an Wasser hatten. Aus diesem Grunde beschloß Joseph, der Bruder des Herodes, mit 200 seiner Leute zu den Arabern zu entfliehen, zumal er gehört hatte, daß Malichos sein Benehmen gegen Herodes bereue. In der Nacht, in der der Ausfall vonstatten gehen sollte, fiel jedoch ein sehr starker Platzregen. So füllten sich die Zisternen wieder mit Wasser, und die Flucht war unnötig geworden. Die Belagerten unternahmen nunmehr Ausfälle gegen Antigonos und machten teils in offenem Kampf, teils aus Hinterhalten heraus viele von dessen Leuten nieder. Freilich hatten sie nicht jedesmal Glück, sondern es kam auch vor, daß sie sich unter Verlusten zurückziehen mußten.

2. Unterdessen rückte der römische Feldherr Ventidius, der den Auftrag hatte, die Parther aus Syrien zu vertreiben, diesen nach und in Judäa ein, angeblich um Joseph und dessen Leuten Hilfe zu bringen, tatsächlich aber, um von Antigonos Geld zu erpressen. Dicht vor den Mauern Jerusalems schlug er sein Lager auf; als seine Geldgier befriedigt war, ließ er, während er selbst mit dem größten Teil seiner Truppen abzog, Silo mit einer kleineren Abteilung zurück, um nicht durch den Abmarsch des gesamten Heeres seine Habsucht offenkundig zu machen. Antigonos hoffte, daß die Parther ihm wieder zu Hilfe kommen würden, wollte es aber anderseits auch mit Silo nicht verderben, damit dieser seine Pläne nicht durchkreuze.

3. Schon aber war Herodes von Italien her in Ptolemais gelandet, hatte ein nicht unbeträchtliches Heer von Fremden und Einheimischen gesammelt und zog durch Galiläa gegen Antigonos, unterstützt von Ventidius und Silo, die Dellius, der Abgesandte des Antonius, beauftragt hatte, Herodes bei seiner Einsetzung zu helfen. Aber Ventidius war beschäftigt, in den einzelnen Städten, die durch die Parther hervorgerufenen Unruhen zu dämpfen, während Silo, von Antigonos bestochen, in Judäa verblieb. Herodes hatte jedoch keinen Mangel an Verstärkung; denn im Vor-

rücken vergrößerte sich sein Heer täglich, und bald war ganz Galiläa mit wenigen Ausnahmen auf seiner Seite. Als wichtigste Aufgabe lag ihm zunächst die Einnahme Masadas am Herzen, die seine Verwandten von der Belagerung frei machen sollte. Hierbei war ihm aber Joppe im Wege, und er mußte diese ihm feindliche Stadt nehmen, bevor er auf Jerusalem zu weitermarschierte, weil sonst den Feinden eine seinen Rücken bedrohende Festung verbleiben würde. Nun schloß sich auch Silo bereitwillig an ihn an, da er hierin einen willkommenen Vorwand zum Aufbruch fand. Die Judäer aber verfolgten die Römer und setzten ihnen hart zu. Da warf sich Herodes mit einer kleinen Schar ihnen entgegen, schlug sie schnell in die Flucht und rettete Silo, der sich schlecht verteidigte.

4. Nachdem er Joppe genommen, eilte er nach Masada, um seine Angehörigen zu befreien. Von den Einheimischen schlossen sich die einen aus alter, noch von seines Vaters Zeit herrührender Freundschaft, die anderen aus Begeisterung für seinen eigenen Ruhm oder dankbar für die von Vater und Sohn gestifteten Wohltaten ihm an; die meisten freilich kamen, weil sie glaubten, daß er des Thrones so gut wie sicher war. So hatte er bald ein gewaltiges Heer um sich versammelt. Als er vorrückte, legte Antigonos an passenden Plätzen Hinterhalte, konnte ihm aber wenig oder gar keinen Schaden tun. Herodes befreite ohne Mühe seine Angehörigen in Masada, nahm auch die Festung Rhesa ein und rückte auf Jerusalem zu, begleitet von Silos Truppen sowie von vielen Einwohnern der Stadt, die aus Furcht vor seiner Macht gemeinsame Sache mit ihm machten.

5. Kaum hatte er an der Westseite der Stadt sein Lager aufgeschlagen, als die dort aufgestellten Posten seine Soldaten mit Pfeilen und Wurfspießen angriffen und Ausfälle gegen seine Vorposten machten. Herodes ließ zunächst vor den Mauern ausrufen, er sei zum Wohle des Volkes und zur Rettung der Stadt gekommen und wolle nicht einmal seine erklärten Gegner strafen, sondern selbst seinen bittersten Feinden Verzeihung gewähren. Des Antigonos Anhänger veranstalteten Gegenkundgebungen und sorgten dafür, daß weder jemand auf die Herolde hörte noch zu Herodes überging. Da befahl Herodes die Feinde von der

Mauer wegzujagen, und bald hatte ein Pfeilhagel alles von den Türmen vertrieben.

6. In diesem Augenblick zeigte Silo deutlich, daß er bestochen war. Auf sein Anstiften fingen viele seiner Soldaten an, sich laut über Mangel an Proviant zu beklagen, Geld für den Lebensunterhalt zu fordern und zu verlangen, daß man sie in ordentliche Winderquartiere führte, da die Umgebung der Stadt von den Leuten des Antigonos gänzlich ausgeplündert sei. Er brach tatsächlich auf und versuchte abzuziehen. Herodes wandte sich an die Unterbefehlshaber Silos und seine Soldaten und ersuchte sie, ihn, der von Caesar, Antonius und dem Senat hergesandt worden sei, nicht im Stich zu lassen; noch am selben Tage werde er ihre Forderungen befriedigen. Und sogleich, nachdem er diese Bitte ausgesprochen, begab er sich aufs Land und brachte ihnen eine solche Menge Proviant mit, daß Silo jeder Vorwand benommen war. Damit auch für die folgenden Tage die Zufuhr gesichert sei, wies er die Samarier an, deren Stadt zu ihm hielt, Getreide, Wein, Öl und Vieh nach Jericho zu schaffen. Sobald Antigonos davon hörte, schickte er Truppenabteilungen in die Umgegend, die Proviantkolonnen anzuhalten und abzufangen. Seinem Befehl gemäß wurde nun eine Anzahl Bewaffneter um Jericho aufgeboten und in den Bergen verteilt, um die Züge mit Lebensmitteln zu erspähen. Doch auch Herodes blieb nicht untätig, sondern erschien mit zehn Kohorten, fünf römischen und fünf judäischen, sowie einer Anzahl Söldner verschiedener Nationalität und einigen Reitern vor Jericho. Die Stadt selbst fand er verlassen; in die Burg dagegen hatten sich 500 Mann mit Frauen und Kindern geflüchtet, die er gefangennahm, aber bald wieder freiließ. Die Römer stürzten sich in die Stadt, um zu plündern, und fanden die Häuser voll von Schätzen aller Art. Der König ließ eine Besatzung in Jericho zurück, kehrte um und ließ das römische Heer in den ihm ergebenen Städten Idumäas, Galiläas und Samareias Winterquartiere beziehen. Auch Antigonos erlangte von Silo durch Bestechung die Erlaubnis, einen Teil des römischen Heeres in Lydda aufnehmen zu dürfen, wodurch er sich die Gunst des Antonius zu erwerben gedachte.

16. Kapitel: Widerstand gegen Herodes

1. Während sich die Römer die Waffenruhe wohl sein ließen, blieb Herodes nicht untätig, sondern ließ seinen Bruder Joseph mit 2000 Fußsoldaten und 400 Reitern Idumäa besetzen, um einen Aufstand zugunsten des Antigonos unmöglich zu machen. Er selbst brachte seine Mutter und die anderen aus Masada befreiten Verwandten nach Samareia in Sicherheit und machte sich dann auf, die noch übrigen Plätze Galiläas zu erobern und die von Antigonos dorthin gelegten Besatzungen zu vertreiben.

2. In heftigem Schneegestöber kam er vor Sepphoris an und nahm die Stadt mit leichter Mühe ein, da die Besatzung bei seinem Anmarsch geflohen war. Nachdem er seine vom Unwetter mitgenommenen Soldaten mit den reichlich vorhandenen Lebensmitteln versorgt hatte, brach er gegen die in Höhlen wohnenden Räuber(85) auf, deren häufige Streifzüge den Bewohnern des Landes ebenso lästig geworden waren wie ein förmlicher Krieg. Drei Kohorten Fußsoldaten und eine Reiterabteilung schickte er zu dem Dorf Arbela voraus und folgte selbst am vierzigsten Tage mit dem Rest seiner Truppen. Die Feinde fürchteten seinen Angriff nicht, sondern setzten sich bewaffnet zur Wehr; besaßen sie doch ebensowohl die Erfahrung von Kriegern als die Kühnheit von Räubern. So kam es zu einem Gefecht, in dem zunächst der feindliche rechte Flügel den linken des Herodes zum Weichen brachte. Schnell schwenkte Herodes seinen rechten Flügel herum, kam den Seinen zu Hilfe, hielt sie von weiterer Flucht ab und brach, über die Verfolger herfallend, deren Andrang, bis er sie endlich nach heftigem Kampf in die Flucht schlug.

3. Er verfolgte sie unter stetem Gemetzel bis zum Jordan und rieb den größten Teil von ihnen auf, während der Rest sich auf der anderen Flußseite zerstreute. So war Galiläa von seinem Hauptschrecken befreit, und es blieb nur noch der Rest in den Höhlen übrig, deren Bekämpfung freilich längeren Aufenthalt verursachte. Herodes verteilte deshalb unter seine Soldaten Belohnungen für die ausgestandenen Strapazen und gab ihnen Mann für Mann 150 Silberdrachmen, den Hauptleuten noch mehr. Hierauf schickte er sie in die Winterquartiere und gab seinem

jüngsten Bruder Pheroras den Auftrag, ihnen Proviant zu verschaffen und Alexandreion zu befestigen, was dieser besorgte.

4. Um diese Zeit hielt Antonius sich in Athen auf. Ventidius bot Silo und Herodes zum Krieg gegen die Parther auf, jedoch mit dem Auftrag, zuvor die Ordnung in Judäa herzustellen. Herodes ließ Silo gern allein zu Ventidius stoßen, während er selbst sich gegen die Räuber in den Höhlen aufmachte. Diese Höhlen lagen in steilen Bergabhängen und waren von keiner Seite her zugänglich; nur ganz schmale Pfade wandten sich zu ihnen hinauf, und die Felsen, in denen sich ihre Eingänge befanden, fielen senkrecht in sehr tiefe Schluchten ab, in denen Wasser floß. Geraume Zeit ließ dieses schwierige Terrain den König zu keinem Entschluß kommen, bis er endlich auf eine höchst gefährliche Erfindung verfiel. Er befahl, die stärksten seiner Leute in Kästen bis zu den Höhlenöffnungen hinabzulassen. Diese töteten die Räuber mit ihren Familien, indem sie Feuerbrände auf die schleuderten, die sich zur Wehr setzten. Gern hätte Herodes einige von ihnen lebend in seine Gewalt bekommen und ließ sie daher durch einen Herold auffordern herauszukommen. Niemand aber ergab sich freiwillig, und von denen, die überwältigt wurden, zogen viele den Tod der Gefangenschaft vor. Ein greiser Räuber, Vater von sieben Kindern, tötete seine Söhne und ihre Mutter, als sie ihn baten, auf Treu und Glauben hinausgehen zu dürfen, in folgender Weise: Er stellte sich selbst an den Eingang der Höhle, hieß seine Söhne einzeln hervorkommen und stieß jeden, wie er bei ihm anlangte, nieder. Herodes, der von fern zusah, streckte, von Mitleid bewegt, dem Greis seine Rechte entgegen und beschwor ihn, seine Kinder zu schonen. Der Alte aber mochte davon nichts hören, sondern schmähte Herodes wegen seiner Weichherzigkeit, tötete noch seine Frau, warf die Leichen in den Abgrund und stürzte sich ihnen nach.

5. Auf diese Weise bemächtigte sich Herodes der Höhlen und ihrer Bewohner. Dann ließ er einen Teil des Heeres, der ihm stark genug schien, etwaige Empörungen niederzuwerfen, unter dem Kommando des Ptolemaios zurück und zog selbst mit 3000 Fußsoldaten und 600 Reitern nach

Samareia gegen Antigonos. Kaum war er fort, faßten diejenigen, die auch früher die Unruhen in Galiläa gestiftet hatten, wieder Mut, töteten Ptolemaios bei einem überraschenden Überfall, verwüsteten das Land und zogen sich dann in Sümpfe und unwegsame Gegenden zurück. Auf die Nachricht von diesem Aufruhr hin eilte Herodes schnell zu Hilfe, machte eine Menge Empörer nieder, befreite alle belagerten Festungen und trieb von seinen Feinden zur Strafe für den Aufstand hundert Talente ein.

6. Inzwischen waren die Parther aus dem Lande vertrieben und Pakoros getötet worden; nun sandte Ventidius auf Antonius' Befehl Herodes tausend Reiter und zwei Legionen gegen Antigonos zu Hilfe. Dieser bat Machaeras, den Befehlshaber der Truppen, in einem Brief, er möge auf seine Seite treten. Dabei führte er bittere Klage über des Herodes Gewalttätigkeit und anmaßendes Benehmen gegenüber dem Königshaus und versprach ihm zugleich ein Geldgeschenk. Machaeras jedoch hütete sich, es mit seinem Vorgesetzten zu verderben, und da Herodes auch besser zahlte, war er für den Verrat nicht zu haben. Er heuchelte aber freundliche Gesinnung und ging trotz der Warnung des Herodes, um des Antigonos Lage auszukundschaften. Antigonos durchschaute jedoch seine Absicht, verschloß ihm die Stadttore und wehrte ihn als Feind von der Mauer, so daß Machaeras schließlich beschämt zu Herodes nach Ammaus zurückkehren mußte. Unterwegs ließ er aus Zorn über seinen Mißerfolg alle Judäer, die ihm in den Weg liefen, niederhauen und schonte dabei nicht einmal die Anhänger des Herodes, sondern behandelte sie, als hielten alle zu Antigonos.

7. Hierdurch aufgebracht, beschloß Herodes, Machaeras wie einen Feind anzugreifen. Doch bezwang er seinen Groll und eilte zu Antonius, um jenen wegen seines nichtswürdigen Benehmens zu verklagen. Machaeras aber hatte unterdessen seinen Fehler eingesehen, reiste dem König eilends nach und versöhnte ihn durch eindringliche Bitten. Gleichwohl gab Herodes seine Reise zu Antonius nicht auf. Da er gehört hatte, der Feldherr belagere mit einem starken Heer die Festung Samosata am Euphrat, beeilte er sich nur um so mehr, da er eine gute Gelegenheit sah, seine Tapferkeit zu zeigen und sich dem Antonius noch gefälliger

zu erweisen. Wirklich ging auch nach seiner Ankunft die Belagerung rasch zu Ende.(86) Er hatte viele Barbaren getötet und reiche Beute eingebracht, so daß Antonius, der schon zuvor seine Tapferkeit bewundert hatte, in noch höherem Grade für ihn eingenommen wurde; er fügte daher zu den früheren Ehrenbezeigungen viele neue hinzu und steigerte seine Hoffnung auf den Königsthron. König Antiochos aber war genötigt, Samosata zu übergeben.(87)

17. Kapitel: Heirat mit der Makkabäerin Mariamme

1. Unterdessen aber erlitt Herodes' Sache in Judäa selbst einen empfindlichen Rückschlag. Er hatte seinen Bruder Joseph als Oberbefehlshaber zurückgelassen mit der Weisung, bis zu seiner Rückkehr sich jeder kriegerischen Bewegung gegen Antigonos zu enthalten, da Machaeras seinem bisherigen Benehmen zufolge ein durchaus unzuverlässiger Bundesgenosse sei. Sobald jedoch Joseph seinen Bruder in weiter Ferne wußte, kümmerte er sich nicht um den Befehl, sondern rückte mit fünf Kohorten, die ihm Machaeras geschickt hatte, gegen Jericho, um das zur Ernte reife Getreide zu rauben. In dem gebirgigen und unwegsamen Terrain griffen ihn die Feinde an, und nach tapferem Kampf fiel er selbst sowie die gesamte römische Abteilung. Die Kohorten waren erst kurz vorher in Syrien ausgehoben worden und hatten keine Veteranen(88) in ihren Reihen, die imstande gewesen wären, ihren noch unerfahrenen Kameraden Halt zu geben.

2. Antigonos indes genügte der Sieg noch nicht, sondern er verstieg sich in seiner Erbitterung dazu, sich an Josephs Leiche zu vergreifen. Nachdem er die Gefallenen hatte sammeln lassen, befahl er, ihm das Haupt abzuschlagen, obwohl Josephs Bruder Pheroras fünfzig Talente Lösegeld dafür geben wollte. Diesem Sieg des Antigonos folgte eine Empörung in Galiläa, bei der die zu Herodes haltenden Reichen von den Anhängern des Antigonos an den See geschleppt und ertränkt wurden.(89) Auch in Idumäa, wo Machaeras ein Kastell mit Namen Gittha wieder befestigte, fing es gewaltig an zu gären. Von all diesen Vorgängen wußte Herodes noch nichts. – Nach dem Fall

von Samosata hatte Antonius Sosius zum Statthalter von Syrien ernannt und ihm aufgetragen, Herodes gegen Antigonos zu unterstützen, während er selbst sich wieder nach Ägypten begab.(90) Sosius schickte für Herodes Hilfstruppen in Stärke von zwei Legionen nach Judäa voraus und folgte mit dem übrigen Teil seines Heeres auf dem Fuße nach.

3. Herodes befand sich gerade zu Daphne bei Antiocheia, als ihm durch deutliche Träume der Tod seines Bruders angezeigt wurde. Bestürzt war er aus dem Bett gesprungen, da traten die Boten mit der Unglücksnachricht bei ihm ein. Nur kurze Zeit überließ er sich seinem Schmerz, schob vielmehr die Trauer hinaus und zog in unglaublichen Eilmärschen gegen den Feind. Im Libanon warb er 800 Gebirgsbewohner an und fand auch eine Legion Römer vor. Mit dieser Streitmacht fiel er, ohne den Anbruch des Tages abzuwarten, in Galiläa ein und warf die ihm entgegenrückenden Feinde wieder in die Festung, aus der sie sich herausgewagt hatten. Unverzüglich bestürmte er den Platz, wurde aber, ehe er ihn erobern konnte, durch ein fürchterliches Unwetter gezwungen, in den benachbarten Dörfern Quartier zu beziehen. Als nach wenigen Tagen auch die zweite von Antonius gesandte Legion zu ihm stieß, räumten die Feinde aus Furcht vor seiner Übermacht bei Nacht den Stützpunkt.

4. Er zog durch Jericho, um so bald wie möglich an den Mördern seines Bruders Rache zu nehmen. Hier erlebte er ein seltsames und wunderbares Ereignis, das ihn, weil er wider Erwarten wohlbehalten daraus hervorging, in den Ruf brachte, ein besonderer Liebling der Gottheit zu sein. An jenem Abend waren viele Amtspersonen bei ihm zur Tafel geladen. Kaum hatten nach Beendigung des Mahles alle Teilnehmer das Haus verlassen, als es plötzlich zusammenstürzte. Herodes erblickte darin ein Vorzeichen der Gefahren sowohl, die ihn im Kriege erwarteten, als auch seiner Rettung aus ihnen, und brach beim Morgengrauen auf. Bald stießen etwa 6000 Feinde von den Bergen herab und griffen seine Vorhut an, und wenn sie es auch nicht wagten, mit den Römern handgemein zu werden, so schleuderten sie doch aus der Ferne Steine und Wurfspieße und verwundeten viele ihrer Gegner. Auch

Herodes selbst wurde im Vorbeireiten von einem Speer in die Seite getroffen.

5. Um den Anschein zu erwecken, als wären die Seinen nicht nur an Kühnheit, sondern auch an Zahl ihren Gegnern überlegen, schickte Antigonos einen seiner Freunde, Pappos, mit einem Heer nach Samareia. Dort sollten sie es mit Machaeras aufnehmen. Herodes durchzog unterdessen das feindliche Gebiet, zerstörte fünf kleine Städte, tötete 2000 ihrer Bewohner, äscherte ihre Häuser ein und kehrte dann ins Lager zurück, das er bei einem Dorfe namens Kana aufgeschlagen hatte.

6. Täglich strömten viele Judäer aus Jericho und anderen Gegenden teils aus Haß gegen Antigonos, teils aus Begeisterung für seine Erfolge ihm zu. Die Mehrzahl freilich beseelte dabei ein unbewußtes Verlangen nach Änderung der bestehenden Verhältnisse. Herodes brannte vor Begierde, sich mit dem Feind zu messen; aber auch die Männer des Pappos zogen ihm, ohne seine Übermacht und Kampfeslust zu fürchten, mutig entgegen. In der sich entspinnenden Schlacht setzte ihm ein Teil der feindlichen Reihen für kurze Zeit stark zu. Herodes, der im Gedanken an den Tod seines Bruders vor keiner Gefahr zurückschreckte und sich schlug, als hätte er die Mörder selbst vor sich, überwältigte bald die, die sich ihm entgegengeworfen hatten, wandte sich dann auch gegen die, die noch standhielten, schlug sie in die Flucht und setzte ihnen nach. Während dieses Blutbades drängte er sie in das Dorf(91), aus dem sie vorgebrochen waren, und brachte besonders ihrer Nachhut entsetzliche Verluste bei. Er drang zugleich mit den Feinden in das Dorf ein, wo jedes Haus voller Bewaffneter war, die sich auch von den Dächern verteidigten. Sobald er nun die im Freien Kämpfenden überwältigt hatte, ließ er die Häuser niederreißen und zwang die darin Befindlichen hervorzukommen. Viele wurden von den einbrechenden Dächern erdrückt; was den stürzenden Trümmern entging, fiel unter dem Schwert der Soldaten, und die haufenweise herumliegenden Leichen versperrten zuletzt den Siegern selbst den Weg. Ein solches Blutbad nahm den Feinden allen Mut, und wenn sich auch hier und da wieder eine Gruppe zusammentat, trieb sie der Anblick der im Dorf liegenden Toten gleich in wilder Flucht

auseinander. Herodes wäre in seiner Siegesfreude am liebsten sogleich nach Jerusalem marschiert, hätte ihn nicht der überaus strenge Winter daran gehindert. Dies verhinderte den vollen Erfolg des Herodes und die Niederlage des Antigonos, der bereits die Stadt zu verlassen gedachte.

7. Gegen Abend ließ Herodes seine ermatteten Soldaten sich stärken und begab sich selbst noch heiß vom Kampf nach Soldatenart zum Bade, wobei nur ein Sklave ihn bediente. Bevor er in den Baderaum eintrat, lief vor seinen Augen ein feindlicher Soldat mit dem Schwert in der Hand heraus, ihm nach ein zweiter, dritter und noch mehrere. Sie hatten sich nach dem Gefecht bewaffnet in den Baderaum geflüchtet und voller Angst sich hier verborgen gehalten. Der Anblick des Königs weckte sie aus ihrer Erstarrung, und zitternd liefen sie an ihm, dem Unbewaffneten, vorbei und suchten die Ausgänge zu erreichen. Zufällig war dort niemand, der sie hätte festnehmen können, und so entkamen sie alle.

8. Am folgenden Tage ließ Herodes dem Feldherrn des Antigonos, Pappos, der im Gefecht gefallen war, den Kopf abschlagen und schickte ihn seinem Bruder Pheroras zum Zeichen, daß der Mord an ihrem Bruder gesühnt sei; denn Pappos war es gewesen, der Joseph getötet hatte. Sobald die Strenge des Winters nachließ, rückte er gegen Jerusalem(92), führte sein Heer bis an die Mauern heran und schlug, als eben das dritte Jahr endete, seit er in Rom zum König ernannt worden war, vor dem Tempel sein Lager auf. Hier war es möglich, die Stadt zu stürmen, und von dieser Seite aus hatte auch Pompeius früher sie eingenommen. Nachdem Herodes die Belagerungsarbeiten unter seinen Truppen verteilt und die nächste Umgebung der Stadt hatte abholzen lassen, befahl er drei Wälle aufzuwerfen und auf ihnen Türme zu bauen. Zu diesen Arbeiten ließ er die fähigsten seiner Leute zurück und ging selbst nach Samareia, um sich mit der Tochter von Aristobulos' Sohn Alexander zu vermählen, mit der er, wie erwähnt, verlobt war.(93) So feierte er die Hochzeit als Zwischenspiel der Belagerung; denn er fing bereits an, seine Gegner zu verachten.

9. Nach der Hochzeit kehrte er mit bedeutenden Truppenverstärkungen nach Jerusalem zurück, da inzwischen Sosius mit einem ansehnlichen Heer von Reitern und Fuß-

soldaten zu ihm gestoßen war. Er hatte es durch das Innere des Landes vorausgeschickt, während er selbst durch Phönikien marschierte. Die gesamte Truppenmasse, elf Legionen Fußsoldaten und 6000 Reiter, wozu noch die nicht unbedeutenden Hilfstruppen aus Syrien kamen, lagerte in der Nähe der nördlichen Stadtmauer. Herodes verließ sich bei diesem Vorgehen auf den Senatsbeschluß, durch den er zum König ernannt worden war, Sosius auf Antonius, der das unter seinem Befehl stehende Heer dem Herodes zu Hilfe geschickt hatte.

18. Kapitel: Eroberung Jerusalems. Tod des Antigonos

1. Der in der Stadt eingeschlossenen Judäer bemächtigte sich eine Aufregung mannigfacher Art. Die Schwächeren sammelten sich um den Tempel, um zu beten und zu klagen. Die Verwegeneren dagegen verübten rottenweise Räubereien und plünderten die Umgegend der Stadt, weil es an Lebensmitteln für die Menschen und Futter für die Pferde mangelte. Der besser disziplinierte Teil der bewaffneten Mannschaft war zur Abwehr der Belagerer aufgestellt. Sie trieben die Schanzarbeiter von der Mauer weg und ersannen gegen die Belagerungsmaschinen immer neue Verteidigungsmittel. In nichts aber übertrafen sie die Feinde so sehr als im Anlegen von Minengängen.
2. Gegen die Räubereien legte der König Hinterhalte, und es gelang ihm, den Ausfällen ein Ende zu machen. Dem Mangel an Lebensmitteln steuerte er durch Zufuhren aus entfernten Gegenden. Mit den kriegsgewandten römischen Truppen war er gegen die Belagerten stark im Vorteil, obwohl diese an Kühnheit nicht zu übertreffen waren. Sie vermieden es, im offenen Feld sich mit den Römern zu schlagen, da das für sie gleichbedeutend mit sicherem Untergang sein mußte; dagegen tauchten sie aus ihren unterirdischen Gängen oft unerwartet mitten unter den Feinden auf; und ehe noch ein Teil der Mauer zerstört war, hatten sie schon wieder eine andere gebaut – kurz, es ermatteten weder ihre Hände noch ihre Erfindungskraft, und offenbar waren sie zum äußersten Widerstand entschlossen. So hielten sie trotz der Stärke des Belagerungs-

heeres fünf Monate lang aus, bis endlich einige auserlesene Leute des Herodes die Mauer erstiegen und, gefolgt von den Zenturionen des Sosius, in die Stadt einbrachen. Zuerst wurde die Umgebung des Tempels genommen; dann ergoß sich das Heer in die Stadt und richtete ein furchtbares Gemetzel an. Die Römer waren durch die lange Dauer der Belagerung aufs höchste erbittert, und die zu Herodes haltenden Judäer taten das ihrige, um keinen von der Gegenpartei am Leben zu lassen. Viele wurden in den engen Gassen, in den Häusern, in denen sie sich zusammendrängten, und auf der Flucht nach dem Tempel niedergehauen. Weder Kinder noch Greise, noch schwache Frauen konnten auf Mitleid rechnen, und obwohl der König Boten schickte und Schonung befahl, hielt doch niemand ein, sondern die Soldaten wüteten wie rasend gegen jedes Alter. Unterdessen kam Antigonos, der weder für sein früheres noch für sein jetziges Geschick eine Empfindung hatte, aus der Burg herab und warf sich Sosius zu Füßen. Der aber brach, ungerührt durch solchen Wechsel des Geschicks, in ein unbändiges Gelächter aus und nannte ihn Antigone(94). Doch ließ er ihn nicht wie eine Frau frei ausgehen, sondern befahl, ihn gefesselt in Haft zu halten.

3. Nachdem die Feinde niedergeworfen waren, suchte Herodes, dem Ungestüm der fremden Hilfstruppen zu wehren. Diese Menge drängte sich heran, um den Tempel und die Heiligtümer zu sehen. Der König jedoch hielt sie durch Bitten und Drohungen, teils sogar mit Waffengewalt zurück, überzeugt, daß sein Sieg schimpflicher als eine Niederlage sein würde, wenn die Fremden etwas sähen, was nicht gesehen werden darf. Ebenso verhinderte er die Plünderung der Stadt, indem er Sosius vorstellte, daß die Römer die Stadt von Geld und Menschen völlig entblößen und ihn als König einer Einöde zurücklassen würden, während er die Herrschaft über die ganze Welt nicht mit dem Blute so vieler Bürger erkaufen möchte. Als Sosius entgegnete, man müsse den Soldaten für die Strapazen der Belagerung billigerweise gestatten zu plündern, erklärte Herodes, er wolle aus seiner eigenen Kasse jeden einzelnen belohnen. Dadurch gelang es ihm, den Rest der Stadt loszukaufen, und er erfüllte sein Versprechen, indem er jeden Soldaten glänzend, die Offiziere entsprechend reicher,

Sosius selbst aber wahrhaft königlich beschenkte, so daß niemand unversorgt blieb. Sosius weihte dem Gott eine goldene Krone und verließ Jerusalem, um Antigonos gefangen zu Antonius zu bringen. Dem Leben des Antigonos, das dieser bis zum letzten Augenblick vergeblich zu erhalten gehofft hatte, machte, wie sein unedler Sinn es verdiente, das Beil ein Ende.(95)

4. König Herodes nahm unter den Bürgern der Stadt eine Sichtung vor, wobei er seinen Anhängern Ehrenstellen verlieh und sie sich noch gewogener machte, die Anhänger des Antigonos dagegen hinrichten ließ. Aus Mangel an barem Geld ließ er aus dem Schmuck, den er besaß, Münzen prägen und schickte sie Antonius und dessen Vertrauten zu. Doch vermochte er damit allein sich noch keine dauernde Sicherheit zu erkaufen; denn Antonius war bereits von seiner Leidenschaft für Kleopatra völlig eingenommen und ganz der Sklave seiner Sinnlichkeit geworden. Nachdem Kleopatra mit ihrer eigenen Familie dergestalt aufgeräumt hatte, daß keiner ihrer Verwandten mehr übrig war, kehrte sich ihr Blutdurst nach außen. Sie verleumdete die syrischen Würdenträger bei Antonius, suchte ihn zu bewegen, sie zu ermorden, um sich mit leichter Mühe ihrer Besitzungen bemächtigen zu können. So hatte sie in ihrer Habgier den Blick auch auf Judäa und Arabien geworfen und arbeitete im geheimen daran, die Könige der beiden Länder, Herodes und Malichos, aus dem Weg zu räumen.

5. Obwohl Antonius bis jetzt ihre Forderungen bewilligt hatte, sah er in der Ermordung edler Männer und bedeutender Könige einen Frevel. Immerhin löste er seine engen freundschaftlichen Beziehungen zu ihnen und nahm ihnen bedeutende Gebiete weg, die er Kleopatra schenkte, so den Palmenwald bei Jericho, wo der Balsam gewonnen wird, und sämtliche diesseits des Flusses Eleutheros gelegenen Städte mit Ausnahme von Tyros und Sidon. Nachdem sie Herrscherin in diesen Gebieten geworden, begleitete sie Antonius auf seinem Feldzug gegen die Parther(96) bis an den Euphrat und kam dann über Apameia und Damaskus nach Judäa. Hier besänftigte Herodes durch große Geschenke ihre Feindseligkeit und pachtete ihr die von seinem Königreich abgetrennten Ortschaften für zwei-

hundert Talente jährlich ab. Dann gab er ihr unter allen möglichen Ehrenbezeigungen bis Pelusion das Geleit. Bald danach kam Antonius aus dem Lande der Parther zurück und führte den Sohn des Tigranes, Artabazes, gefangen mit sich, den er samt den Kleinodien und allen übrigen Beutestücken Kleopatra zum Geschenk machte.

19. Kapitel: Kampf gegen die Araber. Erdbeben in Judäa

1. Beim Ausbruch des Krieges von Aktion rüstete sich Herodes, mit Antonius zu Felde zu ziehen, da jetzt die Unruhen in Judäa aufgehört hatten und auch die Festung Hyrkania, die des Antigonos Schwester bis dahin noch gehalten hatte, in seinen Händen war. Kleopatra aber verstand es, ihn arglistigerweise von der Waffengemeinschaft mit Antonius abzuhalten. Sie hatte es, wie erwähnt, auf ihn und den Araberkönig abgesehen und überredete deshalb Antonius, Herodes den Krieg gegen die Araber anzuvertrauen, um im Fall seines Sieges Arabien, im Fall seiner Niederlage Judäa in ihre Gewalt zu bekommen und so den einen der beiden Fürsten durch den anderen zu vernichten.
2. Der Anschlag fiel jedoch zum Vorteil des Herodes aus. Er begann mit Überfällen, griff die Feinde dann mit einer angeworbenen beträchtlichen Reiterabteilung bei Diospolis an und schlug sie trotz tapferer Gegenwehr. Diese Niederlage rief eine große Bewegung unter den Arabern hervor; sie sammelten sich wieder bei Kanatha in Koilesyrien und erwarteten in großer Anzahl die Judäer. Als Herodes mit seinem Heer dort eintraf, bemühte er sich, den Krieg sehr vorsichtig zu führen, und ließ ein befestigtes Lager errichten. Doch seine Leute gehorchten nicht und stürzten sich, durch den ersten Sieg kühn gemacht, auf die Araber, die auch gleich beim ersten Angriff flüchteten. Bei der Verfolgung aber wurde Herodes ein übler Streich gespielt. Athenion, einer der Feldherren Kleopatras, der ihm von jeher feind war, wiegelte die Einwohner von Kanatha gegen ihn auf. Ihr Angriff ermutigte auch die Araber wieder, so daß sie umkehrten, sich zusammenschlossen und auf fel-

sigem, unwegsamem Terrain die Truppen des Herodes in die Flucht schlugen, wobei sie ein schreckliches Blutbad unter ihnen anrichteten. Was aus der Schlacht entkommen war, flüchtete nach Ormiza. Die Araber umzingelten jedoch das Lager, eroberten es und nahmen die Mannschaft gefangen.

3. Bald nach dieser Niederlage traf Herodes mit Hilfstruppen ein, jedoch zu spät. Schuld an dem Unfall war der Ungehorsam seiner Zenturionen; denn wäre das Gefecht nicht so überstürzt begonnen worden, hätte Athenion keine Gelegenheit zum Verrat gefunden. Herodes rächte sich durch häufige Einfälle in das Gebiet der Araber, die für den einmaligen Sieg recht oft büßen mußten. Während er seinen Feinden zusetzte, traf ihn im siebenten Jahr seiner Regierung(97), als der Krieg von Aktion seinen Höhepunkt erreicht hatte, ein anderes Unglück. Zu Beginn des Frühlings wurden bei einem Erdbeben unzähliges Vieh und 30 000 Menschen getötet; nur das Heer blieb unversehrt, weil es unter freiem Himmel lagerte. Das Gerücht, das traurigen Vorfällen immer noch Schlimmeres anhängt und jetzt eine Verwüstung ganz Judäas meldete, stärkte den Mut der Araber. In der Meinung, das entvölkerte Land leichter besetzen zu können, rückten sie ein, nachdem sie zuvor die Gesandten der Judäer, die sich gerade bei ihnen befanden, als Opfer getötet hatten. Da die Soldaten durch diesen Einfall in Schrecken gerieten und infolge der ständigen Unglücksfälle völlig demoralisiert waren, rief Herodes sie zusammen und suchte sie durch folgende Ansprache zum Widerstand anzufeuern.

4. „Unsinnig scheint es mir, daß ihr euch jetzt so in Furcht jagen läßt. Daß die Plagen euch ängstigen, ist natürlich; wenn aber ein Angriff von Menschen denselben Eindruck bei euch erzeugt, so ist das unmännlich. Was mich betrifft, so bin ich weit entfernt, nach dem Erdbeben mich vor meinen Feinden zu fürchten; ich glaube vielmehr, Gott hat damit den Arabern gewissermaßen eine Lockspeise hinwerfen wollen, damit sie veranlaßt würden, über uns herzufallen. Denn nicht im Vertrauen auf ihre Stärke und ihre Waffen, sondern auf die unglücklichen Naturereignisse, von denen wir heimgesucht wurden, haben sie uns angegriffen. Eine Hoffnung aber, die sich nicht auf eigene

Kraft gründet, sondern auf fremdes Mißgeschick, trügt sehr. Ist denn das Geschick unter den Menschen beständig? Oder schwankt nicht vielmehr das Glück, wie die Erfahrung zeigt, hin und her? Beispiele dafür braucht ihr nicht weit zu suchen. Der Feind hat uns, die wir in der früheren Schlacht Sieger waren, überwunden; wahrscheinlich aber wird er jetzt, obwohl er auf den Sieg hofft, unterliegen. Allzu großes Selbstvertrauen macht unbedacht, Furcht dagegen lehrt Vorsicht: daher ist es eben eure Angst, die mir Mut macht. Als ihr euch mit unzeitigem Ungestüm den Feinden entgegenwarft und sie entgegen meinem Befehl angrifft, fand Athenion Gelegenheit zu seinem Verrat. Jetzt aber verbürgt mir eure Zaghaftigkeit und scheinbare Murtlosigkeit die Gewißheit des Sieges. Bis die Stunde des Kampfes gekommen ist, mag diese Stimmung am Platze sein; in der Schlacht selbst aber müßt ihr euren Mut entflammen und jenen Gottlosen beweisen, daß weder eine von Menschen noch eine von Gott kommende Drangsal die Tapferkeit der Judäer zunichte machen kann, solange noch ein Funken Leben in ihnen ist, und daß keiner von euch den Araber, den ihr so oft schon fast als Gefangenen wegführtet, Herrn seines Eigentums werden läßt. Laßt euch also durch Naturerscheinungen nicht bange machen und haltet das Erdbeben nicht für ein Anzeichen weiteren Unheils. Was in den Elementen vorgeht, vollzieht sich nach natürlichen Gesetzen und bringt den Menschen keinen weiteren Schaden, als eben das Naturereignis an sich erzeugt. Freilich können Hungersnot, Pest und Erdbeben durch besondere Vorboten sich ankündigen; die Plagen selbst aber sind durch ihre eigene Größe begrenzt. Bedenkt: könnte uns ein siegreicher Feind schlimmeren Schaden zufügen als das Erdbeben? Dagegen haben unsere Feinde ein ernstes Vorzeichen für ihre Vernichtung erfahren, das weder die Natur noch irgendeine andere Macht ihnen kundgetan hat. Haben sie doch dem Völkerrecht zum Hohn unsere Gesandten grausam ermordet und ihrem Gott als Opfer für den Ausgang des Krieges dargebracht! Aber sie werden des Gottes alles sehendem Auge und seinem unbesiegten Arm nicht entrinnen. Und uns werden sie Genugtuung geben müssen, wenn wir noch eine Spur vom Geist unserer Väter in uns haben und uns erheben, um den Rechtsbruch zu strafen. So laßt uns nicht für Frauen und Kinder, nicht für das gefährdete Vaterland, sondern um Rache für die Ermordung der Gesandten zu nehmen, in den Kampf ziehen. Bessere Heerführer als wir Lebenden sind die Schatten dieser Männer. Ich werde, wenn ihr mir den Gehorsam nicht versagt, euch voran den Gefahren entgegengehen. Unbezwinglich, das wißt ihr, ist eure Tapferkeit, wenn ihr nicht durch Übereifer euch selbst schadet."

5. Als er mit dieser Ansprache seine Soldaten ermuntert hatte und ihre Kampffreudigkeit bemerkte, opferte er dem Gott und überschritt danach mit seinem Heer den Jordan. Bei Philadelpheia schlug er nicht weit von den Feinden entfernt sein Lager auf und versuchte, in der Hoffnung, daß es bald zu einer Schlacht kommen werde, zunächst durch leichte Scharmützel ein zwischen den beiden Heeren liegendes Kastell in seinen Besitz zu bringen, zu dem auch der Gegner eine Abteilung vorgeschoben hatte. Des Königs Truppen schlugen sie zurück und besetzten die befestigte Anhöhe. Herodes selbst rückte täglich mit seinem Heer aus, stellte es in Schlachtordnung auf und suchte die Araber zum Kampf zu reizen. Da sich aber niemand ihm entgegenstellte – denn ein großer Schrecken hatte sie ergriffen, und ihr Befehlshaber Elthemos war beim Anblick des feindlichen Heeres vor Furcht wie erstarrt –, rückte er schließlich vor und fing an, ihre Verschanzungen zu durchbrechen. Auf diese Weise zur Gegenwehr gezwungen, zogen sie ohne Ordnung, Fußsoldaten und Reiter durcheinander, zum Gefecht aus. An Zahl waren sie den Judäern überlegen, an Kampfeslust aber standen sie ihnen nach, obwohl auch sie aus Verzweiflung wie wahnsinnig fochten.

6. Solange sie standhielten, hatten sie demnach keine großen Verluste. Kaum aber hatten sie den Rücken gewendet, wurden viele von den Judäern erschlagen oder von ihren eigenen Leuten zertreten. 5000 Mann fielen auf der Flucht, während die übrigen in dichtgedrängten Haufen sich hinter die Verschanzungen retteten. Hier schloß Herodes sie ein und belagerte sie; aber noch ehe sie durch Waffengewalt zur Übergabe genötigt wurden, zwang sie der Durst dazu, da ihnen das Wasser ausgegangen war. Ihre Abgesandten

empfing der König mit Verachtung, und als sie sich mit fünfzig Talenten loskaufen wollten, verstärkte er nur seine Angriffe. Da der Durst sie mehr und mehr quälte, kamen sie endlich scharenweise hervor und ergaben sich freiwillig den Judäern. So wurden in fünf Tagen 4000 gefangen; am sechsten rückte die übrige Menge verzweifelt zum Kampf aus, in dem Herodes wiederum 7000 Mann niedermachte. Durch diese schweren Schläge rächte er sich an den Arabern und demütigte ihren Stolz so weit, daß sie sich seiner Oberherrschaft unterwarfen.

20. Kapitel:
Herodes geht auf die Seite Octavianus' über

1. Danach aber wurde Herodes wegen seiner freundschaftlichen Beziehungen zu Antonius mit Sorge um seine Herrschaft erfüllt; denn Caesar Octavianus hatte bei Aktion gesiegt.(98) Er flößte jedoch mehr Furcht ein, als er selbst fühlte, denn Octavianus hielt Antonius noch nicht für überwunden, solange Herodes diesem treu blieb. Der König entschloß sich, der Gefahr ins Auge zu schauen. Er schiffte sich nach Rhodos ein, wo Octavianus sich aufhielt, und erschien vor ihm ohne Diadem, in Kleidung und Gebaren ein Privatmann, an Gesinnung ein König. Ohne seine wahren Gedanken zu verheimlichen, sprach er freimütig: „Caesar, ich bin von Antonius zum König der Judäer gemacht worden und habe, ich gestehe es offen, als solcher alles getan, wodurch ich ihm nutzen konnte. Ich verhehle nicht, daß du mich auch im Kampf an seiner Seite gefunden haben würdest, wenn die Araber mich nicht daran gehindert hätten. Nach besten Kräften habe ich ihm Hilfstruppen und viele tausend Scheffel Getreide zugesandt. Selbst nach seiner Niederlage bei Aktion habe ich meinen Wohltäter nicht im Stich gelassen. Da ich ihm als Kampfgenosse nicht mehr zu nutzen vermochte, wurde ich sein bester Ratgeber, indem ich ihm als einziges Mittel, seine Lage zu bessern, den Tod der Kleopatra nannte. Für den Fall, daß er diese Frau aus dem Weg räumen wollte, versprach ich ihm Geld, schützende Festungen, ein Heer und meine Teilnahme am Kriege gegen dich. Aber die

sehnsüchtige Liebe zu Kleopatra und Gott, dessen Gunst du deinen Sieg verdankst, machten ihn taub gegen meine Vorstellungen. So bin ich mit Antonius besiegt und lege, auch im Unglück sein Gefährte, die Krone nieder. Zu dir kam ich in der Hoffnung, mein rechtschaffenes Benehmen werde mir deine Gunst erringen, und man werde untersuchen, was für ein Freund, und nicht, wessen Freund ich gewesen bin."

2. Hierauf entgegnete Caesar: „Ich gebe dir Sicherheit; herrsche von nun an noch zuverlässiger als König. Du bist wert, über viele Menschen zu gebieten, da du die Freundschaft so treu pflegtest. Suche auch denen ergeben zu bleiben, die glücklicher waren. Ich jedenfalls setze auf deinen Edelsinn große Hoffnungen. Antonius hat wohl daran getan, daß er lieber auf Kleopatra hörte als auf dich; denn durch seinen Unverstand habe ich dich gewonnen. Übrigens hast du dich, wie ich sehe, bereits um mich verdient gemacht. Quintus Didius schreibt mir, du habest ihm gegen die Gladiatoren(99) Hilfe gesandt. Ich will dich daher durch förmlichen Beschluß in deiner Königswürde bestätigen und dir auch weiterhin meine Gunst zu beweisen suchen, damit du Antonius nicht vermißt."

3. Nach diesen freundlichen Worten setzte Octavianus dem König das Diadem auf und machte die ihm erwiesene Gunstbezeigung durch einen Erlaß bekannt, in dem er Herodes hochherziges Lob spendete. Dieser suchte ihn durch Geschenke zu bewegen, auch einen gewissen Alexas freizulassen, der ein Freund des Antonius war und Herodes um seine Vermittlung angefleht hatte. Doch der Zorn des Octavianus behielt die Oberhand, da er dem Manne, für den Herodes sich ins Mittel legte, schwere Vergehen vorzuwerfen hatte, und er schlug die Bitte ab. Herodes empfing Octavianus später, als dieser durch Syrien nach Ägypten marschierte, um bei Ptolemais Heerschau zu halten, indem er den ganzen Reichtum des Landes aufbot. Er ritt zum erstenmal an seiner Seite, gab ihm und allen seinen Freunden ein Festmahl und versorgte auch das Heer reichlich. Ferner sorgte er dafür, daß die Römer auf ihrem Zuge durch die wasserarme Gegend bis Pelusion und ebenso auf dem Rückmarsch reichlich mit Wasser versehen waren und daß sie an Lebensmitteln keinen Mangel

litten. Ganz von selbst drängte sich dabei Caesar und den Soldaten der Gedanke auf, daß das Reich des Herodes im Verhältnis zu seinen Leistungen viel zu klein sei. Sobald Caesar nach Ägypten gekommen war – Kleopatra und Antonius waren bereits tot –, verlieh er ihm nicht nur eine Reihe weiterer Auszeichnungen, sondern vergrößerte auch sein Königreich, indem er das ihm von Kleopatra früher entrissene Gebiet und außerdem Gadara, Hippos, Samareia sowie die Küstenstädte Gaza, Anthedon, Joppe und Stratonsturm hinzufügte. Obendrein schenkte er ihm eine Leibwache von 400 Galatern(100), die früher die persönliche Garde Kleopatras gebildet hatten. So reiche Zuwendungen hatte Herodes vorzugsweise seiner eigenen Hochherzigkeit zu verdanken.

4. Nach Ablauf der ersten Aktiade(101) vergrößerte Octavianus das Königreich des Herodes weiter durch die Landschaft, die Trachonitis genannt wird, sowie die angrenzenden Landschaften Batanäa und die Auranitis. Die Veranlassung dazu war folgende: Ein gewisser Zenodoros, der das Gebiet des Lysanias gepachtet hatte, hetzte unaufhörlich die in der Trachonitis hausenden Räuber gegen die Einwohner von Damaskus. Diese suchten Hilfe bei Varro, dem Statthalter von Syrien, und baten ihn, Caesar von ihrer Lage in Kenntnis zu setzen. Daraufhin erging von Rom der Befehl, das Räuberwesen zu beseitigen. Varro brach mit seinem Heer auf, säuberte das Land von diesen Männern und nahm es Zenodoros ab. Damit es später nicht wieder den Schlupfwinkel bilde, von dem aus die Räuber Damaskus beunruhigen könnten, schenkte Caesar es Herodes. Als er nach weiteren zehn Jahren abermals in die Provinz kam, ernannte er Herodes zum Statthalter von ganz Syrien, so daß die unter ihm stehenden Prokuratoren keine Anordnungen treffen durften, ohne vorher seine Zustimmung einzuholen. Nach dem Tode des Zenodoros belehnte Caesar ihn mit dem ganzen Gebiet zwischen der Trachonitis und Galiläa. Größeren Wert indes als alle diese Vergünstigungen hatte für Herodes der Umstand, daß er dem Caesar nach Agrippa(102) und dem Agrippa nach Caesar der liebste Freund war. Hatte er so den Gipfel äußeren Glückes erreicht, kam er nun seinen geistigen Interessen nach und entwarf großartige Pläne für fromme Werke.

21. Kapitel: Die Bauten des Herodes. Sein Charakter

1. Im fünfzehnten Jahr seiner Regierung ließ er den Tempel umbauen(103), den Tempelbezirk um das Doppelte erweitern und mit einer festen Mauer umgeben, alles mit unermeßlichen Kosten und unübertrefflichem Prachtaufwand. Davon zeugten insbesondere die großen, den Tempel umgebenden Säulenhallen und die im Norden angrenzende Burg. Die Hallen erneuerte er von Grund auf, die Burg baute er mit großen Kosten um, so daß sie einem Königsschloß nicht nachstand, und nannte sie dem Antonius zu Ehren Antonia. Seinen eigenen Königspalast legte er in der oberen Stadt an und benannte die zwei größten und schönsten Flügel, mit denen nicht einmal der Tempel zu vergleichen war, nach seinen Freunden Kaisareion und Agrippeion.

2. Doch nicht bloß einzelne Gebäude weihte er dem Gedächtnis und Namen dieser Männer, sondern er ging noch weiter und ehrte sie mit ganzen Städten. So umgab er in Samareia eine Stadt mit einer schönen Mauer im Umfang von zwanzig Stadien, siedelte 6000 Einwohner an und wies ihnen fruchtbare Ländereien zu; mitten in der neugegründeten Stadt erbaute er einen gewaltigen Tempel mit einem freien Platz von anderthalb Stadien zu Ehren des Caesar(104) und nannte die Stadt Sebaste. Ihren Bewohnern gab er eine ausgezeichnete Gemeindeverfassung.

3. Als der Caesar ihm noch weitere Landstriche schenkte, erbaute Herodes ihm auch an den Quellen des Jordans einen Tempel von weißem Marmor; der Ort heißt Paneion. Hier erhebt sich ein Berggipfel zu ungeheurer Höhe; am Fuße der Schlucht öffnet sich eine schattige Grotte, deren Inneres sich in eine unermeßliche Kluft senkt, die mit stehendem Wasser gefüllt und für das Senkblei unergründlich ist. Außen am Rande dieser Grotte sprudeln Quellen hervor, und hier befindet sich, wie einige meinen, der Ursprung des Jordans.(105) Genaueres darüber werde ich später mitteilen.

4. Auch in Jericho ließ der König zwischen dem Kastell Kypron(106) und dem früheren Königspalast ein neues, besseres und bequemeres Gebäude bauen, das er nach seinen Freunden benannte. Kurz, es gab keinen Ort in seinem

Reich, den er, sofern er sich dazu eignete, nicht mit Bauwerken zu Ehren Caesars versehen hätte. Nachdem er sein eigenes Land mit Tempeln angefüllt hatte, ließ er es auch in der Provinz nicht an Ehrenmalen fehlen und errichtete in vielen Städten Denkmale für Caesar Octavianus.

5. So erschien ihm auch eine Stadt an der Küste mit Namen Stratonsturm, die damals im Verfall begriffen war, wegen der Schönheit des Geländes geeignet, sein Vorhaben auszuführen. Er baute sie ganz aus weißen Steinen wieder auf, schmückte sie mit prächtigen Palästen und zeigte hier in besonders hohem Maße seinen angeborenen Sinn für großartige Unternehmungen. Stratonsturm lag mitten zwischen Dora und Joppe, und auf der ganzen Strecke zwischen diesen beiden Städten war die Küste ohne Hafen, so daß manches Schiff, das an Phönikien vorbei nach Ägypten segelte, auf offenem Meer ankern mußte wegen der Gefahren des Südwestwindes, der selbst bei mäßiger Stärke eine solche Brandung an den Felsen erzeugt, daß die zurückgeworfenen Wellen weit hinaus das Meer in Aufruhr bringen. Der König besiegte durch seinen Ehrgeiz und mit bedeutenden Kosten die Natur und schuf einen Hafen, der den Peiraieus an Größe übertraf und im Innern eine Reihe vortrefflicher Ankerplätze hatte.

6. Obwohl der Ort recht ungünstig war, reizte doch gerade die Schwierigkeit den Eifer des Königs, ein Werk herzustellen, das dem Anprall der Meereswogen Widerstand leisten könnte und dessen Schönheit die darauf verwendete Mühe nicht ahnen lassen sollte. Zunächst ließ er den für den Hafen bestimmten Raum in der erwähnten Größe abstecken und dann große Felsstücke, von denen die meisten fünfzig Fuß lang, neun Fuß hoch und zehn Fuß breit waren, zwanzig Ellen(107) tief ins Meer versenken. Nachdem so die Tiefe ausgefüllt war, ließ er den Damm über Wasser auf eine Breite von 200 Fuß bringen. Hundert Fuß davon waren vorgebaut, um die Gewalt der Flut zu brechen; dieser Teil wurde Wellenbrecher genannt. Der übrige Raum diente einer rings um den Hafen laufenden Steinmauer als Basis und war mit hohen Türmen versehen, deren größter und schönster nach Drusus(108), dem Stiefsohn Caesars, Drusion genannt wurde.

7. Zahlreiche Gewölbe dienten den Schiffern zur Herberge,

und eine davor befindliche, rund um den Hafen sich hinziehende Plattform bot den Ankömmlingen reichlich Raum zu Spaziergängen. Die Hafeneinfahrt lag nach Norden, weil der Nordwind dort der mildeste Wind ist. Zu beiden Seiten der Einfahrt befanden sich drei auf Sockeln ruhende kolossale Standbilder, die links von einem massiven Turm, rechts von zwei miteinander verbundenen aufrechten Säulen getragen wurden; die Säulen waren höher als der gegenüberliegende Turm. Die an den Hafen stoßenden Gebäude waren ebenfalls von weißem Marmor, und die Straßen der Stadt liefen in gleichen Abständen voneinander alle auf den Hafen zu. Dem Hafeneingang gegenüber stand auf einem Hügel ein durch Größe und Schönheit ausgezeichneter Tempel des Caesars und in ihm seine Kolossalbildsäule, die ihrem Muster, dem Olympischen Zeus, nichts nachgab, sowie eine solche der Roma nach dem Vorbild der Hera zu Argos. Die Stadt weihte Herodes der Provinz, den Hafen den Seefahrern, die Ehre der ganzen Anlage aber Caesar, nach dem er die Stadt Kaisareia benannte.

8. Auch die übrigen von ihm dort errichteten Gebäude, Amphitheater, Theater, Marktplätze, waren des Namens, den sie trugen, wohl wert. Dann stiftete der König fünfjährige Kampfspiele, die er gleichfalls nach Caesar benannte, und setzte in der 192. Olympiade(109) selbst bedeutende Kampfpreise aus, wobei nicht nur die Sieger, sondern auch die Zweit- und Drittbesten seine königliche Freigebigkeit erfuhren. Weiterhin baute er die in den Kriegen zerstörte Seestadt Anthedon wieder auf und gab ihr den Namen Agrippeion. Ja, aus übergroßer Ergebenheit gegen seinen Freund Agrippa ließ er dessen Namen über dem von ihm erbauten Tor des Tempels einmeißeln.

9. Auch in kindlicher Liebe ließ er sich von niemand übertreffen. So gründete er zum Andenken an seinen Vater in der schönsten Ebene seines Reiches, die reich an Flüssen und Bäumen war, eine Stadt, die er Antipatris nannte. Seiner Mutter weihte er ein neu befestigtes, überaus starkes und schönes Kastell oberhalb Jerichos, dem er den Namen Kypron gab, und seinem Bruder Phasaelos den Phasaelosturm in Jerusalem, dessen Form und großartige Pracht ich später noch schildern werde. Gleichfalls Pha-

saelos zu Ehren gründete er die Stadt Phasaelis bei dem Tal, das sich von Jericho aus in nördlicher Richtung erstreckt.

10. Nachdem er das Andenken seiner Verwandten und Freunde verewigt hatte, sorgte er auch für sein eigenes, indem er auf dem Gebirge an der arabischen Grenze eine Festung erbaute, die er nach sich selbst Herodeion nannte. Den gleichen Namen gab er einem in Form einer weiblichen Brust künstlich aufgeworfenen, sechzig Stadien von Jerusalem entfernten Hügel, den er mit großer Pracht ausschmückte. Die Kuppe umgab er mit runden Türmen, und auf die von diesem Festungsring eingeschlossene Fläche setzte er herrliche Paläste, die nicht nur im Innern herrlich anzuschauen, sondern auch außen an Wänden, Zinnen und Dächern mit verschwenderischer Pracht ausgestattet waren. Mit ungeheurem Kostenaufwand ließ er von weit her Wasser in reichlicher Menge herleiten und einen Aufstieg von 200 aus blendendweißem Marmor bestehenden Stufen herstellen; denn der Hügel war ziemlich hoch und durchweg ein Werk von Menschenhand. Auch am Fuß des Hügels errichtete er Paläste für seine Hofhaltung und sein Gefolge und stattete sie so reich aus, daß die ganze Anlage wie eine Stadt mit einer Königsburg aussah.

11. Als er diese großartigen Bauwerke vollendet hatte, bewies er auch einer Anzahl auswärtiger Städte seine fürstliche Freigebigkeit. So versah er Tripolis, Damaskus und Ptolemais mit Gymnasien (110), Byblos mit einer Stadtmauer, Berytos und Tyros mit Säulengängen, Hallen, Tempeln und Märkten, Sidon und Damaskus mit Theatern, die Seestadt Laodikeia mit einer Wasserleitung, Askalon mit prachtvollen Bädern und Brunnen sowie mit Säulenhallen von staunenswerter Größe und Arbeit. Anderen Städten schenkte er Haine und Wiesen, und viele erhielten Ländereien, als ob sie zu seinem Reiche gehörten. Gymnasiarchen (111) dotierte er mit festen jährlichen Einkünften, wie zum Beispiel in Kos, damit das Ehrenamt immer ausgeübt werden könne. Weiterhin spendete er allen Getreide, die in Not waren; den Rhodiern gab er oft und bei verschiedenen Anlässen Geld zur Ausrüstung ihrer Flotte, und den abgebrannten Tempel des Pythischen

Apollon baute er auf eigene Kosten und schöner wieder auf. Muß ich noch die Schenkungen erwähnen, die er den Lykiern und den Samiern zukommen ließ, oder die Freigebigkeit, mit der er in ganz Jonien manche Not linderte? Sind nicht Athen und Lakedämon, Nikopolis und das mysische Pergamon voll von Weihgeschenken des Herodes? Und hat er nicht die wegen ihres Schmutzes gemiedene Hauptstraße von Antiocheia in Syrien in einer Länge von zwanzig Stadien mit geglättetem Marmor gepflastert und zum Schutz vor dem Regen mit einem ebenso langen Säulengang geschmückt?

12. Kamen nun, wie man sagen könnte, diese Wohltaten zunächst nur den einzelnen Gemeinden zugute, denen sie erwiesen wurden, so bedachte er dagegen Elis mit einem Geschenk, an dem nicht nur Griechenland, sondern die ganze Welt Anteil hat, soweit der Ruf der olympischen Spiele gedrungen ist. Als er sah, daß diese Spiele aus Mangel an Geld dem Verfall nahe waren und somit die einzige Überlieferung aus dem alten Hellas zu verschwinden drohte, übernahm er in dem Olympiadejahr, in das seine Seereise nach Rom fiel, das Preisrichteramt und stiftete für die kommenden Zeiten bestimmte Geldeinkünfte, wodurch er das Andenken an seine Tätigkeit als Kampfrichter verewigte. Doch ich würde wohl nicht zu Ende kommen, wollte ich auch alle die Schulden und Abgaben aufzählen, die er nachließ; als Beispiel erwähne ich nur die Städte Phasaelis und Balanea sowie eine Reihe von Städtchen an der Grenze von Kilikien, deren jährliche Abgaben er minderte und so ihre Lage erleichterte. Was seine Freigebigkeit am meisten hemmte, war die Furcht, Neid zu erregen oder in den Verdacht zu geraten, als ob er, indem er den Städten größere Wohltaten erwies als ihre eigenen Gebieter, weiterschauende Pläne verfolge.

13. Den geistigen Vorzügen des Herodes entsprachen seine körperlichen. Von jeher war er ein vortrefflicher Jäger, wobei ihm sein Geschick im Reiten zustatten kam. So erlegte er einst an *einem* Tage vierzig Stück Wild. Das Land nährt nämlich auch Wildschweine; reicher jedoch ist es an Hirschen und wilden Eseln. Als Kämpfer war Herodes unwiderstehlich, und auch bei gymnastischen Übungen war er von vielen gefürchtet, da sie sahen, wie genau er

die Lanze warf und wie sicher er mit dem Bogen schoß. Bei all diesen geistigen und körperlichen Vorzügen war er auch noch vom Glücke begünstigt; denn selten stieß ihm im Krieg ein Unfall zu, und wenn er einen erlitt, war nicht er selbst, sondern irgendein Verräter oder die Unbesonnenheit seiner Soldaten schuld.

22. Kapitel: Hinrichtung Hyrkanos' und Mariammes

1. Sein äußeres Glück indes verleidete ihm das Schicksal durch häusliche Sorgen, wobei die Frau, die er innig liebte, die Ursache seines Unglücks wurde. Nachdem er zur Regierung gelangt war, hatte er sich von der Gattin, die er als Privatmann geheiratet hatte, einer Jerusalemerin mit Namen Doris, geschieden(112) und Mariamme, die Tochter von Aristobulos' Sohn Alexander, geheiratet. Schon früher zwar war diese Verbindung für ihn die Quelle häuslicher Zwietracht geworden; als er aber von Rom zurückgekehrt war, wurde sie dies mehr denn je. Zunächst wies er um der Söhne Mariammes willen seinen Sohn Antipatros, den Doris ihm geboren hatte, aus der Stadt und erlaubte ihm nur, sie an Festtagen zu betreten. Dann räumte er den Großvater seiner Gattin, Hyrkanos, der aus Parthien zu ihm gekommen war, aus dem Wege, weil er ihn im Verdacht einer Verschwörung hatte. Hyrkanos war bekanntlich von Barzaphrenes bei dessen Einfall in Syrien gefangengenommen worden; die jenseits des Euphrats lebenden Judäer(113) hatten aus Mitleid mit ihm seine Freilassung erbeten. Hätte er ihre Warnungen, nicht zu Herodes zu reisen, beachtet, so wäre er nicht ums Leben gekommen. Die Heirat seiner Enkelin lockte ihn in den Tod, denn im Vertrauen auf diese Verbindung und aus übergroßem Heimweh war er zurückgekehrt. Herodes war ihm nicht deshalb feind, weil er wirklich seine Hand nach der Krone ausgestreckt hätte, sondern weil sie ihm von Rechts wegen gebührte.

2. Mariamme gebar Herodes fünf Kinder, zwei Töchter und drei Söhne.(114) Von den Söhnen starb der jüngste in Rom, wo er sich zu seiner Bildung aufhielt. Den beiden älteren ließ er wegen der vornehmen Abkunft ihrer Mutter

und weil sie während seiner Regierungszeit geboren waren, eine königliche Erziehung angedeihen. Noch mehr freilich veranlaßte ihn dazu die Liebe zu Mariamme, die von Tag zu Tag heftiger in ihm entbrannte, so daß er für das Leid, das ihm die geliebte Frau bereitete, keine Empfindung hatte; denn so groß wie seine Liebe zu Mariamme, so groß war ihr Haß gegen ihn. Da sie für diese Abneigung gute, auf Tatsachen beruhende Gründe hatte und das Bewußtsein, daß sie geliebt wurde, ihr Freimütigkeit verlieh, warf sie ihm unverhohlen vor, was er gegen ihren Großvater Hyrkanos und ihren Bruder Aristobulos verbrochen hatte. Auch diesen hatte er trotz seiner Jugend nicht geschont, sondern, nachdem er ihn mit siebzehn Jahren zum Hohenpriester ernannt, gleich nach seinem Amtsantritt getötet. Als Aristobulos während eines Festes im Priestergewand zum Altar trat, weinte das versammelte Volk; das war der Grund, weshalb der junge Mann noch in der Nacht nach Jericho geschickt und dort von einigen dazu bestellten Galatern(115) beim Baden in einem Teich ertränkt wurde.

3. Dies warf Mariamme dem König vor und überhäufte auch seine Schwester und seine Mutter mit Schmähungen. Herodes in seiner leidenschaftlichen Liebe schwieg dazu; bei den Frauen dagegen setzte sich ein heftiger Groll fest, und um den König in Zorn zu bringen, beschuldigten sie seine Gattin des Ehebruchs. Zum Beweis dieser Behauptung brachten sie unter anderem vor, sie habe ihr Bild nach Ägypten zu Antonius gesandt und sich so in übermäßiger Sinnlichkeit, wenn auch abwesend, einem Mann gezeigt, der als Wüstling bekannt und auch imstande sei, Gewalt zu gebrauchen. Wie ein Blitz traf diese Nachricht Herodes, den seine Liebe ohnehin im höchsten Grade eifersüchtig gemacht hatte; und da er außerdem an die Grausamkeit der Kleopatra dachte, wegen der König Lysanias und der Araber Malichos ihr Leben hatten lassen müssen, fürchtete er nicht nur, seine Gattin möchte ihm entrissen werden, sondern er hielt auch sein eigenes Leben für gefährdet.

4. Im Begriff zu verreisen, vertraute er daher dem Gemahl seiner Schwester Salome, Joseph, einem zuverlässigen und schon aus verwandtschaftlichen Rücksichten

ihm wohlgesinnten Mann, seine Gattin an und gab ihm insgeheim den Auftrag, sie zu töten, falls Antonius ihn, den König, ums Leben bringen würde. Joseph aber verriet das Geheimnis, nicht in böser Absicht, sondern um Mariamme die Liebe des Königs zu beweisen, der nicht einmal im Tod von ihr getrennt sein wollte. Als Herodes nach seiner Rückkehr ihr im vertraulichen Beisammensein wieder und wieder seine Liebe beteuerte und versicherte, daß er nie eine andere Frau so innig lieben könnte, entgegnete sie: „Allerdings hast du deine Liebe zu mir glänzend bewiesen, indem du Joseph den Befehl gabst, mich zu töten!"

5. Kaum hatte Herodes das gehört, als er, seiner Sinne nicht mehr mächtig, hervorstieß, Joseph würde niemals den Befehl verraten haben, wenn er sie nicht verführt hätte. Rasend vor Zorn sprang er vom Lager auf und rannte im Palast hin und her. Diesen für Verleumdungen so günstigen Augenblick erhaschte seine Schwester Salome und verstärkte den Verdacht gegen Joseph. Außer sich vor Eifersucht gab Herodes Befehl, die beiden auf der Stelle hinzurichten. Doch der Wut folgte sogleich die Reue, und kaum hatte der Zorn sich gelegt, flammte die Liebe wieder auf. So stark war seine Sehnsucht, daß er an Mariammes Tod nicht glauben wollte, sondern sie in seiner Trauer anredete, als sei sie noch am Leben, bis er endlich, von der Zeit belehrt, die Tote ebenso tief betrauerte, wie er sie im Leben geliebt hatte.

23. Kapitel: Die Söhne Mariammes

1. Die Söhne erbten den Haß ihrer Mutter und betrachteten den Vater, wenn sie seiner Verbrechen gedachten, als Feind. Bereits in Rom hatte diese Gesinnung sich ihrer bemächtigt, als sie dort ihre Studien betrieben; nach ihrer Heimkehr verschärfte sie sich und wuchs mit den Jahren mehr und mehr an. Als im heiratsfähigen Alter der eine die Tochter seiner Tante Salome, die seine Mutter angeklagt hatte, der andere die Tochter des Kappadokierkönigs Archelaos heiratete(116), gaben sie ihrem Haß auch in freimütiger Rede Ausdruck. Ihre Kühnheit benutzten Verleumder dazu, ihnen Schlingen zu legen, und bald sagten

gewisse Leute dem Könige ziemlich deutlich, seine beiden Söhne führten etwas gegen ihn im Schilde; ja, der Schwiegersohn des Archelaos rüste sich im Vertrauen auf seinen Schwiegervater bereits zur Flucht, um Herodes bei Caesar Octavianus zu verklagen. Solche Ohrenbläsereien verfehlten auf die Dauer ihre Wirkung beim König nicht. Er nahm den Sohn der Doris, Antipatros, gleichsam als Schutzwehr gegen seine anderen Söhne wieder auf und fing an, ihn auf alle mögliche Weise vorzuziehen.

2. Diese Veränderung war für die Söhne der Mariamme unerträglich, und da sie den Sohn einer Mutter aus bürgerlichem Stande in so hohem Grade begünstigt sahen, vermochten sie als Sprößlinge eines edlen Geschlechts ihren Unwillen nicht zu unterdrücken, sondern zeigten bei jeder neuen Kränkung offen ihren Groll. Während die beiden Prinzen von Tag zu Tag aufsässiger wurden, suchte Antipatros seine eigenen Interessen zu fördern, indem er seinen Vater mit großem Geschick umschmeichelte, gegen seine Brüder intrigierte, sie teils selbst verleumdete, teils durch Freunde Verleumdungen ausstreuen ließ, bis er ihnen endlich alle Hoffnung auf den Thron abgeschnitten hatte. Er war im Testament bereits als erklärter Thronfolger aufgeführt und wurde auch mit königlichem Gepränge und Gefolge zum Caesar geschickt, so daß ihm nur das Diadem noch fehlte. Allmählich stieg sein Einfluß so sehr, daß er seine Mutter in Mariammes Ehebett zurückbrachte. Den König wußte er durch die beiden Waffen, Schmeichelei und Verleumdung, die er zum Nachteil seiner Brüder gebrauchte, so zu bearbeiten, daß dieser bereits den Gedanken faßte, die beiden hinrichten zu lassen.

3. Den Alexander führte Herodes nach Rom(117) und beschuldigte ihn vor Caesar, seinem Vater mit Gift nach dem Leben getrachtet zu haben. Alexander fand hier endlich Gelegenheit, seinem Schmerz Ausdruck zu geben. Da er sich einem Richter gegenüber sah, der erfahrener war als Antipatros und vernünftiger als Herodes, verschleierte er zwar die Fehler seines Vaters voll Ehrerbietung, wies aber um so entschiedener dessen falsche Anschuldigungen zurück. Nachdem er auch die Unschuld seines mit ihm in gleicher Gefahr schwebenden Bruders dargetan hatte, beschwerte er sich über des Antipatros Arglist und die ihnen

widerfahrene Zurücksetzung, wobei ihm nicht nur sein reines Gewissen, sondern auch seine große Beredsamkeit zu Hilfe kam; denn er war ein ausgezeichneter Redner. Als er schließlich ausrief, ihr Vater möge sie immerhin töten, da er sie nun einmal verurteilt habe, rührte er alle Anwesenden zu Tränen und bewegte auch Caesar, daß dieser die Anklage verwarf und Herodes mit ihm aussöhnte. Zur Bedingung wurde gemacht, daß die beiden ihrem Vater in allen Stücken gehorsam sein sollten, dieser aber zu seinem Nachfolger ernennen könne, wen er wolle.

4. Hierauf kehrte der König von Rom aus heim und gab sich den Anschein, als lege er den gegen seine Söhne vorgebrachten Beschuldigungen kein Gewicht mehr bei, während er tatsächlich von Argwohn durchaus nicht frei war. Dafür sorgte schon der Unruhestifter Antipatros, der ihn begleitete, wenn dieser auch aus Furcht vor dem hohen Vermittler es nicht wagte, seine Feindschaft offen zu zeigen. Als sie vor der Küste von Kilikien anlangten, landeten sie auf Elaiusa, wo Archelaos sie freundlich bewirtete, für die Rettung seines Schwiegersohns dankte und sich über die Versöhnung hocherfreut zeigte. Er selbst hatte an Freunde in Rom geschrieben, sie möchten Alexander behilflich sein. Er geleitete seine Gäste bis Zephyrion und machte ihnen Geschenke im Wert von dreißig Talenten.

5. In Jerusalem versammelte Herodes das Volk, stellte ihm seine drei Söhne vor, gab über seine Reise Rechenschaft und sprach dem Gott seinen Dank aus wie auch Caesar, der den Zwist in seinem Hause beendet und seinen Söhnen ein Gut verliehen habe, größer als die Herrschaft, nämlich die Eintracht. „An mir", fuhr er fort, „soll es gelegen sein, dieses Band noch fester zu knüpfen. Caesar hat bestimmt, daß ich der alleinige Herrscher in meinem Reiche sein und das Recht haben soll, über meinen Nachfolger zu entscheiden. Indem ich in meinem eigenen Interesse und in seinem Sinne zu handeln suche, ernenne ich diese meine drei Söhne zu Königen und bitte Gott und euch, diesem Beschluß zuzustimmen. Bei dem einen läßt sein Alter, bei den anderen ihre edle Abkunft den Anspruch auf die Thronfolge gerechtfertigt erscheinen, und das Königreich ist groß genug, daß es noch für mehrere zureichen würde. So erkennt das Recht derer, die Caesar versöhnt

und ihr Vater eingesetzt hat, an und erweist jedem von ihnen die gebührende Ehre, und zwar nach dem Vorrang des Alters; denn die Freude dessen, der mehr geehrt würde, als ihm seinem Alter gemäß zusteht, wäre nicht so groß wie der Schmerz des Zurückgesetzten. Die Verwandten und Freunde(118) der Prinzen werde ich bestimmen. Diese werden mir dafür bürgen, daß die Eintracht unter meinen Söhnen aufrechterhalten wird. Ich weiß wohl, daß Hader und Streit vielfach nur durch ränkesüchtige Höflinge hervorgerufen werden, daß aber auch nichts geeigneter ist, die gegenseitige Zuneigung zu fördern, als eine rechtschaffene Umgebung. Ferner ist es mein Wille, daß nicht nur diese meine Söhne, sondern auch die Befehlshaber meines Heeres für jetzt noch an mir allein ihren Rückhalt suchen. Nicht das Königtum selbst, sondern nur dessen Ehre übertrage ich meinen Söhnen, so daß sie die Annehmlichkeiten davon genießen, während ich selbst die Lasten, freilich ungern genug, zu tragen habe. Bedenkt mein Alter, meine Lebensweise und meine Frömmigkeit. Ich bin weder so alt, daß man schon bald mein Ende zu erwarten hätte, noch fröne ich der Üppigkeit, die selbst junge Leute dahinrafft, und die Gottheit habe ich so verehrt, daß ich mich auf eine lange Lebensdauer freuen darf. Wer also in der Hoffnung auf mein baldiges Ableben meinen Söhnen den Hof macht, der wird mir auch um ihretwillen dafür büßen müssen. Nicht aus Eifersucht will ich übertriebene Ehrenbezeigungen gegen die vermieden wissen, die ich gezeugt habe, sondern weil ich weiß, daß Schmeichelei für junge Leute leicht ein Anreiz zum Widerstand wird. Wenn daher jeder, der mit ihnen verkehrt, erwägt, daß der Gutgesinnte auf meinen Dank rechnen kann, der Störenfried dagegen nicht einmal von dem, dem er schmeichelt, für seine Handlungsweise belohnt wird, so werden, glaube ich, alle Untertanen mein Interesse wahrnehmen, das ja auch zugleich das meiner Söhne ist; denn es ist ihr Nutzen, wenn ich regiere, und meiner, wenn sie in gutem Einvernehmen bleiben. Ihr aber, meine Söhne, denkt an die heiligen Bande der Natur, die selbst beim Tier die Fortdauer der Liebe sichern, denkt an Caesar, der uns versöhnte, und denkt endlich auch an mich, der ich da bitte, wo ich befehlen könnte, und bleibt Brüder! Ich gebe euch nun königliche Gewänder und königliche Hofhaltung und bitte Gott, daß er meiner Entscheidung seinen Schutz nicht versagen möge, sofern ihr nur einig bleibt." Nach dieser Ansprache umarmte er liebevoll jeden seiner Söhne und entließ dann das Volk, von dem ein Teil seinen Worten Erfolg wünschte, während die Umstürzler sich stellten, als hätten sie nichts gehört.

24. Kapitel: Hofintrigen

1. Die Brüder ließen aber von ihrer Zwietracht nicht ab, und als sie sich trennten, war ihr Argwohn gegeneinander schlimmer als zuvor. Alexander und Aristobulos fühlten sich zurückgesetzt, weil Antipatros das Recht der Erstgeburt bestätigt worden war; dieser hingegen mißgönnte seinen Brüdern, daß sie die nächsten nach ihm sein sollten. Während aber Antipatros seine Gedanken für sich zu behalten verstand und als äußerst verschlagener Mensch seinen Haß gegen die Brüder geschickt verbarg, trugen diese, auf ihre edle Abkunft bauend, stets das Herz auf der Zunge. Zudem bemühten sich viele ihrer Freunde eifrig, sie aufzuhetzen, und noch größer war die Zahl derer, die sich als Späher bei ihnen eingeschlichen hatten. So kam es, daß jedes Wort Alexanders schon im nächsten Augenblick bei Antipatros war, von wo es mit Zusätzen zu Herodes wanderte. Selbst ganz harmlose Äußerungen des jungen Mannes wurden in verleumderischem Sinne verdreht und als schuldvoll ausgelegt; hatte er einmal ein wenig freier gesprochen, so tat die Phantasie das ihrige, um die Kleinigkeit ins ungeheuerliche aufzubauschen. Dabei schickte Antipatros unter der Hand stets Leute ab, die Alexander aufhetzen sollten, damit seine Lügen durch wirkliche Vorgänge wenigstens in etwa gestützt würden; denn wenn ein Körnchen von dem, was das Gerücht meldete, sich als wahr erwies, fand das übrige um so eher Glauben. Seine eigenen Freunde dagegen waren entweder von Natur sehr verschwiegen oder durch Geschenke so weit bearbeitet, daß sie nichts von dem verlauten ließen, was geheimgehalten werden sollte. Ganz treffend könnte man des Antipatros Leben ein Mysterium der Bosheit nennen. Die Umgebung

Alexanders hatte er durch Bestechung oder listige Schmeichelei, seine Hauptlockmittel, zu Verrätern gemacht, die ihm alles, was vorging oder geredet wurde, insgeheim zutrugen. Er selbst setzte alles richtig in Szene und wußte mit großer Schlauheit seine Verleumdungen bei Herodes anzubringen, indem er selbst die Maske des Bruders trug und andere Leute als Angeber vorschob. War über Alexander etwas hinterbracht worden, kam er scheinbar zufällig zu Herodes, verwarf anfangs das Gesagte, wußte es dann unvermerkt glaubhaft zu machen und den Unwillen des Königs zu erregen. Alles wurde auf Verschwörung ausgelegt und der Anschein erweckt, als ob Alexander plane, seinen Vater zu ermorden. Und nichts vermochte den Verleumdungen mehr Glauben zu verschaffen als des Antipatros Auftreten in der Rolle des Verteidigers.

2. So wurde Herodes immer verbitterter, und in dem Maße, wie er täglich seine Liebe den jungen Leuten entzog, wandte er sie Antipatros zu. Mit ihm zogen sich die Höflinge von den Prinzen zurück, die einen freiwillig, die anderen auf Befehl, wie Ptolemaios, der angesehenste Freund des Königs, ferner des Herodes Brüder(119) und seine übrige Familie, Antipatros war allmächtig, und allmächtig war zum größten Schaden Alexanders auch des Antipatros Mutter, deren Rat sich stets gegen ihn und seinen Bruder Aristobulos richtete, und die, weil sie schlimmer als eine Stiefmutter war, die Söhne der Königin auch tiefer als bloße Stiefsöhne haßte. Von allen Seiten wurde nun Antipatros um seiner glänzenden Aussichten willen der Hof gemacht, während ein Befehl des Königs den Vornehmen jeden Verkehr mit Alexander und seiner Umgebung untersagte und dadurch die beiden jungen Leute ihrer Freunde beraubte. Das vom Caesar dem Herodes verliehene, sonst noch keinem König zugestandene Recht, flüchtige Personen selbst aus einer ihm nicht gehörenden Stadt herauszuholen, schreckte nicht nur die einheimischen, sondern auch die auswärtigen Freunde der Prinzen ab. Von all diesen Ränken hatten die beiden nicht die geringste Ahnung, und so konnte es bei ihrer Unvorsichtigkeit nicht ausbleiben, daß sie mehr und mehr verstrickt wurden. Ihr Vater machte ihnen niemals offene Vorwürfe, und nur seine Kälte und sein rasches Aufbrausen bei un-

angenehmen Vorfällen ließ sie den Sachverhalt allmählich vermuten. Unterdessen hatte Antipatros auch ihren Onkel Pheroras gegen sie eingenommen sowie ihre Tante Salome, mit der er so vertraulich, als wäre sie seine Gattin, verkehrte, um sie aufzuhetzen. Die Feindschaft Salomes erhielt noch besondere Nahrung durch die Prahlerei der Frau Alexanders, Glaphyra, die gern ihre vornehmen Ahnen aufzählte und sich als Abkomme des Temenos(120) von väterlicher und des Dareios, Sohn des Hystaspis, von mütterlicher Seite als Gebieterin aller im Königshaus befindlichen Frauen gebärdete. Auch schmähte sie häufig des Herodes Schwester wegen ihrer niedrigen Herkunft und auch seine Gattinnen, von denen sie behauptete, der König habe sie nur um ihrer körperlichen Schönheit, nicht um ihres Adels willen geheiratet. Herodes hatte eine ganze Anzahl Frauen, weil den Judäern nach ihrem Gesetz Vielweiberei gestattet ist, und auch, weil er Vergnügen daran fand. Alle diese Frauen wurden wegen Glaphyras Großtuerei und ihrer üblen Nachreden zu Feindinnen Alexanders.

3. Auch Aristobulos, Salomes Schwiegersohn, zog sich deren Feindschaft zu, und das um so mehr, als sie bereits durch Glaphyras Verleumdungen in Zorn versetzt war. Er warf nämlich seiner Gattin beständig ihre unedle Abkunft vor und beklagte sich, daß er mit einer Frau aus bürgerlichem Stande sich habe begnügen müssen, während sein Bruder Alexander eine Königstochter geheiratet habe. Unter Tränen hinterbrachte sie dies ihrer Mutter Salome und fügte hinzu, Alexander und Aristobulos hätten gedroht, sie wollten, wenn sie an der Macht wären, die Mütter ihrer Brüder wie Sklavinnen an den Webstuhl schicken und die Brüder zu Dorfschreibern machen, da diese ja, wie sie spotteten, vortrefflich dafür ausgebildet seien. Salome vermochte ihren Ärger nicht zu bemeistern, sondern teilte alles ihrem Bruder Herodes mit, und da sie gegen ihren eigenen Schwiegersohn auftrat, fand sie leicht Glauben. Noch eine andere Nachrede trug dazu bei, den Zorn des Königs zu reizen. Es wurde ihm zu Ohren gebracht, die Söhne der Mariamme würden häufig ihre Mutter beweinen und dabei den König verwünschen; jedesmal, wenn ihr Vater ein Kleid der Mariamme einer der später geehelich-

ten Frauen zuteile, drohten sie, sie würden ihnen statt der königlichen Gewänder bald Lumpen geben.

4. Sosehr dieses stolze Gebaren der jungen Leute den König beunruhigte, hoffte er doch, sie auf bessere Wege zu bringen. Im Begriff, nach Rom zu reisen, berief er sie daher zu sich. Er drohte ihnen zunächst in seiner Eigenschaft als König, sprach ihnen dann aber als Vater zu, ermahnte sie, ihre Brüder zu lieben, und verhieß ihnen Verzeihung für die bisher begangenen Fehler, wenn sie sich in Zukunft bessern wollten. Die beiden wiesen die gegen sie vorgebrachten Anklagen als erlogen zurück und betonten, daß ihre Handlungen ihre Verteidigung bestätigen würden. Doch solle der König auch den Verleumdungen einen Riegel vorschieben und nicht mehr so leichtgläubig sein; denn an Lügen gegen sie werde es wohl so lange nicht fehlen, als es jemand gebe, der sie glaube.

5. Indem sie sich mit diesen Vorstellungen an das Vaterherz des Königs wandten, beseitigten sie zwar für den Augenblick die Gefahr; um so trauriger aber gestalteten sich ihre Aussichten in der Zukunft, da sie jetzt von der feindseligen Haltung der Salome und ihres Onkels Pheroras Kenntnis erlangten. Beide waren erbitterte und gefährliche Gegner, Pheroras dazu ein mächtiger, denn er war Mitregent des Herodes, nur ohne Diadem, hatte hundert Talente Einkünfte aus eigenem Besitz und verfügte über den Ertrag des ganzen Landes jenseits des Jordans, das ein Geschenk seines Bruders war. Dieser hatte ihn auch mit Einwilligung Caesars zum Tetrarchen gemacht und der Ehe mit einem Mitglied des Königshauses gewürdigt, indem er ihm die Schwester seiner eigenen Gattin vermählte. Nach deren Tod hatte der König ihm seine älteste Tochter(121) und eine Mitgift von dreihundert Talenten zugedacht, doch war Pheroras aus Liebe zu einer Sklavin der Heirat mit der Königstochter ausgewichen. Aus Ärger darüber vermählte Herodes seine Tochter mit einem seiner Neffen(122), der später im Kriege gegen die Parther fiel. Seinen Zorn gegen Pheroras unterdrückte er jedoch aus Nachsicht mit dessen Verliebtheit bald.

6. Schon früher, als die Königin(123) noch lebte, war Pheroras beschuldigt worden, dem König mit Gift nach dem Leben getrachtet zu haben. Jetzt aber häuften sich

solche Anschuldigungen in dem Maße, daß Herodes, so innig er seinen Bruder liebte, doch schließlich den Angaben Glauben schenkte und in Furcht geriet. Nachdem er viele der als Mitwisser verdächtigten Personen hatte foltern lassen, kam schließlich die Reihe auch an des Pheroras Freunde. Von diesen gestand zwar keiner einen Mordanschlag ein, wohl aber wurde offenbar, daß Pheroras Anstalten getroffen hatte, seine Geliebte zu entführen und mit ihr zu den Parthern zu fliehen, ferner daß Kostobaros, der Gatte der Salome, mit dem sie der König vermählt hatte, nachdem ihr erster Mann wegen Ehebruchs hingerichtet worden war, den Plan und die Flucht unterstützen wollte. Auch Salome blieb nicht frei von Beschuldigungen; denn ihr Bruder Pheroras klagte sie an, mit Syllaios, dem Stellvertreter des gegen Herodes äußerst feindlich gesinnten Araberkönigs Obadas(124), einen Heiratsvertrag eingegangen zu sein. Obwohl sie dieser wie aller übrigen von Pheroras gegen sie erhobenen Anklagen überführt wurde, verzieh ihr der König, und auch Pheroras sprach er von den ihm zur Last gelegten Vergehen frei.

7. So zog sich das ganze Gewitter über Alexander allein zusammen und entlud sich gänzlich auf sein Haupt. Unter seinen Eunuchen hatte der König drei, die er sehr schätzte, wie aus den Diensten hervorgeht, die sie zu verrichten hatten. Der eine war Mundschenk, der andere trug die Mahlzeit auf, und der dritte bediente ihn, wenn er zu Bett ging, und schlief in seiner Nähe. Diese drei machte sich Alexander durch große Geschenke sexuell gefügig. Der König erhielt davon Kenntnis und ließ sie peinlich verhören. Hierbei gestanden sie den unzüchtigen Umgang ein und gaben auch die Versprechungen an, mit denen Alexander sie verführt habe. Von Herodes, habe er gesagt, dürften sie nichts mehr erhoffen; er sei ein alter Narr, der sich das Haar färbe, um für jung gehalten zu werden. Sie sollten sich vielmehr zu ihm halten, da er bald selbst gegen den Willen seines Vaters zur Herrschaft gelangen, seine Feinde strafen und seine Freunde, vor allen sie selbst, reich und glücklich machen werde. Schon seien insgeheim die Großen des Reiches auf seiner Seite, und die hohen wie die niedrigen Offiziere hätten geheime Zusammenkünfte mit ihm.

8. Diese Aussagen erschreckten den König in solchem Grade, daß er für den Augenblick keinen offenen Gebrauch davon zu machen wagte. Er schickte vielmehr unterderhand bei Tag und Nacht Späher aus, durch die er alles erfuhr, was vor sich ging und gesprochen wurde; wer in Verdacht geriet, wurde sofort getötet. Gesetzlosigkeit herrschte jetzt im Königspalast. Jeder erdichtete Verleumdungen, wie Feindschaft und Haß sie ihm eingaben, und viele mißbrauchten den mordgierigen Zorn des Königs zum Nachteil ihrer Gegner. Die Lüge fand augenblicklich Glauben, und fast schneller als beschuldigt wurde bestraft. Manchmal wurde ein Ankläger im nächsten Moment selbst angeklagt und zugleich mit seinem Opfer hingerichtet; denn die Sorge um sein eigenes Leben hinderte den König, langwierig zu untersuchen. Schließlich war er so verbittert, daß er auch die Unschuldigsten nicht mehr gnädig ansah und sogar seine Freunde im höchsten Grade abstoßend behandelte. So verbot er vielen von ihnen den Palast, und wen seine Hand nicht erreichte, den beleidigte er mit Worten. Was Alexander anbelangt, so machte Antipatros sich dessen unglückliche Lage zunutze, indem er seine Verwandten fest um sich scharte und ihn auf alle mögliche Weise verleumdete. Dem König jagte Antipatros durch seine Lügen und Erdichtungen solchen Schrecken ein, daß er beständig Alexander mit gezogenem Schwert vor sich zu sehen wähnte. Er ließ ihn daher plötzlich ergreifen und in Fesseln legen und ließ seine Freunde foltern. Die meisten von ihnen starben schweigend, ohne etwas wider besseres Wissen ausgesagt zu haben; diejenigen aber, die durch die Folter sich zu Lügen treiben ließen, sagten aus, Alexander trachte mit seinem Bruder Aristobulos dem König nach dem Leben und warte nur auf eine Gelegenheit, ihn auf der Jagd zu ermorden und dann nach Rom zu fliehen. Solchen unwahrscheinlichen, in der Todesangst hervorgestoßenen Aussagen schenkte der König nur zu gern Glauben und tröstete sich über die Einkerkerung seines Sohnes damit, daß die Maßnahme gerechtfertigt sei.

25. Kapitel: Aussöhnung Alexanders mit Herodes

1. Als Alexander einsah, daß es unmöglich sei, seinen Vater zu überzeugen, beschloß er, der Gefahr die Stirn zu bieten. Er verfaßte vier Bücher gegen seine Feinde, in denen er zwar die Verschwörung eingestand, zugleich aber die meisten seiner Gegner, besonders Pheroras und Salome, als seine Mitverschworenen bezeichnete. Letztere, behauptete er, sei sogar einmal nachts bei ihm eingedrungen und habe ihn wider seinen Willen zum Beischlaf genötigt. Diese Bücher mit schweren Anklagen gegen die mächtigsten Personen waren schon in den Händen des Königs, als Archelaos aus Sorge um seinen Schwiegersohn und seine Tochter eilends in Judäa ankam – ein sehr gewandter Helfer in der Not, da er die von seiten des Königs drohende Gefahr durch List abzuwenden verstand. Kaum war er bei Herodes eingetreten, als er in die Worte ausbrach: „Wo ist mein verruchter Schwiegersohn, und wo finde ich den Vatermörder, daß ich ihn mit eigener Hand zerfleische? Auch meine Tochter will ich ihrem sauberen Gemahl beigesellen; denn wenn sie auch an seinen Anschlägen nicht teilnahm, so ist sie doch durch die eheliche Verbindung mit einem solchen Menschen entehrt. Wundern muß ich mich nur über die von dir, dem Gefährdeten, bewiesene Langmut und daß Alexander überhaupt noch am Leben ist. Als ich von Kappadokien hierherkam, nahm ich als selbstverständlich an, daß er längst hingerichtet wäre und ich mit dir nur noch meine Tochter zur Verantwortung zu ziehen hätte, die ich ihm aus Hochachtung vor deinem Stande zur Ehe gegeben habe. Nun müssen wir über beide beschließen, und wenn du zu sehr Vater sein solltest und zu weichherzig, um den Sohn, der dir nach dem Leben trachtete, zu bestrafen, so wollen wir die Rollen tauschen und einer des anderen Zorn übernehmen.“

2. Durch diese hochtönenden Worte wußte er Herodes zugänglicher zu machen, obwohl dieser sich anfangs zurückhaltend gezeigt hatte. Herodes gab ihm die von Alexander verfaßten Bücher zu lesen und ging den Inhalt mit ihm Kapitel für Kapitel durch. Diese Gelegenheit nahm Archelaos wahr, um seinen listigen Plan auszuführen, und schob unvermerkt alle Schuld auf die in der Schrift genann-

ten Personen, besonders auf Pheroras. Sobald er merkte, daß der König anfing, seinen Worten zu vertrauen, fuhr er fort: „Wir müssen untersuchen, ob nicht vielmehr dem jungen Manne von all diesen Nichtswürdigen Fallen gelegt werden, statt daß er dir nachstellt. Es liegt doch eigentlich gar kein Grund vor, weshalb er sich eines solchen Vergehens schuldig machen sollte, da er schon jetzt königliche Ehren genießt und Aussicht auf die Thronfolge hat, oder aber Verführer haben seinen jugendlichen Leichtsinn ausgebeutet. Solche Menschen pflegen nicht bloß jungen, sondern auch alten Leuten oft den Kopf zu verdrehen und vornehme Familien wie ganze Königreiche zu verderben."

3. Diesen Worten zollte Herodes Beifall, und in dem Maße, wie sein Groll gegen Alexander nachließ, verstärkte sich sein Zorn gegen Pheroras, von dem die vier Bücher vornehmlich handelten. Als dieser die gereizte Stimmung des Königs und den starken Einfluß des Archelaos bemerkte und sich auf ehrenhafte Weise nicht mehr retten zu können glaubte, setzte er seine ganze Hoffnung auf die Unverschämtheit. Ohne sich weiter um Alexander zu kümmern, nahm er seine Zuflucht zu Archelaos. Dieser erklärte ihm, er sehe nicht, wie er der Gefahr entgehen könne, da so viele Beschuldigungen gegen ihn vorlägen, aus denen klar hervorgehe, daß er dem Könige nach dem Leben getrachtet und den jungen Mann in seine jetzige Lage gebracht habe; es sei denn, daß er sich entschließen könne, aller List und Lüge zu entsagen, die ihm zur Last gelegten Vergehen einzugestehen und Herodes im Vertrauen auf dessen Bruderliebe um Verzeihung zu bitten. In diesem Fall wolle er seinerseits alles tun, um ihm beizustehen.

4. Pheroras ging darauf ein, legte, um einen recht erbarmenswerten Eindruck zu machen, ein schwarzes Kleid an und fiel Herodes zu Füßen. Unter Tränen bat er ihn, wie das früher schon manchmal gewesen war, um Verzeihung und bekannte sich als ruchlosen Menschen, der sich alle ihm vorgeworfenen Vergehen habe zuschulden kommen lassen, jammerte aber zugleich darüber, daß die Leidenschaft für eine Frau ihn in Geistesverwirrung und Wahnsinn gestürzt habe. Nachdem Archelaos es auf diese Weise fertiggebracht hatte, Pheroras zum Ankläger und Zeugen gegen sich selbst zu machen, bat er für ihn und

suchte den Zorn des Herodes zu beschwichtigen, indem er ein Beispiel aus seiner Familie anführte. „Auch ich", sagte er, „hatte einen Bruder, von dem ich noch schlimmer beleidigt wurde, und doch habe ich das Gebot der Natur höher geachtet als das der Rache. Auch in Staaten entzünden sich, wie im Körper starker Menschen infolge ihrer Schwere einzelne Organe, die man nicht abschneiden, sondern durch gelinde Mittel heilen muß."

5. Durch solche und ähnliche Vorstellungen gelang es Archelaos, Herodes gegen Pheroras milder zu stimmen. Er selbst jedoch hielt an seinem scheinbaren Zorn gegen Alexander fest und erklärte, er wolle seine Tochter von ihm trennen und mit sich nehmen, bis er endlich Herodes so weit brachte, daß dieser sich für den jungen Mann ins Mittel legte und Archelaos bat, er möge Glaphyra ihrem Gatten belassen. Mit dem Ausdruck völliger Aufrichtigkeit stellte Archelaos dem König frei, Glaphyra mit einem beliebigen Manne zu vermählen, nur nicht mit Alexander; denn nichts lag ihm so sehr am Herzen, als die Beziehungen zu erhalten, die ihn an Herodes banden. Dieser versicherte jedoch, er werde seinen Sohn wie ein Geschenk aus Archelaos' Hand annehmen, wenn dieser die Ehe ungelöst lassen wolle, die bereits mit Kindern gesegnet sei. Auch erfreue sich Glaphyra der zärtlichsten Liebe ihres Gatten und werde, solange sie bei ihm bleibe, ihn vor ähnlichen Verirrungen bewahren. Werde sie ihm aber entrissen, so könne das leicht den jungen Mann zur Verzweiflung treiben; denn wo die häuslichen Freuden fehlten, sei das Ungestüm der Jugend nicht mehr in Schranken zu halten. Hierauf gab Archelaos, wenn auch zögernd, endlich nach, ließ von seinem scheinbaren Unwillen gegen Alexander ab und söhnte den jungen Mann mit seinem Vater aus. Doch, fügte er hinzu, müsse man ihn nach Rom schicken, damit er Caesar sprechen könne; denn er selbst habe dem Augustus bereits über alles brieflich Bericht erstattet.

6. Damit hatte Archelaos seine List zu Ende geführt und seinen Schwiegersohn gerettet.(125) Gelage und Freudenfeste folgten der Versöhnung, und als Archelaos abreiste, verehrte Herodes ihm siebzig Talente, einen goldenen, mit Edelsteinen verzierten Thronsessel, mehrere Eunuchen und eine Nebenfrau namens Pannychis; auch das Gefolge

wurde entsprechend beschenkt. Weitere prächtige Gaben erhielt Archelaos auf Befehl des Königs von hohen Würdenträgern. Dann gaben Herodes und die Großen ihm das Geleit bis Antiocheia.

26. Kapitel: Verleumdung durch Eurykles

1. Bald darauf landete in Judäa ein Mann, der in listigen Kunstgriffen noch erfahrener war als Archelaos und der nicht bloß die von jenem zugunsten Alexanders bewirkte Aussöhnung wieder zunichte machte, sondern auch den Untergang des Prinzen verschuldete. Es war ein Lakedämonier mit Namen Eurykles, den die Geldgier ins judäische Königreich geführt hatte, nachdem Griechenland für seine Verschwendungssucht zu klein geworden war. Herodes brachte er als Lockmittel glänzende Geschenke, um dadurch seine Zwecke zu fördern, und erhielt auch sogleich Gegengeschenke von weit höherem Wert. Nicht zufrieden mit dieser reinen Gabe, glaubte er, die Kunst eines Königs auch noch mit Blut erkaufen zu müssen. Zunächst schlich er sich bei Herodes durch Schmeicheleien und Lobreden ein, und da er schnell des Königs Charakter durchschaut hatte, redete und tat er alles nur ihm zu Gefallen. Auf diese Weise wurde er bald einer der vertrautesten Freunde des Herodes und als Spartaner von diesem wie dem ganzen Hofe schon wegen seines Vaterlandes(126) mit größter Auszeichnung behandelt.
2. Kaum hatte dieser Mann die wunden Punkte der königlichen Familie, die Feindschaft zwischen den Brüdern und die ungleiche Gesinnung des Vaters seinen Söhnen gegenüber, bemerkt, als er vorgab, ein alter Freund des Archelaos zu sein, und Wohlwollen für Alexander heuchelte, während er bereits bei Antipatros gastliche Aufnahme gefunden und bei dieser Gelegenheit sich in dessen Vertrauen eingeschlichen hatte. Von Alexander wurde er aus dem erwähnten Grunde sogleich wie ein erprobter Freund aufgenommen, und auch bei dessen Bruder Aristobulos wußte er sich bald zu empfehlen. In allen Rollen bewandert, verstand er jedem auf eine besondere Art beizukommen; vorzugsweise jedoch wurde er des Antipatros Söldling und

Alexanders Verräter. Dem ersteren warf er vor, daß er als der älteste Prinz Leute neben sich dulde, die nur darauf ausgingen, seine Anwartschaft auf den Thron zunichte zu machen, dem Alexander, daß er, der Sohn einer Königin und Gatte einer Königstochter, der noch dazu an Archelaos einen so trefflichen Rückhalt habe, es zulasse, daß der Sohn einer bürgerlichen Frau zur Thronfolge gelange. Weil Eurykles sich lügenhafterweise auf die Freundschaft des Archelaos bezog, glaubte Alexander an ihm einen zuverlässigen Ratgeber zu haben. Er beklagte sich offenherzig bei ihm über Antipatros und bemerkte, Herodes, der ihre Mutter ermordet habe, werde sich wohl auch kein Gewissen daraus machen, ihnen den Thron zu entreißen, auf den sie als die Söhne eben dieser Mutter ein Anrecht hätten. Auf diese Worte hin verfehlte Eurykles nicht, Mitleid und Bedauern zu heucheln. Sobald er auch Aristobulos ähnliche Klagen entlockt und beide zu unzufriedenen Auslassungen über ihren Vater verleitet hatte, hinterbrachte er das Geheimnis Antipatros, nicht ohne lügnerisch hinzuzufügen, die Brüder wollten ihn ermorden und seien drauf und dran, ihn mit der Waffe zu überfallen. Reich beschenkt für diese Mitteilungen, lobte er Antipatros bei Herodes gehörig und arbeitete endlich geradewegs auf Aristobulos' und Alexanders Untergang hin, indem er sie bei ihrem Vater anklagte. Er begab sich zu Herodes und erklärte ihm, er wolle ihm als Gegengeschenk für die empfangenen Wohltaten und zum Dank für die genossene Gastfreundschaft das Leben retten. Schon lange sei das Schwert zur Ermordung des Königs geschärft und Alexanders Hand gegen ihn ausgestreckt. Doch habe er, Eurykles, den Anschlag aufzuhalten gewußt, indem er der Verschwörung zum Schein beigetreten sei. Alexander pflege zu sagen, Herodes sei nicht zufrieden, auf einem Thron zu sitzen, der ihm nicht gehöre, und nach dem Mord an ihrer Mutter deren Reich zu zerstückeln, sondern er stelle auch noch einen Bastard als Thronfolger auf, diesen verwünschten Antipatros, dem er ihr angestammtes Königreich zugedacht habe. Er aber, Alexander, werde den Schatten des Hyrkanos und Mariammes ein Sühnopfer darbringen; denn aus der Hand eines solchen Vaters dürfe er die Herrschaft nicht ohne Blutvergießen annehmen. Übrigens vergehe kein Tag, an dem er nicht durch vielfache Anlässe gereizt werde, und kein Wort komme über seine Lippen, das man unverdreht lasse. Sei von der edlen Abkunft anderer Menschen die Rede, so pflege Herodes zu schmähen: „Alexander allein ist edelgeboren, darum mißachtet er auch seinen Vater, der von geringer Herkunft ist." Auf der Jagd stoße man sich daran, wenn er schweige; tue er aber seinen Mund auf, um etwas anzuerkennen, so höre man nur Spott heraus. Bei jeder Gelegenheit fahre sein Vater ihn rauh an, und nur gegen Antipatros erweise er sich liebevoll. Gern wolle er deshalb sterben, wenn der Anschlag gegen Herodes fehlgehe. Gelinge die Ermordung des Königs, so erwarte er Rettung in erster Linie von seinem Schwiegervater Archelaos, zu dem er leicht werde entkommen können, und nächst ihm von Caesar, der bis jetzt den wahren Charakter des Herodes noch gar nicht kenne. Nicht wie früher werde er ihm dann gegenüberstehen, zitternd vor dem mitanwesenden Vater, noch sich auf die gegen ihn allein gerichteten Klagen beschränken, sondern vornehmlich wolle er das Elend seines Volkes schildern und dartun, wie man ihm durch Steuerdruck das Mark ausgepreßt, für welche Schlemmereien und Verbrechen man das Blutgeld verschleudert, was für Menschen es seien, die sich am Eigentum seiner Landsleute bereichert und denen man ganze Städte zum Geschenk gemacht; da endlich wolle er auch Rache fordern für seinen Großvater und seine Mutter und alle Greuel der jetzigen Regierung ans Licht bringen. Daß man ihn dann noch als Vatermörder verurteilen werde, könne er nicht glauben.

3. Als Eurykles mit diesen abenteuerlichen Lügen über Alexander zu Ende war, überhäufte er Antipatros mit Lob und hob hervor, wie dieser allein seinen Vater liebe und wie deswegen an ihm allein bisher der Anschlag gegen des Königs Leben gescheitert sei. Herodes, der die früheren Vorfälle noch nicht ganz vergessen hatte, geriet in rasenden Zorn. Antipatros aber nahm, wie auch früher, die günstige Gelegenheit wahr, um andere Ankläger gegen seine Brüder vorzuschieben, die aussagten, die Prinzen hätten heimliche Zusammenkünfte mit Jukundos und Tyrannos gehabt, zwei ehemaligen königlichen Reiteroffizieren, die kürzlich wegen gewisser Verfehlungen ihres Dienstes ent-

hoben worden waren. Dadurch geriet Herodes in äußerste Wut und ließ die beiden augenblicklich foltern. Sie bekannten jedoch nichts von dem, was man ihnen fälschlich zur Last gelegt hatte. Nun wurde ein Brief Alexanders vorgebracht, in dem er den Kommandanten der Festung Alexandreion ersuchte, ihn nach der Ermordung seines Vaters mit seinem Bruder Aristobulos in die Festung aufzunehmen und ihn die Waffen und anderen Kriegsgeräte benutzen zu lassen. Diesen Brief erklärte Alexander für eine Fälschung des Diophantos, eines königlichen Schreibers, der ein Schurke war und Handschriften äußerst geschickt nachahmte. Nachdem er viele solcher Fälschungen begangen hatte, wurde er wegen einer gleichen Tat hingerichtet. Herodes ließ den Festungskommandanten ebenfalls foltern, vermochte aber auch aus ihm nichts herauszubringen, was auf die Anklage Bezug hatte.

4. Obwohl der König die Beweise schwach fand, ließ er seine Söhne verhaften, vorläufig indes, ohne sie in Ketten zu legen. Den Eurykles aber, der das Verderben über sein Haus gebracht und den ganzen schändlichen Plan ersonnen hatte, nannte er seinen Retter und Wohltäter und beschenkte ihn mit fünfzig Talenten. Bevor sein Vergehen ruchbar wurde, eilte Eurykles nach Kappadokien und entlockte auch dem Archelaos ein Geldgeschenk, indem er ihm vorlog, er habe Herodes mit Alexander ausgesöhnt. Dann reiste er nach Griechenland und verwandte den Lohn der Verbrechen zu ähnlichen Schurkereien, wurde aber, nachdem er zweimal bei Caesar wegen aufrührerischer Umtriebe in Achaja und Betrügereien gegen städtische Kassen verklagt worden war, verbannt. So fand der von ihm an Aristobulos und Alexander begangene Verrat seine Sühne.

5. Diesem Spartaner verdient der Koer Euaratos, einer der besten Freunde Alexanders, gegenübergestellt zu werden. Er war um dieselbe Zeit wie Eurykles nach Judäa gekommen, und als der König ihn wegen der von jenem gemachten Angaben befragte, versicherte er eidlich, nichts dergleichen von den Prinzen gehört zu haben. Dieses Zeugnis half freilich den Unglücklichen nichts; denn nur für Verleumdungen hatte Herodes ein offenes Ohr, und beliebt bei ihm war nur derjenige, der mit ihm daran glaubte und mit ihm sich darüber ereiferte.

27. Kapitel: Hinrichtung der Söhne Mariammes

1. Auch Salome tat das ihrige, um Herodes gegen seine Söhne aufzustacheln. Um seine Schwiegermutter und Tante mit in die ihm selbst drohenden Gefahren zu verstricken, hatte Aristobulos sie gewarnt, sie solle auf ihre Rettung bedacht sein, denn der König wolle sie auf Grund der bereits früher erhobenen Anklage, daß sie dem Araber Syllaios, um ihn als Gemahl zu gewinnen, die Geheimnisse des mit ihm verfeindeten Königs verrate, hinrichten lassen. Das aber wurde gewissermaßen die Sturzwelle, die den vom Sturm bereits hart mitgenommenen jungen Leuten vollends den Untergang bereiten sollte. Salome hatte nämlich nichts Eiligeres zu tun, als zum König zu laufen und ihm die ihr zugegangene Warnung mitzuteilen. Herodes vermochte sich nun nicht mehr zu halten, ließ die beiden Söhne fesseln und voneinander trennen und schickte eiligst den Lagerkommandanten Volumnius und seinen Freund Olympos mit einem schriftlichen Bericht zu Caesar. Als diese Männer in Rom angelangt waren und das Schreiben des Königs überreicht hatten, empfand Caesar zwar inniges Mitleid mit den Prinzen, glaubte aber, ihrem Vater die Gewalt über seine Söhne nicht nehmen zu dürfen. Er erwiderte demnach, Herodes sei Herr in seinem Hause, werde aber wohl daran tun, aus den Verwandten und den Befehlshabern der Provinz(127) einen Gerichtshof zu bilden und die Verschwörung untersuchen zu lassen. Stelle sich die Schuld der jungen Leute heraus, so verdienten sie den Tod; hätten sie nur die Absicht gehabt zu fliehen, so sei eine mildere Strafe am Platz.

2. Dieser Aufforderung kam Herodes nach, begab sich der Anordnung Caesars zufolge nach Berytos und berief den Gerichtshof. Den Vorsitz führten entsprechend der von Caesar erteilten schriftlichen Anweisung die Befehlshaber, Saturninus und des Pedanius Legaten. Außerdem hatten sich eingefunden der Prokurator Volumnius(128), die Verwandten und Freunde des Königs, darunter Salome und Pheroras, sowie die syrischen Großen mit Ausnahme des Königs Archelaos; denn diesem traute Herodes nicht recht, weil er Alexanders Schwiegervater war. Seine Söhne ließ der König aus wohlerwogenen Gründen dem Gerichte

nicht vorführen; wußte er doch, daß ihr bloßer Anblick allseitiges Mitgefühl wachrufen und daß Alexander, wenn sie das Wort erhielten, mit Leichtigkeit die Anklage entkräften würde. Sie wurden vielmehr in Platane, einem Dorf im Gebiete der Sidonier, gefangengehalten.

3. Der König erhob sich und fuhr gegen seine Söhne los, als ob sie wirklich anwesend wären. Zwar berührte er den Mordplan nur obenhin, da diese Anklage, wie er wohl fühlte, auf sehr schwachen Füßen stand. Dagegen zählte er dem Gerichtshof eine Menge von Schmähungen, Spottreden, Kränkungen und sonstigen Vergehen gegen seine Person her, für welche die Todesstrafe noch viel zu gelinde sei. Und als niemand darauf erwiderte, erging er sich in Klagen darüber, daß er selbst schwer genug gestraft sei und daß der Sieg, den er über seine Kinder davontrage, für ihn nur die Quelle bitteren Grams sein werde. Dann befragte er jeden Anwesenden um seine Meinung. Saturninus, der zuerst abstimmte, erachtete die jungen Leute für schuldig, doch nicht des Todes; denn es zieme sich nicht für ihn, eines anderen Mannes Kinder dem Untergang zu weihen, während seine eigenen drei Söhne ihm zur Seite ständen. Derselben Ansicht waren auch die beiden Legaten, denen sich noch einige andere Stimmen anschlossen. Volumnius war der erste, der sich für eine härtere Strafe entschied, und nach ihm verurteilten auch alle übrigen Beisitzer des Gerichtes die Prinzen zum Tode, die einen aus Liebedienerei, die anderen aus Haß gegen Herodes, keiner aber aus Entrüstung über die Angeklagten. Ganz Syrien und Judäa waren auf den Ausgang des Trauerspiels gespannt, doch glaubte niemand, Herodes werde die Grausamkeit so weit treiben, seine Söhne hinzurichten. Er aber schleppte die beiden nach Tyros, fuhr von da zu Schiff nach Kaisareia und überlegte nur noch, auf welche Weise er sie töten lassen sollte.

4. Mittlerweile geschah es, daß ein alter Soldat des Königs mit Namen Tiron, dessen Sohn ein sehr vertrauter Freund Alexanders war und der auch selbst die beiden Prinzen aufrichtig liebte, aus übergroßem Unwillen über ihre Verurteilung wahnsinnig wurde. Anfangs lief er umher und schrie, das Recht sei zu Boden getreten, die Wahrheit zugrunde gegangen, die Natur verkehrt und die Welt voller

Frevel, und was sonst der Schmerz einem Menschen eingeben kann, dem sein Leben nichts mehr bedeutet. Endlich wagte er auch vor den König selbst hinzutreten und ihm entgegenzurufen: „Du bist, wie mir scheint, von einem bösen Dämon besessen, daß du den verruchtesten Menschen Glauben schenkst gegen die, die dir am teuersten sein sollten. Einem Pheroras und einer Salome, die du schon so oft des Todes schuldig erkennen mußtest, traust du, wenn sie gegen deine Kinder auftreten. Und doch bezwecken sie nichts anderes, als die rechtmäßigen Thronfolger aus dem Wege zu räumen und dir Antipatros allein übrigzulassen, damit sie einen König bekommen, der ihnen in allen Stücken zu willen ist. Überlege indes, ob ihm nicht der Tod seiner Brüder den Haß der Soldaten zuziehen könnte. Denn im ganzen Heere gibt es niemand, der nicht Mitleid mit den beiden Prinzen empfände, und von den Offizieren machen viele aus ihrem Unwillen durchaus kein Hehl." Dann nannte Tiron auch die Namen der Unzufriedenen. Der König ließ diese sowie Tiron und seinen Sohn auf der Stelle verhaften.

5. Da kam ein Hofbarbier namens Tryphon in einem Wahnsinnsanfall und gab sich selbst an. „Dieser Tiron", sagte er, „wollte auch mich beschwatzen, dich beim Rasieren mit dem Schermesser umzubringen, und er stellte mir dabei ein großes Geschenk von Alexander in Aussicht." Als Herodes dies hörte, ließ er sogleich Tiron und dessen Sohn sowie den Barbier auf die Folter spannen. Jene leugneten jedoch hartnäckig, und da auch der Barbier nichts weiter aussagte, ließ er Tiron noch empfindlicher quälen. Da versprach dessen Sohn, von Mitleid überwältigt, alles angeben zu wollen, wenn der König seinen Vater begnadige. Als Herodes ihm dies zugestanden, sagte er aus, sein Vater habe auf Alexanders Anstiften den König ums Leben bringen wollen. Diese Angabe hielten einige für erdichtet, um den Vater von der Folter zu erlösen, andere hingegen für wahr.

6. In einer Volksversammlung erhob hierauf Herodes Anklage gegen Tiron und die Offiziere und hetzte das Volk dermaßen gegen sie auf, daß sie und der Barbier von der Menge durch Steinwürfe und Stockschläge getötet wurden. Seine Söhne sandte er nach der unweit Kaisareia gelegenen Stadt Sebaste und gab Befehl, sie dort zu erdrosseln, was

unverzüglich geschah. Die Leichen ließ er nach der Festung Alexandreion bringen, wo sie neben Alexander, ihrem Großvater mütterlicherseits, beigesetzt wurden. Dieses Ende nahmen Alexander und Aristobulos.

28. Kapitel: Die Familie des Herodes

1. Antipatros war nun zwar unbestrittener Thronfolger, aber fast unerträglich lastete auf ihm der Haß des Volkes; denn überall wurde bekannt, daß er der eigentliche Urheber aller gegen seine Brüder gerichteten Verleumdungen war. Mit Furcht sah er, wie die Nachkommen der Gemordeten mehr und mehr heranwuchsen. Alexander hatte von Glaphyra zwei Söhne, Tigranes und Alexander, Aristobulos von Berenike, der Tochter Salomes, die Söhne Herodes, Agrippa und Aristobulos sowie die Töchter Herodias und Mariamme. Nach Alexanders Hinrichtung sandte Herodes Glaphyra samt ihrer Mitgift nach Kappadokien zurück, des Aristobulos Gattin Berenike vermählte er mit des Antipatros Onkel(129) mütterlicherseits; und zwar hatte Antipatros selbst diese Heirat zustande gebracht, um Salome, mit der er verfeindet war, sich geneigt zu machen. Auch Pheroras suchte er durch Geschenke und sonstige Aufmerksamkeiten auf seine Seite zu bringen, desgleichen die Freunde Caesars, denen er beträchtliche Geldsummen nach Rom schickte. Ferner überhäufte er Saturninus in Syrien und dessen ganze Umgebung mit Geschenken. Je mehr er aber spendete, desto verhaßter wurde er; denn man wußte, daß er nicht seinem Wesen nach, sondern aus Furcht verschwenderisch war. So kam es, daß die Empfänger seiner Gaben ihm um nichts gewogener, die nicht Beschenkten aber um so erbittertere Feinde wurden. Immer glänzender wurden seine Geschenke, als er auf einmal ganz wider Erwarten bemerken mußte, daß der König seine Sorge den Waisen zuwandte und seine Reue über die Hinrichtung seiner Söhne durch Mitleid mit ihren Nachkommen zeigte.

2. Eines Tages versammelte Herodes seine Verwandten und Freunde um sich, stellte ihnen die Kinder vor und sagte weinend: „Ein trauriges Geschick hat mir die Väter

dieser Kinder entrissen; die Verwandtschaft und das Mitgefühl mit ihrer Verlassenheit empfehlen sie meiner Fürsorge. So will ich versuchen, nachdem ich als Vater so unglücklich gewesen, als Großvater um so liebreicher zu sein, und ihnen, wenn ich sterbe, meine besten Freunde als Beschützer hinterlassen. Deine Tochter, Pheroras, verlobe ich daher mit dem ältesten Sohne Alexanders, damit du als sein Vormund mit ihm in engste Verwandtschaft trittst, und mit deinem Sohne, Antipatros, verlobe ich die Tochter des Aristobulos – mögest du der Waise ein Vater werden! Ihre Schwester(130) soll mein Herodes(131) zur Ehe nehmen, der mütterlicherseits einen Hohenpriester zum Großvater hat. Wer mich liebt, billige meine Entscheidung, und niemand versuche, sie umzustoßen, wenn ihm meine Freundschaft etwas gilt. Zu Gott flehe ich, daß er diese Verbindung zum Heile meines Reiches und meiner Enkel segnen und diese Kinder mit gnädigerem Auge anschauen möge, als er ihre Väter angeschaut hat."

3. Während dieser Worte weinte er und legte die Hände der Kinder ineinander. Dann umarmte er jedes von ihnen herzlich und entließ die Versammlung. Antipatros aber war äußerst bestürzt, und jedermann konnte ihm den Ärger am Gesicht ablesen. Er glaubte, die von seinem Vater den Waisen erwiesene Auszeichnung sei gleichbedeutend mit seinem eigenen Sturz, und es stehe für ihn abermals alles auf dem Spiel, wenn die Kinder Alexanders außer an Archelaos auch noch an dem Tetrarchen Pheroras einen Beschützer haben sollten. Ferner dachte er an den Haß des Volkes, an das Mitleid desselben Volkes mit den Waisen, die Anhänglichkeit der Judäer an die durch seine Schuld umgekommenen Brüder und an das ehrenvolle Andenken, das sie ihnen nach ihrem Tode noch bewahrten. Das alles brachte ihn zu dem Entschluß, die Verlobungen um jeden Preis rückgängig zu machen.

4. Hinterlistige Kniffe zu gebrauchen, hielt er indes nicht für ratsam, da er seines Vaters Strenge und große Reizbarkeit bei argwohnerregenden Anlässen fürchtete. So faßte er sich ein Herz, ging geradewegs zum König und bat ihn, er möge ihn doch der Ehre, der er ihn gewürdigt, nicht wieder berauben, indem er anderen die wirkliche Gewalt, ihm selbst aber nur den Titel eines Königs über-

lasse; denn er werde niemals zur Regierung gelangen, wenn der Sohn Alexanders außer an seinem Großvater Archelaos auch noch an Pheroras als seinem Schwiegervater eine Stütze finde. Er bitte daher inständigst, die Heiratspläne abzuändern, was ja bei der großen Zahl der Mitglieder des Königshauses nicht schwerfallen könne. Der König war nämlich mit neun Frauen vermählt(132), von denen sieben ihm Kinder geboren hatten. Antipatros selbst war von Doris, Herodes von der Hohenpriesterstochter Mariamme, Antipas und Archelaos sowie die Tochter Olympias, die seinen Neffen Joseph zum Manne hatte, von der Samarierin Malthake, Herodes und Philippos von der Jerusalemerin Kleopatra, Phasaelos von der Pallas. Ferner hatte er zwei Töchter, Roxane und Salome, erstere von Phaidra, letztere von Elpis, und außerdem noch zwei Töchter von Alexanders und Aristobulos' Mutter Mariamme. Zwei seiner Frauen, Nichten von ihm, waren kinderlos. Auf diese zahlreiche Nachkommenschaft stützte Antipatros seine Bitte, die Verlobungen abzuändern.

5. Der König, der aus diesem Gesuch erkannte, wie Antipatros gegen die Waisen gesinnt war, geriet in heftigen Zorn, und schon ahnte ihm, es könnten auch ihre Väter den Intrigen des Antipatros zum Opfer gefallen sein. Er gab ihm eine höchst ungnädige Antwort und wies ihn ab; später jedoch ließ er sich durch seine Schmeichelreden umstimmen und gab ihm selbst die Tochter des Aristobulos, seinem Sohn aber die Tochter des Pheroras zur Frau.

6. Wieviel Antipatros durch seine Schmeicheleien vermochte, kann man an Salome ersehen, die mit einem ähnlichen Anliegen beim König nicht durchzudringen imstande war. Als sie, seine Schwester, im Vertrauen auf die Fürsprache der Gattin Caesars, Livia, die Bitte vorbrachte, den Araber Syllaios heiraten zu dürfen, schwur Herodes ihr, er werde sie als seine ärgste Feindin betrachten, wenn sie von ihrem Verlangen nicht Abstand nehme. Zuletzt vermählte er sie wider ihren Willen mit einem seiner Freunde, Alexas, und von ihren Töchtern die eine mit dem Sohne des Alexas, die andere mit des Antipatros Onkel von mütterlicher Seite. Von Mariammes Töchtern(133) hatte die eine den Sohn seiner Schwester, Antipatros, die andere seinen Neffen Phasaelos zum Gemahl.

29. Kapitel: Antipatros in Rom

1. Nachdem Antipatros so die Aussichten der Waisen zunichte gemacht und die ehelichen Verbindungen seinem Interesse gemäß verwirklicht hatte, glaubte er am Ziel seiner Wünsche zu sein. Das zu seiner Bosheit sich gesellende Selbstgefühl aber machte ihn unerträglich, und außerstande, den allgemeinen Haß von sich abzuwälzen, suchte er sich dadurch Sicherheit zu verschaffen, daß er Schrecken um sich verbreitete. Pheroras, der schon den künftigen König in ihm sah, ging ihm dabei hilfreich zur Hand. Obendrein bildete sich am Hof eine Weiberclique, die noch mehr Zerwürfnisse schuf. Die Gattin des Pheroras betrug sich mit ihrer Mutter und ihrer Schwester, an die sich Antipatros' Mutter anschloß, höchst übermütig im Königspalast und erkühnte sich, zwei Töchter des Königs zu beschimpfen. Sie zog sich deswegen den Unwillen des Herodes zu, wußte aber trotzdem mit ihren Freundinnen die anderen zu beherrschen. Nur Salome störte das Einvernehmen der Clique, indem sie dem König berichtete, daß jene nichts Gutes gegen ihn im Schilde führe. Sobald die anderen Frauen erfuhren, daß sie verdächtigt waren und der König über sie ungehalten sei, gaben sie die offenen Zusammenkünfte und den freundschaftlichen Verkehr auf und stellten sich, wenn der König zugegen war, als ob sie verfeindet seien. Auch Antipatros verstellte sich und beleidigte Pheroras sogar einmal öffentlich. Insgeheim jedoch kamen sie auch fernerhin zu nächtlichen Schmausereien zusammen, und das Bewußtsein, beobachtet zu werden, festigte ihr Einvernehmen nur um so mehr. Salome erfuhr jedoch von ihrem Treiben und hinterbrachte alles dem König.

2. Der Zorn des Königs entbrannte am heftigsten gegen die Gattin des Pheroras, die von Salome in erster Linie verdächtigt worden war. Er rief seine Freunde und Verwandten zusammen und brachte unter vielen anderen Klagen über diese Frau auch deren beleidigendes Verhalten gegen seine Töchter zur Sprache sowie daß sie die Pharisäer durch Geldgeschenke(134) gegen ihn aufgehetzt und durch Zaubertränke ihm das Herz seines Bruders entfremdet habe. Schließlich wandte er sich an Pheroras und stellte

ihm die Wahl, ob er seinen Bruder oder seine Gattin aufgeben wolle. Als Pheroras darauf erklärte, lieber wolle er sein Leben lassen als seine Frau, wandte sich Herodes, unschlüssig darüber, was er tun sollte, an Antipatros und befahl ihm, jeden Verkehr mit der Frau des Pheroras, diesem selbst und seinem Anhang aufzugeben. Dieses Verbot übertrat Antipatros zwar nicht offen, brachte aber insgeheim ganze Nächte in ihrer Gesellschaft zu. Da jedoch Salomes Spioniererei ihm auf die Dauer Angst einjagte, veranlaßte er durch Vermittlung von Freunden in Italien, daß er mit einer Reise nach Rom betraut wurde. Sie schrieben, es sei nötig, daß Antipatros binnen kurzem zu Caesar geschickt werde. Herodes sandte ihn unverzüglich mit glänzendem Gefolge und reichlichen Geldmitteln ab, damit er Caesar sein Testament überbringe, in dem als künftiger König Antipatros und als dessen Nachfolger Herodes, der Sohn der Hohenpriesterstochter Mariamme, bezeichnet war.

3. Zur selben Zeit fuhr auch der Araber Syllaios nach Rom, der den Befehlen Caesars nicht nachgekommen war und jetzt von Antipatros wegen der selben Vergehen verklagt werden sollte(135), die schon früher Nikolaos(136) gegen ihn vorgebracht hatte. Außerdem hatte sich aber Syllaios auch mit seinem eigenen König Aretas überworfen, weil er mehrere von dessen Freunden, darunter Soaimos, den mächtigsten Mann in Petra, ermordet hatte. Mit vielem Gelde hatte er nun Caesars Prokurator Fabatus auf seine Seite zu bringen versucht und hoffte, an ihm auch gegen Herodes eine Stütze zu finden. Herodes aber zog durch ein noch reicheres Geldgeschenk Fabatus von Syllaios ab und wollte mit seiner Hilfe die dem Araber von Caesar auferlegte Geldbuße eintreiben. Syllaios weigerte sich jedoch nicht nur zu zahlen, sondern verklagte Fabatus bei Augustus, wobei er ihm vorwarf, er versehe sein Verwalteramt nicht im Interesse Caesars, sondern in dem des Herodes. Erbittert und von Herodes noch immer hoch bezahlt, verriet Fabatus die Geheimnisse des Syllaios und teilte dem König mit, der Araber habe seinen Leibwächter Korinthos bestochen; er solle den Mann nur verhaften lassen. Dieser Angabe schenkte der König um so eher Glauben, als Korinthos im Palast aufgewachsen und Araber von

Geburt war. Er ließ Korinthos festnehmen sowie zwei andere Araber, die man bei ihm antraf, einen Freund des Syllaios und einen Stammeshäuptling. Diese gestanden auf der Folter, Korinthos durch das Versprechen einer großen Belohnung verleitet zu haben, Herodes zu ermorden. Sie wurden, nachdem Saturninus, der Statthalter von Syrien, sie verhört hatte, nach Rom geschickt.

4. Herodes ließ nicht nach, Pheroras zuzusetzen, er solle sich von seiner Frau scheiden; denn so viele Gründe er auch hatte, sie zu hassen, wußte er doch kein Mittel, sich an ihr zu rächen, bis er endlich im Übermaß des Unwillens seinen Bruder mit ihr vom Hofe verwies. Die Kränkung nahm Pheroras indes gleichmütig auf und zog sich in seine Tetrarchie zurück; er schwor dabei, daß erst mit dem Tode des Herodes seine Abwesenheit vom Hof ihr Ende erreichen solle und daß er während seines Bruders Lebzeiten nie mehr dahin zurückkehren werde. Demgemäß weigerte er sich, zu Herodes zu kommen, als dieser krank wurde, obwohl der König ihn dringend bitten ließ, weil er bald sterben zu müssen glaubte und ihm noch einige Aufträge hinterlassen wollte; doch genas er unerwartet. Bald nachher erkrankte auch Pheroras, und nun benahm Herodes sich versöhnlicher, reiste zu seinem Bruder und pflegte ihn sorgsam. Pheroras aber überstand die Krankheit nicht, sondern starb nach wenigen Tagen, und obwohl Herodes ihn bis an sein Ende geliebt hatte, munkelte man doch, er habe auch ihn, und zwar mit Gift, ums Leben gebracht. Seinen Leichnam ließ er nach Jerusalem bringen, schrieb dem Volk tiefste Trauer vor und hielt dem Toten ein prunkvolles Leichenbegängnis. Einer der Mörder Alexanders und seines Bruders Aristobulos hatte somit sein Ende gefunden.

30. Kapitel: Antipatros' Anschläge gegen Herodes

1. Bald ereilte auch den eigentlichen Urheber des Frevels, Antipatros, die Strafe, wozu der Tod des Pheroras den Anlaß gab. Einige von dessen Freigelassenen kamen trauernd zum König und berichteten ihm, sein Bruder sei durch Gift ums Leben gekommen. Seine Gattin habe ihm

ein ganz ungewöhnlich zubereitetes Gericht auftragen lassen, nach dessen Genuß er sogleich erkrankt sei. Zwei Tage vorher seien aber ihre Mutter und ihre Schwester mit einer kräuterkundigen Frau aus Arabien angekommen, um Pheroras einen Liebestrank zu bereiten. Statt dessen aber habe die Frau auf Anstiften des Syllaios, mit dem sie bekannt gewesen, ihm ein todbringendes Gift gereicht.

2. Erschüttert von den vielen sich ihm aufdrängenden argwöhnischen Gedanken, ließ der König eine Anzahl Sklavinnen und mehrere Freie foltern, wobei eine der letzteren in ihren Qualen ausrief: „Möge Gott, der Herr des Himmels und der Erde, die Urheberin dieser unserer Leiden, des Antipatros Mutter, bestrafen!" Diese Worte gaben dem König einen Anhaltspunkt, von dem aus er den Sachverhalt weiter erforschen konnte. Die Frau enthüllte darauf den vertrauten Verkehr der Mutter des Antipatros mit Pheroras und seinen Frauen sowie ihre heimlichen Zusammenkünfte, berichtete auch, wie Pheroras und Antipatros, wenn sie vom König gekommen seien, mit den Frauen ganze Nächte gezecht hätten, ohne daß Sklaven oder Dienerinnen anwesend waren. Diese Aussagen machte eine der Freien.

3. Dann ließ Herodes auch die Sklavinnen einzeln foltern, und alle machten dieselben Angaben, fügten auch noch hinzu, es sei zwischen Antipatros und Pheroras verabredet gewesen, daß jener nach Rom reisen, dieser nach Peräa sich zurückziehen sollte. Wiederholt hätten sie geäußert, Herodes werde wohl jetzt, nachdem er Alexander und Aristobulos beseitigt habe, auch gegen sie und ihre Frauen vorgehen; vor dem, der Mariamme und ihre Kinder habe umbringen können, sei niemand sicher. Es sei daher geratener, dieser Bestie soweit als möglich aus dem Wege zu gehen. Oft auch habe Antipatros seiner Mutter geklagt, er sei jetzt schon ergraut, während sein Vater täglich jünger aussehe, und schließlich werde er sterben, ehe er wirklich zur Regierung gelangt sei. Aber selbst wenn Herodes vor ihm sterbe – und wie lange könne das noch dauern –, werde er sich nur kurze Zeit des Besitzes der Herrschaft erfreuen; denn die Köpfe der Hydra, Aristobulos' und Alexanders Kinder, wüchsen nach, und seinen eigenen Kindern habe der König alle Hoffnung abgeschnitten, in-

dem er in seinem Testament keines von diesen, sondern Herodes, den Sohn der Mariamme, als Thronfolger nach ihm bestimmt habe. Aber darin täusche sich der alte Mann sehr, wenn er meine, sein Testament könne nicht geändert werden; er werde schon dafür sorgen, daß keiner von des Königs Nachkommen am Leben bleibe. Kein Vater habe je seine Kinder so gehaßt wie Herodes, aber noch größer sei sein Bruderhaß. So habe er ihm kürzlich hundert Talente gegeben, damit er mit Pheroras kein Wort mehr spreche. Auf dessen Frage, was er dem König zuleid getan, habe Antipatros erwidert: „Wir können schon zufrieden sein, wenn er, nachdem er uns alles genommen, uns nur das nackte Leben läßt. Aber es ist unmöglich, einem so mordgierigen Ungeheuer zu entrinnen, das es nicht einmal gern sieht, wenn man anderen offen seine Zuneigung beweist. Jetzt kommen wir noch geheim zusammen, bald jedoch werden wir dies auch öffentlich tun können, wenn wir das Herz und die Faust echter Männer besitzen."

4. So sagten die gefolterten Sklavinnen aus und fügten hinzu, Pheroras habe beabsichtigt, mit ihnen nach Peräa zu fliehen. Was dem König alle diese Angaben besonders glaubhaft machte, war die Erwähnung der hundert Talente; denn darüber hatte er nur mit Antipatros allein gesprochen. Zunächst entlud sich infolgedessen sein Zorn über des Antipatros Mutter Doris. Er nahm ihr allen Schmuck im Werte von vielen Talenten, den er ihr früher geschenkt hatte, wieder ab und verstieß sie zum zweitenmal. Die Frauen des Pheroras dagegen begnadigte er und ließ ihre bei der Folterung entstandenen Verletzungen heilen. Von jetzt an war er vor Angst wie außer sich. Der leiseste Verdacht regte ihn auf; er ließ viele Unschuldige zur Folter schleppen, um nur ja keinen Schuldigen zu übergehen.

5. So kam er auch an den Samarier Antipatros, den Verwalter seines Sohnes Antipatros. Auf der Folter sagte dieser aus, sein Herr habe durch einen seiner Freunde, Antiphilos, ein tödliches Gift aus Ägypten kommen lassen, um den König zu ermorden. Von Antiphilos habe des Antipatros Onkel Theudion es erhalten und Pheroras gegeben, der von Antipatros beauftragt worden sei, Herodes damit umzubringen, während er selbst in Rom sich

außer Verdacht befinde. Pheroras habe das Gift seiner Gattin zur Aufbewahrung gegeben. Diese ließ der König sogleich rufen und befahl ihr, den ihr anvertrauten Gegenstand herbeizuschaffen. Sie ging, anscheinend um das Verlangte zu holen, hinaus, stürzte sich aber vom Dach, um der Untersuchung und der vom König angeordneten Folter zu entgehen. Hierbei jedoch fügte es augenscheinlich der Gott, der Antipatros strafen wollte, daß sie nicht auf den Kopf, sondern auf den Rücken fiel. So kam sie mit dem Leben davon. Als man sie brachte, ließ der König ihr, weil sie vom Falle noch betäubt war, stärkende Mittel reichen und fragte sie dann, aus welchem Grunde sie sich hinabgestürzt habe. Wenn sie die Wahrheit gestehe, wolle er, wie er eidlich versicherte, ihr alle Strafen erlassen; verheimlichte sie dagegen etwas, so werde er ihren Körper auf der Folter derart zurichten lassen, daß nichts mehr zum Begräbnis übrigbleibe.

6. Hierauf antwortete die Frau nach kurzem Bedenken: „Wozu soll ich das Geheimnis bewahren, da Pheroras tot ist? Und wozu soll ich Antipatros schonen, der uns alle zugrunde richten wollte? So höre, König, und außer dir sei Gott, den man nicht hintergehen kann, mein Zeuge, daß ich die Wahrheit sage. Als du weinend bei dem sterbenden Pheroras weiltest, rief er mich zu sich und sagte: ‚Ich habe mich sehr über die Gesinnung getäuscht, die mein Bruder gegen mich hegt. Ich habe ihn, der mich innig liebt, gehaßt, und töten wollte ich den, der mich schon jetzt, da ich noch nicht gestorben bin, so tief betrauert. Ich empfange den gerechten Lohn für meine Lieblosigkeit; hole du das für ihn bestimmte Gift, das Antipatros uns hiergelassen hat und das du aufbewahrst, und vernichte es jetzt vor meinen Augen, damit ich nicht den Rachegeist mit mir in die Unterwelt(137) nehme.‘ Seinen Befehl habe ich vollzogen, ich holte das Gift und schüttete den größten Teil davon vor seinen Augen ins Feuer, den Rest bewahrte ich für mich aus Furcht vor dir und für den Fall der Not auf.“

7. Mit diesen Worten zog sie die Büchse hervor, die noch etwas Gift enthielt. Der König ließ die Mutter und den Bruder des Antiphilos peinlich befragen, und diese bekannten, Antiphilos habe die Büchse aus Ägypten mitge-

bracht, wo er sie samt dem Gift von seinem Bruder, einem Arzt in Alexandreia, erhalten habe. So brachten die im Palast umgehenden Geister der Brüder Alexander und Aristobulos verborgene Verbrechen ans Licht und zogen die, auf die sich am wenigsten der Verdacht lenkte, zur Verantwortung; denn auch die Hohepriesterstochter Mariamme wurde überführt, um die Verschwörung gewußt zu haben. Ihre eigenen Brüder hatten es auf der Folter ausgesagt. Für die Vergehen der Mutter aber ließ der König den Sohn büßen, indem er den zum Nachfolger des Antipatros bestimmten Herodes aus dem Testament strich.

31. Kapitel: Rückkehr Antipatros' nach Jerusalem

1. Schließlich trat ein gewisser Bathyllos als Zeuge auf und lieferte die gültigsten Beweise für die Anschläge des Antipatros, dessen Freigelassener er war. Er brachte ein weiteres tödliches Mittel aus Natterngift und Sekreten anderer Reptilien, womit Pheroras und dessen Gattin sich gegen den König waffnen sollten für den Fall, daß das erste Gift nicht wirken würde. Zusätzlich zu den vatermörderischen Plänen legte er Briefe vor, die von Antipatros zum Sturz seiner Brüder ersonnen waren. Zwei Söhne des Königs nämlich, Archelaos und Philippos, die bereits im Jünglingsalter standen und von edlem Charakter waren, hielten sich ihrer Bildung halber in Rom auf. Um diese Jünglinge, die seine Aussichten zunichte zu machen drohten, möglichst rasch aus dem Weg zu räumen, schrieb Antipatros teils selbst falsche Briefe unter dem Namen seiner Freunde in Rom, teils bestach er andere mit Geld, Briefe zu schreiben, die besagten, die beiden Prinzen schmähten häufig ihren Vater, beklagten offen Alexanders und Aristobulos' Schicksal und seien sehr unwillig darüber, daß sie heimkehren sollten. Ihr Vater hatte sie nämlich soeben zurückberufen, was Antipatros im höchsten Grade beunruhigte.
2. Schon vor seiner Abreise hatte er, als er noch in Judäa weilte, solche Briefe gegen sie für Geld von Rom aus schreiben lassen, ohne den Argwohn seines Vaters wachzurufen; denn er selbst trat als Verteidiger seiner Brüder

auf, indem er bald das Geschriebene für falsch erklärte, bald ihre Vergehen als jugendlichen Leichtsinn darstellte. Weil er auf diese Weise große Geldsummen für die aufzuwenden hatte, die Briefe gegen seine Brüder schrieben, suchte er die Sache zu verwischen und kaufte kostbare Kleider, bunte Teppiche, silberne und goldene Trinkgefäße sowie eine Menge anderer Gegenstände zusammen, um unter den Ausgaben für diese Dinge den Lohn für die Brieffälscher zu verstecken. Schließlich betrug die Rechnung für seinen Gesamtaufwand 200 Talente, die, wie er vorgab, größtenteils der Prozeß mit Syllaios verschlungen habe. Da nun durch alle Aussagen auf der Folter der Vatermord, durch die Briefe aber ein abermaliger Mordplan gegen seine Brüder bezeugt wurden, waren alle seine Verbrechen, die kleineren wie die größeren, völlig enthüllt. Dennoch teilte ihm niemand von denen, die nach Rom kamen, mit, wie schlimm es für ihn in Judäa stand, obwohl zwischen jenen Verhören und seiner Rückkehr sieben Monate verflossen – so groß und allgemein war der Haß, den man gegen ihn empfand. Vielleicht schlossen auch die Schatten der gemordeten Brüder denen den Mund, die ihn gern benachrichtigt hätten. So kündigte er in einem Briefe vergnügt seine baldige Rückkehr von Rom an und berichtete zugleich, wie ehrenvoll er vom Caesar verabschiedet worden sei.

3. Der König, der vor Begierde brannte, den Ränkestifter in seine Gewalt zu bekommen, aber auch besorgt war, dieser möchte vorher etwas erfahren und auf seiner Hut sein, spielte in seinen Briefen an ihn auch seinerseits den Heuchler, schrieb ihm freundlich und ermahnte ihn zur Eile; falls er seine Heimreise beschleunige, werde er, Herodes, auch den Klagen gegen seine Mutter ein Ende machen können. Daß seine Mutter verstoßen wurde, war Antipatros nicht unbekannt geblieben. Schon vorher hatte er in Tarentum einen Brief erhalten, der ihm den Tod des Pheroras meldete, und er hatte große Trauer um ihn getragen. Manche wollten ihm dieses Verhalten als Zeichen besonderer Anhänglichkeit an seinen Onkel anrechnen; doch scheint es, daß er im Grunde nur niedergeschlagen war, weil die Verschwörung vereitelt war, er also in Pheroras nur den Helfer bei seiner Untat beweinte. Übrigens

beschlich ihn bereits die Angst, das Gift könnte entdeckt worden sein. Als er aber in Kilikien den erwähnten Brief seines Vaters erhielt, reiste er eiligst weiter und landete bald in Kelenderis, wo ihn der Gedanke an das Unglück seiner Mutter quälte, und auch über seine eigene Zukunft erfüllten ihn bange Ahnungen. Seine besonneneren Freunde rieten ihm, nicht eher vor seinen Vater zu treten, als bis er erfahren habe, aus welchem Grunde seine Mutter verstoßen worden sei; denn es sei zu befürchten, daß die Anklage gegen sie auch ihn in Mitleidenschaft ziehen würde. Die Unvorsichtigeren hingegen, die nicht so sehr des Antipatros Interesse im Auge hatten, als vielmehr möglichst bald nach Hause kommen wollten, trieben ihn zur Eile, indem sie ihn mahnten, er solle nicht durch Zögern den Argwohn seines Vaters erregen und zu Verleumdungen willkommenen Anlaß bieten. Wenn bis jetzt etwas gegen ihn vorgebracht worden sei, so nur, weil er abwesend war, während in seiner Anwesenheit niemand sich dessen erdreisten würde. Unvernünftig handle er also, wenn er um eines unsicheren Verdachtes willen sichere Vorteile aufgeben wolle. Er solle vielmehr so rasch wie möglich sich dem Vater in die Arme werfen und die Königskrone zu erlangen trachten, die auf Herodes' Haupt, solange dieser allein sei, schwanke. Von seinem bösen Dämon getrieben, gab Antipatros diesem Rat nach, schiffte sich ein und landete bald in Sebastos, dem Hafen von Kaisareia.

4. Hier aber fand er sich wider Erwarten einsam und verlassen: jeder ging ihm aus dem Weg, und niemand wagte es, sich ihm zu nähern. Allen war er in gleichem Maße verhaßt, und dieser Haß durfte sich jetzt offen zeigen. Viele mieden ihn aus Furcht vor dem König; denn die ganze Stadt durchschwirrten schlimme Gerüchte über Antipatros, der allein keine Ahnung davon hatte, wie es um ihn stand. Nie wurde jemand glänzender verabschiedet als er bei seiner Abreise von Rom, nie aber auch jemand weniger ehrenvoll empfangen. Schon fing er an, das Unglück zu wittern, das ihn zu Hause erwartete; doch war er schlau genug, sich nichts merken zu lassen. Innerlich halbtot vor Angst, zwang er sich, die Miene stolzer Zuversicht zur Schau zu tragen. Einen Weg zur Flucht gab es nicht, und auch sonst sah er keine Möglichkeit, sich aus der Schlinge

zu ziehen. Etwas Sicheres über die Vorgänge zu Hause erfuhr er auch hier nicht, weil der König jede diesbezügliche Mitteilung aufs strengste verboten hatte. So blieb ihm nur noch der eine Hoffnungsschimmer, daß vielleicht nichts entdeckt worden sei, oder wenn auch, daß er durch unverschämtes Auftreten und listige Kniffe die Anklage entkräften könne; ein anderer Ausweg zu seiner Rettung war nicht denkbar.

5. In dieser Verfassung betrat er den Königspalast, jedoch ohne seine Freunde; denn diese waren am ersten Tor höhnisch zurückgewiesen worden. Zufällig war Varus(138), der Statthalter von Syrien, anwesend. Antipatros ging zu seinem Vater hinein, und all seine Dreistigkeit zusammennehmend, näherte er sich ihm, um ihn zu umarmen. Herodes aber streckte die Hände vor, wandte den Kopf weg und rief: „Nur ein Vatermörder kann sich erfrechen, mich umarmen zu wollen, wenn er solche Schuld auf sich geladen hat! Zum Henker mit dir, Nichtswürdiger, und rühre mich nicht an, bis du dich von der Schuld gereinigt hast! Ein Gericht will ich über dich setzen und einen Richter in der Person des Varus, der gerade zu gelegener Zeit gekommen ist. Fort, und überlege dir deine Verteidigung bis morgen; diese Frist will ich dir für deine Schliche noch einräumen." Bestürzt und unfähig, etwas zu erwidern, zog sich Antipatros zurück. Bald besuchten ihn seine Mutter und seine Gattin, die ihn mit sämtlichen Beweisen bekannt machten. Allmählich faßte er sich wieder so weit, daß er an seine Verteidigung zu denken vermochte.

32. Kapitel: Antipatros überführt

1. Am folgenden Tag berief der König seine Freunde und Verwandten und lud auch des Antipatros Freunde ein. Den Vorsitz führte er selbst gemeinsam mit Varus. Er ließ die Zeugen vorführen, unter denen sich auch einige erst kürzlich verhaftete Diener der Mutter Antipatros' befanden, die einen Brief von ihr an Antipatros überbracht hatten. Dieser Brief hatte folgenden Wortlaut: „Da alles Bewußte zur Kenntnis deines Vaters gelangt ist, hüte dich, in seine Nähe zu kommen, es sei denn, du könntest auf die Hilfe

des Caesars rechnen." Als diese sowie alle anderen Zeugen vorgeführt waren, trat Antipatros ein, fiel zu seines Vaters Füßen nieder und sagte: „Ich bitte dich, Vater, verdamme mich nicht im voraus, sondern höre meine Verteidigung; denn wenn du es gestattest, werde ich meine Unschuld beweisen."

2. Herodes herrschte ihn an, er solle schweigen, und sagte dann zu Varus: „Wie jeder gewissenhafte Richter, wirst du, Varus, des bin ich sicher, in Antipatros einen verworfenen Menschen erkennen. Ich fürchte nur, du möchtest dich voll Abscheu von mir wenden und glauben, ich verdiente dieses Unglück, weil ich solchen Söhnen das Leben gegeben habe. Und doch bin ich im Grunde bemitleidenswert, weil ich diesen Unwürdigen noch ein liebevoller Vater war. Meinen verstorbenen Söhnen habe ich, als sie noch Jünglinge waren, Königsrang zuerkannt, habe sie in Rom bilden lassen, sie zu Freunden des Caesars und damit zum Gegenstande des Neides für andere Könige gemacht. Aber ich fand, daß sie mir nach dem Leben trachteten, und so mußten sie, vornehmlich Antipatros zuliebe, sterben; denn ihm, dem jungen Thronfolger, wollte ich in erster Linie Sicherheit verschaffen. Diese Bestie jedoch mißbrauchte meine Geduld und kehrte ihre ganze Wut gegen mich. Mein Leben dauerte Antipatros zu lange, mein Alter wurde ihm unbequem, und nicht anders als durch Vatermord wollte er König werden. Strafe sollte ich dafür verdient haben, daß ich den aus dem Lande Verstoßenen wieder hereinholte, die Söhne, die eine Königin mir geboren, überging und ihn zum Thronfolger ernannte. Da war ich allerdings, ich gestehe es dir, Varus, arg verblendet. Jene Söhne habe ich gegen mich aufgebracht, weil ich ihre gerechten Ansprüche zugunsten Antipatros' unterdrückte. Wann habe ich ihnen jemals solche Wohltaten erwiesen wie diesem hier? Obwohl selbst noch am Leben, habe ich ihm fast die ganze Gewalt eingeräumt, habe ihn ausdrücklich im Testament als Thronfolger bezeichnet, habe ihm fünfzig Talente eigener Einkünfte zugewiesen, ihm noch reichliche Mittel aus meiner Privatkasse bewilligt, ihm jüngst bei seiner Abreise nach Rom dreihundert Talente gegeben und ihn allein vor meiner ganzen Familie dadurch ausgezeichnet, daß ich ihn als den Retter seines

Vaters Caesar empfahl. Was haben jene anderen sich zuschulden kommen lassen, das mit Antipatros' Vergehen verglichen werden könnte? Und wann wurden jemals gegen sie solche Beweise vorgebracht wie gegen diesen hinterhältigen Menschen? Doch der Vatermörder hat sich erkühnt, hier noch etwas zu seiner Verteidigung anzuführen, und er hofft, abermals die Wahrheit durch trügerische Künste verhüllen zu können. Sieh dich also vor, Varus! Ich kenne das Ungeheuer, ich sehe voraus, wie er sich den Schein der Glaubwürdigkeit zu geben und durch heuchlerisches Gewinsel Eindruck zu machen versuchen wird. Er ist es, der mich warnte, mich vor Alexander, als dieser noch lebte, in acht zu nehmen und meine Person nicht jedermann anzuvertrauen. Er ist es ferner, der Zutritt zu meinem Schlafgemach hatte und aufpaßte, daß niemand mir nachstellt. Er ist es endlich, der meinen Schlaf bewachte, der für meine Sicherheit sorgte, der mich in meiner Trauer über die Hingerichteten tröstete, der die Gesinnung seiner noch lebenden Brüder zu beobachten hatte, kurz: er war mein Hüter und Leibwächter. Wenn ich nun, Varus, seine Arglist und Heuchelei bedenke, so vermag ich kaum zu begreifen, daß ich noch lebe und einem so durchtriebenen Verräter entrinnen konnte. Aber da ein böser Dämon mein Haus zu veröden und meine liebsten Angehörigen gegen mich aufzuhetzen trachtet, so kann ich nur die Ungerechtigkeit meines Geschicks beklagen und meine Vereinsamung beweinen. Aber niemand, der nach meinem Blute dürstet, soll mir entgehen, auch wenn es allen meinen Kindern nachgewiesen würde."

3. Hier vermochte der König vor Erschütterung nicht weiterzureden und hieß daher seinen Freund Nikolaos, die Beweise vortragen. Mittlerweile richtete Antipatros, der bis dahin zu Füßen seines Vaters gelegen hatte, sich auf und sagte: „Du selbst, Vater, hast meine Verteidigung geführt! Wie kann ich ein Vatermörder sein, da du an mir, wie du selbst gestehst, beständig einen Wächter hattest? Meine kindliche Liebe, sagst du freilich, sei nichts als Lug und Trug gewesen. Wie unsinnig aber müßte ich, der ich sonst in allem so schlau sein soll, gewesen sein, um nicht einzusehen, daß nicht einmal vor den Menschen sich zu verbergen weiß, wer solche Verbrechen begeht, geschweige

denn vor dem alles sehenden und überall gegenwärtigen Richter im Himmel! Oder war mir etwa das Ende meiner Brüder unbekannt, die der Gott für ihren verbrecherischen Anschlag gegen dich so schwer gezüchtigt hat? Und was sollte mich gegen dich aufgebracht haben? Etwa die Aussicht, König zu werden? Aber ich war ja König! Oder der Gedanke, von dir gehaßt zu sein? Wurde ich denn nicht geliebt? Oder daß ich deinetwegen mich vor anderen fürchten mußte? Aber ich war vielmehr anderen furchtbar, da ich dich beschützte! Oder vielleicht Geldmangel? Wer durfte größeren Aufwand machen als ich? Wäre ich aber auch der verworfenste aller Menschen und besäße ich die Tücke des wilden Tieres, hätten mich dann nicht deine Wohltaten, Vater, bezähmen müssen, da du mich, wie du selbst sagtest, in dein Haus wieder aufgenommen, deinen vielen übrigen Kindern vorgezogen, noch bei deinen Lebzeiten zum König ernannt und durch viele andere Auszeichnungen zum Gegenstand des Neides gemacht hast? Welch Unglück ist diese verwünschte Reise für mich geworden! Wieviel Anlaß habe ich dadurch der Mißgunst, wie lange Frist meinen Verleumdern gegeben! Aber dir zuliebe, Vater, und in deinem Interesse habe ich die Reise unternommen, damit nicht Syllaios deines Alters spotte. Rom ist Zeuge meiner kindlichen Liebe, und nicht minder der Herr der Welt, Caesar, der mich oft den Vaterliebenden nannte. Nimm, Vater, dieses Schreiben von ihm, das glaubwürdiger ist als die hier gegen mich vorgebrachten Verleumdungen; es ist zugleich mein einziger Verteidiger und soll Zeugnis ablegen von meiner zärtlichen Liebe zu dir. Erinnere dich, wie ungern ich abreiste, da ich die heimliche Feindseligkeit, die man im Reiche gegen mich hegte, wohl kannte. Du, Vater, hast mich, ohne es zu wollen, ins Verderben gestürzt, indem du mich nötigtest, dem Neid Zeit zur Anklage zu lassen. Nun aber bin ich da, um den Beweisen entgegenzutreten, und zu Wasser und zu Lande ist der Vatermörder wohlbehalten geblieben. Freilich hilft mir dieses Zeugnis nichts, denn bei Gott und bei dir, Vater, bin ich verdammt. Als Verdammter aber bitte ich dich, traue nicht den Aussagen, die andere auf der Folter gemacht – sondern gegen mich selbst bringe man das Feuer heran, und in meinen Eingeweiden mögen die Marterwerkzeuge wühlen! Schont mich nicht, wenn ihr das Jammern hört, das von dem verruchten Körper ausgeht! Denn wenn ich wirklich ein Vatermörder bin, so darf ich nicht ungefoltert sterben.“ Diese Worte stieß Antipatros unter Weinen und Schluchzen hervor und rührte damit alle Anwesenden wie auch Varus zum Mitleid. Herodes allein blieb in seinem Groll tränenlos, denn er wußte zu gut, wie begründet die Anklage war.

4. Auf Befehl des Königs nahm nun Nikolaos das Wort, und nachdem er über des Antipatros Arglist gesprochen und das ihm entgegengebrachte Mitleid wieder zerstreut hatte, klagte er ihn scharf an. Er legte ihm Untaten zur Last, die im Königspalast vorgekommen waren, besonders den Tod der beiden Brüder, der, wie er zeigte, durch des Antipatros Ränke herbeigeführt worden war. Weiterhin, fuhr er fort, stelle er auch den übrigen Mitgliedern des Königshauses nach, die ihm seiner Meinung nach die Thronfolge gefährdeten. Wer seinem Vater einen Gifttrank habe bereiten können, der schrecke auch vor Mord an seinen Brüdern nicht zurück. Indem Nikolaos sich dann zu den Beweisen für den beabsichtigten Giftmord wandte, ging er der Reihe nach die Zeugenaussagen durch und gab seiner Entrüstung darüber Ausdruck, daß Antipatros auch Pheroras zum Brudermörder gemacht, die besten Freunde des Königs verführt und den Palast in eine Verbrecherhöhle umgewandelt habe. So legte er die Beweise dar und schloß dann seine Rede.

5. Als Varus Antipatros fragte, wie er sich rechtfertigen wolle, brachte dieser nur hervor: „Gott ist Zeuge meiner Unschuld“, und blieb schweigend liegen. Varus ließ das Gift bringen und es einem zum Tode verurteilten Gefangenen eingeben, der sogleich tot zusammenbrach. Nachdem der Statthalter eine geheime Unterredung mit Herodes gehabt hatte, berichtete er Caesar schriftlich über die Verhandlung und reiste tags darauf ab. Der König ließ Antipatros fesseln und ordnete eine Gesandtschaft ab, um Caesar von seinem Unglück Nachricht zu geben.

6. Gleich nach diesen Vorgängen wurde auch noch ein Anschlag des Antipatros gegen Salome entdeckt. Von Rom war ein Diener des Antiphilos mit Briefen von Akme, einer Kammerfrau der Julia, angekommen. Diese Akme schrieb

dem König, sie habe in den Papieren der Julia Briefe von Salome gefunden und übersende sie ihm anbei insgeheim aus Ergebenheit gegen ihn. Die Briefe enthielten die bittersten Schmähungen und die schwersten Beschuldigungen gegen den König und waren von Antipatros gefälscht worden, der auch Akme durch Bestechung veranlaßt hatte, sie Herodes zu senden. Überführt wurde Antipatros durch einen an ihn selbst gerichteten Brief, in dem Akme schrieb: „Ich habe deinem Auftrage gemäß an deinen Vater geschrieben und ihm die bewußten Briefe geschickt. Der König wird, des bin ich gewiß, seine Schwester nicht am Leben lassen, wenn er sie gelesen hat. Ist alles glücklich abgelaufen, wirst du hoffentlich deine Versprechungen nicht vergessen."

7. Erst als dieser und die gegen Salome gerichteten Briefe aufgefangen waren, regte sich beim König der Verdacht, es könnten Fälschungen auch gegen Alexander begangen worden sein. Der Gedanke, daß Antipatros ihn beinahe zum Mörder seiner Schwester gemacht hätte, erbitterte ihn so heftig, daß er ihn ohne weiteren Aufschub für alle seine Verbrechen büßen lassen wollte. Doch als er eben Anstalten dazu traf, wurde er schwer krank. Er gab nun Caesar über Akme sowie die gegen Salome gerichtete Intrige Nachricht, ließ sich dann sein Testament bringen und änderte es dahin ab, daß er Antipas als Thronerben bezeichnete, wobei er seine ältesten Söhne Archelaos und Philippos, die Antipatros gleichfalls bei ihm verdächtigt hatte, überging. Caesar vermachte er außer den nicht in Geld bestehenden Geschenken tausend und dessen Gattin, Kindern, Freunden und Freigelassenen etwa 500 Talente; an viele andere Personen verteilte er Ländereien; mit den glänzendsten Geschenken aber bedachte er seine Schwester Salome. So änderte Herodes sein Testament.

33. Kapitel: Zerstörung des goldenen Adlers am Tempel. Hinrichtung des Antipatros. Tod des Herodes

1. Des Königs Krankheit verschlimmerte sich mehr und mehr, wozu Kummer und Alter das ihrige beitrugen. Er war fast siebzig Jahre alt, und das Unglück mit seinen Kindern hatte sein Gemüt derart verdüstert, daß er nicht

einmal in gesunden Tagen seines Lebens recht froh geworden war. Erschwert wurde die Krankheit durch den Gedanken, daß Antipatros noch lebe; doch wollte er ihn erst nach seiner Genesung hinrichten lassen.

2. Um das Unheil voll zu machen, brach ein Aufstand unter den Bürgern aus. Damals lebten in der Stadt zwei Schriftgelehrte(139), die für besondere Kenner des väterlichen Gesetzes galten und darum beim Volk sehr angesehen waren, Judas, der Sohn des Sepphoraios, und Matthias, der Sohn des Margalos. Wenn diese Männer das Gesetz erklärten, strömten die jungen Leute in Menge bei ihnen zusammen, und so lehrten sie täglich vor einem ganzen Heer von Zuhörern. Als sie erfuhren, wie Gram und Krankheit den König allmählich verzehrten, ließen sie ihren Schülern gegenüber die Worte fallen, jetzt sei es an der Zeit, die Ehre des Gottes zu verteidigen und die entgegen dem Gesetz der Väter errichteten Bildwerke zu zerstören; denn ungesetzlich sei es, am Tempel Standbilder, Büsten oder Darstellungen lebender Wesen anzubringen. Herodes hatte nämlich über dem großen Tempeltor einen goldenen Adler aufstellen lassen, und diesen rieten die Schriftgelehrten herunterzureißen, indem sie hinzufügten, wenn auch Gefahr damit verbunden sein sollte, so sei es doch ehrenvoll, für das väterliche Gesetz zu sterben. Wer so ende, dessen Seele werde unsterblich sein und ewige Glückseligkeit genießen, und nur unedle Menschen, die jeder wahren Weisheit bar seien und kein Verständnis dafür hätten, was ihrer Seele fromme, zögen den Tod durch Krankheit dem Heldentod vor.

3. Zugleich mit diesen Reden verbreitete sich das Gerücht, der König liege im Sterben. Nun gingen die jungen Leute um so dreister ans Werk. Mitten am Tage, während viele Leute sich in der Nähe des Tempels aufhielten, ließen sie sich an starken Seilen vom Tempeldach hinab und zerhieben den goldenen Adler mit Äxten. Sogleich wurde hiervon dem königlichen Palastkommandanten Meldung gemacht, der eilends mit einer starken Truppenabteilung heranrückte, etwa vierzig junge Leute festnahm und sie vor den König führte. Gleich auf die erste Frage, ob sie es gewesen, die sich erfrecht hätten, den goldenen Adler zu zerstören, gestanden sie die Tat trotzig ein, und auf die

weitere, wer ihnen dazu den Auftrag gegeben, erwiderten sie: Das Gesetz ihrer Väter. Als sie gefragt wurden, weshalb sie so freudig gestimmt seien, da sie doch hingerichtet würden, erklärten sie, nach dem Tode werde ihnen größeres Glück zuteil werden.

4. Der übermäßige Zorn, in den der König hierüber geriet, bewirkte, daß sich seine Krankheit besserte, so daß er persönlich eine Volksversammlung(140) besuchen konnte, wo er in langer Rede die jungen Leute als Tempelschänder anklagte, die unter dem Vorwand, das Gesetz zu schützen, weitergehende Absichten verfolgten. Dann verlangte er, sie sollten als Gotteslästerer bestraft werden. Weil aber das Volk fürchtete, es könnten viele in die Untersuchung verwickelt werden, bat es ihn zunächst, er möge nur die Anstifter bestrafen, und danach, er möge nur gegen die bei der Tat Ergriffenen einschreiten, den übrigen dagegen verzeihen. Der König, der nur ungern nachgab, ließ die, die sich an den Seilen herabgelassen hatten, und die beiden Schriftgelehrten lebendig verbrennen, während er die anderen Verhafteten vom Henker hinrichten ließ.

5. Von da an ergriff die Krankheit seinen ganzen Körper und bereitete ihm viele Leiden. Das Fieber war zwar nicht heftig, aber auf der ganzen Körperoberfläche empfand er unerträgliches Jucken und in den Eingeweiden beständige Schmerzen. Die Füße schwollen an wie bei Wassersüchtigen, im Unterleib bildete sich eine Entzündung und an den Schamteilen ein fauliges Geschwür, das Würmer erzeugte. Außerdem quälten ihn Atembeschwerden, die ihm das Liegen unmöglich machten, und Krämpfe in allen Gliedern. Die Wahrsager erklärten, die Krankheit sei eine Strafe für die Tötung der Schriftgelehrten. Er selbst hing, obwohl er viele Qualen auszustehen hatte, zäh am Leben, hoffte zu genesen und sann auf Heilmittel. Er ließ sich über den Jordan bringen, um die warmen Quellen von Kallirrhoe(141) zu benutzen, deren Wasser in den Asphaltsee fließt und so süß ist, daß man es trinken kann. Dort hielten es die Ärzte für notwendig, seinen ganzen Körper in warmem Öl zu baden. Als man ihn aber in eine mit Öl gefüllte Wanne setzte, wurde es ihm schwarz vor den Augen, und er verdrehte sie wie ein Sterbender. Das Geschrei, das seine bestürzten Diener erhoben, brachte ihn

wieder zu sich, und nun gab er selbst alle Hoffnung zu genesen auf und ließ jedem Soldaten fünfzig Drachmen, den Offizieren und seinen Freunden größere Geldgeschenke aushändigen.

6. Als er auf der Rückreise nach Jericho kam, befiel ihn die Gelbsucht(142). Und als wollte er dem Tode selbst noch drohen, verfiel er auf eine ruchlose Tat. Er ließ die angesehensten Männer von ganz Judäa aus den einzelnen Ortschaften zusammenkommen und sie im Hippodrom einschließen. Dann beschied er seine Schwester Salome mit ihrem Mann Alexas zu sich und sagte zu ihnen: „Ich weiß, daß die Judäer meinen Tod wie ein Freudenfest feiern werden. Doch es sollen mir andere dazu verhelfen, daß ich betrauert werde und ein glänzendes Leichenbegängnis erhalte, wenn ihr meinen Auftrag ausführen wollt. Sofort nach meinem Tod laßt ihr die eingesperrten Männer durch Soldaten umzingeln und niedermachen, damit ganz Judäa und jede Familie wider Willen meinen Tod beweine."

7. Hierauf trafen Briefe von den Gesandten in Rom ein, die meldeten, daß Akme auf Befehl Caesars hingerichtet und Antipatros zum Tode verurteilt worden sei; doch wenn der Vater, so hieß es weiter, ihn lieber verbannen wolle, habe Caesar nichts dagegen. Herodes zeigte nun für kurze Zeit wieder etwas Lebensmut; als aber bald nachher mangelnde Nahrungsaufnahme und krampfhafter Husten ihn marterten, beschloß er im Übermaß seiner Leiden, dem Geschick zuvorzukommen. Er nahm einen Apfel und verlangte ein Messer dazu, um ihn seiner Gewohnheit gemäß vor dem Essen zu zerschneiden. Dann sah er sich um, ob jemand ihn hindern könne, und hob seine Hand, um sich zu erstechen. Sogleich aber stürzte sein Vetter Achiabos herbei, fiel ihm in den Arm und vereitelte den Selbstmord. Im Palast erhob sich großes Klagegeschrei, wie wenn der König schon gestorben wäre. Kaum hörte dies Antipatros, als er wieder Mut faßte und voller Freude seine Wächter bestürmte, ihn gegen ein Geldgeschenk zu befreien und entwischen zu lassen. Der Wachkommandant jedoch, weit entfernt, dies anzunehmen, lief zum König und meldete ihm den Bestechungsversuch. Mit einer in Anbetracht seines leidenden Zustandes außerordentlich starken Stimme schrie Herodes auf und schickte sogleich Leibwächter ab, um

Antipatros hinzurichten. Nachdem er befohlen hatte, die Leiche in Hyrkania beizusetzen, änderte er nochmals sein Testament und setzte als Thronfolger seinen ältesten Sohn Archelaos, den Bruder des Antipas ein, während er diesen zum Tetrarchen ernannte.(143)

8. Fünf Tage nach der Hinrichtung seines Sohnes starb Herodes.(144) Seitdem er durch Ermordung des Antigonos sich der höchsten Gewalt bemächtigt hatte, waren vierunddreißig, seitdem die Römer ihn zum König ernannt siebenunddreißig Jahre vergangen. Wie kaum ein anderer war er nach außen hin vom Glück begünstigt; denn als Privatmann war er in den Besitz eines Königreiches gelangt und konnte es nach langjähriger Regierung eigenen Kindern hinterlassen. Nur in seinem Familienleben traf ihn Unglück über Unglück. – Bevor das Heer von seinem Tod erfuhr, ging Salome mit ihrem Gatten hinaus und ließ die Gefangenen frei, die der König umzubringen befohlen hatte, indem sie vorgab, er habe sich anders besonnen und sende sie jetzt alle wieder in ihre Heimat zurück. Erst nachdem sie fort waren, teilte sie den Soldaten den Sachverhalt mit und berief sie und das Volk zu einer Versammlung in das Amphitheater zu Jericho. Dort trat Ptolemaios auf, dem Herodes seinen Siegelring anvertraut hatte, pries den König glücklich, tröstete das Volk und las das Schreiben vor, das der König den Soldaten hinterlassen hatte und in dem er sie eindringlich ermahnte, seinem Nachfolger die Treue zu bewahren. Nach Verlesung des Schreibens öffnete Ptolemaios das Testament und machte seinen Inhalt bekannt. Philippos war darin zum Erben der Trachonitis und der angrenzenden Länder, Antipas, wie erwähnt, zum Tetrachen und Archelaos zum König ernannt. Diesem war zugleich aufgetragen, den Siegelring des Herodes und die versiegelten Akten über die Reichsverwaltung Caesar zu überbringen; denn Caesar habe als letzter über alle Bestimmungen des Testaments zu entscheiden, und er müsse es bestätigen. Im übrigen solle es bei den früheren Anordnungen bleiben.

9. Archelaos wurde unter lautem Zuruf beglückwünscht. Truppweise zogen die Soldaten und das Volk an ihm vorbei, gelobten ihm Treue und flehten Gottes Gnade auf ihn herab. Hierauf traf man Anstalten, den König beizusetzen.

Archelaos ließ es an keinem Aufwand fehlen und stellte, um ein prunkvolles Leichenbegängnis zu ermöglichen, den gesamten königlichen Schmuck zur Schau. Das Paradebett war ganz von Gold und mit Edelsteinen besetzt, die Decke von buntgesticktem Purpur, und der Leichnam, der auf ihr lag, gleichfalls mit einem Purpurgewand umhüllt. Auf seinem Kopf ruhte das Königsdiadem und darüber eine goldene Krone, und die rechte Hand hielt das Zepter. Das Paradebett umgaben die Söhne und die übrigen zahlreichen Verwandten des Königs; dann folgten die Soldaten der Leibwache, die thrakische Abteilung, die Germanen und die Galater, alle in voller Kriegsrüstung. An der Spitze marschierte der übrige Teil des Heeres, geführt von seinen Befehlshabern und Anführern, ebenfalls in vollem Waffenschmuck, und daran schlossen sich 500 Sklaven und Freigelassene, die köstliche Spezereien trugen. So zog man mit dem Leichnam 200 Stadien weit nach Herodeion, wo er dem Befehl des Verstorbenen gemäß beigesetzt wurde. Das war das Ende des Herodes.

ZWEITES BUCH

1. Kapitel: Aufruhr in Jerusalem nach dem Regierungsantritt des Archelaos

1. Anlaß zu neuen Unruhen gab die Reise nach Rom, die Archelaos unternehmen mußte. Nachdem er seinen Vater sieben Tage lang betrauert und dem Volk einen kostspieligen Leichenschmaus gegeben hatte – eine Sitte, durch die viele Judäer verarmen, denn man ist genötigt, die Leidtragenden zu bewirten, weil die Unterlassung als Mangel an Pietät gedeutet wird –, legte er ein weißes Gewand an und ging in den Tempel, wo das Volk ihn mit vielen Segenswünschen empfing. Er selbst begrüßte das Volk von einem goldnen Thron aus, der auf hoher Tribüne errichtet war, und dankte für die rege Teilnahme am Begräbnis seines Vaters sowie für die Huldigung, die man ihm dargebracht, als wenn er schon wirklich König wäre. Er verzichte aber, fuhr er fort, für jetzt nicht nur darauf, die Herrschaft auszuüben, sondern auch auf die Titel, bis ihn Caesar in der Thronfolge bestätigt habe, dem, wie das Testament bestimme, über alles die endgültige Entscheidung zustehe. Er habe demgemäß auch in Jericho das Diadem, das die Soldaten ihm hätten aufsetzen wollen, nicht angenommen. Für die Beweise von Treue und Ergebenheit werde er dem Heer wie dem Volk seinen vollen Dank erstatten, sobald er höheren Orts als König anerkannt sei. Er werde dann eifrig darauf bedacht sein, sich in jeder Beziehung gegen seine Untertanen milder zu zeigen als sein Vater.

2. Voll Freude über diese Zusage stellte das Volk seine Gesinnung sogleich durch hohe Forderungen auf die Probe. Die einen forderten, die Abgaben zu erleichtern, andere die Zölle aufzuheben, wieder andere die Gefangenen freizulassen. Um sich beim Volk beliebt zu machen, sagte Archelaos alles zu; hierauf opferte er und hielt mit seinem Ge-

folge ein Freudenmahl. Gegen Abend aber sammelte sich eine beträchtliche Schar Unzufriedener, die, nachdem die öffentliche Trauer um den König zu Ende war, nunmehr ihrer eigenen Ausdruck geben zu müssen glaubten, indem sie die beklagten, die Herodes hatte hinrichten lassen, weil sie den am Tempeltor angebrachten goldenen Adler zerstört hatten. Das war keine erheuchelte Trauer, die nun die Stadt erfüllte, sondern erschütterndes Schluchzen und tiefempfundene Wehklage um die Männer, die, wie man sich ausdrückte, für das Gesetz der Väter und den heiligen Tempel ihr Leben gelassen hätten. Ihren Tod müsse man, so rief die Menge, an denen rächen, die Herodes zu Amt und Würden erhoben habe. Vor allem aber habe der von ihm eingesetzte Hohepriester abzudanken und einem frömmeren und reineren Platz zu machen.

3. Sosehr Archelaos hierüber in Wut geriet, schritt er doch mit Rücksicht auf die Dringlichkeit seiner Reise vorläufig nicht ein. Er fürchtete, wenn er sich mit dem Volke verfeinde, könnte die Bewegung so anwachsen, daß seine Reise dadurch gänzlich vereitelt würde. Deshalb suchte er die Unzufriedenen mehr mit guten Worten als mit Gewalt zur Ruhe zu bringen und sandte einen höheren Offizier ab, um sie zu friedlichem Verhalten zu ermahnen. Als dieser aber den Tempel betrat, verjagten ihn die Empörer mit Steinwürfen, ehe er noch zu Wort gekommen war, und auch die anderen Abgesandten des Archelaos, die nach ihm erschienen, um sie zur Besinnung zu bringen, wiesen sie unter leidenschaftlichen Drohungen ab. Es war klar, wenn sie Verstärkungen erhielten, so waren sie gar nicht mehr zu bändigen, und gerade jetzt strömte eine Menge von Landleuten zu religiösen Feiern in der Stadt zusammen, da das Fest der ungesäuerten Brote bevorstand, das die Judäer Passah nennen und durch unzählige Opfer verherrlichen.(145) Die nun, welche die Gesetzeslehrer betrauerten, blieben im Tempel beieinander und schürten von hier aus die Flamme des Aufruhrs. Darüber geriet Archelaos in Furcht, und um zu verhindern, daß sich das Fieber der Empörung auf das ganze Volk ausbreite, sandte er in aller Stille einen Tribun an der Spitze einer Kohorte ab mit dem Auftrag, sich der Rädelsführer gewaltsam zu bemächtigen. Die Volksmenge aber stürzte sich den Soldaten ent-

gegen und warf den größten Teil von ihnen mit Steinen zu Tode. Der Tribun selbst wurde verwundet und entkam nur mit Not. Hierauf wandten sich die Empörer, als wenn nichts vorgefallen wäre, dem Opferdienst zu. Archelaos aber sah ein, daß das Volk ohne Blutvergießen nicht länger mehr im Zaum zu halten sei. Er ließ daher die gesamte Streitmacht ausrücken, und zwar die Fußtruppen in geschlossenem Zuge durch die Stadt, die Reiterei aber über das Feld. Auf diese Weise wurden gegen 3000 Menschen während der Opfer niedergemacht. Der übrige Teil des Volkes zerstreute sich in das nahe Gebirge. Dorthin folgten ihnen von Archelaos gesandte Herolde, die den Befehl verkündeten, es solle ein jeder in seine Heimat zurückkehren, worauf sie alle das Fest verließen und sich davonmachten.

2. Kapitel: Klage gegen Archelaos in Rom

1. Er selbst ließ Philippos als seinen Stellvertreter und Hüter seines Hauses zurück und begab sich in Begleitung seiner Mutter sowie seiner Freunde Poplas, Ptolemaios und Nikolaos an die Meeresküste. Mit ihm reisten Salome und ihre Kinder ab, ferner noch andere Blutsverwandte und die Schwiegersöhne des Königs, angeblich um die Ansprüche des Archelaos auf den Thron zu unterstützen, in Wirklichkeit aber, um ihn wegen des gesetzwidrigen Verfahrens im Tempel zu verklagen.
2. In Kaisareia kam ihnen Sabinus, der Finanzverwalter Syriens, entgegen, der im Begriff war, nach Judäa zu gehen, um die von Herodes hinterlassenen Schätze zu übernehmen. Archelaos sandte den Ptolemaios zu Varus(146) und ließ dringend bitten, Sabinus an der Weiterreise zu hindern. Aus Rücksicht auf Varus unterließ Sabinus es wirklich, die befestigten Plätze aufzusuchen und dem Archelaos die Schatzkammer seines Vaters zu verschließen. Er versprach vielmehr, bis zur Entscheidung Caesars sich gedulden zu wollen, und verblieb in Kaisareia. Sobald aber der eine von denen, die ihn aufhielten, nach Antiocheia abgereist war, der andere, Archelaos, sich nach Rom eingeschifft hatte, brach er unverzüglich nach

Jerusalem auf, bemächtigte sich des Königspalastes und berief die Kommandanten und Schatzmeister der Festungen zu sich, um die Höhe der Kassenbestände zu erforschen und die Plätze in seine Gewalt zu bekommen. Die Kommandanten jedoch hielten sich streng an die Befehle des Archelaos und verblieben auf ihrem Posten. Sie verwiesen darauf, daß sie hierfür mehr Caesar als Archelaos verantwortlich seien.

3. Zur selben Zeit machte sich auch Antipas auf den Weg, um seine Ansprüche auf die Thronfolge geltend zu machen, da er glaubte, das frühere Testament, in dem er als König aufgeführt war, habe größere Kraft als die spätere Abänderung. Übrigens hatten Salome und viele seiner übrigen Verwandten, die mit Archelaos die Seereise machten, ihm schon vorher ihre Unterstützung zugesagt. Ihn begleitete außer seiner Mutter auch der Bruder des Nikolaos, Ptolemaios, dessen Einfluß er für besonders maßgebend hielt, weil er in so hohem Grade das Vertrauen des Herodes genossen hatte, dessen liebster Freund er gewesen war. Seine größte Hoffnung jedoch setzte er auf die Gewandtheit des Rhetors Eirenaios; im Vertrauen auf diesen Mann hatte er auch alle zurückgewiesen, die ihm rieten, Archelaos als dem älteren und im Testament als Thronfolger bezeichneten Mitbewerber den Vorrang zu lassen. Nach der Ankunft in Rom traten alle Verwandten auf seine Seite; denn Archelaos war ihnen verhaßt. Am erwünschtesten zwar wäre jedem von ihnen eine Regierung unter der Oberhoheit eines römischen Statthalters gewesen; für den Fall aber, daß dies unmöglich sein sollte, war ihnen Antipas als König immer noch am willkommensten.

4. Auch Sabinus war ihnen mit Briefen behilflich, in denen er Archelaos bei Caesar verklagte und Antipas ins beste Licht zu rücken suchte. Nachdem Salome und ihr Anhang die einzelnen Beschuldigungen schriftlich aufgesetzt hatten, wurden diese Caesar vorgelegt. Aber auch Archelaos ließ seine Ansprüche begründen und die Denkschrift mit dem Siegelring seines Vaters durch Ptolemaios überreichen. Der Caesar erwog zunächst die von beiden Parteien vorgebrachten Gründe, die Größe des Königreiches, die Höhe der Erträge und die bedeutende Kopfzahl der zur Familie des Herodes gehörigen Personen, las

dann auch die Briefe, die Varus und Sabinus über die Angelegenheit geschrieben hatten, und berief schließlich eine Versammlung der vornehmsten Römer, in der auch der von ihm an Kindes Statt angenommene Sohn des Agrippa und der Julia, Gaius(147), zum erstenmal Sitz und Stimme erhielt. Hier wurde den streitenden Parteien das Wort gegeben.

5. Zunächst erhob sich Salomes Sohn Antipatros, der redegewandteste unter den Gegnern des Archelaos, und brachte seine Anklage vor, indem er sagte, mit Worten bewerbe sich Archelaos wohl um den Thron, in Wirklichkeit aber sei er schon lange König und belästige jetzt das Ohr Caesars mit eitlen Spiegelfechtereien. Ohne die Entscheidung Caesars abzuwarten, habe er nach dem Tode des Herodes insgeheim einige Leute angestiftet, ihm das Diadem aufzusetzen, habe sich auf den Thron gesetzt, sich als König gebärdet, die Heeresorganisation geändert, Beförderungen vorgenommen, dem Volke alles zugesagt, was es von ihm als König begehrte, und die wegen der schwersten Verbrechen von seinem Vater Eingekerkerten freigelassen. Jetzt komme er, um sich von seinem Oberherrn den Schatten des Königtums zu erbitten, das er dem Wesen nach bereits an sich gerissen habe, und mache so Caesar zum Schiedsrichter nicht über Sachen, sondern über bloße Namen. Außerdem warf er ihm vor, seine Trauer um den Vater sei gleichfalls nur Heuchelei gewesen. Bei Tage habe er eine betrübte Miene zur Schau getragen, bei Nacht aber sich berauscht und übermütige Streiche begangen. Dem Unwillen über dieses Benehmen sei es auch allein zuzuschreiben, daß das Volk sich empört habe. Als Hauptargument seiner ganzen Rede führte er den Umstand an, daß so viele Menschen im Bereich des Tempels getötet worden seien. Zur Festfeier seien sie gekommen und neben ihren eigenen Opfertieren grausam hingeschlachtet worden, und im Tempel seien mehr Leichen aufgehäuft gewesen, als wenn ein plötzlicher Überfall auswärtiger Feinde stattgefunden hätte. Diese seine Grausamkeit habe auch sein Vater vorausgesehen und ihm deshalb eigentlich jede Aussicht auf die Thronfolge benehmen wollen; erst zu der Zeit, da Herodes mehr geistig als körperlich gelitten habe und vernünftiger Überlegung nicht mehr fähig ge-

wesen sei, habe er, ohne sich dessen bewußt zu sein, ihn in einem Testamentszusatz als Thronfolger bezeichnet, obwohl der im früheren Testament bestimmte Nachfolger, den er bei gesundem Körper und völlig klarem Verstand eingesetzt, ihm nicht den geringsten Anlaß zur Klage gegeben habe. Aber selbst wenn man dem Urteil eines todkranken Menschen größere Kraft beimessen wolle, müsse man doch gelten lassen, daß Archelaos durch sein allen Gesetzen hohnsprechendes Verhalten die Herrschaft über das Königreich verwirkt habe; denn es sei leicht einzusehen, wie ein Mann, der so viele Menschen habe töten lassen, bevor er von Caesar bestätigt war, sich danach verhalten würde.

6. Nachdem Antipatros noch viele derartige Gründe vorgebracht und bei jedem Anklagepunkt die meisten seiner Verwandten als Zeugen aufgerufen hatte, schloß er seine Rede. Es erhob sich nun für Archelaos dessen Sachwalter Nikolaos, der die Notwendigkeit des Blutbades im Tempel zu verteidigen suchte, indem er ausführte, die Getöteten seien nicht bloß Feinde des Königreiches, sondern auch des Caesars, des jetzigen Schiedsrichters, gewesen. Bezüglich der übrigen Klagepunkte wies er nach, daß gerade die Kläger es gewesen seien, die Archelaos die betreffenden Ratschläge erteilt hätten. Den Testamentszusatz aber glaubte er besonders aus dem Grunde für gültig halten zu müssen, weil darin Caesar als derjenige bezeichnet sei, der den Thronfolger zu bestätigen habe. Wer so vernünftig gewesen sei, schloß Nikolaos, auf seine Gewalt zugunsten des Weltherrschers zu verzichten, der habe gewiß auch in betreff des Thronfolgers kein falsches Urteil gehabt und bei vollem Verstand gehandelt, da er wohl gewußt habe, von wem der Erbe des Reiches in seiner Würde bestätigt werden müsse.

7. Als auch Nikolaos mit seiner Rede zu Ende war, trat Archelaos in aller Ruhe vor Caesar hin und warf sich ihm zu Füßen. Huldvoll hieß dieser ihn aufstehen und erklärte ihn für würdig, seines Vaters Nachfolger zu werden. Doch traf er noch keine bestimmte Entscheidung, sondern entließ die für diesen Tag einberufene Ratsversammlung und dachte mit Rücksicht auf das Gehörte nach, ob er einen der im Testament Bezeichneten zum Thronfolger er-

nennen oder das Reich unter die Mitglieder der Familie verteilen solle; denn bei ihrer großen Anzahl schien es ihm geboten zu sein, sie derart zu versorgen.

3. Kapitel: Aufstand gegen Sabinus

1. Bevor Caesar in dieser Angelegenheit einen bestimmten Entschluß gefaßt hatte, erkrankte und starb des Archelaos Mutter Malthake. Zugleich kam aus Syrien ein Schreiben des Varus an, das einen Aufstand der Judäer meldete. Da Varus eine Empörung vorausgesehen hatte, war er nach der Abreise des Archelaos in Jerusalem eingerückt, um etwaige Unruhen, die jeden Augenblick ausbrechen konnten, zu unterdrücken, hatte eine der drei aus Syrien mitgenommenen Legionen in der Stadt gelassen und war dann selbst nach Antiocheia zurückgekehrt. Anlaß zu offenem Aufruhr gab die Ankunft des Sabinus, der von den Besatzungstruppen die Übergabe der Festung erzwang und diese streng nach den Schätzen des Königs durchsuchte. Hierbei stützte er sich nicht nur auf die von Varus zurückgelassenen Soldaten, sondern auch auf die große Menge seiner eigenen Sklaven, die er bewaffnet hatte und als Werkzeuge seiner Habgier mißbrauchte. In diese Zeit fiel gerade das judäische Fest Pentekoste, das sieben Wochen nach dem Passahfest gefeiert wird und seinen Namen von der Anzahl der zwischen den beiden Festen liegenden Tage hat. Doch war es nicht die übliche Gottesverehrung, die das Volk zu diesem Fest hinzog, als vielmehr hochgradige Erbitterung. Fast zahllos war die Menschenmenge, die aus Galiläa, Idumäa, Jericho und aus Peräa jenseits des Jordans in Jerusalem zusammenströmte; alle anderen aber übertraf an Zahl und Entschlossenheit das Volk aus dem eigentlichen Judäa. Sie teilten sich in drei Haufen und schlugen an drei Stellen Lager auf, eines nördlich vom Tempel, ein anderes im Süden beim Hippodrom, das dritte westlich in der Nähe des Königspalastes. So umzingelten sie die Römer von allen Seiten und begannen sie regelrecht zu belagern.

2. Sabinus, den die Menge der Feinde und ihr Kampfeswillen erschreckte, schickte einen Boten nach dem andern

mit der Bitte um schleunige Hilfe an Varus und ließ ihm sagen, wenn er zögere, werde die Legion zusammengehauen werden. Er selbst bestieg den höchsten Turm der Festungswerke, den Phasaelosturm, so genannt nach dem von den Parthern getöteten Bruder des Herodes, und gab von da aus den Soldaten der Legion das Zeichen zum Angriff; denn in seiner Angst wagte er nicht, zu ihnen hinunterzukommen. Die Soldaten folgten seinem Befehl, drangen bis zum Tempel vor und lieferten den Judäern ein heißes Treffen, in dem sie mit ihrer Kriegserfahrung den ungeübten Gegnern so lange überlegen waren, als niemand von oben her ihnen zusetzte. Sowie aber die Judäer in großer Anzahl die Hallen erstiegen und ihre Geschosse auf die Köpfe der Römer richteten, fielen diese in Massen, weil sie dem gleichzeitigen Angriff von oben und von vorn nicht standzuhalten vermochten.

3. So von zwei Seiten bedrängt, steckten die Römer die Hallen, Werke von bewundernswerter Größe und Pracht, in Brand, wobei viele der oben Stehenden von den Flammen ergriffen wurden und in ihnen umkamen, viele auch, als sie heruntersprangen, dem Schwert der Feinde zum Opfer fielen, während andere teils auf der entgegengesetzten Seite von der Mauer sich hinabstürzten, teils in der Verzweiflung dem Feuer zuvorkamen und mit ihren eigenen Waffen sich umbrachten. Die aber, die von der Mauer herabgeklettert waren und auf die Römer zurannten, wurden in ihrer Bestürzung mit leichter Mühe überwältigt. Nachdem so der eine Teil der Empörer umgekommen war, der andere sich aus Furcht zerstreut hatte, fielen die Soldaten über den unbewachten Tempelschatz her und raubten etwa 400 Talente, und was nicht auf diese Weise gestohlen wurde, eignete sich Sabinus an.

4. Die Zerstörung der herrlichen Bauwerke und der Untergang so vieler Menschen erbitterte die Judäer derart, daß sie bald mit zahlreicheren und kampfgeübteren Truppen den Römern entgegentraten, den Königspalast umzingelten und die ganze Besatzung niederzumachen drohten, wenn diese nicht schleunigst abrücke. Für den Fall, daß Sabinus diesem ihrem Verlangen gemäß mit seiner Legion abziehen wolle, versprachen sie ihm volle Sicherheit. Die meisten der königlichen Soldaten waren übrigens zu den

Empörern übergegangen, während ihr streitbarster Teil, 3000 Sebastener(148), unter Führung von Ruphos und Gratos sich auf die Seite der Römer schlugen. Gratos war Befehlshaber der königlichen Fußtruppen, Ruphos Anführer der Reiterei, und beide mußten, auch abgesehen von der ihnen untergebenen Streitmacht, wegen ihrer Entschlossenheit und Einsicht auf den Ausgang des Kampfes großen Einfluß haben. Die Judäer setzten die Belagerung eifrig fort und riefen bei ihren Angriffen auf die Mauern der Burg den Leuten des Sabinus zu, sie sollten doch abziehen und ihnen nicht im Wege stehen, wenn sie jetzt nach langer Zeit die Freiheit ihrer Väter wiederzugewinnen suchten. Sabinus wäre auch gern in aller Stille abgerückt, doch traute er den Versprechungen seiner Gegner nicht und argwöhnte, daß sie ihm mit ihrer Milde nur eine Falle stellen wollten. Zudem hoffte er auf baldige Hilfe von Varus und hielt so die Belagerung noch weiter aus.

4. Kapitel: Aufstand der Soldaten des Herodes. Judas, Simon, Athrongaios

1. Um diese Zeit brachen auch an vielen anderen Orten im Lande Unruhen aus, und mancher hielt die Gelegenheit für günstig, sich die Königskrone aufzusetzen. So griffen in Idumäa 2000 frühere Soldaten des Herodes zu den Waffen und bekämpften die königlichen Truppen. Achiabos, der Vetter des Königs, führte den Krieg gegen sie von den stärksten Festungen aus, vermied aber jeden Zusammenstoß in der Ebene. Ferner brachte in Sepphoris in Galiläa ein gewisser Judas, der Sohn des Räuberanführers Ezekias, der einst das Land verheert hatte, aber von König Herodes gefangengenommen worden war, eine nicht unbedeutende Schar zusammen, erstürmte die königlichen Zeughäuser, bewaffnete seine Leute und griff die an, die nach der Herrschaft strebten.

2. In Peräa setzte sich Simon, einer von den Sklaven des verstorbenen Königs, im Vertrauen auf seine Schönheit und Körpergröße das Diadem auf, streifte mit den Räubern, die er an sich gezogen hatte, umher, steckte den königlichen Palast zu Jericho sowie viele andere pracht-

volle Landhäuser in Brand und machte während der Feuersbrünste mit leichter Mühe reiche Beute. Auf die Dauer würde er wohl sämtliche Prachtgebäude eingeäschert haben, wenn nicht Gratos, der Anführer der königlichen Fußsoldaten, mit den Bogenschützen von Trachon und den kampfgeübtesten Sebastenern ihm entgegengerückt wäre. In dem Treffen, das sich entspann, fiel ein großer Teil des Fußvolkes, doch wurde Simon, als er durch eine enge Schlucht entfliehen wollte, von Gratos der Weg abgeschnitten und durch einen Seitenhieb ins Genick getötet. Von einer anderen Rotte Aufständischer aus Peräa wurde das Königsschloß zu Betharamatha in der Nähe des Jordans niedergebrannt.

3. Sogar ein Hirt mit Namen Athrongaios wagte es in den unruhigen Zeiten, seine Hand nach der Krone auszustrecken. Was ihn in seiner Hoffnung bestärkte, war außer seiner Körperkraft und seiner Todesverachtung besonders die Hilfe, die ihm seine vier gleichgearteten Brüder gewährten. Jedem von ihnen unterstellte er eine Rotte von Bewaffneten und ließ sie zu kriegerischen Überfällen ausrücken, während er selbst wie ein König die wichtigeren Geschäfte erledigte. Dieser Mann setzte sich damals das Diadem auf und verheerte mit seinen Brüdern längere Zeit hindurch das Land. Vorzugsweise suchten sie Römer und Königliche umzubringen; aber auch Judäer, von denen etwas zu erpressen war, schonten sie nicht. Eines Tages wagten sie sogar bei Ammaus eine ganze römische Kohorte zu umzingeln, die der Legion Proviant und Waffen zuführte. Schon waren der Zenturio Arius und vierzig der tapfersten Soldaten ihren Geschossen erlegen und schon drohte dasselbe Schicksal den übrigen Römern, als Gratos mit den Sebastenern ihnen zu Hilfe kam und sie rettete. Nachdem die Brüder während dieses Kriegszustandes gegen Einheimische wie Fremde viele derartige Gewalttaten begangen hatten, wurden endlich drei von ihnen gefangen. Der älteste fiel dem Archelaos, die beiden nächsten dem Gratos und dem Ptolemaios in die Hände. Der vierte dagegen ergab sich dem Archelaos auf Grund eines Vergleichs. Dieses Schicksal ereilte sie indes erst später; damals, wie gesagt, überzogen sie ganz Judäa mit ihrem Raubkrieg.

5. *Kapitel: Varus in Judäa*

1. Als Varus die Briefe des Sabinus und der anderen Befehlshaber erhalten hatte, fürchtete er für die ganze Legion und entschloß sich, ihnen schleunigst Hilfe zu bringen. Zu diesem Zweck zog er mit den übrigen zwei Legionen und den zu ihnen gehörigen vier Reiterschwadronen(149) nach Ptolemais, wohin er die Hilfstruppen der Könige und der anderen Fürsten beordert hatte. Unterwegs nahm er beim Durchmarsch durch Berytos auch aus dieser Stadt fünfzehnhundert Bewaffnete mit. Bei Ptolemais schloß sich ihm außer den Truppen der übrigen Verbündeten auch der Araber Aretas aus Haß gegen Herodes mit beträchtlichen Streitkräften zu Fuß und zu Pferde an. Nun entsandte er einen Teil des Heeres unter dem Kommando seines Freundes Gaius in die unweit Ptolemais gelegenen Grenzgegenden Galiläas. Dieser schlug die ihm entgegenrückenden Scharen in die Flucht, eroberte die Stadt Sepphoris, steckte sie in Brand und verkaufte die Einwohner in die Sklaverei. Varus selbst marschierte mit dem übrigen Heer auf Samareia zu, ohne indes die Stadt anzugreifen; es zeigte sich nämlich, daß sie an dem aufrührerischen Treiben der anderen Städte nicht teilgenommen hatte. Doch errichtete er sein Lager bei dem Dorfe Arus, das dem Ptolemaios gehörte und aus diesem Grunde von den Arabern geplündert wurde, denen des Herodes Freunde nicht minder verhaßt waren als er selbst. Von hier rückte er weiter nach Sappho, einem andern befestigten Dorfe, das die Araber ebenfalls ausraubten, wie sie auch alle ihnen begegnenden Proviantkolonnen überfielen. Feuer und Schwert wüteten allerorts, und nichts vermochte der Raubgier der Araber zu entgehen. Auch Ammaus, dessen Einwohner sich geflüchtet hatten, wurde auf Befehl des Varus zur Strafe für die Niedermetzlung des Arius und seiner Leute eingeäschert.

2. Als er von dort weitermarschierte und vor Jerusalem ankam, zerstreute schon der bloße Anblick seiner Streitmacht die in ihren Lagern befindlichen Judäer, die eiligst landeinwärts flohen. Die Bewohner der Stadt öffneten ihm die Tore und suchten jede Schuld an dem Aufstand von sich abzuwälzen, indem sie angaben, sie selbst hätten keineswegs die Ruhe gestört, sondern, nachdem sie notge-

drungen des Festes halber die Menschenmenge in die Stadt eingelassen, nicht mit den Aufständischen gemeinsame Sache gemacht, sondern vielmehr mit den Römern die Belagerung ausgehalten. Schon vorher waren Joseph, der Vetter des Archelaos, sowie Gratos und Ruphos mit den königlichen Truppen und den Sebastenern, desgleichen die Soldaten der römischen Legion in gewohntem Waffenschmuck dem Varus entgegengezogen. Sabinus dagegen hatte nicht das Herz gehabt, ihm unter die Augen zu treten, und war deshalb bereits vor seiner Ankunft aus der Stadt zur Meeresküste gereist. Varus schickte einen Teil seines Heeres auf Streifzüge aus, um die Anstifter der Empörung dingfest zu machen, und eine große Anzahl wurde gefangengenommen. Die weniger Unruhigen unter ihnen ließ er einkerkern, die Schuldigsten aber, gegen 2000 Mann, ans Kreuz schlagen.

3. Hierauf erhielt er die Meldung, in Idumäa stünden noch 10 000 Bewaffnete. Da er die Erfahrung gemacht hatte, daß die Araber sich nicht wie Bundesgenossen benahmen, sondern ganz nach Belieben Krieg führten und aus Haß gegen Herodes mehr, als ihm selbst lieb war, das Land verheerten, entließ er sie und rückte mit seinen eigenen Legionen in Eilmärschen den Aufständischen entgegen. Diese ergaben sich jedoch auf Achiabos' Rat den Römern, ohne es zum Handgemenge kommen zu lassen, worauf Varus der großen Masse Verzeihung gewährte, ihre Anführer aber zur Aburteilung Caesar zuschickte. Augustus begnadigte die meisten von ihnen, und nur einige Verwandte des Königs Herodes, die sich an die Empörer angeschlossen hatten, ließ er hinrichten, weil sie gegen den König, der ihrer Familie angehörte, ins Feld gezogen seien. Nachdem Varus auf diese Weise in Jerusalem die Ordnung wiederhergestellt hatte, bestimmte er, daß die bereits früher in der Stadt befindliche Legion dort verbleiben solle, und begab sich nach Antiocheia zurück.

6. Kapitel: Augustus teilt das Reich des Herodes

1. Unterdessen hatte Archelaos in Rom noch einen anderen Streit mit den Judäern auszutragen, die vor dem Aufstand mit Genehmigung des Varus dorthingereist waren, um staatliche Selbständigkeit(150) für ihr Volk zu erwirken. Fünfzig Köpfe zählte die eigentliche Gesandtschaft, der sich von den in Rom ansässigen Judäern noch über 8000 anschlossen. Caesar berief eine Versammlung der vornehmsten Römer und seiner Freunde in den auf dem Palatin stehenden Tempel des Apollon, ein von ihm selbst errichtetes, mit staunenswerter Pracht ausgestattetes Bauwerk. Hier stand die Menge der Judäer mit den Gesandten auf der einen, Archelaos mit seinen Freunden auf der anderen Seite. Die Freunde seiner Verwandten jedoch hielten es mit keiner von beiden Parteien; denn einerseits gestattete ihnen Haß und Mißgunst gegen Archelaos nicht, für diesen einzutreten, anderseits hielt sie die Scheu vor Caesar ab, sich den Anklägern beizugesellen. Außerdem war auch Philippos, der Bruder des Archelaos, erschienen, den sein Gönner Varus in zweifacher Absicht hergesandt hatte: einmal, damit er die Sache des Archelaos verfechten helfe, und zum andern, damit er selbst nicht zu kurz komme, falls Caesar das Reich des Herodes unter dessen Nachkommen verteilen sollte.

2. Als den Klägern zu sprechen gestattet wurde, schilderten sie zunächst die Untaten des Herodes, an dem sie, wie sie sagten, keinen König, sondern den grausamsten Tyrannen gehabt hätten, der jemals zur Regierung gelangt sei. Viele Menschen habe er ermordet, und das Los derer, die er am Leben gelassen, sei so traurig gewesen, daß sie die Getöteten glücklich gepriesen hätten. Er habe nicht nur einzelne Untertanen gefoltert, sondern ganze Gemeinwesen seien von ihm mißhandelt worden. Um ausländische Städte verschönern zu können, habe er seine eigenen beraubt, und fremden Völkerschaften habe er Geschenke gemacht, die mit dem Blute der Judäer bezahlt worden seien. Infolgedessen sei an die Stelle des früheren Wohlstands und der altehrwürdigen Gebräuche völlige Verarmung und Entsittlichung des Volkes getreten. Überhaupt hätten die Judäer in wenigen Jahren durch He-

rodes mehr Not ausgestanden, als ihren Vorfahren in dem langen Zeitraum zugestoßen sei, seitdem sie zur Zeit des Xerxes aus Babylon zurückkehrten.(151) Durch allmähliche Gewöhnung an das Unglück sei das Volk so abgestumpft worden, daß es die harte Knechtschaft gewissermaßen als Erbteil ruhig hingenommen habe. Wie wolle man es sonst erklären, daß es Archelaos, den Sohn des eingefleischten Tyrannen, nach dem Tode seines Vaters so willig als König begrüßt, mit ihm den Tod des Herodes betrauert und ihm zu der Thronfolge Glück gewünscht habe? Archelaos aber habe, um sich nicht als echten Sohn des Herodes zu verleugnen, seine Regierung mit dem Mord an 3000 Bürgern begonnen. Das seien die Opfer gewesen, durch die er eine glückliche Regierung von dem Gott habe erflehen wollen, und so viele Leichen habe er an einem Fest im Tempel aufzuhäufen gewagt! Endlich aber hätten sich die, die trotz so vieler Leiden mit dem Leben davongekommen seien, im Hinblick auf ihre traurige Lage entschlossen, lieber nach Kriegsart der Gefahr mutig entgegenzutreten, und sie bäten nun die Römer, sich der Trümmer Judäas zu erbarmen und sie nicht den Würgern des Volkes vorzuwerfen, sondern das Land mit Syrien zu vereinigen und es durch römische Prokuratoren verwalten zu lassen. Dann werde es sich zeigen, daß die jetzt als aufrührerisch und kriegslustig verschrienen Judäer maßvollen Herrschern sich wohl zu fügen wüßten. Mit dieser Bitte schlossen die Judäer ihre Klage. Hierauf erhob sich Nikolaos und suchte die gegen die beiden Könige vorgebrachten Beschuldigungen zu widerlegen. Die Judäer schilderte er als ein seinem Charakter nach schwer zu regierendes und zum Ungehorsam gegen seine Herrscher geneigtes Volk, und auch die Verwandten des Archelaos, die die Partei der Kläger ergriffen hatten, suchte er in ungünstigem Licht erscheinen zu lassen.

3. Als Caesar die Klagen beider Teile angehört hatte, entließ er die Versammlung. Nach wenigen Tagen verlieh er dem Archelaos die Hälfte des Königreiches sowie den Titel eines Ethnarchen und versprach ihm, ihn später zum König machen zu wollen, wenn er sich dessen würdig zeige. Die andere Hälfte teilte er in zwei Tetrarchien und gab sie zwei weiteren Söhnen des Herodes, die eine dem

Philippos, die andere dem Antipas, der mit Archelaos um den Thron gestritten hatte. Auf des Antipas Anteil entfielen Peräa und Galiläa mit 200 Talenten jährlicher Einkünfte, während Philippos Batanäa und die Trachonitis sowie die Auranitis und einige Teile von dem Gebiet des Zenodoros bei Jamneia mit hundert Talenten jährlicher Einkünfte erhielt. Zur Ethnarchie des Archelaos gehörten Idumäa, ganz Judäa und Samareia, welchem der vierte Teil der Steuern erlassen wurde, weil es den Aufstand der übrigen Landesteile nicht mitgemacht hatte. Ferner wurden seiner Herrschaft unterstellt die Städte Stratonsturm, Sebaste, Joppe und Jerusalem; die Griechenstädte(152) Gaza, Gadara und Hippos dagegen trennte Caesar vom Reich und schlug sie zu Syrien. Die Gesamteinkünfte aus dem Anteil des Archelaos betrugen 400 Talente. Salome erhielt außer dem, was Herodes ihr in seinem Testament ausgesetzt hatte, die Herrschaft über Jamneia(153), Azotos und Phasaelis, und obendrein schenkte ihr Caesar den Königspalast von Askalon. Aus allen diesen Besitzungen sollte sie jährlich sechzig Talente beziehen, doch wurde ihr Gebiet der Ethnarchie des Archelaos untergeordnet. Den übrigen Verwandten des Herodes fielen die ihnen im Testament vermachten Legate zu. Seinen beiden noch unverheirateten Töchtern schenkte Caesar zu dem von ihrem Vater bestimmten Erbteil 500 000 Silberdrachmen und vermählte sie mit den Söhnen des Pheroras. Nach Regelung der ganzen Erbschaftsangelegenheit überließ er ihnen auch noch das ihm von Herodes vermachte Geschenk von tausend Talenten und wählte für sich selbst nur einige Kleinodien von geringerem Wert als Andenken an den Verstorbenen aus.

7. Kapitel: Der falsche Alexander. Verbannung des Archelaos

1. Um diese Zeit kam ein junger Mann nach Rom, der, von Geburt Judäer, in Sidon bei einem römischen Freigelassenen erzogen worden war und in der Hoffnung, unentlarvt zu bleiben, sich fälschlich für den auf Befehl des Herodes hingerichteten Alexander ausgab, dem er ähnlich

sah. Ein Landsmann von ihm, der über alle Vorgänge im Königreich genau unterrichtet war, half ihm dabei und stiftete ihn an auszusagen, die mit seiner und des Aristobulos Hinrichtung betrauten Henker hätten sie aus Mitleid entkommen lassen und Leichen von Personen, die ihnen ähnlich gewesen, untergeschoben. Durch diese Angaben gelang es ihm, die Judäer in Kreta zu täuschen und eine reichliche Reiseunterstützung von ihnen zu erschwindeln, worauf er sich nach Melos einschiffte. Auch hier fand er Glauben, heimste noch glänzendere Geschenke ein und beredete sogar seine Gastgeber, mit ihm nach Rom zu fahren. Nachdem er in Dikaiarcheia gelandet und von den dortigen Judäern wiederum beschenkt worden war, gaben die Freunde seines angeblichen Vaters ihm wie einem König das Geleit. Die äußere Ähnlichkeit war übrigens so groß, daß selbst diejenigen, die Alexander gesehen und genau gekannt hatten, schwuren, er sei es. Alle Judäer Roms strömten zusammen, um ihn zu sehen, und eine große Menschenmenge füllte die Straßen, durch die er getragen wurde. Die Melier waren nämlich derart vom Taumel ergriffen, daß sie ihn auf einem Sessel trugen und ihn auf ihre Kosten königlich ausstatteten.

2. Caesar, der sich der Gesichtszüge Alexanders deutlich erinnerte – war doch der Prinz einst von Herodes bei ihm verklagt worden –, durchschaute den auf der Ähnlichkeit beruhenden Betrug, noch ehe er den Betrüger selbst zu Gesicht bekam. Um jedoch auch der günstigeren Annahme einigen Spielraum zu verstatten, schickte er einen gewissen Celadus, der Alexander gut gekannt hatte, mit dem Auftrag ab, ihm den jungen Mann vorzuführen. Gleich auf den ersten Blick gewahrte dieser den Unterschied in den Gesichtszügen, und da außerdem die Derbheit des ganzen Körperbaus den Sklaven verriet, lag der Betrug offen zutage. Ganz besonders empörte ihn die Dreistigkeit, mit der dieser Mensch, als man nach Aristobulos fragte, behauptete, er sei noch am Leben, aber absichtlich auf Cypern zurückgeblieben, um sich vor Nachstellungen zu sichern; denn, wenn sie voneinander getrennt seien, halte es schwerer, ihrer habhaft zu werden. Celadus nahm ihn beiseite und sagte zu ihm: „Caesar will dir das Leben schenken, wenn du den namhaft

machst, der dich zu diesem Betrug verführt hat." Daraufhin versprach der junge Mann, ein offenes Bekenntnis ablegen zu wollen, ging mit Celadus zu Caesar und nannte den Judäer, der seine Ähnlichkeit mit Alexander zu Betrügereien mißbraucht hatte. Sie hätten, gab er an, in jeder einzelnen Stadt mehr Geschenke erhalten als Alexander in seinem ganzen Leben. Caesar lachte darüber, steckte den falschen Alexander seines kräftigen Körperbaus wegen unter die Ruderer und ließ den Verführer hinrichten. Die Melier aber schienen ihm durch den Geldaufwand, den sie gemacht hatten, für ihre Dummheit hinreichend gestraft zu sein.

3. Als Archelaos seine Ethnarchie übernommen hatte, behandelte er wegen der früheren Empörung nicht nur die Judäer, sondern auch die Samarier so grausam, daß er von Abordnungen beider Völker bei Caesar verklagt und im neunten Jahr seiner Regierung nach Vienna(154), einer Stadt in Gallien, verbannt wurde.(155) Sein Vermögen wurde dem Besitz Caesars einverleibt. Bevor er zu Augustus beschieden wurde, soll er im Traum neun volle und reife Ähren gesehen haben, die von Ochsen abgefressen wurden. Er ließ die Wahrsager und einige Chaldäer(156) rufen und fragte sie, was der Traum bedeute. Die einen legten ihn auf diese, die anderen auf jene Weise aus; ein gewisser Simon indes, der zur Sekte der Essener gehörte, erklärte, die Ähren bedeuteten Jahre, die Ochsen aber einen Wechsel der Verhältnisse, weil sie beim Pflügen das Land veränderten. Archelaos werde daher so viele Jahre regieren, wie die Zahl der Ähren anzeige, und endlich nach mannigfachem Schicksalswechsel sein Leben beschließen. Fünf Tage, nachdem er diese Traumdeutung gehört hatte, wurde Archelaos nach Rom berufen, um sich zu verantworten.

4. Erwähnenswert ist auch der Traum seiner Gattin Glaphyra, der Tochter des Kappadokierkönigs Archelaos, die früher mit Alexander verheiratet gewesen war. Dieser Alexander war bekanntlich ein Bruder des Archelaos, von dem hier die Rede ist, und auf Befehl seines Vaters Herodes hingerichtet worden, wie ich bereits erzählt habe. Nach dem Tode ihres Gatten heiratete Glaphyra den König von Libyen, Jobas, und als auch dieser gestorben

war, kehrte sie heim und lebte bei ihrem Vater als Witwe. Hier sah sie der Ethnarch Archelaos und verliebte sich so in sie, daß er seine Gattin Mariamme verstieß und Glaphyra zur Ehe nahm. Kurz nach ihrer Ankunft in Judäa träumte sie, Alexander stehe vor ihr und rede sie an: „Die Heirat in Libyen hätte dir genügen sollen; aber nicht zufrieden damit, kehrst du an meinen Herd zurück und nimmst den dritten Mann, und zwar, Verwegene, meinen Bruder! Diese Schande lasse ich nicht hingehen, sondern ich nehme dich wieder zu mir, du magst wollen oder nicht."(157) Kaum zwei Tage, nachdem sie diesen Traum erzählt hatte, starb sie.

8. Kapitel: Judas von Galiläa. Die philosophischen Schulen der Judäer

1. Des Archelaos Gebiet wurde zu einer Provinz gemacht und als Prokurator ein Römer von ritterlichem Stand, Coponius, dorthin gesandt, dem Caesar Gewalt über Leben und Tod verlieh. Während seiner Amtsführung verleitete ein Galiläer namens Judas seine Landsleute zum Abfall, indem er es für schmachvoll erklärte, wenn sie noch fernerhin Abgaben an die Römer entrichten und außer den Gott auch sterbliche Menschen als ihre Gebieter anerkennen würden. Er begründete eine eigene Sekte, die mit den anderen nichts gemein hat.

2. Es gibt bei den Judäern drei Arten von philosophischen Schulen; die eine bilden die Pharisäer, die andere die Sadduzäer, die dritte, die nach besonders strengen Regeln lebt, die sogenannten Essener.(158) Diese sind ebenfalls geborene Judäer, aber untereinander noch mehr als die anderen durch Liebe verbunden. Die sinnlichen Freuden meiden sie wie die Sünde, und die Tugend erblicken sie in Enthaltsamkeit und Beherrschung der Leidenschaften. Von der Ehe halten sie wenig, dagegen nehmen sie fremde Kinder auf, solange diese noch in zartem Alter stehen und bildungsfähig sind, halten sie wie ihre Angehörigen und prägen ihnen ihre Sitten ein. Doch wollen sie die Ehe und das Zeugen von Nachkommen in ihr nicht gänzlich aufheben, sondern sich nur vor den Ausschwei-

fungen der Frauen sichern, da sie glauben, daß keine von ihnen einem Gatten die Treue bewahrt.

3. Reichtum verachten sie, und bewundernswert ist bei ihnen die Gemeinschaft der Güter, so daß man niemand unter ihnen findet, der mehr besitzt als die anderen. Es besteht die Vorschrift, daß jeder, der der Sekte beitreten will, sein Vermögen der Gesamtheit abtreten muß; so gibt es weder niedrige Armut noch übermäßigen Reichtum, sondern alle verfügen wie Brüder über das aus dem Besitz der einzelnen Sektenmitglieder gebildete Gesamtvermögen. Öl halten sie für Schmutz, und wenn einer wider seinen Willen gesalbt worden ist, so wischt er seinen Körper ab; denn eine rauhe Haut gilt ihnen für ebenso ehrenvoll, als beständig in weißen Gewändern einherzugehen. Die Verwalter des gemeinsamen Vermögens werden durch Stimmenmehrheit gewählt, und jeder ohne Unterschied muß zu Dienstleistungen für die Gesamtheit bereit sein.

4. Sie haben keine eigene Stadt, sondern in jeder wohnen viele von ihnen. Sektenangehörige, die von anderen Orten kommen, steht alles, was sie bei ihren Genossen finden, wie ihr eigener Besitz zur Verfügung, und bei Leuten, die sie nie zuvor gesehen, treten sie ein, als wären es vertraute Freunde. Deshalb nehmen sie auch auf die Reise nichts anderes mit als Waffen zum Schutz gegen Räuber. In jeder Stadt ist ein Mitglied eigens für die Fremden angestellt, um sie mit Kleidung und allen anderen Bedürfnissen zu versehen. In ihrer Kleidung und ihrer ganzen äußeren Erscheinung machen sie den Eindruck von Knaben, die noch unter der Zuchtrute ihrer Lehrmeister stehen. Kleider und Schuhe wechseln sie nicht eher, als bis sie ganz zerfetzt oder durch langen Gebrauch verschlissen sind. Untereinander kaufen und verkaufen sie nichts, sondern jeder gibt von seinem Eigentum dem anderen, was dieser nötig hat, und empfängt umgekehrt von ihm das, was er selbst brauchen kann. Sogar ohne Gegenleistung kann jeder von einem beliebigen Sektengenossen das Nötige beanspruchen.

5. Auf eine eigentümliche Art verehren sie die Gottheit.(159) Bevor die Sonne aufgeht, sprechen sie kein unheiliges Wort, sondern sie richten an das Gestirn ge-

wisse altherkömmliche Gebete, als wollten sie seinen Aufgang erflehen. Hierauf werden sie von den Vorstehern zu der Arbeit entlassen, auf die jeder von ihnen sich versteht. Wenn sie bis zur fünften Stunde(160) fleißig gearbeitet haben, kommen sie an einem bestimmten Ort zusammen, binden ein leinenes Tuch um und waschen sich den Körper in kaltem Wasser. Nach dieser Reinigung gehen sie in ein besonderes Gebäude, das kein Angehöriger einer anderen Sekte betreten darf, und versammeln sich hier, gereinigt, im Speisesaal, wie in einem Heiligtum. Dort setzen sie sich in aller Ruhe nieder, und der Bäcker legt ihnen der Reihe nach Brote vor, während der Koch jedem eine Schüssel mit einem einzigen Gericht aufträgt. Ehe das Mahl beginnt, spricht der Priester ein Gebet, und vor dem Gebet darf niemand etwas verzehren. Nach dem Essen betet er wieder, so daß zu Anfang und zu Ende der Gott als Spender der Nahrung geehrt wird. Nachdem sie ihre gleichsam heiligen Kleider abgelegt, gehen sie bis zur Abenddämmerung wieder an ihre Arbeit. Dann kehren sie zurück und speisen auf dieselbe Weise; sind zufällig Fremde da, nehmen diese am Mahl teil. Weder Geschrei noch sonstiger Lärm entweiht je das Haus, sondern jeder läßt den anderen reden, wie ihn die Reihe trifft. Auf Leute außerhalb macht die Stille des Hauses den Eindruck eines schauerlichen Geheimnisses; doch hat die Ruhe ihren Grund nur in der beständigen Nüchternheit der Sektenmitglieder, die Speise und Trank nur genießen, um sich zu sättigen.

6. Nichts tun die Essener ohne ausdrücklichen Befehl ihrer Vorsteher, und nur in zwei Dingen besitzen sie völlige Freiheit: in Hilfeleistung und in Barmherzigkeit. So ist jedem gestattet, Unterstützungsbedürftigen beizuspringen, wenn sie dessen würdig sind, und Notleidenden Nahrung zu reichen. An Verwandte jedoch darf ohne Erlaubnis der Vorsteher nichts verschenkt werden. Zorn äußern die Essener nur, wo er berechtigt ist; Gemütserregungen wissen sie zu meistern; Treu und Glauben halten sie hoch; den Frieden pflegen sie angelegentlich. Das gegebene Wort gilt bei ihnen mehr als ein Eid; ja, sie unterlassen das Schwören, weil sie es für schlimmer als Meineid halten. Wer, ohne die Gottheit anzurufen, keinen Glauben findet, sagen

sie, der sei schon im voraus gerichtet. Mit Vorliebe widmen sie sich dem Studium von Schriften der Alten, um zu ergründen, was für Körper und Seele heilsam ist. Aus diesen Schriften suchen sie Wurzeln, um Krankheiten zu bannen und die Eigenschaften der Steine kennenzulernen.

7. Wer in die Sekte aufgenommen werden will, erhält nicht sofort Zutritt, sondern er muß sich zunächst außerhalb der Bruderschaft ein Jahr lang derselben Lebensweise wie die Mitglieder unterziehen, nachdem er vorher eine kleine Axt, das erwähnte Lendentuch und ein weißes Gewand erhalten hat. Hat er in diesem Zeitraum die Mäßigkeitsprobe bestanden, so tritt er der Genossenschaft einen Schritt näher: er nimmt an der reinigenden Wasserweihe teil, wird jedoch zu den gemeinsamen Mahlen noch nicht zugelassen. Nachdem er seine Standhaftigkeit bewiesen hat, wird nun in zwei weiteren Jahren auch sein Charakter geprüft, und erst wenn er in dieser Beziehung gleichfalls würdig erscheint, wird er förmlich in die Gemeinschaft aufgenommen. Bevor er jedoch bei dem gemeinsamen Mahl erscheinen darf, muß er einen furchtbaren Eid schwören, daß er die Gottheit ehren, seine Pflichten gegen die Menschen erfüllen, niemand aus eigenem Antrieb oder auf Befehl Schaden zufügen, stets die Ungerechten hassen und den Gerechten beistehen sowie Treue gegen jedermann und besonders gegen die Obrigkeit üben wolle, weil niemand Gewalt habe, ohne daß sie ihm vom Gott verliehen sei. Ferner muß er schwören, falls er selbst einmal zu befehlen habe, nie seiner Macht sich zu brüsten und weder in Kleidung noch in sonstigem Schmuck es seinen Untergebenen zuvortun zu wollen. Weiter verpflichtet er sich, stets die Wahrheit zu lieben und die Lüge aufzudecken, seine Hände von Diebstahl und seine Seele von dem Makel unrechten Gewinns rein zu halten, den Sektenbrüdern nichts zu verheimlichen, anderen dagegen keines ihrer Geheimnisse zu offenbaren, und sollte man ihn auch bis zum Tode martern; endlich ihre Lehrsätze niemand auf andere Weise mitzuteilen, als er sie selbst kennengelernt, den bewaffneten Aufstand(161) zu verabscheuen, die Bücher der Sekte und die Namen der Engel(162) geheimzuhalten. Durch solche Eidschwüre versichern sich die Essener der Neulinge.

8. Wer schwerer Sünden überführt wird, den schließen sie aus der Sekte aus, und der Ausgestoßene kommt oft auf elende Weise um. Durch Eidschwüre und Gebräuche gebunden, darf er von Nichtmitgliedern keine Nahrung annehmen und muß sich deshalb von Kräutern nähren, wodurch sein Körper abzehrt und endlich dem Hunger erliegt. Sie haben daher schon manchen dieser Unglücklichen, der in den letzten Zügen lag, aus Mitleid wieder aufgenommen, indem sie die Qual, die ihn dem Tode nahebrachte, als hinreichende Sühne für seine Sünden ansahen.

9. Sehr gewissenhaft und gerecht verfahren sie bei gerichtlichen Entscheidungen. Urteile sprechen sie nur dann, wenn mindestens hundert Mitglieder versammelt sind, und der Beschluß dieses Gerichts ist unabänderlich. Nächst dem Gott zollen sie die größte Verehrung dem Namen des Gesetzgebers(163); wer ihn lästert, wird mit dem Tode bestraft. Dem Alter und der Mehrheit Gehorsam zu erweisen, halten sie für ehrenvoll. Wenn daher zehn von ihnen beisammensitzen, redet keiner gegen die neun anderen. Ferner hüten sie sich, vor anderen oder nach der rechten Seite hin auszuspeien. Peinlicher als alle übrigen Judäer vermeiden sie es, am Sabbat zu arbeiten; demzufolge bereiten sie die Speisen nicht nur tags vorher, um am Sabbat kein Feuer anzünden zu müssen, sondern sie wagen am Ruhetag nicht einmal, ein Gefäß von der Stelle zu rücken oder ihre Notdurft zu verrichten. An anderen Tagen aber höhlen sie mit der einer Hacke ähnlichen kleinen Axt, die jedem neu Eintretenden überreicht wird, eine Grube von ein Fuß Tiefe aus, verhüllen sie mit ihrem Mantel, um den Lichtglanz der Gottheit(164) nicht zu beleidigen, entleeren sich und scharren mit der ausgegrabenen Erde das Loch wieder zu; auch suchen sie zu dieser Verrichtung die abgelegensten Plätze aus. Und obwohl die Entleerung der Körperexkremente etwas Natürliches ist, ist es doch bei ihnen gebräuchlich, sich nachher zu waschen, als ob sie sich verunreinigt hätten.

10. Nach der Dauer ihrer Zugehörigkeit zur Sekte sind sie in vier Klassen geteilt, und zwar stehen die jüngeren Mitglieder den älteren so sehr nach, daß diese, wenn sie von jenen berührt worden sind, sich waschen, wie wenn ein Ausländer sie verunreinigt hätte. Sie leben sehr lange, und

viele von ihnen werden – wie mir scheint, infolge ihrer einfachen Lebensweise und der bei ihnen herrschenden Ordnung – über hundert Jahre alt. Dabei läßt das schrecklichste Unglück sie kalt; denn Schmerzen überwinden sie durch Seelenstärke, und einen ruhmvollen Tod ziehen sie dem längsten Leben vor. Diese Gesinnung trat besonders im Krieg gegen die Römer zutage. Auf die Folter wurden sie gespannt, ihre Glieder gestreckt, verbrannt, gebrochen; mit allen erdenklichen Marterwerkzeugen quälte man sie, um sie zu zwingen, den Gesetzgeber zu lästern oder eine ihnen verbotene Speise zu genießen – aber weder das eine noch das andere vermochte man durchzusetzen. Kein bittendes Wort an ihre Peiniger kam über ihre Lippen, und ihre Augen blieben tränenleer. Lächelnd unter Schmerzen spotteten sie ihrer Henker, und freudig gaben sie ihre Seelen hin, in der sicheren Hoffnung, sie einst wiederzuerhalten.

11. Sie hegen den festen Glauben, daß der Körper zwar verwese und vergänglich sei, die Seele dagegen ewig fortlebe und daß sie, aus feinstem Äther stammend, durch einen natürlichen Reiz herabgezogen und in den Körper wie in ein Gefängnis eingeschlossen werde. Sobald die Seele aber von den Banden des Fleisches befreit sei, entschwebe sie, wie aus langer Knechtschaft erlöst, selig zur Höhe. Übereinstimmend mit den Griechen lehren sie, den Guten sei jenseits des Ozeans ein Ort beschieden, den weder Regen noch Schnee, noch Hitze belästige, sondern ein beständiger, vom Ozean her sanft wehender Zephyr kühle; den Bösen dagegen weisen sie eine finstere kalte Höhle voll ewiger Qualen zu. Derselbe Gedanke findet sich, wie mir scheint, bei den Griechen, wenn sie die Seelen ihrer Helden, die sie Heroen und Halbgötter nennen, auf die Inseln der Seligen(165) verlegen, die Seelen der Schlechten aber an den Ort der Frevler im Hades, wo der Sage nach Sisyphos, Tantalos, Ixion und Tityos ihre Strafen erleiden. Damit wollen sie zunächst die Unsterblichkeit der Seele feststellen, dann aber auch zur Tugend mahnen und vom Laster abschrecken, indem sie darauf rechnen, daß die Guten während ihres irdischen Lebens durch Hoffnung auf Belohnung nach dem Tode noch besser, die Anschläge der Bösen dagegen durch Furcht zu-

nichte werden, da sie darauf gefaßt sein müssen, selbst wenn bei Lebzeiten ihre Taten verborgen bleiben sollten, doch im Jenseits ewiger Strafe zu verfallen. Diese Lehre der Essener über die Seele ist das Zauberband, durch das sie die, die einmal ihre Weisheit gekostet haben, dauernd an sich fesseln.

12. Es finden sich auch solche unter ihnen, die, nachdem sie sich von Jugend auf mit den heiligen Büchern, den Sprüchen der Propheten und mancherlei Reinigungen vertraut gemacht haben, die Zukunft vorherzuwissen behaupten. Und in der Tat ist es selten, wenn sich einmal ihre Weissagungen nicht erfüllen.

13. Außerdem gibt es einen zweiten Zweig der Essener, der in Lebensart, Sitten und Gebräuchen mit dem anderen ganz übereinstimmt, in der Ansicht über die Ehe dagegen von ihm abweicht. Sie glauben nämlich, daß die, die nicht heiraten, den wichtigsten Lebenszweck, die Erzielung von Nachkommen, außer acht ließen, oder vielmehr, daß, wenn alle so dächten, das ganze Menschengeschlecht in kürzester Zeit aussterben müsse. Doch erproben sie die Bräute drei Jahre lang, und wenn sie nach dreimaliger Reinigung ihre Fähigkeit, Kinder zu gebären, erkannt haben, nehmen sie sie zur Ehe.(166) Während der Schwangerschaft enthalten sie sich des Beischlafs zum Beweis, daß sie nicht aus Wollust, sondern um Kinder zu erzielen, geheiratet haben. Die Frauen baden im Hemd, die Männer in einer Schürze. Soviel von den Gebräuchen dieser Sekte.

14. Was die beiden zuerst genannten Schulen betrifft, so ist die der Pharisäer die älteste unter den dreien. Sie gelten für besonders kundige Erklärer des Gesetzes, machen alles vom Gott und dem Schicksal abhängig und lehren, daß Recht- und Unrechttun zwar größtenteils den Menschen freistehe, daß aber bei jeder Handlung auch das Schicksal mitwirke. Die Seelen sind nach ihrer Ansicht alle unsterblich, aber die der Guten gehen nach dem Tode in einen anderen Leib über, während die der Bösen ewiger Strafe anheimfallen. Die Sadduzäer hingegen, die zweite der Sekten, leugnen das Schicksal völlig und behaupten, der Gott habe mit dem Tun und Lassen der Menschen gar nichts zu schaffen; vielmehr seien gute wie böse Handlungen ganz dem freien Willen anheimgestellt, und nach

eigenem Gutdünken trete jeder auf die eine oder die andere Seite. Weiterhin leugnen sie die Fortdauer der Seele sowie Strafen und Belohnungen in der Unterwelt. Während aber die Pharisäer sich eng aneinander anschließen und zum Wohl der Gesamtheit die Eintracht hochhalten, ist das Benehmen der Sadduzäer gegen ihresgleichen weit unfreundlicher, und mit ihren Landsleuten verkehren sie wie mit Fremden. Das ist es, was ich über die philosophischen Schulen der Judäer bemerken wollte.

9. Kapitel: Unruhen unter Pilatus.
Herodes Antipas verbannt

1. Während die Ethnarchie des Archelaos in eine Provinz verwandelt wurde, regierten die anderen Fürsten, Philippos und Herodes Antipas, ihre Tetrarchien weiter. Salome war unterdessen gestorben und hatte der Gemahlin des Augustus, Julia, ihr Gebiet mit Jamneia und dem Palmenwald bei Phasaelis hinterlassen. Auch als nach dem Tode des Augustus, der 57 Jahre, sechs Monate und zwei Tage an der Spitze des römischen Staates gestanden hatte, die Regierung auf Tiberius, den Sohn der Julia, übergegangen war, verblieben Herodes und Philippos im Besitz ihrer Tetrarchien; Philippos erbaute im Bezirk Paneas an den Quellen des Jordans die Stadt Kaisareia sowie in der Unter-Gaulanitis die Stadt Julias, Herodes baute in Galiläa Tiberias und in Peräa eine gleichfalls nach Julia benannte Stadt.

2. Nach Judäa sandte Tiberius den Pilatus als Prokurator(167). Einmal ließ dieser eine Anzahl verhüllter Bildnisse Tiberius Caesars, die von den Römern „signa"(168) genannt werden, nachts nach Jerusalem bringen. Kaum graute der Tag, als eine hochgradige Aufregung sich der Stadt bemächtigte. Jeder, der in die Nähe kam, entsetzte sich über den Anblick wie über eine schwere Verhöhnung des Gesetzes, das den Judäern das Aufstellen von Bildwerken(169) in der Stadt untersagte. Allmählich zogen die erbitterten Stadtbewohner auch das Landvolk in großen Scharen herbei, und alle machten sich auf den Weg nach Kaisareia zu Pilatus, den sie flehentlich baten, die Bild-

nisse aus Jerusalem zu entfernen und an ihren althergebrachten religiösen Satzungen nicht zu rütteln. Als Pilatus die Bitte abschlug, warfen sie sich zu Boden und blieben fünf Tage und ebenso viele Nächte liegen, ohne sich zu rühren.

3. Am folgenden sechsten Tage nahm Pilatus in der großen Rennbahn auf einer Tribüne Platz und ließ das Volk herbeirufen, als wolle er ihm Bescheid erteilen, gab aber dann den Soldaten, die vorher verständigt waren, ein Zeichen, die Judäer mit den Waffen in der Hand zu umzingeln. So von einer dreifachen Reihe Bewaffneter eingeschlossen, gerieten die Judäer über den unerwarteten Anblick zunächst in große Bestürzung. Als aber Pilatus drohte, er werde sie töten lassen, wenn sie die Bildnisse Caesars nicht bei sich aufnähmen, und den Soldaten einen Wink gab, ihre Schwerter zu ziehen, fielen die Judäer wie auf Verabredung nieder, boten den Nacken dar und erklärten laut, sie wollten sich lieber umbringen lassen, als das Gesetz übertreten. Über dieses heldenmütige Eintreten des Volkes für seine Religion staunte Pilatus und gab Befehl, die Feldzeichen sofort aus Jerusalem wegzubringen.

4. Später rief er neue Unruhen dadurch hervor, daß er den Tempelschatz, Korban genannt, zur Anlage einer Wasserleitung verwendete, die 400 Stadien lang werden sollte. Hierüber entrüstete sich das Volk, und als Pilatus eines Tages nach Jerusalem kam, umringte es lärmend seinen Richterstuhl. Er hatte aber von dem beabsichtigten Auflauf zuvor Nachricht erhalten und bewaffnete Soldaten in bürgerlicher Kleidung heimlich unter die Menge verteilt mit dem Befehl, gegen die Schreier nicht das Schwert zu gebrauchen, aber mit Knütteln auf sie einzuhauen. Als er vom Richterstuhl herab das Zeichen gab, kamen viele Judäer teils unter den Schlägen der Soldaten, teils dadurch um, daß sie von ihren eigenen Landsleuten auf der Flucht zertreten wurden. Der Schrecken über das traurige Schicksal der Getöteten brachte das Volk bald zum Schweigen.

5. Um diese Zeit begab sich Agrippa, der Sohn des von seinem Vater Herodes getöteten Aristobulos, zu Tiberius, um den Tetrarchen Herodes zu verklagen, wurde aber mit seiner Klage abgewiesen. Doch blieb er in Rom und suchte

die Gunst anderer einflußreicher Römer, besonders des Germanicus Sohn Gaius, der damals noch Privatmann war, zu gewinnen. Als er diesen eines Tages festlich bewirtete und ihn mit Liebenswürdigkeiten überhäuft hatte, breitete er zuletzt die Hände aus und betete mit lauter Stimme, es möge ihm vergönnt sein, Gaius nach dem hoffentlich bald erfolgenden Tode des Tiberius als Herrn der Welt begrüßen zu dürfen. Einer seiner Diener hinterbrachte dies Tiberius, der darüber so unwillig wurde, daß er Agrippa einkerkern und sechs Monate lang bei harter Behandlung im Gefängnis zubringen ließ, bis er selbst nach einer Regierung von 22 Jahren, sechs Monaten und drei Tagen starb.

6. Kaum war Gaius zum Caesar(170) ausgerufen, als er Agrippa freiließ und ihn zum König über die Tetrarchie des inzwischen verstorbenen Philippos ernannte. Das weckte den Neid des Tetrarchen Herodes, dem insbesondere seine Gattin Herodias Hoffnung auf die Königswürde machte. Sie warf ihm seine Untätigkeit vor und behauptete, nur weil er nicht zum Gaius Caesar habe reisen wollen, sei er um die Rangerhöhung gekommen; denn Caesar, der den Privatmann Agrippa zum König gemacht, würde erst recht ihn, den Tetrarchen, befördert haben. Durch solche Vorstellungen ließ Herodes sich bereden und reiste zu Gaius, wurde aber von ihm für seine Habgier nach Hispanien verbannt. Agrippa war ihm nämlich nachgereist, um ihn zu verklagen, und erhielt nun von Gaius die Tetrarchie des Herodes noch zu seinem eigenen Königreich hinzu. Herodias folgte ihrem Gatten in die Verbannung nach Hispanien, wo er bis zu seinem Tode verblieb.

10. Kapitel: Petronius verhindert die Aufstellung von Caligulas Standbild im Jerusalemer Tempel

1. Mittlerweile war Gaius Caesar infolge seines Glückes so übermütig geworden, daß er sich nicht nur selbst für einen Gott hielt und von anderen so genannt zu werden verlangte, sondern auch sein Vaterland der edelsten Männer beraubte. Nicht minder hatten die Judäer unter seiner

Ruchlosigkeit zu leiden. Eines Tages sandte er Petronius an der Spitze eines Heeres nach Jerusalem, um seine Bildsäule im dortigen Tempel aufzustellen. Zugleich befahl er ihm, er solle, wenn die Judäer sich nicht fügen wollten, die Widerspenstigen hinrichten lassen und das übrige Volk in die Sklaverei verkaufen. Des Gottes Fürsorge verhinderte indes die Ausführung dieser Befehle. – Petronius rückte von Antiocheia aus mit drei Legionen und zahlreichen syrischen Hilfstruppen nach Judäa. Ein Teil der Judäer schenkte den Kriegsgerüchten noch keinen Glauben, der andere, der sie für zutreffend hielt, war unentschlossen, wie er sich verteidigen sollte. Bald ergriff jedoch allgemeiner Schrecken das Volk; denn schon stand das Heer vor Ptolemais.

2. Diese Stadt, unweit Galiläas in der großen Ebene(171) gelegen, ist eine Seestadt und von Bergen umgeben. Im Osten erhebt sich, sechzig Stadien entfernt, das Galiläische Gebirge, gegen Süden in einer Entfernung von 120 Stadien der Karmel und nach Norden zu in einem Abstand von hundert Stadien der sehr hohe Berg, den die dortige Bevölkerung die Tyrische Leiter nennt. Zwei Stadien von der Stadt entfernt fließt der ganz kleine sogenannte Beleosfluß vorbei, in dessen Nähe sich das Grab des Memnon(172) und ein sehr merkwürdiger Platz von hundert Ellen im Umfang befindet. Er ist rund und tief und liefert Glassand; viele Schiffe gehen hier vor Anker und holen diesen Sand, der sich jedesmal wieder ergänzt, indem ihn die Winde gleichsam absichtlich von außen dorthin zusammentreiben. Die Grube verwandelt den gesamten Sand sogleich in Glas; noch wunderbarer aber kommt es mir vor, daß das aus der Grube überfließende Glas wieder zu gewöhnlichem Sand wird. Das ist die natürliche Beschaffenheit dieser Gegend.(173)

3. Die Judäer versammelten sich mit Frauen und Kindern in der Ebene bei Ptolemais und baten Petronius flehentlich um Schutz zunächst für ihre heimischen Gebräuche und dann auch für sich selbst. Die große Menge der Flehenden und die Beharrlichkeit, mit der sie ihre Bitten vorbrachten, machte auf Petronius einen solchen Eindruck, daß er Heer und Bildsäule in Ptolemais zurückließ und sich nach Tiberias in Galiläa begab, wohin er das Volk und beson-

ders alle angesehenen Judäer berief. Dann erörterte er weitläufig die Macht der Römer und die Drohungen Caesars und suchte ihnen zugleich zu beweisen, wie unvernünftig ihr Begehren sei. Alle unterworfenen Völkerschaften, schloß er, hätten in jeder Stadt außer den Bildsäulen anderer Götter auch solche des Caesars aufgestellt, und wenn die Judäer allein sich dagegen sträubten, sei dieses Benehmen eigentlich nichts anderes als Empörung und Beschimpfung.

4. Als sich die Judäer dagegen auf ihr Gesetz und die althergebrachten Sitten beriefen, die nicht einmal das Bild des Gottes, geschweige denn das eines Menschen im Tempel oder auch nur an irgendeiner ungeweihten Stelle des Landes aufzustellen gestatteten, entgegnete Petronius: „Nun, ich muß auch das Gesetz meines Herrn erfüllen, und wenn ich es übertrete, um euch zu schonen, so werde ich, und das mit Recht, getötet. Der mich gesandt hat, wird mit euch Krieg führen, nicht ich; denn auch ich stehe, wie ihr, unter seiner Botmäßigkeit." Hierauf schrie die Volksmenge, sie sei bereit, für ihr Gesetz zu leiden. Nachdem Petronius den Lärm gestillt und gefragt hatte, ob sie gesonnen seien, gegen den Caesar zu kämpfen, antworteten die Judäer, täglich zweimal brächten sie Opfer für den Caesar und das römische Volk dar. Wolle er aber die Bildsäule aufstellen, so müsse er zuvor das ganze Volk der Judäer opfern; denn mit Frauen und Kindern seien sie bereit, sich töten zu lassen. Staunen und Mitleid zugleich ergriff Petronius, als er die unerschütterliche Frömmigkeit der Judäer und ihre Bereitschaft zum Tod sah, und unverrichtetersache trennte man sich für diesmal.

5. An den folgenden Tagen berief er die einflußreichen Männer zu sich und versammelte auch wieder das Volk, wobei er es bald mit Bitten, bald mit Zureden versuchte, zumeist jedoch drohte, indem er die Macht der Römer, den Unwillen des Gaius und seine eigene Zwangslage schilderte. Da aber alles nichts fruchtete und Petronius die Gefahr erkannte, daß das Land ohne Aussaat blieb – das Volk war schon fünfzig Tage lang in der Saatzeit müßig geblieben –, berief er nochmals eine Volksversammlung und sprach: „So will ich lieber die Gefahr auf mich nehmen: entweder stimme ich mit des Gottes Hilfe Caesar um und

freue mich mit euch der Rettung oder ich gebe, wenn er in Zorn gerät, mein Leben für so viele gern hin!" Dann verabschiedete er sich unter den Segenswünschen der Menge, holte in Ptolemais sein Heer und kehrte nach Antiocheia zurück. Von dort schrieb er sogleich an Caesar, schilderte seinen Einmarsch in Judäa, die flehentlichen Bitten des Volkes, daß er, um nicht Land und Leute zugrunde zu richten, den Judäern gestattet habe, ihre Gesetze zu erfüllen, und daß sein Auftrag unerledigt geblieben sei. Des Gaius Antwort auf diesen Brief lautete keineswegs gnädig; vielmehr drohte er Petronius mit dem Tode, weil er sich bei der Ausführung seiner Befehle so nachlässig gezeigt habe. Doch der Zufall fügte es, daß die Überbringer dieses Schreibens drei Monate lang durch Sturm auf dem Meer hingehalten wurden, während andere mit der Nachricht vom Tode des Gaius eine glückliche Fahrt hatten, und so erhielt Petronius den Brief mit der Todesmeldung 27 Tage früher als das gegen ihn selbst gerichtete Schreiben.

11. Kapitel: Tod Agrippas I.

1. Als Gaius nach einer Regierung von drei Jahren und acht Monaten durch Meuchelmord umgekommen war, setzten die in Rom stehenden Truppen Claudius auf den Thron. Der Senat jedoch vertraute gemäß dem Vorschlag der Konsuln Sentius Saturninus und Pomponius Secundus den drei ihm treugebliebenen Legionen die Bewachung der Stadt an, versammelte sich auf dem Kapitol und beschloß im Hinblick auf die Grausamkeit des Gaius, gegen Claudius Krieg zu führen. Entweder sollte die frühere aristokratische Verfassung hergestellt oder ein des Thrones würdiger Mann durch Abstimmung gewählt werden.
2. Damals befand sich zufällig Agrippa in Rom und wurde vom Senat zu einer Beratung eingeladen, während gleichzeitig Claudius aus dem Lager zu ihm sandte, um sich seine Dienste zu sichern. Agrippa, der erkannte, daß Claudius infolge seiner Macht bereits wirklicher Herrscher war, begab sich zu diesem. Claudius schickte ihn als Abgeordneten an den Senat, um diesen von seinen Absichten in Kenntnis

zu setzen. Wider seinen Willen, ließ er sagen, hätten die Soldaten ihn mitgerissen, und wie er einerseits es für gerecht halte, ihrem Eifer zu folgen, so wolle er andererseits sein Glück noch nicht für gesichert erachten, da ja die Berufung auf den Thron Gefahren mit sich bringe. Er sei entschlossen, wie ein milder Fürst, nicht wie ein Tyrann zu regieren; auch werde er mit der Ehre des Caesarentitels sich begnügen und bei allen Staatsgeschäften das Volk um seinen Willen befragen. Und wäre er selbst von Natur nicht zur Milde geneigt, so müsse ihm doch das Ende des Gaius als hinreichender Antrieb zur Mäßigung vor Augen stehen.

3. Diese Botschaft überbrachte Agrippa dem Senat und erhielt zur Antwort, im Vertrauen auf das Heer und ihr gutes Recht würden sie sich der Knechtschaft nicht freiwillig unterwerfen. Als Claudius diesen Bescheid gehört hatte, sandte er Agrippa abermals hin mit der Erklärung, er werde die, die ihm Treue geschworen, unter keinen Umständen im Stich lassen; so sehe er sich zum Kampfe gegen die genötigt, mit denen zu streiten er durchaus kein Verlangen trage. Zuvor müsse man aber einen Platz außerhalb der Stadt für das Treffen bestimmen; denn es wäre doch frevelhaft, um des unheilvollen Entschlusses der Senatoren willen die Heiligtümer der Vaterstadt mit Bürgerblut zu beflecken. Auch von dieser Erklärung gab Agrippa dem Senat Kenntnis.

4. Da zog einer der Soldaten, die auf seiten des Senats standen, sein Schwert und rief: „Wozu sollen wir unsere Brüder morden und unsere Verwandten bekämpfen, die zu Claudius halten, da wir an ihm einen Herrscher haben, dem man nichts Schlechtes nachsagen kann, und wir durch heilige Pflichten denen verbunden sind, gegen die wir mit den Waffen in der Hand ausrücken sollen?" Nach diesen Worten schritt er schnell mitten durch die Versammlung hinaus und zog alle übrigen Soldaten mit sich. Im ersten Augenblick waren die Senatoren über den Abzug der Soldaten erschreckt; als sich ihnen aber keine andere Aussicht auf Rettung bot, eilten sie auf demselben Wege wie die Soldaten zu Claudius. Gleich vor der Stadtmauer stießen sie auf eine Anzahl Bewaffneter, die durch eifriges Eintreten für den neuen Herrscher ihr Glück machen wollten und

mit gezogenen Schwertern daherstürmten. Es wäre, bevor noch Claudius von dem Vorgehen der Soldaten Kenntnis erlangte, um die Senatoren an der Spitze des Zuges geschehen gewesen, wenn Agrippa nicht zu Claudius geeilt wäre und ihn über den Ernst der Lage benachrichtigt hätte. Entweder müsse er den über die Senatoren bis zur Wut erbitterten Soldaten wehren, oder er werde die besten Stützen seines Thrones verlieren und Beherrscher einer Einöde sein.

5. Als Claudius dies hörte, gebot er der Aufregung im Heer Einhalt, nahm den Senat freundlich im Lager auf und brachte mit ihm zusammen der Gottheit für seine Thronbesteigung Dankopfer dar. Gleich darauf beschenkte er Agrippa mit dem ganzen Königreich seines Großvaters und fügte noch die von Augustus dem Herodes verliehenen Gebiete Trachonitis und Auranitis sowie die sogenannte Herrschaft des Lysanias(174) hinzu. Dem Volke machte er diese Schenkung in einem Erlaß bekannt, dem Senat befahl er, die Schenkungsurkunde in eherne Tafeln eingraben und diese auf dem Kapitol niederlegen zu lassen. Den Bruder des Agrippa(175), Herodes, der durch seine Ehe mit Berenike zugleich dessen Schwiegersohn war, beschenkte er mit dem Königreich Chalkis.

6. Bald flossen Agrippa aus einem so weiten Gebiet große Reichtümer zu, und er verwendete diese Gelder zu nicht unbedeutenden Unternehmungen. So begann er Jerusalem mit einer derart starken Mauer zu umgeben, daß, wäre sie vollendet worden, die Belagerungsarbeiten der Römer wohl keinen Erfolg gehabt hätten. Allein ehe das Bauwerk seine Höhe erreichte, starb er in Kaisareia, nachdem er drei Jahre König und vorher ebenfalls drei Jahre Tetrarch gewesen war. Er hinterließ drei mit Kypros gezeugte Töchter, Berenike, Mariamme und Drusilla, sowie einen von derselben Mutter geborenen Sohn Agrippa. Da dieser noch viel zu jung war, verwandelte Claudius das Königreich wieder in eine Provinz und sandte Cuspius Fadus und nach ihm Tiberius Alexander als Prokuratoren dorthin, unter denen das Volk sich ruhig verhielt, weil sie seine heimischen Gebräuche unangetastet ließen. Bald darauf starb auch Herodes, der König von Chalkis, und hinterließ von Berenike, der Tochter seines Bruders, zwei Söhne, Bernikianos und Hyrkanos, sowie von seiner früheren Gattin

Mariamme einen Sohn Aristobulos. Ein anderer Bruder Agrippas, Aristobulos mit Namen, war als Privatmann gestorben und hatte eine Tochter Jotape hinterlassen. Das waren, wie erwähnt, die Söhne von Herodes' Sohn Aristobulos. Diesen, wie seinen Bruder Alexander, hatte Herodes bekanntlich mit Mariamme gezeugt und, obwohl ihr leiblicher Vater, sie beide hinrichten lassen. Alexanders Nachkommen herrschten in Großarmenien.

12. Kapitel: Cumanus und Felix Prokuratoren

1. Nach dem Tode des Herodes, der Chalkis beherrschte, setzte Claudius dessen Neffen, den jungen mit seinem Vater gleichnamigen Agrippa(176) über das Königreich des Verstorbenen, während die Verwaltung der Provinz von Alexander auf Cumanus überging. Unter diesem begannen wieder Unruhen, bei denen viele Judäer umkamen. Als das Volk zum Fest der ungesäuerten Brote in Jerusalem zusammenströmte, war über der Säulenhalle des Tempels eine römische Kohorte aufgestellt, wie die Römer an Festtagen stets eine Heeresabteilung auf Wache stehen hatten, um einen etwaigen Aufruhr der versammelten Menge zu unterdrücken. Da zog auf einmal einer der Soldaten seinen Mantel in die Höhe, kehrte mit einer unanständigen Verbeugung den Judäern das Gesäß zu und gab einen seiner Stellung entsprechenden Laut von sich. Entrüstet forderte die gesamte Menge von Cumanus mit lautem Geschrei, den Soldaten zu bestrafen; ja, eine Anzahl jugendlicher Hitzköpfe und der stets zur Empörung geneigte Teil des Volkes schritten ohne weiteres zum Angriff, rafften Steine zusammen und bewarfen die Soldaten. Cumanus, der einen Angriff von seiten des ganzen Volkes befürchtete, ließ sogleich eine größere Abteilung Schwerbewaffneter heranrücken. Als diese in die Hallen eindrangen, erschraken die Judäer, rannten aus dem Tempel und flohen in die Stadt. Dadurch entstand an den Ausgängen ein so fürchterliches Gedränge, daß mehr als 10 000 Menschen zertreten und erdrückt wurden. So wandelte sich die Festfreude in eine allgemeine Trauer des ganzen Volkes, und jedes Haus hallte wider von Jammer und Klagen.

2. Bald nach diesem Unglück brachen infolge eines Straßenraubes abermals Unruhen aus. Auf der Landstraße bei Bethoron fielen Räuber über einen Sklaven Caesars mit Namen Stephanos her und raubten ihm alles Gepäck, das er bei sich hatte. Cumanus sandte sofort Streifen aus, ließ die Bewohner der nächstgelegenen Dörfer gefangen einbringen und warf ihnen vor, daß sie die Räuber nicht verfolgt und festgenommen hätten. Bei dieser Gelegenheit fand ein Soldat in einem Dorf das heilige Gesetz, zerriß das Buch und warf es ins Feuer. Darüber regten sich die Judäer auf, als ob ihr ganzes Land vom Feuer verheert würde, und in ihrer religiösen Angst eilten sie, wie von einem Zauber fortgerissen und wie auf ein gegebenes Zeichen samt und sonders nach Kaisareia zu Cumanus, den sie inständig baten, den Menschen, der den Gott und das Gesetz so maßlos beschimpft, nicht ungestraft zu lassen. Cumanus, der einsah, daß das Volk nicht ruhig bleiben würde, wenn er ihm keine Genugtuung gewähre, ließ den Soldaten holen und durch die Reihen seiner Ankläger hindurch zur Hinrichtung abführen. Hierauf entfernten sich die Judäer.
3. In der Folge kam es zu Streitigkeiten zwischen Galiläern und Samariern. Bei dem Dorf Gema, das in der großen Ebene von Samareia liegt, war einer der vielen nach Jerusalem zum Fest reisenden Judäer aus Galiläa ermordet worden. Aus diesem Anlaß rottete sich eine Menge Galiläer zusammen, um den Samariern ein Treffen zu liefern. Die vornehmsten Männer aus Samareia aber begaben sich zu Cumanus und baten ihn, nach Galiläa zu kommen und die Urheber des Mordes zu bestrafen; denn nur auf diese Weise sei es möglich, die Menge zum Auseinandergehen zu bewegen und den Kampf zu verhüten. Cumanus nahm jedoch, da er gerade dringende Geschäfte zu erledigen hatte, auf das Gesuch zunächst keine Rücksicht und ließ die Bittsteller unverrichtetersache heimkehren.
4. Die Nachricht von dem Mord rief aber auch in Jerusalem allgemeine Aufregung hervor, und bald ließ die Menge von der Festfeier ab und stürmte ohne Anführer und ohne den obrigkeitlichen Personen, die sie von dem Wagnis abhalten wollten, zu folgen, auf Samareia zu. Unterwegs stellten sich an die Spitze des aufrührerischen und auf Raub ausgehenden Haufens Eleazar, der Sohn

des Deinaios, und ein gewisser Alexander, mit denen sie über die der Toparchie Akrabatene zunächst wohnenden Samarier herfielen, alles ohne Unterschied des Alters niedermetzelten und die Dörfer in Brand steckten.

5. Da brach Cumanus mit einer Abteilung Reiter, den sogenannten Sebastenern, von Kaisareia auf, um den Bedrängten zu Hilfe zu eilen, nahm eine beträchtliche Anzahl der Leute Eleazars gefangen und tötete die meisten von ihnen. Zu der übrigen Menge, die zum Überfall auf die Samarier ausgezogen war, eilten die angesehensten Männer von Jerusalem in Trauergewändern, das Haupt mit Asche bestreut, und beschworen sie, heimzukehren und nicht durch ihren Rachezug gegen die Samarier die Römer gegen Jerusalem aufzureizen. Sie sollten sich ihres Vaterlandes, des Tempels, ihrer eigenen Frauen und Kinder erbarmen und nicht wegen eines einzigen Galiläers alles aufs Spiel setzen. Diesen Vorstellungen gaben die Judäer nach und gingen auseinander. Viele von ihnen aber hofften, unentdeckt zu bleiben, und wurden Räuber; so gehörten bald im ganzen Lande Räubereien und unter den Entschlosseneren auch Empörungsversuche zu den alltäglichen Ereignissen. Aus diesem Anlaß begaben sich die einflußreichsten Samarier nach Tyros zu Ummidius Quadratus, dem Statthalter von Syrien, und baten ihn, gegen die Verwüstung des Landes einzuschreiten. Außer den Samariern hatten auch die vornehmsten Judäer mit dem Hohenpriester Jonathan, dem Sohn des Ananos, sich eingefunden und erklärten, die Samarier hätten die Unruhen durch die Ermordung des Galiläers verursacht, an dem weiteren Verlauf aber sei Cumanus schuld, weil er es unterlassen habe, die Urheber des Mordes zu bestrafen.

6. Quadratus vertröstete beide Teile und sagte zu, wenn er einmal in die Gegend komme, wolle er alles genau untersuchen. Als er bald darauf nach Kaisareia kam, ließ er alle Empörer, die Cumanus gefangengenommen hatte, ans Kreuz schlagen. Von da begab er sich nach Lydda, wo er die Samarier nochmals verhörte. Hierauf ließ er achtzehn Judäer, die, wie er erfuhr, sich am Kampf beteiligt hatten, holen und mit dem Beil hinrichten. Zwei einflußreiche Männer sowie die Hohenpriester Jonathan und Ananias mit dessen Sohn Ananos und noch einige andere vornehme

Judäer sandte er zugleich mit den angesehensten Samariern zu Caesar. Dann befahl er Cumanus und dem Tribun Celer, sich nach Rom einzuschiffen, um Claudius über den Vorfall zu berichten. Nachdem er dies angeordnet hatte, reiste er von Lydda nach Jerusalem, kehrte aber, als er sich überzeugte, daß das Volk in aller Ruhe das Fest der ungesäuerten Brote feierte, bald nach Antiocheia zurück.

7. Bei dem Verhör, das Caesar in Rom mit Cumanus und den Samariern anstellte, war auch Agrippa zugegen und trat eifrig zugunsten der Judäer ein, weil Cumanus ebenfalls viele mächtige Fürsprecher hatte. Schließlich erklärte Caesar die Samarier für schuldig und ließ drei ihrer vornehmsten Männer hinrichten, während er Cumanus mit Verbannung bestrafte. Celer schickte er in Fesseln nach Jerusalem, wo er den Judäern zur Folter überantwortet, durch die Stadt geschleppt und dann enthauptet werden sollte.

8. Hierauf ernannte Claudius den Bruder des Pallas, Felix, zum Prokurator von Judäa, Galiläa, Samareia und Peräa. Agrippa versetzte er von Chalkis in ein größeres Königreich, indem er ihm die ehemalige Tetrarchie des Philippos, nämlich die Trachonitis, Batanäa und die Gaulanitis verlieh; weiter fügte er die Herrschaft des Lysanias und das ehemalige Gebiet des Varus(177) hinzu. Nach einer Regierung von dreizehn Jahren, acht Monaten und zwanzig Tagen starb Claudius und hinterließ als Thronerben Nero, den er infolge der Intrigen und Zauberkünste seiner Gemahlin Agrippina dazu bestimmt hatte, obwohl er von seiner früheren Frau Messalina einen leiblichen Sohn Britannicus hatte. Seine Tochter Octavia, gleichfalls von der Messalina, hatte er mit Nero vermählt. Außerdem war ihm noch eine andere Tochter mit Namen Antonia von der Petina geboren worden.

13. Kapitel: Die Sikarier und der falsche Prophet aus Ägypten

1. Wie Nero im Taumel seines Glücks und Reichtums frevelnd dem Schicksal trotzte, wie er der Reihe nach seinen Bruder, seine Gattin und seine Mutter mordete, wie dann

Büste des Joseph Ben Matitjahu, genannt Josephus Flavius.

Oben: Kapitell einer korinthischen Säule im Palast des Herodes.

Rechts: Die Klagemauer, Westwand des einstigen Tempels in Jerusalem.

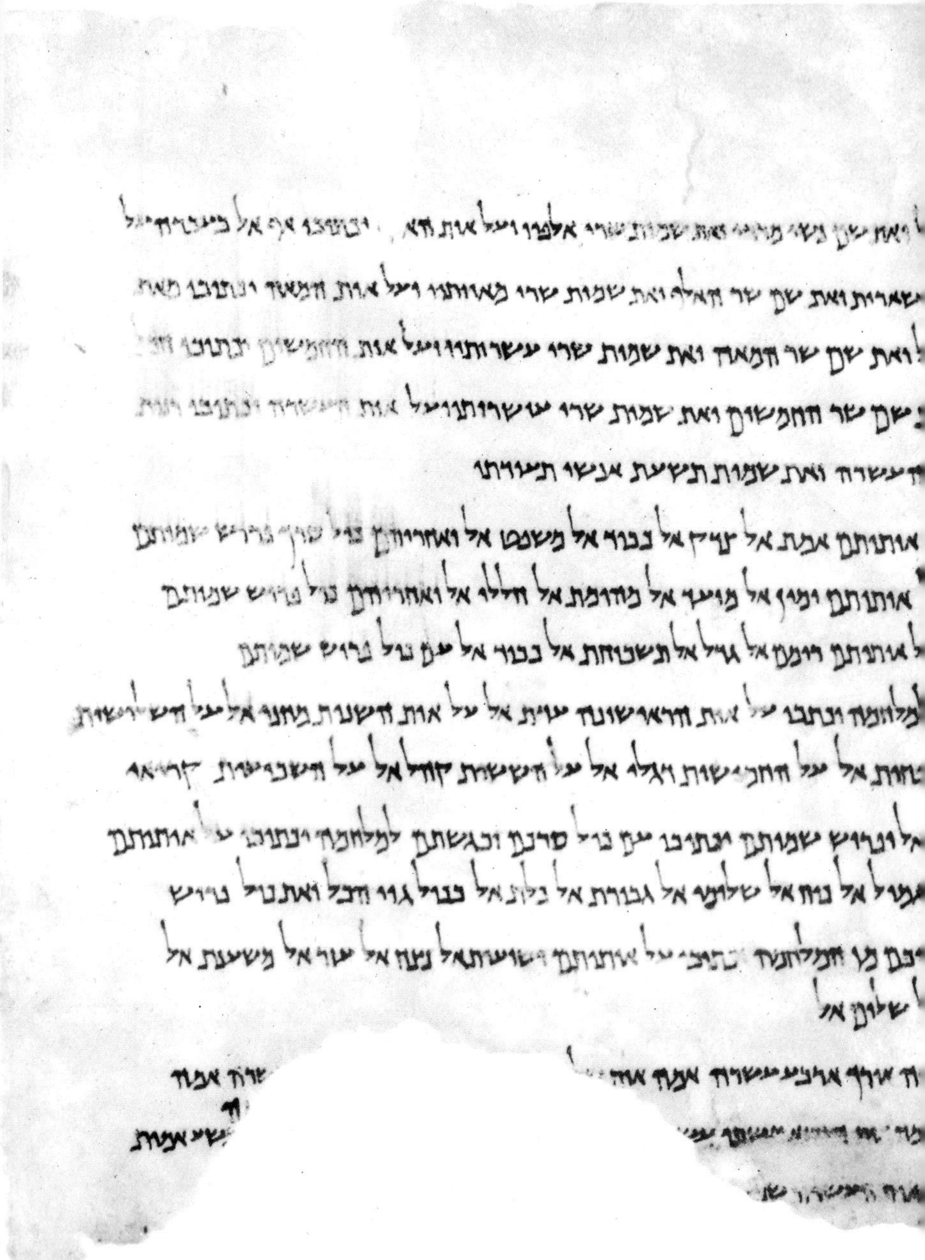

Teil einer Pergamentrolle, die man 1947 in einer Höhle nahe des Toten Meeres gefunden hat.

Judäische Münzen aus der Zeit 66–70 v. Chr.

Ausschnitt aus dem Siegesbogen des Titus, der nach dem Sieg über die Juden errichtet wurde.

Nächste Seite: Massada, der Fels am Toten Meer, auf dem Herodes seinen Palast erbaut hat. Hier leisteten die Einwohner 3 Jahre lang Widerstand gegen die Belagerung der römischen Legion.

Oben: Eine römische Münze, geprägt anlässlich des Sieges über die Juden. Die Inschrift: Judea Capta.

Links: Eine römische Münze mit dem Portrait des Kaisers Titus.

Oben: Kaiser Hadrian (138–117 v. Chr.). Er schlug den Bar Kochba Aufstand nieder.

Unten: Griechische Inschrift aus dem Herodes Tempel.

Eines der Gräber aus Petra, dem roten Felsen von Edom.

Die Büste von Pompeius. Er beendete die Unabhängigkeit des Makkabäer-Reiches, indem er Judäa dem römischen Reich einverleibte.

Links: Eingang zu einer Höhle südlich des Toten Meeres, in der noch nach dem Fall von Judäa Widerstandskämpfer gelebt haben.

Links unten: Papyrusrollen, die in einer der Bar Kochba Höhlen gefunden wurden.

Unten: Ein auf Papyrus geschriebener Brief Bar Kochbas.

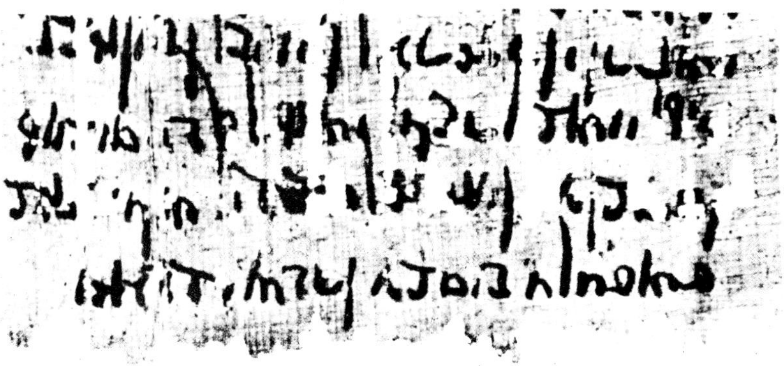

Judäische Münzen aus der Zeit Bar Kochbas.

seine Grausamkeit sich gegen die edelsten Männer richtete und er endlich in seinem Wahnsinn auf die Bühne und ins Theater sich verirrte, will ich, da es bekannte Dinge sind, hier nicht weiter berühren und mich den Begebenheiten zuwenden, die unter seiner Regierung bei den Judäern sich ereigneten.

2. Zum König von Kleinarmenien ernannte er Aristobulos, den Sohn des Herodes(178), und zu dem Königreich des Agrippa fügte er noch vier Städte mit ihren Gebieten hinzu: Abela(179) und Julias in Peräa, Tarichaia und Tiberias in Galiläa. Den übrigen Teil Judäas unterstellte er dem Prokurator Felix. Dieser nahm den Räuberhauptmann Eleazar, der zwanzig Jahre lang das Land verheert hatte, und viele seiner Anhänger gefangen und sandte sie nach Rom. Weiter ließ er eine Menge Räuber ans Kreuz schlagen und viele Bürger, die mit ihnen gemeinsame Sache gemacht hatten, ebenfalls hinrichten.

3. Nachdem das Land auf diese Weise gesäubert war, machte sich in Jerusalem eine andere Art von Räubern bemerklich, die man Sikarier(180) nannte. Sie begingen am hellen Tage und mitten in der Stadt Morde, mischten sich besonders an Festtagen unter das Volk und erstachen ihre Gegner mit kleinen Dolchen, die sie unter ihrer Kleidung versteckt trugen. Stürzten ihre Opfer zu Boden, so beteiligten sich die Mörder an den Kundgebungen des Unwillens und waren durch dieses unbefangene Benehmen gar nicht zu fassen. Der erste, der von ihnen erdolcht wurde, war der Hohepriester Jonathan, und in der Folgezeit häuften sich die Morde von Tag zu Tag derart, daß die Furcht vor ihnen mehr Entsetzen verbreitete als die Unglücksfälle selbst, da wie in der Schlacht niemand auch nur einen Augenblick vor dem Tode sicher war. Schon von fern witterte man Feinde, ja selbst den Freunden, denen man begegnete, traute man nicht mehr, und doch kamen trotz aller argwöhnischen Vorsicht immer neue Morde vor – so groß war ihre Gewandtheit und ihre Fertigkeit, sich unsichtbar zu machen.

4. Gleichzeitig kam eine andere Rotte von Nichtswürdigen auf, deren Hände zwar reiner, deren Gesinnungen aber noch ruchloser waren als die der Sikarier und die nicht weniger als diese das Glück der Stadt untergraben halfen.

Sie waren Verführer und Betrüger, die unter dem Vorwand göttlicher Sendung auf Umwälzung und Aufruhr hinarbeiteten und das Volk zu religiöser Schwärmerei hinzureißen suchten, indem sie es in die Wüste lockten, als ob der Gott ihnen dort durch Wunderzeichen ihre Befreiung ankündigen würde. Felix, der in diesen Vorgängen den Keim einer Empörung erkannte, ließ Reiterei und Fußvolk gegen die Menge ausrücken und viele töten.

5. Eine noch schlimmere Plage für die Judäer war der falsche Prophet aus Ägypten. Er war als Betrüger ins Land gekommen, der sich das Ansehen eines Propheten verschafft und gegen 30 000 Betrogene um sich gesammelt hatte. Mit diesen zog er aus der Wüste auf den sogenannten Ölberg, von wo er mit Gewalt in Jerusalem eindringen wollte. Weiter beabsichtigte er, die römische Besatzung zu überwältigen und sich zum Beherrscher des Volkes aufzuwerfen, wobei er die Genossen seiner Unternehmung als Leibwache gebrauchen wollte. Felix vereitelte den Plan, indem er dem Betrüger mit römischen Schwerbewaffneten entgegenrückte, unterstützt vom ganzen Volk, das an der Gegenwehr teilnahm. Gleich zu Beginn des Treffens machte sich der Ägypter mit wenigen Begleitern davon, während die meisten seiner Anhänger niedergemacht oder gefangengenommen wurden. Der Rest zerstreute sich, und jeder suchte sich in seiner Heimat zu verbergen.

6. Kaum war dieser Unruheherd beseitigt, so brach wie an einem kranken Körper die Entzündung an anderer Stelle wieder hervor. Die Betrüger und Räuber taten sich jetzt zusammen, verleiteten viele Judäer zum Abfall und reizten sie zum Befreiungskampf auf. Wer die römische Oberhoheit anerkannte, den bedrohten sie mit dem Tod, und offen sprachen sie aus, daß die, die freiwillig die Knechtschaft auf sich nähmen, mit Gewalt zur Freiheit geführt werden müßten. Truppweise verteilten sie sich im Land, plünderten die Besitzungen der Mächtigen, mordeten die Eigentümer und äscherten die Dörfer ein, so daß ganz Judäa unter ihnen zu leiden hatte und der Krieg von Tag zu Tag heftiger entbrannte.

7. Unruhen anderer Art entstanden in Kaisareia, wo die syrischen Bewohner der Stadt mit ihren judäischen Mitbürgern in Streit gerieten. Diese behaupteten, die Stadt

gehöre ihnen, weil ein Judäer, der König Herodes, ihr Erbauer gewesen sei. Die Syrer ihrerseits gaben zwar zu, daß ein Judäer Kaisareia gegründet habe, erklärten aber die Stadt selbst als Eigentum der Hellenen; denn hätte Herodes sie für die Judäer bestimmt, so würde er keine Standbilder und Tempelgebäude in ihr errichtet haben. Darüber entbrannte der Streit, und schließlich waren beide Seiten so erbittert, daß sie zu den Waffen griffen und täglich die Kühnsten jeder Partei zum Kampf erschienen. Einerseits vermochten die Ältesten der Judäer die Heißsporne ihrer Gemeinde nicht mehr im Zaum zu halten, anderseits kam es den Hellenen schimpflich vor, sich von den Judäern an Mut übertreffen zu lassen. An Reichtum und Körperkraft waren die Judäer überlegen, die Hellenen dadurch, daß die Truppen zu ihnen hielten; denn der größte Teil der dort liegenden römischen Streitmacht bestand aus Syrern, die den Hellenen als Stammesgenossen beizustehen stets bereit waren. Die Befehlshaber gaben sich alle Mühe, die Unruhen im Keim zu ersticken, indem sie die Kampflustigsten auf beiden Seiten jedesmal festnehmen, geißeln und einkerkern ließen. Das Schicksal der Verhafteten aber, weit entfernt, den übrigen Mäßigung oder Furcht beizubringen, machte diese nur noch erbitterter und aufrührerischer. Als eines Tages die Judäer Sieger geblieben waren, erschien Felix auf dem Marktplatz und befahl ihnen unter Drohungen, sich zurückzuziehen; als sie sich weigerten, der Aufforderung nachzukommen, ließ er eine Truppenabteilung anrücken, zahlreiche Judäer niedermetzeln und ihren Besitz plündern. Trotzdem dauerten die Reibereien fort, bis endlich Felix die angesehensten Männer von jeder Partei auswählte und sie als Gesandte an Nero schickte, vor dessen Richterstuhl sie ihre Händel austragen sollten.

14. Kapitel: Die Prokuratoren Festus, Albinus und Gessius Florus

1. Festus, der jetzt Prokurator wurde, schritt sogleich nachdrücklich gegen die allgemeine Landplage ein, ließ die meisten Räuber aufgreifen und eine beträchtliche Anzahl

hinrichten. Sein Nachfolger Albinus(181) aber führte die Verwaltung in ganz anderem Geiste als er; denn keine Schändlichkeit gab es, die er nicht verübt hätte. Nicht genug, daß er die öffentlichen Kassen bestahl, viele Privatleute ihres Vermögens beraubte und das ganze Volk mit Abgaben belastete - er gab auch die, die von ihrer Obrigkeit oder den früheren Prokuratoren wegen Räubereien eingekerkert worden waren, ihren Verwandten gegen Lösegeld frei; und nur wer nicht zahlen konnte, blieb als Übeltäter im Gefängnis. Jetzt wuchs auch wieder der Mut der Umstürzler in Jerusalem: Die Reichen brachten Albinus durch Bestechung auf ihre Seite, so daß sie, unbehelligt von ihm, den Aufruhr schüren konnten, und das niedere Volk, dem die Ruhe nicht gefiel, hielt sich zu denen, die mit Albinus gemeinsame Sache machten. Jeder Nichtswürdige hatte bald eine eigene Rotte um sich gesammelt, während Albinus unter allen wie ein Räuberhauptmann oder Tyrann hervorragte und mit Hilfe seiner Anhänger die friedliebenden Bürger brandschatzte. Es kam so weit, daß die Geplünderten, anstatt, wie es richtig gewesen wäre, ihrer Entrüstung Ausdruck zu geben, nicht den Mund aufzutun wagten und daß die, die bisher verschont geblieben waren, aus Furcht vor ähnlicher Mißhandlung dem Unhold schmeichelten. Ein freies Wort zu sprechen getraute sich niemand mehr, und die Herrschaft nicht eines einzigen, sondern vieler Tyrannen ließ man sich ruhig gefallen. Damals wurde der Same ausgestreut, aus dem das Verderben der Stadt erwachsen sollte.

2. Gleichwohl erschien Albinus als ein Muster von Rechtschaffenheit im Vergleich zu seinem Nachfolger Gessius Florus(182). Während jener die meisten seiner Schandtaten geheim und vorsichtig verübte, trug Gessius seine Frevel gegen das Volk prahlerisch zur Schau und schreckte, wie wenn er als Henker zur Bestrafung Verurteilter gesandt worden wäre, vor keinem Raub und keiner Mißhandlung zurück. In seiner Grausamkeit kannte er kein Mitleid, in seiner Ruchlosigkeit keine Scham, und nie hat jemand so wie er die Wahrheit in Lüge verkehrt oder schlauere Mittel ersonnen, um verbrecherische Absichten zu erreichen. An der Habe einzelner sich zu bereichern, hielt er nicht für der Mühe wert; dagegen raubte er ganze

Städte aus und richtete ganze Gemeinwesen zugrunde. Ja, es fehlte nicht viel, so hätte er im Lande ausrufen lassen, es stehe jedem frei, Räubereien zu verüben, sofern nur er selbst einen Teil der Beute bekäme. Ganze Bezirke wurden durch seine Habsucht entvölkert, und viele verließen die Wohnsitze ihrer Väter und flüchteten in fremde Provinzen.

3. Solange Cestius Gallus in Syrien war, um die Provinz zu verwalten, getraute sich niemand, Gesandte an ihn zu schicken, um Florus zu verklagen. Als er aber kurz vor dem Fest der ungesäuerten Brote nach Jerusalem kam, umringten ihn nicht weniger als drei Millionen Judäer, die ihn baten, sich der schlimmen Lage des Volkes zu erbarmen, und unter lautem Geschrei Florus als die Geißel des Landes bezeichneten. Florus, der selbst anwesend war und neben Cestius stand, erwiderte diese Anklagen mit höhnischem Lachen; Cestius beschwichtigte die Menge und versprach, Florus milder stimmen zu wollen, und kehrte nach Antiocheia zurück. Um ihm Sand in die Augen zu streuen, geleitete Florus ihn bis Kaisareia, suchte aber dann voll Erbitterung die Judäer in einen förmlichen Krieg zu verwickeln, durch den allein er seine Schandtaten verdecken zu können meinte. Solange nämlich Frieden war, hatte er stets zu gewärtigen, daß die Judäer ihn bei Caesar verklagen würden; brachte er aber eine Empörung zustande, konnte er vielleicht hoffen, durch das größere Übel die Aufmerksamkeit von den kleineren abzulenken. So drangsalierte er das Volk mit jedem Tag mehr, um ihm die römische Herrschaft möglichst verhaßt zu machen.

4. Unterdessen hatten es die Griechen zu Kaisareia bei Nero durchgesetzt, daß sie als Herren der Stadt anerkannt wurden, und erschienen mit der Urkunde, die diese Entscheidung verbriefte. Damit nahm der Krieg seinen Anfang im zwölften Jahre von Neros Regierung und im siebzehnten der Königsherrschaft des Agrippa, und zwar im Monat Artemisios.(183) Das Maß der Leiden, die aus ihm entsprangen, stand zu der offenbaren Veranlassung in gar keinem Verhältnis. Die Judäer von Kaisareia hatten eine Synagoge auf einem Platz, der einem griechischen Einwohner der Stadt gehörte. Wiederholt hatten sie versucht, den Platz zu kaufen, und einen Preis dafür geboten, der

den wahren Wert weit überstieg. Der Eigentümer kümmerte sich jedoch nicht um ihr Anliegen, errichtete vielmehr, um sie zu ärgern, auf dem Platz Gebäude, in denen er Werkstätten unterbrachte, so daß für die Judäer nur ein enger, unbequemer Eingang übrigblieb. Zuerst machten einige jugendliche Hitzköpfe Anstalten, den Bau zu hindern; als Florus ihrem gewaltsamen Vorgehen Einhalt gebot, wußten die vermögenderen Judäer, denen auch der Zollpächter Joannes sich anschloß, keinen anderen Ausweg, als Florus acht Talente anzubieten, damit er den Bau untersage. Florus versprach, um das Geld zu bekommen, alles tun zu wollen; kaum aber hatte er es in Händen, als er von Kaisareia nach Sebaste reiste und die Streitenden ihre Sache allein ausmachen ließ, als wenn er den Judäern die Erlaubnis, zu den Waffen zu greifen, verkauft hätte.

5. Am folgenden Tage, einem Sabbat, stellte ein händelsüchtiger Einwohner von Kaisareia, während die Judäer in der Synagoge versammelt waren, einen umgekehrten Topf vor den Eingang der Synagoge und opferte Vögel.(184)

Die Judäer gerieten darüber in großen Zorn, denn diese Handlungsweise verhöhnte ihre Gesetze und verunreinigte den Ort. Während die ruhigeren und besonneneren Judäer der Meinung waren, man solle sich noch einmal an die Behörden wenden, vermochten die leidenschaftlichen und heißblütigen jungen Leute ihre Streitlust nicht mehr zu unterdrücken. Die händelsüchtigen Kaisareianer standen auch schon kampfbereit, denn sie hatten das Opfer absichtlich veranstalten lassen. So kam es zum Handgemenge. Der römische Reiterkommandeur Iucundus, der den Auftrag hatte, die Ruhe wiederherzustellen, nahm den Topf weg und versuchte den Streit zu beenden. Da er aber gegen die Kaisareianer nichts anrichtete, holten die Judäer eiligst ihre Gesetzbücher und zogen sich nach Narbata, einem judäischen Ort, sechzig Stadien von Kaisareia entfernt, zurück. Joannes und zwölf der vornehmsten Judäer begaben sich nach Sebaste zu Florus, beklagten sich über den Vorfall und baten ihn um seinen Beistand, wobei sie ihn nebenbei an die acht Talente erinnerten. Er aber ließ die Abgeordneten ins Gefängnis werfen, indem er sie anklagte, die Gesetzbücher aus Kaisareia mitgenommen zu haben.

6. Diese Vorgänge erbitterten die Bewohner Jerusalems, doch hielten sie ihren Zorn einstweilen noch zurück. Florus aber, wie wenn er sich verdungen hätte, die Kriegsflamme absichtlich anzufachen, schickte nach dem Tempelschatz und ließ siebzehn Talente entnehmen unter dem Vorwand, der Herrscher brauche das Geld. Das bestürzte Volk strömte unter durchdringendem Geschrei in den Tempel, rief den Namen des Caesars an und flehte, von der Tyrannei des Florus befreit zu werden. Einige aus der Menge stießen Schmähungen gegen ihn aus, gingen mit einem Gefäß umher und bettelten um Almosen für den armen, unglücklichen Florus. All das aber, weit entfernt, seiner Geldgier ein Ziel zu setzen, reizte ihn nur zu weiteren Erpressungen. Anstatt nach Kaisareia zu eilen, um das dort ausbrechende Kriegsfeuer zu löschen und die Ursache der Streitigkeiten wegzuräumen, wofür er bezahlt worden war, brach er mit Reiterei und Fußvolk nach Jerusalem auf, um seinen Forderungen durch die Waffen der Römer Nachdruck zu geben und die Stadt durch Drohungen in Schrecken zu jagen.

7. Um seinen Groll im voraus zu beschwichtigen, ging das Volk den Soldaten mit beifälligen Zurufen entgegen und traf Anstalten, auch Florus ehrenvoll zu empfangen. Er aber schickte den Zenturio Capito mit fünfzig Reitern voraus und ließ ihnen befehlen, sich heimzuscheren. Sie brauchten keine freundliche Gesinnung gegen den zu heucheln, den sie früher so schändlich geschmäht hätten. Wenn sie echte Männer seien und eine freimütige Sprache nicht scheuten, sollten sie ihn auch in seiner Gegenwart verspotten und ihre Freiheitsliebe nicht nur mit Worten, sondern auch mit den Waffen in der Hand beweisen. Zugleich sprengten Capitos Reiter in die Menge hinein, die erschreckt auseinanderstob, noch ehe sie Florus begrüßt und den Soldaten ihre unterwürfige Gesinnung hatte begreiflich machen können. Sie zogen sich in die Häuser zurück und verbrachten die Nacht in Furcht und Schrekken.

8. Florus, der im Königspalast abgestiegen war, ließ sich am folgenden Tage vor diesem auf einem Richterstuhl nieder, worauf die Hohenpriester, die Großen und der vornehmere Teil der Bürgerschaft sich einfanden und sich

vor dem Richterstuhl aufstellten. Er verlangte nun von ihnen, die auszuliefern, die ihn beschimpft hätten, und drohte ihnen, sie selbst zu bestrafen, wenn sie ihm die Schuldigen nicht vorführten. Sie dagegen wiesen auf die friedliche Stimmung des Volkes hin und baten um Verzeihung für die, die in ihren Reden zu weit gegangen. Es sei nicht zu verwundern, wenn sich in einer so großen Menschenmenge auch einige Schreier und jugendlich unbesonnene Leute fänden; unmöglich aber sei es, die Schuldigen zu ermitteln, da alle ihren Sinn geändert hätten und aus Furcht vor Strafe sich aufs Leugnen verlegen würden. Florus möge daher dem Volke den Frieden und den Römern die Stadt zu erhalten suchen und lieber um der vielen Unschuldigen willen den wenigen Schuldigen verzeihen, als wegen einiger Nichtswürdiger den gutgesinnten größeren Teil des Volkes in Gefahr zu bringen.

9. Diese Vorstellungen entfachten jedoch erst recht seinen Zorn, so daß er den Truppen zurief, sie sollten den sogenannten oberen Markt plündern und jeden, der ihnen in den Weg käme, töten. Dieser Befehl ihres Vorgesetzten kam den beutegierigen Soldaten sehr gelegen, und sie plünderten nicht bloß den ihnen angewiesenen Stadtteil, sondern stürmten in jedes beliebige Haus und mordeten die Bewohner. In den engen Gassen drängten sich die Fliehenden; wer ergriffen wurde, konnte seines Todes gewiß sein, und keine Art von Räuberei gab es, die nicht verübt worden wäre. Viele friedliebende Bürger wurden festgenommen und zu Florus geschleppt, der sie geißeln und dann kreuzigen ließ. Die Gesamtzahl der an diesem einen Tage Umgekommenen einschließlich der Frauen und Kinder – denn nicht einmal die Unmündigen wurden verschont – belief sich auf etwa 3600. Was das Unglück noch schwerer machte, war eine bis dahin bei den Römern unerhörte Grausamkeit; denn Florus erkühnte sich, was keiner seiner Vorgänger gewagt hatte, Männer von ritterlichem Stand, die zwar ihrer Abstammung nach Judäer waren, aber diese römische Würde bekleideten, vor dem Richterstuhl geißeln und ans Kreuz schlagen zu lassen.

15. Kapitel: Florus provoziert den Aufstand

1. Um diese Zeit war König Agrippa nach Alexandreia gereist, um Alexander(185), der von Nero mit der Verwaltung Ägyptens betraut worden war, hierzu Glück zu wünschen. Seine Schwester Berenike(186) aber war in Jerusalem und mußte die Greuel der Soldaten mit ansehen. Tief bewegt, sandte sie wiederholt ihre Reiteroffiziere und Leibwächter zu Florus und ließ ihn bitten, dem Morden Einhalt zu gebieten. Aber weder die große Zahl der Getöteten noch die edle Abkunft der Fürsprecherin vermochte ihn zu rühren; er sah vielmehr nur auf den Gewinn, den die Plünderungen ihm eintrugen. Die Wut der Soldaten richtete sich sogar gegen die Königin selbst; denn sie marterten und töteten die Gefangenen vor Berenikes Augen und würden sie auch selbst ums Leben gebracht haben, wenn sie sich nicht in den Königspalast geflüchtet hätte, wo sie aus Furcht vor einem Überfall durch die Soldaten die ganze Nacht unter dem Schutz einer Wache zubrachte. Der Zweck ihres damaligen Aufenthaltes in Jerusalem war, ein dem Gott gegebenes Gelübde zu erfüllen. Es ist Sitte, daß Judäer, die von einer schweren Krankheit oder einem Unglück heimgesucht worden sind, dreißig Tage lang, bevor sie Opfer darbringen, dem Gebet obliegen, sich des Weines enthalten und ihr Kopfhaar scheren. In der Erfüllung eines solchen Gelübdes begriffen, erschien Berenike barfuß als Bittstellerin vor dem Richterstuhl des Florus, wurde aber nicht nur unehrerbietig behandelt, sondern geriet obendrein in Lebensgefahr.

2. Das geschah am sechzehnten des Monats Artemisios. Am nächsten Tag strömte die Menge erregt auf dem oberen Markt zusammen und bejammerte die Gemordeten unter lautem Klagegeschrei, das noch übertönt wurde von den Verwünschungen gegen Florus. Besorgt darüber zerrissen die Vornehmen und die Hohenpriester(187) ihre Kleider, fielen einzelnen Männern aus dem Volke zu Füßen und beschworen sie, innezuhalten und Florus nicht so weit zu reizen, daß er den bisherigen Quälereien noch weitere Grausamkeiten hinzufüge. Bald beruhigte sich die Menge, teils aus Ehrfurcht vor den Bittenden, teils in der Hoff-

nung, Florus werde nun keine Ungerechtigkeit mehr begehen.

3. Dem Prokurator kam jedoch das Erlöschen des Aufruhrs sehr ungelegen, und er sann daher auf Mittel, ihn wieder anzufachen. In dieser Absicht beschied er die Hohenpriester und die angesehensten Bürger zu sich und eröffnete ihnen, er könne nur dann überzeugt sein, daß die Judäer nicht mehr an Empörung dächten, wenn sie den von Kaisareia heranrückenden Truppen entgegengingen und sie begrüßten. Es waren nämlich zwei Kohorten im Anmarsch. Während jene das Volk zusammenriefen, ließ er durch vorausgeschickte Boten den Zenturionen der Kohorten sagen, sie sollten ihren Leuten befehlen, die Begrüßung der Judäer nicht zu erwidern und, wenn sie unwillige Reden über ihn hörten, von ihren Waffen Gebrauch zu machen. Mittlerweile hatten die Hohenpriester das Volk im Tempel versammelt und es ermahnt, den Römern ruhig entgegenzuziehen und, um ein Unglück zu verhüten, die Kohorten freundlich zu empfangen. Davon aber wollten die Empörungslustigen nichts wissen, und die große Masse neigte unter dem Eindruck des Gemetzels auf die Seite der Tollkühnen.

4. In diesem Augenblick erschienen alle Priester und alle Tempeldiener, die heiligen Geräte vor sich hertragend und mit dem Schmuck angetan, den sie beim Gottesdienst zu tragen pflegten, ferner die Kithara-Spieler und die Chorsänger mit ihren Instrumenten, fielen nieder und flehten, ihnen den Besitz des heiligen Schmuckes zu sichern und die Römer nicht zum Raub der gottgeweihten Kleinodien zu reizen. Die Hohenpriester sah man, den Kopf mit Asche bestreut und mit entblößter Brust, da sie ihre Kleider zerrissen hatten. Sie beschworen die einzelnen Vornehmen, die sie mit ihrem Namen ansprachen, und das Volk im ganzen, nicht durch Unterlassung einer unbedeutenden Förmlichkeit ihre Vaterstadt denen preiszugeben, die sie zu verwüsten trachteten. „Können denn", fragten sie, „die Soldaten einen besonderen Vorteil von der Begrüßung haben, die ihr ihnen bieten sollt? Oder wird dadurch, daß ihr euch weigert, ihnen entgegenzuziehen, das geschehene Unglück ungeschehen gemacht? Wenn ihr jedoch die Truppen mit der üblichen Höflichkeit empfangt,

werdet ihr Florus jeden Anlaß zum Krieg nehmen, eure Vaterstadt und euch vor weiteren Mißhandlungen sichern. Darüber hinaus zeigt ihr euch unbesonnen, wenn ihr euch von den wenigen unruhigen Köpfen leiten laßt, anstatt mit eurer großen Anzahl ihre Zustimmung zu euren Beschlüssen zu erzwingen."

5. Durch diese Worte beschwichtigten sie die Menge, während sie die Empörer teils durch Drohungen, teils durch ihre ehrfurchtgebietende Haltung zum Schweigen brachten. An der Spitze des Volkes zogen sie dann ruhig und in festlichem Schmuck den Soldaten entgegen und begrüßten sie, als sie näher gekommen waren. Da der Gruß nicht erwidert wurde, fingen die Aufrührer an, über Florus zu murren. Damit war das Zeichen zum Losschlagen gegeben: Schnell hatten die Soldaten die Judäer umzingelt und schlugen mit Knüppeln auf sie ein, und wer flüchtete, wurde von den Reitern verfolgt und von den Hufen der Pferde zertreten. Viele erlagen den Schlägen der Römer, noch mehr wurden von ihren eigenen Landsleuten zu Tode gedrückt. Furchtbar war das Gedränge an den Toren: Jeder suchte vor dem andern hineinzukommen, wodurch allen die Flucht erschwert wurde und die, die zu Boden stürzten, grauenvoll umkamen. Erstickt und von der Menge zertreten, wurden sie so unkenntlich, daß niemand mehr die Seinigen erkannte und zu beerdigen vermochte. Zugleich mit den Fliehenden drangen die Soldaten in die Stadt ein, unablässig auf alle losschlagend, die sie erreichen konnten, und suchten das Volk in den Stadtteil Bezetha(188) zu drängen, um sich des Tempels und der Burg Antonia zu bemächtigen. In der gleichen Absicht war auch Florus mit seinen Truppen aus dem Königspalast herbeigeeilt und suchte an die Festung heranzukommen. Der Anschlag mißlang jedoch, denn plötzlich wandte sich das Volk, hielt dem Angriff stand und beschoß von den Dächern herab die Römer. Da diesen die aus der Höhe kommenden Geschosse schwer zusetzten und sie zu schwach waren, um die in den engen Gassen sich stauende Menschenmasse zu durchbrechen, zogen sie sich in ihr Lager nahe beim Königspalast zurück.

6. Die Aufrührer fürchteten, Florus könnte bei einem abermaligen Angriff den Tempel von der Antonia aus in seine

Gewalt bekommen. Sie eilten daher hinauf und rissen die Säulenhallen nieder, die den Tempel mit der Burg verbanden. Das kühlte die Habsucht des Florus ab; denn es waren die Tempelschätze, weswegen er die Antonia zu erreichen versucht hatte. Nun aber die Hallen abgebrochen waren, enthielt er sich des Angriffs. Er beschied die Hohenpriester und den Rat(189) zu sich und erklärte ihnen, er wolle die Stadt verlassen und ihnen eine Besatzung in der Stärke, die sie wünschten, zurücklassen. Darauf versprachen sie, für Ruhe und Sicherheit der Stadt einstehen zu wollen, wenn er ihnen eine einzige Kohorte dalasse, jedoch nicht die, die eben gekämpft habe; denn über diese sei das Volk wegen der erlittenen Verluste erbittert. Diesem Verlangen entsprechend, gab er ihnen eine andere Kohorte und kehrte mit den übrigen Truppen nach Kaisareia zurück.

16. Kapitel: Rede Agrippas II. an die Judäer

1. Um dem Kriegsbrand neuen Stoff zuzuführen, sandte Florus an Cestius einen Bericht, in dem er fälschlicherweise die Judäer des Abfalls beschuldigte, ihnen vorwarf, den Kampf begonnen und das getan zu haben, was sie tatsächlich von den Römern erlitten hatten. Andererseits schwiegen aber auch die führenden Persönlichkeiten in Jerusalem und Berenike nicht, sondern schilderten Cestius in einem Schreiben das Vorgehen des Florus gegen die Stadt. Als Cestius von den beiden Berichten Kenntnis genommen hatte, beriet er sich mit seinen Offizieren. Einige von ihnen waren der Meinung, Cestius solle mit einem Heer nach Jerusalem aufbrechen, um die Stadt für den Abfall zu strafen, wenn ein solcher wirklich stattgefunden habe, oder aber die Judäer, falls sie legal geblieben, in dieser Gesinnung zu bestärken. Ihm selbst schien es indes geratener, zunächst einen seiner Freunde hinzusenden, der den Stand der Dinge untersuchen und über die Stimmung der Judäer zuverlässigen Bericht erstatten sollte. Mit dieser Aufgabe betraute er einen seiner Tribunen, Neapolitanus, der bei Jamneia mit dem aus Alexandreia heimkehrenden König Agrippa zusammentraf und ihm seinen Auftraggeber sowie den Zweck seiner Sendung nannte.

2. Dort fanden sich auch die Hohenpriester und die Vornehmen der Judäer mit dem Rat ein, um dem König ihre Aufwartung zu machen. Nachdem sie ihm gehuldigt hatten, schilderten sie die Unglücksfälle und die Grausamkeit des Florus. Obwohl Agrippa darüber in Unwillen geriet, ließ er doch mit berechnender Klugheit seinen Zorn an den Judäern aus, mit denen er innerlich Mitleid empfand. Er beabsichtigte damit, ihren Stolz zu demütigen und sie durch die Meinung, als hätten sie ihre Leiden selbst verschuldet, von Rachegedanken abzubringen. In der Tat erkannten sie als gebildete und schon mit Rücksicht auf ihren Besitz friedliebende Männer sehr wohl, wie gut des Königs Vorwürfe gemeint waren. Nun aber kam auch das Volk von Jerusalem Agrippa und Neapolitanus etwa sechzig Stadien weit entgegen, um sie zu begrüßen, allen voran unter lautem Klagegeschrei die Frauen der Gemordeten. Die Menge stimmte in ihr Jammergeheul ein und flehte Agrippa um Beistand an; Neapolitanus klagten sie laut die vielen Mißhandlungen, die Florus ihnen zugefügt. Nach dem Einzug in die Stadt zeigten sie ihm und dem König den verödeten Marktplatz und die zerstörten Häuser. Dann veranlaßten sie Neapolitanus durch Agrippa, mit nur einem Diener durch die ganze Stadt bis zur Siloaquelle zu gehen, damit er sich überzeuge, daß die Judäer sich allen anderen Römern fügten und nur gegen Florus wegen dessen maßloser Grausamkeit aufgebracht seien. Als er die ganze Stadt begangen und hinreichende Beweise für die friedliche Gesinnung der Bürger gefunden hatte, stieg er zum Tempel hinauf. Dorthin ließ er das Volk zusammenrufen, lobte es wegen seiner Treue gegen die Römer, ermahnte es eindringlich zu friedlichem Verhalten und kehrte zu Cestius zurück, nachdem er, soweit ihm das gestattet war(190), dem Tempel des Gottes seine Verehrung bezeigt hatte.
3. Nach seiner Abreise wandten sich die Judäer an den König und die Hohenpriester mit der Bitte, Florus durch eine Gesandtschaft bei Nero verklagen zu lassen, weil nichts geeigneter sei, sie in den Verdacht des Abfalls zu bringen, als wenn sie zu den vielen Mordtaten schweigen würden. Falls sie den, der zuerst mit Waffengewalt vorgegangen sei, nicht sofort namhaft machten, werde es den Anschein gewinnen, als hätten sie selbst es getan. Daß die

Ruhe im Volk nicht aufrechterhalten werden konnte, wenn die Gesandtschaft unterblieb, war klar. Agrippa erkannte, daß er sich durch einen Beschluß gegen Florus Feindschaft zuziehen würde, und da er andererseits von dem Wiederauflodern der Kriegsflamme unter den Judäern keinen Vorteil für sich erwarten konnte, berief er das Volk nach dem durch eine Brücke mit dem Tempel verbundenen Xystos(191), stellte seine Schwester Berenike so neben sich, daß sie von jedermann gesehen werden konnte, und hielt vor dem Palast der Hasmonäer, der über dem Xystos an der Grenze der Oberstadt lag, folgende Rede:

4. „Wenn ich sähe, daß ihr alle auf Krieg mit den Römern drängt, und nicht vielmehr überzeugt wäre, daß der lauterste und edelste Teil des Volkes entschlossen ist, Frieden zu halten, würde ich nicht vor euch hintreten und euch meinen Rat anzubieten wagen. Überflüssig ist ja jedes Wort darüber, was man tun soll, wenn die Zuhörer sich schon auf einen verderblichen Entschluß geeinigt haben. Da es sich aber hierbei entweder um junge ungestüme Leute handelt, die die Drangsale des Krieges noch nicht aus Erfahrung kennen, oder um solche, die teils von unvernünftiger Hoffnung und Freiheit getrieben werden, teils auch von Habgier und der Erwartung, bei dem allgemeinen Wirrwarr die Schwächeren ausbeuten zu können, so halte ich es für notwendig, euch hier zu versammeln und zu sagen, was nach meiner Ansicht am geeignetsten ist, einerseits jene Tollkühnen zu ernüchtern und zur Umkehr zu bewegen und andererseits die Gutgesinnten davor zu bewahren, daß sie von einigen Unbesonnenen ins Verderben gerissen werden. Möge mich aber niemand stören, wenn er etwas hört, das ihm nicht gefällt. Denn wer den Aufruhr um jeden Preis will, dem steht es frei, auch nach meiner Ermahnung bei seiner Gesinnung zu verharren; dagegen geht, wenn nicht alle ruhig bleiben, mein Wort auch für die verloren, die es gern hören möchten. – Ich weiß, daß viele übertreiben, wenn es sich um Klagen über die Ungerechtigkeit der Prokuratoren oder um Lobreden auf die Freiheit handelt. Bevor ich erörtere, was ihr selbst seid und was die sind, mit denen ihr Krieg führen wollt, will ich zunächst die Verwirrung in bezug auf die Vorwände zum Krieg zu lösen suchen. Wenn ihr euch nur

der Ungerechten erwehren wollt, wozu preist ihr dann die Freiheit? Ist euch aber die Knechtschaft unerträglich, so ist die Klage gegen die Regierenden ganz überflüssig, denn mögen sie noch so maßvoll sein, bleibt die Unterwürfigkeit doch nicht weniger schimpflich. Geht ihr die einzelnen Punkte der Reihe nach durch, wie geringfügig erscheint da die Veranlassung zum Krieg! Was zunächst die Klagen über die Prokuratoren angeht, so muß man den Machthabern huldigen, nicht aber ihren Zorn erregen; und wenn ihr kleine Vergehen mit heftigen Vorwürfen erwidert, tut ihr das nur zu eurem eigenen Nachteil; denn nicht mehr insgeheim und mit einer gewissen Scheu fügen sie euch Schaden zu, sondern offen richten sie euch zugrunde! Nichts vermag den Schlägen so sicher Einhalt zu tun, als wenn sie geduldig ertragen werden, und die ergebene Ruhe der Mißhandelten wandelt oft den Sinn der Peiniger. Gesetzt aber, die von den Römern geschickten Beamten seien unerbittlich, so bedrücken euch ja weder die Römer in ihrer Gesamtheit noch Caesar, und diese sind es doch, gegen die ihr Krieg führen wollt. Es ist nicht ihr Befehl, wenn ein Nichtswürdiger hierherkommt, und man kann im Westen unmöglich sehen, was hier im Osten vor sich geht, wie umgekehrt Nachrichten von uns nur schwer dorthin gelangen. Es ist daher widersinnig, um eines Mannes willen viele, um kleiner Ursachen willen ein so mächtiges Volk bekriegen zu wollen, das nicht einmal weiß, worüber wir zu klagen haben. Es ist auch möglich, daß unseren Beschwerden einmal schnell abgeholfen wird; denn der gleiche Prokurator wird nicht beständig bei uns bleiben, und es ist sehr wahrscheinlich, daß als seine Nachfolger Männer von milderer Sinnesart kommen werden. Ist aber der Krieg einmal im Gange, so geht es nicht ohne große Verluste ab, mag man ihn beendigen oder weiterführen wollen. – Was nun die Freiheit anbelangt, so ist es jetzt nicht an der Zeit, sie zu fordern. Früher hätte man darum kämpfen sollen, sie nicht zu verlieren; denn der Druck der Sklaverei ist hart, und gerecht der Kampf gegen sie, wenn sie droht. Wer aber, nachdem er einmal unterjocht ist, wieder abfällt, ist ein eingebildeter Sklave und kein freiheitliebender Mann. Damals hätte man alles aufbieten sollen, die Römer nicht hereinzulassen, als Pompeius zuerst das Land betrat.

Aber da vermochten unsere Vorfahren und ihre Könige, die an Geldmitteln, Streitkräften und persönlichem Mut euch weit überlegen waren, selbst einem kleinen Teil des römischen Heeres nicht standzuhalten; und ihr, die ihr die Knechtschaft gewissermaßen als Erbteil empfangen habt und an Hilfsmitteln euren Vorfahren, die sich zuerst der römischen Oberhoheit fügten, so sehr nachsteht, wollt euch jetzt gegen das ganze Römische Reich auflehnen? Seht die Athener: sie haben einst für die Freiheit Griechenlands ihre Stadt den Flammen preisgegeben, haben den übermütigen Xerxes(192), der auf dem Lande zu Schiffe fuhr und über das Meer zu Fuß ging, dessen Reich keine Grenzen kannte und für dessen Heer Europa nicht Raum genug bot, verfolgt, als er auf einem einzigen Schiffe entfloh, und bei der kleinen Insel Salamis jene gewaltige asiatische Macht gebrochen – und doch sind sie jetzt den Römern untertan, und die Stadt, die einst an der Spitze Griechenlands stand, wird jetzt durch Befehle regiert, die von Italien kommen. Die Lakedämonier ferner, die ihr Thermopylai, Plataiai und einen Agesilaos(193), den Erforscher Asiens, hatten, mußten sich dieselben Herren gefallen lassen. Und die Makedonen, die noch immer von Philipp träumen und ihn sehen, wie er mit Alexander die Keime eines Weltreiches ausstreute, fügen sich dem Umschwung und huldigen den Machthabern, denen die Glücksgöttin sich zugewandt hat. Unzählige andere Völker, die von höherem Freiheitsdrang beseelt sind, haben sich unterworfen. Ihr allein haltet es für Schande, denen unterworfen zu sein, die den Erdkreis in ihrer Gewalt haben. Wo ist das Heer, wo sind die Waffen, auf die ihr baut? Wo ist die Flotte, die die Meere der Römer besetzen soll, wo sind die Geldmittel, mit denen ihr eure Unternehmungen bestreiten wollt? Meint ihr, es seien Ägypter oder Araber, gegen die ihr in den Krieg zieht? Bedenkt ihr nicht, was die römische Macht bedeutet? Habt ihr keinen Maßstab für eure eigene Schwäche? Wurdet ihr nicht schon oft von den Nachbarvölkern besiegt, während die Römer unbesiegt die Erde beherrschen? Ja, selbst über deren Grenzen hinaus dehnten sie ihr Reich aus. Denn nicht genügte ihnen der Euphrat im Osten, im Norden der Istros(194), im Süden Libyen, das sie bis zur Wüste durchzogen, und Gadeira(195) im Westen, sondern jenseits des Ozeans suchten sie eine neue Welt, und ihre Waffen trugen sie bis zu den vormals unbekannten Briten. Und ihr, seid ihr reicher als die Gallier, stärker als die Germanen, klüger als die Griechen und zahlreicher als alle Völker des Erdkreises? Was gibt euch den Mut, euch den Römern zu widersetzen? Es ist eben hart, werdet ihr sagen, geknechtet zu sein. Wieviel härter aber muß es den Griechen sein, die für das edelste Volk unter der Sonne gelten und ein so ausgedehntes Land bewohnen! Und doch gehorchen sie den sechs Stäben(196) der Römer! Dasselbe tun auch die Makedonen, die mehr Recht hätten als ihr, nach Unabhängigkeit zu streben. Und die fünfhundert Städte Asias(197), huldigen sie nicht einem Statthalter und den Stäben der Konsuln ohne die geringste römische Besatzung? Nicht reden will ich von den Heniochen(198) und Kolchern und dem Volk der Taurer(199), von den Anwohnern des Bosporus und den Stämmen am Pontos und am See Maiotis(200), die früher nicht einmal von einheimischen Herrschern etwas wußten, jetzt aber von 3000 Schwerbewaffneten im Zaum gehalten werden, während vierzig Kriegsschiffe in dem einst unbefahrbaren, ungestümen Meer den Frieden schirmen. Mit wie großem Recht könnten Bithynien, Kappadokien und das pamphylische Volk, die Lykier und Kilikier Anspruch auf Unabhängigkeit erheben – und doch zahlen sie ihre Steuern, ohne durch Waffengewalt dazu gezwungen zu werden. Die Thraker, die ein Land bewohnen fünf Tagereisen breit und sieben lang, ein Land, das viel rauher und unzugänglicher ist als eures und durch seine grimmige Kälte den Angreifer abschreckt – gehorchen sie nicht einer Besatzung von 2000 Römern? Die Illyrer, ihre Nachbarn, deren Gebiet bis nach Dalmatien und an den Istros reicht, fügen sie sich nicht der kleinen Truppe von zwei Legionen, die ihnen dazu auch noch die Angriffe der Daker abwehren hilft? Und die Dalmater, die sich so oft für ihre Freiheit erhoben und nach jeder Niederlage immer wieder Kräfte zu neuen Aufständen sammelten, wie ruhig leben sie jetzt unter einer einzigen Legion! Eher aber als alle übrigen Völker könnten die Gallier den Abfall wagen, da ihr Land so starke natürliche Befestigungen hat: im Osten die Alpen, im Norden den Rhein, im Süden die Pyrenäen und im Westen den Ozean. Obwohl sie indes durch solche Bollwerke geschützt sind, 305 Stämme zählen, sozusagen alle Quellen des Wohlstands in ihrem eignen Land besitzen und mit ihren Erzeugnissen fast die ganze Welt überschwemmen, lassen sie es sich doch gefallen, den Römern tributpflichtig zu sein und daß diese über den Reichtum ihres Landes nach Belieben verfügen. Und das dulden sie nicht, weil sie feig geworden oder sonst aus der Art geschlagen sind, da sie ja achtzig Jahre lang um ihre Unabhängigkeit gekämpft haben, sondern nur aus Scheu vor der Macht der Römer und deren Glück, dem sie ihre Erfolge noch mehr als den Waffen verdanken. So genügen 1200 Soldaten, um sie in Schranken zu halten, während sie fast mehr Städte(201) in ihrem Lande haben. Weiter: den Iberern verhalf in ihrem Freiheitskampf weder das aus dem heimatlichen Boden gegrabene Gold zum Sieg noch die ungeheure Entfernung von den Römern zu Lande wie zu Wasser, noch die Kriegslust der Lusitaner und Kantabrer, noch der nahe Ozean mit seiner selbst den Eingeborenen furchtbaren Brandung. Denn über die Säulen des Herakles(202) hinaus drangen die Heere der Römer vor, bahnten sich auf den Höhen der Pyrenäen einen Weg durch die Wolken und unterwarfen auch diese weit entlegenen und schwer zu bekämpfenden Völker, die nun von einer einzigen Legion in Ruhe gehalten werden. Wer unter euch hat nicht von dem zahlreichen Volk der Germanen gehört? Ihre Stärke und Größe habt ihr schon oft Gelegenheit gehabt zu sehen, da die Römer überall Angehörige dieser Nation als Kriegsgefangene haben. Sie bewohnen ein ungeheures Gebiet, und noch größer als ihre Körperkraft ist ihr Stolz. Ihr Mut verachtet den Tod, und ihre Gemütsart ist heftiger als die der wildesten Tiere. Und doch ist der Rhein die Grenze ihrer Angriffe; von acht römischen Legionen bezwungen, werden sie als Gefangene zu Sklavendiensten verwendet, und die Masse des Volkes sucht ihr Heil in der Flucht. Seht auch auf die Mauer der Briten, ihr, die ihr eure Hoffnung auf die Mauern Jerusalems setzt! Sie sind vom Ozean geschützt und bewohnen eine Insel, die nicht kleiner ist als der von uns bewohnte Teil der Welt.(203) Die Römer fuhren zu Schiff hin und unterjochten sie, und seitdem bilden vier Legionen die

Besatzung der Insel. Doch was bedarf es noch vieler Worte, da selbst die überaus kriegerischen Parther, die über viele Völker gebieten und ungeheure Streitkräfte besitzen, den Römern Geiseln schicken und man in Italien sehen kann, wie der Adel des Orients um des Friedens willen sich beugt. Fast alle Völker unter der Sonne unterwerfen sich den Waffen der Römer; und ihr wollt allein Krieg mit ihnen führen, ohne das Ende der Karthager zu bedenken, die sich des großen Hannibal und ihrer edlen Abkunft von den Phönikern rühmen konnten, gleichwohl aber dem Arm Scipios erlagen? Weder die Kyrenäer, die lakedämonischer Herkunft sind, noch die Marmariden, die bis weit in die wasserlose Wüste hinein wohnen, noch die Syrten, Nasamonen und Mauren, deren Namen schon Schrecken erregen, noch die zahllosen Horden der Numider vermochten der Tapferkeit der Römer Widerstand zu leisten. So haben sie sich den ganzen dritten Erdteil(204), dessen Völkerstämme nicht leicht aufzuzählen sind, der vom Atlantischen Ozean und den Säulen des Herakles begrenzt ist und bis zum Roten Meer hin die zahllosen Äthiopen(205) beherbergt, unterworfen. Abgesehen davon, daß diese Völker jährlich eine Getreidemenge zu liefern haben, von der sich die Bevölkerung Roms acht Monate lang ernährt, entrichten sie auch noch weitere Abgaben und steuern zu den Bedürfnissen des Reiches bereitwillig bei, ohne eine der Auflagen für entehrend zu halten wie ihr, obgleich nur eine einzige Legion bei ihnen sich aufhält. Wozu aber brauche ich euch an Beispielen aus der Ferne die Macht der Römer zu zeigen, da von ihr das nahe Ägypten Zeugnis gibt, das sich bis zu den Äthiopen und dem glücklichen Arabien erstreckt, dem Nachbar Indiens, und nach Ausweis der Kopfsteuer ohne die Bewohner Alexandreias eine Bevölkerung von siebeneinhalb Millionen Menschen hat, gleichwohl aber sich nicht schämt, unter der Oberhoheit der Römer zu stehen. Und doch, welchen Stützpunkt für einen Aufstand böte ihm die Stadt Alexandreia mit ihrer zahlreichen Bevölkerung, ihrem Reichtum und ihrer Größe. Denn die Stadt ist dreißig Stadien lang und nicht weniger als zehn Stadien breit; in einem Monat zahlt sie den Römern mehr Tribut als ihr im ganzen Jahr, und außerdem versieht sie Rom auf die Dauer von vier

Monaten mit Getreide. Geschützt ist sie von allen Seiten durch unzugängliches Wüstenland, durch hafenlose Meere, durch Flüsse oder Sümpfe. Aber alles dies vermochte nichts gegen das Glück der Römer, und so halten heute zwei Legionen das ausgedehnte Ägypten und den makedonischen Adel im Zaum. Wo wollt ihr, da auf der Erde alles römisch ist, eure Bundesgenossen zum Krieg hernehmen? Etwa aus der unbewohnten Wüste? Oder hoffen einige von euch auf Hilfe von jenseits des Euphrats, etwa von seiten unserer Glaubensgenossen in Adiabene? Sie werden sich ohne Grund nicht in einen solchen Krieg verwickeln wollen, und wenn sie auch den verderblichen Entschluß faßten, würden die Parther ihn nicht zur Ausführung kommen lassen; denn diese haben das größte Interesse daran, den Waffenstillstand mit den Römern aufrechtzuerhalten, und sie würden den Vertrag zu verletzen glauben, wenn einer ihrer Untertanen gegen die Römer zu Feld zöge. So bliebe nichts übrig, als sich auf Gottes Hilfe zu verlassen. Aber auch er steht auf seiten der Römer; denn ohne Gott wäre es ihnen unmöglich gewesen, ein solches Reich zu errichten. Bedenkt ferner, wie schwer es euch fallen würde, im Kampf selbst mit schwächeren Feinden euren Gottesdienst nach Vorschriften zu halten. Gebote, durch deren Erfüllung ihr euch in erster Linie den Beistand Gottes erhofft, würdet ihr notgedrungen übertreten und euch dadurch sein Mißfallen zuziehen. Wenn ihr den Sabbat beachten und euch zu keiner Handlung bewegen lassen wollt, so werdet ihr leicht unterliegen, wie eure Vorfahren von Pompeius besiegt wurden, weil dieser die Belagerung vornehmlich an solchen Tagen vorantrieb, an denen die Belagerten feiern mußten. Übertretet ihr aber im Kriege das Gesetz eurer Väter, so weiß ich nicht, worum ihr eigentlich kämpfen wollt; denn das soll ja gerade euer einziges Streben sein, die väterlichen Gesetze vor dem Verfall zu bewahren. Wie könnt ihr aber Gottes Beistand erflehen, wenn ihr mit Vorbedacht seine Verehrung außer acht laßt? Einen Krieg beginnt man stets im Vertrauen auf göttliche oder auf menschliche Hilfe; kann man aber weder auf die eine noch auf die andere rechnen, so ist man offenbar dem Untergang verfallen. Was hindert euch also, gleich jetzt eure Frauen und Kinder eigenhändig zu morden und diese unsere herrliche Vaterstadt in Brand zu stecken? Ihr handelt dann freilich wie Wahnsinnige, werdet euch aber die Schmach einer Niederlage ersparen. Es ist gut, meine Freunde, sehr gut, solange das Schiff noch im Hafen liegt, nach dem kommenden Sturm auszuschauen, anstatt mitten ins Unwetter hineinzufahren und so dem Untergang entgegenzutreiben. Denn wen ein unvorhergesehenes Unglück trifft, dem bleibt der Trost des Mitleids; wer aber dem offenen Verderben entgegeneilt, den treffen obendrein noch Vorwürfe. Glaubt doch nicht, die Römer würden auf Bedingungen hin Krieg führen und, wenn sie euch besiegt haben, Milde walten lassen. Nein, sie werden vielmehr zur Warnung für andere Völker die heilige Stadt in Asche legen und euer ganzes Geschlecht ausrotten. Denn selbst wer lebend dem Blutbad entrinnen könnte, wird nirgends eine Zufluchtsstätte finden, da alle Völker entweder schon Untertanen der Römer sind oder fürchten müssen, es zu werden. Ferner wird die Gefahr nicht nur euch hier in Jerusalem treffen, sondern auch die judäischen Bewohner anderer Städte; gibt es doch kein Volk auf der Erde, unter dem nicht eine Anzahl eurer Stammesgenossen lebt. Sie alle wird der Feind wegen eurer Empörung töten, und infolge des unheilvollen Rates einiger wenigen wird in jeder Stadt judäisches Blut in Strömen fließen. Die es aber vergießen, werden straflos bleiben. Tun sie es aber nicht – wäre es da, bedenkt das wohl, nicht freventlich gehandelt, wenn ihr gegen ein so menschlich gesinntes Volk die Waffen ergreifen würdet? Erbarmt euch also wenn nicht eurer Frauen und Kinder, so doch eurer Hauptstadt und der heiligen Hallen! Schont das Heiligtum mit dem Tempel und den geweihten Stätten. Denn auch diese werden die siegreichen Römer nicht unangetastet lassen, wenn man ihnen für die frühere Schonung so wenig Dank gewußt hat. Ich aber rufe alles, was euch heilig ist, die Engel Gottes und unser gemeinsames Vaterland zu Zeugen an, daß ich nichts, was zu eurer Rettung dient, unterlassen habe. Wenn ihr einen vernünftigen Entschluß faßt, werdet ihr mit mir in Frieden leben; laßt ihr euch aber von eurem Ungestüm fortreißen, werdet ihr ohne mich der Gefahr entgegenrennen."

5. Nach diesen Worten brachen der König und seine

Schwester in Tränen aus, wodurch es ihnen gelang, die aufwallende Volksleidenschaft zurückzudrängen. Laut riefen die Versammelten, nicht gegen die Römer wollten sie Krieg führen, sondern gegen Florus, ihren Bedränger. Agrippa entgegnete ihnen: „Nach euren Taten zu schließen, steht ihr schon im Krieg mit den Römern, denn ihr habt Caesar die Abgaben nicht entrichtet und die Hallen der Antonia niedergerissen. Den Vorwurf des Aufruhrs könnt ihr nur von euch abwälzen, indem ihr die Hallen wieder aufbaut und die Steuern bezahlt. Florus gehört die Burg nicht, und ebensowenig ist er es, dem ihr das Geld entrichten sollt."

17. Kapitel: Beginn des Krieges. Menahem

1. Hierdurch ließ sich das Volk überzeugen, und alles eilte mit Berenike und dem König nach dem Tempel hinauf, um die Hallen wieder aufzubauen. Die Vorsteher und die Mitglieder des Rates verteilten sich auf die Dörfer und holten den Tribut ein, der bald in Höhe von vierzig Talenten – soviel war noch Rückstand – beisammen war. So wußte Agrippa den drohenden Krieg noch aufzuhalten. Als er aber den Versuch machte, das Volk auch zum Gehorsam gegen Florus zu bewegen, bis Caesar einen anderen Prokurator senden würde, geriet die Menge in Erbitterung, beschimpfte den König und ließ ihn durch einen Herold aus der Stadt weisen; einzelne der Aufrührer erfrechten sich sogar, mit Steinen nach ihm zu werfen. Als der König sah, daß die Leidenschaft der Empörer nicht mehr zu bändigen war, schickte er die Vorsteher und die angesehensten Judäer nach Kaisareia zu Florus, damit dieser aus ihrer Mitte die Steuereinnehmer für das Land ernenne, und kehrte selbst voll Unwillen über die ihm widerfahrene Beschimpfung in sein Königreich zurück.

2. Unterdessen hatte sich eine Anzahl der Judäer, die um jeden Preis den Krieg wollten, zusammengetan und griff eine Festung mit Namen Masada an. Sie überrumpelten die römische Besatzung, machten sie nieder und besetzten die Festung durch eine Abteilung ihrer eigenen Leute. Um dieselbe Zeit forderte des Hohenpriesters Ananias

Sohn Eleazar, ein verwegener junger Mann, der damals die Tempelwache befehligte, die diensttuenden Priester auf, keine Gaben oder Opfer mehr von Nichtjudäern anzunehmen. Das war der eigentliche Anfang des Krieges gegen die Römer; denn die Opfer für diese und Caesar(206) wurden damit zurückgewiesen. So eindringlich die Hohenpriester und die einflußreichsten Männer ihnen auch zuredeten, die herkömmlichen Opfer für die Obrigkeit nicht zu unterlassen, waren diese nicht zur Nachgiebigkeit zu bewegen, einmal weil sie sich auf die große Zahl ihrer Anhänger verließen, zu denen die kühnsten der Empörer gehörten, dann aber auch, und zwar hauptsächlich, im Vertrauen auf Eleazar als Befehlshaber.
3. Die Vornehmen traten mit den Hohenpriestern und den angesehensten Pharisäern zusammen, um sich angesichts des drohenden Unheils über die Lage der Dinge zu beraten. Sie beschlossen, es mit einer Ansprache an die Aufrührer zu versuchen, und beriefen das Volk zu einer Versammlung an das Bronzetor, das im inneren Tempelraum gegen Sonnenaufgang lag. Nachdem die Redner mit heftigen Worten erläutert hatten, wie tollkühn es sei, an Abfall zu denken und das Vaterland in einen so schrecklichen Krieg stürzen zu wollen, suchten sie zu beweisen, wie nichtig die Vorwände zum Kriege seien, und führten dann aus, wie ihre Vorfahren das Tempelgebäude reichlich mit den von Ausländern gestifteten Geschenken verziert und stets die Gaben fremder Völker angenommen hätten. Sie hätten niemand am Darbringen von Opfern gehindert – denn das sei im höchsten Grade verwerflich –, sondern auch die Weihgeschenke, die man jetzt noch nach so langer Zeit im Tempel sehen könne, dort aufgestellt. Sie aber, die Nachkommen, wollten jetzt, um die Römer zum Kampf herauszufordern und mit ihnen anzubinden, Neuerungen im Gottesdienst von Ausländern einführen, bedächten aber nicht, daß sie, ganz abgesehen von der Gefährlichkeit ihres Beginnens, der Stadt auch den Ruf der Gottlosigkeit zuzögen, wenn bei den Judäern allein ein Fremder weder opfern noch anbeten dürfe. Träfe jemand eine derartige Bestimmung einem Privatmann gegenüber, so würden sie das als einen zum Gesetz erhobenen Verstoß gegen die Menschenliebe ansehen und sich darüber

entrüsten; da es sich jedoch um Ausschließung der Römer und des Caesars von den Opfern handle, fänden sie nichts Unrechtes darin. Man müsse indes befürchten, daß infolge der Zurückweisung dieser Opfer bald auch ihre eigenen Opferhandlungen unmöglich gemacht und der Stadt der Rechtsschutz des Reiches entzogen würde, wenn sie sich nicht schleunigst eines Besseren besännen, die Opfer wiedereinführten und die Beleidigung wiedergutmachten, bevor sie den Beleidigten zu Ohren gekommen sei.

4. Während dieser Reden hatte man Priester herbeigeholt, die in den alten Gebräuchen besonders Bescheid wußten und auseinandersetzten, wie die Vorfahren jederzeit Opfer von Ausländern angenommen hätten. Darauf aber achtete niemand von den Aufständischen, während die diensttuenden Priester, die jene den Krieg heraufbeschwörende Maßregel durchgesetzt hatten, gar nicht erschienen waren. Als die Vornehmen merkten, daß die aufrührerische Bewegung ihnen bereits über den Kopf wuchs, waren sie besorgt, die Römer könnten ihren Zorn zuerst an ihnen selbst auslassen, und suchten jede Schuld von sich abzuwälzen. Sie schickten deshalb an Florus und an Agrippa Gesandte, von denen jene von Simon, dem Sohn des Ananias, diese von hervorragenden Männern aus der Verwandtschaft des Königs, Saulos, Antipas und Kostobaros, geführt wurden. Sie sollten Florus und Agrippa bitten, mit Truppen gegen Jerusalem zu ziehen und den Aufruhr zu dämpfen, bevor es zu spät sei. Für Florus konnte es keine angenehmere Nachricht geben, und so ließ er in der Absicht, den Krieg zum Ausbruch zu bringen, die Gesandten ohne Antwort. Agrippa, dem die Aufständischen nicht minder am Herzen lagen als die, gegen die sie Krieg führen wollten, und der einerseits den Römern die Judäer, andererseits den Judäern ihren Tempel und ihre Hauptstadt zu erhalten bestrebt war, sah ein, daß die Empörung ihm keinen Vorteil bringen könne, und schickte deshalb 3000 Reiter aus der Auranitis, aus Batanäa und der Trachonitis unter dem Hipparchen Dareios und dem Unterbefehlshaber Philippos, Sohn des Jakim, dem Volk zu Hilfe.

5. Dadurch ermutigt, besetzten die Vornehmen mit den Hohenpriestern und dem friedliebenden Teil des Volkes

die obere Stadt; denn die untere sowie der Tempelbezirk befanden sich in den Händen der Empörer. Unablässig wurden teils mit der Hand, teils mit der Schleuder Steine geworfen sowie Pfeilschüsse gewechselt. Ab und zu machten einzelne Rotten Ausfälle und bekämpften sich aus der Nähe, wobei die Aufständischen an Kühnheit, die Königlichen an Kriegserfahrung überlegen waren. Diese trachteten hauptsächlich danach, in den Besitz des Tempels zu kommen, um die, die das Heiligtum entweihten, daraus zu vertreiben; die Empörer unter Eleazar dagegen bemühten sich, außer den Stadtteilen, die sie bereits innehatten, auch die obere Stadt in ihre Gewalt zu bekommen. Sieben Tage lang floß hüben wie drüben viel Blut, ohne daß eine der beiden Parteien aus ihrer Stellung gewichen wäre.

6. Am achten Tag, dem Fest des Holztragens(207), an dem jedermann dem Brauch gemäß Holz für den Altar herbeizubringen pflegt, damit dem Feuer, das immerfort brennen soll, die Nahrung nicht fehle, schlossen die Anhänger Eleazars ihre Gegner vom Gottesdienst aus. Mit unbewaffnetem Volk drangen aber viele Sikarier – wie man die Räuber mit Dolchen im Gewand nennt – in den Tempel ein, mit deren Hilfe sie ihre Angriffe in verstärktem Maße wiederaufnahmen. Sie drängten die Königlichen, die ihnen an Zahl und Entschlossenheit nachstanden, in kräftigem Ansturm aus der oberen Stadt hinaus, die sie selbst besetzten. Hierauf steckten sie das Haus des Hohenpriesters Ananias sowie die Paläste Agrippas und Berenikes in Brand und trugen das Feuer dann nach dem städtischen Archiv, um so rasch wie möglich die Schuldurkunden zu vernichten und die Eintreibung der Ausstände unmöglich zu machen. Dadurch zogen sie die große Menge der Schuldner auf ihre Seite und wiegelten die Besitzlosen gegen die Vermögenden auf. Sie legten das Feuer an, nachdem die Archivwache sich geflüchtet hatte. Als sie auf diese Weise den Nerv der Stadt vernichtet hatten, zogen sie gegen ihre Feinde. Ein Teil der Vornehmen und der Hohenpriester verbarg sich in den unterirdischen Gängen, während die anderen mit den königlichen Truppen sich in den oberen Palast(208) zurückzogen, dessen Tore sie eiligst hinter sich schlossen. Unter diesen befanden sich der Hohepriester Ananias, sein Bruder Ezekias und die Mitglieder

der an Agrippa geschickten Gesandtschaft. Vorläufig ließen die Aufständischen, zufrieden mit ihrem Sieg und der Wirkung des Feuers, eine Pause eintreten.

7. Tags darauf, am fünfzehnten des Monats Loos, griffen sie die Antonia an, belagerten sie zwei Tage lang, machten die Besatzung nieder und steckten das Kastell in Brand. Hierauf rückten sie vor den Palast, in den die Königlichen sich geflüchtet hatten, teilten sich in vier Haufen und suchten die Mauer zu durchbrechen. Angesichts der zahlreichen Angreifer wagten die Eingeschlossenen keinen Ausfall, sondern verteilten sich auf den Brustwehren und Türmen, beschossen ihre Gegner und töteten viele Räuber unter den Mauern. Bei Tag und bei Nacht kämpfte man ohne Unterlaß, die Empörer in der Hoffnung, die Besatzung aushungern zu können, die Königlichen in der Meinung, die Belagerer würden schließlich vor Anstrengung ermatten.

8. Unterdessen machte sich ein gewisser Menahem, ein Sohn jenes streitbaren Schriftgelehrten Judas aus Galiläa, der einst unter Quirinius den Judäern vorgeworfen hatte, daß sie außer dem Gott noch die Römer als Herren anerkennten, mit einigen seiner Vertrauten nach Masada auf, erbrach hier das Zeughaus des Königs Herodes, bewaffnete außer seinen Landsleuten auch fremde Räuber und kehrte mit dieser Rotte als seiner Leibwache wie ein König nach Jerusalem zurück, wo er sich an die Spitze der Empörer stellte und die Leitung der Belagerung übernahm. Es fehlte ihnen jedoch an Maschinen, und offen die Mauer zu untergraben, war wegen des Geschoßhagels von oben nicht möglich. Die Belagerer gruben daher von einer entfernten Stelle aus einen unterirdischen Gang auf einen der Türme zu, sicherten ihn durch ein Holzgerüst, zündeten dieses dann an und liefen heraus. Sowie die Holzstützen verbrannt waren, stürzte der Turm augenblicklich ein. Jetzt aber zeigte sich nach innen eine zweite Mauer, die der äußeren gegenüber errichtet war. Die Belagerten hatten den Anschlag ihrer Feinde bemerkt – vielleicht weil der Turm, als er untergraben wurde, ins Schwanken geriet – und ein zweites Bollwerk hergestellt. Von diesem unerwarteten Anblick waren die Belagerer, die ihres Sieges schon sicher zu sein glaubten, höchst betroffen. Auf einmal aber sandten

die Eingeschlossenen zu Menahem und den Häuptern des Aufstands und baten um freien Abzug, der den Königlichen und Einheimischen bewilligt wurde. Nachdem diese abgezogen waren, bemächtigte sich der zurückgebliebenen Römer große Bestürzung, da sie gegen eine so große Überzahl nichts auszurichten vermochten; um gütlichen Vergleich zu bitten aber hielten sie für schmachvoll, ganz abgesehen davon, daß sie nicht sicher sein konnten, ob man das gegebene Wort auch halten würde. Sie verließen daher ihr Lager, das leicht zu erstürmen war, und flohen nach den königlichen Türmen(209) Hippikos, Phasaelos und Mariamme. Menahems Leute drangen in das verlassene Lager ein, machten alle, die noch nicht geflohen waren, nieder und steckten es, nachdem sie sich des Gepäcks bemächtigt hatten, in Brand. Das geschah am sechsten des Monats Gorpiaios.

9. Am folgenden Tag wurde der Hohepriester Ananias aus dem Wasserkanal des Königspalastes, wo er sich verborgen hatte, hervorgeholt und mit seinem Bruder Ezekias von den Räubern umgebracht. Die Aufständischen bewachten die Türme, damit kein Mann von der Besatzung entweichen konnte. Die Zerstörung der Stützpunkte und der Tod des Hohenpriesters Ananias trieb Menahem zu unsinniger Grausamkeit, und in dem Wahn, nun keinen Nebenbuhler in der Herrschaft mehr zu haben, wurde er ein unerträglicher Tyrann. Eleazars Anhänger erhoben sich deshalb gegen ihn, indem sie sich untereinander etwa folgendermaßen aussprachen: Nachdem man aus Sehnsucht nach Freiheit sich gegen die Römer aufgelehnt habe, dürfe man sie jetzt nicht an einen Landsmann verlieren und sich die Tyrannei eines Menschen gefallen lassen, der, auch wenn er keine Gewalttaten verübe, doch weit unter ihnen stehe. Wenn es aber notwendig würde, daß einer alle anführe, so komme diese Würde jedem anderen eher zu als Menahem. Sie kamen überein, ihn im Tempel anzugreifen, wohin er sich in prunkvollem Aufzug, angetan mit königlichem Gewand und gefolgt von den bewaffneten Fanatikern(210), begeben hatte, um seine Andacht zu verrichten. Als Eleazars Anhänger auf ihn eindrangen, beteiligte sich auch das übrige Volk an dem Angriff, raffte Steine zusammen und bewarf den Schriftgelehrten in der

Meinung, wenn dieser aus dem Weg geräumt sei, werde der ganze Aufruhr ein Ende nehmen. Menahem und seine Anhänger hielten eine Zeitlang stand; als sie aber das ganze Volk auf sich losstürmen sahen, floh jeder, wohin er konnte. Wer den Gegnern in die Hände fiel, wurde getötet, und die Versteckten spürte man auf. Nur wenigen gelang es, unbemerkt nach Masada zu entkommen; unter diesen befand sich auch ein Verwandter Menahems, Eleazar, Sohn des Jaeiros, der Tyrann von Masada wurde. Menahem selbst, der nach dem sogenannten Ophel geflohen war und sich dort feige verkrochen hatte, wurde kurz darauf ans Licht gezogen und unter schrecklichen Foltern ums Leben gebracht, ebenso auch seine Befehlshaber und das schlimmste Werkzeug seiner Tyrannei, Absalom.

10. Das Volk hatte, wie bemerkt, bei diesem Vorgehen in der Hoffnung mitgewirkt, den Aufstand dadurch beendigen zu können; die anderen hingegen verfolgten, indem sie Menahem stürzten, durchaus nicht den Zweck, den kriegerischen Unruhen ein Ziel zu setzen, sondern wollten sie nur noch eifriger schüren. Und obwohl das Volk sie dringend ersuchte, die Belagerung aufzuheben, setzten sie den Römern nur um so ärger zu, bis endlich Metilius, der römische Befehlshaber, und seine Leute nicht länger Widerstand zu leisten vermochten und daher an Eleazar die Bitte um eidliche Zusicherung freien Abzugs richten ließen, wogegen sie ihre Waffen und ihre sonstige Habe auszuliefern versprachen. Nichts konnte den Anhängern Eleazars gelegener kommen als dieses Gesuch, und so sandten sie Gorion, den Sohn des Nikodemos, Ananias, den Sohn des Sadduk, und Judas, den Sohn des Jonathan, zu den Römern, um den Vergleich durch Handschlag und Eid zu bekräftigen. Hierauf zog Metilius mit den Seinen ab. Solange sie noch im Besitz ihrer Waffen waren, griffen die Aufständischen sie weder an noch ließen sie etwas von Verrat merken. Als aber dem Vertrag gemäß alle Römer ihre Schilde und Schwerter abgelegt hatten und arglos ihres Weges ziehen wollten, stürzten Eleazars Leute plötzlich auf sie los, umzingelten sie und stießen sie nieder, ohne daß die Angegriffenen Widerstand leisteten oder sich aufs Bitten verlegten; nur auf die Eide und den Vertrag beriefen sie sich mit lauter Stimme. So wurden sie

alle grausam ermordet bis auf Metilius; ihn ließen die Empörer am Leben, weil er um Schonung bat und die judäische Religion samt der Beschneidung anzunehmen versprach. Für die Römer hatte der Verlust nicht viel zu besagen, da sie nur wenige Mann von einer ungeheuren Streitmacht einbüßten. Den Judäern dagegen erschien das Gemetzel wie ein Vorspiel ihres eigenen Untergangs; denn sie erkannten, daß die Untat einen Kriegsgrund bilde, den sie nicht mehr aus der Welt schaffen konnten, und daß ihre Stadt mit einem Frevel befleckt sei, für den sie, wenn auch zunächst nicht die Rache der Römer, so doch ein göttliches Strafgericht zu erwarten hätten. Sie stellten öffentliche Trauer an, und allgemeine Niedergeschlagenheit bemächtigte sich der Stadt. Die Gemäßigten konnten sich der Furcht nicht erwehren, daß sie für die Empörer würden büßen müssen; denn die Metzelei hatte gerade an einem Sabbat, also an einem Tage stattgefunden, an dem man sich wegen des religiösen Gebots und der Gesetze aller Tätigkeit zu enthalten pflegt.

18. Kapitel:
Verfolgung der Judäer in den Griechenstädten

1. Am selben Tag und zur selben Stunde wurden wie durch göttliche Fügung die Judäer von Kaisareia von ihren Mitbürgern ermordet, so daß in einer Stunde über 20 000 getötet wurden und in der ganzen Stadt kein Judäer übrigblieb; denn auch die Flüchtigen ließ Florus aufgreifen und als Gefangene nach den Schiffswerften führen. Die Kunde von diesem Gemetzel versetzte das ganze Volk derart in Wut, daß sie in einzelnen bewaffneten Abteilungen die Dörfer der Syrer und in der Nähe liegende Städte, Philadelpheia, Sebonitis, Gerasa, Pella, Skythopolis, verheerten. Dann fielen sie über Gadara, Hippos und die Gaulanitis her, wo sie alles verwüsteten oder niederbrannten, und rückten auf die tyrische Stadt Kedasa sowie auf Ptolemais, Gaba(211) und Kaisareia zu. Auch Sebaste und Askalon vermochten ihrem Ansturm nicht zu widerstehen; sie äscherten sie ein und zerstörten auch Anthedon und Gaza. Außerdem wurden zahlreiche in der Nähe

dieser Städte liegende Dörfer geplündert und viele männliche Gefangene getötet.

2. Doch auch die Syrer richteten kein geringeres Blutbad an; sie töteten in den Städten alle Judäer, deren sie habhaft werden konnten, und zwar nicht allein wie früher aus Haß, sondern auch um der ihnen selbst drohenden Gefahr zuvorzukommen. Ganz Syrien befand sich in großer Aufregung, und jede Stadt war in zwei feindliche Heerlager gespalten, die beiderseits ihr Heil darin suchten, den Gegner zuerst zu verderben. So vergingen die Tage unter stetem Gemetzel, während die Nächte infolge der allgemeinen Angst sich noch grauenvoller gestalteten. Glaubte man, die Judäer ausgerottet zu haben, so kamen die als Judäerfreunde verdächtigen Personen an die Reihe, und wenn man die Verdächtigen auf beiden Seiten auch nicht ohne weiteres umbringen wollte, fürchtete man sie aber wie ausgesprochene Feinde. Wer sonst für friedfertig gegolten hatte, den trieb jetzt die Habsucht dazu, den Anhängern der Gegenpartei nach dem Leben zu trachten. Ohne jede Scheu riß man das Vermögen der Gemordeten an sich und schaffte, als wären sie im Kampf gefallen, die bei ihnen gefundenen Beutestücke in die eigenen Häuser. Ja, man feierte den, der am meisten geplündert hatte, wie den Sieger über viele Feinde. Da füllten sich die Städte mit unbegrabenen Leichen; Greise sah man neben Kindern tot hingestreckt und Frauen, denen man nicht einmal die Verhüllung der Scham gelassen hatte. Unsägliches Elend herrschte in der ganzen Provinz, und fast schlimmer als die wirklich verübten Greueltaten war die Angst vor denen, mit welchen gedroht wurde.

3. Hatten die Judäer bis dahin nur mit Fremden zu kämpfen gehabt, so mußten sie bei ihrem Angriff auf Skythopolis die Erfahrung machen, daß ihnen ihre dortigen Stammesgenossen selbst als Feinde gegenübertraten. Diese machten mit den Skythopoliten gemeinsame Sache und wollten, indem sie verwandtschaftliche Rücksichten ihrer persönlichen Sicherheit zum Opfer brachten, gegen ihre eigenen Landsleute kämpfen. Diese übergroße Bereitwilligkeit erregte indes den Argwohn der Skythopoliten, die befürchteten, ihre judäischen Mitbürger könnten nachts die Stadt überfallen und ein Blutbad unter ihren

Bewohnern anrichten, um den Abfall von ihren Landsleuten wiedergutzumachen. Sie forderten sie daher auf, mit ihren Familien in einen Hain überzusiedeln, wenn sie die Eintracht befestigen und ihre Vertragstreue gegen Fremde bekräftigen wollten. Arglos leisteten die Judäer dieser Aufforderung Folge, worauf die Skythopoliten, um sie in Sicherheit zu wiegen, sich zwei Tage ruhig verhielten. In der dritten Nacht aber benutzten sie eine günstige Gelegenheit und metzelten 13 000 Judäer, die teils im Schlafe lagen, teils aus Sorglosigkeit keine Wachen ausgestellt hatten, nieder und bemächtigten sich ihres gesamten Besitzes.

4. Besonders erwähnt zu werden verdient das Schicksal eines gewissen Simon, Sohn eines angesehenen Mannes namens Saulos. Er war von hervorragender Körperstärke und Kühnheit, mißbrauchte aber beide Eigenschaften zum Schaden seiner Landsleute. Täglich war er hinausgezogen und hatte viele der vor Skythopolis liegenden Judäer getötet; oft gab er allein den Ausschlag im Treffen, indem er ganze Abteilungen in die Flucht trieb. Jetzt aber traf ihn die verdiente Strafe für die an seinen Stammesgenossen begangenen Morde. Als die Skythopoliten die Judäer in dem Hain umzingelt hatten und sie mit Geschossen überschütteten, zog er sein Schwert, griff jedoch keinen seiner Feinde an, gegen deren Überzahl, wie er sah, nichts auszurichten war, sondern rief leidenschaftlich erregt aus: „Von euch, Skythopoliten, widerfährt mir jetzt, was meine Taten verdienen; habe ich doch meine Freundschaft für euch durch den Mord an so vielen mir stammverwandter Menschen beweisen zu müssen geglaubt. Wer so schwer gegen sein eigenes Volk frevelte, dem geschieht recht, wenn er von Fremden treulos behandelt wird. Verflucht, will ich jetzt den Tod von meiner eigenen Hand erleiden, da er mir von Feinden nicht zukommt, und wie dieser Tod eine hinreichende Sühne meiner Untaten sein soll, so verschaffe er mir auch den Ruhm, als Mann gehandelt zu haben. Kein Feind soll sich brüsten, er habe mich erschlagen, noch über meinen Fall frohlocken!“ Während er dies sprach, sah er mitleidig und zornig zugleich auf seine Familie; er hatte eine Frau, mehrere Kinder und hochbetagte Eltern. Dann ergriff er zuerst seinen Vater bei seinen grauen Haaren

und durchbohrte ihn mit dem Schwert, nach ihm die Mutter, ohne daß sie sich im mindesten sträubte, und endlich seine Frau und seine Kinder, die sich der Mordwaffe fast entgegenstürzten, um den Feinden zuvorzukommen. Nachdem er seine ganze Familie getötet, stellte er sich, weithin sichtbar, auf die Leichen, hob seinen rechten Arm, damit der Anblick niemand entgehe, und stieß sich das Schwert bis zum Griff in den Leib. So starb der junge Mann, der wegen seiner Körperkraft und Seelengröße Mitleid verdient; doch büßte er gerechterweise, weil er fremden Menschen ergeben war.

5. Das Blutbad in Skythopolis hatte zur Folge, daß auch die Bewohner anderer Städte sich gegen ihre judäischen Mitbürger erhoben. Dabei wurden in Askalon 2500, in Ptolemais 2000 Judäer getötet und sehr viele eingekerkert. Auch die Tyrer brachten viele Judäer um und legten die meisten von ihnen in Ketten; desgleichen räumten die Bewohner von Hippos und Gadara die tatkräftigeren Judäer aus dem Wege, während sie die Furchtsamen ins Gefängnis warfen. Ebenso verfuhr man in den übrigen syrischen Städten, je nachdem der Haß gegen die Judäer oder die Furcht vor ihnen vorherrschend war. Nur die Bewohner von Antiocheia, Sidon und Apameia schonten ihre judäischen Mitbürger und ließen nicht zu, daß einer von ihnen ermordet oder eingekerkert wurde, vielleicht weil sie im Vertrauen auf die eigene Überzahl etwaigen Unruhen unter den Judäern kein Gewicht beilegten oder, was ich für zutreffender halte, aus Mitleid mit ihnen, da sie keine aufrührerische Gesinnung bei ihnen wahrnehmen konnten. Auch die Gerasener taten den in der Stadt verbleibenden Judäern nichts und gaben sogar denen, die sie zu verlassen wünschten, bis zur Grenze das Geleit.

6. Im Reiche Agrippas wurde gleichfalls Verrat an den Judäern geübt. Der König selbst war zu Cestius Gallus nach Antiocheia gereist und hatte als Stellvertreter einen von dessen Freunden namens Noaros, der mit König Soaimos verwandt war, betraut. Da kamen aus Batanäa siebzig Männer, die vornehmsten und einsichtsvollsten der dortigen Judäer, und baten um Truppen, um für den Fall eines Aufruhrs eine genügende Schutzmacht bei sich zu haben, mit der sie die Empörer niederwerfen könnten.

Diese Männer ließ Noaros durch eine Abteilung königlicher Schwerbewaffneter, die er bei Nacht aussandte, umbringen. Maßlose Geldgier hatte ihn zu der Tat getrieben, die ohne Wissen Agrippas verübt wurde. Mit grausamer Willkür fuhr er fort, durch ähnliche Frevel gegen das Volk das Königreich zu verderben, bis Agrippa Kunde davon bekam und ihm, da er aus Scheu vor Soaimos ihn nicht hinrichten lassen mochte, die Geschäfte eines Statthalters entzog. Die Empörer hatten sich inzwischen des oberhalb Jericho gelegenen Kastells Kypros bemächtigt, die Besatzung niedergemacht und die Festungswerke geschleift. Zur gleichen Zeit forderten die in Machairus lebenden, sehr zahlreichen Judäer die dortige römische Besatzung auf, die Festung zu verlassen und sie ihnen auszuliefern. Da sie fürchteten, gewaltsam vertrieben zu werden, willigten die Römer unter der Bedingung freien Abzugs ein. Nachdem dieser zugesagt war, übergaben sie die Festung, in die nun Einwohner von Machairus einrückten.

7. In Alexandreia hatten die einheimischen Bewohner der Stadt mit den Judäern in beständigem Streit gelebt, seitdem Alexander(212) bei diesen bereitwillige Hilfe gegen die Ägypter gefunden und sie damit belohnt hatte, daß sie gleiche Rechte wie ihre griechischen Mitbürger genießen sollten. Diese Auszeichnung verblieb ihnen auch unter seinen Nachfolgern, die ihnen sogar ein eigenes Stadtviertel anwiesen, damit sie, unvermischt mit Fremden, die Reinheit ihrer Lebensweise besser bewahren könnten; sie erlaubten ihnen auch, sich Makedonen zu nennen. Als später die Römer Herren von Ägypten geworden waren, mochte weder der erste Caesar noch einer seiner Nachfolger den Judäern die ihnen von Alexander verliehenen Vorrechte schmälern. Die Folge waren beständige Reibereien zwischen Judäern und Griechen, und obwohl die Obrigkeit auf beiden Seiten täglich viele Strafen verhängte, verstärkte sich doch die Spannung immer mehr. Als nun an anderen Orten Unruhen ausbrachen, verschärfte sich auch in Alexandreia der Zwist. Während die Alexandrier wegen einer an Nero abzuordnenden Gesandtschaft eine Versammlung abhielten, fanden mit den Griechen auch viele Judäer Einlaß ins Amphitheater. Kaum aber hatten die Gegner sie bemerkt, als sie ein Geschrei erhoben, sie Feinde

und Spione schimpften, sich auf sie warfen und sie tätlich angriffen. Die meisten Judäer flüchteten und zerstreuten sich; drei Männer aber gerieten in die Gewalt der Griechen, die sie fortschleppten, um sie lebendig zu verbrennen. Da erhoben sich alle Judäer zur Rache: Zuerst bewarfen sie die Griechen mit Steinen, dann rafften sie Fackeln zusammen, eilten nach dem Amphitheater und drohten, das ganze darin versammelte Volk dem Flammentod preiszugeben. Dieses Vorhaben wäre ihnen auch gelungen, hätte nicht Tiberius Alexander, der Kommandant der Stadt, ihrer Wut Einhalt geboten. Er versuchte zunächst, sie ohne Waffengewalt zur Besinnung zu bringen, und ließ sie durch die angesehensten Männer ermahnen, sich ruhig zu verhalten und nicht die römischen Truppen gegen sich aufzubringen. Die Empörer aber beantworteten diese Aufforderung mit Hohngelächter und Schmähungen gegen Tiberius.

8. Da erkannte Alexander, daß die Aufrührer nur durch eine nachdrückliche Strafe zu bändigen seien. Er sandte daher die beiden in der Stadt liegenden römischen Legionen sowie 5000 Mann, die zum Verderben der Judäer eben aus Libyen angekommen waren, gegen sie aus und gestattete den Soldaten nicht nur, die Judäer umzubringen, sondern auch ihren Besitz zu plündern und ihre Häuser einzuäschern. Die Truppen drangen in das Delta (213) genannte Stadtviertel ein, wo die Judäer zusammen wohnten, und führten die ihnen erteilten Befehle aus, erlitten aber auch ihrerseits große Verluste. Die Judäer schlossen sich dicht zusammen, stellten die besser Bewaffneten ins Vordertreffen und hielten mit größter Zähigkeit stand. Als sie jedoch anfingen zu weichen, wurden sie haufenweise erschlagen. Die Niederlage war vollständig: Was nicht im Freien vom Feinde ereilt wurde, drängte sich in die Häuser zusammen; diese aber steckten die Römer von unten her in Brand, nachdem sie zuvor das Innere ausgeplündert hatten. Die Sieger kannten weder Mitleid mit Kindern noch Ehrfurcht vor Greisen; vielmehr wurde alles ohne Unterschied des Alters gemordet, so daß der ganze Platz mit Blut überschwemmt war und an 50 000 Leichen in Haufen umherlagen. Auch der Rest wäre nicht am Leben geblieben, wenn sie sich nicht aufs Bitten verlegt hätten. Alexander erbarmte sich und gab den Römern das Zeichen zum

Rückzug. Die Soldaten stellten, an Gehorsam gewöhnt, auf den ersten Wink das Morden ein; dagegen hielt es schwer, die aufs äußerste erbitterte alexandrinische Bevölkerung zurückzurufen, die sich kaum von den Leichen wegreißen ließ.

9. Das war das Gemetzel in Alexandreia. Da überall die Judäer jetzt verfolgt wurden, glaubte auch Cestius, nicht mehr untätig bleiben zu dürfen. Er brach mit der vollzähliegen zwölften Legion und 2000 ausgewählten Soldaten der übrigen Legionen sowie mit sechs Kohorten Fußvolk und vier Reiterschwadronen von Antiocheia auf. Dazu kamen die Hilfstruppen der Könige: von Antiochos(214) 2000 Reiter und 3000 Fußsoldaten, alles Bogenschützen, von Agrippa die gleiche Anzahl Fußvolk und an Reitern etwas weniger als 2000; Soaimos stellte viertausend Mann, von denen ein Drittel aus Reitern, der größere Teil aus Bogenschützen bestand. Mit dieser Streitmacht rückte Cestius bis Ptolemais vor. Von den Städten wurden ebenfalls viele Hilfstruppen zusammengebracht, die zwar an Kriegserfahrung den Soldaten nachstanden, aber den Mangel an Kenntnissen durch Kampfeseifer und Judäerhaß ersetzten. Agrippa begleitete Cestius, um die Marschrichtung anzugeben und für Proviant zu sorgen. Mit einem Teil seines Heeres zog Cestius gegen die feste galiläische Stadt Chabulon, die Grenzstadt gegen Ptolemais. Er fand die Stadt menschenleer, da die Bewohner ins Gebirge geflohen waren, dagegen voll von Schätzen aller Art, die er den Soldaten zur Plünderung überließ; die Stadt selbst brannte er nieder, obwohl sie Häuser von bewundernswerter Schönheit hatte, ähnlich denen zu Tyros, Sidon und Berytos. Hierauf durchstreifte er die Gegend, raubte alles, was ihm unter die Hände kam, steckte die umliegenden Dörfer in Brand und kehrte dann nach Ptolemais zurück. Während die Syrer, besonders die von Berytos, noch immer mit Plündern beschäftigt waren, faßten die Judäer, die vom Abmarsch des Cestius gehört hatten, wieder Mut, fielen unversehens über die Zurückgebliebenen her und machten etwa 2000 von ihnen nieder.

10. Cestius verließ Ptolemais bald wieder und zog nach Kaisareia. Einen Teil seiner Truppen schickte er voraus nach Joppe mit dem Befehl, die Stadt, wenn sie über-

rumpelt werden könnte, zu besetzen, wenn aber ihr Anmarsch bemerkt werden sollte, seine und des Heeres Ankunft abzuwarten. Teils zur See, teils zu Lande eilte die Abteilung dorthin und nahm die Stadt von zwei Seiten ein. Die Bewohner hatten nicht einmal vorher fliehen, geschweige denn sich zum Kampf rüsten können und wurden mit ihren Angehörigen von den eindringenden Truppen getötet; die Stadt wurde geplündert und den Flammen preisgegeben. Die Zahl der Gefallenen betrug 8400. Desgleichen sandte Cestius in die unweit Kaisareia gelegene Toparchie Narbatene eine starke Reiterabteilung, die das Land verwüstete, viele Bewohner tötete, ihren Besitz plünderte und die Dörfer in Brand steckte.

11. Nach Galiläa beorderte Cestius den Befehlshaber der zwölften Legion, Caesennius Gallus, mit einer Truppe, die ihm zur Unterwerfung des Volkes auszureichen schien. Die am stärksten befestigte Stadt Galiläas, Sepphoris, nahm Gallus mit freudigem Beifall auf, und nach ihrem klugen Beispiel blieben auch die übrigen Städte ruhig. Die Aufrührer und die Räuber flohen auf einen mitten in Galiläa gelegenen Berg, der Sepphoris gegenüber liegt und Asamon genannt wird. Gegen sie führte Gallus seine Truppen heran. Solange sie die höher gelegene Stellung innehatten, schlugen sie die Angriffe der Römer leicht ab und töteten gegen 200 ihrer Feinde. Als aber die Römer sie umgangen und noch höhere Punkte besetzt hatten, wurden sie bald überwältigt; denn mit ihrer leichten Ausrüstung vermochten sie den Schwerbewaffneten nicht standzuhalten, und wenn sie sich zur Flucht wandten, fielen sie den Reitern in die Hände. So gelang es nur wenigen, sich an unwegsamen Orten zu verbergen, während die übrigen, mehr als zweitausend, getötet wurden.

19. Kapitel: Niederlage des Cestius

1. Als Gallus keine weiteren Unruhen in Galiläa feststellte, kehrte er mit seinen Truppen nach Kaisareia zurück. Cestius brach nun an der Spitze aller seiner Truppen auf und rückte vor Antipatris. Dort erfuhr er, daß in dem sogenannten Turm des Aphekos eine beträchtliche Schar

bewaffneter Judäer sich gesammelt habe, und sandte eine Abteilung seiner Leute hin, um sie anzugreifen. Ehe es indes zum Handgemenge kam, zerstreuten sich die Judäer aus Furcht, worauf die Römer das unbesetzte Lager und die umliegenden Dörfer in Brand steckten. Von Antipatris marschierte Cestius nach Lydda, traf aber die Stadt von Menschen verlassen; denn wegen des Laubhüttenfestes war die ganze Bevölkerung hinauf nach Jerusalem gezogen. Nur fünfzig Personen kamen zum Vorschein, die er töten und dann die Stadt in Flammen aufgehen ließ. Er rückte weiter über Bethoron vor und schlug bei Gabao, fünfzig Stadien von Jerusalem entfernt, sein Lager auf.

2. Kaum merkten die Judäer, daß der Krieg sich der Hauptstadt näherte, als sie die Feiern verließen, zu den Waffen griffen und im Vertrauen auf ihre große Zahl ohne jede Ordnung und unter lautem Geschrei sich in den Kampf stürzten. Nicht einmal auf den siebenten Tag als Ruhetag nahmen sie Rücksicht, obwohl es der aufs strengste von ihnen beachtete Sabbat war. Dieser Kampfeseifer, der sie sogar ihre religiösen Pflichten vergessen ließ, bewirkte, daß sie im Kampf die Oberhand gewannen. Mit solchem Ungestüm warfen sie sich auf die Römer, daß sie deren Schlachtlinie erschütterten und mordend mitten in sie hineindrangen. Wären nicht dem Teil des Heeres, der noch standhielt, das weniger erschöpfte Fußvolk und die Reiterei durch eine Schwenkung zu Hilfe gekommen, so wäre es um die ganze Truppe des Cestius geschehen gewesen. In dem Treffen fielen 515 Römer, davon 400 Fußsoldaten und 115 Reiter, von den Judäern jedoch nur 22 Mann. Von diesen hatten am tapfersten gefochten die Verwandten des Königs Monobazos von Adiabene, Monobazos und Kenedaios, nächst ihnen der Peraite Niger und der Babylonier Silas, der von König Agrippa, unter dem er gedient hatte, zu den Judäern übergegangen war. Nachdem die Judäer von vorn geworfen waren, zogen sie sich in die Stadt zurück, während Simon, des Gioras Sohn, den Römern auf ihrem Marsch nach Bethoron in den Rücken fiel, einen großen Teil ihrer Nachhut zersprengte und eine Menge Lasttiere raubte, die er in die Stadt einbrachte. In den folgenden drei Tagen, die Cestius in der Gegend blieb, besetzten die Judäer die Anhöhen und legten Posten

auf die Pässe, ein deutliches Zeichen, daß sie nicht untätig zu bleiben gedachten, sobald sich die Römer bewegen würden.

3. Agrippa, der sich angesichts der starken feindlichen Abteilungen auf den Bergen nicht verhehlen konnte, daß die Römer in großer Gefahr schwebten, beschloß, mit gütlichen Worten bei den Judäern zu versuchen, sie entweder alle vom Kriege abzubringen oder doch diejenigen, die den Krieg eigentlich nicht wollten, zum Abfall von den Gegnern zu bewegen. Er sandte zwei seiner Leute ab, die bei den Judäern in hohem Ansehen standen, Borkios und Phoibos, und ließ durch sie einen Vertrag des Cestius und völlige Verzeihung von seiten der Römer für alles Vorgefallene in Aussicht stellen, wenn sie die Waffen niederlegen und ihren Sinn ändern wollten. Die Aufständischen befürchteten, das ganze Volk könnte, durch die verheißene Straflosigkeit verlockt, zu Agrippa übergehen, und drangen auf dessen Abgesandte ein, um sie zu ermorden. Phoibos brachten sie um, noch ehe er zu Wort gekommen war, während sich Borkios, allerdings verwundet, durch schleunige Flucht retten konnte. Den Teil des Volkes, der seinen Unwillen hierüber zeigte, trieben die Empörer durch Steinwürfe und mit Knüppeln in die Stadt hinein.

4. In diesem Zwist unter den Judäern erkannte Cestius eine günstige Gelegenheit zum Angriff. Er führte seine gesamte Streitmacht gegen sie heran, jagte sie in die Flucht und verfolgte sie bis Jerusalem. Hier errichtete er auf dem sogenannten Skopos, sieben Stadien von der Stadt entfernt, ein Lager und unternahm, vielleicht in der Erwartung, die Bewohner würden ihm in etwa entgegenkommen, zunächst drei Tage lang nichts, sondern ließ nur starke Abteilungen seiner Leute Streifzüge in die umliegenden Dörfer machen, um Proviant zusammenzurauben. Am vierten Tage aber, dem dreißigsten des Monats Hyperberetaios, stellte er sein Heer in Schlachtordnung auf und führte es in die Stadt hinein. Dort wurde das Volk von den Aufständischen bewacht; diese selbst aber, erschreckt durch den planvollen Aufmarsch der Römer, gaben bald die äußeren Stadtteile auf und zogen sich in die innere Stadt und den Tempel zurück. Beim Einrücken steckte

Cestius Bezetha, die Neustadt, und den sogenannten Holzmarkt in Brand. Dann zog er gegen die obere Stadt und lagerte sich gegenüber dem Königspalast. Hätte er sich in diesem Augenblick entschlossen, die Mauern zu stürmen, würde er die Stadt eingenommen haben, und der Krieg wäre zu Ende gewesen. Doch der Lagerpräfekt Tyrannius Priscus und die meisten Hipparchen(215), die von Florus bestochen waren, brachten ihn von diesem Plan ab. Das war der Grund, weshalb sich der Krieg so sehr in die Länge zog und so reich an schweren Unglücksfällen für die Judäer geworden ist.

5. Unterdessen lud auf Anraten des Ananos, Sohns des Jonathan, eine Anzahl vornehmer Bürger den Cestius in die Stadt ein, deren Tore sie ihm zu öffnen versprachen. Cestius aber wollte aus Ärger nichts davon wissen, und da er ihnen auch nicht völlig traute, zauderte er so lange, bis die Aufständischen von dem verräterischen Anschlag Kenntnis erlangten und Ananos mit seinen Anhängern teils von der Mauer hinabstürzten, teils durch Steinwürfe in ihre Häuser trieben. Sie selbst verteilten sich auf den Türmen und schossen auf die Feinde, die die Mauer stürmen wollten. Fünf Tage lang machten die Römer von allen Seiten Versuche, ohne etwas auszurichten; am sechsten Tage nahm Cestius eine starke Abteilung ausgewählter Mannschaften sowie die Bogenschützen und griff mit ihnen die Nordseite des Tempels an. Die Judäer leisteten von den Säulenhallen herab heftigen Widerstand und schlugen wiederholt den Sturm auf die Mauern ab, mußten aber endlich dem Geschoßhagel weichen. Nun bildeten die Römer, indem die Kämpfer der vordersten Reihe ihre Schilde fest gegen die Mauer, die nachfolgenden ihre jeweils an die ihrer Vordermänner anstemmten, die sogenannte „Schildkröte", von der die aufschlagenden Geschosse wirkungslos abprallten. In aller Sicherheit konnten die Soldaten jetzt die Mauer untergraben, und bald schickten sie sich an, das Tempeltor in Brand zu stecken.

6. Großer Schrecken ergriff nun die Empörer, und viele von ihnen flüchteten bereits aus der Stadt, als stände deren Eroberung unmittelbar bevor. Eben deshalb aber faßte das Volk wieder Mut: Wie die Nichtswürdigen sich davonmachten, näherte es sich den Toren, um sie zu öff-

nen und Cestius als Wohltäter aufzunehmen. Hätte dieser die Belagerung nur noch kurze Zeit fortgesetzt, würde er die Stadt rasch in seine Gewalt bekommen haben. Der Gott aber hatte, wie ich glaube, wegen der Nichtswürdigen schon damals sich vom Heiligtum abgewandt und ließ deshalb an jenem Tage den Krieg sein Ende nicht erreichen.

7. Cestius, der weder die Verzweiflung der Belagerten noch die Stimmung des Volkes zu kennen schien, ließ plötzlich seine Soldaten den Rückzug antreten, gab, obwohl er keinen Rückschlag erlitten, alle Hoffnung auf und verließ unbegreiflicherweise die Stadt. Infolge seines ganz unerwarteten Abmarsches gewannen die Räuber ihre Kühnheit wieder, fielen über die Nachhut der Römer her und machten viele Reiter und Fußsoldaten nieder. Cestius bezog in der Nacht das Lager auf dem Skopos; tags darauf marschierte er weiter und reizte dadurch die Feinde noch mehr, so daß sie abermals seiner Nachhut schwere Verluste beibrachten und zugleich auch von den Flanken aus den Römern mit Geschossen zusetzten. Die am Ende des Zuges Marschierenden hatten nicht den Mut, gegen ihre Verfolger Front zu machen, weil sie diese für außerordentlich zahlreich hielten; auf den Flanken waren die Römer dem Angriff tatsächlich nicht gewachsen, da sie selbst schwerbewaffnet waren und die Marschlinie zu zerreißen fürchteten, während die Judäer leichtgerüstet und angriffslustig anstürmten. So erlitten die Römer große Verluste, ohne ihrerseits dem Feinde irgendwie schaden zu können. Auf dem ganzen Wege wurden sie geschlagen, in Verwirrung gebracht und massenhaft getötet; unter den Gefallenen befanden sich Priscus, der Befehlshaber der sechsten Legion, der Tribun Longinus und der Befehlshaber einer Reiterschwadron, Aemilius Iucundus. Nachdem sie auch einen großen Teil ihres Gepäcks verloren hatten, erreichten sie endlich mit Mühe ihr früheres Lager bei Gabao. Unschlüssig, was er beginnen sollte, verbrachte Cestius hier zwei Tage; als er aber am dritten Tage sah, daß die Zahl seiner Feinde sich noch vermehrt hatte und alles ringsum von Judäern wimmelte, wurde ihm klar, daß sein Zögern ihm nur schade und daß, je länger er warte, desto mehr Feinde sich ansammeln würden.

8. Um die Flucht zu beschleunigen, befahl er, alles zu ver-

nichten, was das Heer aufhalten könnte. Sie töteten die Maulesel und die übrigen Lasttiere mit Ausnahme derjenigen, die Geschosse und Kriegsmaschinen trugen; diese konnten sie einesteils nicht gut entbehren, andernteils befürchteten sie auch, sie könnten den Judäern in die Hände fallen und gegen die Römer eingesetzt werden. Hierauf rückte das Heer weiter auf Bethoron zu. Solange der Marsch über offenes Feld ging, wurden die Römer von den Judäern weniger behelligt; sowie sie aber einen engen, abschüssigen Hohlweg passieren mußten, eilte ein Teil der Judäer voraus, um ihnen den Ausgang zu sperren, während andere die Nachhut in die Schlucht hineintrieben und die Hauptmasse der judäischen Streitmacht, die sich an den Abhängen zu beiden Seiten des Weges aufgestellt hatte, das feindliche Heer mit einem Hagel von Geschossen überschüttete. Da gerieten schon die Fußsoldaten in Verlegenheit, wie sie sich wehren sollten; in noch größerer Gefahr schwebten die Reiter: denn einmal gestatteten ihnen die feindlichen Geschosse nicht, den Abstieg in Reih und Glied zu machen, zum anderen waren die steilen Abhänge, auf denen die Judäer sich verteilt hatten, für die Pferde unzugänglich, während auf der anderen Seite Felsspalten und Abgründe ihnen entgegengähnten, in denen sie sich zu Tode stürzen konnten. In dieser Lage, die weder ein Entrinnen noch Widerstand ermöglichte, blieb ihnen schließlich nichts als Geschrei und das Stöhnen der Verzweiflung, dem die Schlachtrufe der Judäer, untermischt mit Freudenrufen und Wutgebrüll, entgegenhallten. Wenig fehlte, so hätten sie Cestius das ganze Heer abgenommen, wäre nicht die Nacht hereingebrochen, in der die Römer nach Bethoron flohen, während die Judäer alle geeigneten Punkte ringsum besetzten, um den Abmarsch ihrer Feinde überwachen zu können.

9. Cestius plante nun, da er an der Möglichkeit eines offenen Rückzugs verzweifelte, heimliche Flucht. Er sonderte etwa 400 der tapfersten Soldaten aus, stellte sie auf den Verschanzungen auf mit dem Befehl, die Losungen der Lagerwachen zu rufen, damit die Judäer glauben sollten, die Truppen befänden sich noch insgesamt an dieser Stelle. Er selbst zog mit dem übrigen Teil des Heeres in aller Stille dreißig Stadien weiter. Als die Judäer beim

Morgengrauen den römischen Lagerplatz verlassen sahen, fielen sie über die 400, die sie getäuscht hatten, her, streckten sie eiligst mit dem Spieß nieder und verfolgten Cestius. Dieser hatte aber in der Nacht schon einen beträchtlichen Vorsprung gewonnen und beschleunigte bei Tage seine Flucht so sehr, daß die Soldaten in ihrer Angst und Bestürzung die Sturmböcke und die Skorpione(216) sowie den größten Teil der übrigen Kriegsgeräte zurückließen, die von den Judäern erbeutet und später gegen ihre ursprünglichen Besitzer verwandt wurden. Die Judäer verfolgten die Römer bis Antipatris; als sie diese hier nicht mehr vorfanden, traten sie den Rückmarsch an, nahmen die Maschinen mit, plünderten die Leichen, sammelten die im Stich gelassene Beute und zogen unter Siegesgesängen in die Hauptstadt ein. Sie selbst hatten nur wenige Leute verloren, den Römern und ihren Bundesgenossen aber hatten sie 5300 Mann zu Fuß und 380 Reiter getötet. Das geschah am achten des Monats Dios, im zwölften Regierungsjahr Neros.(217)

20. Kapitel: Ernennung der judäischen Befehlshaber

1. Nach der Niederlage des Cestius verließen viele angesehene Judäer die Stadt, wie der Seemann schwimmend das sinkende Schiff verläßt. Unter anderen flohen Kostobaros und Saulos zusammen mit Jakims Sohn Philippos, einem Befehlshaber König Agrippas, aus der Stadt und begaben sich zu Cestius. Ein gewisser Antipas, der mit jenen im Königspalast belagert worden war, verschmähte die Flucht und wurde später, wie ich noch berichten werde, von den Aufständischen umgebracht. Cestius schickte Saulos und seine Begleiter auf ihre Bitte nach Achaja zu Nero, um ihre eigene Not zu schildern und um die Schuld für den Ausbruch des Krieges auf Florus zu wälzen. Indem er Neros Zorn gegen diesen aufstachelte, hoffte er die ihm selbst drohende Gefahr verringern zu können.

2. Unterdessen hatten die Damaskener die Niederlage der Römer erfahren und wußten nichts Eiligeres zu tun, als die bei ihnen lebenden Judäer zu ermorden. Und da sie diese

schon früher einmal aus Argwohn im Gymnasium versammelt hatten, glaubten sie auch jetzt ihren Plan leicht ausführen zu können. Scheu hatten sie nur vor ihren Frauen, die mit wenigen Ausnahmen alle zur judäischen Religion übergetreten waren. Sie gaben sich daher größte Mühe, den Plan vor den Frauen geheimzuhalten, überfielen die in den engen Raum zusammengedrängten, wehrlosen Judäer, insgesamt 10 500, und töteten sie alle in einer Stunde, ohne selbst Verluste zu haben.

3. Als die Verfolger des Cestius nach Jerusalem zurückgekehrt waren, brachten sie die noch vorhandenen Römerfreunde teils mit Gewalt, teils durch Überredung auf ihre Seite und hielten dann im Tempel eine Versammlung ab, um noch weitere Heerführer für den Krieg zu ernennen. Als Oberbefehlshaber der Stadt wurden gewählt Joseph, der Sohn des Gorion, und der Hohepriester Ananos; besonders machte man ihnen zur Pflicht, die Mauern der Stadt wieder instand zu setzen. Eleazar, den Sohn des Simon, wollten sie, obwohl er die den Römern abgenommene Beute und die dem Cestius geraubte Kasse sowie viele Staatsgelder in Händen hatte, kein Amt geben, da sie sein herrschsüchtiges Wesen bemerkt hatten und die ihm ergebenen Zeloten sich wie seine Trabanten benahmen. Bald jedoch ließ sich das Volk durch den herrschenden Geldmangel und Eleazars Zauberkünste derart beeinflussen, daß es ihn als obersten Gebieter anerkannte.

4. Für Idumäa bestimmten sie andere Feldherren, nämlich Jesus, den Sohn des Sapphas, einen der Hohenpriester, und Eleazar, den Sohn des Hohenpriesters Ananias(218), deren Oberbefehl der bisherige Kommandant von Idumäa, Niger – der Peraïte genannt, weil er aus dem jenseits des Jordans gelegenen Peräa stammte –, unterstellt wurde. Auch für die übrigen Landesteile wurde gesorgt: Nach Jericho sandten sie als Befehlshaber Joseph, den Sohn des Simon, nach Peräa Manasse, in die Toparchie Thamna den Essener Joannes, dem auch Lydda, Joppe und Ammaus zugeteilt wurden. Das Kommando in den Bezirken von Gophna und Akrabatene erhielt des Ananias Sohn Joannes, das in beiden Galiläa Josephus, der Sohn des Matthias, zu dessen Distrikt auch Gamala, die festeste Stadt dieser Gegend, geschlagen wurde.

5. Jeder dieser Befehlshaber verwaltete das ihm anvertraute Gebiet gemäß seinem guten Willen und seiner Befähigung. Josephus war, als er nach Galiläa kam, zunächst darauf bedacht, sich die Zuneigung der Bewohner zu erwerben, überzeugt, daß er auf diesem Wege am meisten erreichen würde, selbst wenn er im übrigen kein Glück haben sollte. Ferner erkannte er, daß er die einflußreichen Galiläer auf seine Seite bringen würde, wenn er die Gewalt mit ihnen teilte, und daß er des Volkes sicher sein würde, wenn er die wichtigsten Anordnungen durch ansässige und volkstümliche Männer treffen ließe. Zu diesem Zweck wählte er aus den Ältesten des Volkes die siebzig einsichtsvollsten aus und machte sie zur höchsten Behörde für ganz Galiläa. In jeder Stadt ernannte er sieben Richter zur Entscheidung unwesentlicher Streitigkeiten, während die wichtigeren Angelegenheiten und die Mordfälle ihm selbst und den Siebzig vorgelegt werden sollten.

6. Nachdem er die rechtlichen Verhältnisse innerhalb der Gemeinden geordnet hatte, kümmerte er sich um ihre äußere Sicherheit, und da er einen Einfall der Römer zuerst in Galiläa voraussah, befestigte er geeignete Plätze wie Jotapata, Bersabe, Selame, Kapharekcho, Japha und Sigoph, den sogenannten itabyrischen Berg, Tarichaia und Tiberias. Weiterhin befestigte er die Höhlen am See Genezareth in dem Untergaliläa genannten Landesteil und in Obergaliläa den Akchabaronfels, Seph, Jamneia und Mero. In der Gaulanitis(219) erhielten Seleukeia, Soganaia und Gamala Festungswerke. Nur den Sepphoriten überließ er es, selbst ihre Mauern wieder aufzubauen, da er sie reichlich mit Geld versehen und ohne besondere Aufforderung zum Krieg geneigt fand. Die Stadt Gischala befestigte dem Befehl des Josephus gemäß Joannes, der Sohn des Levi, nach eigenem Plan; bei den anderen Befestigungsarbeiten war Josephus selbst mit Rat und Tat behilflich. Außerdem stellte er in Galiläa ein Heer von über 100 000 jungen Leuten auf, die er mit alten Waffen, wie er sie gerade auftreiben konnte, ausrüstete.

7. Seine Truppen nach dem Vorbild der Römer zu schulen, deren unüberwindliche Macht, wie er wußte, vornehmlich auf Gehorsam und Waffenübung beruhte, mußte er freilich unterlassen. Da er aber erkannte, daß die Leute

sich um so leichter an Disziplin gewöhnen würden, je zahlreicher die Befehlshaber seien, teilte er das Heer nach römischer Art ein und ernannte eine größere Anzahl von Anführern(220). Die Soldaten sonderte er in verschieden große Abteilungen und stellte sie unter Anführer von je zehn, je hundert und je tausend Mann, über die dann Befehlshaber größerer Truppenverbände zu gebieten hatten. Hierauf lehrte er sie das Weitergeben der Losung, die Trompetensignale zu Angriff und Rückzug, das Sammeln und Schwenken der Flügel, zeigte ihnen, wie der siegende Teil dem unterliegenden Hilfe bringen und wie man mit dem bedrängten Kampfgenossen aushalten müsse. Ferner prägte er ihnen ein, wie man sich Geistesgegenwart und Abhärtung des Körpers zu eigen macht; besonders aber bereitete er sie auf den Krieg vor, indem er ihnen bei jeder Gelegenheit die straffe Ordnung der Römer vor Augen führte und sie darauf hinwies, daß sie es mit Männern zu tun haben würden, die durch ihre Körperkraft und ihren Mut fast die ganze Erde beherrschten. Schon vor dem Beginn der Feindseligkeiten, sagte er, wolle er ihre Disziplin daran erproben, ob sie ihre schlechten Gewohnheiten ablegten: Stehlen, Plündern und Rauben, Unehrlichkeit gegen ihre Landsleute und jene Gesinnung, die sich zum Schaden des Nächsten zu bereichern suche. Denn in den Kriegen gehe es am besten, in denen die Kämpfer ein gutes Gewissen mitbrächten; die von Haus aus Schlechten hätten nicht nur die anrückenden Feinde, sondern auch den Gott zum Widersacher.

8. Unablässig ermahnte er sie in dieser Weise. Er hatte nun ein einsatzbereites Heer von 60 000 Mann zu Fuß, 350 Reitern und außer diesen Truppen, auf die er das meiste Vertrauen(221) setzte, noch etwa 4500 Söldner beisammen; 600 ausgewählte Soldaten bildeten seine Leibwache. Mit Ausnahme der Söldner wurde das Heer von den Städten ohne Mühe ernährt; denn von den Ausgehobenen schickte jede nur die Hälfte zum Dienst, während die übrigen zurückblieben, um jene zu versorgen. So teilten sie sich in den Waffen- und den Arbeitsdienst, wobei diejenigen, die Lebensmittel lieferten, von den Bewaffneten als Gegenleistung beschützt wurden.

21. Kapitel:
Josephus und Joannes von Gischala in Galiläa

1. Während Josephus die Verwaltung Galiläas einrichtete, trat gegen ihn ein hinterlistiger Mensch aus Gischala auf, der Sohn eines gewissen Levi, mit Namen Joannes, der durch Ruchlosigkeit verschlagenste und tückischste unter den Angesehenen. Anfangs war er arm, und geraume Zeit hindurch hinderte die Mittellosigkeit seine Frevel. Dagegen war er stets mit Lügen zur Hand und ein Meister in der Kunst, seine Lügen glaubhaft zu machen. Betrug hielt er für eine Tugend, und er benutzte ihn gegen seine besten Freunde. Menschenliebe trug er heuchlerisch zur Schau, obwohl er aus Gewinnsucht mordgierig war. Er war ehrgeizig, doch waren seine Pläne niederträchtig und schurkisch. Er war eigentlich nichts als ein Räuber, der zunächst sein Handwerk auf eigene Faust trieb, bald aber einige verwegene Gesellen seines Schlages gefunden hatte, deren Zahl sich im Laufe der Zeit immer mehr vergrößerte. Er sah darauf, daß niemand in seine Truppe eintrat, der leicht zu überwältigen war, sondern er nahm nur solche Leute, die sich durch kräftigen Körperbau, Entschlossenheit und Kampferfahrung auszeichneten. So brachte er nach und nach eine Schar von 400 Mann zusammen, größtenteils Flüchtlinge aus dem Stadtgebiet von Tyros und umliegenden Dörfern. Mit ihnen zog er plündernd durch ganz Galiläa und beunruhigte die Masse der Bevölkerung, die ohnehin dem bevorstehenden Krieg mit ängstlicher Spannung entgegensah.

2. Schon dachte er daran, den Oberbefehl zu übernehmen, und trug sich sogar mit noch höheren Plänen; aber immer war es seine Geldnot, die ihm Schwierigkeiten bereitete. Kaum hatte er erkannt, daß Josephus an seinem Tatendrang Gefallen fand, als er ihn zunächst zu bereden wußte, ihm den Wiederaufbau der Mauern seiner Vaterstadt anzuvertrauen, wobei er von den reichen Bürgern große Summen erpreßte. Hierauf stellte er sich in höchst listiger Absicht an, als wollte er die Judäer in Syrien vor dem Gebrauch des nicht von ihren Stammesgenossen gelieferten Öls bewahren, und bat sich deshalb das Recht aus, ihnen Öl an die Grenze zu schaffen. Mit tyrischer Münze

im Wert von vier attischen Drachmen kaufte er je vier Amphoren(222) Öl und verkaufte für denselben Preis eine halbe Amphora. Da Galiläa viel Öl erzeugt und gerade eine sehr gute Ernte gehabt hatte, gewann Joannes, indem er allein große Mengen Öl in Mangel leidende Gebiete lieferte, eine Unsumme Geldes, das er bald gegen den gebrauchte, der ihm diesen Erwerb verschafft hatte. Da er der Meinung war, er würde, wenn er Josephus stürzte, den Oberbefehl in Galiläa übertragen bekommen, wies er die ihm untergebenen Räuber an, ihre Überfälle noch nachdrücklicher zu betreiben, um entweder, wenn an vielen Orten im Lande Aufruhr entstände, den zu Hilfe eilenden Statthalter in einem Hinterhalt aus dem Wege zu räumen oder, falls er die Räuber gewähren ließ, ihn bei den Einwohnern verleumden zu können. Weiterhin streute er das Gerücht aus, Josephus wolle den Römern das Land verraten, und suchte durch diese und ähnliche Umtriebe den Sturz des Gegners herbeizuführen.

3. Um diese Zeit überfielen einige junge Leute aus dem Dorf Dabarittha, die zu der Beobachtungstruppe in der großen Ebene gehörten, den Verwalter des Agrippa und der Berenike, Ptolemaios, und nahmen ihm alles Gepäck ab, das er bei sich führte, darunter nicht wenige kostbare Gewänder, eine Menge silberner Trinkgefäße und 600 Goldstücke. Da sie ihren Raub nicht heimlich unter sich teilen konnten, schafften sie alles nach Tarichaia zu Josephus. Dieser verwies ihnen das gewaltsame Vorgehen gegen Diener des Königs und gab die erbeuteten Gegenstände dem mächtigsten Bürger von Tarichaia, Annaios, in Verwahrung mit der Absicht, sie gelegentlich den Eigentümern wieder zuzustellen. Das aber brachte ihn in die größte Gefahr. Die Täter, die einerseits entrüstet darüber waren, daß ihnen kein Anteil von der Beute zufallen sollte, und andererseits die Absicht des Josephus, mit dem Preis ihrer Mühe dem König und seiner' Schwester eine Gefälligkeit zu erweisen, durchschauten, liefen noch in der Nacht durch die Dörfer und denunzierten überall Josephus als Verräter. Auch in den umliegenden Städten brachten sie alles in Aufruhr, so daß sich gegen Morgen hunderttausend Bewaffnete gegen ihn vereinigt hatten. Die Menge sammelte sich in der Rennbahn zu Tarichaia und erhob ein lautes

und leidenschaftliches Geschrei: die einen riefen, man müsse den Verräter steinigen, andere, man solle ihn verbrennen. Joannes und mit ihm Jesus, der Sohn des Sapphias, damals Befehlshaber von Tiberias, reizten die Erbitterung des Haufens immer mehr, bis alle Freunde und Leibwächter des Josephus aus Angst vor einem Angriff der Menge bis auf vier flüchteten. Er selbst lag noch im Bett, als schon Feuer angelegt werden sollte; und obwohl die vier Zurückgebliebenen ihm zur Flucht rieten, sprang er, ohne sich durch seine Verlassenheit oder die Menge der Angreifer schrecken zu lassen, hervor, mit zerrissenem Gewand, das Haupt mit Asche bestreut, die Hände auf den Rücken haltend und sein eigenes Schwert an den Nacken gebunden. Dieser Auftritt rief bei allen, die es noch gut mit ihm meinten, besonders bei den Einwohnern von Tarichaia, Mitleid hervor; das Landvolk aber und die aus seiner näheren Umgebung, die ihn nicht leiden mochten, beschimpften ihn und verlangten, er solle die Gelder, die öffentliches Eigentum seien, auf der Stelle herausgeben und seine verräterischen Verbindungen eingestehen. Aus seinem Gebaren entnahmen sie, er werde nichts von dem in Abrede stellen, weswegen sie ihn verdächtigten, und er habe den ganzen auf Mitleid berechneten Aufzug nur ins Werk gesetzt, um sich Verzeihung zu verschaffen. Dieses demütige Benehmen war indes nichts als die Einleitung zu einer Kriegslist; um die auf ihn erbosten Menschen miteinander zu entzweien, versprach er alles eingestehen zu wollen. Nachdem ihm gestattet worden war, das Wort zu ergreifen, sagte er: „Diese Schätze wollte ich weder an Agrippa schicken noch zu meinem eigenen Nutzen verwenden; denn nie werde ich euren Gegner für meinen Freund halten, noch das als Gewinn ansehen, was der Gesamtheit Schaden bringt. Vielmehr hatte ich vor, weil eure Stadt, Bürger von Tarichaia, dringend befestigt werden muß und zum Bau einer Mauer kein Geld hat und weil das Volk von Tiberias und den anderen Städten neidisch auf die Beute lauert, die Schätze insgeheim aufzubewahren, um euch damit eine Mauer zu bauen. Mißfällt euch dieser Vorschlag, so lasse ich die erbeuteten Gegenstände holen und überlasse sie euch zum Plündern; habe ich es aber gut mit euch gemeint, so straft euren Wohltäter!“

4. Diese Worte riefen bei den Tarichäern freudige Zustimmung hervor, während die von Tiberias und die anderen fluchten und drohten. Beide Teile ließen von Josephus ab und stritten miteinander. Er aber hatte jetzt Unterstützung – die Tarichäer waren gegen 40 000 –, und das gab ihm den Mut, dem ganzen Haufen gegenüber eine freiere Sprache zu führen. Zunächst verwies er ihnen eindringlich ihr voreiliges Verfahren und erklärte dann, mit dem vorhandenen Geld werde er Tarichaia befestigen. Aber auch für die Sicherheit der übrigen Städte solle in gleicher Weise gesorgt werden; denn an Geld würden sie keinen Mangel haben, wenn sie nur über die Feinde, gegen die man es verwenden müsse, einig seien, anstatt sich gegen den, der es ihnen verschaffen wolle, aufreizen zu lassen.

5. Nun entfernte sich die große Masse seiner Gegner, wenn auch grollend; 2000 Bewaffnete griffen ihn jedoch an und umringten laut drohend das Haus, in das er sich noch rechtzeitig geflüchtet hatte. Gegen sie gebrauchte Josephus eine zweite List. Er stieg auf das Dach, gebot mit der Hand Stille und rief ihnen zu, er wisse nicht, was sie wollten, denn er könne sie wegen ihres Durcheinanderschreiens nicht verstehen. Er werde übrigens alles tun, was sie verlangten, wenn sie einige aus ihrer Mitte in das Haus schikken wollten, um sich in Ruhe mit ihm zu besprechen. Daraufhin gingen die Angesehensten mit den Anführern zu ihm hinein. Er aber ließ sie in den entlegensten Winkel des Hauses schleppen und sie bei verschlossener Tür geißeln, bis die Eingeweide bloßlagen. Unterdessen stand die Menge draußen und glaubte, die Abgeordneten hielten sich bei der Verfechtung ihrer Sache etwas länger auf. Plötzlich ließ Josephus die Tür öffnen und die bluttriefenden Männer hinausjagen, was dem drohenden Haufen einen solchen Schreck einjagte, daß er die Waffen wegwarf und auseinanderstob.

6. Diese Vorgänge steigerten den Haß des Joannes, und bald plante er einen zweiten Anschlag gegen Josephus. Indem er eine Krankheit vortäuschte, bat er ihn schriftlich um die Erlaubnis, die warmen Quellen in Tiberias zu seiner Heilung gebrauchen zu dürfen. Josephus, der noch keine Ahnung von seiner Hinterlist hatte, schrieb an

seine Unterbefehlshaber in der Stadt, sie sollten Joannes gastfreundlich aufnehmen und ihm alles Nötige gewähren. Diese Empfehlung nutzte Joannes auch aus, begann aber nach zwei Tagen den eigentlichen Zweck seines Aufenthalts zu verfolgen, indem er die Einwohner durch Vorspiegelungen oder durch Bestechung zum Abfall von Josephus zu verleiten suchte. Silas, der von Josephus eingesetzt war, um die Stadt zu überwachen, berichtete diesem brieflich von dem verräterischen Treiben. Nach Empfang des Schreibens machte sich Josephus noch in der Nacht auf den Weg und kam mit Tagesanbruch nach Tiberias, wo das Volk ihn begrüßte. Joannes, der wohl ahnte, daß der Besuch ihm selbst galt, schickte einen seiner Vertrauten und ließ sagen, er sei schwach und bettlägerig und könne ihm deshalb seine Aufwartung nicht machen. Als aber Josephus die Tiberienser in der Rennbahn versammelt hatte und den Inhalt des Schreibens mit ihnen besprechen wollte, sandte Joannes Bewaffnete ab mit dem Auftrag, ihn aus dem Weg zu räumen. Als das Volk bemerkte, wie die Bewaffneten ihre Schwerter zogen, erhob es lautes Geschrei. Hierdurch aufmerksam gemacht, wandte Josephus sich um und eilte, da er die Schwerter zu seiner Ermordung gezückt sah, ans Ufer hinab – er hatte, um zum Volk sprechen zu können, einen sechs Ellen hohen Erdhügel bestiegen –, sprang in ein dort liegendes Boot und flüchtete mit zwei Leibwächtern in die Mitte des Sees.

7. Jetzt griffen seine Soldaten schnell zu den Waffen und rückten gegen die Verschwörer vor. Aus Besorgnis, ein Bürgerkrieg könnte die ganze Stadt den feindlichen Umtrieben einiger weniger zum Opfer fallen lassen, ließ Josephus seinen Leuten durch einen Boten sagen, sie sollten nur auf ihre eigene Sicherheit achten, ohne einen der Schuldigen zu töten oder zur Verantwortung zu ziehen. Diesem Befehl gehorchten die Soldaten und verhielten sich ruhig; die Bevölkerung der Umgegend aber rottete sich, als sie von dem Verrat und seinem Urheber hörte, gegen Joannes zusammen, der sich indessen bereits nach Gischala, seiner Vaterstadt, geflüchtet hatte. Aus allen Städten Galiläas strömten nun viele tausend Bewaffnete zu Josephus und erklärten, sie seien gekommen, um gegen

Joannes, den gemeinsamen Feind, zu ziehen und ihn samt der Stadt, die ihn aufgenommen habe, zu verbrennen. Josephus sprach ihnen für ihren guten Willen seine Anerkennung aus, suchte aber ihr Ungestüm zu mäßigen, weil er seine Feinde lieber durch Klugheit besiegen als ums Leben bringen wollte. Nachdem er von den einzelnen Städten die Namen derer erfahren hatte, die zu Joannes abgefallen waren – die Bürger zeigten ihre Landsleute bereitwillig an –, ließ er durch Herolde drohen, er werde den Besitz derer, die nicht innerhalb fünf Tagen Joannes verließen, plündern lassen und ihre Häuser mitsamt den Familien verbrennen. Dadurch brachte er sofort 3000 Mann auf seine Seite, die sich bei ihm einfanden und ihre Waffen vor ihm niederlegten. Mit dem Rest seiner Anhänger, etwa 2000 syrischen Flüchtlingen(223), verlegte sich Joannes wieder auf heimliche Nachstellungen, nachdem der offene Angriff mißglückt war. Heimlich sandte er Boten nach Jerusalem, um Josephus wegen der Stärke seiner Truppen zu verdächtigen, und ließ sagen, bald werde der Statthalter als Tyrann in die Hauptstadt einziehen, wenn man ihm nicht zuvorkomme. Das Volk hatte dies vorausgesehen und achtete nicht darauf; die Vornehmen aber und einige obrigkeitliche Personen schickten heimlich Geld an Joannes, damit er Söldner anwerben und Josephus bekämpfen könne. Auch beschlossen sie, ihn als Befehlshaber abzuberufen. Da sie den Beschluß allein für ungenügend hielten, sandten sie 2500 Schwerbewaffnete und vier angesehene Männer, Joesdros, Sohn des Nommikos, Ananias, Sohn des Sadduk, Simon und Judas, Söhne Jonathans, sämtlich hervorragende Redner, mit dem Auftrag ab, des Josephus Beliebtheit zu untergraben und, wenn er sich gutwillig stelle, Rechenschaft von ihm zu fordern, wenn er sich aber mit Gewalt behaupten wolle, ihn als Feind zu behandeln. Josephus hatten seine Freunde von dem Anmarsch einer Truppenabteilung brieflich in Kenntnis gesetzt, den Grund aber nicht angeben können, weil der Plan seiner Feinde geheimgehalten worden war. Er traf deshalb auch keine Vorsichtsmaßregeln, und so fielen bald vier Städte ab(224), als die Gegner erschienen: Sepphoris, Gamala, Gischala und Tiberias. Schnell aber brachte er sie ohne Schwertstreich wieder auf seine Seite, bekam durch List auch die vier Anführer sowie die einflußreichsten der Bewaffneten in seine Gewalt und schickte sie nach Jerusalem zurück. Hier war das Volk über sie nicht wenig aufgebracht und würde sie mit ihren Auftraggebern umgebracht haben, wenn sie nicht geflüchtet wären.

8. Aus Furcht vor Josephus hielt sich Joannes von nun an innerhalb der Mauern Gischalas. Wenige Tage später fiel Tiberias wiederum ab, nachdem die Einwohner der Stadt die Hilfe König Agrippas angerufen hatten. Dieser traf zwar zu dem vereinbarten Zeitpunkt nicht ein, doch da am selben Tage sich einige römische Reiter in der Stadt zeigten, erklärten die Bürger Josephus für ausgewiesen. Ihr Abfall wurde sogleich nach Tarichaia gemeldet, doch konnte Josephus, weil er fast alle seine Soldaten zum Einbringen von Proviant ausgeschickt hatte, allein gegen die Abtrünnigen nichts unternehmen, andererseits auch nicht bleiben, wo er war, weil sonst die Königlichen, während er zögerte, die Stadt erreichen würden. Am folgenden Tage aber konnte er wegen der Sabbatverbote ohnehin nichts tun. So sann er darauf, die Abgefallenen zu überlisten: Er ließ die Tore von Tarichaia schließen, damit niemand seinen Plan denen, gegen die er gerichtet war, verraten könne, und alle Boote auf dem See zusammenbringen. Es fanden sich 230, und in jedem waren nicht mehr als vier Schiffer. Mit ihnen fuhr er schnellstens nach Tiberias. Er ließ die halbleeren Nachen so weit entfernt von der Stadt, daß man sie nicht deutlich sehen konnte, auf dem See umhertreiben, während er selbst mit nur sieben unbewaffneten Leibwächtern in den Gesichtskreis der Stadt hineinfuhr. Kaum bemerkten ihn seine Gegner, die ihn eben noch geschmäht hatten, von der Mauer herab, als sie in der Meinung, alle Boote seien mit Truppen gefüllt, ihre Waffen wegwarfen, wie Schutzflehende Olivenzweige schwenkten und ihn baten, die Stadt zu verschonen.

9. Josephus drohte ihnen mit Nachdruck und machte ihnen Vorwürfe darüber, daß sie, die sich zuerst zum Kriege gegen die Römer angeschickt hätten, ihre Kräfte nun vorher im Bürgerkrieg aufrieben, womit sie ihren Feinden den größten Gefallen täten. Weiter hielt er ihnen vor, daß sie den Mann aus dem Wege zu räumen suchten, der für ihre Sicherheit sorge, und sich nicht schämten, ihre Stadt dem

zu verschließen, der sie mit Mauern umgeben habe. Er sei jedoch bereit, denen zu verzeihen, die ihre Schuld eingestehen und ihm behilflich sein wollten, sich der Stadt zu versichern. Daraufhin kamen die zehn einflußreichsten Bürger von Tiberias ans Ufer herab. Josephus ließ sie in eines der Boote einsteigen und weit in den See hinausfahren. Darauf beschied er fünfzig weitere der angesehensten Mitglieder des Rates zu sich, als wollte er auch von ihnen das Gelöbnis der Treue entgegennehmen. Und immer neue Vorwände ersann er, um noch mehr Bewohner der Stadt wie zum Abschluß eines Übereinkommens zu sich zu rufen. Den Steuerleuten der angefüllten Schiffe gab er Befehl, so schnell wie möglich nach Tarichaia zu segeln und die Männer dort ins Gefängnis zu bringen, bis er endlich den ganzen, aus 600 Mann bestehenden Rat und etwa 2000 vom Volk in seine Gewalt bekommen und zu Schiff nach Tarichaia geschleppt haben würde.

10. Die übrigen gaben mit lautem Geschrei einen gewissen Kleitos als Hauptanstifter für den Abfall an, und da sie Josephus aufforderten, seinen Zorn gegen ihn zu richten, befahl er, weil er entschlossen war, niemand mit dem Tod zu bestrafen, einem seiner Wächter namens Levi, jenem die Hände abzuhauen. Der Wächter, der sich vor der feindlichen Menge fürchtete, weigerte sich, allein an Land zu gehen. Als Kleitos sah, wie Josephus, selbst voll Unwillen, sich bereitmachte, um die Strafe zu vollziehen, bat er vom Ufer aus flehentlich, man möge ihm wenigstens eine Hand lassen. Josephus bewilligte ihm die Bitte unter der Bedingung, daß er selbst sich die andere Hand abschlage, und wirklich zog Kleitos mit der Rechten sein Schwert und hieb sich die Linke ab – so groß war seine Angst vor Josephus. Auf diese Weise unterwarf sich dieser mit leeren Booten und sieben Leibwächtern die Einwohner von Tiberias und brachte die Stadt wieder auf seine Seite. Als sie jedoch wenige Tage darauf zusammen mit Sepphoris erneut abfiel, überließ er sie seinen Anhängern zur Plünderung. Schließlich gab er alles, was er zusammenbringen konnte, den Bürgern der Stadt zurück, ebenso denen von Sepphoris; denn er wollte, nachdem er sie bezwungen hatte, sie durch die Plünderung nur warnen. So gewann er durch Rückgabe des Eigentums wieder ihre Zuneigung.

22. Kapitel: Die Taten Simons, Sohn des Giora

1. Damit war die Gärung in Galiläa zu Ende, und man wandte sich nun, da die inneren Zwistigkeiten ruhten, den Kriegsrüstungen gegen die Römer zu. In Jerusalem setzten der Hohepriester Ananos und die führenden Männer, soweit sie nicht römisch gesinnt waren, die Mauer instand und ließen eine Menge Kriegsgerät anfertigen. In der ganzen Stadt wurden Geschosse und vollständige Rüstungen geschmiedet; viele junge Leute beschäftigten sich mit planlosen Waffenübungen, und überall herrschte lärmendes Getöse. Tiefe Niedergeschlagenheit aber bemächtigte sich der gemäßigten Bürger, und viele brachen, die kommende Not voraussehend, in lautes Klagen aus. Auch stellten sich Vorzeichen ein, die von dem friedlichen Teil der Bevölkerung für unheilverkündend gehalten wurden, während die Anstifter des Krieges sie leichtfertig nach ihrem Gefallen auslegten. Noch ehe die Römer heranzogen, hatte Jerusalem bereits das Ansehen einer dem Untergang geweihten Stadt. Ananos versuchte die Kriegsrüstungen für kurze Zeit zu unterbrechen, um die Aufständischen und den Wahnsinn der sogenannten Zeloten für das allgemeine Wohl zu gewinnen, doch mußte er der Gewalt weichen. Später werde ich berichten, welches Ende er fand.

2. In der Toparchie Akrabatene brachte Simon, des Gioras Sohn, eine Menge Unzufriedener zusammen und verlegte sich auf Raubzüge, wobei er nicht nur die Häuser der Reichen plünderte, sondern auch sie selbst körperlich mißhandelte. Schon jetzt traten die Anfänge seiner späteren Tyrannei zutage. Als Ananos und die Magistrate Truppen gegen ihn schickten, flüchtete er mit seiner Bande zu den Räubern nach Masada, wo er bis zum Sturz des Ananos und seiner übrigen Gegner blieb. Während dieser Zeit beteiligte er sich an den Streifzügen der Räuber nach Idumäa, dessen Behörden wegen der vielen Morde und beständigen Räubereien sich genötigt sahen, ein Heer zu sammeln und Besatzungen in die Dörfer zu legen. So standen damals die Dinge in Judäa.

DRITTES BUCH

1. Kapitel: Nero überträgt Vespasian die Kriegführung

1. Als Nero von den Mißerfolgen in Judäa Nachricht erhielt, ergriff ihn natürlich geheime Angst und Bestürzung; äußerlich jedoch spielte er den Übermütigen und behauptete in seinem Zorn, an dem Geschehenen sei mehr die Nachlässigkeit der Führer als die Tapferkeit der Feinde schuld. Er glaubte, der Majestät des Herrschers gezieme es, unglückliche Ereignisse nicht zu beachten und den Schein anzunehmen, als sei seine Seele über alle Widerwärtigkeiten erhaben. Sein Kummer verriet indes deutlich seine innere Unruhe.
2. Als er überlegte, wem er den aufgeregten Orient anvertrauen sollte, um die Judäer für ihren Abfall zu strafen und sich der Nachbarvölker zu versichern, die ebenfalls schon von der Empörung angesteckt waren, fand er allein Vespasian(225) der Aufgabe gewachsen und fähig, einen Krieg von solcher Bedeutung zu führen. Er war im Kriegsdienst aufgewachsen und ergraut, hatte schon vor längerer Zeit den durch die Germanen erschütterten Westen den Römern wiedergewonnen, das bis dahin unbekannte Britannien mit Waffengewalt ihrer Oberherrschaft unterworfen und dadurch dem Vater Neros, Claudius(226), einen mühelosen Triumph verschafft.
3. Dies alles sah Nero als günstige Vorbedeutung an. Da er außerdem das gesetzte Alter des kriegserfahrenen Mannes bedachte, seine auch durch seine Söhne verbürgte Ergebenheit sowie deren jugendliche Kraft, der sich Vespasian klug als ausführenden Arm bedienen konnte, vielleicht auch, weil der Gott alles im voraus so geordnet hatte, sandte er ihn ab, den Oberbefehl über die Heere in Syrien zu übernehmen. Zuvor hatte er im Drang der Not, um seinen Eifer anzuspornen, ihn auf mancherlei Weise zu begütigen und durch freundliches Benehmen zu gewinnen

gesucht. Vespasian schickte nun von Achaja aus, wo er sich mit Nero befand, seinen Sohn Titus nach Alexandreia, um von dort die fünfzehnte Legion zu holen. Er selbst setzte über den Hellespont und kam auf dem Landweg in Syrien an, wo er die römischen Streitkräfte und zahlreiche Hilfstruppen der benachbarten Könige zusammenzog.

2. Kapitel: Niederlage der Judäer bei Askalon

1. Nach der Niederlage des Cestius durch ihre unerwarteten Erfolge übermütig gemacht, konnten die Judäer ihr Ungestüm nicht mehr mäßigen und suchten, als wenn ihr Glück sie nicht ruhen ließe, den Krieg immer weiter auszudehnen. Unverzüglich sammelte sich daher alles, was kampffähig war, und brach gegen Askalon auf. Dies ist eine alte, 520 Stadien von Jerusalem entfernt liegende Stadt, die den Judäern von jeher verhaßt war und deshalb das erste Ziel ihres Angriffs sein sollte. An der Spitze des Unternehmens standen drei durch Körperkraft und Einsicht hervorragende Männer, der Peraïte Niger, der Babylonier Silas und der Essener Joannes. Askalon war zwar stark befestigt, aber fast ohne Besatzung; es lagen in der Stadt nur eine Kohorte Fußvolk und eine aus Hilfsvölkern bestehende Reiterabteilung unter dem Kommando des Antonius.
2. In ihrer Erbitterung hatten die Judäer ihren Marsch derart beschleunigt, daß sie vor der Stadt auftauchten, als wären sie ganz aus der Nähe gekommen. Antonius, der von ihrer Absicht, Askalon anzugreifen, in Kenntnis gesetzt worden war, hatte aber bereits seine Reiter herausgeführt, hielt, ohne sich von der Menge der Feinde und ihrer Kühnheit einschüchtern zu lassen, ihren ersten Ansturm aus und schlug die, die gegen die Mauer drängten, zurück. Ungeübt, gegen kriegsgewandte Soldaten kämpfend, zu Fuß gegen Reiterei, regellos aufgestellt gegen dichtgeschlossene Abteilungen, Kriegern in voller Rüstung gegenüber nur mit schnell zusammengerafften Waffen versehen, mehr von Zorneseifer als von vernünftiger Überlegung geleitet und dabei Männern gegenüber, die wohldiszipliniert waren und alle Befehle auf einen Wink hin vollzogen, wurden die Judäer leicht überwältigt. Sobald ihre vordersten Reihen

in Verwirrung geraten waren, wandten sie sich vor den Reitern zur Flucht, stießen auf die, die hinter ihnen auf die Mauer zudrängten, und verwundeten sich untereinander, bis endlich alles den Angriffen der Reiterei wich und über die ganze Ebene hin sich zerstreute. Diese war ausgedehnt und für Reiter günstig, was den Römern so sehr zustatten kam, daß sie die meisten Judäer töten konnten. Sie überholten die Fliehenden und machten dann kehrt, sprengten alle, die auf der Flucht sich sammelten, auseinander und töteten sie massenweise. Andere umzingelten einzelne Haufen der Judäer, drängten sie zusammen und schossen sie mit leichter Mühe nieder. Die Judäer kamen sich trotz ihrer großen Anzahl verlassen vor, weil sie den Kopf verloren hatten; den Römern aber, so wenige sie auch waren, verlieh ihr Glück das Gefühl, als hätten sie mehr Mannschaft als der Gegner. Während jene aus Scham über ihre Flucht und auf eine günstige Wendung des Treffens hoffend mit ihrem Unglück rangen und die anderen nicht müde wurden, ihr Glück auszunutzen, zog sich der Kampf bis zum Abend hin. Schließlich lagen 10 000 Judäer, unter ihnen die beiden Anführer Joannes und Silas, tot auf dem Schlachtfeld, während die übrigen, der Mehrzahl nach verwundet, mit dem noch lebenden Niger in ein idumäisches Städtchen namens Challis flüchteten. Auf seiten der Römer waren in diesem Treffen nur wenige verwundet worden.

3. Die schreckliche Niederlage vermochte jedoch den Stolz der Judäer nicht zu beugen, sondern das Unglück bestärkte sie in ihrer Tollkühnheit, und ungeachtet der vielen Leichen, die vor ihnen lagen, ließen sie sich durch ihre früheren Erfolge so weit verblenden, daß sie einer zweiten Niederlage geradezu in die Arme liefen. Sie gönnten sich nicht einmal so viel Zeit, als nötig war, ihre Wunden zu heilen; vielmehr sammelten sie unverzüglich alle Truppen, um in noch größerer Anzahl und größerer Wut Askalon abermals anzugreifen. Dorthin aber folgte ihrer Unerfahrenheit und ihren sonstigen kriegerischen Mängeln auch ihr früheres Schicksal nach. Da Antonius schon vorher die Pässe besetzt hatte, fielen sie unvermutet in Hinterhalte, wurden, noch ehe sie sich in Schlachtordnung aufstellen konnten, von den Reitern umzingelt

und verloren wiederum über 8000 Mann. Die übrigen ergriffen die Flucht, unter ihnen auch Niger, der während des Rückzugs noch manche kühne Tat vollbrachte. Der Feind setzte ihnen nach und trieb sie in einen festen Turm des Dorfes Belzedek zusammen. Um sich bei dem fast uneinnehmbaren Turm nicht aufhalten zu müssen und doch den Anführer der Feinde, der zugleich ihr tapferster Krieger war, nicht lebendig entkommen zu lassen, steckten die Leute des Antonius das Mauerwerk von unten in Brand.(227) Während der Turm brannte, zogen die Römer befriedigt davon und glaubten, auch Niger sei in den Flammen umgekommen. Dieser aber war aus dem Turm gesprungen und hatte sich in einer unterirdischen Höhle der Burg verborgen. Drei Tage später, als die Seinen ihn unter Wehklagen suchten, um ihn zu begraben, gab er sich durch Rufe aus der Tiefe zu erkennen. Sein Erscheinen erfüllte alle Judäer mit unverhoffter Freude; glaubten sie doch, daß des Gottes Vorsehung ihn als Feldherrn für die Zukunft am Leben erhalten habe.

4. Vespasian übernahm in Antiocheia(228), der Hauptstadt Syriens, die, was Größe und Wohlstand anbelangt, unstreitig den dritten Platz unter den Städten des römischen Weltreiches einnimmt, sein Heer und vereinigte sich dort auch mit König Agrippa, der ihn an der Spitze aller seiner Truppen erwartet hatte; dann marschierte er nach Ptolemais. In dieser Stadt kamen ihm Bürger von Sepphoris in Galiläa entgegen, die einzigen friedlichgesinnten dieser Provinz, die in rechter Würdigung ihres eigenen Vorteils und der Macht der Römer schon vor der Ankunft Vespasians mit Cestius(229) ein Abkommen getroffen und Besatzungstruppen erhalten hatten. Freundlich begrüßten sie den Feldherrn und versprachen, am Kampf gegen ihre Landsleute teilnehmen zu wollen. Auf ihre Bitte bewilligte Vespasian ihnen eine Besatzung von Reiterei und Fußvolk, die er für stark genug hielt, um Angriffen unruhiger Judäer Widerstand zu leisten; denn der Verlust von Sepphoris schien ihm für den bevorstehenden Krieg sehr gefährlich, da es die größte Stadt Galiläas war, die eine natürlich befestigte Lage hatte und ein für die Überwachung des ganzen Volkes höchst wichtiger Posten werden konnte.

3. Kapitel: Beschreibung von Galiläa, Samareia und Judäa

1. Galiläa besteht aus zwei Teilen, die das Ober- und das Unterland genannt werden, und ist von Phönikien und Syrien umgeben. Gegen Westen wird es begrenzt von Ptolemais und seinem Gebiet sowie vom Karmel, dem einst galiläischen, jetzt aber tyrischen Gebirge, an dem die Reiterstadt Gaba liegt, so genannt, weil sich hier die von König Herodes aus dem Dienst entlassenen Reiter angesiedelt hatten. Im Süden zieht es sich längs Samareia und Skythopolis bis zum Jordan. Gegen Osten stößt es an die Bezirke von Hippos und Gadara, ferner die Gaulanitis und das Königreich des Agrippa; im Norden endlich schließt sich Tyros und sein Gebiet an. Untergaliläa erstreckt sich der Länge nach von Tiberias bis Chabulon unweit des Küstenstriches von Ptolemais, und der Breite nach von dem Dorfe Xaloth in der großen Ebene bis Bersabe.(230) Hier beginnt sich Obergaliläa auszubreiten bis zu dem Dorf Baka an der tyrischen Grenze, während die Länge des Oberlandes von Thella, einem Dorf am Jordan, bis Mero reicht.

2. Ungeachtet des geringen Umfangs dieser beiden Landschaften und der vielen nichtjudäischen Nachbarvölker hielten die Galiläer doch jedem feindlichen Angriff stand, da sie von Jugend auf mit dem Kampfe vertraut sind und jederzeit eine bedeutende Kopfzahl aufwiesen. Den Männern fehlte es nie an Mut und dem Lande nie an Männern; es ist üppig und weidereich, mit Bäumen aller Art bepflanzt und so ergiebig, daß es auch den Trägsten zur Landarbeit anregt. So kommt es, daß das ganze Land von seinen Bewohnern bebaut ist und kein Teil brachliegt. Aus dem gleichen Grund hat es viele Städte, und auch die Bevölkerung der Dörfer ist infolge der Fruchtbarkeit des Bodens überall so dicht, daß selbst das kleinste Dorf über 15 000 Einwohner zählt.(231)

3. Kurz, wenn man Galiläa auch der Größe nach hinter Peräa setzt, muß man ihm doch, was Hilfsquellen anbelangt, den Vorrang lassen; denn es ist in seiner ganzen Ausdehnung bebaut und reich an fruchttragenden Gewächsen; Peräa dagegen ist zwar viel größer, aber mei-

stenteils unbewohnt, rauh und zum Anbau der edlen Früchte zu wild. Die weniger rauhen, fruchtbaren Strecken indes und die mit verschiedenartigen Bäumen bepflanzten Ebenen werden meist zum Anbau des Ölbaums, des Weinstocks und der Palme genutzt und sind von Gebirgsbächen und, wenn diese vom heißen Wind ausgetrocknet werden, von fließenden Quellen ausreichend bewässert. Der Länge nach erstreckt sich Peräa von Machairus bis Pella, der Breite nach von Philadelpheia bis zum Jordan, und zwar liegt Pella an der Nordgrenze(232), während der Jordan die Westgrenze bildet; im Süden ist die Moabitis das Nachbarland, und im Osten stößt es an Arabien, die Sebonitis, das Gebiet von Philadelpheia und an Gerasa.
4. Samareia liegt zwischen Judäa und Galiläa. Es beginnt bei dem Dorf Ginaia in der großen Ebene und endet bei der Toparchie Akrabatene. Seine natürliche Beschaffenheit ist dieselbe wie die von Judäa: beide Landschaften sind reich an Bergen und Ebenen, leicht zu bebauen, fruchtbar, mit Bäumen bestanden und voll von wildem und veredeltem Obst. Natürliche Bewässerung ist nirgends reichlich vorhanden, dafür fällt aber um so mehr Regen. Die fließenden Gewässer sind alle ausnehmend süß, und die Fülle guter Futterkräuter macht das Vieh hier milchreicher als anderswo. Der beste Beweis für die Trefflichkeit und den Fruchtreichtum beider Landschaften ist die Dichte ihrer Bevölkerung.
5. Auf der Grenze zwischen ihnen liegt das Dorf Anuath mit dem Beinamen Borkaios, das den Grenzort Judäas im Norden bildet, das Südende der Landschaft – der Länge nach gemessen – wird durch ein an der Grenze gegen Arabien liegendes Dorf bezeichnet, das die dortigen Judäer Jardas nennen. In der Breite(233) erstreckt sie sich vom Jordan bis Joppe. Genau in der Mitte Judäas liegt Jerusalem, weshalb manche diese Stadt nicht unpassend den Nabel des Landes genannt haben.(234) Judäa entbehrt auch nicht die Annehmlichkeiten der See, da es sich bis zur Küstenebene bei Ptolemais hinzieht. Eingeteilt wird es in elf Bezirke, die Jerusalem als Königsstadt beherrscht, indem es sich über das umliegende Land erhebt wie der Kopf über den Körper. Die übrigen Städte verteilen sich auf folgende Toparchien: Gophna, Akrabeta, Thamna,

Lydda, Ammaus, Pella, Idumäa, Engaddi, Herodeion und Jericho. Weitere Kreisstädte sind Jamneia und Joppe, und endlich kommen dazu noch die Toparchie Gamala, die Gaulanitis, Batanäa und die Trachonitis, die zugleich zum Gebiet des Königs Agrippa gehören. Dieses beginnt beim Libanongebirge und bei den Quellen des Jordans und reicht in der Breite bis zum See Tiberias, während seine Länge sich von dem Dorf Arpha bis Julias erstreckt.(235) Die Bevölkerung ist aus Judäern und Syrern gemischt. Soviel in möglichster Kürze von Judäa und den benachbarten Ländern.

4. Kapitel: Josephus vor Sepphoris

1. Die Hilfstruppen, die Vespasian unter dem Kommando des Tribuns Placidus den Sepphoriten geschickt hatte, tausend Reiter und 6000 Mann zu Fuß, schlugen zunächst ein Lager in der großen Ebene auf; später trennten sie sich, wobei das Fußvolk als Besatzung in die Stadt gelegt wurde, während die Reiterei im Lager verblieb. Beide Abteilungen unternahmen beständig Ausfälle und Streifzüge in die Umgegend und fügten Josephus und seinen Leuten großen Schaden zu; wenn diese in ihren Städten blieben, plünderten sie alles im Umkreis aus, und wenn sie sich einmal hervorwagten, trieben sie sie zurück. Nichtsdestoweniger griff Josephus die Stadt an und hoffte sie zu erobern, nachdem er selbst sie vor ihrem Abfall von den Galiläern so stark befestigt hatte, daß es sogar den Römern schwergefallen wäre, sie einzunehmen. Aber gerade deshalb schlug auch seine Hoffnung fehl: Er war ebensowenig imstande, die Sepphoriten mit Gewalt zu bezwingen, als sie durch Überredung auf seine Seite zu ziehen. Dagegen verschärfte er den Krieg im Lande. Im Zorn über seinen Anschlag verwüsteten die Römer unablässig bei Tag wie bei Nacht die Felder, raubten den Landbewohnern ihren Besitz, machten die Kampffähigen nieder und versklavten die Schwächeren. Ganz Galiläa war von Mord und Brand erfüllt, keine Plage und keine Not gab es, die nicht über das Land gekommen wäre; die einzigen Zufluchtsorte für die Verfolgten waren die von Josephus befestigten Städte.

2. Unterdessen war Titus schneller, als die winterliche Jahreszeit erwarten ließ, von Achaja nach Alexandreia übergesetzt und hatte die Truppen, die er dort holen sollte, übernommen. In Eilmärschen erreichte er Ptolemais, wo er seinen Vater mit den zwei ausgezeichneten Legionen, der fünften und der zehnten, traf, mit denen die von ihm geführte fünfzehnte vereinigt wurde. Hierzu kamen noch achtzehn Kohorten(236) sowie fünf Kohorten aus Kaisareia mit einer Reiterabteilung und fünf weitere Abteilungen aus syrischen Reitern. Zehn der Kohorten hatten je tausend, die übrigen dreizehn je 600 Mann zu Fuß und 120 Reiter. Weiterhin wurde ein zahlreiches Heer von den Königen zusammengebracht: Antiochos(237), Agrippa und Soaimos stellten jeder gegen 2000 Bogenschützen zu Fuß und tausend Reiter, der Araber Malchos sandte tausend Reiter und 5000 Mann Fußtruppen, größtenteils Bogenschützen, so daß das gesamte Heer einschließlich der königlichen Truppen etwa 60 000 Mann zu Fuß und zu Pferd zählte. Nicht mitgezählt ist dabei der Troß, der in großer Anzahl folgte, obwohl die Mitglieder an den Kampfübungen teilnehmen und gleichfalls den kämpfenden Truppen zugerechnet werden könnten. Im Frieden unterliegen die Sklaven der Schwerbewaffneten(238) den gleichen Übungen wie ihre Herren, und im Krieg bestehen sie mit ihnen dieselben Gefahren, so daß sie, was Schulung und Körperkraft angeht, nur von ihren Herren übertroffen werden.

5. Kapitel: Das römische Heer- und Lagerwesen

1. Ist die Klugheit der Römer schon darin zu bewundern, daß sie den Troß der Sklaven nicht nur zu den alltäglichen Dienstleistungen, sondern auch für die Kriege nutzbar zu machen verstehen, so wird man, betrachtet man ihr Heerwesen insgesamt, erst recht inne, daß sie den Besitz ihres großen Reiches nur ihrer eigenen Tüchtigkeit verdanken und nicht als Geschenk des Glücks anzusehen haben. Sie fangen nicht erst im Krieg an, sich mit den Waffen vertraut zu machen, noch lassen sie die Tage der Not herankommen, ehe sie ihre Hände rühren, um sie dann im Frie-

den wieder sinken zu lassen, sondern sie leben, als wären sie mit den Waffen geboren und aufgewachsen, üben beständig mit ihnen und warten nicht erst bestimmte Zeiten dafür ab. Bei ihren Übungen zeigen sie denselben straffen Ernst wie im wirklichen Gefecht, und täglich muß jeder Soldat mit allem Eifer Dienst tun wie im Kriege. Daher kommt es, daß sie die Schlachten so leicht nehmen; denn keine Verwirrung kann ihre gewohnte Schlachtordnung auflösen, die Furcht sie außer Fassung bringen, keine Anstrengung sie erschöpfen. Stets ist ihnen deshalb der Sieg über die sicher, die ihnen in jenen Stücken nicht völlig gleichen. Treffend könnte man ihre Übungen unblutige Schlachten, ihre Schlachten blutige Übungen nennen. Auch durch plötzlichen Überfall kann der Feind nicht viel gegen sie ausrichten; denn wenn sie in das Land des Feindes eingedrungen sind, lassen sie sich nicht eher auf eine Schlacht ein, als bis sie ein festes Lager aufgeschlagen haben. Dieses legen sie nicht aufs Geratewohl und unregelmäßig an, noch arbeiten alle durcheinander; vielmehr wird zunächst der Platz, wenn er uneben ist, geebnet, und dann ein Viereck für das Lager abgesteckt. Hierauf macht sich die Schar der Arbeiter mit den nötigen Bauwerkzeugen ans Werk.

2. Der innere Raum wird für die Zelte eingeteilt; die äußere Umfriedigung gleicht einer Mauer und ist in gleichen Abständen mit Türmen versehen. In den Zwischenräumen zwischen diesen stellen sie die Skorpione, Katapulte, Steinschleudern und sonstigen Schleudermaschinen auf, und zwar alle schußfertig. Vier Tore sind in die Umwallung gebaut, eins in jede Seite, alle bequem für den Durchgang von Lasttieren und breit genug für etwa nötig werdende Ausfälle. Innen ist der Lagerraum regelrecht in Viertel abgeteilt. In der Mitte stehen die Zelte der Anführer und in deren Mitte, einem Tempel ähnlich, das Feldherrnzelt. So entsteht gleichsam eine improvisierte Stadt mit einer Art Marktplatz, Viertel für die Handwerker und Richtersitze für die Unterbefehlshaber, von denen aus sie etwaige Streitigkeiten schlichten. Die Verschanzung des Umkreises und die ganze innere Lagereinrichtung werden von den zahlreichen und geschickten Arbeitern schneller als man denken kann vollendet. Im Notfall wird an der

Außenseite der Umwallung ein vier Ellen tiefer und ebenso breiter Graben gezogen.
3. Sind die Verschanzungen fertig, lagern die Soldaten in Ruhe und Ordnung in den Zelten. Auch alle übrigen Verrichtungen werden von ihnen ebenso regelmäßig und pünktlich vollzogen: Das Holztragen, das Herbeischaffen des nötigen Proviants und das Wasserholen besorgt immer die Abteilung, die an der Reihe ist. Niemand darf nach eigenem Belieben frühstücken oder mittagessen, sondern alle essen gleichzeitig. Zum Schlafengehen, für die Wache und zum Aufstehen gibt die Trompete das Zeichen; nichts erfolgt ohne Kommando. Mit Tagesanbruch treten die Soldaten vor den Zenturionen an, um sie zu begrüßen, diese vor den Tribunen, mit denen dann die Legaten zu demselben Zweck vor den Oberbefehlshaber treten. Dieser gibt ihnen herkömmlicherweise die Losung und die sonstigen Befehle, die sie ihren Untergebenen mitzuteilen haben. Auf gleiche Weise verfahren sie auch in der Schlacht, wodurch es ihnen möglich wird, in dichten Massen schnelle Bewegungen zum Angriff oder zum Rückzug auszuführen, je nachdem das eine oder andere erforderlich ist.
4. Soll das Lager aufgelöst werden, ertönt ein Trompetensignal. Niemand bleibt da müßig; auf den ersten Wink werden die Zelte abgebrochen und alles zum Abmarsch vorbereitet. Dann gibt die Trompete ein Zeichen, daß man sich fertigmachen soll. Eiligst laden die Soldaten den Mauleseln und den übrigen Lasttieren das Gepäck auf und stehen dann wie Wettläufer hinter der Schranke zum Aufbruch gerüstet. Hierauf stecken sie die Verschanzungen in Brand, einmal weil sie an der Stelle des Lagers mit leichter Mühe ein neues errichten können, zum andern, um zu verhüten, daß der Feind sich ihrer zu seinem eigenen Vorteil bedient. Ein drittes Trompetensignal kündigt den Abmarsch an und treibt die aus irgendeinem Grunde Säumigen zur Eile, damit niemand an seinem Platz fehle. (239) Nun fragt der rechts vom Feldherrn stehende Herold dreimal in ihrer Muttersprache, ob alles zum Kampf bereit sei. Als Antwort rufen die Soldaten ebenso oft ein lautes und freudiges Ja, wobei sie zuweilen auch der Frage zuvorkommen. Voll kriegerischer Begeisterung erheben sie die rechte Hand und lassen ein lautes Geschrei ertönen.

5. Dann rücken sie aus und marschieren ruhig und in größter Ordnung; jeder hält seinen Platz im Glied bei wie in der Schlacht. Das Fußvolk trägt Brustharnisch und Helm und an beiden Seiten eine Hiebwaffe; das Schwert an der linken Seite ist bedeutend länger als der Dolch rechts, der nur einen Spann lang ist. Die ausgewählten Fußsoldaten in der engeren Umgebung des Feldherrn führen Lanze und runden Schild, der übrige Teil des Fußvolkes Speere und längliche Schilde, Säge und Korb, Spaten und Axt, außerdem noch Riemen, sichelförmiges Messer(240), Kette und Proviant für drei Tage, so daß sie beim Marschieren beinahe so viel wie die Lasttiere zu tragen haben. Die Reiter haben an der rechten Seite ein breites Schwert, in der Hand eine lange Lanze; an der Seite des Pferdes hängt ein länglicher Schild; im Köcher führen sie drei oder mehr Wurfspieße mit breiter Spitze und von der Länge eines Spießes. Helm und Panzer sind dieselben wie beim Fußvolk. Die ausgewählten Reiter in der Umgebung des Feldherrn haben keine andere Ausrüstung wie die übrigen. Den Vortrab bildet immer die Legion, die durchs Los dazu bestimmt ist.(241)

6. Dies ist die Ordnung der Römer auf dem Marsch und im Lager und ihre Bewaffnung. Während der Schlachten geschieht nichts ohne vorherige Überlegung oder durch Zufall, sondern jeder Handlung liegt ein bestimmter Plan zugrunde; umgekehrt folgt dem Entschluß gleich die Ausführung. Deshalb begehen sie fast keine Fehler, und jeder Verstoß wird leicht wiedergutgemacht. Sie glauben, daß ein gut durchdachter Plan, der fehlschlägt, besser ist als ein Glück, das ihnen der Zufall verschafft, weil ein unverdient gewonnener Vorteil zur Unvorsichtigkeit verleite, während vernünftiges Nachdenken, wenn es auch einmal nicht vom Glück verfolgt sei, dazu führe, künftiges Mißlingen zu verhüten. Auch seien zufällige Erfolge nicht das Verdienst dessen, dem sie zugute kämen; Mißerfolge dagegen, die trotz aller Berechnung eintreten, gewährten wenigstens den Trost, daß man gehörig überlegt habe.

7. Mit ihren Waffenübungen wollen sie sowohl den Körper als den Geist kräftigen. Ein weiteres Zuchtmittel ist die Abschreckung; denn ihre Gesetze bestrafen nicht nur Fahnenflucht, sondern auch geringere Vergehen mit dem Tode.

Furchtbarer noch als die Gesetze ist die Strafgewalt der Feldherren, die nur dadurch, daß sie den Tapferen hohe Belohnungen zuerkennen, der Meinung entgegenarbeiten können, als gingen sie grausam mit den Bestraften um. Der Gehorsam gegen die Führer ist so groß, daß das Heer im Frieden den Anblick einer Parade, in der Schlacht den eines einzigen Körpers bietet – so festgefügt sind die Reihen, so leicht die Schwenkungen, so gespannt die Ohren auf Befehle, die Augen auf Winke, so ausführungsbereit die Hände. Daher sind die römischen Soldaten stets rasch zum Handeln entschlossen und nur schwer in eine bedrängte Lage zu bringen. Stehen sie einmal in Schlachtordnung, so weichen sie weder der Überzahl noch der Kriegslist, noch der Schwierigkeit des Terrains, noch der Ungunst des Glücks; denn fester als an dieses glauben sie an den Sieg. Es ist kein Wunder, daß ein Volk, das erst überlegt, bevor es handelt, und hinter dessen Beschlüssen ein so schlagfertiges Heer steht, im Osten den Euphrat, im Westen den Ozean, im Süden die fruchtbaren Gefilde Libyens, im Norden die Donau und den Rhein zu Grenzen seines Reiches hat. Der Besitz, kann man mit Recht sagen, ist immer noch kleiner, als die Besitzer verdienen.

8. Mit dieser Darlegung bezwecke ich nicht sosehr die Römer zu loben, als vielmehr die Unterjochten zu trösten und die Empörungslustigen auf andere Gedanken zu bringen. Vielleicht auch kann die Einrichtung des römischen Heerwesens denen zur Belehrung dienen, die Vortreffliches zu schätzen wissen und es noch nicht kannten. Ich will nun den Faden meiner Erzählung wiederaufnehmen.

6. Kapitel: Vespasian in Galiläa

1. Vespasian hielt sich zunächst mit seinem Sohn Titus in Ptolemais auf und ordnete sein Heer. Unterdessen durchzog Placidus Galiläa, wo er viele Einwohner aufgreifen und töten ließ. Freilich war das nur der schwächere und mutlos gewordene Teil der Galiläer; denn die kampffähigen Männer flohen, wie Placidus wohl merkte, jedesmal in die von Josephus befestigten Städte. Er rückte daher gegen die am stärksten befestigte, Jotapata, in der Hoffnung,

sie leicht überrumpeln und einnehmen, sich selbst dadurch bei den beiden Feldherren rühmlichst empfehlen und ihnen einen bedeutenden Vorteil für die weitere Kriegsführung verschaffen zu können; er glaubte, nach dem Fall der stärksten Festung würden die übrigen Städte sich aus Furcht ergeben. Seine Hoffnung erwies sich indes als trügerisch; denn die Bewohner von Jotapata hatten seine Annäherung bemerkt und erwarteten ihn vor der Stadt, wo sie in dem Bewußtsein, für die bedrohte Heimat und für Frau und Kind zu kämpfen, gerüstet und mutig in großer Anzahl unerwartet die Römer überfielen. In kurzer Zeit hatten sie diese geworfen und viele von ihnen verwundet; doch gelang es ihnen nicht, mehr als sieben Römer zu töten, da die Feinde sich in größter Ordnung zurückzogen. Zudem gingen die Schwerthiebe nicht tief durch die Panzer der Römer, und die leichtgerüsteten Judäer wagten ihre schwerbewaffneten Gegner weniger aus der Nähe als vielmehr nur aus der Ferne anzugreifen. Die Judäer verloren drei Tote und wenige Verwundete. Placidus aber überzeugte sich, daß er zum Angriff auf die Stadt zu schwach sei, und wandte sich zur Flucht.

2. Nun entschloß sich Vespasian, selbst in Galiläa einzufallen. Er brach deshalb von Ptolemais auf, indem er das Heer nach römischer Sitte sich in Marsch setzen ließ. Die leichtbewaffneten Hilfstruppen und die Bogenschützen, die unvermutete Angriffe der Feinde zurückschlagen und verdächtige, zu Hinterhalten geeignete Wälder durchsuchen sollten, schickte er voraus. Ihnen folgten eine Abteilung römischer Schwerbewaffneter, Reiterei und Fußvolk, und diesen von jeder Zenturie zehn Mann, die außer ihrem eigenen Gepäck die Werkzeuge zum Abstecken des Lagers trugen. Hierauf kamen die Straßenbauer, deren Aufgabe es war, höckerige Stellen der Heerstraße abzutragen, schwer gehbare Strecken zu ebnen und hinderliches Buschwerk zu entfernen, damit das Heer nicht infolge allzu beschwerlichen Marschierens ermatte. An sie schloß sich das Gepäck des Feldherrn und der Unterbefehlshaber an, bewacht von zahlreichen Reitern, und dann kam er selbst, gefolgt von ausgewähltem Fußvolk, Reiterei und Lanzenträgern. Hinter diesen ritten die den Legionen zugeteilten Reiter, von denen jede 120 hat, dann die Maultiere mit den Belage-

rungstürmen und den übrigen Kriegsmaschinen; es folgten die Legaten, die Präfekten der Kohorten und die Tribunen, von ausgewählter Mannschaft umgeben. Hinter ihnen wurden die Feldzeichen getragen, in ihrer Mitte der Adler(242), den bei den Römern jede Legion an ihrer Spitze führt. Als König und stärkster aller Vögel ist er ihnen ein Sinnbild der Herrschaft und scheint ihnen den Sieg über jeden Feind, gegen den sie zu Felde ziehen, zu verkünden. Diesen heiligen Zeichen folgten die Trompeter, und dann erst kam die Hauptmasse des Heeres in Sechserreihen, begleitet von einem Zenturio, der herkömmlicherweise die Ordnung zu beaufsichtigen hat.(243) Der Troß jeder Legion mit dem von Last- und Zugtieren beförderten Gepäck der Soldaten schloß sich an das Fußvolk an, und hinter den Legionen marschierte das Söldnerheer, dem der Sicherheit halber noch der Nachtrab folgte, bestehend aus Leicht- und Schwerbewaffneten sowie zahlreichen Reitern.

3. In dieser Weise marschierte Vespasian mit seinen Truppen und langte bald an den Grenzen Galiläas an, wo er ein Lager aufschlagen ließ und den Kampfeseifer seiner Soldaten vorläufig noch zurückhielt, einmal um den Feinden Schrecken einzujagen, indem er ihnen seine Heeresmacht vor Augen stellte, zum andern, um ihnen vor Beginn des Kampfes noch eine Frist zu geben, ihren Sinn zu ändern; gleichzeitig jedoch bereitete er sich vor, die Festungen zu stürmen. Wirklich brachte das Erscheinen des Feldherrn viele Empörer auf andere Gedanken; Schrecken flößte es allen ein. Die Judäer, die unter dem Kommando des Josephus nicht weit von Sepphoris bei einer Stadt namens Garis lagerten, hatten kaum gehört, daß der Krieg ihnen nahe rücke und die Römer drauf und dran seien, sie anzugreifen, als sie, ohne einen Kampf zu wagen, ja selbst ohne ihre Gegner auch nur gesehen zu haben, auseinanderstoben. Josephus, bei dem nur wenige seiner Leute ausharrten, sah wohl ein, daß er mit diesem Häuflein dem Feind nicht entgegentreten könne, und da er zugleich wahrnahm, wie sehr den Judäern der Mut gesunken war und wie die Mehrzahl von ihnen gern die Hand zum Vergleich geboten hätten, wenn sie nur auf Vertrauen rechnen durften, beschloß er, in Sorge um den Ausgang des Krieges, für

den Augenblick der Gefahr soweit wie möglich aus dem Wege zu gehen. Er floh mit denen, die ihm treu geblieben waren, nach Tiberias.

7. Kapitel: Einnahme Jotapatas

1. Vespasian griff zunächst die Stadt Gabara an und nahm sie beim ersten Sturm ein, da er sie von der waffenfähigen Mannschaft verlassen fand. Beim Eindringen ließ er alle Männer im wehrfähigen Alter töten; denn in ihrem Haß gegen die Judäer und im Andenken an das, was Cestius hatte ausstehen müssen, kannten die Römer kein Erbarmen. Dann gab er Befehl, nicht nur die Stadt, sondern auch alle Dörfer und Flecken der Umgegend in Brand zu stecken. Diese waren in der Mehrzahl völlig menschenleer, in den übrigen wurden die Bewohner in die Sklaverei verkauft.

2. Als Josephus als Flüchtling nach Tiberias kam, das er als Zufluchtsort gewählt hatte, verbreitete seine Ankunft großen Schrecken. Die Bewohner waren überzeugt, daß er niemals geflohen wäre, wenn er nicht an dem glücklichen Ausgang des Krieges völlig verzweifelte. In dieser Hinsicht hatten sie allerdings seine Meinung wirklich erraten; denn er erkannte, wohin das Beginnen der Judäer schließlich führen müsse, daß es keine Rettung für sie gab außer in freiwilliger Unterwerfung. Er selbst aber wollte, wenngleich er von den Römern Verzeihung erhoffte, lieber sterben, als sein Vaterland verraten und die ihm anvertraute Feldherrnwürde beschimpfen, um damit sein Glück bei denen zu machen, die zu bekämpfen er gesandt war. Deshalb beschloß er, die führenden Männer in Jerusalem von der Lage der Dinge genau zu unterrichten, um sich einerseits nicht durch Übertreibung der Stärke des Feindes später den Vorwurf der Feigheit zuzuziehen und anderseits nicht durch verkleinernde Darstellung die zu ermutigen, die etwa schon im Begriff standen, sich eines besseren zu besinnen. Er schrieb also, wenn man sich auf einen Vergleich einlassen wolle, so solle man ihm unverzüglich antworten; sei man aber zum Krieg entschlossen, so möge man ihm ein Heer senden, das es mit den Römern aufnehmen könne.

Dieses Schreiben ließ er schleunigst durch Boten nach Jerusalem überbringen.

3. Da Vespasian erfahren hatte, daß die meisten Feinde nach Jotapata geflüchtet seien, und er überdies in der Stadt ihren festen Stützpunkt erkannte, beschloß er, den Platz zu zerstören. Zunächst sandte er Fußvolk und Reiterei voraus, um den steinigen, für Fußtruppen beschwerlichen und für Reiter gänzlich unpassierbaren Bergweg zu ebnen. In vier Tagen hatten sie die Arbeit vollendet und dem Heer eine breite Straße eröffnet. Am fünften Tage, dem einundzwanzigsten des Monats Artemisios, erreichte Josephus von Tiberias her Jotapata und richtete durch sein Erscheinen den gesunkenen Mut der Judäer wieder auf. Ein Überläufer brachte Vespasian die willkommene Nachricht von der Ankunft des Josephus in Jotapata und riet ihm zum schleunigen Vorgehen gegen die Stadt, mit deren Eroberung er ganz Judäa in seine Gewalt bringen würde, wenn es ihm gelänge, sich des Josephus zu bemächtigen. Der Feldherr nahm diese Nachricht wie die Kunde von einem überaus großen Glück auf; er hielt es für göttliche Fügung, daß derjenige seiner Feinde, der im Ruf besonderer Klugheit stand, freiwillig in die Falle gegangen sei. Er sandte sogleich Placidus und den Dekurio Aebutius, einen tapferen und einsichtigen Mann, mit tausend Reitern ab, um die Stadt einzuschließen und so zu verhindern, daß Josephus heimlich entweiche.

4. Am folgenden Tage brach er selbst an der Spitze aller seiner Truppen auf und kam abends vor Jotapata an. Im Norden der Stadt, auf einer sieben Stadien entfernt liegenden Anhöhe, lagerte er mit seinem Heer, da er den Feinden so nahe wie möglich zu Gesicht kommen wollte, um sie in Schrecken zu setzen. Dies gelang ihm in so hohem Grade, daß kein Judäer mehr über die Festungswerke hinauszugehen wagte. Sogleich anzugreifen lag nicht im Sinn der Römer, da sie den ganzen Tag marschiert waren; sie beschränkten sich darauf, die Stadt mit einer doppelten Truppenkette zu umziehen und weiter draußen mit der Reiterei noch eine dritte zu bilden, um den Bewohnern jeden Ausweg zu versperren. Gerade hierdurch aber wurden die Judäer, die jetzt an kein Entrinnen mehr denken konnten,

zur Kühnheit angetrieben; denn nichts macht im Kriege kampfesmutiger als die Not.

5. Tags darauf erfolgte der Angriff. Anfangs hielten die Judäer, die außerhalb der Mauern ein Lager errichtet hatten, den Römern gegenüber stand; als aber Vespasian die Bogenschützen, die Schleuderer und die Masse der mit Wurfgeschossen treffsicheren Kämpfer vorrücken ließ und selbst mit dem übrigen Fußvolk den steilen Abhang hinaufdrängte, von dessen Spitze aus die Mauer leicht zu erstürmen war, fürchtete Josephus für die Stadt und machte mit der gesamten Besatzung einen Ausfall. Dicht gedrängt warfen sie sich auf die Römer und trieben sie von der Mauer weg, wobei sie manche tapfere und entschlossene Tat verrichteten. Freilich erlitten sie nicht weniger Verluste, als sie zufügten; denn in dem gleichen Maße, wie sie selbst von der Verzweiflung, wurden die Römer vom Ehrgefühl angestachelt, und wenn bei ihnen Kriegserfahrung und Kraft die Waffen führten, so paarten sich bei den Judäern Tollkühnheit und Erbitterung. Den ganzen Tag über tobte der Kampf, und erst mit einbrechender Nacht trennten sie sich. Die Judäer hatten viele Römer verwundet und dreizehn getötet, während von ihren eigenen Leuten siebzehn gefallen und 600 verwundet waren.

6. Am folgenden Tag machten sie abermals einen Ausfall gegen die Römer und stürzten sich noch hartnäckiger in den Kampf, da der unerwartet erfolgreiche Widerstand vom vorhergehenden Tage ihren Mut gehoben hatte. Aber auch die Römer wehrten sich kräftig, weil das Ehrgefühl ihre Wut aufs äußerste steigerte und es ihnen wie eine Niederlage vorkam, daß sie nicht sogleich gesiegt hatten. Bis zum fünften Tag griffen die Römer unablässig an, während die Jotapatener ihre Ausfälle und Mauerkämpfe mit wachsender Erbitterung fortsetzten; und wie die Judäer von der Übermacht der Römer nicht eingeschüchtert wurden, so ließen sich diese durch die Schwierigkeiten, die ihnen die Einnahme der Stadt zu bieten schien, nicht entmutigen.

7. Jotapata liegt fast ganz auf einem steilen Felsen, an dessen Seiten so tiefe Schluchten abfallen, daß es dem Hinabschauenden schwindelt, ehe noch sein Blick die Tiefe ermißt; nur im Norden ist die Stadt zugänglich, wo sie quer über den sich abflachenden Bergrücken gebaut ist. Aber

auch diesen Teil hatte Josephus in die Festungswerke mit eingeschlossen, damit der darüber ansteigende Berg nicht von den Feinden besetzt werden könnte. Die Stadt war ringsum von anderen Bergen verdeckt und entzog sich deshalb der Sicht, bis man in ihre unmittelbare Nähe kam. So war Jotapata befestigt.

8. Trotz dieser starken natürlichen Beschaffenheit des Platzes und der Tollkühnheit der Judäer war Vespasian entschlossen, die Belagerung noch heftiger zu betreiben. Er berief deshalb seine Unterbefehlshaber zusammen, um sich mit ihnen über den Angriffsplan zu beraten. Sie beschlossen, gegen die zugängliche Seite der Mauer einen Wall aufzuwerfen, worauf Vespasian alle Soldaten zum Herbeischaffen von Baumaterial aussandte. Während ein Teil der Leute die Anhöhen in der Umgebung der Stadt abholzte und zugleich mit den Baumstämmen viele Steine heranschleppte, spannten andere zur Abwehr der von oben kommenden Geschosse Flechtwerk über Pfähle aus, unter dessen Schutz die Mannschaften an dem Walle arbeiten konnten, ohne nennenswerte Verluste durch die von der Mauer herabgeschleuderten Wurfgeschosse zu erleiden. Wieder andere trugen die in der Nähe befindlichen Hügel ab und führten ihren Kameraden beständig Erde zu; so waren die Arbeiten in drei Abschnitte geteilt, und kein Mann blieb untätig. Die Judäer warfen große Felsstücke und Geschosse aller Art von den Mauern auf die Schutzdächer der Feinde, und wenn sie auch nicht durchschlugen, so störten sie doch die Arbeiter durch das laute und furchtbare Getöse, das sie verursachten.

9. Nun ließ Vespasian die Wurfmaschinen, von denen das Heer im ganzen 160 besaß, rings um die Stadt aufstellen und nach den Feinden auf den Mauern richten. Bald spieen die Katapulte ihre Lanzen, und die Wurfmaschinen schleuderten talentschwere Steine, Feuerbrände und dichte Schwärme von Pfeilen, die nicht nur den Judäern das Betreten der Mauern unmöglich machten, sondern auch noch einen Raum dahinter bestrichen, zumal außer den Maschinen die zahlreichen arabischen Bogenschützen sowie alle Speerwerfer und Schleuderer tätig waren. Obwohl die Judäer an der Gegenwehr von oben herab gehindert waren, blieben sie nicht müßig; sie machten nach Räuberart

Ausfälle in kleineren Rotten, rissen den Arbeitern die Schutzdächer ab und hieben die Wehrlosen nieder. Hatten sie auf diese Weise die Schanzarbeiter zum Weichen gebracht, zerstörten sie den Wall und steckten die Pfähle mit dem Flechtwerk in Brand. Schließlich überzeugte sich Vespasian, daß nur die Zwischenräume zwischen den Belagerungswerken die Angriffe der Judäer ermöglichten und an den Verlusten schuld seien. Er ließ die Schutzdächer aneinander anschließen, und da hiermit auch eine Verbindung für die Truppen selbst hergestellt war, wurden die feindlichen Überfälle von da an vereitelt.

10. Zusehends wuchs nun der Damm empor, und als er schon beinahe die Höhe der Mauerzinnen erreicht hatte, erkannte Josephus, wie gefährlich es sein würde, wenn er keine Gegenmaßnahmen träfe, um die Stadt zu retten. Er rief daher die Bauhandwerker zusammen und befahl ihnen, die Mauer zu erhöhen. Da sie es aber für unmöglich erklärten, unter dem beständigen Geschoßhagel zu bauen, ersann er für sie folgenden Schutz. Er ließ Pfähle einrammen und frisch abgezogene Ochsenhäute darüberspannen, damit die Steine aus den Wurfmaschinen sich in ihnen fangen, die übrigen Geschosse von ihnen abgleiten und die Feuerbrände durch die Nässe der Häute unschädlich gemacht werden sollten. Hinter diesem Schutz konnten die Bauleute ungefährdet Tag und Nacht arbeiten, die Mauer auf die Höhe von zwanzig Ellen bringen, zahlreiche Türme und eine feste Brustwehr errichten. Dies entmutigte die Römer, die bereits in der Stadt zu sein wähnten, und sie staunten ebenso über die Klugheit des Josephus wie über die Geistesgegenwart der Belagerten.

11. Vespasian geriet über diese schlaue Erfindung und die Kühnheit der Jotapataner in heftigen Zorn, besonders da diese, durch das Gelingen des Mauerbaus ermutigt, wieder Ausfälle gegen die Römer machten. Scharmützel zwischen einzelnen Abteilungen, räuberische Anschläge aller Art, Plünderungen, bei denen man mitnahm, was in den Weg kam, und Einäschern von Belagerungswerken waren wieder an der Tagesordnung, bis Vespasian beschloß, den Kampf aufzugeben, vor der Stadt zu lagern und sie durch Aushungern in seine Gewalt zu bringen. Er glaubte, die Jotapatener würden entweder aus Mangel an Lebens-

mitteln um Gnade bitten oder, wenn sie ihre Hartnäckigkeit aufs Äußerste trieben, durch Hunger zugrunde gehen; jedenfalls hoffte er, im Kampf mit ihnen leichter fertig werden zu können, wenn er erst einige Zeit vergehen ließe und dann seine entkräfteten Gegner angriffe. Er beschränkte sich daher fürs erste darauf, die Zugänge zur Stadt bewachen zu lassen.

12. Getreide und andere Lebensmittel außer Salz hatten die Belagerten im Überfluß; dagegen mangelte es an Wasser, da sich in der Stadt keine Quelle befand und die Bewohner sich mit Regenwasser behelfen mußten. Es ist aber selten, daß es im Sommer in jenen Landstrichen regnet. Da die Belagerung eben in diese Jahreszeit fiel, wurden die Jotapatener beim Gedanken an den drohenden Durst so mutlos und niedergeschlagen, als wenn das Wasser schon ausgegangen wäre. In Anbetracht des Umstandes, daß die Stadt mit allen sonstigen Bedürfnissen reichlich versehen und der Mut der Männer ungeschwächt war, hatte Josephus, um die Belagerung für die Römer unerwartet in die Länge zu ziehen, das Trinkwasser rationiert. Ein solches Verteilen aber kam ihnen lästiger vor als wirklicher Mangel; daß sie nicht nach Belieben trinken konnten, reizte nur ihr Verlangen, und sie lechzten, als ob sie schon am Verschmachten wären. Den Römern blieb dieser Zustand nicht unbekannt; sie sahen von der Anhöhe aus über die Mauer hinweg, wie die Einwohner der Stadt an einem bestimmten Ort zusammenströmten und das Wasser zugemessen erhielten. Dorthin richteten sie ihre Skorpione und töteten viele Judäer.

13. Bei dieser Sachlage konnte Vespasian hoffen, daß die Zisternen bald geleert und die Belagerten gezwungen sein würden, die Stadt zu übergeben. Um ihm diese Hoffnung zu nehmen, ließ Josephus viele seiner Leute ihre Kleider ins Wasser tauchen und an den Brustwehren aufhängen, so daß die Mauer von Wasser triefte. Das entmutigte und erschreckte die Römer; sahen sie doch, wie die, denen es ihrer Meinung nach an Trinkwasser mangelte, dieses zum Hohn massenhaft vergeudeten. Nun gab auch der Feldherr die Hoffnung auf, die Stadt durch Aushungern bezwingen zu können, und griff wieder zur Waffengewalt. Das war ganz nach dem Wunsch der Judäer; denn da sie

daran verzweifeln mußten, die Stadt und sich selbst zu retten, zogen sie den Tod im Kampf dem durch Hunger und Durst vor.

14. Außer dieser List ersann Josephus noch eine andere, um in den Besitz von Lebensmitteln zu kommen. Durch eine unwegsame und deshalb von den feindlichen Posten wenig beachtete Schlucht auf der westlichen Seite des Tales wechselte er durch Boten nach Belieben Briefe mit den Judäern außerhalb der Stadt und verschaffte sich so in reichem Maße die Lebensmittel, an denen es in der Stadt mangelte. Hierbei wies er seine Leute an, in der Regel an den Wachen vorbeizukriechen und den Rücken mit Fellen zu bedecken, damit sie, wenn ein Posten sie bei Nacht bemerken würde, wie Hunde aussähen. Schließlich aber kamen die Wachen hinter die List und umstellten die Schlucht.

15. Josephus sah jetzt, daß die Stadt sich nicht lange mehr halten könne und daß, wenn er in ihr bliebe, seine Rettung sehr fraglich sein würde; er beriet sich daher mit den angesehensten Männern über die Flucht. Die Jotapatener aber bekamen Wind davon, umringten ihn und baten ihn, sie nicht im Stich zu lassen, da sie an ihm allein einen Rückhalt hätten. Er sei noch die letzte Hoffnung, daß die Stadt gerettet würde; denn solange er bleibe, würden sie freudig kämpfen, und wenn sie in Gefangenschaft geraten sollten, sei er ihr einziger Trost. Ihm stehe es schlecht an, vor dem Feinde zu fliehen, seine Freunde zu verlassen und beim Ausbruch des Sturmes aus dem Schiff zu springen, das er bei ruhiger See betreten habe. Dann sei das Verderben der Stadt besiegelt, da niemand mehr den Feinden entgegenzutreten wage, wenn der fort wäre, der allen den Mut gehoben habe.

16. Nun ließ Josephus nicht mehr merken, daß es ihm um seine persönliche Sicherheit zu tun war, sondern erklärte, lediglich zu ihrem Besten weggehen zu wollen. Sein Verbleiben in der Stadt würde ihnen, wenn sie die Belagerung aushielten, nicht viel nützen; falle die Stadt aber, so gehe er unnötigerweise mit ihnen zugrunde. Wenn er dagegen den Belagerern entkäme, könnte er ihnen draußen wesentliche Dienste leisten; er würde die Galiläer im Lande so schnell wie möglich sammeln und die Römer

dadurch, daß er sie anderweitig beschäftige, von ihrer Stadt abziehen. Er sehe nicht ein, was er ihnen jetzt durch sein Bleiben nutzen könne; vielmehr würden die Römer sie nur noch heftiger belagern, da ihnen sehr viel daran liege, sich seiner Person zu bemächtigen. Erführen sie aber seine Flucht, werde die Kraft, mit der sie der Stadt zusetzten, bedeutend nachlassen. Gleichwohl vermochte er die Leute nicht zu überzeugen, sondern er bewirkte nur, daß das Volk sich noch mehr um ihn drängte. Kinder, Greise und Frauen mit Säuglingen im Arm warfen sich weinend vor ihm nieder, umklammerten seine Füße und flehten ihn unter lautem Schluchzen an, er möge doch bei ihnen bleiben und ihr Schicksal teilen – nicht, wie ich glaube, weil sie ihm seine Rettung mißgönnten, sondern weil sie ihre eigene noch erhofften; denn solange sie Josephus bei sich hätten, meinten sie, könne ihnen kein Unglück widerfahren.

17. Überzeugt, daß die Menge, solange er sich nachgiebig zeige, es beim Flehen lassen, dagegen Gewalt anwenden würde, wenn er auf seinem Vorhaben bestände, beschloß Josephus zu bleiben, zumal auch sein Verlangen wegzukommen durch das Mitleid mit ihrem Jammer zurückgedrängt wurde. Er nutzte die allgemeine Verzweiflung in der Stadt gleichsam als Waffe und rief: „Jetzt, da wir nicht mehr auf Rettung hoffen können, ist es Zeit, den Kampf zu beginnen, Ruhm mit dem Leben zu erkaufen und sich durch Heldentaten bei der Nachwelt zu verewigen!“ Diesen Worten ließ er bald die Tat folgen: Er unternahm mit den tapfersten Kämpfern einen Ausfall, zersprengte die feindlichen Vorposten, drang bis zum Lager der Römer vor, zerstörte die Häute, unter denen die Schanzarbeiter sich bargen, und warf Feuer in ihre Werke. In gleicher Weise verfuhr er am folgenden und am dritten Tag sowie noch mehrere Tage und Nächte hindurch, ohne kampfesmüde zu werden.

18. Durch diese Ausfälle litten die Römer große Verluste. Vor den Judäern zu fliehen, schämten sie sich; zogen aber die Gegner sich zurück, so wurden sie durch die Schwere ihrer Rüstungen gehindert, sie zu verfolgen, so daß die Judäer, nachdem sie den Römern Verluste beigebracht, ohne selbst welche zu erleiden, sich jedesmal wieder in

die Stadt flüchten konnten. Vespasian befahl daher seinen Schwerbewaffneten, den Angriffen der Judäer auszuweichen und sich mit Menschen, die den Tod suchten, in kein Gefecht mehr einzulassen; denn nichts mache tapferer als Verzweiflung. Der Kampfeseifer der Judäer werde sich von selbst abkühlen, sobald ihm das Ziel fehle, wie das Feuer, wenn ihm der Brennstoff ausgehe. Auch zieme es den Römern, nur den sicheren Weg zum Sieg zu wählen, da sie ja keinen Verteidigungs-, sondern einen Eroberungskrieg führten. Von nun an wurden zumeist die arabischen Bogenschützen sowie die syrischen Schleuderer und Steinwerfer damit betraut, die Judäer zurückzutreiben. Doch blieben auch alle Wurfmaschinen in Tätigkeit, vor denen sich die Judäer stets mit Verlusten zurückzogen. Hatten sie aber den Bereich der Geschosse überwunden, setzten sie den Römern arg zu und kämpften mit Todesverachtung; dabei trat für die Kampfunfähigen auf beiden Seiten stets wieder frische Mannschaft ein.

19. Fast schien es Vespasian bei der Länge der Zeit und den vielen Ausfällen, als sei er selbst der Belagerte. Er beschloß daher, da die Wälle sich schon den Mauern näherten, den Sturmbock anrücken zu lassen. Dies ist ein gewaltiger, einem Schiffsmast ähnlicher Balken; an seinem vorderen Ende ist er mit starkem Eisen in Form eines Widderkopfes beschlagen, woher er auch seinen Namen hat. In der Mitte ist er mit Seilen ähnlich einer Waagschale an einem anderen Balken aufgehängt, der an beiden Seiten auf starken Pfählen ruht. Von einer großen Anzahl Männer rückwärts gezogen und dann mit vereinter Kraft nach vorn geschnellt, stößt er mit dem an seiner Spitze angebrachten Eisen gegen die Mauer. Kein Turm ist so fest, keine Mauer so dick, daß sie, wenn sie auch die ersten Anpralle aushalten, den wiederholten Stößen standhalten könnten. Mit dieser Maschine versuchte es jetzt der römische Feldherr; er wollte sich möglichst schnell der Stadt bemächtigen, da eine längere Belagerung bei der Rührigkeit der Judäer ihm nur Schaden bringen konnte. Gleichzeitig machten die Römer die Katapulte und die übrigen Wurfmaschinen bereit, um die Feinde zu beschießen, die von der Mauer herab Widerstand leisten würden; auch die Bogenschützen und die Schleuderer zogen sich möglichst

dicht an die Stadt heran. Während unter diesem Beschuß niemand die Mauer zu besteigen wagte, schleppte ein Teil der Soldaten den Sturmbock heran, der zum Schutz der Bedienungsmannschaft wie der Maschine selbst von Weidengeflecht umgeben und oben mit Fellen bedeckt war. Der erste Stoß bereits erschütterte die Mauer, und zugleich erhoben die Belagerten ein lautes Geschrei, wie wenn die Stadt schon erstürmt wäre.

20. Als Josephus sah, daß die Römer immer gegen dieselbe Stelle der Mauer stießen und diese dem Einsturz nahe war, ersann er ein Mittel, um die Gewalt der Maschine zu mindern. Er befahl, Säcke mit Spreu zu füllen und sie an die Stelle hinabzulassen, gegen die sie den Sturmbock zielen sähen, damit seine Richtung unsicher und seine Stöße durch die Elastizität der Säcke abgeschwächt würden. Den Römern erwuchs dadurch großer Zeitverlust, da die Judäer von der Mauer herab die Säcke jedesmal dort anbrachten, wo die Maschine hinzielte, und sie den Stößen entgegenhielten, so daß die Mauer weniger unter der Wucht zu leiden hatte. Endlich aber kamen die Römer auf den Gedanken, vorn an lange Pfähle Sicheln zu binden und damit die Säcke abzuschneiden. Auf diese Weise konnte die Maschine von neuem wirksam werden, und da die frisch gebaute Mauer zu wanken anfing, griffen Josephus und seine Leute zu einem anderen Verteidigungsmittel: zum Feuer. Sie rafften alles dürre Reisig, dessen sie habhaft werden konnten, zusammen, machten von drei Stellen her einen Ausfall und steckten die Maschinen, die Schutzdächer und die Pfahlwerke der Römer in Brand. Diese leisteten nur schwachen Widerstand, weil die Kühnheit der Belagerten sie außer Fassung brachte und die Flammen der Verteidigung zuvorgekommen waren; denn das trockene Holz, verbunden mit Erdharz, Pech und Schwefel, verbreitete den Brand blitzschnell, so daß in einer Stunde die mühsam errichteten Werke der Römer in Asche lagen.

21. Bei dieser Gelegenheit zeichnete sich ein Judäer namens Eleazar, Sohn des Samaios, aus Saba in Galiläa auf eine ruhm- und denkwürdige Weise aus. Er hob einen ungeheuren Stein auf und schleuderte ihn von der Mauer herab mit solcher Gewalt gegen den Sturmbock, daß er ihm

die Spitze abschlug. Dann sprang er hinunter, holte den Widderkopf mitten aus den Feinden heraus und trug ihn furchtlos auf die Mauer zu. Die Feinde machten ihn nun zur Zielscheibe, und da er durch keine Rüstung geschützt war, wurde er von fünf Geschossen durchbohrt. Ohne indes darauf zu achten, erstieg er die Mauer, wo er mit seiner Tat aller Augen auf sich zog; gleich darauf aber stürzte er, unter seinen Wunden sich krümmend, mit dem Widderkopf herab. Neben ihm erwiesen sich als besonders tapfer die beiden Brüder Neteiras und Philippos aus dem Dorfe Ruma, gleichfalls Galiläer. Sie drangen auf die Soldaten der zehnten Legion ein und warfen sich den Römern so ungestüm entgegen, daß sie ihre Reihen durchbrachen und alles, was ihnen in den Weg kam, vor sich hertrieben.

22. Hinter ihnen stürzte Josephus an der Spitze der übrigen Mannschaft mit Feuerbränden hinaus und setzte die Maschinen sowie die Flecht- und Pfahlwerke der weichenden fünften und zehnten Legion in Brand, während andere eiligst Werkzeuge und Bauholz zuschütteten. Gegen Abend richteten die Römer den Sturmbock wieder auf und ließen ihn gegen die Stelle der Mauer wirken, die schon vorher beschädigt worden war. In diesem Augenblick traf einer von den Verteidigern der Mauer Vespasian mit einem Pfeil in die Fußsohle. Die Wunde war zwar leicht, weil das Geschoß infolge der beträchtlichen Entfernung seine Kraft verloren hatte; gleichwohl bemächtigte sich der Römer ein ziemlicher Schreck. Da die nächste Umgebung des Feldherrn durch den Anblick des Blutes in Unruhe geriet, verbreitete sich die Nachricht von seiner Verwundung bald im ganzen Heer. Die meisten ließen von der Belagerung ab und scharten sich erschreckt und bestürzt um ihren Feldherrn. Vor allen trieb Titus die Sorge um seinen Vater herbei, und da er ängstliche Aufregung verriet, bemächtigte sich der Truppen infolge ihrer Anhänglichkeit an den Feldherrn große Niedergeschlagenheit. Leicht jedoch beschwichtigte der Vater den besorgten Sohn und beendete so auch die Unruhe im Heer. Indem er die Schmerzen unterdrückte und sich allen zeigte, die um ihn besorgt gewesen waren, feuerte er den Kampfeseifer gegen die Judäer in noch höherem Grade an; denn jeder wollte jetzt als Rächer des

Feldherrn der vorderste im Kampf sein. So stürmten sie, indem sie sich gegenseitig durch Zurufe ermunterten, bald wieder gegen die Mauer an.

23. Obwohl von den Leuten des Josephus einer nach dem andern den Katapulten und Wurfmaschinen zum Opfer fiel, ließen sie sich nicht von der Mauer verjagen, sondern bewarfen mit Feuerbränden, Eisen(244) und Steinen die von Flechtwerk geschützte Mannschaft des Sturmbocks. Sie richteten indes gar nichts oder nur wenig aus, verloren aber selbst viele Leute, da sie, ohne die Feinde zu sehen, beständig von diesen gesehen wurden. Von den Feuerbränden in ihrer eigenen Hand beleuchtet, boten sie den Römern wie bei Tage ein deutliches Ziel und konnten sich vor den Geschossen der Maschinen, weil diese in der Ferne für sie unsichtbar waren, nicht schützen. So wurden sie von der Gewalt der Skorpione und Katapulte niedergemäht, während gleichzeitig die Wucht der von den Maschinen geschleuderten Steinmassen Mauerbrüstungen wegriß und die Ecken der Türme einschlug. Keine Truppe steht so fest, daß sie nicht von der Gewalt und Größe eines solchen Steines bis zum letzten Glied niedergestreckt würde. Die Kraft des Geschützes kann man aus einigen Vorfällen dieser Nacht ersehen. Einem der Leute des Josephus, der auf der Mauer stand, wurde von einem Stein der Kopf abgerissen und drei Stadien weit weggeschleudert. Gleich nach Tagesanbruch wurde eine schwangere Frau, die eben ihr Haus verlassen hatte, auf den Unterleib getroffen und ihr Kind ein halbes Stadion weit fortgerissen: So groß war die Gewalt der Steinschleuder. Schrecklicher noch war das von den Maschinen verursachte Getöse und das Sausen der Geschosse. Ein Toter nach dem andern stürzte mit Gepolter von der Mauer herab; innen schrien die Frauen entsetzlich, außen vermischte sich damit das Stöhnen der Sterbenden. An der Stelle, wo der Kampf tobte, triefte die Mauer von Blut, und man konnte sie auf Bergen von Leichen erklettern. Noch schauerlicher wurde das Getöse durch den Widerhall der umliegenden Berge, und nichts, was für Auge und Ohr schrecklich sein kann, fehlte in jener Nacht. Viele der Verteidiger Jotapatas fielen nach tapferem Kampf, viele wurden verwundet. Um die Morgenwache(245) gab die Mauer endlich den unaufhörlich arbeitenden Ma-

schinen nach; bevor jedoch die Römer ihre Sturmleitern anlegen konnten, hatte ein Teil der Leute des Josephus mit ihren Körpern und Waffen das eingestürzte Stück der Mauer gedeckt und einen neuen Wall errichtet.

24. Gegen Morgen sammelte Vespasian sein Heer zum Sturm auf die Stadt, nachdem er ihm eine kurze Erholung von den Strapazen der Nacht gegönnt hatte. Da es ihm zunächst darum zu tun war, die Verteidiger von den eingestürzten Mauerteilen zu vertreiben, ließ er seine tapfersten Reiter absitzen und sie, von Kopf bis Fuß gepanzert, mit vorgehaltenen Speeren in drei Linien vor dem zerstörten Mauerstück aufstellen, damit sie, sobald die Sturmbrücken angelegt wären, zuerst in die Stadt eindringen sollten. Hinter ihnen nahm der Kern des Fußvolks Stellung, während sich die übrige Reiterei am Berg entlang der Mauer aufstellte, um das heimliche Entweichen von Belagerten während des Sturmes zu verhindern. Hinter dem Fußvolk ließ er in gleicher Ausdehnung die Bogenschützen antreten und sich schußfertig halten, ebenso die Schleuderer und die Bedienungsmannschaften der Geschütze. Andere beorderte er mit Leitern an die unversehrten Teile der Mauer, um die Aufmerksamkeit eines Teils der Belagerten dadurch, daß sie diese Leute abzuwehren versuchten, von der Verteidigung der Bresche abzulenken; die übrigen sollten durch den Geschoßhagel von dort verjagt werden.

25. Josephus durchschaute diesen Plan und stellte deshalb an den unbeschädigten Teilen der Mauer die Ermatteten und die Greise auf in der Erwartung, daß ihnen hier nichts geschehen würde; in die Nähe der Bresche dagegen beorderte er die besten seiner Leute und an die Spitze jeder Gruppe sechs Mann, deren besonders gefährdete Stellung er selbst teilte. Er wies sie an, ihre Ohren gegen das Schlachtgeschrei der Legionen zu verstopfen, damit sie nicht eingeschüchtert würden, und gegen die Menge der Pfeile sich dadurch zu schützen, daß sie sich auf die Knie niederließen und ihre Schilde über die Köpfe hielten. Auch sollten sie sich ein wenig zurückziehen, bis die Bogenschützen ihre Köcher geleert hätten; sobald aber der Feind die Sturmbrücken(246) werfen würde, sollten sie hervorstürzen und den Römern auf deren eigenem Bau ent-

gegengehen. Jeder müsse kämpfen, nicht um seine Vaterstadt zu retten, sondern als ob er schon ihren Untergang rächen wolle. Sie sollten sich vor Augen halten, fuhr er fort, wie die Feinde in Kürze Greise umbringen, Frauen und Kinder töten würden, und demgemäß schon jetzt ihren Zorn ob der kommenden Greuel an denen auslassen, die sie verüben würden.

26. So stellte Josephus die beiden Hauptabteilungen seiner Leute auf. Als aber jetzt die unbeteiligte Menge, Frauen und Kinder, die Stadt mit einem dreifachen Gürtel von Soldaten umzogen sahen, während zugleich die früher vorhandenen Wachen ihre Posten beibehielten, als sie ferner bemerkten, wie die Feinde mit gezogenen Schwertern vor der Mauerlücke standen, die über der Stadt sich erhebenden Berge von Waffen schimmerten und die Geschosse der arabischen Bogenschützen eben abzufliegen drohten, da erhoben sie ein Jammergeschrei wie als letzte Trauerklage über den Untergang, so als ob das Unglück nicht erst bevorstände, sondern schon da wäre. Damit die Frauen den Mut der Ihrigen nicht durch ihr Jammern schwächten, ließ Josephus sie in die Häuser einschließen und befahl ihnen unter Drohungen, still zu sein. Dann begab er sich auf seinen Posten vor der Bresche, den ihm das Los bestimmt hatte, ohne auf die Römer, die sich den anderen Teilen der Mauer mit Leitern näherten, weiter zu achten, und sah mit gespannter Erwartung dem Abfliegen der Geschosse entgegen.

27. Plötzlich bliesen die Trompeten aller Legionen, das Heer erhob ein fürchterliches Schlachtgeschrei, und auf ein gegebenes Zeichen wurden von allen Seiten die Pfeile abgeschossen, so daß die Luft sich verfinsterte. Die Leute des Josephus jedoch, eingedenk seiner Weisungen, schützten ihre Ohren vor dem Geschrei, ihre Körper vor den Geschossen, und als die Sturmbrücken geworfen wurden, stürzten sie sich auf ihnen den Feinden entgegen, bevor diese den Fuß darauf gesetzt hatten. So gerieten sie mit den anrückenden Römern ins Handgemenge, wobei sie zahlreiche von Kraft und Mut zeugende Taten verrichteten und sich bestrebten, trotz ihrer verzweifelten Lage den Feinden, für die nicht soviel auf dem Spiel stand, an Tapferkeit nicht nachzustehen. Sie ließen daher von den Rö-

mern nicht eher ab, als bis sie entweder selbst gefallen waren oder den Gegner getötet hatten. Da aber die Judäer unter der anhaltenden Gegenwehr schließlich ermatteten und durch frische Truppen nicht abgelöst werden konnten, während auf seiten der Römer anstelle der erschöpften Kämpfer stets wieder neue eintraten und für zurückgeschlagene Abteilungen andere ins Gefecht geführt wurden, so gelang es diesen, indem sie sich gegenseitig durch Zurufe ermunterten und nach oben mit ihren Schilden sich deckten, eine festgeschlossene, undurchdringliche Formation zu bilden. Mit ihrer ganzen Wucht drängten sie nun, als wären sie ein einziger Körper, die Judäer zurück, und schon waren sie drauf und dran, die Mauer zu ersteigen.

28. In dieser heiklen Lage riet Josephus die Not (eine treffliche Erfinderin, besonders wenn Verzweiflung ihre Erfindungskraft schärft), die dicht zusammengedrängten Feinde mit siedendem Öl überschütten zu lassen. Seine Leute hatten es in großer Menge zur Hand, als wenn sie sich schon vorher darauf eingerichtet hätten, gossen es von allen Seiten auf die Römer hinab und warfen die glühend heißen Gefäße hinterher. Von dem Öl verbrannt, kamen die Römer völlig aus ihrer Ordnung heraus und wälzten sich unter fürchterlichen Schmerzen die Mauer hinunter; denn das Öl floß unter der Rüstung leicht vom Scheitel bis zur Fußsohle über den ganzen Leib und versengte das Fleisch wie eine Flamme, da es sich seiner Natur nach schnell erwärmt und wegen seiner Fettigkeit nur langsam wieder erkaltet. In ihre Panzer und Helme eingezwängt, konnten sich die Römer von dem Brand nicht befreien, und da sie aufsprangen und sich in ihren Schmerzen hin und her wandten, stürzten sie schließlich von den Brücken hinab; andere wurden, indem sie ihren eigenen vorwärts drängenden Leuten entgegenflohen, von den Judäern in ihrem Rücken leicht überwältigt.

29. Ebensowenig aber, wie die Judäer ihre Überlegung, verloren die Römer trotz ihres Unglücks den Mut, und obwohl sie die schrecklichen Leiden ihrer verbrannten Kameraden sahen, drangen sie doch gegen die Judäer, die fortgesetzt Öl hinabgossen, vor, und jeder schmähte seinen Vordermann, daß er ihn hindere, seine Kraft zu entfalten. Die Judäer dagegen griffen, um das Vordringen ihrer

Gegner zu vereiteln, zu einer weiteren List, indem sie abgekochtes, sogenanntes griechisches Heu(247) auf die Bretter der Sturmbrücken schütteten, so daß die Römer ausglitten und hinabrutschten. Niemand konnte sich aufrecht halten, mochte er fliehen oder vordringen wollen; sie fielen entweder auf den Sturmbrücken rücklings zu Boden, wo sie zertreten wurden, oder sie stürzten in großer Anzahl auf den Wall und wurden hier von den Judäern niedergeschossen. Diese waren dadurch, daß ihre Gegner zu Fall kamen, vom Handgemenge befreit worden und konnten nun wieder von ihren Schußwaffen Gebrauch machen. Gegen Abend ließ der Feldherr seine Soldaten, die bei dem Sturm hohe Verluste erlitten hatten, den Kampf einstellen. Die Römer hatten ziemlich viele Tote und eine Menge Verwundeter; auf seiten der Jotapatener waren sechs Mann gefallen und über 300 verwundet zurückgetragen worden. Dieses Gefecht fand am zwanzigsten des Monats Daisios statt.

30. Als Vespasian sein Heer wegen der Niederlage trösten wollte, fand er die Soldaten in heller Entrüstung; keinen Zuspruch begehrten sie, sondern Gelegenheit zu neuen Taten. Er ließ daher die Wälle noch weiter erhöhen und drei Türme errichten, je fünfzig Fuß hoch und ringsum mit Eisen beschlagen, damit sie durch ihr Eigengewicht stabil seien und dem Feuer trotzen könnten. In diese Türme, die er auf dem Wall aufstellen ließ, legte er Speerwerfer, Bogenschützen und die kräftigsten Schleuderer; auch versah er sie mit leichteren Wurfmaschinen. Durch die Höhe der Türme und die Brustwehren entzog sich ihre Besatzung den Blicken der Gegner, vermochte aber ihrerseits die auf der Mauer stehenden Judäer deutlich zu sehen und zu treffen. Weil diese den von oben kommenden Geschossen nicht leicht ausweichen und gegen die unsichtbaren Schützen sich nicht verteidigen, mit Handgeschossen die Höhe der Türme nicht erreichen oder den Eisenbeschlag mit Feuer nicht zerstören konnten, zogen sie sich von der Mauer zurück und machten Ausfälle gegen die feindlichen Abteilungen, die stürmen wollten. Auf diese Weise hielten die Jotapatener stand, obwohl täglich viele von ihnen umkamen. Besonderen Schaden konnten sie den Feinden nicht zufügen; vielmehr mußten sie sich

darauf beschränken, sie unter Lebensgefahr von sich abzuhalten.

31. In diesen Tagen sandte Vespasian den Befehlshaber der zehnten Legion, Traianus(248), an der Spitze von tausend Reitern und zweitausend Fußsoldaten gegen eine Nachbarstadt Jotapatas mit Namen Japha, die sich, durch den unerwartet langen Widerstand der Jotapatener ermutigt, empört hatte. Traianus fand die Stadt schwer einnehmbar, da sie außer ihrer von Natur günstigen Lage durch eine doppelte Ringmauer geschützt war. Da aber die Bewohner ihm kampfgerüstet entgegenzogen, ließ er sich mit ihnen in ein Gefecht ein und verfolgte sie, nachdem sie nur kurzen Widerstand geleistet hatten. Sie flüchteten hinter die erste Mauer, doch stürzten die Römer, die ihnen auf den Fersen waren, mit hinein. Als die Judäer sich hinter die zweite Mauer zurückziehen wollten, schlossen ihre eigenen Leute aus Furcht, die Feinde könnten auch hier mit eindringen, die Stadttore vor ihnen zu. Offenbar war es der Gott, der die Galiläer zugunsten der Römer ins Unglück stürzte und die ganze wehrfähige Mannschaft der Stadt, ausgeschlossen durch die Hände der Ihrigen, dem Schwert der Feinde preisgab. In dichten Haufen gegen die Tore drängend und die Wächter laut beim Namen rufend, wurden sie trotz ihrer Bitten niedergemetzelt. Die erste Mauer hatten ihnen die Feinde, die zweite ihre eigenen Mitbürger verschlossen; so waren sie zwischen die beiden Ringmauern eingezwängt und kamen um: Viele erlagen dem Schwert ihrer Kameraden, viele durchbohrten sich selbst; die meisten aber fielen durch die Hand der Römer, ohne sich zur Gegenwehr aufraffen zu können; denn außer dem Schrecken, den die Feinde ihnen eingejagt, hatte auch das verräterische Verhalten der Freunde ihren Mut gebrochen. So starben sie, nicht den Römern, sondern ihren eigenen Leuten fluchend, bis alle 12000 erschlagen waren. Traianus nahm an, daß die Stadt entweder völlig von Verteidigern entblößt sei oder daß, wenn sich noch welche darin befänden, sie aus Furcht nichts unternehmen würden, und schickte, um die Eroberung für den Feldherrn aufzusparen, Boten an Vespasian mit der Bitte, er möge seinen Sohn Titus senden, den Sieg zu vollenden. Vespasian, der vermutete, es könnte doch vielleicht noch

etwas zu tun sein, gab seinem Sohn 500 Reiter und tausend Fußsoldaten als Verstärkung mit. Titus rückte schnell vor die Stadt, stellte sein Heer in Schlachtordnung auf und übergab Traianus den linken Flügel, während er selbst an der Spitze des rechten Flügels den Sturm eröffnete. Als die Soldaten von allen Seiten Leitern an die Mauer anlegten, zogen sich die Galiläer, nachdem sie kurze Zeit von oben her Widerstand geleistet hatten, von der Umwallung zurück, worauf Titus mit seinen Männern die Mauern erstieg und bald die Stadt besetzte, doch nicht, ohne gegen die innen zusammengescharten Judäer noch einen harten Kampf bestanden zu haben. In den engen Gassen stürzte die wehrfähige Mannschaft den Römern entgegen, während die Frauen von den Dächern herab alles, was gerade zur Hand war, auf sie herunterwarfen. Sechs Stunden lang dauerte die Gegenwehr; als aber die kampffähigen Männer getötet waren, wurde das übrige Volk teils im Freien, teils in den Häusern niedergemacht, jung und alt ohne Unterschied, und nichts Männliches wurde am Leben gelassen außer den Kindern, die mit den Frauen in die Sklaverei verkauft wurden. Die Zahl der in der Stadt und bei dem vorangegangenen Kampf Gefallenen betrug 15 000, die der Gefangenen 2130. Diese Niederlage erlitten die Galiläer am fünfundzwanzigsten des Monats Daisios.

32. Auch die Samarier suchte das Unglück heim. Sie hatten sich auf dem von ihnen heiliggehaltenen Berg Garizin versammelt, und obwohl sie sich äußerlich ruhig verhielten, lag doch schon in ihrer Zusammenkunft und in ihrem ganzen Gebaren eine Kriegsdrohung. Aus der Niederlage ihrer Nachbarn hatten sie nichts gelernt; vielmehr wollten sie, ohne ihre eigene Schwäche zu erkennen, es mit dem Glück der Römer aufnehmen und warteten begierig auf eine Gelegenheit zum Aufruhr. Vespasian hielt es für geraten, dieser Bewegung zuvorzukommen und ihre Empörungslust zu dämpfen; denn in ganz Samareia lagen seit längerer Zeit römische Besatzungen, für die man bei der großen Menge und der Haltung der Versammelten besorgt sein mußte. Er sandte daher den Befehlshaber der fünften Legion, Cerealis, mit 600 Reitern und 3000 Mann Fußvolk gegen sie ab. Diesem schien es wegen der Überzahl

der Feinde auf dem Gipfel nicht ratsam, den Berg zu ersteigen und sich mit ihnen in ein Gefecht einzulassen, und so beschränkte er sich vorläufig darauf, den Fuß des Berges von allen Seiten mit seinen Leuten zu umstellen und sie den ganzen Tag zu beobachten. Da die Samarier an Wassermangel litten und es an jenem Tage mitten im Sommer fürchterlich heiß war – die Menge sich auch sonst nicht mit den nötigen Lebensmitteln versehen hatte –, starben einige von ihnen noch am selben Tage vor Durst, während andere einem solchen Tod die Sklaverei vorzogen und zu den Römern übergingen. Als Cerealis von ihnen erfuhr, daß die Menge oben gänzlich entkräftet sei, erstieg er den Berg und schloß die Feinde ringsum mit seinen Truppen ein. Dann ließ er sie auffordern, sich zu ergeben, ermahnte sie, sich zu retten, und sicherte ihnen zu, ihr Leben zu schonen, wenn sie die Waffen wegwerfen wollten. Da er aber hiermit nichts ausrichtete, überfiel er sie und ließ den ganzen Haufen von 11 600 Mann niedermachen. Dieser schwere Schlag traf die Samarier am siebenundzwanzigsten des Monats Daisios.

33. Mittlerweile hielten sich die Jotapatener noch immer und trotzten unerwartet allen Schrecken der Belagerung, bis endlich am siebenundvierzigsten Tage, als die Wälle der Römer bis zur Höhe der Stadtmauer emporgewachsen waren, ein Überläufer zu Vespasian kam und ihm mitteilte, wie klein und schwach das Häuflein der Belagerten sei und wie sie, durch beständiges Wachen und unaufhörliche Gefechte aufgerieben, einen Sturmangriff nicht mehr aushalten würden. Aber auch mit List würden sie zu überwältigen sein, wenn es jemand darauf anlegte; denn um die letzte Nachtwache, wenn sie einige Ruhe vor den Angriffen zu haben glaubten und der Morgenschlaf die Ermatteten überfalle, schliefen auch die Wachtposten, und er rate daher, um diese Stunde anzugreifen. Vespasian traute dem Überläufer nicht recht, da er die Treue der Judäer gegeneinander kannte und wußte, wie wenig sie sich aus körperlichen Strafen machten; hatte doch ein früher gefangener Jotapatener allen Folterqualen widerstanden, ohne den Feinden, die ihn mit Feuer folterten, etwas über die Zustände im Innern der Stadt zu verraten, und war lächelnd am Kreuz gestorben. Die innere Wahrscheinlichkeit seiner

Angaben jedoch sprach für den Verräter, so daß Vespasian auf den Gedanken kam, er sage vielleicht doch die Wahrheit; da überdies eine etwaige Hinterlist für die Römer keinen besonderen Schaden haben könne, ließ er den Mann bewachen und sein Heer sich zum Sturm auf die Stadt rüsten.

34. Um die angegebene Stunde näherten sich die Römer leise der Mauer. Titus mit dem Tribun Domitius Sabinus und einigen wenigen Leuten der fünfzehnten Legion erstieg sie zuerst, und nachdem sie die Wachtposten niedergestoßen hatten, betraten sie in aller Stille die Stadt. Nach ihnen führten der Tribun Sextus Cerealis und Placidus ihre Mannschaft hinein. Die Burg war besetzt, mitten in der Stadt bewegten sich die Feinde, und bereits war es Tag; gleichwohl hatten die Überfallenen noch keine Ahnung von der Einnahme der Festung. Die meisten waren erschöpft und von Schlaf wie gelähmt, und den Blick derer, die wach wurden, trübte ein dichter Nebel, der sich gerade über die Stadt legte. Erst als das ganze Heer eingedrungen, kamen sie zu sich, aber nur um ihr Unglück gewahr zu werden und sich unter dem Schwert des Feindes zu überzeugen, daß die Stadt eingenommen war. Die Römer, eingedenk dessen, was sie während der Belagerung ausgestanden hatten, kannten weder Mitleid noch Schonung, sondern hieben auf das Volk ein, das sie von der Burg hinabdrängten. Hier machte die ungünstige örtliche Situation auch den noch Kampffähigen jede Gegenwehr unmöglich; denn in die engen Gassen hineingepreßt und an den abschüssigen Stellen ausgleitend, wurden sie von dem die Burg herabwogenden Feind erdrückt. Das trieb viele, selbst von der auserlesenen Mannschaft des Josephus zum Selbstmord. Als sie sich außerstande sahen, auch nur einen Römer zu töten, scharten sie sich, um wenigstens nicht von der Hand der Feinde zu fallen, am äußersten Ende der Stadt zusammen und brachten sich selbst ums Leben.

35. Einer Anzahl Wachtposten, die zuerst die Einnahme der Stadt bemerkten, war es gelungen, zu entkommen und einen der nördlichen Türme zu besetzen. Hier wehrten sie sich noch einige Zeit; als sie sich aber von der Menge der Feinde umzingelt sahen, ergaben sie sich und ließen sich von den eindringenden Römern widerstandslos nieder-

metzeln. Diese hätten sich rühmen können, das Ende der Belagerung habe sie keinen Tropfen Blut gekostet, wenn nicht ein Zenturio namens Antonius bei der Einnahme der Stadt gefallen wäre, und zwar als Opfer eines Betrugs. Von den zahlreichen Judäern, die sich in Höhlen geflüchtet hatten, flehte einer den Antonius an, er möge ihm zum Zeichen, daß er ihm das Leben schenke, die Hand geben und ihm zugleich heraushelfen. Unglücklicherweise reichte Antonius ihm wirklich die Hand; der Judäer aber stieß ihm von unten den Speer in den Unterleib und tötete ihn auf der Stelle.
36. An diesem Tage töteten die Römer alle, die ihnen in den Weg kamen. An den folgenden Tagen durchsuchten sie die Schlupfwinkel und verfolgten die in den unterirdischen Gängen und in Höhlen Verborgenen, wobei sie kein Alter schonten, außer Kindern und Frauen. An Gefangenen brachten sie 1200 Mann zusammen; die Gesamtzahl derer, die bei der Einnahme der Stadt und in den vorangegangenen Kämpfen gefallen waren, betrug 40 000. Vespasian ließ die Stadt schleifen und alle Festungswerke einäschern. So fiel Jotapata im dreizehnten Regierungsjahre Neros, am Anfang des Monats Panemos.(249)

8. Kapitel: Gefangennahme des Josephus

1. Die Römer suchten Josephus, teils aus eigener Erbitterung gegen ihn, teils weil der Feldherr seine Gefangennahme als beinahe entscheidend für den Ausgang des Krieges ansah, unter den Toten und in allen verborgenen Schlupfwinkeln der Stadt. Er aber hatte sich während der Einnahme der Stadt wie unter göttlichem Beistand mitten durch die Feinde geschlichen und war in eine tiefe Zisterne gesprungen, die sich seitwärts zu einer von oben unsichtbaren, geräumigen Höhle erweiterte. In diesem Versteck traf er vierzig vornehme Männer, die für eine Reihe von Tagen mit Lebensmitteln versehen waren. Bei Tage hielt er sich verborgen, weil die Feinde ringsum alles besetzt hatten; bei Nacht stieg er hinauf, um einen Weg zur Flucht ausfindig zu machen und sich nach den Posten umzusehen. Da aber eben um seinetwillen die Um-

gebung überall so scharf bewacht wurde, daß an heimliches Entkommen nicht zu denken war, begab er sich wieder in die Höhle zurück. Zwei Tage lang entging er den Nachforschungen; am dritten wurde er von einer Frau, die bei ihnen gewesen und gefangengenommen worden war, verraten. Unverzüglich schickte Vespasian zwei Tribunen, Paulinus und Gallicanus, mit dem Auftrag ab, Josephus Sicherheit zu versprechen und ihn zum Verlassen der Höhle zu bewegen.

2. Die beiden gingen hin, sprachen ihm zu und verbürgten ihm sein Leben. Sie konnten indes nichts ausrichten; denn die Gewißheit, was er für seine Taten an Strafe zu gewärtigen hatte, und nicht der milde Charakter derer, die ihm zuredeten, bestimmte seine Meinung über das ihm bevorstehende Los. So befürchtete er, man wolle ihn nur hervorlocken, um ihn hinzurichten. Schließlich sandte Vespasian als dritten Boten ein dem Josephus bekannten und von früher her befreundeten Tribun namens Nikanor. Dieser kam und schilderte das milde Verfahren der Römer gegen die von ihnen Besiegten, legte auch dar, wie die Heerführer Josephus wegen seiner Tapferkeit mehr bewunderten als haßten, und daß der Feldherr keineswegs beabsichtige, ihn hinrichten zu lassen, da er ja diese Strafe an ihm vollziehen könne, auch ohne daß er hervorkäme, sondern entschlossen sei, ihm als einem tapferen Manne das Leben zu schenken. Übrigens würde Vespasian, fügte er hinzu, Josephus ebensowenig in hinterlistiger Absicht seinen Freund gesandt und so das Schändlichste mit dem Besten, Treulosigkeit mit Freundschaft, maskiert haben, als er selbst sich dazu hergegeben haben würde, einen Freund zu betrügen.

3. Da Josephus auch Nikanor gegenüber sich noch nicht entscheiden konnte, trafen die Soldaten in ihrem Zorn Anstalten, Feuer in die Höhle zu werfen. Ihr Anführer hielt sie jedoch zurück, weil ihm viel daran lag, den Mann lebendig in seine Gewalt zu bekommen. Während Nikanor in ihn drang und die feindliche Schar fortgesetzte Drohungen ausstieß, erinnerte sich Josephus nächtlicher Träume, in denen ihm der Gott das bevorstehende Unglück der Judäer und das künftige Geschick der römischen Imperatoren offenbart hatte. Josephus verstand es, Träume aus-

zulegen und auch die Verkündigungen zu erklären, die die Gottheit zweideutig gelassen hatte, da er als Priester und Priesterssohn mit den Weissagungen der heiligen Bücher wohlvertraut war. Gerade zu dieser Stunde wurde er von göttlicher Begeisterung ergriffen, und indem er die Schreckbilder kürzlicher Träume sich vergegenwärtigte, betete er still zu dem Gott und sagte: „Weil du beschlossen hast, das Volk der Judäer, das du geschaffen, zu beugen, weil alles Glück zu den Römern gewandert ist und du meine Seele erwählt hast, die Zukunft zu offenbaren, so biete ich den Römern die Hand und bleibe am Leben. Dich aber rufe ich zum Zeugen an, daß ich nicht als Verräter, sondern als dein Diener zu ihnen übergehe."

4. Nach diesem Gebet sagte er Nikanor zu. Als aber die Judäer, die sich mit ihm in dem Versteck befanden, merkten, daß er dem Zureden der Feinde nachzugeben entschlossen war, umringten sie ihn in dichten Haufen und riefen: „Schwer werden über dich die Gesetze der Väter seufzen, und tief wirst du den Gott betrüben, der den Judäern Seelen gab, die den Tod verachten. Ist das Leben dir, Josephus, so lieb, daß du es über dich bringst, das Tageslicht als Sklave zu schauen? Wie schnell hast du dich selbst vergessen! Wie viele hast du überredet, für die Freiheit zu sterben? Falsch war also der Ruf deiner Tapferkeit, falsch auch der deiner Einsicht, da du Begnadigung von denen erhoffst, gegen die du so hartnäckig gekämpft hast, noch mehr aber, weil du, falls diese Begnadigung überhaupt sicher ist, sie aus ihrer Hand entgegennehmen willst! Aber wenn du, vom Glück der Römer geblendet, vergeßlich geworden bist, so müssen wir für die Ehre unseres Vaterlandes besorgt sein. Arm und Schwert stellen wir dir zur Verfügung; stirbst du freiwillig, so fällst du als Heerführer der Judäer, wenn aber unfreiwillig, als Verräter!" Mit diesen Worten zogen sie ihre Schwerter gegen ihn und drohten ihn niederzustoßen, wenn er sich den Römern ergäbe.

5. Aus Furcht vor ihrem Angriff und überzeugt, daß er einen Verrat an den Aufträgen des Gottes begehen würde, wenn er vor ihrer Verkündigung stürbe, begann Josephus im Drang der Not Vernunftgründe gegen sie geltend zu machen. „Wozu, Freunde", sagte er, „sind wir so erpicht dar-

auf, uns selbst zu morden? Oder weshalb wollen wir die innigsten Bande, die zwischen Körper und Seele, zerreißen? Man sagt, ich sei ein anderer geworden – nun, das wissen die Römer am besten. Schön ist es, im Kriege zu sterben, aber nach Kriegsbrauch, das heißt von der Hand des Siegers. Wenn ich vor dem Schwert der Römer fliehe, dann verdiene ich in der Tat, durch mein eigenes Schwert, durch meine eigene Hand zu sterben; wenn aber die Römer einen Feind schonen wollen, um wieviel mehr müssen wir uns da selbst schonen! Es wäre doch töricht, wenn wir selbst uns das antun würden, weswegen wir mit ihnen im Kampf liegen. Ehrenvoll ist es, für die Freiheit zu sterben, das sage auch ich, aber kämpfend und durch die Hand derer, die sie uns entreißen wollen. Nun aber ziehen sie weder gegen uns in die Schlacht, noch haben sie vor, uns das Leben zu nehmen. Feig ist es ebensowohl, nicht sterben zu wollen, wenn man soll, als sterben zu wollen, wenn man nicht soll. Was fürchten wir, daß wir nicht zu den Römern hinaufgehen? Doch den Tod, nicht wahr? Aber ist es sicher, daß wir von den Römern zu fürchten haben, was wir uns jetzt selbst zufügen wollen? Nein, sagt ein anderer, die Sklaverei fürchten wir – als wenn wir jetzt in Freiheit schwelgten! Wieder ein anderer meint, es sei heldenmütig, sich selbst zu töten. Nein, im Gegenteil, es ist die schlimmste Feigheit; ich wenigstens halte den für einen sehr zaghaften Steuermann, der aus Furcht vor einem Unwetter sein Fahrzeug vor Ausbruch des Sturmes freiwillig versenkt. Zudem widerstrebt der Selbstmord dem innersten Wesen alles Lebendigen und ist zugleich ein Frevel gegen Gott, unseren Schöpfer. Es gibt kein Tier, das mit Vorbedacht den Tod suchte oder ihn sich selbst zufügte. Denn der Wille zum Leben ist ein festes Naturgesetz, weshalb wir auch die Menschen, die uns offen das Leben zu nehmen trachten, als Feinde ansehen und die strafen, die ihm heimlich nachstellen. Und meint ihr, Gott werde nicht zürnen, wenn der Mensch sein Geschenk verachtet? Von ihm haben wir das Leben empfangen, und ihm müssen wir daher auch sein Ende anheimstellen. Alle haben wir sterbliche, aus vergänglichem Stoff gebildete Körper; darin aber wohnt eine unsterbliche Seele, ein Teil der Gottheit. Wenn jemand ein ihm von Menschen anvertrautes Gut verschwendet oder schlecht verwaltet, so gilt er für frevelhaft und treulos; wenn aber einer das von Gott ihm anvertraute Gut gewaltsam aus seinem eignen Körper entfernt, wie kann er glauben, dem Auge dessen verborgen zu bleiben, den er damit beleidigt hat? Man hält es für recht, daß entlaufene Sklaven bestraft werden, selbst wenn sie böse Herren verlassen haben – und da sollte es keine Sünde sein, wenn wir Gott, dem besten Herrn, entlaufen? Wißt ihr nicht, daß die, die nach dem Gesetz der Natur aus dem Leben scheiden und die von Gott entliehene Schuld heimzahlen, wenn der Geber sie wieder nehmen will, ewigen Ruhm, lange Dauer ihres Hauses und Geschlechtes erlangen, reine Seelen behalten, die erhört werden, und in dem heiligsten Raume des Himmels wohnen, von wo sie im Verlauf der Äonen wiederum in unbefleckte Körper wandern dürfen; daß aber die Seelen derer, die ihre Hand gegen sich selbst erhoben haben, die finstere Unterwelt aufnimmt, und daß Gott, ihr Vater, diese in doppelter Hinsicht frevelhaften Menschen noch an ihren Nachkommen straft? Deshalb haßt Gott dieses Verbrechen, und vom weisesten Gesetzgeber wurde es mit Strafe belegt, denn die Selbstmörder muß man bei uns bis Sonnenuntergang unbegraben hinwerfen, während wir es für unsere Pflicht halten, selbst Feinde zu bestatten; bei anderen Völkern ist es Brauch, solchen Toten die rechte Hand, mit der sie sich selbst gemordet haben, abzuhauen, um anzudeuten, daß, wie ein solcher Leib sich der Seele entäußerte, so auch die Hand nicht an den Körper gehöre. Deshalb, meine Freunde, tun wir gut daran, vernünftig zu überlegen, und nicht dem Unglück, das uns als Menschen getroffen, auch noch einen Frevel gegen unsern Schöpfer hinzuzufügen. Sollen wir am Leben bleiben, laßt uns leben; denn das macht uns keine Schande bei denen, die so viele Beweise unserer Tapferkeit erlebt haben. Sollen wir sterben, so tun wir es ehrenvoll durch die Sieger. Ich werde nicht zu den Reihen der Feinde übergehen, um ein Verräter an mir selbst zu werden; denn dann wäre ich ja törichter als ein Überläufer, der so handelt, um sein Leben zu retten, während ich es zum Verderben täte, und zwar zu meinem eigenen. Was ich mir aber wünschte, wäre ein Verrat von seiten der Römer; denn wenn sie mich trotz dem gegebenen Worte umbrächten, würde ich freudig sterben, und es wäre mir diese Treulosigkeit ein größerer Trost als der Sieg."

6. Vieles derartige sagte Josephus, um seine Gefährten vom Selbstmord abzubringen. Die Verzweiflung indes machte sie taub, denn schon längst hatten sie sich dem Tod geweiht und wurden darum nur noch erbitterter gegen ihn. Von allen Seiten mit gezogenen Schwertern auf ihn eindringend, beschuldigten sie ihn der Feigheit, und jeder zeigte sich bereit, ihn auf der Stelle niederzustoßen. Er wußte aber, indem er den einen bei seinem Namen anrief, den andern mit dem Blick des Feldherrn anschaute, einen dritten bei der Hand ergriff, einen vierten durch Bitten umstimmte, in seiner Not, die die verschiedenartigsten Gefühle in ihm aufkommen ließ, jedesmal den Hieb von sich abzuwehren, wie das eingekreiste Wild sich stets gegen den wendet, der es gerade angreifen will. Da sie selbst in dieser äußersten Bedrängnis noch den Feldherrn in ihm ehrten, wurden ihre Arme gelähmt, die Schwerter entglitten ihren Händen, und viele, die es gegen ihn erhoben hatten, steckten es aus freien Stücken wieder ein.

7. Trotz dieser verzweifelten Lage blieb Josephus besonnen; er setzte nun im Vertrauen auf des Gottes Schutz sein Leben aufs Spiel und sagte: „Da wir entschlossen sind zu sterben, wollen wir das Los entscheiden lassen, wer von uns wen niederstoßen soll. Es falle der Ausgeloste von der Hand dessen, der nach ihm ausgelost wird. Auf diese Weise wird das Todeslos alle treffen, ohne daß der einzelne darauf angewiesen ist, sich selbst zu töten. Denn es wäre doch unrecht, wenn nach dem Tode seiner Gefährten der letzte es sich reuen ließe und sein Leben rettete." Dieser Vorschlag verschaffte ihm wieder Zutrauen, und nachdem die anderen sich einverstanden erklärt hatten, loste er auch selbst mit. Jeder, der vom Lose getroffen wurde, ließ sich willig von dem Nächstfolgenden in dem Bewußtsein töten, daß gleich darauf auch der Feldherr sterben müsse; denn der Tod mit Josephus erschien ihnen angenehmer als das Leben. Übrig blieb Josephus, sage man durch glücklichen Zufall oder durch göttliche Fügung, mit noch einem Gefährten, und da er weder vom Los getroffen noch, wenn er als letzter übriggeblieben wäre, seine

Hand mit dem Blut eines Landsmannes beflecken mochte, überredete er auch diesen, vertrauensvoll sein Leben zu retten.

8. Nachdem Josephus so aus dem Kampf mit den Römern sowohl als mit seinen eigenen Leuten heil hervorgegangen war, wurde er von Nikanor zu Vespasian geführt. Alle Römer strömten herbei, um ihn zu sehen, und die Menge, die sich um den Feldherrn drängte, erhob verschiedenartigen Lärm, indem die einen über seine Gefangennahme jubelten, andere drohten, wieder andere sich mit Gewalt einen Weg bahnten, um ihn in der Nähe sehen zu können. Die weiter Entfernten schrien, man solle den Feind hinrichten, die näher Stehenden erinnerten sich seiner Taten und staunten über den Wechsel seines Schicksals. Unter den Befehlshabern aber gab es keinen, der trotz großer vorheriger Erbitterung nicht durch seinen Anblick gerührt worden wäre. Besonders den edlen Titus rührte des Josephus Ausdauer im Unglück und seine Jugend. (250) Wenn er sich die jüngsten Taten des Josephus vergegenwärtigte und ihn betrachtete, wie er jetzt in der Hand seiner Feinde war, konnte er nicht umhin, die Macht des Schicksals, den schnellen Wechsel des Kriegsglücks und die Unbeständigkeit aller menschlichen Dinge zu bedenken. Mit ihm machten auch die meisten Anwesenden aus ihrem Mitleid mit Josephus kein Hehl. Titus verwendete sich nun ausgiebig bei seinem Vater, um ihm das Leben zu retten; gleichwohl ließ Vespasian ihn in strengen Gewahrsam nehmen, um ihn unverzüglich zu Nero zu senden.

9. Als Josephus dies hörte, verlangte er mit Vespasian ein Wort unter vier Augen zu reden. Als der Feldherr darauf alle Anwesenden mit Ausnahme seines Sohnes Titus und zweier Freunde sich hatte entfernen lassen, sagte Josephus: „Du glaubst, Vespasian, in Josephus einen üblichen Kriegsgefangenen erwischt zu haben; aber ich erscheine vor dir als Verkündiger wichtiger Dinge. Hätte ich mich nicht eines Auftrags von Gott zu entledigen, würde ich gewußt haben, was das Gesetz der Judäer verlangt und wie es Heerführern ziemt zu sterben. Du willst mich an Nero schicken? Wozu denn? Werden etwa seine Nachfolger, die noch vor dir auf den Thron kommen, ihn lange behaupten? Du, Vespasian, wirst Caesar und Selbstherrscher werden, du

und auch dieser dein Sohn! Laß mich jetzt noch sicherer fesseln und für dich aufbewahren; denn du, Caesar, wirst nicht bloß mein Gebieter sein, sondern Herr über die Erde, das Meer und das ganze Menschengeschlecht. In engeren Gewahrsam mußt du mich nehmen, wenn ich leichtfertig im Namen Gottes rede!" Vespasian schien diesen Worten anfänglich nicht zu trauen und sie für eine List des Josephus zu halten, durch die er sich das Leben zu retten suche. Allmählich aber begann er doch daran zu glauben, da der Gott selbst Gedanken an die Thronbesteigung in ihm wachgerufen und ihm durch andere Zeichen (251) die künftige Herrschaft angedeutet hatte. Zudem erfuhr er, daß Josephus auch in anderen Fällen bereits zutreffend geweissagt habe. Einer der Freunde des Feldherrn, der bei der geheimen Unterredung zugegen war, sprach seine Verwunderung darüber aus, daß Josephus weder die Zerstörung Jotapatas noch seine eigene Gefangennahme vorausgesagt habe; es scheine somit, als ob das, was er jetzt vorbringe, nur leeres Geschwätz sei, um sich die Gunst des Feindes zu erwerben. Darauf entgegnete Josephus, er habe allerdings den Jotapatenern vorhergesagt, daß sie nach siebenundvierzig Tagen in die Hand der Feinde fallen und er selbst lebendig gefangen würde. Vespasian erkundigte sich insgeheim bei den Gefangenen, und da er die Angabe wahr fand, fing er an, auch der Weissagung, die seine Person betraf, Glauben zu schenken. Er ließ Josephus im Gefängnis und in Fesseln, beschenkte ihn jedoch mit einem Gewand und anderen Kostbarkeiten und behandelte ihn in der Folge freundlich – eine Auszeichnung, die Josephus vornehmlich Titus zu verdanken hatte.

9. Kapitel: Einnahme Joppes und Tiberias'

1. Am vierten des Monats Panemos brach Vespasian nach Ptolemais auf und rückte von da nach Kaisareia am Meer, einer sehr großen, meist von Griechen bewohnten Stadt Judäas. Die Einwohner nahmen das Heer und den Feldherrn mit Segenswünschen und Freudenbezeigungen auf, teils weil sie den Römern ergeben waren, noch mehr aus Haß gegen die Besiegten. Deshalb verlangten auch viele

von ihnen unter lautem Geschrei die Hinrichtung des Josephus; doch wies Vespasian dieses Ansinnen, weil es von der urteilslosen Menge kam, ruhig zurück. Er legte zwei seiner Legionen nach Kaisareia ins Winterquartier, da er die Stadt hierzu geeignet fand; die fünfzehnte dagegen quartierte er, um Kaisareia nicht mit dem ganzen Heer zu belasten, in Skythopolis ein. Wegen seiner Lage in der Ebene und am Meere war Kaisareia im Winter angenehm warm und erstickend heiß im Sommer.

2. Unterdessen hatten sich die Judäer, die während der Unruhen den Händen der Feinde entflohen oder aus den zerstörten Städten entkommen waren, in beträchtlicher Menge zusammengeschart und das früher von Cestius verwüstete Joppe als Stützpunkt für weitere kriegerische Unternehmungen wieder befestigt. Da sie sich in das vom Feinde unsicher gemachte Hinterland nicht hinauswagen konnten, beschlossen sie, aufs Meer zu gehen. Sie bauten eine große Anzahl Piratenschiffe, verübten Räubereien auf dem Seeweg zwischen Syrien, Phönikien und Ägypten und bewirkten, daß in jenen Gewässern sich bald kein Fahrzeug mehr blicken ließ. Vespasian hatte aber kaum von ihrem Treiben gehört, als er Truppen zu Fuß und zu Pferd nach Joppe sandte, die bei Nacht in die unbesetzte Stadt eindrangen. Die Bewohner hatten von dem beabsichtigten Angriff Kenntnis erlangt, aus Furcht vor den Römern auf eine Verteidigung der Stadt verzichtet und sich auf die Schiffe geflüchtet, wo sie außer Schußweite übernachteten.

3. Joppe hat von Natur keinen Hafen; es ist vielmehr von einer zerklüfteten, steil abfallenden Küste begrenzt, die an den beiden Enden der Stadt sich ein wenig ausbiegt; aber auch diese kurzen Ausläufer bestehen nur aus schroffen Felswänden und ins Meer hinausragenden Klippen. Hier zeigt man noch heute Spuren der Fesseln Andromedas(252), die das hohe Alter dieser Sage beweisen. Der Nordwind, der frontal gegen das Ufer stürmt und an den entgegenstehenden Felsen eine gewaltige Brandung erzeugt, macht die Reede noch gefährlicher als die offene See. Hier trieben die Bewohner Joppes, als gegen Morgen ein heftiger Sturm – schwarzer Nordwind heißt er bei den Schiffern, die jene Gewässer befahren – sich erhob und einen Teil der Schiffe aneinander zerschellte, andere ge-

gen die Felsen warf; viele, die aus Furcht vor dem klippenreichen Ufer und den Feinden, die es besetzt hielten, der Brandung entgegen die offene See zu erreichen suchten, versenkte die turmhoch aufsteigende Flut. Nirgends winkte den Geängstigten ein Zufluchtsort, nirgends ein Rettungszeichen; aus dem Meer trieb sie die Gewalt des Sturms, die Stadt versperrten ihnen die Römer. Lautes Jammergeschrei ertönte, wenn die Fahrzeuge zusammenstießen, und schreckliches Krachen, wenn sie zerschellten; die Besatzung wurde teils über Bord gespült, teils ging sie im Schiffbruch unter. Manche kamen den Fluten dadurch zuvor, daß sie sich, als wäre diese Todesart leichter, mit dem Schwert durchbohrten. Die meisten jedoch wurden von den Wellen umhergeschleudert und an den Felswänden zerschmettert, so daß das Meer weithin von Blut gerötet war und das Ufer voller Leichen lag; denn auch die, die lebend ans Land gespült wurden, töteten die am Ufer stehenden Römer. 4200 betrug die Zahl der vom Meer ausgeworfenen Toten. Nachdem die Römer die Stadt ohne Schwertstreich eingenommen hatten, machten sie sie dem Erdboden gleich.

4. In kurzer Zeit wurde also Joppe zweimal von den Römern erobert. Damit nicht abermals Seeräuber in der Stadt sich einnisten könnten, ließ Vespasian auf der Burg ein Truppenlager einrichten und Reiterei sowie eine Anzahl Fußsoldaten hineinlegen. Diese mußten an Ort und Stelle bleiben, um das Lager zu bewachen, während die Reiter plündernd die Umgegend durchstreifen und die nahe bei Joppe gelegenen Dörfer und Städtchen zerstören sollten. Diesem Befehl kamen die Soldaten nach und durchzogen raubend und verheerend die ganze Umgebung.

5. Als die Nachricht von dem Schicksal Jotapatas nach Jerusalem kam, wollten die meisten anfangs nicht daran glauben, einmal wegen der Größe des Unglücks, zum andern weil niemand da war, der das, was berichtet wurde, gesehen hatte. Denn nicht ein Bote war bei der Einnahme der Stadt entkommen, sondern lediglich das Gerücht, das ohnehin gern Unheil verkündigt, erzählte ohne weitere Beglaubigung den Fall der Festung. Allmählich aber verbreitete sich die Wahrheit durch die angrenzenden Bezirke und ließ bei den Bürgern keinen Zweifel mehr, nur daß den

wirklichen Ereignissen noch manches hinzugedichtet wurde, was gar nicht geschehen war. So hieß es beispielsweise, Josephus sei bei der Einnahme der Stadt gefallen. Diese Nachricht erfüllte ganz Jerusalem mit tiefem Schmerz, und während in den einzelnen Häusern und Familien die Gefallenen je nach dem Grade der Verwandtschaft beweint wurden, trauerte um den Feldherrn das ganze Volk. Die einen beklagten den Verlust von Gastfreunden, andere den von Verwandten, Freunden oder Brüdern; Josephus aber beweinten alle, so daß dreißig Tage lang das Jammern in der Stadt kein Ende nahm.(253) Viele nahmen Flötenspieler(254) in Sold, um ihre Klagegesänge begleiten zu lassen.

6. Als aber mit der Zeit der wahre Sachverhalt sowie die näheren Umstände vom Fall Jotapatas bekannt wurden und das Geschick des Josephus sich als erdichtet herausstellte, als man erfuhr, daß er nicht nur lebe, sondern von den römischen Befehlshabern behandelt werde, wie es ein Kriegsgefangener nicht zu erhoffen wage, wurde der Groll der Judäer gegen den Lebenden ebenso groß, wie zuvor die Sympathie für den Totgeglaubten gewesen war. Die einen nannten sein Benehmen Feigheit, die anderen Verrat, und in der ganzen Stadt hörte man über ihn nur unwillige und schmähende Reden. Waren die Judäer schon wegen der Niederlage erbittert, so steigerte das widrige Schicksal ihren Zorn noch mehr. Das Unglück, das vernünftige Menschen veranlaßt, auf ihre Sicherheit bedacht zu sein und sich vor ähnlichen Vorkommnissen zu hüten, war für sie ein Stachel, der sie antrieb, neues Unheil zu suchen, und das Ende des einen Übels wurde für sie stets der Anfang eines andern. Auch ihre Wut gegen die Römer nahm immer mehr zu, weil sie in ihnen zugleich Josephus zu strafen gedachten. So stürmisch sah es damals in Jerusalem aus.

7. Mittlerweile war Vespasian von König Agrippa, der den Feldherrn und sein Heer mit der ganzen Pracht seines Hauses zu empfangen und mit ihrer Hilfe seinen wankenden Thron zu festigen vorhatte, persönlich eingeladen worden, das Königreich zu besuchen. Er brach daher von Kaisareia am Meer auf und marschierte nach Kaisareia Philippu, wo er seine Truppen sich zwanzig Tage lang er-

holen ließ, während er selbst mit Gelagen sich die Zeit vertrieb und der Gottheit Dankopfer für seine Siege darbrachte. Als ihm aber gemeldet wurde, daß Tarichaia abgefallen und in Tiberias Unruhen ausgebrochen seien (beide Städte gehörten zum Gebiet Agrippas), hielt er, um die Judäer überall zu Paaren zu treiben, eine kriegerische Unternehmung für angebracht. Zugleich wünschte er dem König den Dank für die genossene Gastfreundschaft dadurch zu erstatten, daß er ihm die beiden Städte wieder unterwarf. Er sandte seinen Sohn Titus nach Kaisareia mit dem Auftrag, das dort befindliche Heer nach dem nahe bei Tiberias gelegenen Skythopolis, der größten Stadt in der Dekapolis, zu führen. Dorthin begab er sich dann auch selbst, um mit seinem Sohn zusammenzutreffen. Schließlich rückte er mit drei Legionen aus und schlug dreißig Stadien von Tiberias entfernt bei Sennabris, wo ihn die Empörer leicht sehen konnten, ein Lager auf. Zunächst schickte er den Dekurio Valerianus mit fünfzig Reitern ab, um in Güte mit den Bürgern der Stadt zu unterhandeln und sie zur Übergabe aufzufordern; denn er hatte gehört, daß die Einwohner Frieden wünschten und der Aufruhr nur von einigen wenigen Kriegslustigen geschürt werde. Valerianus ritt hin und stieg in der Nähe der Mauer mit seiner Begleitung vom Pferd, damit es nicht den Anschein gewänne, als wollten sie plänkeln. Bevor er jedoch sprechen konnte, stürzten sich die entschlossensten der Anführer ihm bewaffnet entgegen, an ihrer Spitze ein gewisser Jesus, Sohn des Saphatos, der Führer der Räuber. Valerianus, der sich gegen den Befehl des Feldherrn auch dann in kein Gefecht hätte einlassen mögen, wenn er seines Sieges sicher gewesen wäre, hielt es für gefährlich, mit seiner kleinen Schar gegen eine Übermacht zu kämpfen, zumal seine Leute den wohlbewaffneten Judäern gegenüber nur unvollständig gerüstet waren; außerdem aber hatte ihn die unerwartete Kühnheit der Gegner erschreckt. So floh er zu Fuß, und auch fünf andere Römer ließen ihre Pferde im Stich, die von Jesus und seiner Mannschaft unter lautem Jubel in die Stadt eingebracht wurden, als wären die Tiere in offener Schlacht und nicht durch Hinterlist erbeutet worden.

8. Über diesen Vorfall bestürzt, flohen die Ältesten des

Volkes und die angesehensten Männer der Stadt ins römische Lager, fielen, nachdem sie den König für sich gewonnen, vor Vespasian nieder und baten ihn, er möge sie gnädig anhören und nicht um des Wahnsinns einiger weniger Leute willen die ganze Stadt büßen lassen, sondern die stets gut römisch gesinnte Bevölkerung schonen und nur die Anstifter der Empörung strafen. Deren Kontrolle habe es ihnen bis jetzt unmöglich gemacht, die längst beabsichtigte Übergabe ins Werk zu setzen. Obwohl der Feldherr der ganzen Stadt wegen des Pferderaubs zürnte, willfahrte er doch diesen Bitten, weil er sah, daß Agrippa ängstlich um die Stadt besorgt war. Als auf diese Weise die Bittsteller für das Volk Gnade erwirkt hatten, hielten Jesus und sein Anhang sich nicht mehr für sicher und flohen nach Tarichaia. Tags darauf sandte der Feldherr Traianus mit einer Anzahl Reiter nach einer Bergspitze voraus, um zu erforschen, ob die ganze Bevölkerung der Stadt zu friedlichem Verhalten neige, und da ihm berichtet wurde, daß ihre Gesinnung dieselbe wie die der Bittsteller sei, rückte er mit seinem Heer näher heran. Nun öffneten die Einwohner ihm die Stadttore und zogen ihm unter Segenswünschen entgegen, wobei sie ihn ihren Retter und Wohltäter nannten. Weil das Heer wegen der Enge der Tore sich drängen mußte, ließ Vespasian ein Stück der südlichen Mauer einreißen und so den Eingang erweitern. Doch untersagte er dem König zu Gefallen seinen Soldaten zu plündern und Gewalt zu verüben. Auch sah er ihm zuliebe davon ab, die Mauern zu zerstören, weil Agrippa sich für die künftige Treue der Einwohner verbürgte. So brachte Vespasian die Stadt, die infolge der Empörung viel gelitten hatte, unter die Botmäßigkeit zurück.

10. Kapitel: Eroberung Tarichaias. Der Jordan und der See Gennesar

1. Von Tiberias rückte Vespasian weiter vor und schlug zwischen dieser Stadt und Tarichaia ein Lager auf, das er in der Voraussetzung, daß der Kampf sich hier in die Länge ziehen werde, stärker befestigte; hatten sich doch im Ver-

trauen auf die Festigkeit der Stadt und auf den von den Eingeborenen Gennesar genannten See alle Unzufriedenen in Tarichaia zusammengefunden. Die Stadt, die ebenso wie Tiberias am Fuß eines Berges lag, war von Josephus auf allen Seiten, wo der See sie nicht bespülte, stark befestigt worden, wenn auch nicht so stark wie Tiberias; denn die Ringmauer um diese Stadt hatte er zu Beginn des Aufstands erbaut, als ihm noch Geld und Arbeitskräfte reichlich zu Gebote standen, während Tarichaia nur vom Reste seiner Freigebigkeit Nutzen ziehen konnte. (255) Dagegen hatten die Taricheaten eine Menge Kähne bereit, die im Fall einer Niederlage zu Land die Flucht ermöglichen oder bei einem notwendig werdenden Seegefecht ausgerüstet werden sollten. Während die Römer ihr Lager verschanzten, machten Jesus und seine Leute, die sich weder vor der Übermacht noch vor der straffen Ordnung des Feindes fürchteten, einen Ausfall, zerstreuten schon beim ersten Angriff die Schanzarbeiter, rissen einen kleinen Teil der Werke ein und flüchteten erst, als sie die Legionäre sich ordnen sahen, zu den Ihren zurück, ohne Verluste erlitten zu haben. Die Römer setzten ihnen nach und drängten sie auf die Schiffe; sie fuhren so weit in den See hinaus, daß sie die Gegner noch im Bereich ihrer Geschosse hatten, warfen dann Anker und rückten mit ihren Kähnen dicht aneinander, um gegen die Feinde auf dem Lande wie in einem Seegefecht zu kämpfen. Unterdessen hatte Vespasian erfahren, daß sich in der Ebene vor der Stadt eine große Menge Judäer zusammengerottet habe, und ließ seinen Sohn mit 600 ausgewählten Reitern gegen sie vorgehen.

2. Als dieser die bedeutende Überzahl der Feinde bemerkte, ließ er seinem Vater melden, er habe Verstärkung nötig. Da er aber zugleich sah, daß der größte Teil der Reiter noch vor dem Eintreffen weiterer Truppen anzugreifen entschlossen war, andere hingegen vor der Menge der Judäer sich fürchteten, stellte er sich so auf, daß man ihn überall hören konnte, und sagte: „Römer! Gleich zu Beginn meiner Ansprache möchte ich euch an eure Abstammung erinnern, damit ihr wißt, was für Leute ihr selbst seid im Vergleich zu denen, gegen die wir zu kämpfen im Begriff stehen. Unserm Arm ist bis jetzt noch kein Volk

der Erde entronnen; die Judäer allerdings, ich muß das zu ihren Gunsten sagen, sind, obwohl stets besiegt, noch immer nicht am Ende ihrer Kräfte. Es stände uns übel an, wollten wir in unserm Glück erlahmen, während unsere Gegner trotz ihrer Niederlagen sich aufrecht halten. Nun freut es mich zwar, daß ihr guten Mutes seid; gleichwohl befürchte ich, die Überzahl der Feinde könnte den einen oder andern mit geheimer Angst erfüllen. Darum bedenke jeder von euch, wer er selbst ist und mit wem er sich messen wird sowie auch, daß die Judäer, tollkühne Menschen zwar und Verächter des Todes, doch ohne Kenntnis von Taktik und Kriegführung, eher eine Bande als ein Heer genannt werden können. Was brauche ich demgegenüber von unserer Kriegserfahrung und Kriegszucht zu reden? Üben wir allein deshalb während des Friedens den Gebrauch der Waffen, damit wir im Krieg nicht nötig haben, uns mit dem Feind zahlenmäßig zu vergleichen! Wozu diente der beständige Heeresdienst, wenn wir nur in gleicher Anzahl uns mit ungeübten Gegnern einlassen könnten? Bedenkt ferner, daß ihr in voller Rüstung gegen Leichtbewaffnete, zu Pferd gegen Fußsoldaten, unter Anführern gegen schlecht geleitete Haufen kämpfen sollt und daß diese Vorzüge eure Zahl vervielfachen, während ihre Nachteile die der Feinde vermindern. Übrigens hängt der Ausgang der Schlachten nicht von der Menschenmenge ab, selbst wenn diese aus lauter kampftüchtigen Soldaten besteht, sondern von der Tapferkeit, auch wenn sie kleinen Scharen innewohnt. Diese lassen sich leicht ordnen und können sich gegenseitig Hilfe bringen, während übergroße Heere sich selbst mehr Schaden zufügen, als sie von den Feinden erleiden. Was die Judäer leitet, sind Tollkühnheit, Trotz und Verzweiflung, die zwar anhalten, solange sich Erfolge zeigen, bei den kleinsten Niederlagen jedoch bald erlöschen; unsere Führer dagegen sind Mut, Disziplin und jener edle Sinn, der im Glück seine Kraft entfaltet, aber auch bei Schicksalsschlägen ausharrt bis ans Ende. Außerdem kämpft ihr um höhere Güter als die Judäer, die den Krieg für Freiheit und Vaterland auf sich nehmen, während wir nichts Größeres kennen als den Ruhm. Wir haben der Meinung entgegenzutreten, als seien uns in den Judäern ebenbürtige Gegner erstanden, nachdem wir uns den Erdkreis untertan gemacht haben. Halten wir uns vor Augen, daß wir eine Niederlage nicht zu fürchten brauchen, weil eine ansehnliche Truppe uns zu Hilfe kommen wird, und zwar bald. Aber auch allein können wir den Sieg an uns reißen, und gut würde es uns anstehen, wenn wir ihn schon vor dem Eintreffen der von meinem Vater gesandten Verstärkungen gewännen; denn unser Ruhm würde größer, wenn wir ihn nicht mit anderen zu teilen hätten. In dieser Stunde werden, glaube ich, mein Vater und ihr geprüft: Sie wird beweisen, ob er seiner früheren Taten würdig ist, ob ich sein Sohn bin, ob ihr meine Soldaten seid. Wie er zu siegen gewöhnt ist, würde ich es nicht über mich bringen, ihm besiegt unter die Augen zu treten. Und ihr, solltet ihr euch nicht schämen, überwunden zu werden, wenn euer Befehlshaber euch in die Gefahr vorangeht? Und das werde ich tun, als erster werde ich auf die Feinde eindringen! Haltet euch also nicht schlechter als ich, seid überzeugt, daß ich mit dem Beistand der Gottheit angreife, und glaubt, daß wir über diesen Kampf hinaus Erfolg haben werden."

3. Nach dieser Ansprache des Titus ergriff die Männer wunderbarer Kampfgeist, und als kurz vor dem Gefecht Traianus mit vierhundert Reitern zu ihnen stieß, murrten sie, wie wenn ihnen der Siegesruhm durch deren Teilnahme geschmälert würde. Vespasian sandte zusätzlich Antonius Silo mit 2000 Bogenschützen ab, um die Anhöhe gegenüber der Stadt zu besetzen und die auf der Mauer befindlichen Judäer zu vertreiben. Diesem Befehl gemäß scheuchten sie die Feinde zurück, die von dort aus den Ihren Hilfe leisten wollten. Titus sprengte zuerst auf die Gegner ein, ihm nach unter Kriegsgeschrei die übrigen, die sich der feindlichen Front entlang über die Ebene ausdehnten und so den Anschein einer bedeutend zahlreicheren Truppe erweckten. Die Judäer gerieten über das Ungestüm und die gute Ordnung der Römer in Bestürzung, hielten aber eine Zeitlang dem Ansturm stand; schließlich jedoch wurden sie von dem mit Lanzen geführten Angriff der Reiter geworfen und zertreten; überall lagen Tote, während die übrigen so schnell sie konnten nach der Stadt flohen. Viele von ihnen machte Titus nieder, indem er von hinten auf sie einhieb, andere, die sich zu Knäueln zusammengeschart hatten,

sprengte er auseinander, wieder andere überholte er und durchbohrte sie von vorn; viele stürzten im Gedränge übereinander und fielen ihm so in die Hände. Allen suchte er die Flucht nach der Mauer abzuschneiden und sie in die Ebene zurückzutreiben, bis es den wuchtigen Massen der Judäer endlich doch gelang, sich durchzuschlagen und die Stadt zu erreichen.

4. Drinnen brach sogleich ein heftiger Streit unter ihnen aus. Die eingeborene Bevölkerung hatte wegen ihres Besitzes und um der Stadt willen schon anfangs sich für den Krieg nicht besonders begeistern können, und noch viel weniger war dies jetzt nach der Niederlage der Fall; aber die Menge von außerhalb wollte ihn mit Gewalt erzwingen. Leidenschaftlich gegeneinander erbittert, erhoben sie großes Geschrei und einen Lärm, als wären sie nahe daran, zu den Waffen zu greifen. Titus, der nicht weit von der Mauer entfernt stand, hatte kaum das Getöse vernommen, als er rief: „Nun ist es Zeit, Freunde! Was zögern wir noch, da die Gottheit selbst uns die Judäer in die Hand gibt? Greift zu, da ihr siegen könnt! Hört ihr nicht das Geschrei? Die unserm Schwert entronnen sind, streiten jetzt miteinander. Unser ist die Stadt, wenn wir uns beeilen. Außer der Eile aber brauchen wir Kraft und Entschlossenheit; denn nichts Großes gelingt ohne Wagnis. Wir müssen der Wiederaussöhnung unserer Feinde zuvorkommen, die unter dem Druck der Not leicht zustande kommt, aber auch einer Hilfeleistung von seiten der Unseren, damit wir, nachdem wir so viele Feinde besiegt haben, auch allein die Stadt einnehmen!"

5. Mit diesen Worten schwang er sich aufs Pferd, sprengte nach dem See und drang durch das Wasser hindurch zuerst in die Stadt ein, die übrigen ihm nach. Schrecken über seine Kühnheit befiel die Judäer auf der Mauer, so daß niemand zu kämpfen oder Widerstand zu leisten wagte. Jesus und sein Anhang verließen ihre Posten und flohen ins offene Feld, andere, die zum See hinunterliefen, fielen unter dem Schwert der ihnen entgegenkommenden Feinde. Viele wurden niedergemacht, als sie die Kähne besteigen wollten, andere, während sie versuchten, den Abgefahrenen nachzuschwimmen. Ein entsetzliches Blutbad entstand in der Stadt, da neben den Auswärtigen, die sich, soweit

sie nicht geflohen waren, zur Wehr setzten, auch die Einheimischen getötet wurden, die in der Hoffnung auf Gnade und in dem Bewußtsein, den Krieg nicht gewollt zu haben, keine Gegenwehr leisteten. Endlich, nachdem die Schuldigen getötet waren, erbarmte sich Titus der Einwohner und ließ das Morden einstellen. Die auf den See geflüchteten Judäer versuchten, sobald die Einnahme der Stadt ihnen klar war, möglichst weit aus dem Bereich der Feinde zu kommen.

6. Titus sandte einen Reiter ab, um seinem Vater die frohe Nachricht von dem Erfolg zu bringen. Vespasian war natürlich hoch erfreut über die Tapferkeit seines Sohnes und über den gelungenen Schlag; denn der größte Teil des Krieges schien damit beendet zu sein. Sogleich erschien er vor der Stadt, ließ sie umstellen und bewachen, damit niemand daraus entkommen könne, und gab Befehl, jeden niederzuhauen, der es versuchen sollte.(256) Tags darauf begab er sich zum See und ließ zur Verfolgung der entflohenen Judäer Flöße bauen, die bei dem Überfluß an Holz und der Menge der Handwerker bald fertiggestellt waren.

7. Der See Gennesar(257), der seinen Namen von der angrenzenden Landschaft hat, ist 40 Stadien breit und 140 lang. Gleichwohl ist sein Wasser süß und zum Trinken sehr geeignet; denn es ist klarer als das dicke Wasser von Sumpfseen, überall rein, weil der See von sandigen Ufern begrenzt ist, und so temperiert, daß es sich gut schöpfen läßt. Es ist milder als Fluß- oder Quellwasser, bleibt aber kühler, als man nach der Ausdehnung des Sees erwarten sollte. Wird das Wasser der freien Luft ausgesetzt, so gibt es dem Schnee an Kälte fast nichts nach, weshalb die Einwohner es in Sommernächten tun. Es gibt im See allerlei Arten von Fischen, die an Geschmack und Gestalt von denen anderer Gewässer verschieden sind. In der Mitte wird er vom Jordan durchschnitten. Die mutmaßliche Quelle des Jordans ist das Paneion(258), doch wird sie selbst durch unterirdischen Zufluß aus der sogenannten Phiale(259) gespeist. Diese liegt an der Straße nach der Trachonitis, 120 Stadien von Kaisareia entfernt, nicht weit rechts vom Wege. Wegen seiner runden Form wird dieses Wasserbecken mit Recht Phiale genannt. Stets reicht das Wasser bis an den Rand, ohne sich zu senken oder überzuflie-

ßen. Der Tetrarch der Trachonitis, Philippos, wies zuerst nach, daß hier die Quelle des Jordans sein müsse, die vorher unbekannt war. Er ließ Spreu in die Phiale werfen, die im Paneion, wo man früher den Ursprung des Flusses vermutete, wieder zum Vorschein kam. Die natürliche Schönheit des Paneion wurde erhöht durch die Prachtliebe des Königs Agrippa, der den Ort mit Hilfe seiner Reichtümer ausschmückte. An der hier befindlichen Höhle beginnt der sichtbare Lauf des Jordans; er durchschneidet die Sümpfe und Moraste des Sees Semochinitis, legt hierauf 120 Stadien zurück und durchfließt an der Stadt Julias vorbei den See Gennesar in der Mitte, um endlich nach einem langen Weg durch die Wüste in den Asphaltsee einzumünden.

8. Den Gennesar entlang erstreckt sich eine gleichnamige Landschaft von wunderbarer natürlicher Schönheit. Der Boden ist so fett, daß jede Pflanze wachsen kann, und die Bewohner haben ihn auch mit allen möglichen Arten bepflanzt, zumal das ausgezeichnete Klima zum Gedeihen der verschiedensten Gewächsarten beiträgt. Nußbäume, die am meisten der Kühle bedürfen, wachsen dort in großer Menge ebenso wie Palmen, die nur in der Hitze gedeihen; nahe bei ihnen stehen Feigen- und Ölbäume, denen eine gemäßigte Temperatur mehr zusagt. Was sich hier vollzieht, könnte man ebenso einen Wettstreit der Natur nennen, die das einander Widerstrebende auf einen Punkt zu vereinen trachtet, wie einen edlen Kampf der Jahreszeiten, von denen jede diese Landschaft in Besitz zu nehmen sucht. Der Boden bringt die verschiedensten Obstsorten nicht bloß einmal im Jahr, sondern fortwährend hervor. So liefert er die königlichen Früchte, Weintrauben und Feigen, zehn Monate lang ohne Unterbrechung, während die übrigen Früchte das ganze Jahr hindurch mit jenen reif werden. Zu dem milden Klima gesellt sich die Bewässerung durch eine sehr kräftige Quelle, die von den Eingeborenen des Landes Kapharnaum genannt wird. Einige haben diese Quelle für eine Ader des Nils gehalten, da sich in ihr Rabenfische(260) wie im See bei Alexandreia finden. Die Landschaft dehnt sich am Ufer des gleichnamigen Sees in einer Länge von dreißig und der Breite von zwanzig Stadien aus. So ist jene Gegend beschaffen.

9. Als die Flöße fertig waren, bemannte Vespasian sie mit so viel Truppen, als er für nötig hielt, um die auf den See geflohenen Gegner zu vernichten, und stieß vom Ufer ab. Nun konnten die dort zusammengetriebenen Judäer weder ans Land entkommen, da es überall von Feinden besetzt war, noch waren sie einem Kampf zu Wasser gewachsen; denn die kleinen, nach Piratenart leichtgebauten Kähne erwiesen sich im Vergleich zu den Flößen als viel zu schwach, und die wenig zahlreiche Besatzung fürchtete sich, an die in dichten Reihen angreifenden Römer heranzufahren. Dennoch umschwärmten sie die Flöße und kamen ihnen auch hier und da näher, wobei sie aus größerer Entfernung Steine gegen die Römer schleuderten oder aus der Nähe sie durch Plänkelangriffe reizten. Beides aber schlug mehr zu ihrem eigenen Schaden aus: denn mit ihren Steinwürfen erreichten sie weiter nichts als ständiges Geklirr, weil sie gut Gepanzerte trafen, kamen dafür aber in den Bereich der feindlichen Geschosse; wagten sie dagegen näher heranzufahren, so unterlagen sie, noch ehe sie selbst etwas ausrichten konnten, und wurden mit ihren Kähnen versenkt. Viele, die sich durchzuschlagen versuchten, durchbohrten die Römer mit ihren Speeren, andere machten sie, nachdem sie auf die Nachen gesprungen waren, mit dem Schwert nieder, wieder andere umzingelten sie mit den Flößen und nahmen sie mitsamt ihren Fahrzeugen gefangen. Tauchte einer der Versunkenen wieder auf, so traf ihn bald ein Pfeil oder es überfuhr ihn ein Floß, und versuchte jemand verzweifelt, ein feindliches Fahrzeug zu ersteigen, so hieben ihm die Römer den Kopf oder die Hände ab. So wütete ringsum ein schreckliches und verschiedenartiges Morden, bis endlich der Rest der Judäer sich zur Flucht wandte und, von den feindlichen Fahrzeugen umzingelt, ans Land gedrängt wurde. Auch hierbei kamen viele um, indem sie noch draußen auf dem See durchbohrt wurden oder an Land unter dem Schwert der Römer fielen. Mit Blut gefärbt und voll von Leichen war der ganze See, da nicht ein einziger Mann sein Leben gerettet hatte. Während der nächsten Tage erfüllte ein schrecklicher Gestank die ganze Gegend, die einen gräßlichen Anblick darbot; denn die Ufer waren mit Schiffstrümmern bedeckt und mit aufgeschwollenen Leichen, die

in der Sonnenhitze verwesten und die Luft verpesteten; was den Judäern schmerzlich, wurde so den Siegern widerlich. Das war das Ende dieses Seegefechts. Einschließlich der zuvor in der Stadt Gefallenen, hatten bei den Kämpfen 6 500 Menschen ihr Leben eingebüßt.

10. Nach der Schlacht hielt Vespasian in Tarichaia Gericht, um die Fremden, die allem Anschein nach an den Feindseligkeiten schuld waren, von den Einheimischen zu scheiden und sich mit Offizieren zu beraten, ob man auch sie am Leben lassen solle. Alle erklärten es für gefährlich, sie freizulassen; denn als Menschen ohne Heimat würden sie nicht ruhig bleiben, sondern imstande sein, auch die zum Krieg zu nötigen, die ihnen fernerhin Aufnahme gewährten. Vespasian sah ebenfalls ein, daß sie der Schonung nicht wert waren und ihre Freiheit nur zum Schaden derer mißbrauchen würden, die sie ihnen gaben; er überlegte nur noch, wie er sich ihrer entledigen solle. Tötete er sie auf der Stelle, so hatte er neuen Widerstand der Eingeborenen zu befürchten, die zweifellos die Niedermetzlung so vieler um Gnade flehender Menschen nicht gutwillig geschehen lassen würden; auch konnte er es nicht über sich bringen, gewaltsam gegen Leute vorzugehen, die sich ihm auf Treu und Glauben ergeben hatten. Seine Freunde gewannen schließlich die Oberhand, indem sie geltend machten, den Judäern gegenüber sei alles erlaubt, und man müsse das Nützliche dem Anständigen vorziehen, wenn sich beides nicht miteinander vereinen lasse. Demgemäß bewilligte er ihnen in zweideutigen Worten Schonung, erlaubte ihnen aber nur auf der Straße nach Tiberias abzuziehen. Sie glaubten gern, was sie wünschten, und zogen, offen ihre Habseligkeiten tragend, auf dem ihnen bezeichneten Wege davon. Die Römer besetzten inzwischen die ganze Straße nach Tiberias, damit niemand einen Nebenweg einschlage, und schlossen sie in die Stadt ein. Bald erschien Vespasian, ließ alle in der Rennbahn zusammenkommen und befahl, die Greise und Schwachen, insgesamt 1200, zu töten. Von den jüngeren Leuten las er die 6000 kräftigsten aus, um sie zu Nero an den Isthmos (261) zu schicken; die übrige Menge, gegen 30 400, verkaufte er mit Ausnahme derer, die er Agrippa schenkte. Er überließ es diesem, mit denen, die aus seinem Reich stammten,

nach Belieben zu verfahren, worauf der König auch diese verkaufte. Der übrige Haufen kam aus der Trachonitis, der Gaulanitis sowie den Bezirken von Hippos und Gadara, er bestand zum größten Teil aus Aufrührern, Flüchtlingen und solchen Menschen, die wegen ihrer Vergehen im Frieden sich dem Krieg zugewandt hatten; sie waren am achten des Monats Gorpiaios gefangengenommen worden.

VIERTES BUCH

1. Kapitel: Einnahme Gamalas

1. Nachdem die Taricheaten bezwungen waren, unterwarfen sich auch die Galiläer, die nach der Eroberung Jotapatas noch im Aufruhr gegen die Römer gestanden hatten, und die Sieger brachten nun alle Festungen und Städte in ihre Gewalt mit Ausnahme von Gischala und der Besatzung des Berges Tabor. Zu diesen hielt auch die Stadt Gamala, die Tarichaia gegenüber jenseits des Sees lag und ebenso wie Sogane und Seleukeia Grenzstadt vom Gebiete Agrippas war. Sogane und Gamala gehörten zur Gaulanitis, jenes zur sogenannten oberen, dieses zur unteren; Seleukeia dagegen lag am Semochinitischen See. Dieser See ist dreißig Stadien breit und sechzig lang; seine Marschen erstrecken sich bis zur üppigen Landschaft Daphne, wo sich die Quellen befinden, die den sogenannten kleinen Jordan(262) speisen, der unterhalb des Tempels des goldenen Kalbes(263) in den großen Jordan einmündet. Sogane und Seleukeia hatte Agrippa zu Beginn der Empörung auf seine Seite gebracht; Gamala aber ergab sich nicht, weil es sich noch mehr als Jotapata auf seine von Natur geschützte Lage verließ. Von einem hohen Gebirgszug läuft ein abschüssiger Felsgrat aus, der in der Mitte einen Höcker bildet, der sich eine Strecke weit in die Länge zieht und vorn ebenso steil abfällt als hinten, so daß das Ganze einem Kamel gleicht. Daher hat auch der Ort seinen Namen(264), nur daß die Einwohner diese Ableitung in der Aussprache undeutlich machen. An den Seiten und nach vorn zieht sich der Ort in unzugängliche Schluchten hinab, und nur nach hinten, wo Gamala mit dem Berge zusammenhängt, vermindert sich die Unzugänglichkeit ein wenig; doch hatten auch an dieser Seite die Einwohner durch Anlage eines Quergrabens die Stadt schwer zugänglich zu machen gesucht. An der abschüssigen Flanke des

Höhenzuges hingebaut, standen die Häuser überaus dicht aneinandergedrängt, so daß es schien, als ob die Stadt in der Luft schwebe und wegen ihrer steilen Lage über sich selbst zusammenstürzen wolle. Gamala blickte gegen Süden. Ein gleichfalls südlich gelegener, zu bedeutender Höhe ansteigender Hügel diente der Stadt als Burg, von der aus ein mit keiner Mauer eingefaßter Abgrund sich in eine sehr tiefe Schlucht senkte. Innerhalb der Mauer befand sich am äußersten Ende der Stadt eine Quelle.

2. Diese schon infolge ihrer natürlichen Lage schwer einnehmbare Stadt hatte Josephus durch Gräben und unterirdische Gänge noch fester gemacht. Die Bewohner verließen sich auf die Natur des Ortes noch mehr als die Jotapatener, hatten aber viel weniger kampffähige Mannschaft und nahmen auch im Vertrauen auf die Lage keine Verstärkungen auf. Die Stadt war nämlich wegen ihrer starken Festungswerke voll von Flüchtlingen. Gegen ein Belagerungsheer Agrippas hatte sie sich sieben Monate lang gehalten.

3. Vespasian brach nun von Ammathus (das Wort bedeutet „warme Bäder", da sich dort warme Heilquellen befinden), wo er im Angesicht von Tiberias ein Lager errichtet hatte, auf und rückte vor Gamala. Da die Lage der Stadt eine vollständige Einschließung nicht zuließ, stellte er an den Punkten, wo es möglich war, Posten auf und ließ den die Stadt beherrschenden Berg besetzen. Nachdem die Legionen hier in gewohnter Weise ein befestigtes Lager gebaut hatten, begann er, an der Hinterseite Dämme aufzuführen, ebenso im Osten, wo am höchsten Punkt der Stadt sich ein Turm befand, bei dem die fünfte und die zehnte Legion schanzten. Die fünfte arbeitete von hier aus gegen die Mitte der Stadt, während von der zehnten die Gräben und Schluchten ausgefüllt wurden. Da geschah es, daß einer der Schleuderer den König Agrippa, als dieser sich der Mauer näherte und mit den Verteidigern über ihre Kapitulation unterhandeln wollte, mit einem Stein am rechten Ellbogen traf. Sofort wurde er von seinen Freunden umringt; die Römer aber verstärkten aus Zorn über die Verletzung des Königs und aus Furcht für sich selbst ihre Anstrengungen für die Belagerung. Sie glaubten nämlich, daß Leute, die gegen ihren eigenen Landsmann und wohl-

meinenden Ratgeber so erbittert seien, in der Grausamkeit gegen Fremde und Feinde alles Maß überschreiten würden.

4. Als die Dämme durch die Menge der Soldaten und die Übung, die sie in solchen Arbeiten hatten, schnell vollendet waren, wurden die Maschinen herangebracht. Unterdessen hatten Chares und Joseph, die angesehensten Männer der Stadt, ihre Bewaffneten zum Kampf geordnet. Diese waren aber ziemlich mutlos, da sie, mit Wasser und sonstigen Lebensmitteln nicht hinreichend versorgt, die Belagerung nicht lange aushalten zu können glaubten; die Führer munterten sie auf und ließen sie trotzdem an die Mauer heranrücken. Wirklich gelang es ihnen, ihre Gegner, die die Maschinen aufstellen wollten, eine Zeitlang zurückzuschlagen; als sie aber durch Katapulte und Wurfmaschinen beschossen wurden, zogen sie sich schnell wieder in die Stadt hinein. Nun ließen die Römer an drei Stellen Sturmböcke arbeiten und brachten auf diese Weise die Mauer zum Einsturz. Unter lautem Trompetenklang, Waffenlärm und Schlachtgeschrei strömten sie durch die Breschen in die Stadt ein und gerieten mit den Gegnern ins Handgemenge. Ihren ersten Angriffen hielten die Judäer stand; sie hinderten die Römer am Vordringen und schlugen sie tapfer zurück. Endlich aber mußten sie der Überzahl der von allen Seiten angreifenden Feinde weichen und sich in die höher gelegenen Stadtteile zurückziehen. Hier machten sie kehrt, stürzten sich auf die Römer und trieben sie gegen den steilen Abhang zusammen, wo sie auf engem und schwierigem Terrain sich nicht mehr zu helfen wußten und niedergemacht wurden. Da sie sich weder gegen die höher stehenden Judäer wehren noch sich durch die Reihen ihrer eigenen vorwärts stürmenden Leute durchschlagen konnten, flüchteten einige auf die Dächer der feindlichen Häuser, die vom Erdboden aus erreichbar waren. (265) Kaum aber war eine Anzahl oben, als die Dächer unter der Last einbrachen; und sobald ein Haus zusammenstürzte, warf es viele der tiefer stehenden Gebäude um, wie diese wiederum die weiter unterhalb gelegenen. Das brachte einer Menge Römer den Tod; denn in ihrer Ratlosigkeit sprangen sie auf die Dächer, auch wenn sie diese schon einsinken sahen. Viele wurden unter den

Trümmern begraben, viele auch auf der Flucht verstümmelt; die meisten aber erstickten in den Staubwolken. Hierin glaubten die Gamalenser den Beistand des Gottes zu erkennen, drangen nun, ihre eigenen Verluste nicht achtend, um so heftiger auf die Römer ein, zwangen sie, die in den steilen Gassen ausglitten, auf die Dächer und töteten durch Schüsse von oben her jeden, der fiel. Steine lieferten ihnen die Haustrümmer und Waffen die erschlagenen Feinde; denn den Gefallenen rissen sie die Schwerter von der Seite und gebrauchten sie gegen die mit dem Tode ringenden Römer. Viele starben, als sie von den zusammenstürzenden Dächern sprangen. Aber auch die, denen die Flucht zunächst gelungen war, hatten es nicht leicht, zu entkommen; denn da sie der Wege unkundig waren und in dem dichten Staube sich gegenseitig nicht erkannten, fielen sie in ihrer Verwirrung einer über den andern.

5. Wer nur irgendeinen Ausweg finden konnte, zog sich aus der Stadt zurück. Vespasian blieb stets den Bedrängten zur Seite; mit tiefer Bewegung sah er, wie die Stadt über seinen Soldaten zusammenstürzte. Ohne Rücksicht auf seine eigene Sicherheit und ohne es selbst gewahr zu werden, war er beinahe bis zum höchsten Punkt der Stadt vorgedrungen, wo er sich mitten in der größten Gefahr mit nur wenigen Begleitern plötzlich allein sah; sein Sohn Titus war, mit einer Botschaft an Mucianus (266) betraut, damals gerade in Syrien. Da es der Feldherr weder für sicher noch für ehrenvoll hielt, zurückzuweichen, und er zugleich die vielen Gefahren, die er von Jugend auf überstanden, sowie seiner dabei bewiesenen Tapferkeit gedachte, befahl er, wie von göttlicher Begeisterung durchdrungen, seiner Umgebung, sich mit Körpern und Rüstungen eng zusammenzuschließen; er stemmte sich so den von oben angreifenden Feinden entgegen und hielt, ohne vor der Menge der Judäer und ihrer Geschosse zu erschrecken, so lange stand, bis die Feinde angesichts dieser übermenschlichen Geistesgegenwart in ihrem Ungestüm nachließen. Während ihr Andrang schwächer wurde, zog er sich Schritt für Schritt zurück, ohne den Rücken zu kehren, bis er sich außerhalb der Mauer befand. Viele Römer fielen in diesem Kampf, darunter auch der Dekurio Aebutius, ein Mann, der nicht nur in diesem Treffen, sondern auch schon

früher bei jeder Gelegenheit sich als tapfer bewiesen und den Judäern große Verluste beigebracht hatte. Ein Zenturio namens Gallus wurde mit zehn seiner Soldaten im Kampfgewühl umzingelt, doch gelang es ihm, in ein Haus zu schlüpfen. Hier hörte er (er und seine Leute waren geborene Syrer), wie die Bewohner bei der Abendmahlzeit über die Angriffspläne des Volkes gegen die Römer wie auch über ihre Verteidigung sprachen. Er fiel in der Nacht über sie her, tötete sie alle und rettete sich mit seinen Soldaten zu den Römern.

6. Vespasian suchte sein Heer zu trösten, das wegen der Verluste, und weil ihm bis dahin noch nirgends ein solches Unglück zugestoßen war, sehr niedergeschlagen war. Da es den Soldaten vor allem naheging, den Feldherrn in der Gefahr allein gelassen zu haben, erwähnte er seine eigene Person nicht, um auch nicht den leisesten Tadel auszusprechen, sondern erklärte, man müsse gemeinsame Unfälle mutig ertragen und bedenken, daß nach der Natur des Krieges kein Sieg ohne Blutvergießen gewonnen werde und das Glück auch wieder zurückkehre. Nachdem sie Tausende von Judäern niedergemacht, hätten sie der Gottheit nun auch selbst ein kleines Opfer bringen müssen. Wie es niedrige Gesinnung verrate, wenn man sich im Glück überhebe, so sei es unmännlich, sich durch Unglück allzusehr beugen zu lassen; denn schnell wechsle das eine mit dem andern, und der allein sei ein wackerer Mann, der bei Glücksfällen besonnen bleibe und erlittene Schläge mit Freuden wiedergutzumachen suche. „Für das, was geschehen ist“, fuhr er fort, „liegt der Grund weder darin, daß wir uns feige benommen hätten, noch in der Tapferkeit der Judäer, sondern lediglich die Beschaffenheit des Terrains hat ihnen einen Vorteil und uns Verluste gebracht. In dieser Hinsicht könnte man euch vielleicht den Vorwurf machen, daß ihr in eurem Eifer zu weit gegangen seid. Nachdem die Judäer in die höher gelegenen Stadtteile geflüchtet waren, hättet ihr innehalten und euch nicht den von oben drohenden Gefahren aussetzen dürfen. Da ihr die untere Stadt behauptet, hättet ihr allmählich die Gegner zu einem Kampf auf sicherem Grund hervorlocken sollen. So aber habt ihr in eurem Streben nach dem Sieg eure eigne Sicherheit außer acht gelassen. Unbesonnenheit im

Kampf und hitziges Drauflosgehen ist jedoch nicht üblich bei den Römern, die alle Erfolge ihrer Kriegserfahrung und Ordnung verdanken, sondern die Art von Barbaren und ganz besonders der Judäer. Wir müssen uns daher auf die uns eigene Tapferkeit besinnen und durch den Unfall, der uns nicht hätte treffen brauchen, eher ermutigen als einschüchtern lassen. Den besten Trost aber suche jeder in seiner eignen Faust: Dann wird es euch gelingen, die Gefallenen zu rächen und ihre Mörder zu strafen. Was mich betrifft, so werde ich es stets halten wie vorhin, nämlich in jedem Kampf euch gegen die Feinde vorangehen und zuletzt das Schlachtfeld verlassen."

7. Mit solchen Worten richtete er den Mut seines Heeres wieder auf. Auf der anderen Seite war die Freude der Gamalenser über den unerwartet großen Sieg von kurzer Dauer; denn sie mußten jetzt einsehen, daß ihnen nicht nur die Hoffnung auf gütlichen Vergleich, sondern, da ihnen die Lebensmittel ausgingen, auch die Flucht abgeschnitten war, was sie völlig mutlos und niedergeschlagen machte. Gleichwohl taten sie noch alles mögliche für ihre Rettung: Die Tapfersten bewachten die Breschen, die übrigen besetzten die noch stehenden Teile der Mauer. Als die Römer mit der Arbeit an den Dämmen fortfuhren, um einen abermaligen Sturm zu versuchen, flohen viele aus der Stadt, teils durch unzugängliche Schluchten, wo keine Wachtposten standen, teils durch die unterirdischen Gänge. Was noch aus Furcht vor Gefangenschaft zurückblieb, wurde durch Hunger aufgerieben; denn alle Lebensmittel waren für die beschlagnahmt, die kämpfen konnten.

8. Während sie trotz dieser Drangsal aushielten, unternahm Vespasian nebenher einen Zug gegen die Besatzung des Berges Tabor(267), der zwischen der großen Ebene und Skythopolis liegt. Er erhebt sich bis zur Höhe von dreißig Stadien(268) und ist an der Nordseite kaum zu ersteigen. Auf seinem Gipfel dehnt sich eine ebene Fläche von sechsundzwanzig Stadien aus, die ganz ummauert ist. Diese umfangreiche Ringmauer hatte Josephus in vierzig Tagen erbaut. Dabei war ihm außer dem ganzen Baumaterial auch Wasser von unten heraufgeschafft worden, weil man oben nur Regenwasser hatte. Hier war eine Menge Judäer

zusammengeschart, gegen die Vespasian den Placidus mit sechshundert Reitern sandte. Da es nicht möglich war, den Berg zu ersteigen, suchte Placidus die Leute herabzulocken, indem er ihnen einen gütlichen Vergleich und Frieden anbot. Sie kamen auch wirklich herab, aber nur, um ihm gleichfalls eine Falle zu stellen. Denn wie Placidus nur deshalb so freundlich mit ihnen redete, um sie auf der Ebene überwältigen zu können, so gingen sie ihrerseits auf seinen Vorschlag nur scheinbar gutwillig ein, um unversehens über ihn herfallen zu können. Die Hinterlist des Placidus indes trug den Sieg davon. Kaum hatten nämlich die Judäer die Feindseligkeiten begonnen, als er zum Schein den Rückzug antrat und die Verfolger tief in die Ebene hineinzog. Dann ließ er plötzlich seine Reiter gegen sie kehrtmachen, schlug sie in die Flucht und machte die meisten von ihnen nieder, während er zugleich den übrigen den Weg nach dem Berg abschnitt. Diese ließen infolgedessen den Tabor im Stich und flohen nach Jerusalem zu; die eigentlichen Bewohner nahmen einen Vergleich an und ergaben, da ihnen das Wasser ausgegangen war, sich selbst und den Berg dem Placidus.

9. Von den Bewohnern Gamalas waren inzwischen die kühneren heimlich geflohen, während die Schwachen vom Hunger aufgerieben wurden. Die bewaffnete Mannschaft aber hielt die Belagerung aus bis zum zweiundzwanzigsten des Monats Hyperberetaios, als drei Soldaten der fünfzehnten Legion um die Morgenwache sich an den höchsten, ihrem Lager gegenüberliegenden Turm heranschlichen und ihn in aller Stille untergruben. Infolge der nächtlichen Dunkelheit bemerkten die auf dem Turm befindlichen Wachen weder ihre Annäherung noch ihre Anwesenheit. Die Soldaten wälzten, ohne ein Geräusch zu machen, die fünf mächtigsten Quadern heraus und sprangen dann schnell weg; plötzlich stürzte der Turm mit gewaltigem Krachen zusammen und begrub die Wächter unter seinen Trümmern. Auf den anderen Posten flohen die Wachen bestürzt davon. Die Römer machten eine Menge Judäer nieder, die sich durchzuschlagen versuchten; auch Joseph wurde, als er durch die Mauerlücke fliehen wollte, von einem Geschoß getroffen und getötet. Unter den Einwohnern der Stadt entstand auf Grund des Getöses ein Durch-

einander und eine Angst, als wenn das ganze feindliche Heer schon eingedrungen wäre. An diesem Tage starb auch Chares, der gerade krank darniederlag, wobei der Schrekken nicht wenig zu dem tödlichen Ausgang der Krankheit beitrug. Die Römer waren übrigens durch ihre frühere Niederlage gewitzigt worden und rückten erst am dreiundzwanzigsten des genannten Monats in die Stadt ein.

10. Titus, der unterdessen zurückgekommen war, drang, erbittert über den Schlag, den die Römer in seiner Abwesenheit erlitten hatten, mit 200 auserlesenen Reitern und einigem Fußvolk in aller Stille in die Stadt ein. Die Wachen bemerkten jedoch seine Annäherung und eilten mit lautem Geschrei zu den Waffen; auch in der Stadt wurde sein Einmarsch schnell bekannt, worauf die einen ihre Kinder ergriffen und sie mit den Frauen unter Jammern und Weinen auf die Burg schleppten, andere sich dem Titus entgegenwarfen, der sie nacheinander niedermetzelte. Wem es nicht gelang, auf die Höhe der Burg zu entkommen, der geriet in der Verwirrung unter die Posten der Römer. Ringsum hörte man das Stöhnen der Sterbenden, während das Blut die Abhänge der Stadt hinunterfloß. Gegen die Judäer, die sich auf die Burg geflüchtet hatten, führte Vespasian zur Unterstützung die gesamte Streitmacht heran. Der von Felszacken umgebene und schwer zu ersteigende Gipfel, der in schwindelnde Höhe ragte, wimmelte von Menschen und war von tiefen Abgründen umgeben. Es fiel den Judäern nicht schwer, den emporklimmenden Römern mit Geschossen und hinabgewälzten Steinen zuzusetzen, während sie selbst wegen der Höhe ihrer Stellung mit Pfeilen so gut wie gar nicht zu erreichen waren. Da erhob sich zu ihrem Verderben und wie von einem Gott gesandt ein Sturm, der die Geschosse der Römer gegen sie jagte, ihre eigenen aber aufhielt und seitwärts ablenkte. Wegen des heftigen Sturmes konnten sie auf dem steilen Rand, wo es ihnen an Stützpunkten fehlte, weder feststehen noch die Heraufsteigenden sehen. So gelang es den Römern, die Höhe zu erklettern und die Judäer zu umzingeln, von denen einige sich zur Wehr setzten, andere um Schonung flehten. Die Erbitterung der Römer wegen ihrer beim ersten Sturm gefallenen Kameraden richtete sich aber gegen alle. Schließlich stürzten

sich viele Judäer, die nicht mehr ein noch aus wußten, mit Frauen und Kindern in den Abgrund, der seitwärts von der Burg in eine ungeheure Tiefe abfiel. Ja, die Wut der Eingeschlossenen gegen sich selbst erschien fast noch größer als die der Römer; denn während von diesen 4000 niedergemacht wurden, fand man mehr als 5000, die sich selbst in die Tiefe gestürzt hatten. Niemand kam mit dem Leben davon außer zwei Frauen; beide waren Töchter der Schwester jenes Philippos, der den ausgezeichneten Heerführer des Königs Agrippa, Jakimos, zum Vater hatte. Sie retteten sich dadurch, daß sie sich während der Erstürmung der Stadt vor der Wut der Römer versteckten; denn diese schonten selbst Säuglinge nicht, von denen sie viele ergriffen und von der Burg hinabschleuderten. So fiel Gamala am dreiundzwanzigsten des Monats Hyperberetaios; begonnen hatte die Empörung am vierundzwanzigsten des Monats Gorpiaios.

2. Kapitel: Übergabe Gischalas

1. Nur das Städtchen Gischala(269) war nun in Galiläa noch unbezwungen. Die Bevölkerung war zwar friedlich gesinnt, da sie größtenteils aus Ackerbauern bestand, die kein anderes Interesse als ihre Ernteaussichten kennen. Es hatte sich aber ein nicht unbedeutender Haufe Räuber bei ihnen eingenistet, der auch einen Teil der Bürger mit dem Fieber der Empörung angesteckt hatte. Der Mann, der diese Leute zum Abfall aufhetzte und zusammenscharte, war Joannes, der Sohn eines gewissen Levi, ein Mensch von betrügerischem und höchst zweideutigem Charakter, stets geneigt, sich mit weitgehenden Hoffnungen zu tragen, und fähig, sie zu verwirklichen; er war offensichtlich für den Krieg, weil er dadurch die Herrschaft zu erlangen gedachte. Seiner Führung unterstanden die Aufrührer in Gischala, deren Anwesenheit schuld war, daß die Bürger der Stadt, die sonst vielleicht wegen der Übergabe unterhandelt hätten, jetzt in kriegerischer Haltung den Anmarsch der Römer erwarteten. Vespasian sandte Titus an der Spitze von tausend Reitern gegen sie aus; nachdem er die zehnte Legion nach Skythopolis verlegt hatte, trat er selbst

mit den beiden übrigen Legionen den Rückmarsch nach Kaisareia an, um ihnen eine Erholung von den beständigen Strapazen zu gewähren. Die reichen Proviantvorräte dieser Städte würden, so hoffte er, die Körper und den Mut seiner Soldaten für die bevorstehenden Kämpfe wieder kräftigen. Er verhehlte sich nicht, daß vor Jerusalem noch ein tüchtiges Stück Arbeit warte, da es die Königsstadt, die Hauptstadt und der Sammelplatz der aus den bisherigen Gefechten entkommenen Judäer war. Die natürliche, durch künstliche Werke noch erhöhte Widerstandskraft der Stadt flößte ihm keine geringe Besorgnis ein, zumal er, auch abgesehen von den Mauern, die Einwohner wegen ihres Mutes und ihrer Kühnheit für schwer überwindlich hielt. Aus diesem Grunde bereitete er seine Soldaten wie Gladiatoren zum Kampfe vor.

2. Als Titus mit seinen Reitern vor Gischala anlangte, sah er, daß er die Stadt ohne sonderliche Mühe durch Überrumpelung nehmen könnte. Da er aber wußte, daß bei einer gewaltsamen Einnahme die Soldaten das Volk in Massen niedermetzeln würden, und er nicht bloß des Mordens satt war, sondern auch Mitleid mit der Menge derer empfand, die unschuldig mit den Schuldigen umkommen würden, zog er vor, die Stadt zur Übergabe auf der Grundlage eines Vertrages zu bringen. Er wandte sich daher an die in großer Anzahl auf der Mauer stehenden Männer, die fast alle zu der Rebellenrotte gehörten, und erklärte ihnen, er begreife nicht, worauf sie sich eigentlich verließen, daß sie, nachdem alle Städte gefallen, allein den Waffen der Römer noch Widerstand leisten wollten. Sie sähen doch, wie sogar weit festere Städte schon nach einem einzigen Sturm zerstört worden seien, und wie alle die sich ihres Besitzes in Sicherheit erfreuen dürften, die sich der Gnade der Römer anvertraut hätten. Diese biete er auch ihnen jetzt an, und er wolle ihr übermütiges Benehmen vergessen. Verzeihlich sei ihre Hoffnung auf Freiheit, keineswegs aber ihr starres Festhalten an dem, was sich nicht ermöglichen lasse. Wollten sie seinen freundlichen Worten und seinem Anerbieten zu einer gütlichen Vereinbarung kein Gehör schenken, so müsse er schonungslos die Waffen gegen sie gebrauchen, und sie würden bald erkennen, daß ihre Mauern für die Belagerungsmaschinen der Römer nur Kinder-

spielzeuge seien. Wenn sie sich darauf verließen, so zeigten sie, daß sie allein unter den Galiläern noch in Einbildungen befangen seien.

3. Hierauf war es nicht nur keinem von den Bürgern erlaubt zu antworten, sondern es durfte nicht einmal jemand die Mauer besteigen; sie war ganz von den Räubern besetzt, und an den Toren standen Wachen, damit niemand zu Unterhandlungen hinausginge oder Reiter in die Stadt einlasse. Nur Joannes ergriff das Wort und entgegnete, er sei mit den Vorschlägen einverstanden und werde jeden Andersdenkenden durch Überzeugung oder mit Gewalt ebenfalls dazu bringen. Er müsse aber diesen Tag – der ein Sabbat war – nach dem Gesetz der Judäer feiern, da es ihnen an einem solchen ebensowenig gestattet sei, Friedensverhandlungen zu führen, als die Waffen zu ergreifen. Auch den Römern könne es ja nicht unbekannt sein, daß die Judäer sich an jedem siebenten Tage aller Tätigkeit enthalten müßten. Wer aber einen andern nötigen wolle, dieses Gebot zu übertreten, begehe eine nicht minder große Sünde als der, der sich dazu nötigen lasse. Übrigens bringe dieser Aufschub Titus keinen Schaden. Was könne man in der Nacht schon weiter unternehmen als einen Fluchtversuch, den er durch Umstellung der Stadt zu vereiteln vermöge? Wie es für die Judäer von Wert sei, ihre väterlichen Gesetze nicht zu übertreten, so zieme es dem, der ihnen unerwarteterweise den Frieden schenke, die Gesetze der Begnadigten zu achten. Mit solchen Worten hinterging er Titus; denn es war ihm weniger um den Sabbat als um seine persönliche Sicherheit zu tun; mußte er doch fürchten, nach der Einnahme der Stadt gefangengenommen zu werden, wogegen er in der Nacht durch Flucht sein Leben zu retten hoffte. Es war sicherlich eine Fügung des Gottes, der Joannes zum Verderben Jerusalems aufbewahren wollte, daß Titus nicht nur der listigen Bitte um Aufschub Gehör schenkte, sondern sogar sein Lager etwas weiter von der Stadt weg nach Kydasa verlegte. Kydasa ist ein landeinwärts gelegener tyrischer Ort, der mit den Galiläern in ständiger Feindschaft und Fehde lag, stark bevölkert war und Festungswerke hatte, auf die er sich bei den Streitigkeiten mit jenem Volke wohl verlassen konnte.

4. Als Joannes in der Nacht in der Umgebung der Stadt keine feindlichen Wachtposten mehr bemerkte, benutzte er die günstige Gelegenheit und brach nicht nur mit seinen bewaffneten Anhängern, sondern auch mit einer Menge unbeteiligter Leute und deren Familien auf und floh auf Jerusalem zu. Zwanzig Stadien weit schleppte er, selbst von der Angst um Freiheit und Leben gehetzt, den Haufen der Frauen und Kinder mit, aber als er seinen Marsch fortsetzte, ließ er sie im Stich. Laut klang das Geschrei der Verlassenen; denn je weiter sich die Ihren entfernten, desto näher wähnten sie die Feinde, und in der Meinung, die Römer seien ihnen bereits auf den Fersen, gerieten sie in äußerste Bestürzung. Bei jedem Geräusch, das ihr eigenes Rennen verursachte, blickten sie sich um, als wären ihre Verfolger schon da. Viele verirrten sich in unwegsame Gegenden, viele wurden bei dem Eifer, einander zu überholen, auf der Straße zertreten. Kläglich kamen die Frauen und Kinder um, von denen manche mit Aufbietung aller Kraft ihre Männer und Verwandten zurückriefen und sie jammernd anflehten, doch auf sie zu warten. Aber stärker erwies sich der Befehl des Joannes, der die Männer anschrie, sie sollten auf ihre eigene Rettung bedacht sein und dahin fliehen, wo sie auch für die Zurückgelassenen, falls diese geraubt würden, an den Römern Rache nehmen könnten. Infolgedessen zerstreute sich die Menge der Flüchtlinge so rasch, wie es Kraft und Behendigkeit eines jeden gestatteten.
5. Mit Tagesanbruch erschien Titus vor den Mauern, um den Vertrag auszuführen. Die Bürger öffneten ihm die Tore, zogen ihm mit Frauen und Kindern entgegen und begrüßten ihn als Wohltäter, der die Stadt von den Bedrängern befreit habe. Zugleich meldeten sie ihm die Flucht des Joannes, baten ihn, er möge sie selbst verschonen und nach dem Einzug in die Stadt die noch darin befindlichen Umstürzler bestrafen. Ohne auf diese Bitten des Volkes zu achten, schickte Titus unverzüglich eine Reiterschwadron zur Verfolgung des Joannes ab. Ihn selbst konnten jedoch die Soldaten nicht einholen, weil er schon nach Jerusalem entkommen war; dagegen töteten sie ungefähr sechstausend von denen, die mit ihm geflohen waren, und trieben gegen 3000 Frauen und Kinder zurück, die sie um-

zingelt hatten. Titus ärgerte sich zwar, daß er den Joannes nicht sogleich für den Betrug büßen lassen konnte; doch fand er für diese Enttäuschung in der Menge der Gefangenen und Getöteten hinlänglich Genugtuung und zog nun unter dem lauten Jubel der Bevölkerung in die Stadt ein. Nachdem er den Soldaten Befehl gegeben hatte, nach Kriegsbrauch einen kleinen Teil der Mauer einzureißen, suchte er die Aufwiegler in der Stadt mehr durch Drohungen als durch Strafen in Schranken zu halten; denn er fürchtete, es könnten bei einer Aussonderung der Schuldigen viele aus Privathaß und Feindschaft Unschuldige anzeigen, und hielt es daher für besser, die Schuldigen in steter Angst schweben zu lassen, als einen Unschuldigen mit ihnen zugrunde zu richten. Jene, so hoffte er, würden vielleicht aus Furcht vor Strafe und aus Dankbarkeit für die Verzeihung ihrer früheren Vergehen andern Sinnes werden, während die Hinrichtung von Unschuldigen sich nicht mehr gutmachen lasse. Doch versicherte er sich der Stadt durch eine Besatzung, mit der er sowohl die Umstürzler einschüchtern als den friedliebenden Bürgern neuen Mut machen wollte. So war nun ganz Galiläa bezwungen, nachdem es die Römer viel Kraft vor dem Jerusalemfeldzug gekostet hatte.

3. Kapitel: Joannes von Gischala und die Zeloten

1. Als Joannes in Jerusalem einzog, strömte ihm die ganze Bevölkerung entgegen, und um jeden der ihn begleitenden Flüchtlinge sammelten sich Menschen, die sich nach den Ereignissen im Lande erkundigten. Obwohl das heisere Keuchen der Ankömmlinge ihre Not verriet, brüsteten sie sich noch in ihrem Unglück und behaupteten, sie seien nicht vor den Römern geflohen, sondern nur gekommen, um sie von einem sicheren Ort aus zu bekämpfen; denn es sei ebenso unvernünftig wie nutzlos, für Gischala und dergleichen unbedeutende Städtchen sein Leben aufs Spiel zu setzen, anstatt Waffen und Kräfte zu schonen und für die Hauptstadt aufzusparen. Dann schilderten sie die Einnahme Gischalas, wobei denn doch viele verstanden, daß das, was sie mit schön klingendem Wort Abzug nannten,

in Wirklichkeit nichts als Flucht gewesen war. Als man nun gar das Los der Gefangenen erfuhr, wurde das Volk sehr bestürzt, denn es sah darin deutliche Vorzeichen seines eigenen Untergangs. Joannes war von dem Schicksal der von ihm im Stich Gelassenen nicht sonderlich bewegt, sondern ging bei den Leuten umher und suchte sie durch Hoffnungen, die er in ihnen wachrief, zum Kriege anzutreiben, indem er die Macht der Römer als schwach hinstellte, die seines Volkes dagegen herausstrich. Mit leisem Spott über die Unwissenheit der unerfahrenen Menge bemerkte er, die Römer, denen es bei den Dörfern Galiläas schon so schlecht ergangen sei und die dort ihre Belagerungsmaschinen zuschanden gestoßen hätten, würden, selbst wenn sie Flügel hätten, die Mauern Jerusalems niemals übersteigen können.

2. Durch solche Reden ließen sich die jüngeren Leute größtenteils verführen und für den Krieg begeistern; alle besonnenen und älteren Männer dagegen sahen das kommende Unheil voraus und betrauerten die Stadt, als ob sie bereits dahin wäre. So widerstreitend waren die Gefühle, die sich des Volkes bemächtigt hatten. Ehe es aber in Jerusalem zum Bürgerkrieg kam, war das Volk draußen im Lande schon in Parteien gespalten. Während Titus von Gischala nach Kaisareia marschiert war, hatte Vespasian sich von Kaisareia nach Jamneia und Azotos aufgemacht, beide Städte unterjocht, Besatzungen hineingelegt und mit einer Menge Kriegsgefangener, die sich ihm ergeben hatten, den Rückmarsch angetreten. Da brachen in jeder Stadt Unruhen und Bürgerkrieg aus; kaum konnten die Menschen vom Druck der Römer erleichtert aufatmen, kehrten sie die Waffen gegeneinander, und bald lagen die Kriegslustigen in hartem Kampfe mit den Friedliebenden. Zunächst entbrannte der Streit in den bisher einträchtigen Familien; dann befehdeten sich die Verwandten, die zuvor in Freundschaft gelebt hatten, und da jeder sich zu seinen Gesinnungsgenossen schlug, standen sich in kurzem die Parteien feindlich gegenüber. Überall herrschte Zwietracht. Schließlich gewannen die Umstürzler und Kriegslustigen infolge ihrer Jugend und Kühnheit über die älteren und verständigen Männer die Oberhand. Nachdem sich zunächst einzelne Gruppen auf Räubereien gegen ihre

Landsleute verlegt hatten, rotteten sie sich bald zu förmlichen Banden zusammen, um im ganzen Lande zu plündern. An Grausamkeit und Willkür standen sie dabei den Römern nicht nach, so daß den von ihnen Mißhandelten die Unterwerfung durch die Römer bei weitem erträglicher vorkam.

3. Die Besatzungen der Städte leisteten teils aus Furcht vor Unfällen, teils aus Haß gegen die Judäer den Überfallenen keine oder nur geringe Hilfe. Als die Anführer der überall hausenden Räuberbanden die Plünderung im Lande satt hatten, schlossen sie sich zu einer Rotte der Bosheit zusammen und brachen zum Verderben Jerusalems in diese Stadt ein, die damals ohne Feldherrn war und altem Brauche gemäß alle Volkszugehörigen ohne weiteres aufnahm; war man doch allgemein der Überzeugung, die Herbeiströmenden kämen nur in der guten Absicht, Hilfe zu bringen. Sie aber stürzten, auch abgesehen von den Unruhen, die sie erregten, die Stadt nachher ins tiefste Elend; denn von der unnützen und müßigen Menge wurden die Lebensmittel, die für die streitbare Mannschaft ausgereicht hätten, vorzeitig aufgebraucht und so dem Krieg noch Bürgerzwist und Hungersnot hinzugefügt.

4. Noch andere Räuber kamen vom Lande in die Stadt herein, verbanden sich mit dem noch schlimmeren Gesindel, das schon drinnen war, und begingen die ärgsten Schandtaten. Raub und Diebstahl genügten ihnen nicht mehr, sondern sie verstiegen sich sogar zu Morden, die sie nicht etwa bei Nacht oder heimlich oder an gemeinen Leuten, sondern offen, am hellen Tage und bei den Vornehmsten zuerst begingen. Zunächst nahmen sie einen der mächtigsten Männer der Stadt, Antipas(270), der aus königlichem Geschlecht stammte und dem der Staatsschatz anvertraut war, gefangen und kerkerten ihn ein; hierauf Levias, einen von den Vornehmen, und Syphas, den Sohn des Aregetes, beide gleichfalls von königlichem Blut; endlich alle, die im Lande großes Ansehen genossen. Gewaltige Bestürzung verbreitete sich daraufhin im Volke, und als ob die Stadt schon vom Feind erobert wäre, dachte jeder nur noch an seine eigene Sicherheit.

5. Den Räubern genügte es indes nicht, die Gefangenen eingekerkert zu haben; auch hielten sie es nicht für ratsam,

so mächtige Männer längere Zeit in Haft zu halten, weil deren zahlreiche Familien wohl imstande waren, sie zu rächen. Zudem fürchteten sie, das Volk könnte wegen ihres gesetzwidrigen Verfahrens in Erregung geraten und sich gegen sie erheben. Sie beschlossen daher, die Gefangenen aus dem Wege zu räumen, und beauftragten damit den geschicktesten Mörder unter ihnen, einen gewissen Joannes, in der Landessprache Sohn der Gazelle genannt. Dieser und zehn andere drangen mit gezogenen Dolchen ins Gefängnis ein und ermordeten die Eingekerkerten. Zur Rechtfertigung des schweren Verbrechens ersannen sie einen gewichtigen Vorwand: Sie behaupteten, die Gefangenen hätten mit den Römern wegen der Übergabe Jerusalems unterhandelt und seien demgemäß getötet worden, weil sie an der gemeinsamen Freiheit Verrat begangen hätten. Bald brüsteten sie sich sogar noch mit ihrem Frevel, als wenn sie dadurch die Wohltäter und Retter der Stadt geworden wären.

6. Während das Volk immer mutloser und zaghafter wurde, steigerte sich ihr Wahnsinn in solchem Grade, daß sie sogar die Wahl der Hohenpriester sich anmaßten. Sie schafften die Vorrechte der Familien ab, aus denen nacheinander die Hohenpriester ernannt wurden, und übertrugen die Würde an gewöhnliche Leute aus niederem Stande, um an ihnen Helfer für ihre Schandtaten zu gewinnen; denn diese Menschen, die ohne eigenes Verdienst zur höchsten Ehrenstelle gelangt waren, mußten denen zu Willen sein, die ihnen dazu verholfen hatten. Die Amtsträger hetzten sie durch allerlei Kniffe und Verleumdungen gegeneinander, und die Reibereien unter denen, die ihnen noch in den Weg treten konnten, nutzten sie für ihre Zwecke aus, bis sie endlich, übersättigt von den Freveln gegen Menschen, ihre Frechheit auch gegen die Gottheit kehrten und mit unreinen Füßen den Tempel zu betreten wagten.

7. Nun aber erhob sich gegen sie das Volk, aufgereizt von dem ältesten der Hohenpriester, Ananos, einem höchst verständigen Manne, der vielleicht auch die Stadt gerettet haben würde, wenn er den Händen der Mörder entronnen wäre. Diese machten den Tempel des Gottes zu einem Bollwerk und zum Zufluchtsort gegen die Bewegungen des Vol-

kes, und das Heiligtum wurde ihre Zwingburg. Schließlich fügten sie ihren Greueltaten auch noch Hohn hinzu, der schmerzlicher als jene empfunden wurde. Um nämlich zu prüfen, wie weit das Volk sich von ihnen einschüchtern lassen würde, und um zugleich ihre eigene Stärke zu erproben, wagten sie es, die Hohenpriester durchs Los zu wählen, während doch, wie gesagt, das Anrecht auf diese Würde durch Abstammung erworben wird. Zum Vorwand ihres Unternehmens führten sie eine alte Sitte an: Auch in früheren Zeiten, behaupteten sie, sei die hohepriesterliche Würde durchs Los zugeteilt worden; in Wirklichkeit aber bezweckte ihr Vorhaben, eine verbürgte Sitte aufzuheben, und war nichts weiter als ein Kunstgriff zur Stärkung ihrer Macht, indem sie die höchsten Stellen selbst besetzten.

8. So beriefen sie denn eine der hohenpriesterlichen Klassen(271), Eniachin genannt, und wählten einen Hohenpriester durchs Los.(272) Zufällig traf das Los einen Menschen, an dessen Person das Frevelhafte ihres Beginnens ganz offenkundig wurde, einen gewissen Phanni, Sohn Samuels, aus dem Dorfe Aphthia. Abgesehen davon, daß er überhaupt keinem hohenpriesterlichen Geschlecht angehörte, war er auch so ungebildet, daß er nicht einmal wußte, was Hohepriestertum eigentlich sei. Wider seinen Willen schleppten sie ihn vom Lande herein, schmückten ihn wie auf der Bühne mit einer fremden Maske, bekleideten ihn mit dem heiligen Gewand und unterwiesen ihn darin, was er bei gewissen Anlässen zu tun habe. Ihnen freilich diente dieser ungeheure Frevel nur zu Scherz und Spott; den anderen Priestern dagegen, die von fern zusahen, wie das Gesetz verhöhnt wurde, traten die Tränen in die Augen, und sie betrauerten die Verunglimpfung der heiligen Ämter.

9. Diese Frechheit ertrug das Volk nicht länger, und alle erhoben sich nun zum Sturz der Tyrannei. Die angesehensten Männer, Gorion, des Joseph Sohn, und Simon, Sohn des Gamaliel, forderten sowohl die Menge in den Versammlungen als auch einzelne, die sie besuchten, auf, endlich die Verderber der Freiheit zu bestrafen und das Heiligtum von den Mördern zu säubern. Auch die geachtetsten unter den Hohenpriestern, Jesus, des Gamalas Sohn, und Ananos, des Ananos Sohn, warfen dem Volk seine Lässigkeit in den Versammlungen eindringlich vor

und stachelten es gegen die Zeloten auf. So nannten sie sich nämlich, als ob sie für gute Zwecke eiferten und sich nicht in Schlechtigkeiten zu überbieten trachteten.

10. Als nun die Menge zur Vo''sversammlung zusammengekommen war und alles über die Besetzung des Heiligtums, die Räubereien und die Morde sich entrüstete - ohne daß irgend jemand zur Rache schreiten wollte, weil man mit Recht die Zeloten für schwer überwindlich hielt –, erhob sich mitten in der Versammlung Ananos, schaute mehrmals tränenden Auges zum Tempel hinauf und sprach: „Lieber wäre ich gestorben, als daß ich das Haus des Gottes so voller Greuel und die nie betretenen heiligen Stätten von den Füßen der Mörder befleckt sehen muß. Aber noch lebe ich, der ich das hohepriesterliche Gewand und den heiligsten der ehrwürdigen Namen trage (273), und lebe gern, ohne daß ich bis jetzt den meinem Greisenalter gebührenden rühmlichen Tod erlitten hätte. Bleibe ich freilich allein, so will ich auch allein wie in einer Wüste meine Seele dem Gott darbringen. Wozu soll ich in einem Volk leben, das kein Gefühl mehr für seine Leiden hat und bei dem die Empfindung für die gegenwärtige Drangsal geschwunden ist? Plündert man euch, so bleibt ihr gleichgültig, schlägt man euch, so schweigt ihr, und über die Gemordeten wagt niemand auch nur laut zu seufzen. Welch harte Tyrannei! Doch was tadle ich die Tyrannen? Sind sie nicht durch euch und eure Langmut groß geworden? Habt nicht ihr, als sie noch wenig zahlreich waren, ihre erste Zusammenrottung außer acht gelassen und durch euer Stillschweigen es verschuldet, daß sie zum großen Haufen anwuchsen? Habt nicht ihr, indem ihr sie sich ruhig bewaffnen ließt, ihre Waffen gegen euch selbst gekehrt, anstatt ihre ersten Angriffe zurückzuschlagen, damals, als sie die Vornehmen mit Schmähungen angriffen? Durch eure Gleichgültigkeit habt ihr die Frevler zu Räubereien ermutigt, und wenn Häuser verwüstet wurden, hattet ihr kein Wort dagegen! Darum konnten sie auch die Eigentümer wegführen, und niemand kam diesen zu Hilfe, als sie mitten durch die Stadt geschleppt wurden. Mit Fesseln entwürdigte man sie, die ihr verraten hattet! Ich will nicht sagen, wie viele, wie hochangesehene Männer ohne Anklage, ohne Verhör so behandelt wurden. Nie-

mand nahm sich der Gefesselten an: Die Folge war, daß wir zuletzt noch sehen mußten, wie sie ermordet wurden. Wir sahen zu, wenn wie aus einer Herde unvernünftiger Tiere immer wieder das beste Opfer herausgeholt wurde – aber niemand erhob seine Stimme, geschweige daß jemand die Hand gerührt hätte. Ertragt nun auch, ertragt es, daß das Heiligtum mit Füßen getreten wird! Und nachdem ihr diesen Ruchlosen eine Stufe nach der anderen zu ihren vermessenen Schritten selbst geebnet habt, braucht ihr euch nicht von ihrer Übermacht bedrückt zu fühlen! Sie würden sicherlich noch weiter gehen, wenn es etwas Größeres als das Heiligtum zu verwüsten gäbe. In ihren Händen ist der festeste Punkt der Stadt – denn eine Burg oder Festung muß man jetzt den Tempel nennen. Was habt ihr angesichts der Tyrannei hinter diesen Mauern und der Feinde über euren Köpfen im Sinn, und womit wollt ihr eure Gemüter beruhigen? Wartet ihr auf die Römer, daß sie unsern Heiligtümern zu Hilfe kommen? Steht es so schlimm um unsere Stadt, und sind wir so tief im Elend versunken, daß die Feinde sich unser erbarmen sollen? Wollt ihr euch nicht erheben, ihr Beklagenswerten, euch gegen die Schläge auflehnen, wie man es ja selbst bei Tieren sehen kann, und an denen, die euch schlagen, Rache nehmen? Wollt ihr euch nicht die jedem von euch zugefügten Mißhandlungen ins Gedächtnis rufen und eurer Leiden eingedenk den Mut zum Widerstand stärken? Ist denn das edelste und natürlichste aller Gefühle, die Liebe zur Freiheit, in euch getötet? Sind wir Sklavennaturen und Bedientenseelen geworden, als wäre es Unterwürfigkeit, was wir von unsern Vorfahren ererbt haben? Nein, sie haben viele und große Kriege für ihre Selbständigkeit geführt und sowohl der Macht der Ägypter als der der Meder(274) standgehalten, um nicht in Abhängigkeit zu geraten! Doch was brauche ich von unsern Ahnen zu sprechen? Aus welchem Grund wird denn der gegenwärtige Krieg mit den Römern geführt, von dem ich jetzt nicht erörtern will, ob er zweckmäßig und nützlich ist oder nicht? Doch wohl für die Freiheit! Wenn wir uns aber den Herren der Welt nicht fügen wollen, wie sollen wir da unsere eigenen Landsleute als Tyrannen über uns dulden? Wird man von auswärtigen Feinden unterjocht, so mag man dafür die

Ungunst des Schicksals verantwortlich machen; Unterwerfung aber unter die eigenen schlechtesten Mitbürger ist ein Zeichen von Feigheit und Knechtsinn. Da ich gerade die Römer erwähnte, will ich euch nicht vorenthalten, was mir soeben während meiner Rede in den Sinn kam, nämlich daß wir, wenn uns die Römer, was ich nicht hoffen will, unterjochen sollten, jedenfalls nichts Schlimmeres erdulden würden, als was diese unsere Mitbürger uns angetan haben. Oder ist es nicht zum Weinen, daß, während wir von den Römern selbst Weihgeschenke im Tempel sehen, unsere eignen Landsleute dort ihren Raub aufhäufen, nachdem sie den Adel der Hauptstadt ermordet und Männer aus dem Wege geräumt haben, die der Feind im Falle des Sieges geschont haben würde? Ist es nicht bejammernswert, daß, während die Römer niemals die Grenze für die Laien überschritten und keinen unserer heiligen Gebräuche verletzten, sondern nur in Ehrfurcht von fern die Einfriedigung des Heiligtums betrachteten, Leute, die in diesem Lande geboren, in unserer Religion erzogen sind und sich Judäer nennen, im Allerheiligsten umherlaufen, während ihre Hände noch vom Blute ihrer Landsleute triefen? Wer sollte da noch den von außen kommenden Krieg und die im Vergleich zu unseren Landsleuten viel menschlicheren Feinde fürchten? Will man die Dinge beim rechten Namen nennen, so wird man finden, daß die Römer unsere Gesetze erhalten werden, während die Gegner der Gesetze hier drinnen stehen. Daß daher diese Feinde unserer Freiheit vernichtet werden müssen und daß keine Strafe, die man erdenken mag, für ihre Schandtaten streng genug ist, diese Überzeugung, hoffe ich, habt ihr alle schon von zu Hause mit hierhergebracht, wie ihr wohl auch schon vor meiner Rede durch das, was ihr erlitten, gegen sie aufgebracht wart. Vielleicht erschrecken die meisten vor ihrer Anzahl, ihrer Kühnheit und ihrer vorteilhaften Stellung. Aber wie an alledem eure Gleichgültigkeit schuld ist, so wird durch längeres Zögern alles nur noch schlimmer werden. Ihre Zahl erhält täglich neuen Zuwachs, da alle Nichtswürdigen zu ihnen als ihren Gesinnungsgenossen übergehen; ihre Kühnheit wird um so mehr entflammt, je weniger sie auf Hindernisse stößt; und was ihre Stellung über unsern Köpfen angeht, so bereiten sie sich vor, sie zu nutzen, wenn wir ihnen Zeit dazu lassen. Greifen wir sie aber an, so wird, glaubt es mir, ihr schlechtes Gewissen sie entmutigen, und den Vorteil ihrer höheren Stellung wird ihre innere Verfassung zuschanden machen. Vielleicht wendet auch die beleidigte Gottheit ihre Geschosse gegen sie selbst, so daß die Frevler durch ihre eignen Pfeile fallen. Wenn sie uns kaum erblicken, sind sie schon dahin. Ist nun auch Gefahr damit verbunden, so wäre es doch ehrenvoll, vor den heiligen Toren zu fallen und, wenn auch nicht für Frau und Kind, so doch für den Gott und sein Heiligtum zu sterben. Ich selbst will mit Rat und Tat euch vorangehen: Nichts, was ich für eure Sicherheit erdenken kann, wird euch mangeln, und ihr sollt sehen, daß ich auch meine Person nicht schonen werde."

11. Mit solchen Worten suchte Ananos das Volk gegen die Zeloten aufzustacheln, obwohl er sich nicht verhehlen konnte, daß sie schon jetzt wegen ihrer großen Zahl, jugendlichen Kraft und Entschlossenheit, besonders aber wegen des Bewußtseins ihrer bisherigen Taten schwer zu überwältigen sein würden. Da sie für ihre Vergehen keine Verzeihung zu erwarten hatten, würden sie bis zum Äußersten Widerstand leisten. Trotzdem war er gewillt, lieber alles zu wagen, als die Dinge in dieser Verwirrung zu lassen. Das Volk aber schrie, er solle sie gegen die führen, die sie angreifen sollten, und einer zeigte sich bereitwilliger als der andere, der Gefahr zuerst die Stirn zu bieten.

12. Während Ananos die zum Kampfe Tauglichen auslas und ordnete, erfuhren die Zeloten den Anschlag; denn sie hatten Leute, die ihnen alles hinterbrachten, was beim Volke vorging. Voll Erbitterung stürzten sie teils in geschlossenen Reihen, teils in kleineren Haufen aus dem Tempel hervor und machten schonungslos alles nieder, was ihnen in den Weg kam. Schnell sammelte Ananos das Volk, das den Zeloten an Zahl überlegen war, an Bewaffnung und Ordnung ihnen aber nachstand. Die beiderseitigen Mängel glich indes der Kampfeseifer aus; die von der Stadt zeigten sich nämlich von einer Erbitterung durchdrungen, die stärker war als alle Waffen, während die vom Tempel eine Kühnheit besaßen, die es mit jeder Überzahl aufnahm. Die einen glaubten in der Stadt nicht länger

wohnen zu können, wenn sie diese nicht von den Banditen säuberten; die Zeloten anderseits wußten, daß ihrer im Fall ihrer Niederlage alle erdenklichen Strafen harrten. So gerieten sie in leidenschaftlichen Kampf gegeneinander und beschossen sich zuerst von der Stadt wie auch vom Tempel her mit Steinen und Wurfspeeren, die sie von fern schleuderten; sobald aber eine Partei flüchtete, griffen die Sieger zum Schwert. Groß war auf beiden Seiten die Zahl der Toten und Verwundeten. Wer vom Volke kampfunfähig wurde, den zogen seine Angehörigen ins Haus hinein; die verwundeten Zeloten zogen sich in den Tempel zurück und besudelten den heiligen Boden mit ihrem Blut, so daß man mit Recht sagen kann, ihr Blut allein habe das Heiligtum befleckt. Bei den Ausfällen behielten die Räuber im Gefecht stets die Oberhand; auf seiten des Volkes aber wuchs sowohl die Erbitterung als die Zahl der Kämpfer beständig, und während man die Weichenden mit Vorwürfen überschüttete und die Nachdrängenden denen, die fliehen wollten, den Rückweg abschnitten, wälzten sie sich mit der ganzen Wucht ihrer Masse gegen die Feinde. Diese vermochten dem Anprall nicht länger zu widerstehen und zogen sich allmählich in den Tempel zurück; die Leute des Ananos aber drangen zugleich mit ihnen ein. Bestürzt über den Verlust der ersten Ringmauer flohen die Zeloten ins Innere und schlossen eiligst die Tore hinter sich. Ananos konnte sich nicht entschließen, die heiligen Pforten zu stürmen, zumal die Feinde von oben herab ihre Geschosse warfen; denn selbst für den Fall, daß er siegen würde, hielt er es für gesetzwidrig, das Volk ohne vorherige Reinigung hineinzuführen. Er wählte daher aus der Menge etwa 6000 Bewaffnete durchs Los und stellte sie als Posten an den Hallen auf, bestimmte auch, daß andere sie ablösen und so der Reihe nach alle auf Wache ziehen sollten. Viele der Vornehmen jedoch wurden von den Befehlshabern dieser Verpflichtung entbunden und ließen ärmere Leute, die sie dafür bezahlten, für sich den Wachtdienst versehen.

13. An dem Untergang all dieser Menschen trug die Schuld jener Joannes, der, wie erwähnt, aus Gischala entflohen war, ein sehr arglistiger Mensch, der ein leidenschaftliches Verlangen nach Gewaltherrschaft und sich schon längst gegen den Staat verschworen hatte. Damals begleitete er,

volksfreundliche Gesinnung heuchelnd, den Ananos auf allen seinen Gängen, mochte er tagsüber mit den Machthabern sich beraten oder nachts die Wachen visitieren. Die geheimen Pläne hinterbrachte er den Zeloten, so daß jeder Anschlag des Volkes, noch ehe er eingehend beraten war, durch ihn den Feinden bekannt wurde. Um dabei keinen Verdacht zu erregen, benahm er sich übermäßig zuvorkommend gegen Ananos und die Vorsteher des Volkes. Mit seiner Liebedienerei erreichte er gerade das Gegenteil; denn seine unsinnigen Schmeicheleien machten ihn nur verdächtig, und daß er überall zugegen war, wo man ihn gar nicht haben wollte, bewies, daß er Geheimnisse verriet. Man bemerkte nämlich bald, daß die Feinde die Volksbeschlüsse stets kannten, und niemand traute man die Verräterei eher zu als dem Joannes. Ihn aus dem Wege zu räumen, war indes nicht leicht, da er durch seine Betrügereien zu großem Einfluß gelangt war und, da er den besseren Ständen angehörte, bei vielen Männern Deckung fand, die im Rat Sitz und Stimme hatten. Man beschloß daher, sich seiner Treue durch einen Eid zu versichern. Anstandslos schwur Joannes, es mit dem Volke halten, keinen Beschluß und keine Maßregel den Feinden verraten und zum Sieg über die Angreifer mit Rat und Tat beitragen zu wollen. Ananos und seine Anhänger glaubten dem Eid und ließen ihn fortan arglos an ihren Beratungen teilnehmen, ja sie ordneten ihn sogar als Gesandten an die Zeloten ab, um zu unterhandeln; denn es lag ihnen daran, den Tempel nicht entheiligen zu müssen und daß keiner ihrer Landsleute in ihm sein Leben verlöre.

14. Joannes ging, als wenn er den Zeloten und nicht ihren Gegnern Treue geschworen hätte, zu ihnen und erklärte, er habe zwar schon oft um ihretwillen sich in Gefahr begeben, um sie von allem in Kenntnis zu setzen, was die Partei des Ananos insgeheim gegen sie im Schilde führe; jetzt aber werde er mit ihnen allen in die größte Gefahr geraten, wenn keine göttliche Hilfe käme. Denn Ananos wolle nicht länger mehr warten, sondern habe das Volk überredet, Gesandte an Vespasian zu schicken, damit dieser in Eile heranrücke und sich der Stadt bemächtige. Ein Reinigungsopfer zum Angriff auf sie, die Zeloten, sei für den folgenden Tag angesagt, damit das Volk entweder unter dem Vor-

wand des Gottesdienstes eindringen oder auch unter Anwendung von Gewalt mit ihnen handgemein werden könne. Er wisse nicht, wie lange sie die Belagerung noch auszuhalten oder solcher Übermacht Widerstand zu leisten vermöchten. Dann setzte er hinzu, er sei durch göttliche Fügung in den Tempel geschickt worden, um über die Beilegung der Zwistigkeiten zu verhandeln. Einen Vergleich nämlich trage ihnen Ananos jetzt an, aber nur, um über sie herzufallen, wenn sie waffenlos ihm gegenüberständen. Sie müßten daher, um ihr Leben zu retten, entweder die Belagerer um Gnade bitten oder Hilfe von auswärts sich zu verschaffen suchen. Diejenigen übrigens, die im Falle einer Niederlage etwa auf Verzeihung hofften, hätten wohl ihre eigenen Frevel vergessen oder glaubten vielleicht, die Reue der Übeltäter müsse notwendigerweise gleich eine versöhnliche Stimmung bei den Mißhandelten zur Folge haben. Oft aber bleibe der Haß gegen die Beleidiger trotz all deren Reue bestehen, und die Erbitterung der Geschädigten werde vielfach, wenn sie die Macht erlangten, nur um so heftiger. Auf alle Fälle würden die Freunde und Angehörigen der Getöteten eine Gelegenheit zur Rache suchen, wie auch viele des Volkes über die Abschaffung der Gesetze und der Gerichtshöfe ergrimmt seien. Wenn auch ein kleiner Teil zum Mitleid neige, so verschwinde dieser doch unter der Menge derer, die auf Befriedigung ihrer Rache beständen.

4. Kapitel: Idumäer in Jerusalem

1. So arglistig log er, um alle in Schrecken zu setzen. Worin die Hilfe von auswärts bestehen sollte, wagte er nicht geradeheraus zu sagen, doch hatte er offenbar die Idumäer im Sinne. Um die Anführer der Zeloten noch besonders aufzureizen, beschuldigte er Ananos der Grausamkeit und sagte, auf sie seien ganz besonders seine Drohungen zugespitzt. Diese Anführer waren Eleazar, Sohn des Simon, der sowohl im Planen zweckmäßiger Maßnahmen wie auch in ihrer Ausführung das größte Zutrauen genoß, und Zacharias, Sohn des Amphikalleus, beide aus priesterlichem Geschlecht. Als diese Männer außer den Drohungen, die ihnen

allen galten, noch die eigens gegen ihre Person gerichteten vernahmen und obendrein erfuhren, daß die Partei des Ananos, um die höchste Gewalt an sich zu reißen, die Römer herbeirufen wolle (denn auch diese Lüge hatte Joannes hinzugefügt), waren sie eine Weile unschlüssig was sie bei der Kürze der ihnen noch zur Verfügung stehenden Zeit tun sollten. Sie glaubten, das Volk werde bald zum Angriff gegen sie vorgehen und durch rasche Ausführung des Anschlags ihnen jeden Beistand von außen her abschneiden; so werde es mit ihnen bereits zum Äußersten gekommen sein, ehe auch nur einer ihrer Bundesgenossen davon Kenntnis erlangen könne. Nichtsdestoweniger beschloß man, die Idumäer herbeizurufen. Zu diesem Zweck schrieben sie einen kurzen Brief folgenden Inhalts: Ananos hintergehe das Volk und wolle die Hauptstadt an die Römer verraten; sie selbst, die sich zur Rettung der bedrohten Freiheit von ihm losgesagt, würden im Tempel belagert; die Zeit, die über ihre Rettung entschiede, sei nur kurz; kämen also die Idumäer nicht schleunigst zu Hilfe, so würden sie, die Zeloten, dem Ananos und ihren Feinden, die Stadt aber den Römern in die Hände fallen. Eine ausführliche Darlegung des Sachverhalts sollten die Boten den Führern der Idumäer mündlich geben. Für die Botschaft wurden zwei der entschlossensten Männer vorgeschlagen, die in derartigen Verhandlungen erfahren, mit der nötigen Überredungsgabe ausgerüstet und, was ihnen noch mehr zustatten kam, ausgezeichnete Schnelläufer waren. Im Tempel wußte man übrigens, daß die Idumäer sich nicht lange würden bitten lassen. Sie sind ein ungestümes, zügelloses Volk, das stets auf Unruhen wartet und am Aufruhr seine Freude hat; auch bedarf es nicht vieler Schmeichelei, um es unter die Waffen zu bringen, zumal sich dort alles zum Kampf wie zu einem Feste drängt. Eile war allerdings für die Botschaft erforderlich, und da die Abgesandten, die beide Ananias hießen, den besten Willen dazu hatten, waren sie schnell bei den Führern der Idumäer angelangt.

2. Diese gerieten durch den Inhalt des Briefes und den mündlichen Bericht der Boten in große Erregung, rannten wütend im Volke umher und predigten den Krieg. Schneller, als der Aufruf erfolgt war, versammelte sich die Men-

ge, und alles ergriff die Waffen, als ob sie die Hauptstadt befreien wollten. Fast 20 000 Mann stark erschienen sie vor Jerusalem unter vier Anführern: Joannes und Jakob, Söhnen des Sosas, Simon, Sohn des Thakeas, und Phineas, Sohn des Klusoth.

3. Die Abreise der Boten war dem Ananos wie auch den Wachen verborgen geblieben, nicht aber der Anmarsch der Idumäer. Deshalb hatte der Hohepriester die Tore schließen und die Mauern mit Wachtposten besetzen lassen. Er beabsichtigte jedoch zunächst noch nicht, sie zu bekämpfen, sondern wollte sie vor der Anwendung von Waffengewalt durch Überreden zu gewinnen suchen. Zu diesem Zweck stellte sich Jesus, der älteste der Hohenpriester nach Ananos, auf den Turm, der den Idumäern gegenüberlag, und sprach zu ihnen: „Bei den vielen und mannigfaltigen Drangsalen, von denen unsere Stadt heimgesucht wird, ist mir nichts unverständlicher als der Zufall, der unerwartet den Nichtswürdigen immer wieder hilft. Nun seid ihr den verworfensten Menschen so bereitwillig gegen uns zu Hilfe geeilt, wie ihr es wohl selbst dann nicht bewiesen haben würdet, wenn die Hauptstadt euch zum Beistand gegen Barbaren gerufen hätte. Sähe ich freilich, daß euer Heer den Leuten ähnlich ist, die euch herbeigerufen haben, könnte ich euren Eifer verstehen; denn nichts stiftet Freundschaft so rasch als Übereinstimmung der Charaktere. Nun aber findet man, wenn man jene Menschen der Reihe nach prüft, einen jeden von ihnen tausendfachen Todes würdig; sind sie doch Schandfleck und Auswurf des ganzen Landes, die zuerst ihr eignes Vermögen verschleudert und ihren Wahnsinn an den Dörfern und Städten der Umgegend ausgelassen und sich dann heimlich in die heilige Stadt eingeschlichen haben – Räuber, die durch maßlose Schandtaten sogar den heiligen Boden entweihen, die man jetzt ohne Scheu im Heiligtum sich berauschen und mit der den Toten entrissenen Beute ihre unersättlichen Bäuche füllen sieht. Eure Scharen dagegen und euer Waffenschmuck bieten einen Anblick dar, wie er sich erwarten ließ, wenn die Hauptstadt euch durch gemeinsamen Beschluß als Bundesgenossen gegen Fremde herbeigerufen hätte. Kann man es anders als einen Hohn des Schicksals nennen, wenn man ein ganzes Volk mit einer

Horde von Nichtswürdigen gemeinsame Sache machen sieht? Ich wundere mich schon lange, was euch so rasch in Bewegung gesetzt hat. Nicht ohne gewichtigen Grund würdet ihr für Räuber und gegen ein stammverwandtes Volk die Waffen ergreifen. Wir hörten etwas von Römern und Verrat, denn soeben machten einige von euch Lärm darüber und erklärten, sie seien gekommen, die Hauptstadt zu befreien. Mehr als über alle anderen Frechheiten dieser Ruchlosen müssen wir über die Erfindung dieser Lüge staunen. Natürlich, Männer von freiheitsliebendem Charakter, die eben darum zum Kampf mit äußeren Feinden stets gerüstet sind, konnte man durch nichts anderes gegen uns aufbringen als dadurch, daß man uns für Verräter an der ersehnten Freiheit ausgab. Ihr solltet aber doch bedenken, wer diese Verleumdung vorbringt und gegen wen sie gerichtet ist, und die Wahrheit nicht aus erdichtetem Gerede, sondern aus der Lage der Dinge entnehmen. Aus welcher Veranlassung sollten wir uns gerade jetzt den Römern verkaufen, da es uns freistand, entweder überhaupt nicht abzufallen oder sogleich wieder auf ihre Seite zu treten, solange das Land ringsum noch unverwüstet war? Jetzt wäre es, selbst wenn wir wollten, nicht leicht, uns mit den Römern auszusöhnen, da die Unterwerfung Galiläas sie stolz gemacht hat und es für uns eine Schmach, ärger als der Tod, sein würde, wenn wir ihnen jetzt gute Worte gäben, nachdem sie vor unseren Toren stehen. Ich für meine Person würde gewiß den Frieden dem Tode vorziehen; nachdem aber der Krieg einmal begonnen hat und Zusammenstöße erfolgt sind, möchte ich lieber eines rühmlichen Todes sterben, als in Kriegsgefangenschaft leben. Sollen wir denn die Vorsteher des Volkes insgeheim zu den Römern geschickt oder soll das das Volk selbst auf Grund eines gemeinsamen Beschlusses getan haben? Wenn wir so gehandelt haben, so nenne man doch die Freunde, die wir geschickt, die Sklaven, die bei dem Verrate mitgeholfen hätten! Wurde etwa einer auf dem Wege aufgegriffen oder auf dem Rückwege gefangen? Sind Briefe in ihre Hände gefallen? Und wie konnte es so vielen Bürgern, mit denen wir stündlich zusammen sind, verborgen bleiben, während die wenigen Leute da oben, die belagert sind und nicht einmal aus dem Tempel in die Stadt gelangen können, scheinbar Kenntnis von den Vorgängen haben, die sich draußen im Lande in aller Stille abspielten? Haben sie erst jetzt, seitdem sie merken, daß sie für ihre Frechheiten zur Rechenschaft gezogen werden sollen, davon erfahren, während, solange sie nichts zu fürchten hatten, keiner von uns im Verdacht des Verrats stand? Schieben sie dagegen die Schuld auf das Volk, so war doch wohl die Beratung öffentlich, und es mußte, da niemand von der Versammlung ausgeschlossen war, die Kunde davon als Gerücht schneller zu euch gelangt sein als die förmliche Anzeige. Nun weiter: hätte man nicht auch Gesandte schicken müssen, um den Vergleich zu schließen? Wer wurde dazu ernannt? Nein, das alles ist nur Spiegelfechterei von Leuten, die nicht gern sterben und die ihnen drohend Bestrafung hinausschieben möchten. Wenn es der Stadt je bestimmt sein sollte, durch Verrat zu fallen, so wäre zu dieser Schandtat niemand anders fähig als diese unsere Verleumder, unter deren Freveln nur noch ein einziger fehlt – der Verrat. Ihr aber solltet, da ihr nun einmal mit euren Waffen hier seid, der Hauptstadt euren Beistand leihen und die Tyrannen vernichten helfen, die unsere Gerichte mißachten, das Gesetz mit Füßen treten und Urteile mit dem Schwert sprechen. Haben sie doch vornehme Männer, gegen die niemand als Kläger aufgetreten war, mitten vom Markt weggeschleppt, in Ketten gelegt und endlich, ohne ihrer Reden und Bitten zu achten, getötet. Ihr könnt jedoch nicht nach Kriegsrecht die Stadt betreten und die Beweise von dem, was ich soeben sagte, mit eignen Augen sehen: Häuser, die sie leergeplündert, Frauen und Kinder der Gemordeten in schwarzen Trauerkleidern, Jammer und Wehklagen in der ganzen Stadt! Denn es gibt hier keinen Menschen, der nicht von den räuberischen Überfällen dieser Gottlosen zu erzählen wüßte. Sie haben ihren Wahnsinn so weit getrieben, daß sie ihr Unwesen nicht nur vom Lande und den auswärtigen Städten in dieses Herz und Haupt der gesamten Nation, sondern auch aus der Stadt in den Tempel trugen. Der ist ihnen nun Festung, Zufluchtsort und Waffenkammer für ihre Anschläge gegen uns geworden. Die Stätte, die in der ganzen Welt verehrt wird und selbst bei Fremden, die an den Grenzen der Erde wohnen und sie nur vom Hörensagen kennen, in hohem Ansehen steht, wird nun von diesen Menschen, die hier geboren sind, mit Füßen getreten. Und trotz ihrer verzweifelten Lage sind sie noch mutwillig genug, Stamm gegen Stamm, Stadt gegen Stadt zu hetzen und das Volk zur Selbstzerfleischung zu treiben. Anstatt es soweit kommen zu lassen, wäre es, wie gesagt, ehrenhaft und anständig von euch gehandelt, wenn ihr im Bunde mit uns die Frevler ausrotten und sie für den Betrug strafen würdet, den sie dadurch begingen, daß sie euch als Bundesgenossen zu rufen wagten, obwohl sie euch als Rächer hätten fürchten müssen. Wenn ihr jedoch die Aufforderung solcher Menschen respektieren wollt, so steht es euch frei, die Waffen niederzulegen, als Stammesgenossen in die Stadt einzuziehen und eine Stellung zwischen Bundesgenossen und Feinden als Schiedsrichter zu wählen. Bedenkt jedoch, wie sehr sie im Vorteil sein werden, wenn ihnen wegen so schwerer und offenkundiger Verbrechen eine förmliche gerichtliche Verhandlung vor euch zugestanden wird, während sie unschuldigen Männern noch nicht einmal das Wort zur Verteidigung geben wollten. Doch möge ihnen diese Vergünstigung durch eure Ankunft gewährt sein! Wollt ihr aber ebensowenig an unserm Zorn Anteil nehmen, als das Richteramt versehen, so bleibt euch als drittes, beide Parteien zu verlassen und so weder unser Schicksal zu teilen noch auf seiten derer zu verbleiben, die auf das Verderben der Stadt hinarbeiten. Habt ihr dringenden Verdacht, daß jemand von uns Unterhandlungen mit den Römern angeknüpft habe, so könnt ihr ja die Zugänge bewachen und, falls etwas von dem, dessen man uns beschuldigt, tatsächlich festgestellt wird, kommen, die Hauptstadt besetzen und die Überführten bestrafen; denn die Feinde können euch, die ihr der Stadt so nahe lagert, nicht zuvorkommen. Wenn euch aber keiner dieser Vorschläge annehmbar und billig erscheint, so wundert euch nicht, daß wir die Tore verriegelt halten, solange ihr unter Waffen steht."

4. In dieser Weise redete Jesus. Die Menge der Idumäer aber achtete nicht auf seine Worte, sondern war erbittert darüber, daß ihr Einzug in die Stadt nicht sogleich erfolgen konnte. Die Anführer entrüsteten sich über die Zumutung, die Waffen abzulegen, da sie sich wie Kriegsgefangene vorkämen, wenn sie auf fremden Befehl sie von

sich werfen würden. Einer der Führer, Simon, des Thakeas Sohn, stellte sich, nachdem er mit Mühe den Aufruhr der Seinen beschwichtigt hatte, auf einen Platz, wo er von den Hohenpriestern gehört werden konnte, und rief aus, er wundere sich nicht mehr, daß die Vorkämpfer der Freiheit im Tempel belagert würden, da man sogar vor dem Volk die gemeinsame Hauptstadt verschließe und, während man sich zum Empfange der Römer rüste, denen man vielleicht die Tore bekränzen werde, mit den Idumäern von Türmen herab spreche und ihnen zumute, die Waffen fortzuwerfen, die sie für die Freiheit ergriffen hätten. „Während man", fuhr er fort, „den Stammesgenossen nicht einmal die Bewachung der Hauptstadt anvertraut, will man sie dennoch zu Schiedsrichtern im Streit machen, und während man einige Männer anklagt, ohne Urteilsspruch die Todesstrafe verhängt zu haben, verurteilt man das ganze Volk zur Schande. Jedenfalls ist die Stadt, die jedem Fremden zum Gottesdienst offensteht, den Landsleuten versperrt. Aber wahrscheinlich sind wir gekommen, um gegen Landsleute mit Mord und Totschlag zu wüten, und nicht geeilt, um euch die Freiheit zu sichern! Das gleiche werden wohl auch die Belagerten gewollt haben, und eure Beschuldigungen gegen sie sind ebenso glaubhaft, wie ich vermute. Während ihr drinnen diejenigen, die sich um den Staat sorgen, in Gewahrsam haltet, engverwandten Volksstämmen die Tore verriegelt und ihnen entehrende Zumutungen macht, behauptet ihr, man tyrannisiere euch, und nennt diejenigen Despoten, die von euch vergewaltigt werden. Wer mag solch heuchlerische Reden anhören, wenn die Taten das gerade Gegenteil beweisen? Schließen euch die Idumäer von der Hauptstadt aus oder verwehrt ihr ihnen die Heiligtümer der Väter? Das allein könnte man mit Recht den im Tempel Belagerten vorwerfen, daß sie, da sie den Mut fanden, die Verräter zu bestrafen, die ihr, ihre Mitverschworenen, ausgezeichnete und unbescholtene Männer nennt, nicht mit euch den Anfang gemacht und damit dem Verrat von Anfang an das Haupt abgeschlagen haben. Aber wenn sie weichherziger waren, als sie hätten sein sollen: wir Idumäer werden das Haus Gottes beschützen, uns im Kampfe für das gemeinsame Vaterland an die Spitze stellen und gleichzeitig die äußeren Feinde wie die Verräter innen abwehren. Hier vor den Mauern werden wir unter den Waffen bleiben, bis entweder die Römer eurer Anträge überdrüssig werden oder ihr euch zur Sache der Freiheit bekehrt."

5. Diesen Worten schrie die Menge der Idumäer Beifall zu. Jesus zog sich traurig zurück; denn er sah, daß die Idumäer dem Rat zur Mäßigung nicht zugänglich waren und die Stadt nun von zwei Seiten bedrängt wurde. Auch den Idumäern war nicht ganz wohl zumute. Anfangs hatten sie sich über die Schmach entrüstet, die man ihnen durch Ausschließung von der Stadt angetan, und die Partei der Zeloten für sehr mächtig gehalten; als sie aber merkten, daß diese sich nicht zu ihrer Unterstützung regten, fingen sie an unschlüssig zu werden, und viele bereuten schon, daß sie überhaupt gekommen waren. Die Scham, unverrichtetersache abziehen zu müssen, erwies sich jedoch stärker als die Reue, und so blieben sie und lagerten vor der Mauer unter ungünstigen Bedingungen. In der Nacht brach nämlich ein schreckliches Unwetter los: heftiger Sturm, starke Regengüsse, unablässiges Blitzen mit furchtbaren Donnerschlägen und unheimliches Gebrüll der erschütterten Erde. Augenscheinlich war die Weltordnung zum Verderben der Menschen in Verwirrung geraten, und man mußte darin die Vorzeichen eines schweren Unglücks erkennen.

6. Die Idumäer sowohl wie die in der Stadt bekamen von diesen Naturereignissen den gleichen Eindruck: die ersteren den, daß der Gott über ihren Feldzug zürne und ihr bewaffnetes Vorgehen gegen die Hauptstadt nicht ungestraft lassen wolle. Ananos und seine Leute dagegen, daß ihnen der Sieg ohne Schlacht gehöre, weil der Gott für sie streite. Beide irrten sich jedoch in ihren Vermutungen: Sie weissagten den Feinden, was ihnen selbst widerfahren sollte. Die Idumäer schlossen sich dicht aneinander, wärmten sich gegenseitig und hielten die Schilde über ihre Köpfe, um unter den Regengüssen weniger zu leiden; die Zeloten, durch die ihren Bundesgenossen drohende Gefahr noch mehr als durch die eigene beunruhigt, traten zusammen und überlegten, ob sie ihnen irgendwie Hilfe leisten könnten. Die Heißblütigeren meinten, man solle sich mit Waffengewalt der Wachen bemächtigen, dann mitten in die

Stadt vordringen und den Verbündeten die Tore öffnen. Die Wachen würden über den unvermuteten Angriff in Bestürzung geraten und davonlaufen, zumal die meisten schlecht bewaffnet und ohne Kriegserfahrung seien; was die Bewohner der Stadt angehe, so würden sie, vom Unwetter in die Häuser getrieben, schwer zusammenzubringen sein. Auch wenn das Unternehmen mit Gefahr verknüpft sei, müßten sie sich doch eher den Unbilden aussetzen, als daß sie so viele Menschen um ihretwillen ehrlos umkommen ließen. Die Besonneneren rieten dagegen von Gewalt ab, da sie sahen, daß nicht nur die Abteilung, die sie beobachtete, verstärkt war, sondern auch die Stadtmauer wegen der Idumäer sorgfältig bewacht wurde; auch glaubten sie, Ananos sei überall zugegen und mache stündlich die Runde bei den Posten. Das war auch wirklich in den früheren Nächten der Fall gewesen, gerade in jener Nacht aber unterlassen worden, nicht infolge der Sorglosigkeit des Ananos, sondern weil bereits das Verhängnis wirkte, das seinen und der zahlreichen Wachtposten Untergang beschlossen hatte. Denn das Verhängnis war es offenbar, das, als die Nacht vorrückte und der Sturm immer heftiger tobte, die Wächter bei der Halle in Schlaf senkte, den Zeloten hingegen den Gedanken eingab, mit den im Heiligtum befindlichen Sägen die Querbalken der Tore zu durchsägen. Das Heulen des Sturmes und das anhaltende Rollen des Donners halfen, daß das Geräusch nicht gehört wurde.

7. Unbemerkt schlichen sich die Zeloten aus dem Tempel und öffneten, als sie bei der Mauer angelangt waren, wiederum mit Hilfe ihrer Sägen das den Idumäern zunächst gelegene Tor. Diese erschraken anfangs, da sie sich von den Leuten des Ananos angegriffen glaubten, und schnell hatte jeder zur Verteidigung die Hand am Schwert; bald jedoch erkannten sie die Ankömmlinge und drangen mit ihnen in die Stadt ein. Hätten sie sich nun sogleich auf die Stadt geworfen, würden sie wohl, ohne auf Widerstand zu stoßen, das ganze Volk bis auf den letzten Mann niedergemacht haben – so groß war ihre Erbitterung. Indes eilten sie zunächst, die Zeloten von ihren Bewachern zu befreien, zumal auch die Männer, die sie eingelassen hatten, baten, sie möchten doch diejenigen, um derentwillen sie gekommen, nicht in ihrer bedrängten Lage belassen und

keine größere Gefahr über sie heraufbeschwören. Wenn erst die Wachmannschaften überwältigt seien, werde es ihnen nicht schwerfallen, die Stadt anzugreifen; hätten sie aber diese einmal in Alarm versetzt, so könnten sie nicht mehr daran denken, die Besatzung zu überwältigen; denn sobald die Bürger den Stand der Dinge merkten, würden sie sich in Schlachtordnung aufstellen und die Zugänge nach oben versperren. (275)

5. Kapitel: Blutbad der Idumäer und Zeloten

1. Das leuchtete den Idumäern ein, und so eilten sie durch die Stadt dem Tempel zu, wo die Zeloten sie gespannt erwarteten. Kaum waren sie oben angelangt, brachen die Belagerten ermutigt aus dem inneren Tempel hervor, vereinigten sich mit den Idumäern und griffen die Wachen an. Einige der Posten, die ganz vorn lagen, machten sie im Schlafe nieder; auf das Geschrei der Erwachten aber sprang die ganze Abteilung auf und griff bestürzt zu den Waffen, um sich zu wehren. Solange sie sich von den Zeloten allein angegriffen glaubten, hofften sie, durch ihre Überzahl die Gegner bezwingen zu können; als sie aber noch andere von außen hereinströmen sahen, wurde ihnen klar, daß die Idumäer in die Stadt eingefallen waren. Schnell warf der größere Teil mit dem Mut auch die Waffen weg und verlegte sich aufs Jammern, und nur wenige von den jüngeren Leuten scharten sich dicht zusammen, warfen sich den Idumäern tapfer entgegen und schützten längere Zeit die untätige Menge. Diese machte durch ihr Geschrei die übrigen Stadtbewohner auf das Unglück aufmerksam; aber auch von diesen wagte, als der Einfall der Idumäer bekannt wurde, niemand, den anderen Hilfe zu bringen, sondern sie erwiderten nur das unnütze Geschrei; namentlich von den Frauen wurde ein lautes Geheul angestimmt, während die Wächter oben in Lebensgefahr schwebten. Die Zeloten hingegen vereinigten ihren Schlachtruf mit dem der Idumäer, und das Toben der Elemente machte dieses allgemeine Geschrei nur noch grausiger. Die Idumäer verschonten niemand; sondern grausam von Natur, wie sie waren, und erbittert darüber, daß das Unwetter sie

so hart mitgenommen hatte, ließen sie ihre Wut an denen aus, die sie ausgeschlossen hatten. Sie behandelten die, die um Gnade baten, nicht anders als die, die sich zur Wehr setzten. Viele durchbohrten sie, obwohl diese sie an ihre Stammverwandtschaft erinnerten und sie anflehten, das gemeinsame Heiligtum zu scheuen. Kein Ausweg zur Flucht zeigte sich den Unglücklichen und keine Hoffnung auf Rettung: In dichten Haufen zusammengedrängt, erlagen sie dem Schwert ihrer Gegner, und als diese ihnen immer mehr zusetzten und sie zuletzt an Stellen jagten, wo sie überhaupt nicht mehr weiterkonnten, stürzten sie sich in ihrer Bedrängnis in die Stadt hinunter und starben so freiwillig eines, wie mir scheint, noch jammervolleren Todes, als der war, dem sie entflohen. Im ganzen äußeren Tempelhof flossen Ströme von Blut, und als der Tag anbrach, zählte man 8500 Tote.

2. Noch aber war die Wut der Idumäer nicht gestillt, sondern sie wandten sich jetzt gegen die Stadt, raubten sämtliche Häuser aus und stießen nieder, wer ihnen in den Weg kam. Doch bald dünkte es ihnen Zeitverschwendung, sich mit dem gemeinen Volk weiter herumzuschlagen; vielmehr suchten sie die Hohenpriester, und da sie in Massen auf sie Jagd machten, hatten sie binnen kurzem alle gefangen und erschlagen. Einige stellten sich auf die Leichen und höhnten bald über die wohlwollende Gesinnung des Ananos gegen das Volk, bald über die Rede, die Jesus von der Mauer herab gehalten hatte. Sie trieben ihren Mutwillen so weit, daß sie die toten Körper unbeerdigt beiseite warfen, während doch die Judäer um das Begräbnis ihrer Toten so ängstlich besorgt sind, daß sie selbst die Leichen der zum Kreuzestod Verurteilten vor Sonnenuntergang abnehmen und bestatten. Ich irre wohl nicht, wenn ich sage: mit dem Tode des Ananos nahm der Untergang der Stadt seinen Anfang, und von dem Tage an, da die Judäer ihren Hohenpriester, den Mann, der ihnen den Weg zur Rettung gewiesen, mitten in der Stadt hingemordet sahen, war ihre Mauer zerstört, der judäische Staat vernichtet. Denn Ananos war nicht nur ein ehrwürdiger und höchst rechtschaffener Mann, sondern liebte es auch trotz der hohen Stellung, die ihm seine Geburt, sein Amt und seine Würde verliehen, selbst mit den niedrigsten

Leuten auf gleichem Fuße zu verkehren; zudem war er in hohem Grade freiheitliebend und ein Verehrer der Volksherrschaft. Stets setzte er seinen eigenen Vorteil dem gemeinen Wohle nach; den Frieden aber schätzte er über alles, da er die Unüberwindlichkeit der Römer kannte. Zugleich traf er Vorkehrungen, um, wenn die Judäer sich nicht vernünftigerweise mit ihnen aussöhnten, den Krieg in der rechten Weise zu führen. Kurz, wäre Ananos am Leben geblieben, würde eine solche Aussöhnung sicherlich zustande gekommen sein; denn als mächtiger Redner wußte er auf das Volk einzuwirken, und auch gegenüber seinen Widersachern gewann er bereits Boden. Wäre es aber zum Kriege gekommen, so hätten die Judäer unter einem solchen Führer den Römern viel zu schaffen gemacht. Mit ihm verbunden war Jesus, der ihm zwar nicht gleichkam, jedoch die anderen an Bedeutung überragte. Der Gott hatte aber, wie mir scheint, den Untergang der entweihten Stadt und die Reinigung des Heiligtums durch Feuer beschlossen; so nahm er diejenigen von der Erde hinweg, die sich seiner noch annahmen und es liebten. Nun sah man die Männer, die kurz zuvor noch, mit dem heiligen Gewand bekleidet, an der Spitze des in der Welt verehrten Gottesdienstes gestanden hatten und von den aus allen Gebieten der Erde nach Jerusalem strömenden Pilgern ehrfurchtsvoll begrüßt worden waren, nackt den Hunden und wilden Tieren zum Fraße hingeworfen. Die Tugend selbst, glaube ich, beweinte das Schicksal dieser Männer und klagte darüber, daß sie der Bosheit so schmählich unterliegen mußten. Dies war das Ende der Hohenpriester Ananos und Jesus.

3. Kaum waren sie tot, als die Zeloten in Gemeinschaft mit den Scharen der Idumäer über das Volk wie über eine Herde unreiner Tiere herfielen und ihrer Mordlust freien Lauf ließen. Der gemeine Mann wurde, wo man seiner nur habhaft werden konnte, niedergehauen; die Vornehmen dagegen und die jungen Leute nahm man gefangen, fesselte sie und kerkerte sie ein in der Hoffnung, es möchten manche von ihnen, wenn die Hinrichtung aufgeschoben würde, übertreten. Keiner aber hörte auf die Angebote der Gegner, und alle wollten lieber sterben, als zum Schaden des Vaterlandes die Partei der Nichtswürdigen ergreifen. Schrecklich waren die Martern, die sie für ihre

Weigerung auszustehen hatten: Man geißelte und folterte sie, und erst wenn ihr Körper die Qualen nicht mehr ertragen konnte, gab man ihnen zögernd den Gnadenstoß. Wer tagsüber in Gefangenschaft geriet, wurde nachts hingerichtet; die Leichen trug man hinaus und warf sie aufs Feld, um Platz für neue Gefangene zu gewinnen. Des Volkes bemächtigte sich ein solches Entsetzen, daß niemand einen ermordeten Verwandten offen zu beweinen oder zu bestatten wagte; nur insgeheim, hinter verschlossenen Türen rannen die Tränen, und bevor jemand einen Seufzer ausstieß, sah er sich um, ob ihn auch kein Feind höre: denn sofort hätte der Trauernde das Schicksal des Betrauerten geteilt. Kam die Nacht heran, nahm man ein wenig Erde und warf sie auf die Leichen; wer es am hellen Tage tat, mußte für tollkühn gelten. 1200 junge Adlige fanden auf diese Weise den Tod.

4. Übersättigt vom unablässigen Morden, spielten die Zeloten nun mit Gerichtssitzung und Urteilsspruch Komödie. Sie beschlossen, einen der vornehmsten Männer, Zacharias, den Sohn des Baris (276), hinzurichten. Infolge seines Hasses gegen alles Schlechte und seiner besonders großen Liebe zur Freiheit war er ihnen ein Dorn im Auge; dabei war er reich, und so hofften sie, wenn sie den Mann, der durch seinen Einfluß ihren Sturz herbeiführen könnte, aus dem Wege räumten, zugleich sich seines Vermögens zu bemächtigen. Sie beriefen durch förmlichen Beschluß siebzig in Amt und Würden stehende Bürger als machtloses Scheingericht und klagten Zacharias an, er habe die Stadt an die Römer verraten wollen und sei in dieser Absicht mit Vespasian in Verbindung getreten. Sie stützten die Anklage weder durch Zeugenaussagen noch durch sonstige Beweise, sondern erklärten bloß, sie seien völlig davon überzeugt, und meinten, das genüge, um die Wahrheit darzutun. Als Zacharias sah, daß keine Hoffnung auf Rettung war und man ihn nicht sowohl vor Gericht gestellt als vielmehr in einen Kerker gesteckt habe, wollte er sein Leben nicht hergeben, ohne wenigstens frei gesprochen zu haben. Er erhob sich, spöttelte über die Glaubwürdigkeit der Anklage und widerlegte kurz die gegen ihn vorgebrachten Beschuldigungen. Dann richtete er das Wort an seine Ankläger, hielt ihnen ihr ganzes Sündenregister vor und

erging sich in bitteren Worten über die im Staatswesen herrschende Verwirrung. Die Zeloten fielen ihm lärmend in die Rede, griffen aber nicht zum Schwert, sondern hielten noch an sich, um die Gerichtskomödie zu Ende zu spielen und die Richter auf die Probe zu stellen, ob sie wegen der ihnen selbst drohenden Gefahr das Recht nicht außer acht lassen würden. Die Siebzig erklärten jedoch den Angeklagten für nichtschuldig, bereit, lieber mit ihm zu sterben, als die Verantwortung für seinen Tod auf sich zu nehmen. Die Zeloten erhoben über die Freisprechung ein großes Geschrei und machten aus ihrem Zorn gegen die Richter kein Hehl, weil diese nicht hatten verstehen wollen, daß die ihnen eingeräumte Befugnis bloßer Vorwand war. Schließlich fielen zwei der Kühnsten über Zacharias her, stießen ihn mitten im Tempel nieder und verhöhnten ihn, als er zu Boden sank, mit den Worten: „Da hast du auch unsere Stimme und einen zuverlässigeren Freispruch!" Dann warfen sie ihn aus dem Tempel in die Schlucht hinunter. Die Richter trieben sie mit Schwerthieben aus dem Tempelbereich hinaus und schonten ihr Leben nur deshalb, damit sie sich in der Stadt zerstreuen und überall die Nachricht von der Knechtung des Volkes verbreiten könnten.

5. Nun aber begannen die Idumäer zu bereuen, daß sie sich hatten herbeirufen lassen; denn solche Vorgänge beleidigten sie. Überdies wurden sie noch insgeheim von einem der Zeloten zusammenberufen, der ihnen vorstellte, welche Verbrechen sie schon gemeinsam mit denen, die sie gerufen, verübt hätten; dann legte er ihnen eingehend den Zustand der Hauptstadt dar. Sie hätten, führte er aus, zu den Waffen gegriffen in der Meinung, die Hohenpriester wollten die Hauptstadt an die Römer verraten, hätten jedoch keinen Beweis dafür gefunden; nun müßten sie die falschen Zeugen beschützen und sich wie Feinde und Tyrannen benehmen. Gleich von Anfang an hätten sie dies verhindern müssen; da sie aber einmal die Mitschuld an der Ermordung ihrer Stammesgenossen auf sich geladen hätten, sollten sie sich wenigstens jetzt entschließen, ihren Freveln ein Ende zu machen und nicht länger die Macht derer zu stärken, die ihr eigenes Vaterland ins Verderben stürzten. Wenn auch einige von ihnen noch immer darüber ergrimmt seien, daß man ihnen die Tore verschlossen und

den Einzug in Waffen verwehrt habe, so müßten sie doch zugeben, daß die Schuldigen bestraft seien; denn Ananos sei tot und in einer einzigen Nacht fast das ganze Volk aufgerieben worden. Vielen ihrer eigenen Partei sei dies, wie er wohl merke, durchaus nicht nach dem Sinn; andererseits könne er sich nicht verhehlen, daß die Grausamkeit derer, die sie gerufen, alles Maß überschreite, da sie sich nicht einmal mehr vor denen scheuten, denen sie ihre Rettung zu danken hätten. Vor den Augen ihrer Bundesgenossen wagten sie die größten Schandtaten zu begehen, und natürlich bleibe das Unrecht so lange auch auf den Idumäern sitzen, wie niemand sie hindere und sich von ihrem Treiben lossage. Nachdem die Verräterei sich als Verleumdung herausgestellt habe, ein baldiges Eintreffen der Römer nicht zu erwarten und die Herrschaft über die Stadt unerzwingbar sei, so sollten sie nach Hause zurückkehren und alles, was sie gemeinsam mit jenen Unholden und auf deren Vorspiegelungen hin Übles getan, dadurch wieder gutzumachen suchen, daß sie sich von ihnen lossagten.

6. Kapitel: Die Herrschaft der Zeloten

1. Diesen Rat befolgten die Idumäer und befreiten zunächst die etwa 2000 eingekerkerten Bürger, die sogleich der Stadt den Rücken kehrten und sich zu Simon begaben, von dem weiter unten die Rede sein wird; hierauf verließen sie Jerusalem und zogen heim. Ihr Abzug kam beiden Parteien unerwartet. Das Volk, das von ihrer Sinnesänderung keine Kenntnis hatte, faßte für kurze Zeit wieder Mut, als ob es von einem Feind befreit worden wäre; andererseits schwoll aber auch den Zeloten der Kamm, weil sie sich weniger von Bundesgenossen verlassen als vielmehr von Leuten befreit fühlten, denen ihre Taten mißfielen und die sie davon abzubringen suchten. Jetzt kannten sie für ihre gesetzwidrigen Handlungen kein Zögern und kein Bedenken mehr, sondern blitzschnell faßten sie ihre Pläne und setzten sie fast noch rascher ins Werk. Am meisten richtete sich ihr Blutdurst gegen tapfere und edle Männer: diese suchten sie aus Neid zu verderben, jene aus Furcht; denn erst dann hielten sie sich für sicher, wenn

alle einflußreichen Bürger aus dem Wege geräumt waren. Neben vielen anderen wurde ein gewisser Gorion (277) umgebracht, ein Mann von hohem Ansehen und edler Abkunft, der der Volksherrschaft besonders zugetan und von freiheitlichem Sinn wie kaum ein anderer Judäer durchdrungen war. Von seinen vorzüglichen Eigenschaften war es namentlich seine Freimütigkeit im Reden, die ihn zu Fall brachte. Nicht einmal der Peraïte Niger, der sich in den Kämpfen mit den Römern so sehr hervorgetan hatte, entging den Mörderhänden der Zeloten: laut protestierend und seine Narben zeigend, wurde er mitten durch die Stadt geschleppt. Als man ihn zum Tor hinausgeführt hatte und er seinen Tod vor Augen sah, bat er, man möge ihn doch wenigstens begraben; seine Henker aber erklärten ihm rundweg, sie würden ihm die Erde, nach der er so sehr verlange, nicht vergönnen; dann töteten sie ihn. Sterbend rief Niger die Rache der Römer, Pest, Hunger und Krieg auf sie herab und wünschte ihnen, daß sie einer durch des andern Hand umkommen möchten. All das hat der Gott an den Frevlern erfüllt und seine Gerechtigkeit besonders darin offenbart, daß sie schon bald nachher uneinig wurden und ihren Wahnsinn gegeneinander richteten. Nigers Tod nahm ihnen übrigens jede Sorge bezüglich ihres eigenen Sturzes, und es gab bereits niemand mehr im Volk, für dessen Tötung man nicht irgendeinen Vorwand gefunden hätte. Diejenigen, mit denen man alten Streit hatte, waren getötet; gegen jene, die in der friedlichen Zeit keinen Anlaß gegeben hatten, wußte man Beschuldigungen vorzubringen, wie sie sich gerade als zweckdienlich erwiesen. Wer sich ihnen nicht anschloß, galt als hochmütig; wer sich ihnen mit Selbstbewußtsein näherte, als Verächter; wer ihnen aber völlig zu Willen war, als Agent. Für die größten wie für die unbedeutendsten Vergehen gab es nur eine Strafe: den Tod. Und niemand entging ihm, wer nicht den niedrigsten Volksschichten angehörte, sei es, weil er nicht adlig geboren, sei es weil er arm war.

2. Die Heerführer der Römer hielten die Zwietracht der Feinde für ein unverhofftes Glück und wollten daher unverzüglich gegen die Stadt aufbrechen. In diesem Sinne drangen sie auch in Vespasian, für den, wie sie glaubten, jetzt

alles gewonnen war. Die göttliche Vorsehung, meinten sie, werde mit ihnen streiten, indem sie die Feinde gegeneinander wende; jedoch heiße es rasch handeln, denn die Judäer könnten aus Überdruß am Bürgerkrieg oder aus Reue bald wieder einig werden. Vespasian entgegnete ihnen, sie zeigten kein sonderliches Verständnis für das jetzt einzuschlagende Verfahren, wenn sie trotz der damit verbundenen Gefahr wie im Theater (278) ihre Kraft und ihre Waffen zur Schau stellen wollten, anstatt ihr Augenmerk darauf zu richten, was vorteilhaft und gefahrlos zugleich sei. Denn wenn sie jetzt sogleich die Stadt angriffen, würden sie gerade dadurch bewirken, daß die Feinde sich miteinander aussöhnten und ihre noch ungebrochene Kraft gegen die Römer kehrten. Wenn sie aber noch warteten, würden sie es mit einer immer kleineren Anzahl von Feinden zu tun haben, da der innere Hader sie aufreibe. Ein besserer Anführer als er selbst sei die Gottheit, die dem Römerheer ohne Anstrengung die Judäer in die Hände geben und einen gefahrlosen Sieg verschaffen wolle. Während nun die Feinde durch ihre eigne Hand umkämen und am ärgsten Übel, dem Bürgerkrieg, litten, zögen sie selbst es vor, diesen Wirren ruhig zuzuschauen, anstatt mit Menschen zu kämpfen, die den Tod suchten und im Wahnsinn gegeneinander wüteten. Sei aber jemand der Ansicht, ein Sieg ohne Kampf habe zu wenig Bedeutung, so solle er sich belehren lassen, daß es nützlicher sei, seinen Zweck in Ruhe zu erreichen, als das gefährliche Waffenglück zu versuchen. Mindestens ebensoviel Ruhm wie glänzende Waffentaten bringe es, wenn man durch Selbstbeherrschung und Überlegung den gleichen Erfolg erziele. In dem Maße, wie die Feinde sich schwächten, werde das Römerheer von seinen beständigen Strapazen sich erholen und an Kraft zunehmen. Ohnedem sei hier nicht die Gelegenheit für einen glänzenden Sieg. Die Judäer seien jetzt nicht damit beschäftigt, Waffen herzustellen, Festungswerke zu bauen oder Hilfstruppen zu werben; es sei somit ausgeschlossen, daß der Aufschub zum Nachteil derer ausschlage, die ihn veranlaßten; vielmehr hätten die Gegner unter der Geißel des Bürgerkriegs und innerer Zwietracht täglich viel Schlimmeres auszustehen, als die Römer ihnen durch siegreiche Angriffe zufügen könnten. Die Rücksicht auf ihre Sicherheit verlange, daß man die, die sich selbst aufzureiben im Begriffe ständen, ruhig dabei belasse; dann aber dürfe man auch den Ruhm des Sieges nicht dadurch schmälern, daß man ein innerlich zerrüttetes Volk angreife. Mit gutem Grund könne sonst den Römern der Vorwurf gemacht werden, sie verdankten ihren Sieg nicht sich selbst, sondern der Uneinigkeit der Feinde.

3. Alle Offiziere stimmten diesen Worten zu, und bald zeigte sich, wie richtig Vespasian gesehen hatte. Tag für Tag nämlich kamen nun bei den Römern eine Menge Überläufer an, die den Zeloten entkommen waren. Freilich war die Flucht ihnen nicht leicht geworden, da alle Ausgänge mit Wachen besetzt waren, die jeden, den sie aufgriffen, als Überläufer zu den Römern ums Leben brachten. Doch wer Geld gab, wurde durchgelassen, und nur wer dies nicht tat, war ein Verräter. So kam es, daß lediglich die Armen niedergemetzelt wurden, während die Reichen sich die Flucht erkauften. Bald lagen überall auf den Landstraßen Haufen von Leichen getürmt, so daß viele, die hatten fliehen wollen, lieber den Untergang in der Stadt wählten, weil die Hoffnung auf ein Begräbnis den Tod in der Vaterstadt weniger schrecklich erscheinen ließ. Die Zeloten aber trieben die Grausamkeit so weit, daß sie weder den in der Stadt noch den auf den Landstraßen Gestorbenen ein Begräbnis vergönnten; vielmehr ließen sie die Leichen in der Sonne verfaulen, als hätten sie sich verschworen, zugleich mit den Gesetzen des Vaterlandes auch die der Natur zu beseitigen und außer ihren Freveln gegen die Menschen auch noch die Gottheit zu entweihen. Wer einen seiner Angehörigen bestattete, wurde wie ein Überläufer mit dem Tode bestraft, und wer einen andern bestattete, fand sogleich selbst kein Begräbnis. Kurz, keines der edleren Gefühle war in jenen Unglückstagen so gänzlich vernichtet wie das Mitleid. Was Erbarmen hätte wecken sollen, erbitterte diese Ruchlosen nur; von den Lebenden ging ihr Grimm auf die Gemordeten, von den Toten wieder auf die Lebenden über. In diesem Übermaß an Furcht pries der Überlebende die Umgekommenen glücklich, weil sie Ruhe gefunden, und wer im Gefängnis den Folterqualen ausgesetzt war, beneidete sogar diejenigen, die unbegraben umherlagen. Alle mensch-

lichen Rechte wurden mit Füßen getreten, die göttlichen verhöhnt, die Weissagungen der Propheten als betrügerisches Geschwätz verlacht. Vieles hatten diese über Tugend und Laster vorhergesagt, und indem die Zeloten sich darüber hinwegsetzten, führten sie auch die Prophezeiungen über den Untergang ihres Vaterlandes der Erfüllung entgegen. Es gab alte Aussprüche gottbegeisterter Männer, daß die Stadt eingenommen und das Allerheiligste nach Kriegsbrauch in Flammen aufgehen werde, wenn einmal Aufruhr ausbreche und der gottgeweihte Raum von eigenen Händen befleckt würde. (279) Obwohl die Zeloten diesen Weissagungen gegenüber nicht ungläubig waren, trugen sie selbst zur Erfüllung das ihrige bei.

7. Kapitel: Tyrannei des Joannes. Die Sikarier in Masada. Vespasian erobert Gadara

1. Jetzt begann Joannes, der nach der alleinigen Macht strebte, es unter seiner Würde zu halten, nur derselben Ehre wie seine Genossen teilhaftig zu werden. Er zog daher einige der Nichtswürdigsten an sich und machte sich so allmählich von seinen Verbündeten unabhängig. Da er nun den Beschlüssen der anderen stets den Gehorsam versagte, seine eigenen aber in herrischem Ton als Befehle hinstellte, konnte es keinem Zweifel unterliegen, daß er nach Alleinherrschaft strebte. Einige fügten sich ihm aus Furcht, andere aus Ergebenheit – er verstand es nämlich meisterlich, sich durch List und Überredung einen Anhang zu verschaffen –, manche auch, weil sie es im Interesse ihrer eigenen Sicherheit für zweckmäßig hielten, daß die Verantwortung für die bisherigen Untaten statt von vielen von einem einzigen Manne getragen würde. Seine Entschlossenheit, die er im Handeln wie im Überlegen zeigte, führte ihm noch eine Menge weiterer Spießgesellen zu. Immerhin aber blieb eine erkleckliche Anzahl Gegner übrig, die sich zum Teil von Mißgunst leiten ließen, da sie es für drückend hielten, sich einem Manne unterzuordnen, dem sie bisher gleichgestanden hatten; bei den meisten jedoch war es Scheu vor der Herrschaft eines einzigen. Sie sahen nämlich voraus, daß sie ihn, wenn er einmal die Ge-

walt in Händen hätte, nicht leicht mehr stürzen könnten, und daß ihm dann ihre frühere Widersetzlichkeit als Vorwand für ein strenges Einschreiten gegen sie dienen könnte; deshalb waren sie fest entschlossen, lieber im Kampf alles zu erdulden, als sich freiwillig knechten zu lassen und wie Sklaven unterzugehen. So kam es zur Spaltung zwischen ihnen, und Joannes stand seinen Gegnern wie ein König gegenüber. Sie stellten jedoch nur Wachen auf, und es kam kaum jemals zu kleinen bewaffneten Scharmützeln. Um so heftiger aber bekämpften sie das Volk und wetteiferten miteinander, welche Partei ihm die größere Beute abjagen könne. So war denn die Stadt jetzt von drei Übeln heimgesucht, Krieg, Tyrannei und Parteihader, von denen der Krieg dem Volk verhältnismäßig am leichtesten vorkam. Deshalb entflohen viele Bewohner ihren eigenen Landsleuten und suchten bei den Römern den Schutz, den zu finden sie unter ihren Volksgenossen verzweifeln mußten.

2. Noch eine vierte Plage brach zum Verderben des Volkes herein. Nicht weit von Jerusalem lag eine sehr starke Festung mit Namen Masada, die von den alten Königen als Lager für ihre Schätze in Kriegsgefahr und zu ihrer persönlichen Sicherheit erbaut worden war. Sie war in den Händen der sogenannten Sikarier, die bisher weiter ins Land gehende Raubzüge aus Furcht unterlassen und sich darauf beschränkt hatten, die nächste Umgebung auszuplündern, um die notwendigsten Lebensmittel zu beschaffen. Jetzt aber, als sie erfuhren, daß die Streitmacht der Römer sich nicht rühre und die Judäer in Jerusalem infolge von Parteihader und Willkürherrschaft unter sich uneins geworden seien, verlegten sie sich auf kühnere Unternehmen. Am Fest der ungesäuerten Brote(280), das die Judäer zum Andenken an ihre Befreiung aus der ägyptischen Knechtschaft und an die Heimkehr in ihr Stammland feiern, stiegen sie, unbemerkt von denen, die ihnen hätten hindernd in den Weg treten können, bei Nacht aus ihrem Schlupfwinkel herab und griffen das Städtchen Engaddi an. Den wehrfähigen Teil der Einwohner hatten sie, ehe er zu den Waffen greifen und sich sammeln konnte, zerstreut und aus der Stadt gejagt, über siebenhundert Frauen und Kinder, die zur Flucht nicht stark genug waren, wurden niedergemetzelt. Hierauf plünderten sie die Häuser aus, raubten die reifen

Feldfrüchte und kehrten mit ihrer Beute nach Masada zurück. Auf gleiche Weise hausten sie in allen nahe bei der Festung gelegenen Dörfern und verwüsteten die ganze Umgegend; und von Tag zu Tag wurde ihre Rotte durch bedeutenden Zufluß von allen Seiten verstärkt. Auch in den anderen Teilen Judäas, die bisher in dieser Beziehung Ruhe gehabt hatten, regte sich das Räuberunwesen, so wie alle Glieder erkranken, wenn der edelste Teil eines Körpers entzündet ist. Die in der Hauptstadt herrschende Zwietracht und Zerrüttung ließ die Nichtswürdigen auf dem Lande bei ihren Räubereien straflos ausgehen. Hatten sie die Dörfer ihrer Landsleute ausgeplündert, zogen sie sich in die Wüste zurück, verbanden sich dort durch Eidschwüre, stellten Abteilungen auf, die zwar weniger zahlreich als Heerhaufen, jedoch stärker als Räuberbanden waren, und fielen dann über Heiligtümer (281) und Städte her. Hier und da geschah es zwar, daß sie von den Angegriffenen, wie es den im Kriege Unterlegenen zu geschehen pflegt, übel zugerichtet wurden; doch kamen sie der Rache der Gegner zuvor, indem sie sich nach Räuberart mit der Beute rasch davonmachten. So gab es bald keinen Teil Judäas mehr, der nicht in das Verderben der Hauptstadt mit hineingezogen worden wäre.

3. Von diesen Vorgängen wurde Vespasian durch Überläufer in Kenntnis gesetzt. Obwohl die Empörer alle Ausgänge bewachten und jeden, der sich aus irgendeinem Grunde näherte, niederstießen, gab es doch manche, die sich durchschlichen, zu den Römern entflohen und auf den Feldherrn einzuwirken suchten, daß er der Stadt zu Hilfe eile und die Trümmer des Volkes rette; sie versicherten ihm, daß die meisten wegen ihrer Anhänglichkeit an die Römer ermordet worden seien und die noch Lebenden derselben Gesinnung wegen in Gefahr schwebten. Aus Mitgefühl mit ihren Leiden brach er auch wirklich auf, dem Anschein nach, um Jerusalem zu belagern, in Wahrheit aber, um es zu entsetzen. Zuvor jedoch mußte er noch einige übrige Plätze unterwerfen, um nichts in seinem Rücken zu lassen, was ihm bei der Belagerung hinderlich werden konnte. Er rückte daher zunächst vor Gadara, die befestigte Hauptstadt von Peräa, und zog am vierten des Monats Dystros in die Stadt ein. Die angesehensten

Einwohner der Stadt hatten teils aus Sehnsucht nach Frieden, teils aus Sorge um ihren Besitz – Gadara zählte viele reiche Bürger – Gesandte mit einem Übergabeangebot an ihn geschickt, ohne daß die Empörungslustigen etwas davon gemerkt hätten; diesen kam die Sache vielmehr erst zu Ohren, als Vespasian bereits ganz in der Nähe stand. Da sie nicht hoffen konnten, die Stadt zu halten, weil sie ihren Gegnern in der Stadt an Zahl nicht gewachsen waren und die Römer schon fast vor den Toren sahen, beschlossen sie zu fliehen. Doch hielten sie es für unrühmlich, dies ohne Blutvergießen zu tun und ohne an den Schuldigen Rache genommen zu haben; und so bemächtigten sie sich eines gewissen Dolesos, der nicht nur seiner Stellung und Herkunft nach der erste Mann der Stadt war, sondern auch für den Urheber der Gesandtschaft galt, töteten ihn und flohen erst, nachdem sie ihre Wut an seinem Leichnam ausgelassen hatten. Als das römische Heer anrückte, empfingen die Gadarener Vespasian mit freudigen Zurufen und erhielten von ihm die Zusicherung seines Schutzes sowie eine Besatzung aus Reiterei und Fußvolk zur Abwehr etwaiger Angriffe seitens der Flüchtlinge. Die Stadtmauer hatten sie, ohne die Aufforderung der Römer abzuwarten, niedergerissen, um dadurch, daß sie selbst sich jeden Widerstand unmöglich machten, ihre Friedensliebe zu bekunden.

4. Zur Verfolgung der Flüchtlinge, die Gadara verlassen hatten, sandte Vespasian den Placidus mit 500 Reitern und 3000 Mann zu Fuß ab, während er selbst mit dem übrigen Heer nach Kaisareia zurückkehrte. Als nun die Verfolgten die ihnen nachsetzenden Reiter bemerkten, drängten sie sich, ehe es zum Handgemenge kam, in ein Dorf namens Bethennabris. Hier fanden sie eine beträchtliche Anzahl junger Leute, die sie teils mit, teils ohne ihre Einwilligung bewaffneten; dann machten sie einen Ausfall gegen die Truppen des Placidus. Diese wichen beim ersten Angriff etwas zurück, um ihre Gegner weiter von der Mauer wegzuziehen; kaum aber hatten sie die Judäer an einen günstigen Ort gelockt, als sie sie umzingelten und mit Lanzen auf sie eindrangen. Den Flüchtigen schnitten die Reiter den Weg ab, während das Fußvolk in dem Haufen ein Blutbad anrichtete. So rannten die Judäer in ihr

Verderben, ohne mehr als ihre Tollkühnheit bewiesen zu haben. Da die Römer dichtgeschlossene Reihen bildeten und hinter ihren Rüstungen wie von einer Mauer gedeckt standen, fanden die Judäer ebensowenig Gelegenheit, ihre Geschosse anzubringen, wie es ihnen gelang, die feindlichen Linien zu durchbrechen. Dagegen wurden sie selbst entweder von den gegnerischen Lanzen durchbohrt oder liefen wie wilde Tiere in die Schwerter hinein; so fielen die einen im Handgemenge, die anderen wurden von den Reitern niedergehauen.

5. Placidus war insbesondere darauf bedacht, ihnen den Rückweg nach dem Dorf abzuschneiden; er sprengte daher beständig mit seinen Reitern nach dieser Seite hin, ließ dann plötzlich kehrtmachen und die Judäer mit einem Pfeilregen überschütten; dabei wurden die schon nahe Herangekommenen getötet und die noch Entfernteren abgeschreckt. Schließlich gelang es den Tapfersten doch, sich bis zur Mauer durchzuschlagen. Die Posten hier wußten nun nicht, was sie tun sollten. Die Gadarener einfach draußen zu lassen, konnten sie um ihrer eigenen Leute willen nicht über sich bringen; andererseits mußten sie, wenn sie sie einließen, befürchten, mit ihnen zugrunde zu gehen. Und das geschah auch. Während die Masse der Fliehenden sich an der Mauer staute, wären die römischen Reiter beinahe mit eingedrungen; zwar gelang es noch eben, die Tore vor ihnen zu schließen, doch ließ Placidus stürmen und bemächtigte sich in einem tapferen, bis zum Abend währenden Kampf der Mauern und des Dorfes. Die wehrlose Bevölkerung wurde niedergemetzelt, während die Kampffähigen flohen; hierauf plünderten die Soldaten die Häuser und steckten das Dorf in Brand. Die Flüchtlinge rissen die übrige Landbevölkerung mit sich fort und erfüllten ringsum alles mit Schrecken, indem sie ihre eigene Niederlage übertrieben und erzählten, das ganze Römerheer sei im Anmarsch begriffen. In dichten Scharen flohen sie auf Jericho zu, das allein ihnen noch Hoffnung auf Rettung gab, da es starke Mauern und eine zahlreiche Einwohnerschaft hatte. Placidus setzte ihnen im Vertrauen auf seine Reiter und sein bisheriges Kriegsglück bis zum Jordan nach und machte unterwegs alles nieder, was ihm in den Weg kam; dann trieb er die Menge am Fluß, der vom

Regen angeschwollen war und nicht durchwatet werden konnte, zusammen und stellte ihnen gegenüber seine Truppen in Schlachtordnung auf. Flucht war für die Judäer unmöglich geworden, und die Not zwang sie zum Kampf; in langer Linie dehnten sie sich am Ufer aus und versuchten so dem Geschoßhagel und dem Anprall der Reiterei standzuhalten. Die hieb sie indes massenweise nieder oder drängte sie in den Fluß hinein; 15 000 fielen unter dem Schwert ihrer Gegner, und unzählbar war die Menge derer, die sich selbst in den Jordan stürzten. In Gefangenschaft gerieten über 2200; außerdem fiel eine reiche Beute an Eseln, Schafen, Kamelen und Rindern den Siegern in die Hände.

6. Den Judäern kam diese Niederlage, die freilich hinter den bisherigen nicht zurückstand, doch noch größer vor, als sie wirklich war; denn nicht nur das ganze Land, das die Flüchtigen durchzogen hatten, und der unpassierbar gewordene Jordan waren voller Leichen, sondern sogar den Asphaltsee bedeckten tote Körper, die von dem Flusse in ihn hinabgeschwemmt worden waren. Placidus nahm sein Glück wahr, brach gegen die umliegenden Städtchen und Dörfer auf, eroberte Abela, Julias und Besimoth sowie die Ortschaften bis zum Asphaltsee und legte in jede eine Besatzung aus den tauglichsten Überläufern. Hierauf ließ er seine Soldaten Kähne besteigen und alles niedermachen, was sich auf den See geflüchtet hatte. So war ganz Peräa mit Ausnahme von Machairus teils freiwillig, teils mit Gewalt in den Besitz der Römer übergegangen.

8. Kapitel: Jericho, die Große Ebene und das Tote Meer

1. Mittlerweile waren Nachrichten eingelaufen, daß in Gallien ein Aufstand ausgebrochen und Vindex (282) mit den Anführern der Eingeborenen von Nero abgefallen sei, wie in Einzelwerken des näheren zu lesen ist. Diese Meldungen veranlaßten Vespasian, die Kriegführung zu beschleunigen; denn er sah bereits die künftigen Bürgerkriege und die gefahrvolle Lage des Reiches voraus und glaubte, durch Herstellung friedlicher Zustände im Orient die Besorgnisse Italiens verringern zu können. Während

des Winters versicherte er sich der eroberten Städtchen und Dörfer, indem er Besatzungen hineinlegte und sie Zenturionen beziehungsweise Dekurionen unterstellte; auch ließ er viele der verwüsteten Ortschaften wieder aufbauen. Mit dem Beginn des Frühlings aber brach er mit dem größten Teil seiner Streitmacht von Kaisareia nach Antipatris auf, wo er zwei Tage lang die Angelegenheiten der Stadt ordnete; am dritten zog er weiter, verwüstete und verbrannte die ganze Gegend ringsum. Nachdem er die Toparchie Thamna unterworfen hatte, zog er nach Lydda und Jamneia, die schon früher eingenommen worden waren, versah sie mit Besatzungen, die aus übergetretenen Bewohnern der Städte gebildet waren, und rückte vor Ammaus. Hier schnitt er der Bevölkerung die Wege nach der Hauptstadt ab, errichtete ein festes Lager, in dem er die fünfte Legion zurückließ, und marschierte mit dem übrigen Heer weiter in die Toparchie Bethleptenpha (283). Diese sowie das angrenzende Gebiet verheerte er durch Feuer, befestigte geeignete Punkte in Idumäa und nahm zwei Dörfer im Herzen dieser Landschaft, Betabris und Kaphartobas, ein; dabei ließ er über 10 000 Menschen niedermachen und mehr als tausend gefangennehmen. Die übrige Menge verjagte er und legte in die Ortschaften einen ansehnlichen Teil seiner Truppen, die das umliegende Bergland durchzogen und verwüsteten. Er selbst kehrte mit dem Rest des Heeres nach Ammaus zurück, von wo er durch Samareia an Neapolis oder Mabartha, wie es bei den Eingeborenen heißt, vorbei nach Korea marschierte. Hier ließ er am zweiten des Monats Daisios ein Lager aufschlagen und langte tags darauf vor Jericho an; hier stieß Traianos, einer seiner Heerführer, mit Truppen zu ihm, die er nach Unterjochung der jenseits des Jordans gelegenen Landesteile aus Peräa hergebracht hatte.

2. Die Bewohner Jerichos hatten sich größtenteils, ohne das Erscheinen der Römer abzuwarten, auf das Jerusalem gegenüberliegende Gebirge geflüchtet und die Stadt fast leer gelassen; die Zurückgebliebenen, die auch noch ziemlich zahlreich waren, wurden getötet. Jericho liegt in einer Ebene und ist von einem kahlen, unfruchtbaren Höhenzug überragt, der sich weit nach Norden bis in die Gegend von Skythopolis, nach Süden bis an das Sodomitergebiet und

die Ufer des Toten Meeres erstreckt, einem durchweg rauhen und wegen seiner Unfruchtbarkeit gänzlich unbewohnten Landstrich. Ihm gegenüber zieht sich den Jordan entlang ein anderes Gebirge, das bei Julias und noch weiter nördlich beginnt und in südlicher Richtung bis Somora, Nachbarstadt von Petra in Arabien, verläuft. Zu diesem Gebirge gehört auch der sogenannte Eisenberg, der sich bis Moabitis erstreckt. Die Landschaft zwischen den beiden Bergketten heißt die Große Ebene, die von dem Dorfe Ginnabris bis zum Asphaltsee reicht. Ihre Länge beträgt 1200, ihre Breite 120 Stadien.(284) Sie wird in der Mitte vom Jordan durchschnitten und hat zwei Seen von entgegengesetzter Beschaffenheit, den Asphaltsee und den See von Tiberias; das Wasser des ersteren ist salzig und dem Pflanzenwuchs schädlich, das des anderen süß und befruchtend. Zur Sommerzeit ist die Ebene wie ausgebrannt, und die übermäßige Trockenheit macht die Luft ungesund; denn außer dem Jordan hat sie nicht die Spur von Wasser, weshalb auch die Palmen an den Ufern dieses Flusses ansehnlich und üppig, die weiter davon entfernten dagegen kümmerlich entwickelt sind.

3. In der Nähe von Jericho befindet sich eine starke, der Bewässerung der Fluren äußerst dienliche Quelle, die dicht bei der alten Stadt hervorsprudelt, der ersten, die Josua, der Sohn des Nun, als Heerführer der Hebräer im Lande der Kanaanäer mit dem Schwert eroberte. Diese Quelle soll vor Zeiten nicht nur die Erd- und Baumfrüchte, sondern auch die Leibesfrucht der Frauen vernichtet und überhaupt allem Lebenden Tod und Verderben gebracht haben, von dem Propheten Elisa aber, dem Schüler und Nachfolger des Elia, gereinigt und überaus heilkräftig und befruchtend gemacht worden sein.(285) Aus Dankbarkeit für die gastliche Aufnahme, die er bei den Bewohnern Jerichos gefunden, und die außerordentlich freundliche Gesinnung, die sie ihm entgegenbrachten, bedachte er sie und das Land mit einem für alle Zeiten bleibenden Geschenk. Er begab sich zur Quelle, warf ein irdenes Gefäß mit Salz in das strömende Wasser, hob seine rechte Hand zum Himmel und flehte, indem er ein sühnendes Trankopfer in die Quelle goß, daß ihre Beschaffenheit gemildert und süßere Adern in ihr geöffnet würden, daß der Himmel gedeihlichere Lüfte

mit dem Wasser mischen und so den Umwohnern Fruchtbarkeit des Bodens und Kindersegen verleihen, auch ihnen das Wasser nicht entziehen möge, solange sie gerecht blieben. Durch dieses Gebet, dem er mancherlei Zeremonien, wie seine Kunst sie ihn lehrte, vorausschickte, wandelte er die Quelle um, und das Wasser, das zuvor die Ursache von Kinderlosigkeit und Hungersnot gewesen war, bewirkte von nun an Kindersegen und Überfluß. Es hat, wenn es zur Berieselung benutzt wird, eine solche Kraft, daß es den Boden, selbst wenn es ihn nur benetzt, fruchtbarer macht als anderes Wasser, das bis zur Sättigung des Erdreichs stehenbleibt; dadurch erklärt es sich auch, daß die Quelle bei sparsamem Verbrauch sich recht nutzbringend erweist, während andere bei reichlicherer Anwendung nur wenig Vorteil darbieten. Aus dem gleichen Grunde bewässert die Quelle eine größere Bodenfläche als irgendeine andere; sie durchläuft eine Ebene von siebzig Stadien Länge und zwanzig Stadien Breite, in der sie die herrlichsten, dicht beieinanderliegenden Parks speist. An Palmen, die von ihr gespeist werden, gibt es mancherlei Arten, deren Früchte nach Geschmack und Heilkraft verschieden sind. Die ergiebigeren werden getreten und liefern eine Menge Honig (286), der dem Bienenhonig, der sich dort auch findet, nicht viel nachsteht. Ferner wächst hier die Balsamstaude (287), das köstlichste Erzeugnis des Landes, sowie der Hennastrauch (288) und der Myrobalanus (289). Mit Recht kann man deshalb diesen Landstrich, in dem die seltensten und kostbarsten Erzeugnisse der Natur in so reicher Fülle gedeihen, gottgesegnet nennen. Auch was andere Fruchtarten anbelangt, kann nicht leicht eine andere Gegend der Erde mit ihm verglichen werden – so reichlich gibt der Boden die Saat zurück. Ich schreibe dies der Wärme der Luft und der vorzüglichen Beschaffenheit des Wassers zu (290), wobei jene die Pflanzen hervorlockt und ihr üppiges Wachstum befördert, die Feuchtigkeit sie starke Wurzeln schlagen läßt und ihnen im Sommer Kraft verleiht; denn in dieser Jahreszeit ist die Gegend so drückend heiß, daß kaum jemand ins Freie hinausgeht. Das Wasser, das man vor Sonnenaufgang schöpft und dann der Luft aussetzt, wird sehr kalt und nimmt eine der umgebenden Luft entgegengesetzte Temperatur an; im Winter dagegen erwärmt es sich und ist dann zum Baden sehr geeignet. Diese Jahreszeit ist dort so mild, daß die Einwohner sich in Leinwand kleiden, während es im übrigen Judäa schneit. Von Jerusalem ist Jericho hundertfünfzig, vom Jordan sechzig Stadien entfernt. Die Gegend bis Jerusalem ist öde und felsig, der Strich bis zum Jordan und zum Asphaltsee zwar ebener, aber gleichfalls wüst und unfruchtbar. Damit glaube ich, über die gesegnete Lage Jerichos genug gesagt zu haben.

4. Eine genauere Beschreibung verdient noch die natürliche Beschaffenheit des Asphaltsees. Sein Wasser ist, wie bemerkt, bitter und der Vegetation nicht zuträglich, dabei so leicht, daß es selbst die schwersten Gegenstände, die man hineinwirft, trägt und man selbst mit Anstrengung kaum unterzutauchen vermag.(291) So ließ Vespasian, als er an den See kam, um ihn zu besichtigen, einige des Schwimmens unkundige Personen mit auf dem Rücken gebundenen Händen in das tiefe Wasser werfen, und tatsächlich trieben alle, wie von einem Wind in die Höhe gehoben, auf der Oberfläche umher. Merkwürdig ist ferner der Farbenwechsel des Sees(292); dreimal am Tage ändert er sein Aussehen und wirft die Sonnenstrahlen verschiedenartig schillernd zurück. An vielen Stellen stößt er schwarze Asphaltklumpen aus, die, an Gestalt und Größe kopflosen Stieren vergleichbar, auf dem Wasser schwimmen. Die Arbeiter auf dem See rudern an sie heran, packen die zusammenhängenden Massen an und ziehen sie in die Kähne; haben sie diese gefüllt, so wird es ihnen nicht leicht, die Klumpen loszumachen, da sie infolge ihrer Zähflüssigkeit an dem Boot klebenbleiben, bis sie durch Menstruationsblut oder Harn gelöst werden; denn das vermögen diese Flüssigkeiten allein. Der Asphalt findet nicht nur beim Schiffbau Verwendung, sondern dient auch zu Heilzwecken und wird deshalb vielen Arzneien beigemischt. Die Länge des Sees, der sich bis Zoar in Arabien erstreckt, beträgt 580, die Breite 150 Stadien. An seine Ufer stößt das Land Sodom, einst ein glückliches Fleckchen Erde, da es fruchtbare Gefilde und wohlhabende Städte aufwies, jetzt aber völlig vom Feuer zerstört. Es soll wegen der Gottlosigkeit seiner Bewohner durch Blitze in Brand gesetzt worden sein. Noch heute finden sich Spuren des göttlichen Feuers und sind die schattenhaften Umrisse von fünf Städten zu sehen.

Auch erzeugt sich stets von neuem Asche in gewissen Früchten, die äußerlich eßbaren ähnlich sind; pflückt man sie aber mit der Hand, so lösen sie sich in Staub und Asche auf.(293) So werden die Legenden über das Land der Sodomiter durch den Augenschein bestätigt.

9. Kapitel: Simon bar Giora in Jerusalem

1. Um Jerusalem von allen Seiten einzuschließen, errichtete Vespasian sowohl in Jericho als in Adida ein Lager und legte in beide Städte eine aus Römern und Bundesgenossen gemischte Besatzung. Zugleich sandte er Lucius Annius mit einer Reitertruppe und einer starken Abteilung Fußvolk nach Gerasa. Dieser nahm die Stadt im Sturm, tötete tausend junge Männer, die nicht rechtzeitig geflohen waren, machte ihre Angehörigen zu Kriegsgefangenen und überließ den Besitz der Einwohner seinen Soldaten zur Plünderung. Nachdem er die Häuser in Brand gesteckt hatte, ging er gegen die umliegenden Dörfer vor. Wer dazu imstande war, floh; die Schwächeren kamen um; alles übrige ging in Flammen auf. Das ganze Bergland wie die Ebene befanden sich im Kriegsbereich, und somit waren den Bewohnern Jerusalems sämtliche Auswege abgeschnitten. Wer im Sinn hatte, zu den Feinden überzugehen, sah sich von den Zeloten bewacht; die anderen aber, die sich noch nicht für die Römer begeistern konnten, wurden durch das Heer eingeschlossen, das jetzt von allen Seiten die Stadt umgab.

2. Als Vespasian nach Kaisareia zurückgekehrt war und sich eben vorbereitete, mit seiner ganzen Heeresmacht gegen Jerusalem aufzubrechen, wurde ihm die Ermordung Neros gemeldet.(294) Wie dieser Imperator, der dreizehn Jahre und acht Tage regierte, den Thron dadurch beschimpfte, daß er den verruchtesten Menschen, Nymphidius(295) und Tigellinus(296), und den unwürdigsten Freigelassenen die Regierungsgeschäfte überließ; wie diese sich gegen ihn verschworen, er aber, von allen seinen Leibwächtern verlassen, mit nur vier ihm treugebliebenen Freigelassenen floh und in einer Vorstadt Roms sich selbst den Tod gab; wie diejenigen, die ihn gestürzt, kurz danach dafür

büßen mußten; welchen Ausgang der Gallische Krieg nahm, und wie Galba, zum Imperator ernannt, aus Hispania zurückkehrte, bald aber, von seinen Soldaten niedriger Gesinnung bezichtigt, mitten auf dem Forum von Rom meuchlings ermordet und Otho zum Imperator ausgerufen wurde; Othos Feldzug gegen die Heerführer des Vitellius und seinen Sturz; dann die Empörungen unter Vitellius und den Kampf um das Kapitol; endlich wie Antonius Primus und Mucianus nach Vernichtung des Vitellius und der germanischen Legionen den Bürgerkrieg beendeten – das alles ins einzelne zu schildern, möge man mir erlassen, da es sattsam bekannt und von vielen griechischen und römischen Schriftstellern (297) bereits aufgezeichnet ist. Um den Zusammenhang der Ereignisse zu bewahren und den Faden der Geschichte nicht zu zerreißen, habe ich die Hauptpunkte zusammenfassend angegeben. – Vespasian verschob nun zunächst den Feldzug nach Jerusalem und wartete gespannt, wem nach Nero die Herrschaft zufallen würde. Auch als er hörte, daß Galba Imperator geworden, wollte er nichts unternehmen, ehe er von diesem einen Auftrag dazu erhalten hätte. Er sandte daher seinen Sohn Titus zu Galba, um ihn zu beglückwünschen und Verhaltungsmaßregeln betreffs der Judäer entgegennehmen zu lassen. In der gleichen Absicht schiffte sich mit Titus auch König Agrippa nach Rom ein. Aber während sie auf Kriegsschiffen die Küste von Achaja entlang fuhren (denn es war Winter), war Galba schon ermordet worden; nur sieben Monate und sieben Tage hatte er den Thron innegehabt. Nach ihm kam Otho zur Regierung, sein Gegner im Machtkampf. Während Agrippa, ohne sich durch den Regierungswechsel sonderlich stören zu lassen, nach Rom weiterzureisen beschloß, segelte Titus wie auf göttlichen Antrieb von Griechenland nach Syrien zurück und kam bald bei seinem Vater in Kaisareia an. In ängstlicher Spannung wegen der Lage des Römischen Reiches, das wie ein Schiff im Sturm schwankte, schenkten die beiden dem Krieg gegen die Judäer weniger Beachtung und hielten, besorgt um ihr eigenes Vaterland, einen Angriff auf die Fremden zur Zeit für unzweckmäßig.

3. Statt dessen brach ein anderer Krieg über Jerusalem herein. Ein junger Mann aus Gerasa, Simon, des Gioras

Sohn, der dem in der Hauptstadt bereits allgewaltigen Joannes zwar an Verschlagenheit nachstand, an Körperkraft und Kühnheit ihn dagegen übertraf und deshalb vom Hohenpriester Ananos aus der Toparchie Akrabatene, wo er den Herrscher spielte, vertrieben worden war, hatte sich den Räubern angeschlossen, die Masada besetzt hielten. Anfangs hatten sie ihm zwar mißtraut und ihm nur gestattet, mit den ihm folgenden Frauen den unteren Teil der Festung zu bewohnen, während sie selbst den höher gelegenen einnahmen. Bald jedoch durfte er, weil er sich als echter Spießgeselle und vertrauenswürdig erwies, an ihren Raubzügen teilnehmen und half nun die Umgegend von Masada verwüsten; er vermochte sie aber nicht zu größeren Unternehmungen zu bewegen. An die Festung gewöhnt, trugen sie Bedenken, sich von ihrem Schlupfwinkel zu weit zu entfernen. Ziel seines Ehrgeizes war nämlich die Tyrannenherrschaft. Sobald er daher den Tod des Ananos erfahren hatte, trennte er sich von ihnen, schlug sich ins Gebirge, ließ den Sklaven Freiheit, den Freien Belohnungen versprechen und scharte so die Nichtswürdigen aus der ganzen Gegend um sich.

4. Bald hatte er eine starke Bande beisammen und plünderte zunächst die Dörfer im Gebirge aus; als er immer größeren Zuwachs erhielt, wagte er sich auch in die Ebene hinab. Selbst den Städten wurde er jetzt furchtbar, und seine Macht sowie der glückliche Erfolg seiner Unternehmungen veranlaßte eine Reihe angesehener Leute, auf seine Seite zu treten; sein Heer bestand bereits nicht mehr nur aus Sklaven und Räubern, sondern auch aus seßhaften Bürgern, die ihm wie ihrem König gehorchten. Nunmehr dehnte er seine Streifzüge über die Toparchie Akrabatene und selbst bis in den größeren Bezirk Idumäa aus. Bei dem Dorfe Nain hatte er eine Art Bollwerk errichtet, das ihm wie eine Festung zu seiner Sicherheit diente; außerdem hatte er in einer Schlucht mit Namen Pheretai viele Höhlen erweitern lassen, die er mit vielen anderen Verstecken, die er dort schon fertig vorfand, als Schatzkammern und Lager für die Beute benutzte. Hier verwahrte er die geraubten Feldfrüchte, und hier wohnte auch ein bedeutender Teil seiner Rotte. Daß er es mit diesen Übungszügen seiner Bande und mit den sonstigen Vorbereitungen

auf eine Unternehmung gegen Jerusalem abgesehen hatte, konnte keinem Zweifel unterliegen.

5. Aus Furcht vor einem heimlichen Überfall und um das Emporkommen eines Mannes zu verhindern, dessen Macht zu ihrem Schaden täglich anwuchs, rückten ihm die Zeloten in großer Anzahl bewaffnet entgegen. Simon ließ sich auf das Treffen ein, machte eine Menge seiner Gegner nieder und trieb die übrigen in die Stadt zurück. Da er jedoch seinen Streitkräften noch nicht so weit traute, daß er einen Sturm auf die Mauer hätte wagen können, beschloß er, zunächst Idumäa zu erobern, und rückte an der Spitze von 20 000 Bewaffneten gegen dessen Grenzen. Die Oberhäupter der Idumäer sammelten in aller Eile die streitbarste Mannschaft des Landes, gegen 25 000 an der Zahl, und erwarteten, während sie die übrige Menge zum Schutz ihres Besitzes gegen die Einfälle der Sikarier aus Masada zurückließen, den Simon an der Grenze ihres Gebietes. Dort kam es zur Schlacht; aber obwohl den ganzen Tag gefochten wurde, blieb es unentschieden, wer Sieger und Besiegter war; schließlich kehrten die Idumäer nach Hause, Simon nach Nain zurück. Kurz nachher fiel er mit noch stärkeren Streitkräften abermals in Idumäa ein, lagerte sich bei dem Dorf Thekue und schickte den Eleazar, einen seiner vertrauten Freunde, ab, um die Besatzung des nahe gelegenen Kastells Herodeion zur Übergabe zu bewegen. Zunächst nahm die Besatzung Eleazar zuvorkommend auf, da sie den Zweck seiner Sendung noch nicht kannte; als er aber etwas von Übergabe verlauten ließ, verfolgten sie ihn mit gezogenem Schwert, bis er keinen Ausweg zur Flucht mehr sah und sich von der Mauer in die unterhalb befindliche Schlucht stürzte, wo er den Tod fand. Die Idumäer bekamen nun doch Angst vor Simons Macht und beschlossen daher, bevor sie sich in ein Gefecht einließen, das Heer des Feindes auszukundschaften.

6. Zu diesem Dienst erbot sich bereitwillig Jakob, einer der Anführer; insgeheim aber plante er Verrat. Aus dem Dorf Aluros, wo damals das idumäische Heer versammelt war, machte er sich zu Simon auf und traf zunächst mit ihm die Verabredung, ihm seine Vaterstadt zu übergeben, wogegen Simon ihm eidlich versichern müsse, daß er ihn stets in Amt und Würden belassen werde; weiter-

hin stellte er ihm seine Mitwirkung bei der Unterjochung von ganz Idumäa in Aussicht. Auf dieses Anerbieten hin bewirtete Simon ihn gastlich und suchte ihn durch glänzende Versprechungen noch mehr zu gewinnen. Als Jakob zu den Seinen zurückkam, begann er sofort, die Stärke von Simons Heer zu übertreiben; hierauf suchte er in vertraulichen Besprechungen mit den Führern und einzelnen von der Mannschaft das gesamte Kriegsvolk zu überreden, Simon aufzunehmen und ihm, ohne erst die Waffen entscheiden zu lassen, die höchste Gewalt zu übertragen. Während er auf diese Weise seine Landsleute bearbeitete, rief er Simon durch Boten herbei und versprach ihm, die Idumäer zu zerstreuen. Diese Zusage hielt er auch; denn kaum befand sich Simons Heer in der Nähe, als er aufs Pferd sprang und an der Spitze seiner Mitverschworenen davonritt. Schrecken befiel die Menge, so daß, noch ehe es zum Handgemenge kam, die Reihen sich auflösten und alles nach Hause lief.

7. Simon zog nun, was er wohl selbst nicht erwartet hatte, ohne Blutvergießen in Idumäa ein und überrumpelte zuerst die Stadt Hebron, wo er reiche Beute machte und große Mengen Getreide raubte. Die Einheimischen behaupten, daß Hebron nicht nur älter als die übrigen Städte jener Gegend, sondern sogar älter als Memphis in Ägypten sei, berechnet man doch das Alter der Stadt auf 2300 Jahre. Die Sage macht sie zum Wohnsitz Abrams, des Stammvaters der Judäer, nachdem er aus Mesopotamien ausgewandert war, und von hier aus sollen seine Nachkommen nach Ägypten gezogen sein.(298) Ihre aus dem schönsten Marmor mit großer Pracht hergestellten Grabdenkmäler werden noch heute in jenem Städtchen gezeigt.(299) Sechs Stadien von der Stadt entfernt zeigt man eine riesige Terebinthe(300), von der man sagt, daß sie seit der Erschaffung der Welt dort stehe. – Von hier aus durchzog Simon ganz Idumäa und verheerte nicht nur die Dörfer und Städte, sondern verwüstete auch das Ackerland; denn außer seinen Schwerbewaffneten folgten ihm noch weitere 40 000 Mann, so daß für eine solche Menge die Lebensmittel nicht reichten. Die Not des Landes wurde noch vergrößert durch seine Grausamkeit und seine Erbitterung gegen das Volk, wodurch die Verödung Idumäas

einen immer höheren Grad erreichte. Wie man hinter einem Heuschreckenschwarm ganze Wälder entlaubt sehen kann, so ließ Simons Heer eine Wüste zurück, indem es hier sengte, dort niederriß, alles, was das Erdreich trug, zertrat oder verbrauchte und das bebaute Land durch seinen Marsch in einen Zustand versetzte, der schlimmer war als der von unfruchtbarem Boden. Kurz, nicht die Spur des früheren Wohlstandes blieb in den verwüsteten Gegenden übrig.

8. Diese Vorgänge rüttelten die Zeloten erneut auf. Da sie in offener Feldschlacht Simon nicht zu bekämpfen wagten, legten sie in den Engpässen Hinterhalte, wobei sie die Gattin Simons und ihr zahlreiches Gefolge gefangennahmen. Jubelnd, wie wenn sie Simon selbst zum Gefangenen gemacht hätten, zogen sie in die Hauptstadt ein und erwarteten nichts Geringeres, als daß er sogleich die Waffen strekken und demütig um Freilassung seiner Frau bitten würde. Ihn erfüllte aber kein Mitleid, sondern Zorn wegen dieses Raubes. Er erschien vor den Mauern Jerusalems und ließ wie ein angeschossenes Wild, das den, der es verwundet, nicht erreichen kann, an allen, die ihm in den Weg kamen, seine Wut aus. Wer, um Kräuter oder Holz zu holen, sich vor die Stadttore hinauswagte, mochten es auch Unbewaffnete oder Greise sein, wurde ergriffen und zu Tode gepeinigt; es fehlte nur, daß er in seiner Raserei die Leichen der Gemordeten verzehrte. Viele sandte er mit abgehauenen Händen in die Stadt zurück, teils um seinen Feinden Schrecken einzujagen, teils auch um dadurch das Volk gegen die Schuldigen aufzureizen. Man hatte ihnen aufgetragen zu melden, Simon schwöre bei dem alles sehenden Gott: Wenn sie ihm nicht auf der Stelle seine Frau herausgäben, werde er die Mauer stürmen und ohne irgendein Alter zu schonen oder die Schuldigen von den Unschuldigen zu trennen, allen Bewohnern der Stadt ein Gleiches antun. Diese Drohung bestürzte nicht nur das Volk, sondern auch die Zeloten, so daß sie ihm seine Frau zurückgaben; daraufhin ließ er, ein wenig besänftigt, in dem beständigen Blutvergießen eine Pause eintreten.

9. Aber nicht in Judäa allein tobten Aufruhr und Bürgerkrieg, sondern auch in Italien. Galba war mitten auf dem Forum zu Rom ermordet und Otho(301) zum Imperator

ausgerufen worden, der indes mit seinem von den germanischen Legionen erwählten Nebenbuhler Vitellius im Kampf lag. Bei Bedriacum in Gallien kam es zwischen Otho und den Heerführern des Vitellius, Valens und Caecina, zur Schlacht, in der am ersten Tage Otho, am zweiten das Heer des Vitellius die Oberhand behielt. Nachdem viel Blut geflossen, tötete Otho, der in Brixellum die Niederlage erfuhr, sich selbst; drei Monate und zwei Tage hatte er an der Spitze des Reiches gestanden. Sein Heer ging zu den Feldherren des Vitellius über, und dieser zog mit seiner Streitmacht in Rom ein. Unterdessen war Vespasian am fünften des Monats Daisios wieder von Kaisareia aufgebrochen und gegen die nicht unterjochten Gegenden Judäas gezogen. Zunächst erstieg er das Bergland und eroberte die beiden Toparchien von Gophna und Akrabatene, hierauf die Städtchen Bethel und Ephraim, in die er Besatzungen legte; dann ritt er weiter bis vor Jerusalem. Viele Judäer, die ihm in die Hände fielen, wurden niedergehauen, viele auch zu Gefangenen gemacht. Einer seiner Heerführer, Cerealis, verwüstete mit einer Abteilung Reiterei und Fußvolk das sogenannte obere Idumäa und steckte ein Städtchen Kaphethra, das er überrumpelt hatte, in Brand; ein anderes, Kapharabis genannt, belagerte er, da es eine sehr starke Ringmauer hatte. Während er sich gefaßt machte, hier längere Zeit liegen zu müssen, öffneten ihm die Einwohner plötzlich die Tore, flehten um Gnade und ergaben sich. Cerealis versicherte sich ihrer und zog dann vor eine andere Stadt, das uralte Hebron, das, wie schon bemerkt, unweit Jerusalems im Gebirge liegt. Nachdem er sich den Eingang erzwungen hatte, ließ er jeden, der ergriffen wurde, niedermachen und die Stadt in Asche legen. Nunmehr war alles bis auf die von den Räubern besetzten Festungen Herodeion, Masada und Machairus unterjocht, und als nächstes Ziel lag den Römern somit Jerusalem vor Augen.

10. Kaum hatte Simon seine Frau aus den Händen der Zeloten befreit, als er in die noch verschont gebliebenen Teile Idumäas zurückkehrte und das Volk von allen Seiten so sehr in die Enge trieb, daß viele in ihrer Not nach Jerusalem flohen. Er selbst folgte ihnen bis vor die Stadt nach, umzingelte abermals die Mauer und tötete

alle aufs Land gehenden Arbeiter, deren er habhaft werden konnte. War dem Volk von den äußeren Feinden Simon furchtbarer als die Römer, so flößten ihm die Zeloten im Innern der Stadt noch größeren Schrecken ein. An Bosheit und Frechheit übertrafen hier die galiläischen Truppen alle anderen; denn nachdem sie Joannes zur Macht gebracht hatten, erlaubte er ihnen dafür kraft seiner nunmehrigen Herrschaft alles, wonach es sie gelüstete. Unersättlich war ihre Raubgier; die Häuser der Reichen wurden durchstöbert; Männer morden und Frauen schänden, diente ihnen zur Kurzweil. Noch triefend vom Blute, verpraßten sie das Geraubte und ergaben sich aus Übersättigung weibischem Gebaren, indem sie sich das Haar frisierten, Frauenkleider anzogen, sich mit wohlriechendem Öl salbten und zur Zierde die Augen bemalten. Aber nicht allein was Schmuck anlangt, suchten sie es den Frauen gleichzutun, sondern auch in Bezug auf die Leidenschaften, und so ersannen sie im Übermaß der Geilheit widernatürliche Lüste; wie in einem Bordell wälzten sie sich in der Stadt umher und befleckten sie mit Unzucht. Ihr Gesicht glich dem von Frauen, doch ihre Hände waren mörderisch; zierlichen Schrittes einhertänzelnd, verwandelten sie sich plötzlich in Soldaten, zogen Schwerter aus ihren feingefärbten Oberkleidern und durchbohrten jeden, der ihnen in den Weg kam. War jemand dem Joannes entronnen, so lauerte auf ihn der noch blutdürstigere Simon; wer sich vor dem Tyrannen im Innern der Stadt gerettet hatte, fiel dem vor den Toren zum Opfer. Wollte einer zu den Römern übergehen, fand er jeden Weg zur Flucht abgeschnitten.

11. Aber im Heer der Zeloten brach eine Empörung gegen Joannes aus, wobei sämtliche Idumäer sich von den übrigen trennten(302), um den Tyrannen anzugreifen, auf dessen Macht sie eifersüchtig waren und dessen Grausamkeit ihren Haß erregte. Im Handgemenge töteten sie viele Zeloten, während die übrigen in dem von der Grapte, einer Verwandten des Adiabenerkönigs Izates(303), erbauten Palast zusammengetrieben wurden. Die Idumäer, die mit den Zeloten in den Palast gelangt waren, drängten diese weiter in den Tempel und machten sich dann an die Plünderung der Schätze des Joannes; denn der erwähnte Palast, in dem er wohnte, diente ihm auch als Aufbewahrungsort für die

Beute, die seine Tyrannei ihm einbrachte. Unterdessen strömte die in der Stadt zerstreute Menge der Zeloten zu denen, die sich in den Tempel geflüchtet hatten, und Joannes traf Anstalten, sie gegen das Volk und die Idumäer in den Kampf zu führen. Diese aber, die ihnen an Streitbarkeit überlegen waren, fürchteten nicht so sehr einen offenen Angriff von seiten der Zeloten, als daß diese in der Verzweiflung nachts aus dem Tempel hervorschleichen, sie überfallen und die Stadt in Brand stecken möchten. Sie kamen daher zusammen und überlegten mit den Hohenpriestern, wie man sich gegen einen solchen Anschlag sichern könne. Der Gott aber verwirrte ihre Gedanken, so daß sie ein Rettungsmittel ersannen, das schlimmer war als der völlige Untergang. Um Joannes zu stürzen, beschlossen sie, Simon in die Stadt aufzunehmen und unter demütigem Flehen einen zweiten Tyrannen sich auf den Hals zu laden. Der Beschluß wurde ausgeführt: Sie sandten den Hohenpriester Matthias (304) ab, um den gefürchteten Simon zu bitten, in die Stadt einzurücken. Dieser Bitte schlossen sich in der Hoffnung, ihre Häuser und ihr Vermögen wiederzuerhalten, auch diejenigen an, die vor den Zeloten aus Jerusalem geflohen waren. Voll Übermut gewährte Simon ihnen die Gnade, ihr Despot zu sein, und zog in die Stadt ein unter dem Vorgeben, sie von den Zeloten befreien zu wollen; das Volk begrüßte ihn als seinen Retter und Beschützer. Kaum aber war er mit seinen Truppen drinnen, als er sein Augenmerk nur auf das richtete, was seine Oberherrschaft fördern konnte, und er betrachtete die, die ihn eingeladen hatten, in demselben Maße als Feinde wie die, gegen die er gerufen worden war.

12. So wurde Simon im dritten Jahre des Krieges, im Monat Xanthikos, Herr von Jerusalem. Joannes aber und die vielen Zeloten, denen jeder Ausweg aus dem Tempel versperrt und ihr Besitz in der Stadt genommen war (denn Simon und seine Leute hatten ihn sofort geplündert), befanden sich jetzt in einer verzweifelten Lage. Obendrein griff Simon mit Unterstützung des Volkes den Tempel an, doch schlugen die Zeloten, auf den Hallen und Zinnen stehend, ihn ab; Simons Leute wurden massenweise getötet oder verwundet weggetragen, denn von ihrem höheren Standort herab schossen die Zeloten leicht und sicher. Ob-

wohl sie durch die Örtlichkeit schon so sehr begünstigt waren, errichteten sie, um ihre Geschosse von noch höheren Stellen aus werfen zu können, vier mächtige Türme: einen an der nordöstlichen Ecke, einen zweiten oberhalb des Xystos, den dritten an der Ecke, die der unteren Stadt gegenüberlag; der letzte endlich war über den Pastophorien (305) erbaut, wo herkömmlicherweise ein Priester am Abend vor dem Sabbat sich hinstellte und mit der Trompete den Anbruch und am folgenden Abend das Ende des Sabbats verkündete, um damit dem Volk zu melden, daß es sich von Arbeiten enthalten beziehungsweise daß es sie wiederaufnehmen solle. Auf diesen Türmen verteilten sie Katapulte und andere Steinschleudern sowie Bogenschützen und Schleuderer. Von da an ließ Simon mit seinen Angriffen etwas nach, weil die meisten seiner Leute anfingen kleinmütig zu werden; er hielt infolge seiner zahlenmäßigen Stärke stand, obwohl die weitfliegenden Geschosse der Maschinen eine Menge seiner Kämpfer töteten.

10 Kapitel: Vespasian zum Imperator ausgerufen

1. Um dieselbe Zeit war auch Rom von schweren Unruhen heimgesucht. Vitellius war mit seinem Heer und einer großen Menschenmenge, die er mit sich schleppte, aus Germanien angekommen und hatte, da er in den für das Militär bestimmten Räumen nicht alles unterbringen konnte, ganz Rom zum Kriegslager gemacht und jedes Haus mit Bewaffneten gefüllt. Als diese, die an dergleichen nicht gewöhnt waren, den Reichtum der Römer und sich selbst rings von Silber und Gold umgeben sahen, vermochten sie ihre Begierde kaum so weit zu zügeln, daß sie nicht sogleich zu plündern begannen und jeden, der sie daran hindern wollte, niederstießen. So sah es in Italien aus.

2. Vespasian war soeben nach Unterwerfung der nächsten Umgegend Jerusalems in Kaisareia wieder eingetroffen, als er von den Unruhen in Rom hörte und daß Vitellius Imperator geworden sei. Wiewohl er ebensogut zu gehorchen als zu befehlen verstand, rief diese Nachricht seinen Unwillen wach, da er einen Mann, der an dem gleichsam verwaisten Reiche seine Tollheit ausließ, des Thrones nicht

wert erachtete. Besonders schmerzlich berührte ihn der Umstand, daß er mit der Bekriegung Fremder sich beschäftigen sollte, während sein eigenes Vaterland dem Untergang entgegentrieb. Sosehr sein Zorn ihn zur Rache aufstachelte, hielt ihn der Gedanke an die große Entfernung davon zurück; manchen Streich, überlegte er, könnte ihm, zumal die Seereise in den Winter fallen würde, das Schicksal spielen, ehe er in Italien zu landen vermöchte. Das war es, was ihn seine zornige Ungeduld vorerst noch bemeistern hieß.

3. Seine Heerführer und Soldaten dagegen sprachen bei ihren kameradschaftlichen Zusammenkünften ganz offen von einem Umsturz und riefen unwillig, die Soldaten in Rom, die im Wohlleben schwelgten und nicht einmal das Wort Krieg ertragen könnten, vergäben den Thron nach Gutdünken und ließen sich bei der Ernennung der Imperatoren lediglich von ihrer Habgier leiten. Und da sollten sie, die so viele Strapazen durchgemacht hätten und unter den Helmen ergraut seien, die höchste Gewalt an andere verschenken, während sie einen der Herrschaft würdigeren Mann in ihrer Mitte hätten? Würden sie je wieder Gelegenheit finden, ihm für seine Güte zu danken, wenn sie die jetzige vorbeigehen ließen? Vespasian stehe der Thron eher als Vitellius zu, ebenso wie ihnen das Recht der Ernennung eher als denen, die jenen gewählt hätten. Die Kriege, die sie mitgemacht, ständen denen in Germanien an Bedeutung gewiß nicht nach, und das Schwert wüßten sie mindestens so gut zu führen wie die, die sich von dort einen Tyrannen geholt hätten. Ein Kampf werde übrigens gar nicht nötig sein; denn weder der Senat noch das römische Volk werde die Ausschweifung eines Vitellius lieber wollen als die Selbstbeherrschung eines Vespasian, und ebensowenig würden sie den grausamen Tyrannen dem milden Fürsten, den kinderlosen Herrn dem, der zugleich Vater sei, vorziehen.(306) Die beste Bürgschaft des Friedens seien die wirklichen Vorzüge der Herrscher. Gebühre nun der reifen Erfahrung des Alters der Thron, so hätten sie Vespasian, wenn aber der Kraft der Jugend, Titus; das Alter des einen wie des andern könnten sie sich demnach zunutze machen. Für den Erwählten aber würden nicht nur sie selbst mit aller Kraft einzustehen wissen, da sie ja drei

Legionen stark seien und noch die Hilfstruppen der Könige hätten, sondern es würden auch der ganze Orient und Teile Europas, die den Vitellius nicht zu fürchten brauchten, sowie die Bundesgenossen in Italien, der Bruder und der zweite Sohn des Vespasian(307) ihre Mitwirkung nicht versagen. Diesem würden sich viele vornehme Jünglinge anschließen und jenem sogar die Bewachung der Stadt anvertraut, womit für ein Unternehmen wie das ihrige schon viel gewonnen sei. Freilich, wenn sie zögerten, würde der Senat vielleicht einen Mann zum Imperator wählen, vor dem das Militär, die Stütze des Reiches, keine Achtung haben könne.

4. Derartige Gespräche führten die Soldaten, wenn sie unter sich waren. Bald nun versammelten sie sich in Masse, riefen, indem sie sich gegenseitig ermutigten, Vespasian zum Imperator aus und forderten ihn auf, das bedrohte Reich zu retten. Schon seit geraumer Zeit hatte die Lage des Staates dem Feldherrn Sorge bereitet, ohne daß er daran gedacht hätte, selbst den Thron zu besteigen. Wohl hielt er sich dessen auf Grund seiner Taten für würdig, zog aber die Sicherheit des Privatlebens den Gefahren einer so glänzenden Stellung vor. Als er sich daher weigerte, die Wahl anzunehmen, drangen die Offiziere nur um so mehr in ihn, und die Soldaten umringten ihn sogar mit gezogenen Schwertern und drohten ihn zu ermorden, wenn er nicht für die hohe Würde, die man ihm zugedacht, leben wolle. Er bemühte sich, ihnen in längerer Rede die Gründe darzulegen; als er sie aber nicht zu überzeugen vermochte, gab er schließlich seinen Widerstand auf.

5. Weil Mucianus und die anderen Offiziere ihn zur Übernahme der Herrscherwürde drängten und das übrige Heer sich mit lautem Zuruf bereit erklärte, unter seiner Führung gegen jeden Feind vorzugehen, suchte er vor allem sich Alexandreias zu versichern; denn es war ihm bekannt, welche hohe Bedeutung Ägypten wegen seiner Getreidelieferungen für das ganze Reich hatte. Einmal im Besitz dieses Landes, hoffte er Vitellius mit Geduld und Gewalt stürzen zu können, da das Volk zu Rom nicht würde Hunger leiden wollen. Ferner gedachte er, die beiden in Alexandreia stehenden Legionen zu seiner Verstärkung heranzuziehen, und endlich sollte Ägypten ihm Zufluchtsort für unvorher-

gesehene Unglücksfälle werden. Denn es ist zu Lande nur schwer angreifbar und an der Seeseite ohne Hafen; im Westen sind ihm die wasserlosen Wüsten Libyens vorgelagert; im Süden grenzt es bei Syene und den unschiffbaren Wasserfällen des Nils gegen Äthiopien; im Osten wird es bis Koptos hin vom Roten Meer bespült; gegen Norden endlich dient ihm das Land bis Syrien und das sogenannte Ägyptische Meer, das ganz ohne Häfen ist, als Bollwerk. So hat Ägypten auf allen Seiten seine natürlichen Befestigungen. Seine Länge von Pelusion bis Syene beträgt 2000 Stadien; zu Schiff aber hat man von Plinthine bis Pelusion 3600 Stadien zu durchfahren. Der Nil ist nur bis zur Stadt Elephantine schiffbar; weiter hinauf zu fahren, gestatten die erwähnten Wasserfälle nicht. Der Hafen von Alexandreia (308) ist auch im Frieden für Schiffe schwer zugänglich, da seine Mündung eng ist und die Fahrrinne sich in krummer Linie zwischen verborgenen Klippen hinzieht. Die linke Seite des Hafens wird durch künstliche Molen geschützt; rechts legt sich vor ihn die kleine Insel Pharos mit ihrem hohen Turm, der den Seefahrern auf 300 Stadien Licht spendet und sie warnt, bei Nacht wegen der Schwierigkeit des Einfahrens in einiger Entfernung beizulegen. Diese Insel ist von gewaltigen künstlichen Dämmen umgeben; indem sich die Meeresbrandung an diesen und an den gegenüberliegenden Uferbefestigungen bricht, macht sie diese Passage außerordentlich schwierig und infolge der engen Einfahrt gefährlich. Innen dagegen ist der Hafen, der einen Durchmesser von dreißig Stadien hat, sehr sicher. Was das Land von auswärts zum Lebensgenuß braucht, wird hier eingeführt und dafür der Überfluß an eigenen Erzeugnissen in die ganze Welt verschickt.

6. Kein Wunder, daß Vespasian, um festere Zustände im Reiche zu schaffen, sich dieses Landes zu versichern trachtete. Er schrieb unverzüglich an den Statthalter von Ägypten und Alexandreia, Tiberius Alexander, teilte ihm den Entschluß des Heeres mit und daß er selbst, indem er die schwere Last der Regierung notgedrungen auf sich nehme, auf seine Mitwirkung und Hilfe nicht verzichten möchte. Als Alexander den Brief öffentlich vorgelesen hatte, vereidigte er bereitwillig die Legionen und das Volk auf Ves-

pasian. Diesen war die Tüchtigkeit des Mannes durch seine Taten auf dem nahen Kriegsschauplatz wohl bekannt geworden, und so gehorchten sie mit Freuden; Alexander, dem eine so wichtige Rolle bei der Erhebung des neuen Herrschers anvertraut worden war, traf Anstalten, ihn würdig zu empfangen. Das Gerücht von der Ausrufung des neuen Imperators verbreitete sich unglaublich schnell, und jede Stadt feierte Feste, ließ die Freudenbotschaft ausrufen und brachte Opfer für sein Wohlergehen dar. Auch die Legionen in Mösien und Pannonien, die sich kurz zuvor gegen das tollkühne Unternehmen des Vitellius aufgelehnt hatten, schwuren nun um so freudiger Vespasian den Treueid. Unterdessen war dieser von Kaisareia nach Berytos aufgebrochen, wo Gesandtschaften aus Syrien und anderen Provinzen warteten, um ihm von den einzelnen Städten Kränze und Glückwunschschreiben zu überreichen. Auch Mucianus, der Statthalter von Syrien, hatte sich eingefunden und berichtete ihm über die Ergebenheit der Bevölkerung und daß alle Städte den Huldigungseid geleistet hätten.

7. Da nun alles nach Wunsch ging und die Verhältnisse fast ganz zu seinen Gunsten sich gestalteten, kam Vespasian auf den Gedanken, daß er nicht ohne göttliche Fügung das Staatsruder ergriffen, sondern ein gerechtes Geschick ihm die Weltherrschaft verliehen habe. Außer vielen anderen Vorzeichen (309), die ihm bald hier, bald da diese Herrschaft angekündigt hatten, fielen ihm jetzt auch die Worte des Josephus ein, der noch bei Lebzeiten Neros ihn den künftigen Imperator zu nennen gewagt hatte. Er erschrak, daß dieser Mann noch als Gefangener bei ihm sein sollte. Demzufolge berief er Mucianus und seine übrigen Offiziere und Freunde zu sich, schilderte ihnen zunächst die Tatkraft des Josephus und wieviel er ihm bei Jotapata zu schaffen gemacht, und erwähnte dann seine Prophezeiungen, die ihm damals lediglich als Erfindung der Angst vorgekommen seien, später jedoch durch die Ereignisse als göttliche Eingebungen sich erwiesen hätten. „Es wäre eine Schande", fuhr er fort, „wenn dieser Mann, der mir die Herrschaft geweissagt und eine Kunde der Gottheit überbracht hat, noch länger als Kriegsgefangener behandelt würde und das Schicksal eines Gefesselten ertragen müßte." Hierauf gab er

Befehl, Josephus zu rufen und ihm die Ketten abzunehmen. Während die Offiziere aus dieser einem Fremden erwiesenen Erkenntlichkeit die glänzendsten Hoffnungen für sich selbst herleiteten, sagte Titus, der sich bei seinem Vater befand: „Die Gerechtigkeit verlangt, daß man Josephus mit dem Eisen auch die Schmach abnehme; wenn wir seine Ketten nicht lösen, sondern zerhauen, wird es sein, als wäre er nie gefesselt gewesen." Dieses Verfahren wird nämlich bei denen angewandt, die zu Unrecht in Ketten gelegt worden sind. Vespasian war damit einverstanden, und sogleich trat ein Soldat vor und zerhieb die Fesseln mit einer Axt. So gelangte Josephus zum Lohn für seine Prophezeiung wieder in den vollen Besitz seiner Ehre und genoß fortan in allem, was die Zukunft betraf, eine besondere Glaubwürdigkeit.

11. Kapitel: Titus vor Jerusalem

1. Nachdem Vespasian den Gesandtschaften Bescheid erteilt und die Statthalterposten gerecht und nach Verdienst besetzt hatte, begab er sich nach Antiocheia. Als er überlegte, wohin er sich wenden sollte, kam er zu der Erkenntnis, daß die Angelegenheiten in Rom wichtiger seien als der Zug nach Alexandreia; diese Stadt war ihm ohnehin sicher, wogegen in Rom durch Vitellius alles in Verwirrung war. Er sandte daher Mucianus mit einer bedeutenden Streitmacht von Reiterei und Fußvolk nach Italien voraus, und zwar führte dieser, da er mitten im Winter die Seereise scheute, sein Heer auf dem Landweg durch Kappadokien und Phrygien.

2. Unterdessen war auch Antonius Primus(310) mit der dritten Legion aus Mösien, wo er Statthalter war, eiligst aufgebrochen, um sich mit Vitellius zu schlagen. Dieser sandte ihm Caecina Alienus, auf den er wegen seines Sieges über Otho große Stücke hielt, mit einer bedeutenden Streitmacht entgegen. Caecina rückte in Eilmärschen aus Rom ab und stieß bei Cremona, einer Stadt Galliens an der Grenze Italias, auf Antonius. Als er aber die Stärke und gute Ordnung des feindlichen Heeres sah, wagte er keine Schlacht, sondern sann, weil ihm auch der Rückzug gefähr-

lich schien, auf Verrat. In dieser Absicht versammelte er die ihm unterstehenden Zenturionen und Tribunen und suchte sie zum Anschluß an Antonius zu bewegen, indem er die Macht des Vitellius herabsetzte, Vespasians Stärke dagegen herausstrich. Der eine, sagte er, sei nur dem Namen nach Herrscher, während der andere die Macht habe; sie täten daher am besten, aus der Not eine Tugend zu machen und, da sie ja doch im Kampfe unterliegen würden, durch freiwillige Sinnesänderung der Gefahr zuvorzukommen. Übrigens sei Vespasian auch ohne ihre Hilfe imstande, sich das zu unterwerfen, was ihm noch fehle, während Vitellius selbst mit ihnen nicht zu behaupten vermöge, was er habe.

3. Durch viele derartige Vorstellungen gelang es ihm, sie umzustimmen, und er ging nun mit seinem ganzen Heer zu Antonius über. In der Nacht aber überkam die Soldaten Reue und Furcht vor dem, der sie abgesandt, falls dieser etwa doch die Oberhand gewinnen sollte. Mit gezogenen Schwertern fielen sie über Caecina her, um ihn zu ermorden, und würden ihr Vorhaben ausgeführt haben, wenn die Tribunen sich nicht vor ihnen niedergeworfen und für ihn gebeten hätten. Sie nahmen daraufhin zwar von seiner Ermordung Abstand, fesselten ihn aber als Verräter und wollten ihn zu Vitellius schicken. Als Primus davon hörte, ließ er seine Leute sogleich aufbrechen und führte sie in voller Rüstung gegen die Abtrünnigen. Diese nahmen die Schlacht an, gingen jedoch nach kurzem Widerstand zurück und flohen auf Cremona zu. Primus schnitt ihnen mit seiner Reiterei alle Wege ab, machte den größten Teil der Fliehenden, die er vor der Stadt umzingelt hatte, nieder und drang zugleich mit den übrigen in Cremona ein, das er dann seinen Kriegern zum Plündern preisgab. Dabei kam außer vielen fremden Kaufleuten(311) und einer Menge Einwohner das ganze 30 200 Mann starke Heer des Vitellius um; Antonius verlor von seinen mösischen Truppen 4500 Mann. Caecina ließ er von seinen Fesseln befreien und sandte ihn zu Vespasian, um diesem die Ereignisse zu melden. Der Imperator nahm ihn gnädig auf und verhüllte die Schande seines Verrats durch unverhoffte Ehren.

4. Die Nachricht, daß Antonius heranrücke, flößte auch Sabinus neuen Mut ein; er zog die Kohorten der Nacht-

wache zusammen und besetzte mit ihnen in der Nacht das Kapitol. Als der Tag angebrochen war, schlossen sich ihm noch viele vornehme Männer an, darunter auch sein Neffe Domitian, von dem man das meiste für den Sieg erhoffte. Vitellius sorgte sich wenig um Primus, war dagegen erbittert über die Teilnehmer an der Empörung des Sabinus; und da er aus angeborener Grausamkeit nach edlem Blut lechzte, griff er mit dem Teile des Heeres, den er mitgebracht hatte, das Kapitol an. Heldenhafte Taten wurden von diesen wie auch von jenen, die vom Tempel herab kämpften, begangen; schließlich gelang es den an Zahl überlegenen Germanen, sich des Hügels zu bemächtigen. Wie durch ein Wunder rettete sich Domitian mit vielen vornehmen Römern; die übrige Menge dagegen wurde niedergemetzelt, Sabinus vor Vitellius geführt und hingerichtet und der Tempel, nachdem die Soldaten die darin befindlichen Weihgeschenke geraubt hatten, in Brand gesteckt. Einen Tag später drang Antonius mit seinem Heer in die Stadt ein, und obwohl des Vitellius' Truppen an drei Stellen Widerstand leisteten, wurden sie gänzlich aufgerieben. Vitellius, der berauscht war und an der Tafel wie bei einem Henkersmahl sich bis zum Übermaß gesättigt hatte, wurde, als er aus seinem Palast hervorkam, vom Pöbel fortgeschleppt, auf alle mögliche Weise mißhandelt und verhöhnt und endlich mitten in der Stadt ermordet. Seine Regierung hatte acht Monate und fünf Tage gedauert; wäre ihm ein längeres Leben beschieden gewesen, würde das ganze Reich, glaube ich, für seine Schwelgerei nicht gelangt haben. Außer ihm waren über 50 000 Menschen bei dem Gemetzel umgekommen, das am dritten des Monats Apellaios stattfand. Tags darauf zog Mucianus mit seinen Truppen ein und befahl den Leuten des Antonius, das Morden einzustellen; denn noch immer durchsuchten diese die Häuser und töteten viele Soldaten des Vitellius wie auch Bürger, die sie für seine Parteigänger hielten, ohne in ihrer Erbitterung genau zu unterscheiden. Dann führte er Domitian vor und empfahl ihn dem Volk als Herrscher bis zur Ankunft seines Vaters. Von aller Furcht befreit, jubelte das Volk Vespasian als Imperator zu und feierte zu gleicher Zeit seine Erhebung auf den Thron und des Vitellius Sturz.

5. Vespasian war gerade in Alexandreia angekommen, als er die erfreulichen Nachrichten aus Rom vernahm. Hier hatten sich aus allen Teilen der Welt, deren Beherrscher er nun war, Gesandte eingefunden, um ihm Glück zu wünschen. Der Andrang der Menschenmassen war so gewaltig, daß die Stadt, obwohl nach Rom die größte des Erdkreises, sich als zu klein erwies. Nachdem seine Regierung überall anerkannt und der römische Staat unverhofft gerettet war, richtete Vespasian seine Gedanken wieder auf die in Judäa noch erforderlichen Maßregeln. Ihn selbst drängte es übrigens, sich mit Ende des Winters nach Rom einzuschiffen(312); er erledigte die Geschäfte in Alexandreia schnell und sandte seinen Sohn Titus mit einem ausgewählten Heer ab, um Jerusalem zu erobern. Dieser marschierte zu Land bis Nikopolis, das zwanzig Stadien von Alexandreia entfernt liegt, ließ hier sein Heer Kriegsschiffe besteigen und segelte auf dem Nil bis zur Stadt Thmuis im Mendesischen Nomos(313). Dort stieg er aus, zog zu Fuß weiter und übernachtete bei einem Städtchen namens Tanis. Das zweite Nachtlager hielt er in Herakleopolis, das dritte bei Pelusion, wo er sich zwei Rasttage gönnte. Am dritten Tage setzte er über die Mündungsarme bei Pelusion, zog dann eine Tagereise weit durch die Wüste und lagerte bei dem Tempel des Zeus Kasios(314), tags darauf bei Ostrakine. Diese Station hat kein Wasser, so daß die Einwohner es von auswärts holen müssen. Hierauf rastete er in Rhinokorura, erreichte am vierten Tage Rapheia, die erste Stadt Syriens, schlug am fünften Tage sein Lager in Gaza auf, am folgenden bei Askalon, marschierte von da nach Jamneia, dann nach Joppe und endlich von Joppe nach Kaisareia, wo er die übrigen Streitkräfte an sich ziehen wollte.

FÜNFTES BUCH

1. Kapitel: Die Parteien in Jerusalem

1. So war Titus, nachdem er auf die geschilderte Art die Wüste zwischen Ägypten und Syrien durchzogen hatte, in Kaisareia angelangt, wo er sein Heer neu aufstellen wollte. In Jerusalem hatte zu der Zeit, da er in Alexandreia seinem Vater die neue, ihnen von dem Gott verliehene Herrschaft befestigen half, der Aufruhr frisches Leben bekommen und drei Parteien erzeugt, von denen jede der anderen feindlich gegenüberstand – was man eigentlich noch ein Glück im Unglück und ein Werk der Gerechtigkeit nennen darf. Die Willkürherrschaft, mit der die Zeloten das Volk drangsalierten und die Zerstörung Jerusalems begann, ist nach ihrem Ursprung und in ihrem verderblichen Fortschreiten oben ausführlich geschildert worden. Nicht mit Unrecht kann man, was jetzt geschah, als Aufruhr im Aufruhr bezeichnen, der wie ein tollwütiges Tier, dem es an Nahrung mangelt, bereits gegen das eigene Fleisch zu wüten begann.

2. Eleazar, Sohn des Simon, der ursprünglich die Zeloten veranlaßt hatte, sich vom Volk zu trennen und den Tempel zu besetzen, stiftete, scheinbar entrüstet über die unaufhörlichen Greueltaten des immer noch mordgierigen Joannes, in Wirklichkeit aber, weil er sich dem neuen Tyrannen nicht unterordnen wollte und aus Begier nach der obersten Gewalt und bloßer Herrschsucht, eine neue Partei, der von den Angesehenen Judas, Sohn des Chelkias, und Simon, Sohn des Esron, sowie ein nicht unbedeutender Mann, Ezekias, Sohn des Chobari, beitraten. Jeder von diesen hatte einen ziemlichen Anhang unter den Zeloten. Sie besetzten nun den inneren Tempelraum und pflanzten über den heiligen Toren gegenüber dem Allerheiligsten ihre Waffen auf. Mit Lebensmitteln reichlich versehen, waren sie zuversichtlich; denn die Opfergaben überhoben diese

Menschen, die nichts für unerlaubt hielten, aller Not. Nur ihre geringe Anzahl machte ihnen Sorge; sie verhielten sich daher im allgemeinen zunächst ruhig. Was Joannes dank seiner zahlreicheren Mannschaft ihnen voraushatte, büßte er durch seine ungünstige Stellung wieder ein; denn da die Feinde sich über ihm befanden, mußte jeder Angriff auf sie mit Verlusten verbunden sein. Sein Zorn ließ ihn aber nicht ruhen, und obwohl er mehr Schaden erlitt, als er Eleazar und dessen Anhängern zufügen konnte, nahmen die Feindseligkeiten kein Ende; beide Seiten machten beständig Ausfälle, und die Geschosse flogen hin und her, so daß der Tempel bald keine Stelle mehr aufwies, die nicht mit dem Blut der Gefallenen befleckt gewesen wäre.

3. Simon, des Gioras Sohn, jener Tyrann, den das Volk in seiner Verzweiflung zu Hilfe gerufen und der außer der oberen Stadt auch einen großen Teil der unteren in seiner Gewalt hatte, griff nun Joannes und seine Leute, weil sie schon von oben bedrängt wurden, noch heftiger an. Allerdings mußte er ebenso von unten nach oben stürmen wie dieser. Joannes, dessen Nachteil gegenüber Eleazar durch seine höhere Stellung gegenüber Simon ausgeglichen wurde, hatte ebensoviel eigene Verluste, wie er seinen Gegnern beibrachte. Die Angriffe von unten schlug er leicht mit der blanken Waffe ab, und gegen die Schüsse vom Tempel her wehrte er sich mit Wurfmaschinen; denn es standen ihm eine Anzahl Katapulte, Steinschleudern und andere Wurfmaschinen (315) zu Gebot, mit denen er freilich nicht nur seine Feinde sich vom Halse hielt, sondern auch viele Opfernde tötete. Obwohl nämlich die Anhänger Eleazars in ihrem Wahnsinn sich jede Art von Gottlosigkeit erlaubten, ließen sie doch die, die opfern wollten, in den Tempel ein, wobei sie die Einheimischen mit argwöhnischer Vorsicht, die Fremden dagegen sorgloser durchsuchten. Hatten aber diese Leute beim Eintritt die Grausamkeit der Besatzung durch Bitten besänftigt, so wurden sie nichtsdestoweniger Opfer des Aufruhrs; denn die Geschosse der Maschinen flogen infolge der großen Kraft, mit der sie geschleudert wurden, bis an den Altar und trafen Priester wie Opfernde. So sanken viele, die von den Enden der Erde zu dem berühmten, allen Menschen heiligen Ort gepilgert waren,

noch vor ihren Opfertieren zu Boden und weihten den Altar, den Griechen und Barbaren verehren, mit ihrem Blut. Leichen von Einheimischen und Fremden, von Priestern und Laien lagen durcheinander aufgehäuft, und ihr Blut bildete in den heiligen Räumen einen förmlichen See. Hast du, unseligste der Städte, so etwas von den Römern dulden müssen? Nein, sie kamen, um die Greuel mit Feuer zu sühnen! Denn des Gottes Stadt warst du nicht mehr und konntest es nicht bleiben, nachdem du das Grab deiner eigenen Bewohner geworden warst und den Tempel zum Begräbnisplatz für die Opfer des Bürgerkrieges gemacht hattest. Vielleicht wirst du wieder einmal bessere Tage sehen, wenn du den Gott, der dich zerstörte, versöhnt hast! Doch das Gesetz der Geschichtschreibung will, daß die Äußerungen des Schmerzes zurückgedrängt, nicht Klagelieder angestimmt, sondern der Gang der Ereignisse geschildert wird. Ich fahre daher in der Geschichte des Aufstandes fort.

4. Nachdem so die inneren Feinde der Stadt in drei Lager gespalten waren, wütete Eleazar mit seinem Anhang, in dessen Gewahrsam sich die heiligsten Erstlingsfrüchte befanden, gegen Joannes; dessen Bande raubte die Bürger aus und lag mit Simon im Streit; und auch diesen mußte die Stadt für den Kampf gegen seine Gegner mit Proviant versehen. Sooft Joannes von beiden Seiten angegriffen wurde, teilte er seine Leute, stellte sie in entgegengesetzten Richtungen auf und beschoß die aus der Stadt Anstürmenden von den Hallen herab, während er sich gegen die Speerwürfe vom Tempel her mit seinen Maschinen verteidigte. Ließ der Druck der Angreifer einmal nach, wenn, wie sooft, Trunkenheit und Ermattung sie zur Untätigkeit verurteilte, machte er mit stärkeren Streitkräften um so kühnere Ausfälle gegen Simon und steckte, welchen Teil der Stadt er auch erreichte, stets die mit Getreide und sonstigem Vorrat gefüllten Häuser in Brand. Zog Joannes sich wieder zurück, tat der ihm nachsetzende Simon das gleiche, als ob sie geflissentlich den Römern zuliebe alles, was die Stadt für die Zeit der Belagerung angesammelt hatte, vernichten und den Nerv ihrer eigenen Macht durchschneiden wollten. Die Folge war, daß in der Umgebung des Tempels alles eingeäschert wurde, daß mitten in der Stadt ein ödes Niemandsland zwischen den kämpfenden Parteien ent-

stand und alles Getreide, das auf Jahre hinaus für eine Belagerung gereicht hätte, bis auf weniges in Flammen aufging. Natürlich mußten die Bewohner der Stadt schließlich dem Hunger erliegen, was schlechterdings unmöglich gewesen wäre, wenn sie sich nicht selbst dieses Schicksal bereitet hätten.

5. Während auf diese Weise innere Feinde und zusammengelaufenes Gesindel die Stadt überall bedrängten, wurde das Volk zwischen ihnen wie ein großer Leib zerfleischt. Greise und Frauen beteten hilflos, daß die Römer kämen, und warteten sehnsüchtig auf den Krieg von außen, um von der inneren Not erlöst zu werden. Furcht und Schrekken war über die rechtmäßigen Bewohner gekommen, und dabei waren sie nicht nur aller Mittel und Wege beraubt, um ihre Lage zu verbessern, sondern hatten auch nicht die geringste Aussicht auf friedlichen Vergleich oder auf Flucht, sosehr sie dies auch wollten. Alles war mit Wachen besetzt, und wenn auch die Anführer der Räuber im übrigen einander befehdeten: die Freunde eines Friedens mit den Römern und die als Überläufer Verdächtigen mordeten sie als gemeinsame Feinde, so daß das einzige, worin sie übereinstimmten, die Niedermetzelung derer war, die eine Rettung verdient hätten. Tag und Nacht klang unaufhörlich das laute Geschrei der Kämpfenden; grauenvoller aber war das stille Seufzen der Trauernden. Immer neuen Grund zu Wehklagen lieferte das Unglück; aber das Entsetzen schloß den Mund für lautes Jammern, und die Angst unterdrückte jede Äußerung der Gefühle. Um so mehr wurden die Ärmsten von verhaltenem Kummer gequält. Man kannte keine Rücksicht mehr für lebende Angehörige, und die Toten begrub man nicht mehr – sosehr hatte die Verzweiflung alle ergriffen. Wer am Aufstand nicht teilnahm, verlor jede Anteilnahme; sah doch jeder den gewissen Untergang vor sich. Auf Haufen von Toten stehend, kämpften die Empörer und gebärdeten sich, als saugten sie Wahnsinn aus den Leichen zu ihren Füßen. Immer neue Mittel des gegenseitigen Verderbens ersannen sie und führten jeden Entschluß unbarmherzig aus; keine Art von Mißhandlung und Grausamkeit ließen sie ungeschehen. Joannes mißbrauchte sogar das heilige Holz zum Bau von Kriegsmaschinen. Das Volk und die Hohenpriester hatten

früher einmal beschlossen, das Heiligtum unten zu stützen und um zwanzig Ellen zu heben; mit vieler Mühe und ungeheuren Kosten hatte König Agrippa dazu vom Libanon Bauholz herbeischaffen lassen, und zwar lauter schön gewachsene und wegen ihrer Größe sehenswerte Stämme. Da der Krieg die Arbeit unterbrochen hatte, ließ Joannes das Holz zerschneiden, um Türme davon zu bauen, für deren Höhe – sie sollten zur Bekämpfung der Gegner über ihm dienen – er die Länge der Stämme gerade passend fand. Die Türme errichtete er hinter der Mauer gegenüber der westlichen Galerie, wo dies allein möglich war, weil die anderen Teile des inneren Tempels wegen der Treppen zu weit zurückstanden.

6. Mit diesen frevelhaft erbauten Werken hoffte Joannes, seine Feinde bewältigen zu können. Der Gott aber vereitelte seine Bemühung, indem er, ehe auch nur einer der Türme besetzt war, die Römer herbeiführte. Unterdessen war nämlich Titus, nachdem er einen Teil seines Heeres an sich gezogen und den übrigen brieflich befohlen hatte, vor Jerusalem zu ihm zu stoßen, von Kaisareia aufgebrochen. (316) Zur Verfügung stand ihm außer den drei Legionen, die zuvor mit seinem Vater Judäa verheert hatten, noch die zwölfte, die früher unter Cestius geschlagen worden, übrigens aber ihrer Tapferkeit wegen bekannt war und jetzt im Andenken an jene Schlappe um so freudiger in den Kampf eilte, um sie wiedergutzumachen. Die fünfte Legion hatte Befehle erhalten, über Ammaus zu ihm zu stoßen, die zehnte, über Jericho nach Jerusalem zu marschieren. Er selbst führte die übrigen Truppen an, denen sich die verstärkten Hilfstruppen der Könige und außerdem noch viele Bundesgenossen aus Syrien anschlossen. Die Mannschaften, die Vespasian aus den vier Legionen ausgewählt und mit Mucianus nach Italien geschickt hatte, waren aus den von Titus mitgebrachten Streitkräften wieder ersetzt worden. Diese bestanden aus 2000 Mann Kerntruppen von dem Heer in Alexandreia sowie weiteren 3000 Mann von den Besatzungen am Euphrat. Im Gefolge des Titus befand sich auch sein als ergeben und einsichtsvoll bewährter Freund Tiberius Alexander, der vorher Statthalter von Ägypten gewesen war, jetzt aber einer der höchsten Befehlshaberstellen im Heer für würdig befunden wurde,

weil er zuerst dem neuen Herrscherhause gehuldigt und treu sein eigenes Geschick an dessen noch ungewisse Zukunft gekettet hatte. Durch Alter und Erfahrung ausgezeichnet, begleitete er jetzt Titus als Ratgeber in den Angelegenheiten des Krieges.

2. Kapitel: Angriff der Judäer am Ölberg

1. Den Zug des Titus in das feindliche Gebiet eröffneten die königlichen und die übrigen Hilfstruppen. Ihnen folgten die Straßenbauer und Lagerabstecker, dann kam das Gepäck der Offiziere; hinter dessen bewaffneter Bedeckung ritt der Feldherr selbst inmitten von Lanzenträgern und sonstiger auserlesener Mannschaft. Hierauf kam die zu den Legionen gehörige Reiterei, die vor den Kriegsmaschinen herritt. Dann folgten die Tribunen mit den Kerntruppen und die Befehlshaber der Kohorten, hinter den Trompetern die Feldzeichen mit dem Adler in der Mitte und schließlich die Hauptmasse des Heeres in Sechserreihen. Die zu jeder Legion gehörigen Sklaven folgten vor dem Troß. Ganz zuletzt marschierten die Söldner und die sie überwachende Nachhut.(317) In dieser bei den Römern gebräuchlichen Ordnung zog Titus mit seinem Heere zunächst durch Samareia bis nach Gophna, das schon früher von seinem Vater erobert und mit einer Besatzung versehen worden war. Hier brachte er eine Nacht zu, rückte gegen Morgen weiter und schlug nach eintägigem Marsch auf einem von den Judäern in ihrer Muttersprache „Dornental“ genannten Platz bei dem Dorfe Gabath Saul (das heißt „Saulsberg“) etwa dreißig Stadien von Jerusalem entfernt sein Lager auf. Von dort machte er sich mit ungefähr 600 ausgewählten Reitern auf den Weg, um die Festungswerke von Jerusalem auszukundschaften und die Stimmung der Judäer daraufhin zu erforschen, ob sie sich nicht, ohne es zum Kampf kommen zu lassen, bei seinem Anblick aus Furcht ergeben würden. Er hatte nämlich erfahren, daß die von Empörern und Räubern tyrannisierte Bürgerschaft sich in Wahrheit nach Frieden sehne und sich nur darum nicht rühre, weil sie zum Widerstand zu schwach sei.
2. Solange er geradewegs auf der zur Mauer führenden

Landstraße hinritt, zeigte sich niemand vor den Toren. Als er aber beim Psephinosturm (318) vom Wege abbog und seine Reiter einen Seitenpfad einschlagen ließ, stürzten plötzlich unzählige Feinde an den sogenannten Frauentürmen durch das dem Denkmal der Helena gegenüberliegende Tor heraus, durchbrachen die Linie der Reiter, warfen sich den noch auf der Landstraße befindlichen entgegen, hinderten sie, sich an die anzuschließen, welche die Schwenkung bereits gemacht hatten, und schnitten so Titus mit wenigen seiner Begleiter ab. Weiter vorzudringen, war ihm unmöglich; denn vor der Mauer war alles für Nutzpflanzungen eingerichtet und deshalb mit Gräben durchzogen sowie durch querverlaufende Wälle und zahlreiche Zäune unterteilt. Aber auch den Rückweg zu seinen Gefährten sah er durch die Menge der zwischen diesen und ihm selbst befindlichen Feinde versperrt. Die meisten seiner Leute, die keine Ahnung von der Gefahr des Fürsten hatten und der Meinung waren, er werde zugleich mit ihnen umkehren, flüchteten. Nun wurde ihm klar, daß seine Rettung nur noch von seiner persönlichen Tapferkeit abhing. Er wendete sein Pferd, rief seinen Begleitern zu, ihm zu folgen, und stürzte sich mitten unter die Feinde, um sich den Rückweg zu den Seinen zu erzwingen. Da konnte man erkennen, wie der Gott die Wechselfälle des Krieges und die den Fürsten drohenden Gefahren beeinflußt; denn so viele Pfeile auch gegen Titus abgeschossen wurden, der weder Helm noch Panzer trug (er war ja, wie erwähnt, nicht zum Kampf, sondern zur Erkundung ausgeritten): kein einziges Geschoß berührte seinen Körper, sondern alle flogen, wie wenn sie absichtlich ihr Ziel verfehlt hätten, wirkungslos an ihm vorbei. Mit dem Schwert bahnte er sich durch die von der Seite auf ihn eindringenden Judäer den Weg und trieb, indem er viele, die sich ihm entgegenwarfen, niederritt, sein Pferd über die gefallenen Feinde hinweg. Angesichts der Kühnheit des Caesars erhoben seine Gegner ein großes Geschrei und feuerten sich gegenseitig zum Angriff an; aber wo er sein Pferd hinlenkte, da stob alles in wilder Flucht auseinander. Seine Begleiter hatten sich in der Gefahr, obwohl in Rücken und Seiten vielfach verwundet, dicht an ihn angeschlossen; denn sie erkannten, daß sie nur dann auf Rettung hoffen durften, wenn sie dem Feldherrn, bevor er umzingelt wurde, einen Ausweg öffnen halfen. Dabei fielen zwei von den letzten in der Schar: der eine wurde zu Pferde umringt und mit Speerwürfen getötet, der andere, nachdem er abgesprungen war; sein Pferd führten die Judäer fort. Mit den übrigen entkam Titus glücklich ins Lager. Bei den Judäern weckte der Erfolg dieses ersten Zusammenstoßes törichte Hoffnungen, und die augenblickliche Gunst des Glückes flößte ihnen für die Zukunft hohe Zuversicht ein.

3. Tags darauf brach der Caesar, nachdem in der Nacht die von Ammaus heranziehende Legion sich mit ihm vereinigt hatte, auf und rückte bis zu dem Skopos (319) genannten Platz vor. Von hier aus sah man Jerusalem und den glänzenden Riesenbau des Tempels, weshalb diese im Norden an die Stadt sich anlehnende Ebene sehr passend Skopos genannt wird. Sieben Stadien von der Stadt entfernt, ließ Titus für die zwei Legionen ein gemeinsames Lager schlagen, für die fünfte aber eines drei Stadien weiter rückwärts; denn weil diese Soldaten von dem nächtlichen Marsch noch ermüdet waren, glaubte er ihnen einen geschützten Platz anweisen zu müssen, wo sie unbesorgt ihre Verschanzungen aufwerfen konnten. Kaum hatten sie den Bau des Lagers begonnen, als auch die zehnte Legion von Jericho her eintraf, wo sie eine Abteilung Schwerbewaffnete zurückgelassen hatte, um diesen bereits von Vespasian eroberten Zugang zu bewachen. Sie erhielt Befehl, sich sechs Stadien von Jerusalem auf dem sogenannten Ölberg zu lagern, der ostwärts der Stadt liegt und von ihr durch eine tiefe Talschlucht mit Namen Kedron getrennt wird.

4. Jetzt erst machte der plötzlich und mit Macht von außen hereinbrechende Krieg dem gegenseitigen Streit der Parteien, die sich in der Stadt unablässig bekämpften, ein Ende. Mit Schrecken sahen die Empörer das dreifache Lager der Römer und bequemten sich zu einer unedlen Eintracht. „Worauf warten wir“, sprachen sie zueinander, „und warum dulden wir es, daß man uns durch drei feste Werke einschnürt? In aller Ruhe verschanzt sich der Feind uns gegenüber; wir aber schauen hinter unsern Mauern wie bei schönen Aufführungen zu, legen die Hände in den Schoß und lassen unsere Waffen verstauben. Tapfer sind wir wohl nur gegen uns selbst, und den Römern wird unsere Zwie-

tracht die Stadt ohne Schwertstreich in die Hände liefern.“ Durch derartige Reden ermutigten sie sich gegenseitig, griffen dann vereint zu den Waffen und machten einen plötzlichen Ausfall gegen die zehnte Legion. Unter betäubendem Geschrei stürmten sie durch das Tal und fielen über die mit Schanzarbeiten beschäftigten Römer her. Da diese sich für die Arbeiten in kleinere Trupps geteilt und aus dem gleichen Grund zumeist ihre Waffen abgelegt hatten (sie meinten nämlich, die Judäer würden entweder nicht Mut genug zu einem Ausfall haben oder aber, selbst wenn sie Lust dazu verspürten, durch ihre Parteistreitigkeiten abgehalten werden), gerieten sie infolge des plötzlichen Angriffs in Unordnung. Ein Teil ließ die Arbeit im Stich und zog sich sogleich zurück; viele liefen nach ihren Waffen, wurden aber, ehe sie sich den Feinden entgegenstellen konnten, niedergemacht. Den Judäern andererseits schlossen sich durch den Sieg der ersten Angreifer ermutigt, immer neue Kämpfer an, und da nun einmal das Glück sie begünstigte, kamen sie sich selbst sowohl als auch den Feinden viel zahlreicher vor, als sie in Wirklichkeit waren. Soldaten, die an eine bestimmte Schlachtordnung gewöhnt sind und in geschlossenen Reihen zu kämpfen verstehen, geraten, sobald Unordnung einreißt, am ehesten in Verwirrung; so wichen auch jetzt die überrumpelten Römer vor den Angriffen zurück. Wenn die Judäer sie eingeholt hatten, machten sie jedesmal kehrt und brachten den unvorsichtig anstürmenden Feinden manche Wunde bei. Als aber die Menge der Angreifer immer größer wurde, nahm auch die Verwirrung bei den Römern zu, und sie wurden schließlich ganz von ihrem Lager abgedrängt. Die gesamte Legion schien verloren zu sein, als Titus, der inzwischen benachrichtigt worden war, ihr zu Hilfe eilte. Unter heftigen Vorwürfen wegen ihrer Feigheit zwang er die Fliehenden zur Umkehr, fiel selbst mit seinen Kerntruppen den Judäern in die Flanke, tötete viele, verwundete noch mehr, schlug sie in die Flucht und drängte sie in der Talschlucht zusammen. Kaum jedoch hatten die Verfolgten, die auf dem abschüssigen Terrain hart mitgenommen worden waren, sich durchgeschlagen, als sie sich den Römern abermals entgegenstellten und sie über die Schlucht hinweg bekämpften. Bis zum Mittag wurde so weitergefochten. Als aber die Sonne sich neigte, ließ Titus nur die Mannschaft, mit der er zu Hilfe gekommen war, und andere von den Hilfstruppen ihre Stellung den Judäern gegenüber für den Fall eines neuen Angriffs beibehalten; den übrigen Teil der Legion schickte er wieder zur Schanzarbeit auf die Spitze des Berges.

5. Hierin erblickten die Judäer eine Flucht der Römer, und da ein auf der Mauer aufgestellter Posten durch Schwenken seines Oberkleides das gleiche andeutete, brach eine ganz frische Schar mit solchem Ungestüm hervor, daß ihr Lauf dem wilder Tiere glich. Wirklich hielt keiner der in Schlachtordnung stehenden Feinde ihren Anprall aus, sondern als hätte grobes Geschütz sie getroffen, wurde die Linie der Römer durchbrochen, und alles floh den Berg hinauf. Nur Titus hielt mit einigen wenigen in der Mitte des Abhangs stand. Sein Gefolge, das aus Achtung vor dem Feldherrn trotz der Gefahr bei ihm aushielt, forderte ihn dringend auf, den Judäern, die den Tod nicht scheuten, aus dem Wege zu gehen und nicht für Leute sein Leben aufs Spiel zu setzen, die ihn hätten schützen sollen. Er möge doch seine Stellung in Betracht ziehen, als Leiter des Krieges und des Reiches nicht den Dienst eines gemeinen Soldaten tun und seine Person, an der alles hänge, keiner so augenscheinlichen Gefahr preisgeben. Er aber schien das alles nicht zu hören, leistete vielmehr den Judäern, die ihm entgegen die Höhe erstiegen, kräftigen Widerstand, hieb die mit Gewalt Anstürmenden nieder, warf sich auf die dichte Masse der Feinde und drängte sie den Abhang hinunter zurück. Diesen verursachte die Entschlossenheit und die Stärke des Feldherrn nicht geringen Schrecken; gleichviel zogen sie sich auch jetzt noch nicht in die Stadt zurück, sondern schwenkten auf beiden Seiten ab, um den weiter oben Fliehenden nachzusetzen. Titus vereitelte jedoch ihren Angriff dadurch, daß er ihnen in die Flanke fiel. Unterdessen aber waren die Schanzarbeiter auf dem Berge, als sie ihre Kameraden unten fliehen sahen, wieder von Angst und Bestürzung ergriffen worden; die ganze Legion löste sich auf, weil alles den Ansturm der Judäer für unwiderstehlich hielt und auch den Caesar selbst auf der Flucht wähnte; denn hätte er standgehalten, meinten sie, so würden die übrigen wohl nicht geflohen sein. Von pani-

schem Schrecken erfaßt, stoben sie nach allen Richtungen auseinander, bis endlich einige den Feldherrn mitten im Kampfgewühl erblickten und voll Angst um ihn seine gefährliche Lage der ganzen Legion durch lautes Geschrei anzeigten. Die Scham veranlaßte sie umzukehren; und indem sie sich gegenseitig wegen der Flucht, noch mehr aber darüber Vorwürfe machten, daß sie den Caesar im Stiche gelassen hatten, warfen sie sich mit aller Kraft auf die Judäer und drängten sie, nachdem sie einmal angefangen hatten zu weichen, vollends in das Tal hinunter. Die Judäer zogen sich kämpfend zurück; die Römer aber waren durch ihre höhere Stellung im Vorteil und trieben alles in der Schlucht zusammen. Titus, der weiter im Kampf mit den Feinden vor ihm stand, schickte die Legion wieder an die Schanzarbeiten, um allein mit seinen bisherigen Mitkämpfern den Feind abzuwehren. Um, ohne aus Schmeichelei zu übertreiben oder aus Neid zu verkleinern, die Wahrheit zu sagen: der Caesar allein hat zweimal die bedrohte Legion gerettet und sie befähigt, ihr Lager unbehelligt zu verschanzen.

3. Kapitel: Niederlage der Römer vor den Mauern

1. Während der äußere Krieg für kurze Zeit ruhte, erwachte der Parteihader im Innern aufs neue. Vor der Tür stand das Fest der ungesäuerten Brote(320), der vierzehnte des Monats Xanthikos, auf den die Judäer ihre erste Befreiung(321) aus der ägyptischen Knechtschaft setzen. Eleazars Anhänger öffneten daher die Tore und ließen das Volk, das seine Andacht verrichten wollte, in den Tempel ein. Joannes aber mißbrauchte das Fest, um einen hinterlistigen Anschlag durchzuführen. Er rüstete einen Teil seiner Leute, die weniger bekannt, größtenteils auch noch kultisch unrein waren(322), insgeheim mit Waffen aus und ließ sie mit der übrigen Menge das Heiligtum betreten, in der Absicht, sich dessen zu bemächtigen. Kaum waren sie drinnen, als sie ihre Oberkleider abwarfen und sich plötzlich in voller Rüstung zeigten. Sofort entstand im Tempel größte Bestürzung und Verwirrung; denn das bei den Parteikämpfen unbeteiligte Volk glaubte den Angriff gegen

alle, die Zeloten aber nur gegen sich gerichtet. Diese sprangen daher, ohne sich um die Bewachung der Tore weiter zu kümmern oder sich in ein Gefecht einzulassen, von den Mauerzinnen herunter und flüchteten in die unterirdischen Gänge des Tempels; das Volk dagegen, das zitternd um den Altar kauerte und sich um den Tempel drängte, wurde zertreten oder mit Knitteln und Schwertern erschlagen. Eine Menge friedlicher Bürger fiel bei dieser Gelegenheit der Rachsucht und dem persönlichen Haß ihrer Feinde zum Opfer, von denen sie wie Anhänger der Gegenpartei ermordet wurden. Wer früher einmal einen dieser Aufrührer beleidigt hatte, galt jetzt als Zelot und wurde mißhandelt. Nachdem die Nichtswürdigen so an den Unschuldigen ihre Wut gestillt hatten, bewilligten sie den Schuldigen Waffenstillstand und ließen sie, als sie aus den unterirdischen Gängen hervorkamen, frei ausgehen. Sie selbst waren damit in den Besitz des inneren Tempels und seiner sämtlichen Vorräte gelangt und konnten Simon nun um so mehr Trotz bieten. Auf diese Weise wurden die bisherigen drei Parteien von Empörern auf zwei reduziert.

2. Unterdessen hatte Titus sich entschlossen, sein Lager vom Skopos näher an die Stadt heranzurücken. Er stellte daher eine ausgewählte Einheit von Reiterei und Fußvolk in der Stärke, die ihm erforderlich schien, zum Schutz gegen etwaige Ausfälle der Judäer auf und befahl dem übrigen Heer, allen Zwischenraum bis zur Mauer zu ebnen. Sämtliche Zäune und sonstigen Einfriedigungen, mit denen die Bewohner Jerusalems ihre Gemüse- und Obstgärten umgeben hatten, wurden abgerissen, alle Obstbäume im ganzen Umkreis abgehauen und die Vertiefungen und Bodeneinschnitte damit ausgefüllt; felsige Vorsprünge wurden mit eisernen Werkzeugen beseitigt. So ebneten sie die ganze Strecke vom Skopos bis zum Grabmal des Herodes(323) in der Nähe des Schlangenteiches.

3. In diesen Tagen legten die Judäer den Römern einen Hinterhalt. Die verwegensten der Empörer liefen bei den sogenannten Frauentürmen aus der Stadt, als wären sie von den friedliebenden Bürgern hinausgejagt worden. Wie aus Furcht vor einem Angriff der Römer drängten sie sich dicht zusammen und suchten sich einer hinter dem andern zu verbergen. Genossen von ihnen, dem Anschein nach ge-

wöhnliche Bürger, standen währenddessen vereinzelt auf der Mauer, baten um Frieden und um Schonung und riefen die Römer unter dem Versprechen herbei, ihnen die Tore öffnen zu wollen. Zugleich warfen sie nach ihren Leuten draußen mit Steinen, wie wenn sie diese vom Tor wegjagen wollten. Die Männer draußen hingegen stellten sich, als wollten sie den Eingang erzwingen, verlegten sich dann wieder aufs Bitten, liefen ein über das andere Mal auf die Römer zu, kehrten aber immer wieder wie aus Furcht zurück. Bei den Soldaten fand diese List Glauben; und da sie überzeugt waren, daß sie die einen schon zum Strafvollzug in der Hand hätten, während die anderen ihnen die Stadt öffnen würden, gingen sie sogleich ans Werk. Titus aber kam der Umstand, daß man ihn so ganz unerwartet herbeirief, verdächtig vor; denn er hatte erst tags zuvor die Judäer durch Josephus zur Übergabe auffordern lassen, ohne irgendwelche Bereitschaft zu finden. Er befahl daher den Soldaten, an Ort und Stelle zu bleiben. Einige von denen, die ganz vorn arbeiteten, hatten jedoch bereits in aller Eile die Waffen ergriffen und waren nach den Toren gelaufen. Die scheinbar aus der Stadt Vertriebenen wichen zunächst vor ihnen zurück: sowie aber die Soldaten sich zwischen den Türmen des Tores befanden, stürmten sie vorwärts, umzingelten sie und griffen sie von hinten an. Gleichzeitig überschütteten die auf der Mauer stehenden Judäer die Römer mit einem Hagel von Steinen und sonstigen Geschossen, so daß eine beträchtliche Anzahl fielen und die übrigen größtenteils verwundet wurden. Einerseits war es wegen der von hinten andrängenden Feinde sehr schwierig für sie, von der Mauer wegzukommen, anderseits trieb sie die Scham über ihren Fehler sowie die Furcht vor den Offizieren an, bei dem Irrtum zu bleiben. So gelang es ihnen schließlich, nach langem, mit den Speeren geführten Kampf, bei dem die Judäer ihnen viele Wunden beigebracht, dafür aber ebenso viele erhalten hatten, die sie umzingelnden Feinde zurückzuschlagen. Noch auf dem Rückzug wurden sie bis zum Grabmal der Helena von den Judäern mit Geschossen verfolgt.

4. In unangebrachtem Übermut verhöhnten die Judäer die Römer, weil sie sich durch eine List hatten täuschen

lassen, sprangen, ihre Schilde zusammenschlagend, herum und jauchzten vor Freude. Die Soldaten aber erwarteten drohende Worte der Zenturionen und den Zorn des Caesars. „Die Judäer", fuhr er sie an, „die nur blinde Verzweiflung in den Kampf führt und die dabei doch alles mit Überlegung und Umsicht angreifen, Fallen und Hinterhalte legen, sehen sich wegen ihres Gehorsams, ihrer Treue und ihres Zusammenhaltens vom Glück begünstigt; die Römer hingegen, die infolge ihrer Manneszucht und ihres Gehorsams gegen die Befehlshaber sonst das Glück auf ihrer Seite haben, kommen jetzt durch die entgegengesetzten Eigenschaften zu Fall und werden besiegt, weil sie ihren Tatendrang nicht zu zügeln verstehen und, was das schlimmste ist, ohne Führung in Gegenwart des Caesars kämpfen. Schwer sind die Kriegsgesetze verletzt, und mein Vater wird trauern, wenn er diese Niederlage erfährt, er, der in Kriegen ergraut, niemals eine solche Schlappe erlitt! Jene Gesetze bestrafen auch das geringste Vergehen gegen die Kriegszucht mit dem Tode, und doch hat jetzt sogar eine ganze Heeresabteilung die Reihen verlassen! Diese Eigenmächtigen sollen erfahren, daß bei den Römern selbst der Sieg keinen Ruhm bringt, wenn er ohne Befehl errungen wurde!" Diesen an die Offiziere gerichteten Worten nach schien es, als wollte er gegen alle Beteiligten das Gesetz anwenden. Den Schuldigen schwand der Mut, da sie den verdienten Tod vor Augen sahen. Die Legionen aber umringten den Feldherrn und baten für ihre Kameraden, daß er die unbesonnene Tat einiger weniger um des Gehorsams der Mehrheit willen vergeben möge; sicherlich würden diese den begangenen Fehler in Zukunft durch tapfere Taten wiedergutmachen.

5. Der Caesar gab den Bitten nach, da dies auch in seinem Interesse lag; die Bestrafung des einzelnen, meinte er, müsse nach dessen Tat, die einer Menge dagegen nach der Zweckmäßigkeit beurteilt werden. Er verzieh den Soldaten, nachdem er sie eindringlich ermahnt hatte, künftig vorsichtiger zu sein, und überlegte, wie er sich an den Judäern für ihre Hinterlist rächen könne. Als nach vier Tagen der ganze Raum bis zur Mauer geebnet war, ließ er, um das Gepäck und den übrigen Teil des Heeres sicher heranzubringen, den Kern seiner Truppen in siebenfacher

Linie im Norden und Westen längs der Mauer aufmarschieren. Ganz vorn stand das Fußvolk, dahinter die Reiterei, jede dieser Truppengattungen in dreifacher Linie; die siebente Reihe bildeten die zwischen beiden Heeresteilen aufgestellten Bogenschützen. Nachdem durch diese Anordnung den Judäern weitere Ausfälle unmöglich gemacht waren, konnten die Tragtiere der drei Legionen und der Troß sicher vorbeiziehen. Titus selbst lagerte etwa zwei Stadien vor der Mauer bei einer Ecke gegenüber dem Psephinosturm, wo der Abschnitt der Ringmauer vom Norden nach Westen ausbog. Der übrige Teil seines Heeres bezog ein Lager bei dem sogenannten Hippikosturm, ebenfalls zwei Stadien von der Stadt entfernt. Die zehnte Legion verblieb in ihrer Stellung auf dem Ölberg.

4. Kapitel: Beschreibung von Jerusalem

1. Drei Mauern bildeten den Festungsgürtel der Stadt, soweit nicht unzugängliche Schluchten sie umgaben; an solchen Stellen hatte sie nur eine einfache Ringmauer. Sie selbst war auf zwei einander gegenüberliegenden Hügeln erbaut, zwischen denen sich ein Taleinschnitt(324) hinzog, in den die Häuserreihen einmündeten. Von den Hügeln war der, auf dem die obere Stadt lag(325), viel höher und mehr in die Länge gestreckt. Wegen seiner Festigkeit wurde er von König David, dem Vater Salomons, der den ersten Tempel erbaute, Burg genannt; bei uns heißt er der obere Markt. Der andere Hügel, Akra mit Namen, auf dem die untere Stadt stand, ist nach zwei Seiten gekrümmt. Ihm gegenüber lag ein dritter Hügel, von Natur niedriger als Akra und früher von diesem durch ein breites Tal getrennt. In späterer Zeit, als die Hasmonäer regierten, füllten sie das Tal aus, um die Stadt mit dem Tempel zu verbinden; außerdem trugen sie die Höhe von Akra ab und machten den Hügel dadurch so niedrig, daß der Tempel auch ihn überragte. Das Tal, das, wie gesagt, den Hügel der oberen Stadt von dem der unteren trennt und Tyropoion heißt, erstreckt sich bis zum Siloa hinab; mit diesem Namen bezeichnen wir eine süße und wasserreiche Quelle. Außen waren die beiden Hügel der Stadt

von tiefen Schluchten umgeben und wegen der steilen Abhänge auf beiden Seiten nirgends zugänglich.

2. Von den drei Mauern war die älteste wegen der Schluchten und des Hügels, auf dem sie gebaut war, schwer einzunehmen; ihre natürliche Festigkeit war noch bedeutend dadurch verstärkt worden, daß David und Salomon sowie auch die Könige nach ihnen bei diesem Werk sich gegenseitig zu überbieten gesucht hatten. Im Norden bei dem sogenannten Hippikosturm beginnend, lief sie zum Xystos, schloß sich dann an die Ratshalle(326) an und endigte an der westlichen Halle des Heiligtums. Auf der westlichen Seite begann sie bei demselben Turm, erstreckte sich an einem Platz mit Namen Bethso entlang bis zum Essenertor, wandte sich dann nach Süden der Siloaquelle zu, bog hierauf wieder ostwärts zum Fischteich Salomons, lief von da bis zu dem Platz Ophel und schloß sich endlich an die östliche Halle des Tempelbezirks an. Die zweite Mauer begann bei dem Tor Gennath, das noch zur ersten Mauer gehörte, umzog den nördlichen Bezirk der Stadt und erstreckte sich bis zur Antonia. Die dritte nahm ihren Anfang wiederum beim Hippikosturm, von wo sie in nördlicher Richtung bis zum Psephinosturm lief, dann gegenüber dem Grabmal der Helena, der Königin von Adiabene und Mutter des Königs Izates, nach den Königshöhlen sich wandte und bei dem Eckturm am sogenannten Walkerdenkmal umbog; hierauf schloß sie sich an die alte Mauer an und endigte im Tal Kedron. Diese dritte Mauer hatte Agrippa um den neugebauten Stadtteil gezogen, der zuvor ganz schutzlos gewesen war. Infolge des Anwachsens der Bevölkerung hatte sich Jerusalem allmählich über die Mauern hinaus vergrößert, und nachdem man bereits das Gebiet nördlich des Tempelberges in den Bereich der Stadt gezogen, mußte man bald noch weiter gehen und auch den vierten Hügel bebauen, der Bezetha heißt. Dieser lag der Antonia gegenüber und war von ihr durch einen tiefen Graben getrennt, den man absichtlich gezogen hatte, um die unteren Teile der Burg von dem Hügel zu trennen; dies bewirkte zugleich, daß sie weniger leicht zugänglich und höher wurde; denn die Tiefe des Grabens erhöhte natürlich die Türme. Der Name Bezetha, den der neu angebaute Stadtteil in der Landessprache erhielt, läßt sich im

Griechischen mit Kainopolis wiedergeben. Weil auch die Bewohner von Bezetha eines Schutzes bedurften, begann der Vater des jetzt lebenden Königs, der gleichfalls Agrippa hieß, mit dem Bau der erwähnten Mauer; dann aber fürchtete er, die Großartigkeit des Baues könnte ihn bei Claudius Caesar in den Verdacht bringen, daß er Abfall und Empörung plane; er hörte deshalb auf zu bauen, nachdem er nur die Fundamente gelegt hatte. Hätte er die Mauer, wie sie begonnen wurde, vollendet, so würde die Stadt wohl uneinnehmbar geworden sein; denn die Mauer war aus zwanzig Ellen langen und zehn Ellen breiten Steinblöcken zusammengefügt, die man mit eisernen Werkzeugen so leicht nicht hätte untergraben noch mit Maschinen erschüttern können; sie selbst war zehn Ellen breit, und sie wäre zweifellos noch höher geworden, wenn der Eifer des Begründers nicht auf Hindernisse gestoßen wäre. Später gewann sie trotz eifriger Anstrengungen der Judäer nur eine Höhe von zwanzig Ellen, und da noch Brustwehren von zwei und Zinnen von drei Ellen hinzukamen, belief sich die Gesamthöhe auf fünfundzwanzig Ellen.

3. Überragt wurde die Mauer von zwanzig Ellen breiten und ebenso hohen Türmen, die viereckig und wie die Mauer selbst massiv gebaut waren; die Bauweise und die Schönheit der Steine gaben dem Tempel nichts nach. Über dem zwanzig Ellen hohen, massiven Grundstock der Türme befanden sich prächtige Gemächer, über diesen noch Söller mit Zisternen für das Regenwasser, zu denen Wendeltreppen hinaufführten. Solche Türme hatte die dritte Mauer neunzig; der Zwischenraum zwischen ihnen belief sich auf je zweihundert Ellen. Auf der mittleren Mauer waren vierzehn, auf der alten sechzig Türme verteilt. Der Umfang der ganzen Stadt betrug 33 Stadien. War nun die dritte Mauer an sich schon bewundernswert, so erst recht der an ihrer nordwestlichen Ecke befindliche Psephinosturm, bei dem Titus lagerte. Zu einer Höhe von siebzig Ellen emporragend, gewährte er bei Sonnenaufgang die Fernsicht nach Arabien und den äußersten Teilen des hebräischen Gebietes bis zum Meere. Er war achteckig. Diesem Turm gegenüber waren von König Herodes der Hippikos und nahe dabei noch zwei weitere Türme auf der

alten Mauer errichtet worden, die an Größe, Schönheit und Festigkeit in der Welt nicht ihresgleichen hatten; denn mit diesen hervorragenden Werken wollte er nicht nur seinen angeborenen Sinn für großartige Unternehmungen und seinen Eifer für die Stadt beweisen, sondern auch den Gefühlen seines Herzens huldigen, indem er mit ihnen den drei liebsten Personen, nach denen er die Türme benannte, seinem Bruder seinem Freunde und seiner Gattin, ein Denkmal setzte. Letztere hatte er, wie erwähnt, aus Eifersucht umbringen lassen; die beiden anderen waren ihm durch den Krieg, wo sie heldenhaft gekämpft hatten, entrissen worden. Der Hippikos, so genannt nach seinem Freunde, war viereckig, fünfundzwanzig Ellen breit und lang, dreißig Ellen hoch und durchweg massiv. Über diesem aus lauter Felsquadern zusammengefügten Grundstock befand sich zur Aufnahme des Regenwassers ein zwanzig Ellen tiefer Behälter und darüber noch ein fünfundzwanzig Ellen hohes, in verschiedenartige Räume eingeteiltes Wohngebäude. Das Ganze war von zwei Ellen hohen Türmchen und drei Ellen hohen Brustwehren gekrönt, so daß die Gesamthöhe des Turmes fast achtzig Ellen betrug. Der zweite Turm, den er seinem Bruder zu Ehren Phasaelos benannte, war vierzig Ellen lang und breit und der massive Unterbau gleichfalls vierzig Ellen hoch. Darüber lief ringsherum eine zehn Ellen hohe, durch Brustwehren und Vorsprünge geschützte Galerie, und in dieser erhob sich ein weiterer Turm, der in Prunkgemächer abgeteilt und mit einem Baderaum versehen war, so daß der Turm ganz das Aussehen eines Königsschlosses hatte. Seine Spitze war noch reicher als die des andern mit Zinnen und Türmchen verziert. Im ganzen betrug seine Höhe etwa neunzig Ellen. Seiner äußeren Gestalt nach glich er dem Turm auf Pharos, der den Schiffen leuchtet, die sich Alexandreia nähern, doch übertraf er ihn an Umfang ganz bedeutend. Jetzt mußte er dem Tyrannen Simon als Zwingburg dienen. Der dritte Turm, Mariamme (so hatte die Königin geheißen), war bis zur Höhe von zwanzig Ellen massiv; seine Länge und Breite betrugen gleichfalls je zwanzig Ellen. Die oben befindlichen Wohnräume waren noch kostbarer und mannigfaltiger eingerichtet als die der anderen Türme, da der König es für passend gehalten hatte, das nach einer Frau benannte Bauwerk mehr auszuschmücken als die, die nach männlichen Personen benannt waren; dafür übertrafen diese den Mariammeturm an Festigkeit. Die Gesamthöhe des dritten Turmes betrug fünfundfünfzig Ellen.

4. Die schon an sich bedeutende Größe dieser Türme wurde durch ihren Standort noch um vieles gehoben; denn die alte Mauer, an der sie standen, war ja ihrerseits auf einem hohen Hügel erbaut und ragte über ihn wie ein höherer Gipfel etwa dreißig Ellen empor, so daß die auf ihr befindlichen Türme noch weit größer erscheinen mußten. Staunenswert war auch die Größe ihrer Quadern; denn nicht aus gewöhnlichen Steinen oder aus Felsstücken, die von Menschen getragen werden konnten, waren sie erbaut, sondern aus Blöcken weißen Marmors, von denen jeder zwanzig Ellen lang, zehn Ellen breit und fünf Ellen hoch war. Diese Blöcke hatte man so geschickt übereinandergefügt, daß es schien, als sei jeder der Türme ein einziger gewachsener Fels und dann erst von Künstlerhand ge formt und gerichtet worden – sowenig waren die Fugen des Mauerwerks zu sehen. An die drei Türme, die nördlich standen, schloß sich nach innen zu der Palast des Königs an, dessen Ausstattung unbeschreiblich prunkvoll war und alles Dagewesene in den Schatten stellte. Er war von einer dreißig Ellen hohen Ringmauer umgeben, die in gleichen Zwischenräumen reichverzierte Türme trug, und hatte große Speisesäle und Ruhebetten für Hunderte von Gästen. Ohnegleichen war die Mannigfaltigkeit sonst überall seltener Steine, und die Saaldecken bildeten hinsichtlich der Länge der Balken und der Pracht der Verzierungen wahre Wunderwerke. Gemächer hatte der Palast in vielfachem Wechsel der Formen, alle vollständig eingerichtet, die meisten Zimmergeräte von Silber und Gold; ferner eine große Anzahl ineinander verschlungener kreisförmiger Galerien mit jeweils verschieden angeordneten Säulen. Die unter freiem Himmel liegenden Teile prangten überall im Grünen. Da gab es vielgestaltige Parkanlagen mit langen, sie durchschneidenden Wegen; nahe dabei tiefe Wasserbecken und überall Teiche mit bronzenen Wasserspielen, durch die das Wasser ausströmte; an den Wasserläufen viele Türmchen für zahme Tauben. Doch es ist nicht mög-

lich, diesen Palast in allen Einzelheiten gebührend zu schildern, und es ruft noch jetzt quälende Erinnerungen an den von den Räubern gelegten Brand hervor; denn nicht die Römer waren es, die ihn niederbrannten, sondern die Verschwörer verübten den Greuel, wie gesagt, gleich zu Beginn des Aufstands. An der Antonia brach das Feuer aus, ergriff dann den Königspalast und verzehrte schließlich den Oberbau der drei Türme.

5. Kapitel: Der Tempel und die Antonia

1. Der Tempel war, wie bemerkt, auf dem Rücken eines stark befestigten Hügels erbaut. Anfangs hatte der Gipfel kaum für das eigentliche Tempelgebäude und den Altar Platz, da der Hügel auf allen Seiten steil und abschüssig war. Nachdem aber König Salomon, der erste Erbauer des Tempels, den östlichen Teil mit einer Böschungsmauer umgeben hatte, wurde auf dem Erdaufwurf eine Säulenhalle errichtet; an den übrigen Seiten stand der Tempel noch frei. In den folgenden Jahrhunderten verbreiterte das Volk durch fortgesetztes Anschütten die ebene Fläche auf dem Hügel; dann riß man auch die nördliche Mauer nieder und nahm noch so viel Raum hinzu, wie nachher die Einfriedigung des ganzen Tempelbezirkes umschloß. Nachdem der Hügel von seinem Fuß an mit einer dreifachen Terrasse unterbaut und so ein alle Erwartungen übersteigendes Werk zu Ende geführt war – lange Zeit hatte dazu der gesamte Tempelschatz, in den die aus der ganzen Welt dem Gott dargebrachten Opfer flossen, verwendet werden müssen –, wurden die obere Ringmauer und der untere Tempelhof gebaut. Der niedrigste Teil auf einem dreihundert Ellen hohen und stellenweise sogar noch höheren Unterbau. Doch war nicht die ganze Tiefe dieses Fundaments sichtbar; denn größtenteils hatte man die Bodenvertiefungen ausgefüllt, um die Gassen der Stadt auf gleiche Höhe zu bringen. Die zu dem Unterbau verwendeten Felsstücke hatten eine Größe von je vierzig Ellen. Die reichlichen Geldmittel und der Wetteifer des Volkes förderten das Unternehmen in kaum glaublicher Weise, so daß es möglich wurde, durch Beharrlichkeit mit der Zeit ein

Werk fertigzustellen, das man früher nie zu vollenden gehofft hatte.

2. Würdig solcher Fundamente waren die auf ihnen errichteten Bauten. Sämtliche Hallen ruhten auf fünfundzwanzig Ellen hohen doppelten Säulenreihen, die aus Marmor von reinstem Weiß bestanden und mit Zedernholz getäfelt waren. Die Kostbarkeit des Materials, seine schöne Bearbeitung und harmonische Zusammenfügung gewährten einen unvergeßlichen Anblick, und doch war es außen weder von Malern noch von Bildhauern geschmückt worden. Die Breite der Hallen betrug dreißig Ellen und der ganze Umfang, die Antonia eingerechnet, sechs Stadien. Der nicht überdachte Raum war mit Mosaik von allerhand Steinen belegt. Ging man über diesen Hof, so kam man an ein den zweiten Tempelhof umschließendes, drei Ellen hohes Steingitter von sehr gefälliger Arbeit. An ihm waren in gleichen Abständen Säulen angebracht, die das Reinheitsgesetz in griechischer und in römischer Sprache verkündeten, wonach kein Fremder das Heiligtum betreten dürfe; so nannte man diesen zweiten Raum des Tempels, zu dem man auf vierzehn Stufen vom ersten hinaufstieg. Die Fläche des Heiligtums bildete ein Viereck und war mit einer besonderen Mauer umgeben. Die äußere Höhe dieser Mauer, die eigentlich vierzig Ellen betrug, wurde zum Teil durch die Treppe verdeckt. Innen dagegen erschien die Mauer nur fünfundzwanzig Ellen hoch; denn da sie an einen höheren, mit Treppen versehenen Raum angebaut und in ihrem unteren Abschnitt durch den Hügel verdeckt war, konnte man sie hier nicht in ihrer ganzen Höhe sehen. Zwischen der obersten, vierzehnten Treppenstufe und der Mauer befand sich noch ein ebener Raum von zehn Ellen. Von hier aus führten weitere fünfstufige Treppen zu den Toren, von denen acht gegen Süden und Norden, und zwar vier nach jeder dieser beiden Richtungen, und zwei gegen Osten sahen. Dies hatte seinen guten Grund; denn da man auf dieser Seite für die Frauen einen eigenen Platz, wo sie ihre Andacht verrichten konnten, umfriedet hatte, so war auch ein zweites Tor erforderlich, das dem ersten gegenüber die Mauer durchbrach. Auch von den anderen Richtungen, nämlich von Süden und von Norden, führte je ein Tor in den Vorhof der

Frauen. Durch die anderen Tore einzutreten, war den Frauen nicht gestattet; sie durften auch, wenn sie durch ihr Tor hineingelangt waren, die Umfriedigung nicht überschreiten. Dieser Platz stand einheimischen wie fremden judäischen Frauen ohne Unterschied für ihre Andacht offen. Die Westseite hatte kein Tor, sondern die Mauer verlief hier ohne Unterbrechung. Die Säulenhallen zwischen den Toren an der inneren Seite der Mauer vor den Schatzkammern ruhten auf überaus schönen und großen Säulen. Sie bildeten nur eine Reihe, standen aber, abgesehen von der Größe, denen des unteren Hofes nicht nach.

3. Neun der Tore waren einschließlich ihrer Pfosten und Schwellen über und über mit Gold und Silber belegt; eines, das Außentor des eigentlichen Tempels, bestand sogar aus korinthischer Bronze und übertraf die versilberten und vergoldeten ganz bedeutend an Wert. Jedes Tor hatte zwei Flügel, je dreißig Ellen hoch und fünfzehn Ellen breit. Gleich hinter dem Eingang erweiterte sich der Raum nach beiden Seiten durch turmartige Nischen von dreißig Ellen Breite und über vierzig Ellen Höhe, gestützt von je zwei Säulen, die zwölf Ellen im Umfang maßen. Alle Tore hatten gleiche Größe; nur dasjenige, das oberhalb des korinthischen Tores aus dem Vorhof der Frauen von Osten her ins Heiligtum führte und dem Tor des Tempelgebäudes gegenüberlag, war bedeutend größer. Es hatte eine Höhe von fünfzig Ellen und Türen von vierzig Ellen Breite, auch viel reichlicheren Schmuck und ganz massiven Gold- und Silberbelag. Diese Metallbeschläge hatte Alexander, der Vater des Tiberius, an den neun Toren anbringen lassen. Fünfzehn Stufen führten von der Mauer, die den Vorhof der Frauen begrenzte, zu dem größeren Tor, fünf Stufen weniger als zu den anderen Toren.

4. Zum Tempelhaus selbst, das inmitten des geweihten Heiligtums stand, stieg man zwölf Stufen hinan. Die Front des Gebäudes war gleich hoch und breit, nämlich hundert Ellen, das Hintergebäude aber um vierzig Ellen schmaler, da der Vorderbau rechts und links flügelförmig zwanzig Ellen weit hinausragte. Das vordere Tor des Heiligtums, siebzig Ellen hoch und fünfundzwanzig breit, hatte keine Türen; denn es sollte ein Sinnbild des unabsehbaren offenen Himmels sein. Seine Vorderseite war überall vergol-

det, und wenn man hindurchsah, hatte man den vollen Anblick des eigentlichen Tempelhauses, das zugleich das höchste Bauwerk des Tempels war. Auch um die innere Seite des Tores strahlte alles von Gold. Dieses Tempelgebäude zerfiel also in zwei Räume; offen aber war nur der vordere, der in der Höhe neunzig, in der Länge fünfzig und in der Breite etwa zwanzig Ellen maß. Das Tor, das in diese Räume führte, war, wie gesagt, durchweg vergoldet, wie auch die ganze umgebende Wand; über ihm befanden sich goldene Weinreben, von denen mannsgroße Trauben herabhingen. Seine Türflügel waren golden, fünfundfünfzig Ellen hoch und sechzehn Ellen breit. Vor diesen wallte ein gleich langer babylonischer Vorhang herab, bunt gestickt aus Hyazinth, Byssus, Scharlach und Purpur und wunderschön gewebt; die beziehungsreiche Mischung der Stoffe stellte ein Bild des Weltalls dar: Scharlach sollte das Feuer, Byssus die Erde, Hyazinth die Luft, Purpur das Meer andeuten, zwei der Stoffe durch ihre Farbe, Byssus und Purpur durch ihren Ursprung, indem jene die Erde, diesen das Meer erzeugt. Die Stickerei zeigte den Anblick des ganzen Himmels mit Ausnahme der Bilder des Tierkreises.

5. Durch diesen Eingang gelangte man in den unteren Teil des Tempelgebäudes. Er war sechzig Ellen hoch, ebenso lang und zwanzig Ellen breit. Seiner Länge nach zerfiel er in zwei Räume. Der vordere, der vierzig Ellen lang war, enthielt drei bewunderungswürdige, weltberühmte Kunstwerke: den Leuchter, den Tisch und das Rauchfaß. Die sieben Arme, die sich von dem Leuchter abzweigten, bedeuteten die sieben Planeten, die zwölf Brote auf dem Tisch den Tierkreis und das Jahr; das Rauchfaß, mit dreizehn verschiedenen Sorten Räucherwerk aus dem Meere, der unbewohnten Wüste und der bewohnten Erde gefüllt, zeigte an, daß alles vom Gott kommt und für den Gott da ist. Der innerste Raum des Tempels endlich hatte zwanzig Ellen und war von dem vorderen Raum wiederum durch einen Vorhang getrennt. In ihm befand sich einfach gar nichts; von niemand durfte er betreten, verletzt oder gesehen werden; er hieß das Allerheiligste. Rechts und links stießen an die untere Tempelabteilung viele durchgehende dreistöckige Wohnungen, die beiderseits vom Tore aus zugänglich waren. Der obere Teil des Tempel-

hauses hatte keine derartigen Anbauten und war daher schmaler. Seine Höhe betrug gegen vierzig Ellen; auch war er einfacher gearbeitet als der untere. Rechnet man diese vierzig Ellen zu den sechzig des Erdgeschosses, so ergibt sich eine Gesamthöhe von hundert Ellen.

6. Der äußere Anblick des Tempels bot alles, was Auge und Herz entzücken konnte. Auf allen Seiten mit schweren goldenen Platten bekleidet, schimmerte er bei Sonnenaufgang im hellsten Glanz und blendete das Auge wie Sonnenstrahlen. Fremden, die nach Jerusalem pilgerten, erschien er von fern wie ein schneebedeckter Hügel; denn wo er nicht vergoldet war, leuchtete er in blendendem Weiß. Seine Spitze starrte von scharfen goldenen Spießen, damit er nicht von Vögeln, die sich auf ihn niederließen, verunreinigt würde. Von den zu seinem Bau verwendeten Quadern waren manche fünfundvierzig Ellen lang, fünf hoch und sechs breit. Vor ihm stand der fünfzehn Ellen hohe, fünfzig Ellen lange und breite Altar viereckig von Gestalt und an seinen Ecken mit hornartigen Vorsprüngen versehen; von Süden her führte ein sanft ansteigender Weg zu ihm hinauf. Er war ohne Benutzung eiserner Werkzeuge gebaut; überhaupt hatte Eisen ihn nie berührt. Rings um Tempel und Altar lief ein zierlich gearbeitetes, etwa eine Elle hohes Gitter von schönem Gestein, das das Volk von den Priestern schied. Tripperkranken und Aussätzigen war die ganze Stadt verboten, Frauen während der Menstruation der Tempel; letztere durften, auch wenn sie rein waren, die oben bezeichnete Grenze nicht überschreiten. Männer, die nicht völlig rein waren, mußten dem inneren Hofe fernbleiben, desgleichen Priester, bei denen dies der Fall war.

7. Geborene Priester, die wegen eines körperlichen Gebrechens den heiligen Dienst nicht versehen durften, waren innerhalb des Gitters bei denen zugelassen, die kein Gebrechen hatten, und erhielten auch die ihnen ihrer Abstammung nach zustehenden Opferteile, trugen aber gewöhnliche Kleidung; denn nur diensttuende Priester durften das heilige Gewand anlegen. Zur Opferstätte und zum Tempel traten nur makellose Priester, in Byssus gekleidet und, was die Hauptsache war, ohne Wein genossen zu haben – aus Ehrfurcht vor dem Dienst, damit sie bei

ihrem Amt keinen Fehler begingen. Der Hohepriester ging mit ihnen hinauf, aber nicht immer, sondern nur an den Sabbaten, den Neumonden und den herkömmlichen Festen oder jährlichen Volksversammlungen. Wenn er Dienst tat, trug er zuunterst einen Schurz, der Hüften und Schenkel bedeckte, ferner einen Leibrock aus Leinen und darüber ein bis an die Knöchel reichendes, hyazinthblaues, den ganzen Körper umgebendes Oberkleid, das mit Fransen besetzt war. An den Fransen hingen abwechselnd goldene Glöckchen und Granatäpfel, jene Sinnbild des Donners, diese des Blitzes. Die Binde, die das Oberkleid über der Brust befestigte, war aus fünf Streifen bunt gewirkt, nämlich aus Gold, Purpur, Scharlach, Byssus und Hyazinth, also denselben Stoffen, aus denen, wie gesagt, auch die Vorhänge des Tempels gewebt waren. Über diesem Gewand trug er noch ein in denselben Farben gesticktes Schulterkleid, in dem jedoch das Gold vorherrschte. Der Schnitt dieses Kleidungsstückes glich einem Panzerhemd. Zusammengehalten wurde es von zwei goldenen Spangen mit sehr schönen und großen Sardonyxen, in die die Namen der Stammväter des Volkes eingraviert waren. An der vorderen Seite hingen zwölf Steine herab, je drei in vier Reihen geordnet, nämlich: Karneol, Topas, Smaragd; Rubin, Jaspis, Saphir; Achat, Amethyst, Bernstein; Onyx, Beryll, Chrysolith. Auf jedem dieser Steine stand wieder der Name eines Stammvaters. Den Kopf des Hohenpriesters deckte eine Tiara aus Byssus mit Hyazinth durchwoben. Um diese schlang sich ein goldener Reif, auf den die heiligen Buchstaben geschrieben waren, nämlich vier Vokale. Dieses Gewand trug er übrigens nicht für gewöhnlich – da legte er ein geringeres an –, sondern nur wenn er in das Allerheiligste ging. Das geschah aber nur einmal im Jahr, und zwar an dem Tage, da nach altem Brauche die Judäer dem Gott zu Ehren fasten. Über die Stadt, den Tempel und die mit ihnen zusammenhängenden Gesetze und Gebräuche werde ich noch ausführlicher schreiben; denn es bleibt manches zu sagen.

8. Die Antonia lag in dem Winkel, den zwei Säulenhallen des äußeren Tempelhofes, die westliche und die nördliche, miteinander bildeten. Gebaut war sie über einem fünfzig Ellen hohen, auf allen Seiten abschüssigen Felsen. Sie war

ein Werk des Königs Herodes, durch das er seine Prachtliebe in hohem Grade bekundete. Zunächst war der Fels von seinem Fuße an mit geglätteten Steinplatten belegt, einmal, weil es schön aussah, dann auch, damit jeder, der hinaufzuklettern oder hinabzusteigen versuchte, abglitte. Vor dem eigentlichen Burggebäude zog sich eine drei Ellen hohe Mauer hin, hinter der die Antonia sich vierzig Ellen hoch erhob. Das Innere hatte die Räumlichkeiten und die Einrichtung eines Palastes; denn es war in Räume aller Art und Bestimmung geteilt, in Hallen, Bäder und große Höfe für die Truppen, so daß die Burg, was die Ausstattung mit allen Bequemlichkeiten anging, eine Stadt, in bezug auf Pracht ein Königspalast zu sein schien. Das Ganze sah wie ein Turm aus, war aber an den Ecken wieder mit vier Türmen besetzt, von denen drei je fünfzig Ellen hoch waren, der südöstliche jedoch siebzig Ellen, so daß man von ihm aus den ganzen Tempelraum überschauen konnte. Wo die Burg an die Tempelhallen grenzte, führten Treppen hinunter, auf denen die Wachmannschaften der stets in der Antonia liegenden römischen Abteilung herabstiegen, um, bewaffnet in den Hallen verteilt, an Festtagen mögliche aufrührerische Bewegungen des Volkes zu überwachen. Wie der Tempel eine Festung für die Stadt, so war dies für den Tempel die Antonia. In ihr lag auch die Besatzung für alle drei; außerdem hatte die obere Stadt eine eigene Festung, den Palast des Herodes. Der Hügel Bezetha war, wie bemerkt, von der Antonia getrennt. Als höchster der Hügel war er mit einem Teil der Neustadt verbunden. Er allein nahm, wenn man von Norden kam, die Aussicht auf den Tempel weg. Da ich von der Stadt und den Mauern später noch eingehender zu reden gedenke, möge es hier mit dem Gesagten sein Bewenden haben.

6. Kapitel: Die Belagerungsarbeiten

1. Von den Kämpfern in der Stadt bildeten, die Idumäer nicht gerechnet, 10000 den Anhang Simons, und diese 10000 standen unter fünfzig Anführern, über die Simon als Oberbefehlshaber gebot. Die Idumäer, die zu ihm hielten, zählten 5000 Mann unter zehn Anführern, von denen

Jakob, der Sohn des Sosas, und Simon, der Sohn des Thakeas, unstreitig die hervorragendsten waren. Joannes, der den Tempel besetzt hielt, hatte 6000 Schwerbewaffnete unter zwanzig Anführern. An ihn hatten sich, nachdem der frühere Streit beigelegt war, die Zeloten angeschlossen, die, 2400 Mann stark, unter ihrem bisherigen Befehlshaber Eleazar und Simon, dem Sohne des Ari, standen. Die zwei Hauptparteien befehdeten sich immer noch, und das Volk mußte dabei, wie bemerkt, den Kampfpreis bezahlen, indem die Bürger, die ihr Treiben nicht mitmachen wollten, von beiden ausgeplündert wurden. Simon hielt die obere Stadt und die große Mauer bis zum Kedron sowie von der alten Mauer den Teil besetzt, der sich bei der Siloaquelle nach Osten wendet und bis zum Palast des Monobazos läuft. Dieser Monobazos war König der jenseits des Euphrats wohnenden Adiabener. Ferner gehörten zu Simons Machtbereich die Quelle selbst, dann Akra (das heißt die untere Stadt) und der Bezirk bis zum Palast der Helena, der Mutter des Monobazos. Joannes dagegen gebot über den Tempel und einen beträchtlichen Teil seiner Umgebung sowie über Ophel und das Kedrontal. Die zwischen ihnen liegenden Stadtteile hatten sie für ihre Kämpfe miteinander niedergebrannt und Raum geschaffen. Selbst als die Römer bereits vor den Mauern Jerusalems lagerten, ließen sie die Waffen nicht ruhen; und kaum daß sie bei dem ersten Ausfall etwas klüger geworden waren, fielen sie auch schon wieder in die alte Krankheit zurück, entzweiten sich, bekämpften sich und taten alles, was die Belagerer nur wünschen konnten. Tatsächlich hatten sie von den Römern nichts Schlimmeres zu erdulden, als sie selbst einander zufügten, und keine neue Drangsal hätte die Stadt nach diesen Vorgängen treffen können; denn schon vor ihrem Fall war sie vom größten Unglück betroffen worden, so daß die Eroberer ihre Lage nur verbesserten. Mit anderen Worten: wie der Bürgerkrieg der Stadt, so machten die Römer dem Bürgerkrieg ein Ende, der sich als härterer Feind als die Mauern erwies. Alle Not kann man demnach mit gutem Grund den Einheimischen, alles Gerechte den Römern zuschreiben. Doch bilde sich jeder sein Urteil an Hand der Tatsachen.

2. So war die Lage drinnen, während Titus mit einer

auserlesenen Reiterschar die Stadt außen umritt und eine Stelle zu erspähen suchte, wo sich ein Angriff auf die Mauern ausführen ließe. Überall fand er Schwierigkeiten; denn während von den Schluchten her ein Angriff nicht möglich war, kam ihm die äußere Mauer für die Maschinen zu mächtig vor. Endlich beschloß er, einen Sturm bei dem Grabmal des Hohenpriesters Joannes zu versuchen. An dieser Stelle war der äußere Festungsgürtel niedriger und der zweite ohne Zusammenhang mit ihm, da man die Umwallungsarbeiten des weniger dicht bevölkerten Teiles der Neustadt vernachlässigt hatte. Von hier aus war es deswegen auch leicht, die dritte Mauer zu erreichen, nach deren Erstürmung er die obere Stadt und dann durch die Antonia den Tempel zu nehmen gedachte. Während Titus um die Stadt ritt, wurde einer seiner Freunde, Nikanor mit Namen, durch einen Pfeilschuß an der linken Schulter verwundet, als er mit Josephus sich der Mauer näherte, um den dort stehenden Judäern, denen er wohlbekannt war, Friedensvorschläge zu machen. Hieraus ersah der Caesar den unnachgiebigen Sinn der Belagerten, da sie selbst Personen angriffen, die zu ihrem eigenen Besten mit ihnen in Verbindung treten wollten. Er betrieb daher die Belagerung noch eifriger, erlaubte den Legionen, die Umgebung der Stadt zu verwüsten, und gab Befehl, Material zu sammeln, um Wälle zu bauen. Er stellte dazu das Heer in drei Abteilungen auf, wobei in den Zwischenräumen der Wälle die Schleuderer und Bogenschützen, vor ihnen die Skorpione, Katapulte und Steinschleudern standen, um Ausfälle der Feinde gegen die Werke wie auch Angriffe von der Mauer her wirksam zu bekämpfen. Während die nähere Umgebung der Stadt durch schleuniges Fällen der Bäume abgeholzt und die Stämme für die Wälle zusammengetragen wurden, die das ganze Heer eifrig errichtete, blieben auch die Judäer nicht untätig. Das Volk, Opfer von Raub und Mord, faßte jetzt wieder Mut; denn es hoffte, wenn seine Bedränger vom Kampfe mit den äußeren Feinden ganz in Anspruch genommen würden, freier aufatmen und, wenn die Römer siegen sollten, an den Schuldigen sich rächen zu können.

3. Joannes blieb aus Furcht vor Simon in seiner Stellung, sosehr auch seine Leute den Feinden vor der Stadt entge-

genzurücken verlangten. Simon dagegen blieb, weil er sich näher an den Belagerungsarbeiten befand, nicht untätig, sondern stellte die dem Cestius abgenommenen und die von der Besatzung der Antonia erbeuteten Wurfmaschinen an verschiedenen Punkten der Mauer auf. Ihr Besitz war ihnen jedoch von keinem großen Nutzen, weil sie nicht damit umzugehen verstanden; nur einige wenige, die von Überläufern gelernt hatten, sie zu bedienen, versuchten ihre Kunst ungeschickt genug. Dagegen beunruhigten sie die Schanzarbeiter durch Steinwürfe und Pfeilschüsse, machten in geordneten Abteilungen Ausfälle und lieferten den Römern manches Treffen. Die Arbeitenden fanden gegen die Geschosse an einem über Pfählen ausgespannten Flechtwerk, gegen die Ausfälle an ihren Kriegsmaschinen hinreichenden Schutz. Alle Legionen waren in dieser Beziehung aufs beste ausgerüstet; besonders die zehnte besaß ungewöhnlich starke Skorpione und große Steinschleudern, mit denen sie sowohl den Ausfällen die Spitze bieten als auch die auf der Mauer stehenden Judäer vertreiben konnte. Die Maschinen schleuderten talentschwere Felsstücke zwei Stadien und weiter, so daß nicht nur die Feinde in den vordersten Reihen, sondern auch ihre Hintermänner davor zurückwichen. Anfangs wußten die Judäer sich vor den Steingeschossen zu sichern; denn abgesehen davon, daß sie sich durch ihr Schwirren vorher ankündigten, konnten sie auch infolge ihrer Helligkeit – sie waren weiß – schon von fern gesehen werden. Jedesmal, wenn die Maschine geladen wurde und der Stein flog, warnten die auf den Türmen postierten Wächter, indem sie in der Landessprache riefen: „Der Sohn kommt!“ (327) Die, in deren Richtung er flog, wichen sofort auseinander und warfen sich hin. Gebrauchte man diese Vorsicht, so fiel das Felsstück meist unwirksam zur Erde. Bald aber kamen die Römer auf den Gedanken, die Steine zu schwärzen, und da sie nun nicht mehr im voraus erkennbar waren, traf jeder Schuß und streckte eine Anzahl Judäer nieder. Trotz der Verluste, die die Belagerten erlitten, ließen sie die Römer beim Bau der Wälle nicht in Ruhe, sondern suchten sie Tag und Nacht durch listige und kühne Unternehmungen zu hindern.

4. Als die Werke vollendet waren, maßen die Baumeister

den Abstand bis zur Mauer, indem sie ein an einer Schnur befestigtes Blei von den Wällen dorthin warfen; bei anderem Verfahren wären sie von oben beschossen worden. Hierbei ergab sich, daß die Mauer von den Sturmböcken erreicht werden konnte, und so schaffte man diese heran. Zugleich ließ Titus, um zu verhindern, daß die Widder von den Judäern unwirksam gemacht würden, die Wurfmaschinen in größerer Nähe der Mauer aufstellen und gab dann Befehl, mit den Stößen zu beginnen. Als nun auf einmal von drei Stellen her ein furchtbares Krachen erdröhnte, schrien die Bewohner der Stadt auf, und auch der Empörer bemächtigte sich der Schreck. Jetzt endlich, da sie von gleicher Gefahr bedroht waren, dachten die beiden Parteien daran, sich gemeinsam zu verteidigen; laut riefen sich die Parteien zu, sie arbeiteten eigentlich nur den Feinden in die Hände, während sie, selbst wenn der Gott ihnen keine dauernde Eintracht verleihen würde, doch wenigstens für den Augenblick Frieden schließen und gegen die Römer zusammenhalten müßten. In der Tat ließ Simon denen im Tempel durch einen Herold Sicherheit verbürgen, wenn sie zur Mauer kommen wollten, und Joannes ging, wenn auch mißtrauisch, darauf ein. Haß und Zwietracht schien vergessen; wie ein Mann standen sie zusammen, besetzten die Mauer, schleuderten von hier aus ihre Feuerbrände gegen die Maschinen und beschossen die Bedienungsmannschaften der Sturmböcke unablässig mit Pfeilen. Die Mutigeren griffen truppweise an, zerstörten die Schutzdächer und überfielen die Schanzarbeiter. Weniger durch ihre taktische Überlegenheit als durch ihre Tollkühnheit blieben sie meist siegreich. Titus wurde jedoch nicht müde, den Arbeitenden beizustehen, indem er die zu beiden Seiten der Werke aufgestellten Reiter und Bogenschützen die Brandwerfer abwehren ließ, die von den Türmen herab schießenden Judäer vertrieb und den Sturmböcken freien Raum verschaffte. Die Mauer gab indes den Stößen nicht nach, außer daß der Widder der fünfzehnten Legion die Ecke eines Turmes ein wenig verrückte; die Mauer selbst aber blieb unversehrt, da sie durch den weit vorspringenden Turm, der nicht leicht etwas von der Umwallung mit sich reißen konnte, nicht besonders gefährdet war.

5. Für kurze Zeit enthielten sich nun die Judäer weiterer Ausfälle. Als sie aber bemerkten, wie die Römer - in der Meinung, Furcht und Ermattung habe den Gegner veranlaßt, sich ruhig zu halten - bei den Arbeiten und auf den einzelnen Lagerplätzen sich zerstreut hatten, brachen sie durch ein verdecktes Tor in der Nähe des Hippikosturmes in großer Menge hervor, um die Werke in Brand zu stekken und die römischen Lagerverschanzungen anzugreifen. Auf ihr Geschrei schlossen sich die näher befindlichen Römer zusammen, und auch die entfernteren eilten herzu. Aber die Tollkühnheit der Judäer kam der Disziplin der Römer zuvor, und nachdem sie die ersten, auf die sie trafen, in die Flucht geschlagen hatten, warfen sie sich auf die anderen, die sich eben sammelten. Bei den Maschinen entspann sich nun ein furchtbarer Kampf: die einen taten alles, sie anzuzünden, die anderen hingegen suchten dies mit äußerster Anstrengung zu verhindern. Hüben wie drüben ertönte verworrenes Geschrei, und viele, die in den vordersten Reihen stritten, fielen. Endlich aber gewannen die verzweifelt kämpfenden Judäer die Oberhand: das Feuer ergriff die Werke, und alles wäre verbrannt, hätten nicht die alexandrinischen Kerntruppen in diesem Kampfe sich selbst und die berühmtesten Legionen an Tapferkeit übertroffen. Sie hielten so lange stand, bis der Caesar sich an der Spitze seiner tapfersten Reiter den Feinden entgegengeworfen hatte. Zwölf der vordersten Feinde hieb er eigenhändig nieder; ihr Schicksal brachte die übrigen zum Weichen; er verfolgte sie, trieb alle in die Stadt zurück und bewahrte so die Werke vor den Flammen. In diesem Gefecht wurde ein Judäer lebend gefangengenommen, den Titus vor der Mauer ans Kreuz schlagen ließ, um durch den Anblick die übrigen zur Übergabe zu bewegen. Ferner wurde nach dem Rückzug der Idumäeranführer Joannes, während er vor der Mauer mit einem befreundeten Soldaten sprach, von einem arabischen Bogenschützen in die Brust geschossen und starb auf der Stelle - zum großen Leidwesen der Idumäer wie auch der Empörer: denn er war ein durch persönliche Tapferkeit und Einsicht ausgezeichneter Mann gewesen.

7. Kapitel: Sturm auf die erste Mauer

1. In der folgenden Nacht gerieten die Römer in unerwartete Verwirrung. Einer der drei fünfzig Ellen hohen Türme, die Titus auf den Wällen hatte errichten lassen, um diese gegen Angriffe von der Mauer her zu schützen, stürzte um Mitternacht von selbst ein. Das Getöse versetzte das ganze Heer in Bestürzung: alles eilte in dem Glauben, ein feindlicher Angriff sei erfolgt, zu den Waffen. Maßlose Verwirrung herrschte bei den einzelnen Legionen, und da niemand die Sache aufklären konnte, glaubten sie bald dies, bald das. Schließlich, als kein Feind sich blicken ließ, beargwöhnten sie sich gegenseitig, so daß jeder seinen Nebenmann ängstlich nach der Losung fragte, wie wenn sich Judäer ins Lager eingeschlichen hätten. Panischer Schrecken schien sie alle ergriffen zu haben, bis endlich Titus erfuhr, was geschehen war, und den Sachverhalt bekanntmachen ließ; gleichwohl waren sie nur schwer zu beruhigen.

2. Die Judäer hielten allen Angriffen gegenüber tapfer stand; großen Schaden aber verursachten ihnen diese Türme, von denen aus sie mit leichteren Waffen beschossen und mit Speeren, Pfeilen und Steinen überschüttet wurden. Sie selbst dagegen vermochten die Angreifer wegen der Höhe der Türme nicht zu erreichen; gegen diese selbst konnten sie nichts ausrichten, da sie wegen ihres Gewichts nicht umgestürzt, wegen ihres eisernen Beschlags nicht in Brand gesteckt werden konnten. Gingen aber die Judäer außer Schußweite zurück, so waren sie den Angriffen der Widder gegenüber völlig machtlos, die durch ihr unaufhörliches Rammen allmählich doch wirkten. Schon fing die Mauer an, dem Nikon – so nannten die Judäer selbst den größten Sturmbock, da er alles besiegte – nachzugeben; die Belagerten waren von den vielen Gefechten und den Nachtwachen außerhalb der Stadt längst erschöpft, hatten auch, sei es aus Leichtsinn, sei es aus Mangel an Einsicht, für überflüssig gehalten, die Mauer noch zu bewachen, da ihnen zwei weitere zur Verfügung standen, und sich größtenteils entmutigt zurückgezogen. So kletterten die Römer, während die Wachtposten sich hinter die zweite Mauer flüchteten, an der vom Nikon be-

schädigten Stelle hoch, und sobald die ersten drüben waren, öffneten sie die Tore und ließen das ganze Heer einziehen. Am fünfzehnten Tage der Belagerung – es war der siebente des Monats Artemisios – bemächtigten sich die Römer der ersten Mauer; einen großen Teil rissen sie nieder, ebenso den nördlichen Teil der Stadt, wie dies auch schon Cestius getan hatte.

3. Titus verlegte sein Lager hinter die erste Mauer an das sogenannte Lager der Assyrer(328) und besetzte das ganze Terrain bis zum Kedron; da er jetzt nur noch um Schußweite von der zweiten Mauer entfernt war, schritt er sogleich zum Angriff. Die Judäer, die ihre Kräfte geteilt hatten, leisteten von den Mauern aus hartnäckigen Widerstand. Die Leute des Joannes kämpften von der Antonia, der nördlichen Tempelhalle und dem Grabmal des Königs Alexander(329) aus, Simons Truppen verteidigten sich bei dem Grabmal des Hohenpriesters Joannes(330) und bis zum Tor, durch das die Wasserleitung zum Hippikosturm lief. Wiederholt brachen sie aus den Toren hervor und gerieten mit den Feinden aneinander, wurden aber immer wieder hinter die Mauern zurückgedrängt; denn da sie in der römischen Kriegskunst nicht erfahren waren, zogen sie im Handgemenge stets den kürzeren, während sie im Gefecht von der Mauer die Oberhand behielten. Führte bei den Römern Kraft und Erfahrung das Schwert, so tat dies auf seiten der Judäer jene Tollkühnheit, die der Angst entspringt, sowie die diesem Volke eigene Ausdauer im Unglück; zudem hofften sie noch immer auf Rettung wie die Römer auf raschen Sieg. Weder hier noch dort zeigte sich Ermattung, sondern unablässig erfolgten Angriffe, Mauergefechte, Ausfälle kleinerer Scharen während des ganzen Tages, und keine Art von Kampf blieb unversucht. Kaum war die Sonne aufgegangen, begannen die Feindseligkeiten, und erst die Dunkelheit machte ihnen ein Ende. Die Nacht verbrachten beide Teile ohne Schlaf, und sie war unheimlicher als der Tag: für die Judäer, weil sie jeden Augenblick den Sturm auf die Mauer, für die Römer, weil sie beständig einen Angriff auf ihr Lager befürchten mußten. Beide Seiten brachten deshalb die Nacht unter den Waffen zu, und gleich beim Morgengrauen standen sie wieder kampfgerüstet da. Die Judäer stritten sich, wer,

um den Führern zu gefallen, als erster der Gefahr entgegengehen dürfe; am meisten geachtet und gefürchtet war Simon, an dem seine Untergebenen so sehr hingen, daß auf seinen Befehl jeder bereitwilligst Hand an sich selbst gelegt haben würde. Was die Römer zur Tapferkeit anspornte, war außer der Gewohnheit, stets zu siegen und nie besiegt zu werden, der unausgesetzte Heeresdienst, die beständige Übung in den Waffen und die Größe des Reiches, vor allem aber die Person des Titus, der überall zugegen und allen zur Seite war. Unter den Augen des Feldherrn, der stets mitkämpfte, schlappzumachen, brachte Schande; wer aber tapfer stritt, dem war er zugleich als Zeuge und als Belohner nahe; und dem Caesar auch nur als tapfer bekannt zu werden, bedeutete schon Gewinn. Das war der Grund, weshalb viele Soldaten oft einen Kampfesmut bewiesen, der ihre Kräfte überstieg. Als in jenen Tagen eine starke Abteilung Judäer sich vor der Mauer in Schlachtordnung aufgestellt hatte und die beiden Heere sich noch aus der Ferne mit Wurfspießen beschossen, sprengte ein Reiter namens Longinus aus den Reihen der Römer hervor mitten in die feindliche Phalanx (331), trieb sie durch sein stürmisches Anrennen auseinander und tötete die zwei tapfersten Judäer, indem er dem einen, der sich ihm entgegenwarf, ins Gesicht traf, den andern mit der aus der Wunde des ersten gezogenen Lanze, als er sich zur Flucht wandte, von der Seite durchbohrte; hierauf eilte er mitten aus dem Haufen der Feinde siegreich zu den Seinen zurück. Er wurde für diese Tat ausgezeichnet, und viele suchten es ihm an Tapferkeit gleichzutun. Die Judäer aber machten sich nichts aus dem Verlust, den sie erlitten hatten; ihr Sinnen war nur darauf gerichtet, wie sie ihren Gegnern Schaden zufügen könnten. Der Tod schien ihnen unbedeutend, wenn es ihnen nur gelang, zugleich einen Feind mit ins Verderben zu reißen. Dem Caesar lag dagegen an der Sicherheit seiner Soldaten ebensoviel als am Sieg: unvorsichtiges Drauflosgehen nannte er Wahnsinn, und Tapferkeit erkannte er nur da an, wo man mit Bedacht und, ohne selbst Schaden zu nehmen, vorging. Er ermahnte daher seine Leute dringend, sie sollten sich tapfer zeigen, ohne der Gefahr blindlings entgegenzurennen.

4. Unter persönlicher Leitung des Feldherrn wurde der Sturmbock an den mittleren Turm der nördlichen Mauer herangebracht, in dem ein verschlagener Judäer namens Kastor mit zehn Gleichgesinnten auf der Lauer lag, nachdem die übrigen vor den Bogenschützen geflohen waren. Eine Zeitlang blieben die Judäer, unter den Brustwehren kauernd, ruhig liegen; als aber der Turm zu zittern anfing, erhoben sie sich, und Kastor selbst streckte wie einer, der um Gnade fleht, die Hände aus, rief nach dem Caesar und bat mit kläglicher Stimme um Erbarmen. Treuherzig schenkte Titus ihm Glauben und hoffte, die Judäer seien jetzt im Begriff, ihren Sinn zu ändern; er ließ also den Widder einhalten, untersagte den Bogenschützen, auf die Flehenden zu schießen, und forderte Kastor auf, auszusprechen, was er begehre. Als dieser erklärte, er wolle herabkommen und sich ergeben, entgegnete Titus, er wünsche ihm Glück zu seinem vernünftigen Entschluß und würde sich freuen, wenn alle so gesinnt wären; gern würde er der Stadt Sicherheit bieten. Fünf von den zehn schlossen sich hierauf Kastors Bitte an; die übrigen aber schrien, sie würden niemals Sklaven der Römer werden, solange sie als freie Männer sterben könnten. Während sie sich geraume Zeit herumstritten, wurde der Angriff ausgesetzt. Unterdessen ließ Kastor dem Simon sagen, sie sollten sich jetzt über die dringendsten Angelegenheiten beraten; er könne den römischen Feldherrn noch eine gute Weile zum besten haben. Gleichzeitig suchte er scheinbar die Widerspenstigen zu bereden, sich zu ergeben. Diese aber erhoben wie voller Entrüstung die Schwerter über die Brustwehr, stießen sie gegen ihre Panzer und sanken, als wenn sie sich selbst durchbohrt hätten, zu Boden. Titus und seine Umgebung staunten über die Entschlossenheit dieser Männer, und da sie von unten aus den Hergang nicht genau beobachten konnten, bewunderten sie ihren Mut und bedauerten zugleich ihr Schicksal. Auf einmal wurde Kastor durch einen Pfeil neben der Nase verwundet; der Getroffene zog den Pfeil heraus, zeigte ihn dem Titus und beklagte sich über ungerechte Behandlung. Der Caesar gab dem Schützen einen Verweis und beauftragte den neben ihm stehenden Josephus, hinzugehen und Kastor die Hand hinzustrecken. Josephus weigerte sich, weil die Flehenden

doch nichts Gutes im Schilde führten, und hielt auch seine Freunde, die hineilen wollten, davon ab. Hierauf erbot sich ein Überläufer mit Namen Aineias hinzugehen; und als Kastor rief, es möchte jemand das Geld, das er bei sich habe, in Empfang nehmen, lief Aineias um so eifriger auf den Turm zu und hielt seinen Mantel auf. Kastor ergriff jedoch ein Felsstück und schleuderte es auf ihn hinab; Aineias entging ihm zwar, doch verwundete es einen andern Soldaten, der mit herangekommen war. Als der Caesar den Betrug merkte, überzeugte er sich, daß Mitleid im Kriege nur schädlich sei, während ein harter Sinn der Hinterlist weniger Raum lasse; voll Zorn über die Verhöhnung ließ er daher den Sturmbock mit noch größerer Gewalt gegen die Mauer anprallen. Sowie der Turm unter den Stößen der Maschine nachgab, steckten Kastor und seine Gefährten ihn in Brand und sprangen durch die Flammen in den darunter befindlichen geheimen Gang, wodurch sie abermals die Römer mit ihrem Mut beeindruckten; denn diese glaubten nicht anders, als daß ihre Gegner sich ins Feuer gestürzt hätten.

8. Kapitel: Eroberung der zweiten Mauer

1. An dieser Stelle stürmte der Caesar die zweite Mauer, fünf Tage nach Einnahme der ersten. Als die Judäer sie aufgegeben hatten, zog er mit tausend Legionären und der auserlesenen Mannschaft, die seine persönliche Bedekkung bildete, da ein, wo der Wollmarkt, die Schmiedewerkstätten und der Kleidermarkt der Neustadt sich befanden und die Gassen schräg auf die Mauer zuliefen. Hätte er nun sofort entweder einen größeren Teil der Mauer niedergerissen oder den eroberten Stadtteil nach Kriegsbrauch zerstört, so wäre meiner Meinung nach sein Sieg durch keinen Verlust getrübt worden. Er hoffte jedoch, wenn er eine harte Maßregel unterließ, zu der er die Macht hatte, könne er die Judäer beschämen; denn wenn er ihnen eine besondere Vergünstigung zuteil werden ließe, so würden sie, meinte er, ihm keinen Hinterhalt legen. Er ließ daher den Eingang nicht so breit herstellen, wie es für einen etwaigen Rückzug zweckmäßig gewesen

wäre; ja, er verbot sogar, nach dem Einzug Gefangene zu töten oder die Häuser in Brand zu stecken. Zugleich bot er den Aufrührern freien Auszug an, wenn sie außerhalb der Stadt kämpfen wollten, so daß das Volk keinen Schaden litte; diesem versprach er, ihm seinen gesamten Besitz wieder zuzustellen. Es lag ihm nämlich sehr viel daran, für sich selbst die Stadt und für diese den Tempel zu retten. Das Volk fand er auch ohne weiteres geneigt, auf seine Vorschläge einzugehen; die kriegslustigen Judäer dagegen faßten seine Menschenfreundlichkeit als Schwäche auf und glaubten, Titus habe das Angebot nur gemacht, weil er sich nicht stark genug fühle, die ganze Stadt in seine Gewalt zu bringen. Den Bürgern drohten sie mit Tod, wenn einer von ihnen auch nur den Gedanken an Übergabe hegen würde, und wer etwas von Frieden verlauten ließ, den stießen sie nieder. Dann griffen sie die einziehenden Römer an, warfen sich teils in den Gassen ihnen entgegen, bedrängten sie teils von den Häusern herab; andere machten durch die oberen Tore Ausfälle und versetzten die auf der Mauer postierten Wachmannschaften in solchen Schrecken, daß sie eilends von den Türmen sprangen und ins Lager zurückliefen. Während nun drinnen die auf allen Seiten von Feinden umringten, draußen die für ihre eingeschlossenen Kameraden besorgten Soldaten ein lautes Geschrei erhoben, wurden die Judäer immer zahlreicher, und da sie durch ihre genaue Bekanntschaft mit den Gassen bedeutend im Vorteil waren, verwundeten sie viele ihrer Gegner und drängten sie unaufhaltsam zurück. Die Römer leisteten mehr notgedrungen Widerstand, weil sie durch die enge Maueröffnung nicht in größeren Massen fliehen konnten, und fast schien es um alle, die in die Stadt eingezogen waren, geschehen zu sein. Da kam Titus ihnen zu Hilfe: Rasch verteilte er die Bogenschützen an den Straßenenden, stürzte sich selbst ins ärgste Gedränge und trieb die Feinde durch einen Hagel von Geschossen zurück. An seiner Seite kämpfte Domitius Sabinus, der auch in diesem Gefecht sich als tapfer bewährte. Unaufhörlich Pfeile abschießend, hinderte der Caesar das Vordringen der Judäer, bis seine Soldaten sich zurückgezogen hatten.

2. So wurden die Römer, nachdem sie schon die zweite Mauer genommen hatten, wieder zurückgeworfen. Die

Kriegspartei drinnen aber triumphierte, und ihre Erfolge machten sie übermütig. Die Römer, meinten sie, würden wohl jetzt nicht mehr wagen, in die Stadt zu kommen, und ebensowenig imstande sein zu siegen, wenn sie es täten. Der Gott verfinsterte ihnen um ihrer Frevel willen den Verstand, daß sie weder sahen, wie die verjagten Truppen nur einen kleinen Teil des römischen Heeres bildeten, noch die sie beschleichende Hungersnot bemerkten. Sie selbst konnten ja noch vom Elend des Volkes sich sättigen und das Lebensblut der Stadt trinken! Die Gutgesinnten aber litten schon seit geraumer Zeit Mangel, und viele starben, weil die notwendigsten Lebensmittel fehlten. In der Vernichtung des Volkes erblickten indes die Empörer nur eine Erleichterung für sich selbst: denn nur die erachteten sie wert, am Leben zu bleiben, die vom Frieden nichts wissen und leben wollten, um die Römer zu bekämpfen; wurde die Menge der Gegner aufgerieben, freuten sie sich, wie von einer Last befreit. So benahmen sie sich gegen die Bewohner der Stadt; die Römer aber schlugen sie, wenn diese wieder einzudringen versuchten, zurück und deckten die Bresche mit ihren Körpern. Drei Tage lang hielten sie in zäher Gegenwehr stand; am vierten aber wurden sie von einem heldenmütigen Angriff des Titus geworfen und wichen in ihre frühere Stellung zurück. Titus war nun wieder Herr der Mauer geworden, deren ganzen nördlichen Teil er sogleich schleifen ließ; in die Türme des südlichen Teils legte er Besatzungstruppen und begann den Sturm auf die dritte Mauer zu planen.

9. Kapitel: Josephus fordert Judäer zur Übergabe auf

1. Einstweilen jedoch beschloß er, mit der Belagerung etwas einzuhalten und den Aufrührern Bedenkzeit zu geben, um zu sehen, ob sie nicht im Hinblick auf die Schleifung der zweiten Mauer oder, da die Plünderungen ihnen keinen genügenden Unterhalt auf längere Zeit mehr verschaffen konnten, aus Furcht vor der Hungersnot sich nachgiebiger zeigen würden. Die Pause nutzte er gut aus. Da der Tag bevorstand, an dem den Mannschaften der Sold (332) ausgezahlt werden mußte, befahl er den Offizieren, das Heer

vor den Feinden antreten zu lassen und jedem Soldaten seine Löhnung auszuzahlen. Die Truppen zogen, wie üblich, mit entblößten Schwertern und in voller Rüstung auf; die Reiter führten ihre geschmückten Pferde am Zügel. Weithin glitzerte die Umgebung der Stadt von Silber und Gold, und so angenehm der Anblick für die Römer war, so schrecklich war er für ihre Feinde. Die alte Mauer in ihrer ganzen Ausdehnung sowie die Nordseite des Tempels waren mit Zuschauern dicht besetzt; selbst die Dächer der Häuser sah man voll Neugieriger, und keinen Platz gab es in der Stadt, der nicht voller Menschen war. Große Furcht überfiel jetzt auch die trotzigsten Judäer, als sie die ganze Heeresmacht an einem Orte versammelt und dazu die Schönheit der Waffen, die vortreffliche Ordnung unter den Soldaten sahen; wie mir scheint, hätten bei diesem Anblick die Empörer anderen Sinnes werden müssen, wenn sie nicht wegen der ungeheuren Verbrechen, die sie am Volk verübt, eine Begnadigung durch die Römer für unmöglich gehalten hätten. Da ihnen, wenn sie die Feindseligkeiten einstellten, der Tod als Strafe bevorstand, zogen sie den Tod im Kampfe vor. Auch forderte die Macht des Verhängnisses, daß die Unschuldigen mit den Schuldigen zugrunde gehen sollten und mit den Aufrührern die ganze Stadt.

2. Vier Tage brauchten die Römer, um an alle Legionen den Sold auszuzahlen. Am fünften teilte Titus, als die Judäer noch immer keine Friedensvorschläge machten, sein Heer in zwei Abteilungen, von denen die eine der Antonia gegenüber, die andere bei dem Grabmal des Joannes Wälle aufwerfen sollte. Von dieser Stelle aus wollte er die obere Stadt, von der Antonia her den Tempel nehmen, denn solange er das Heiligtum nicht eroberte, war an ungefährdeten Besitz der Stadt nicht zu denken. An diesen beiden Stellen also warfen die Legionen je einen Wall auf. Denen, die in der Nähe des Grabmals arbeiteten, suchten die Idumäer und die bewaffnete Mannschaft des Simon, denen bei der Antonia die Leute des Joannes und die Rotte der Zeloten durch Ausfälle Schwierigkeiten zu machen. Hierbei waren die Judäer durch ihren höheren Standort nicht nur mit den Handwaffen im Vorteil, sondern auch dadurch, daß sie inzwischen mit den Maschinen umzugehen gelernt hatten; denn die tägliche Übung steigerte allmählich ihre

Geschicklichkeit. Sie hatten dreihundert Skorpione und vierzig Steinschleudern, mit denen sie die Römer beim Bau der Wälle empfindlich störten. Der Caesar, der die Erhaltung oder den Untergang der Stadt als seine persönliche Sache betrachtete, ließ, während er die Belagerung betrieb, auch die andere Aufgabe nicht außer acht, nämlich die Judäer zur Sinnesänderung zu bewegen. Rat und Tat gingen bei ihm Hand in Hand, und da er wußte, daß man mit Worten oft mehr ausrichten kann als mit Waffen, ermahnte er nicht nur selbst die Belagerten, die schon fast eroberte Stadt durch Übergabe zu retten, sondern sandte in der Hoffnung, ein Landsmann möchte vielleicht mehr erreichen, Josephus ab, um ihnen in ihrer Muttersprache Vorstellungen zu machen.

3. Josephus umging die Mauer, suchte einen Ort, wo er außer Schußweite und doch deutlich vernehmbar war, und legte ihnen wiederholt ans Herz, sie möchten sich selbst und das Volk wie auch die Vaterstadt und den Tempel schonen und gegen dies alles nicht gleichgültiger sein als die Fremden. Während die Römer, die doch andern Glaubens seien, die Heiligtümer ihrer Feinde achteten und bis jetzt ihre Hände davon zurückgehalten hätten, setzten die, die unter dem Schutze dieser Heiligtümer aufgewachsen seien und, wenn sie am Leben blieben, ihre alleinigen Besitzer sein würden, alles daran, sie zu zerstören. Wie sie sähen, seien die stärksten Mauern gefallen, und übrig sei nur noch eine, schwächer als die schon eroberten. Auch wüßten sie ja, daß die Macht der Römer unwiderstehlich sei, und römische Oberherrschaft sei ihnen ebenfalls nichts Neues. Wenn ein Befreiungskrieg ein ruhmvolles Unternehmen sei, so hätten sie ihn gleich anfangs führen sollen; wenn sie aber, nachdem sie einmal unterworfen seien und die Fremdherrschaft sich so lange hätten gefallen lassen, noch das Joch abschütteln wollten, so heiße das nicht nach Freiheit, sondern nach dem Tod verlangen. Unbedeutenderen Oberherren könne man allenfalls die Huldigung verweigern, nicht aber denen, die den Erdkreis in ihrer Gewalt hätten. Was für Länder seien es denn, die noch nicht unter der Botmäßigkeit der Römer ständen? Doch nur solche, die wegen ihrer Hitze oder Kälte keinen Wert hätten. Überall sei das Glück ihr Begleiter gewesen,

und der Gott, der die Herrschaft bei den einzelnen Nationen umgehen lasse, sei jetzt auf Italiens Seite. Übrigens gelte wie bei den Tieren so auch bei den Menschen das Gesetz, daß man dem Stärkeren nachgeben müsse und daß diejenigen Sieger seien, die die kräftigsten Waffen besäßen. Deshalb hätten auch ihre Vorfahren, die an Körperkraft, Seelenstärke und Hilfsquellen ihren Nachkommen weit überlegen gewesen seien, den Römern sich gefügt, was sie gewiß nicht über sich gebracht haben würden, wenn sie nicht eingesehen hätten, daß der Gott mit diesen gewesen sei. Was gebe ihnen, den Belagerten, denn den Mut zum Widerstand? Der größte Teil der Stadt sei doch schon erobert, und sie drinnen seien, auch wenn die Mauern noch stünden, schlimmer dran als Kriegsgefangene. Zudem sei die in der Stadt herrschende Hungersnot, die vorläufig nur das Volk heimsuche, in kurzem aber auch die Kämpfer aufreiben werde, den Römern kein Geheimnis. Wenn diese also auch die Belagerung einstellten und aufhörten, mit dem Schwert in der Hand in die Stadt einzudringen, so sitze den Judäern doch ein unbezwingbarer innerer Feind im Nacken, der mit jeder Stunde an Stärke gewinne. Gegen den Hunger könnten sie sich doch wohl nicht mit den Waffen wehren. Oder seien sie vielleicht die einzigen, die dieser Plage beizukommen verständen? Sie täten daher wohl daran, fuhr Josephus fort, ihren Sinn zu ändern, ehe der Schaden unheilbar werde, und auf ihre Rettung bedacht zu sein, solange es noch Zeit sei. Die Römer würden ihnen nicht nachtragen, was geschehen war, wenn sie ihren Starrsinn nicht aufs Äußerste trieben; es liege in ihrer Art, als Sieger Milde zu beweisen und ihren Vorteil über die Rache zu setzen. Diesen Vorteil wahrten sie aber nicht, wenn sie eine entvölkerte Stadt, auch nicht, wenn sie ein verwüstetes Land in Besitz nähmen. Darum lasse der Caesar auch jetzt noch den Belagerten seine Gnade anbieten. Müsse er aber die Stadt mit Gewalt nehmen, nachdem sie in der äußersten Not seinen Angeboten kein Gehör geschenkt haben, so werde er niemand verschonen. Daß bald auch die dritte Mauer fallen werde, dafür bürge die Erstürmung der beiden ersten, und selbst wenn dieses Bollwerk uneinnehmbar wäre, so streite doch der Hunger gegen die Judäer und für die Römer.

4. Während Josephus diese Worte sprach, verspotteten ihn viele von der Mauer herab; andere beschimpften, einige schossen auf ihn. Da er sie mit klaren Erwägungen nicht zu überzeugen vermochte, erinnerte er sie an die Geschichte ihres Volkes und rief(333): „Ihr Unglücklichen, die ihr vergeßt, wer eure wahren Verbündeten sind, mit Fäusten und Waffen wollt ihr die Römer bekämpfen? Wen haben wir jemals auf diese Weise besiegt? Hat nicht stets Gott, der Schöpfer, die Judäer gerächt, wenn ihnen Unrecht geschah? Schaut zurück auf die Vergangenheit, und seht, auf wen ihr euch im Kampfe verlassen müßt und welch erhabenen Bundesgenossen ihr beleidigt habt. Ruft euch ins Gedächtnis die wunderbaren Taten eurer Väter; erinnert euch, wie viele Feinde einstmals diese heilige Stätte vernichtet hat! Mich schaudert zwar, wenn ich die Taten des Gottes vor unwürdigen Ohren erzählen soll: aber hört mir zu, damit ihr erkennt, daß ihr nicht nur gegen die Römer, sondern auch gegen den Gott kämpft. Necho, der König von Ägypten, den man auch Pharao nennt(334), zog seiner Zeit mit Tausenden von Kriegern in unser Land und raubte die Fürstin Sara(335), die Stammutter unseres Volkes. Was tat nun ihr Gatte Abram, unser Ahnherr? Hat er sich an dem Frevler mit den Waffen gerächt? Nein – sondern obwohl er 318 Unterbefehlshaber hatte, die jeder über ein ungezähltes Heer geboten, hielt er sich trotzdem für verlassen, wenn Gott ihm nicht beistand; er hob seine reinen Hände empor zu dem Ort, den ihr jetzt entweiht, und gewann die Hilfe des nie besiegten Kampfgenossen. Wurde daraufhin nicht gleich am zweiten Abend die Fürstin unberührt ihrem Gatten zurückgesandt, während der Ägypter, nachdem er an der von euch mit Brudermord befleckten Stätte gebetet, geschreckt durch nächtliche Traumgesichte, davonfloh und die von Gott geliebten Hebräer mit Gold und Silber beschenkte? Brauche ich zu reden von der Auswanderung unserer Väter nach Ägypten, wo sie 400 Jahre lang vergewaltigt und von fremden Königen unterdrückt wurden, aber, anstatt sich, wie sie konnten, mit den Waffen in der Hand zu wehren, ihre Sache dem Gott anvertrauten? Wer weiß nicht, wie Ägypten hierauf von allen Arten Getier wimmelte und von allen möglichen Krankheiten heimgesucht wurde, wie das Land seine

Fruchtbarkeit, der Nil sein Wasser verlor und zehn Plagen aufeinanderfolgten und wie daraufhin unsere Väter mit sicherem Geleit entlassen wurden, ohne Blutvergießen, ohne Gefahr, weil der Gott die Hüter seines Heiligtums führte? Und seufzte nicht das ganze Land der Philister(336), als die Syrer unsere heilige Lade geraubt hatten, und mit ihnen der Götze Dagon und alle, die sie weggeschleppt hatten? Geschwüre entstanden an ihren Schamteilen, und mit den Exkrementen gingen ihnen die Eingeweide ab; darum brachten dieselben Hände, die sie geraubt, unter Zymbel-(337) und Paukenklang die Lade wieder zurück, und sie sühnten das Heiligtum mit zahllosen Opfern. Gott war es, der unseren Vätern diese Genugtuung gab, weil sie, ohne zum Schwert zu greifen, ihm die Entscheidung anheimstellten. Fiel der Assyrerkönig Sanherib, als er mit Völkern aus ganz Asien diese Stadt umzingelt hatte, durch Menschenhände? Keineswegs – denn diese ruhten vom Kampf und waren zum Gebet ausgestreckt; aber ein Engel des Gottes schlug in einer einzigen Nacht das zahllose Heer, und als der Assyrer sich mit Tagesanbruch erhob, fand er 185 000 Tote und floh mit dem Rest seines Heeres vor den unbewaffneten Hebräern, die ihn nicht einmal verfolgten. Bekannt ist euch auch die Gefangenschaft in Babylon, wo das Volk siebzig Jahre lang fern der Heimat leben mußte und niemals daran dachte, seine Befreiung zu erzwingen, bis Kyros zu Ehren des Gottes sie freiwillig gewährte und unter seinem Schutz das Heiligtum des Bundesgottes wiederhergestellt wurde. Überhaupt läßt sich kein Fall anführen, in dem unsere Väter mit dem Schwert allein etwas ausgerichtet hätten oder ohne Waffen unterlegen gewesen wären, wenn sie ihre Sache dem Gott anheimstellten. Blieben sie ruhig zu Hause, so siegten sie nach dem Ratschluß des göttlichen Richters; zogen sie zum Kampf aus, so wurden sie stets geschlagen. Als zum Beispiel der Babylonierkönig diese Stadt belagerte und unser König Zedekia sich trotz der Warnung des Propheten Jeremias in eine Schlacht einließ, geriet Zedekia selbst in Gefangenschaft, und er sah die Stadt und den Tempel zerstört. Und doch, um wie vieles maßvoller war jener König als eure Führer, war sein Volk als ihr! Denn weder König noch Volk trachteten Jeremias nach dem Leben, als dieser mit lauter Stimme verkündete, sie seien um ihrer Sünden willen dem Gott verhaßt und würden, wenn sie die Stadt nicht übergäben, gefangen weggeschleppt werden. Ihr dagegen – von den Verbrechen, die ihr drinnen begeht, will ich gar nicht reden, da mir Worte fehlen, sie zu schildern – beschimpft und beschießt mich, der ich euch zu Gutem rate, weil ich euch an eure Sünden erinnere; und ihr mögt nicht einmal reden hören von dem, was ihr Tag um Tag verübt. Nun aber weiter! Als Antiochos mit dem Beinamen Epiphanes, der Frevel über Frevel gegen die Gottheit begangen hatte, die Stadt bedrängte, machten unsere Vorfahren einen bewaffneten Ausfall, und was geschah? Sie wurden niedergemetzelt, die Stadt von den Feinden geplündert, und das Heiligtum lag drei Jahre und sechs Monate verödet. Wozu bedarf es weiterer Beispiele! Aber was brachte die Römer dazu, gegen dieses Volk zu ziehen? War es nicht die Gottlosigkeit seiner Bewohner? Und was gab den Anlaß zur Unterjochung Judäas? War es nicht der Bürgerkrieg unserer Vorfahren, als der Wahnsinn von Aristobulos und Hyrkanos und die zwischen ihnen herrschende Feindschaft den Pompeius gegen Jerusalem führte und der Gott das Volk, das die Freiheit nicht mehr wert war, den Römern unterwarf? Nach dreimonatiger Belagerung ergaben sie sich, und doch hatten sie nicht in dem Maße wie ihr gegen Gesetz und Tempel sich vergangen; auch besaßen sie weit bedeutendere Mittel zur Kriegsführung. Wohlbekannt ist das Ende von des Aristobulos Sohn Antigonos, unter dessen Regierung der Gott das sündige Volk abermals knechten ließ: des Antipatros Sohn Herodes führte Sosius, Sosius das Heer der Römer hierher, das Jerusalem einschloß und sechs Monate lang belagerte, bis seine Bewohner zur Strafe für ihre Schandtaten bezwungen und die Stadt geplündert wurde. So war das Volk zu keiner Zeit auf Waffen angewiesen, und Kriegführen brachte immer Unterjochung mit sich. Wer die heilige Stätte besetzt hält, sollte meiner Meinung nach die Entscheidung dem Gott anheimstellen und, indem er den Richter im Himmel für seine Sache zu gewinnen sucht, auf menschliche Hilfe verzichten. Welche von den Vorschriften aber, die der Gesetzgeber (338) gesegnet hat, habt ihr befolgt? Und was habt ihr unterlassen von dem, was er verfluchte? Wie viel gottloser seid ihr als eure Väter, die früher besiegt wurden? Heimliche Sünden, wie Diebstahl, Hinterlist und Ehebruch, sind euch schon zu unbedeutend; in Raub und Mord wetteifert ihr und bahnt neue, nie betretene Wege der Bosheit. Der Tempel ist ein Schlupfwinkel für alle geworden, und eigene Hände haben die gottgeweihten Stätte verunreinigt, die selbst die Römer von fern verehrten, indem sie unseren Gesetzen zuliebe manche ihrer eigenen Sitten aufgaben. Und trotz alledem erwartet ihr noch Hilfe von dem, gegen den ihr so gefrevelt habt? Aber selbst wenn ihr so gerechte Bittsteller wäret und mit ebenso reinen Händen um göttlichen Beistand flehtet, wie einst unser König(339), als er sich Hilfe gegen die Assyrer erbat und der Gott jenes gewaltige Heer in einer Nacht zu Boden schlug – ist denn das Beginnen der Römer dem der Assyrer zu vergleichen, so daß ihr eine ähnliche Hilfe erhoffen könntet? Hat nicht Hiskia von den Assyrern die Schonung der Stadt mit Geld erkauft, und sind sie nicht dennoch eidbrüchig herangekommen, den Tempel niederzubrennen? Die Römer hingegen fordern lediglich den herkömmlichen Tribut, den unsere Väter den ihrigen schon entrichteten. Haben sie diesen erlangt, wollen sie weder die Stadt zerstören noch das Heiligtum antasten; vielmehr geben sie uns alles übrige, unsere Familien, den Besitz unseres Vermögens, frei und schützen die heiligen Gesetze. Es ist Wahnsinn zu erwarten, daß der Gott sich gegen Gerechte ebenso erzeigen werde wie gegen Ungerechte. Ohnehin weiß er ja schnell zu helfen, wenn es not tut. Die Assyrer hat er in der ersten Nacht, da sie vor Jerusalem lagerten, zerschmettert; wenn er daher unser Geschlecht der Freiheit oder die Römer der Bestrafung wert erachtete, so würde er, wie einst über die Assyrer, auf der Stelle auch über die Römer gekommen sein, als Pompeius das Volk unterwarf, als später Sosius heranrückte, als Vespasian Galiläa verheerte und als in diesen Tagen Titus sich der Stadt näherte. Allein Pompeius Magnus und Sosius blieben nicht ungeschlagen, sondern sie eroberten auch die Stadt in siegreichem Ansturm, und Vespasian legte in dem Kriege mit uns den Grund zu seiner jetzigen Herrscherwürde. Titus vollends fließen selbst die Quellen ergiebiger, die vorher für euch kein Wasser gaben. Vor seiner

Ankunft waren, wie ihr wißt, die Siloaquelle und alle Quellen außerhalb der Stadt versiegt; jetzt aber strömen diese Quellen für eure Feinde so reichlich, daß sie nicht nur für die Römer selbst und deren Vieh, sondern auch noch für die Gärten hinreichend Wasser spenden. Übrigens kennt ihr dieses Wunder schon von einer früheren Eroberung her(340), nämlich aus der Zeit, da der erwähnte Babylonier die Stadt einnahm und den Tempel niederbrannte, obwohl die damaligen Bewohner keine derartigen Gottlosigkeiten begangen hatten wie ihr. Ich muß daher annehmen, daß die Gottheit aus dem Allerheiligsten geflohen ist und jetzt auf seiten derer steht, die ihr bekämpft. Wenn schon ein ehrbarer Mensch ein lasterhaftes Haus flieht und seine Bewohner verabscheut, glaubt ihr dann, daß der Gott in einem besudelten Haus bleiben werde, er, der alles, auch das Verborgene, sieht und das Verschwiegene hört? Und was ist bei euch verschwiegen und verborgen? Was ist nicht alles selbst den Feinden schon zu Ohren gekommen! Ihr prahlt mit eurer Übertretung der Gesetze, wetteifert täglich, wer der Schlechtere ist, und tragt eure Schandtaten zur Schau, als wären es Tugenden. Aber dennoch steht euch ein Weg zur Rettung offen, wenn ihr ihn betreten wollt, und die Gottheit verzeiht denen gern, die geständig sind und bereuen. Verstockte! Werft eure Rüstungen weg, habt Mitleid mit unserer schon halb zerstörten Vaterstadt; wendet euch um und seht, welche Schönheit, welche Stadt, welchen Tempel, wie vieler Völker Geschenke ihr preiszugeben im Begriffe steht! Wer möchte an das alles Feuer legen, wer es verschwinden lassen wollen? Was verdiente mehr als dies, erhalten zu werden? Oder seid ihr unerbittlicher, gefühlloser als Steine? Doch wenn ihr dafür kein Auge habt, so erbarmt euch doch eurer Familien? Stelle jeder sich seine Kinder, seine Frau, seine Eltern vor, die binnen kurzem der Hunger oder das Schwert wegraffen wird! Ich weiß wohl, auch ich habe eine Mutter, eine Frau, eine nicht unangesehene Familie und ein altberühmtes Geschlecht in dieser Gefahr; vielleicht glaubt ihr, daß ich um ihretwillen so rate. Tötet sie, nehmt mein eigenes Blut als Preis für eure Rettung; denn auch ich bin zu sterben bereit, wenn ich durch meinen Tod bewirken kann, daß ihr euch eines Bessern besinnt!“

10. Kapitel: Hungersnot in Jerusalem

1. Trotz dieser eindringlichen Worte, die Josephus seinen Landsleuten unter Tränen zurief, vermochte er die Empörer weder zum Nachgeben zu bewegen noch sie zu überzeugen, daß sie im Falle der Übergabe sicher seien; das Volk jedoch wurde angeregt überzulaufen. Einige verkauften ihren Grundbesitz zu Spottpreisen, andere ihre kostbaren Kleinodien, verschluckten die dafür gelösten Goldstücke, damit sie nicht von den Räubern entdeckt würden, und gingen zu den Römern über. Gaben sie es dann auf dem natürlichen Wege wieder von sich, so waren sie für die notwendigsten Bedürfnisse versehen, denn Titus ließ die meisten ziehen, wohin sie wollten. Hierdurch wurde die Lust zum Feinde überzulaufen, noch größer, weil man so dem Jammer in der Stadt entging, ohne in die Sklaverei der Römer zu geraten. Die Leute des Joannes und des Simon suchten die Flucht der Judäer aus der Stadt mit größerem Eifer zu verhindern als die Einfälle der Römer, und auf wen nur ein Schatten von Verdacht fiel, wurde ohne weiteres niedergestoßen.

2. Für die Wohlhabenden war übrigens das Verbleiben in der Stadt ebenso verderblich wie die Flucht; denn unter dem Vorwand der Flucht wurde mancher um seines Vermögens willen umgebracht. Mit der Hungersnot stieg die Wut der Aufrührer, und beide Plagen wurden von Tag zu Tag entsetzlicher. Da öffentlich nirgends mehr Getreide zu sehen war, drangen sie in die Häuser ein und durchsuchten sie. Fand sich etwas, so wurden die Bewohner mißhandelt, weil sie den Besitz abgeleugnet, fand sich nichts, wurden sie gefoltert, weil sie das Getreide mit so großer Sorgfalt versteckt hätten. Ob Lebensmittel vorhanden waren oder nicht, schloß man aus dem körperlichen Zustand der Unglücklichen. Wer noch wohlgenährt aussah, von dem nahm man an, daß er Speisen vorrätig habe; die Ausgemergelten dagegen ließ man laufen, weil man es für unsinnig hielt, Leute zu töten, die doch bald Hungers sterben würden. Viele der reicheren Bürger gaben heimlich ihr ganzes Vermögen für ein einziges Maß Weizen, ärmere für ein Maß Gerste. Dann schlossen sie sich in den verborgensten Winkeln der Häuser ein und aßen in ihrem

Heißhunger das Getreide ungemahlen oder buken es, wie Not und Angst es eben gestatteten. Ein Tisch wurde nirgends mehr gedeckt, sondern halbgar zog man die Speisen aus dem Feuer und verschlang sie gierig.

3. Mitleiderregend war die Nahrung, und beweinenswert das Schauspiel: die Stärkeren hatten im Überfluß, den Schwachen blieb nur die Klage. Über alle Gefühle setzt sich der Hunger hinweg, keines aber tötet er so völlig wie die Scham; denn worauf man sonst noch Rücksicht nehmen zu müssen glaubt, das läßt man im Hunger außer acht. So rissen hier Frauen den Männern, Kinder den Vätern und, was das jammervollste war, Mütter ihren Säuglingen die Speisen vom Mund; während die Lieblinge in ihren Armen verschmachteten, scheuten sie sich nicht, ihnen den letzten Tropfen wegzunehmen. Aber selbst bei dieser Art, den Hunger zu stillen, wurden sie von den Empörern entdeckt, die überall lauerten, um auch das Letzte zu rauben. Sowie sie ein Haus verschlossen sahen, galt dies als Zeichen, daß die Bewohner aßen; sofort zertrümmerten sie die Türen, stürzten hinein und rissen ihnen die Bissen förmlich aus dem Munde. Greise, die ihr Stück Brot festhielten, wurden geschlagen, Frauen an den Haaren herumgezerrt, wenn sie etwas in den Händen zu verbergen trachteten. Weder alt noch jung konnte auf Mitleid rechnen: Kinder, die an ihren Bissen hingen, wurden ergriffen und zu Boden geschleudert. Verschlang aber jemand, um den Räubern zuvorzukommen, das, was ihm genommen werden sollte, so verfuhren sie mit ihm noch grausamer, als hätte man sie ihres Rechts beraubt. Foltern schrecklicher Art ersannen sie, um Nahrungsmittel aufzuspüren: Sie verstopften den Unglücklichen die Öffnungen der Scham mit Erbsen und stießen ihnen spitze Stäbe ins Gesäß. Entsetzliche Qualen mußte mancher erdulden, nur damit er ein Stück Brot verrate oder eine Handvoll verstecktes Mehl. Die Peiniger selbst aber litten keinen Mangel – freilich wäre ihr Beginnen weniger grausam gewesen, wenn die Not sie dazu getrieben hätte –, sondern sie bezweckten nichts anderes, als ihre Wut zu sättigen und sich für die kommenden Tage mit einem Vorrat zu versehen. Trafen sie jemand, der bei Nacht sich bis in die Nähe der römischen Posten geschlichen hatte, um wildwachsendes Gemüse und Kräuter

zu sammeln, nahmen sie ihm, wenn er eben den Feinden entkommen zu sein glaubte, alles wieder ab; und mochte er auch noch so flehentlich bitten und den Namen des Gottes anrufen, ihm doch wenigstens einen Teil von dem zu lassen, was er mit Lebensgefahr geholt, so vergönnten sie ihm doch nicht das mindeste; ja, der Geplünderte konnte von Glück reden, wenn er nicht ermordet wurde.

4. Solche Mißhandlungen mußten sich die ärmeren Leute von den Spießgesellen der Tyrannen gefallen lassen; die angesehenen und reichen dagegen wurden vor diese selbst geführt und teils auf falsche Anklagen hin wegen geheimer Umtriebe, teils unter dem Vorwand getötet, daß sie die Stadt den Römern hätten verraten wollen. In der Regel ließ man einen Angeber auftreten, der sie beschuldigte, sie seien willens gewesen, zum Feind überzugehen. War der Angeklagte von Simon ausgeplündert, so wurde er zu Joannes geschickt, und die von Joannes Beraubten nahm Simon in Empfang. So tranken sie sich gegenseitig gleichsam das Blut ihrer Mitbürger zu und teilten sich in die Leichen der Unglücklichen. Wegen der obersten Gewalt lagen sie miteinander im Streit, in der Verübung von Verbrechen aber waren sie einmütig. Wer einen andern an der Mißhandlung von Mitbürgern nicht teilnehmen ließ, galt als selbstsüchtiger Schurke, und wer nicht teilnehmen durfte, bedauerte diesen Ausschluß wie den Verlust eines wertvollen Gutes.

5. Die Frevel der Tyrannen im einzelnen zu schildern, ist unmöglich; darum kurz gesagt: Keine Stadt hat je ähnliches auszustehen gehabt, und kein Geschlecht, solange die Welt steht, war erfinderischer in Werken der Bosheit. Zuletzt fluchten sie dem Volk der Hebräer, um gegen Fremde weniger ruchlos zu erscheinen, und gaben sich damit selbst als das zu erkennen, was sie waren: Sklaven, zusammengelaufenes Gesindel und der Abschaum des Volkes. Sie waren es, die die Stadt zerstörten: Sie nötigten den Römern gegen deren Willen einen so traurigen Sieg auf und schleppten sozusagen das zögernde Feuer in den Tempel hinein. Ohne Schmerz, ohne Träne sahen sie ihn von der oberen Stadt aus in Flammen aufgehen. Bei den Römern fanden diese Gefühle Raum, doch werden wir darauf bei der Erzählung der Begebenheiten selber zurückkommen.

11. Kapitel: Kreuzigung von Judäern

1. Unterdessen ließ Titus den Bau der Wälle beschleunigen, wiewohl seine Leute von der Mauer her stark beschossen wurden. Zugleich sandte er Reiterabteilungen aus, um den Judäern aufzulauern, die auf der Suche nach Nahrungsmitteln in die Schluchten hinabgestiegen waren. Unter diesen befanden sich auch manche Kämpfenden, denen das Geraubte nicht mehr langen wollte; meist aber waren es arme Leute aus den niederen Volksschichten, die nur die Sorge um ihre Angehörigen abhielt, zu den Römern überzugehen. Denn wenn sie mit Frau und Kind fliehen wollten, hatten sie keine Aussicht, der Wachsamkeit der Empörer zu entgehen; die Ihrigen aber zurückzulassen, konnten sie sich nicht entschließen, weil sie dann um ihrer, der Entflohenen willen, ermordet würden. Den Mut, die Stadt zu verlassen, flößte ihnen der Hunger ein; waren sie unbemerkt hinausgelangt, drohte ihnen nur noch die Gefahr, den Feinden in die Hände zu fallen. Wurden sie ergriffen, so wehrten sie sich aus Angst vor Strafe; nachdem sie aber einmal Widerstand geleistet hatten, schien es ihnen zu spät, um Gnade zu bitten. Sie wurden zunächst gegeißelt und allen möglichen Foltern unterworfen, schließlich angesichts der Mauer gekreuzigt und getötet. Titus hatte zwar Mitleid mit ihrem Schicksal, zumal täglich 500, manchmal auch noch mehr Gefangene eingebracht wurden, hielt es aber anderseits für gefährlich, diese mit Gewalt bezwungenen Judäer frei ausgehen zu lassen; denn hätte man eine solche Menge bewachen wollen, so wären sie leicht eine Wache ihrer Wächter geworden. Der Hauptgrund aber, weshalb er die Hinrichtung der Gefangenen zuließ, war die Hoffnung, der Anblick werde die Belagerten zum Nachgeben bewegen, da sie ein gleiches Schicksal zu gewärtigen hatten, wenn sie sich nicht ergaben. Die Soldaten nagelten in ihrer Erbitterung die Gefangenen zum Hohn in den verschiedensten Körperlagen an, und da ihrer so viele waren, fehlte es bald an Raum für die Kreuze und an Kreuzen für die Leiber.

2. Weit entfernt jedoch, auf dieses grauenhafte Schauspiel hin ihren Sinn zu ändern, benutzten es die Aufrührer dazu, auch das übrige Volk umzustimmen. Sie schleppten

die Angehörigen der Überläufer und die Bürger, die auf Übergabe drangen, zur Mauer und zeigten ihnen, was die zu erdulden hatten, die zum Feinde geflohen waren; zugleich behaupteten sie, die Gekreuzigten seien als Schutzflehende, nicht als Kriegsgefangene so behandelt worden. Das hielt manchen, der sich mit dem Gedanken an Flucht getragen hatte, in der Stadt zurück, bis der wahre Sachverhalt bekannt wurde. Einige jedoch flohen sogleich ihrem sicheren Verderben entgegen, da sie den Tod von Feindeshand im Vergleich mit dem durch Hunger für eine Wohltat hielten. Vielen Gefangenen ließ Titus die Hände abhauen, damit sie nicht für Überläufer gehalten würden und ihr jammervoller Zustand ihnen Glauben verschaffe, schickte sie zu Joannes und Simon zurück und ließ ihnen sagen, sie sollten doch einhalten und ihn nicht zwingen, die Stadt zu verwüsten, sondern endlich in sich gehen und nicht nur ihr eigenes Leben, sondern auch ihre herrliche Vaterstadt und den Tempel retten, der fortan nur ihnen gehören solle. Inzwischen umritt er die Wälle und feuerte die Schanzarbeiter an, um zu zeigen, daß er seine Drohungen bald wahr machen werde. Die Antwort der auf der Mauer befindlichen Judäer bestand darin, daß sie den Caesar und seinen Vater beschimpften. Der Tod, riefen sie, den sie verachteten, sei ihnen lieber als die Sklaverei; den Römern aber würden sie Schaden zufügen, solange noch Atem in ihnen sei. An der Vaterstadt liege ihnen nichts, da sie ja doch, wie Titus sage, zugrunde gehen müßten, und der Gott habe noch einen besseren Tempel als diesen, nämlich die Welt. Doch auch der Tempel Jerusalems werde von dem, der in ihm wohne, gerettet werden; mit ihm im Bunde verlachten sie jede Drohung, hinter der die Tat zurückbleibe: denn der Ausgang stehe bei dem Gott. Solche Äußerungen, mit Schmähworten vermischt, riefen sie dem Caesar zu.

3. Um diese Zeit fand sich auch Antiochos Epiphanes (341) an der Spitze einer stattlichen Schar Schwerbewaffneter und mit einer Leibwache, der sogenannten makedonischen Truppe, vor Jerusalem ein. Es waren lauter gleichaltrige, schlankgewachsene Leute, kaum über die Knabenjahre hinaus, auf makedonische Art ausgerüstet und geschult, woher auch ihre Benennung rührte; die meisten jedoch

blieben hinter dem Ruhm dieses Volkes zurück. Von allen Königen, die der römischen Oberherrschaft unterstanden, war der Kommagener wohl der glücklichste, ehe sich sein Schicksal wandte; aber auch an ihm bewahrheitete sich noch in seinem Greisenalter der Satz, daß niemand vor seinem Tode glücklich zu preisen ist. Sein Sohn, der damals zu einer Zeit erschien, als der Vater noch auf dem Gipfel seines Glückes stand, wunderte sich, daß die Römer mit dem Sturm auf die Mauer zögerten; er selbst war ein gewandter Krieger, von Natur waghalsig und so stark, daß seine Tollkühnheit selten erfolglos blieb. Titus lächelte und entgegnete nur: „Unsere Aufgabe sei auch die eurige." Da stürmte Antiochos, wie er war, mit seinen Makedonen gegen die Mauer an. Er wußte infolge seiner Stärke und Gewandtheit den Geschossen der Judäer auszuweichen, während er selbst seine Pfeile abschoß; seine jungen Krieger aber wurden bis auf ein kleines Häuflein aufgerieben. Diese hielten, um ihrem Versprechen nicht untreu zu werden, im Kampfe aus und traten endlich, vielfach verwundet, den Rückzug an. Sie hatten gelernt, daß selbst echte Makedonen, wenn sie siegen wollen, Alexanders Glück benötigen.

4. Mit Mühe und nach siebzehntägiger unausgesetzter Arbeit vollendeten die Römer am neunundzwanzigsten des Monats Artemisios den Bau der Wälle, den sie am zwölften desselben Monats begonnen hatten. Vier Hauptwälle hatten sie angelegt. Der eine, der Antonia gegenüber, war von der fünften Legion durch den sogenannten Struthionteich, ein anderer etwa zwanzig Ellen entfernt von der zwölften Legion aufgeworfen worden. Die zehnte Legion hatte in bedeutendem Abstand davon im Norden beim sogenannten Amygdalonteich ihren Wall errichtet(342); dreißig Ellen weiter, am Grabmal des Hohenpriesters Joannes, befanden sich die Schanzarbeiten der fünfzehnten Legion. Schon wurden die Maschinen herbeigeschafft, als Joannes von innen her in dem Zwischenraum zwischen der Antonia und den Wällen einen unterirdischen Gang graben und ihn, wie zugleich damit die Werke selbst, durch Pfähle stützen ließ. Dann brachte er mit Pech und Asphalt bestrichenes Holz hinein und zündete es an. Als die Pfähle von unten herauf verbrannt waren, fiel der

Gang zusammen, und die Verschanzungen stürzten mit heftigem Getöse nach. Zuerst erhob sich nur ein dichter, mit Staub untermischter Qualm, da das Feuer durch den Schutt halb erstickt war; als aber das zusammengestürzte Holz verkohlt war, brach die Flamme lichterloh hervor. Dieses unvorhergesehene Ergebnis versetzte die Römer in Schrecken, und die List, mit der es ersonnen war, entmutigte sie. Da sie schon geglaubt hatten, dem Sieg nahe zu sein, kühlte diese Niederlage auch die Hoffnungen, die sie auf die Zukunft setzten, bedeutend ab. Das Feuer zu löschen, hielten sie für zwecklos; denn wenn es auch gelänge, blieben die Dämme doch versunken.

5. Zwei Tage später griff Simon mit seinen Anhängern die anderen Wälle an, wo die Römer bereits die Sturmböcke herangebracht hatten und mit ihnen die Mauer erschütterten. Ein gewisser Tephthaios aus Garis in Galiläa, ferner Magassaros, ein königlicher Diener der Mariamme(343), und ein Adiabener, des Nabataios Sohn, nach einem körperlichen Gebrechen Keagiras, das ist der Lahme, genannt, ergriffen Fackeln und stürmten auf die Maschinen los. Tollkühnere Männer und gefürchtetere als sie hatte die Stadt in diesem Kriege nicht aufzuweisen; denn als wenn sie Freunden entgegenzögen und nicht dichtgedrängten Feinden, zeigten sie weder Furcht, noch gaben sie ihren Plan auf, sondern drangen mitten durch die Reihen der Feinde vor, um die Maschinen in Brand zu stecken. Ein Hagel von Geschossen empfing sie, und von allen Seiten wurden sie mit dem Schwert angegriffen; gleichwohl zogen sie sich nicht eher aus ihrer gefährlichen Stellung zurück, als bis das Feuer die Sturmböcke ergriffen hatte. Als die Flamme emporschlug, liefen die Römer aus den Lagern zur Hilfe herbei; die Judäer aber drängten sie von der Mauer weg und gerieten mit denen, die den Brand löschen wollten, ins Handgemenge, wobei sie ihr Leben nicht im mindesten schonten. Während die Römer ihre Sturmböcke, über denen das Flechtwerk schon brannte, aus dem Feuer zogen, suchten die Judäer mitten in den Flammen sich der Maschinen zu bemächtigen und ließen sie nicht los, selbst wenn sie glühendes Eisen anfassen mußten. Von den Böcken sprang das Feuer auf die Wälle über, bevor die Hilfsmannschaft es verhindern konnte. Schließ-

lich gaben die Römer, als rings um sie her der Brand wütete, jede Hoffnung auf, ihre Werke zu erhalten, und zogen sich ins Lager zurück. Die Judäer, durch neue Truppen aus der Stadt verstärkt und durch ihren Erfolg kühn gemacht, stürmten ungestüm vorwärts und erreichten die Lagerverschanzungen, wo sie mit den Wachen handgemein wurden. Vor dem Lager stehen bei den Römern Wachtposten, die regelmäßig abgelöst werden; nach dem Gesetz wird jeder, der aus irgendeinem Grund seinen Posten verläßt, mit dem Tode bestraft. Die Wachen wollten lieber als Soldaten sterben als hingerichtet werden und hielten stand; viele von denen, die geflohen waren, machten aus Scham wieder kehrt, als sie ihre Kameraden bedrängt sahen. Auf der Umwallung des Lagers pflanzten sie schnell die Skorpione auf und hielten damit den aus der Stadt hervorgebrochenen Haufen ab, der zu seiner Sicherheit und seinem Schutze keinerlei Vorsichtsmaßregeln getroffen hatte. Die Judäer schlugen sich mit jedem, der ihnen in den Weg kam, und warfen sich nicht selten unvorsichtigerweise mit ihrem Körper selbst in die Speere ihrer Gegner. Weniger durch wohlüberlegtes als durch tollkühnes Handeln waren sie den Römern voraus, und diese wichen mehr darum zurück, als weil sie besonderen Schaden erlitten hätten.

6. Da erschien Titus von der Antonia, wohin er sich begeben hatte, um einen Platz für andere Dämme auszusuchen. Er warf ihnen vor, daß sie, im Besitz der feindlichen Mauern, ihre eigenen Werke preisgäben und nun selbst die Rolle der Belagerten spielten, nachdem sie die Judäer aus ihrem Gefängnis gegen sich losgelassen hätten. Dann fiel er mit seinen Kerntruppen den Feinden in die Flanke. Obwohl diese jetzt auch von vorn bedrängt wurden, wandten sie sich ebenso gegen Titus und wehrten sich tapfer. Bald entstand ein wirres Durcheinander der Schlachtreihen: Der Staub blendete die Augen, das Geschrei betäubte die Ohren, und hüben wie drüben konnte man den Freund vom Feinde nicht mehr unterscheiden. Während die Judäer jetzt weniger im Gefühl ihrer Stärke als aus Verzweiflung standhielten, spornte die Römer der Gedanke an Ruhm und Waffenehre sowie die Rücksicht auf den Caesar an, der allen voran der Gefahr ins Auge

sah. In ihrer Erbitterung würden sie, glaube ich, schließlich die Judäer ausnahmslos niedergemacht haben, hätten diese sich nicht, ohne den Ausgang des Treffens abzuwarten, in die Stadt zurückgezogen. Das Einsinken der Dämme machte die Römer mutlos, da sie die Arbeit vieler Tage in einer Stunde vernichtet sahen, und viele verzweifelten daran, mit den gewöhnlichen Maschinen die Stadt erobern zu können.

12. Kapitel: Bau einer Ringmauer

1. Titus hielt mit seinen Heerführern Kriegsrat. Die hitzigeren unter ihnen waren der Meinung, man solle mit dem ganzen Heer auf einmal die Mauern zu erstürmen suchen. Bis jetzt seien die Judäer nur mit einzelnen Abteilungen in Kampf gekommen; wenn man aber in Masse gegen sie vorrücke, würden sie den Ansturm nicht aushalten können, da der Geschoßhagel sie völlig niederwerfen müsse. Von den Besonneneren rieten die einen, abermals Dämme zu bauen, die anderen, ohne dergleichen Werke die Belagerung fortzusetzen, lediglich zu verhindern, daß Einwohner die Stadt verlassen oder Lebensmittel eingeführt werden. So würden die Feinde dem Hunger überlassen, ohne daß man sich weiter mit ihnen schlage; denn gegen die Verzweiflung könne man nicht kämpfen. Durchs Schwert zu fallen, sei der Wunsch der Judäer; ginge dieses nicht in Erfüllung, so wartete ihrer nur ein noch schrecklicheres Los. Titus hielt es nicht für ehrenvoll, mit einem so großen Heer ganz müßig zu liegen, anderseits aber auch für unnötig, mit Leuten zu kämpfen, die sich selbst zerstörten. Neue Wälle aufzuwerfen, erklärte er wegen Mangel an Bauholz für schwierig, sämtliche Ausgänge zu sperren für noch schwieriger; denn mit dem Heere die Stadt völlig zu umzingeln, sei wegen der Größe Jerusalems und der ungünstigen Bodenverhältnisse nicht leicht, auch mit Rücksicht auf feindliche Ausfälle gefährlich. Übrigens würden die Belagerten, wenn man auch alle bekannten Ausgänge bewache, in der Not und gestützt auf ihre Ortskenntnis, geheime ersinnen. Werde auf verborgenen Wegen Proviant in die Stadt geschafft, so müsse die Belagerung sich da-

durch in die Länge ziehen, und er fürchte, daß, je mehr Zeit verstreiche, desto weniger Ruhm mit dem Sieg verbunden sein möchte. Auf die Dauer könne man freilich alles zu Ende führen, aber der Ruhm sei wesentlich durch rasches Handeln bedingt. Um Schnelligkeit mit Sicherheit zu vereinigen, müsse man die ganze Stadt mit einer Ringmauer umschließen; nur so könne man alle Auswege sperren, und die Judäer müßten entweder verzweifelt die Stadt übergeben oder, ohne daß die Römer ein Glied zu rühren brauchten, der Hungersnot zum Opfer fallen. Selbstverständlich werde er auch in diesem Falle nicht untätig bleiben, sondern neue Wälle anlegen lassen, da er dann einen viel schwächeren Widerstand zu erwarten habe. Halte jemand dieses Werk für zu groß und zu schwer ausführbar, so solle er bedenken, daß kleine Unternehmungen der Römer nicht würdig seien und etwas Bedeutendes ohne Anstrengung zu vollenden keinem leicht sei außer der Gottheit.

2. Mit diesen Worten überzeugte er die Heerführer und gab sogleich Befehl, den Truppenteilen ihre Arbeit anzuweisen. Ein wunderbarer Eifer ergriff die Soldaten, und nachdem die einzelnen Strecken der zu bauenden Ringmauer verteilt waren, wetteiferten nicht nur die Legionen, sondern in diesen auch die Kohorten im Bau. Der Soldat suchte dem Dekurio, der Dekurio dem Zenturio und dieser dem Tribun zu gefallen; der Ehrgeiz der Tribunen strebte nach dem Beifall der Legaten, und deren Wetteifer belohnte der Caesar. Titus machte nämlich mehrmals am Tage die Runde, um das Werk zu besichtigen. Von dem Lager der Assyrer aus, wo er sein Hauptquartier hatte, führte er die Mauer in die untere Neustadt, von hier über den Kedron an den Ölberg und ließ sie dann nach Süden hin den Berg bis zum Peristereonfelsen (344) sowie den benachbarten Hügel umfassen, der sich über dem Tal bei der Siloaquelle erhebt; von da an verlief sie in westlicher Richtung und senkte sich in das Quelltal. Dann erstreckte sie sich bei dem Grabmal des Hohenpriesters Ananos (345) aufwärts und schloß den Berg ein, bei dem einst Pompeius gelagert hatte, zog sich hierauf gegen Norden an einem Erbsenhaus genannten Dorf vorbei, umfaßte das Grabmal des Herodes und endigte nach Osten zu bei dem

Lager des Feldherrn, wo sie auch ihren Anfang genommen hatte. Die ganze Umwallungslinie hatte eine Länge von 39 Stadien; außen waren 13 Wachkastelle angebaut, deren Umfang zusammengerechnet zehn Stadien betrug. In drei Tagen war der Bau errichtet und damit ein Werk, für das Monate nicht zuviel gewesen wären, in unglaublich kurzer Zeit vollendet worden. Nachdem Titus mit dieser Ringmauer die Stadt eingeschlossen und Truppen in die Wachkastelle gelegt hatte, machte er selbst in der ersten Nachtwache die Runde, die zweite übertrug er Alexander (346), und die dritte fiel nach dem Los den Führern der Legionen zu. Die Wachmannschaften losten ihrerseits die Freiwachen aus und patrouillierten dann die ganze Nacht hindurch zwischen den einzelnen Kastellen.

3. Mit der Möglichkeit, aus der Stadt zu entkommen, war den Judäern jegliche Aussicht auf Rettung abgeschnitten, und die Hungersnot, die immer schrecklicher wurde, raffte das Volk häuser- und familienweise dahin. Die Dächer lagen voll entkräfteter Frauen und Kinder, die Gassen lagen voll toter Greise, Knaben und Jünglinge, krankhaft angeschwollen, wankten wie Gespenster über die öffentlichen Plätze und sanken zu Boden, wo die Hungerseuche sie ergriff. Ihre Angehörigen zu bestatten, vermochten die Entkräfteten nicht mehr; die noch Rüstigeren aber scheuten sich davor wegen der Menge der Toten und der Ungewißheit ihres eigenen Schicksals. Viele starben auf den Leichen, die sie beerdigen wollten, viele schleppten sich zu den Grabstätten, noch ehe das Verhängnis sie ereilte. Keine Träne, keine Wehklage begleitete dieses Elend: alles Gefühl hatte der Hunger getötet. Mit trockenen Augen und weitgeöffnetem Munde starrten die langsam Dahinsterbenden auf die, die vor ihnen zur Ruhe gekommen waren. Tiefes Schweigen und eine bange Todesnacht lagen über der Stadt. Fürchterlicher aber als alles dies waren die Räuber: Gleich Totengräbern drangen sie in die Häuser ein, plünderten die Leichen, rissen ihnen die Verhüllung weg und gingen unter Gelächter hinaus oder erprobten die Spitzen ihrer Dolche an den entseelten Körpern; sie durchbohrten Gefallene, die noch lebten, um die Schärfe der Klinge zu prüfen. Andere dagegen, die um den Gnadenstoß baten, überließen sie höhnisch dem Hunger. Die Sterben-

den blickten starren Auges zum Tempel hinauf, wo die Empörer lebend zurückblieben. Anfangs hatten diese noch dafür gesorgt, daß die Toten auf öffentliche Kosten begraben wurden, weil sie den Geruch nicht ertragen konnten; später aber, als der Leichen zu viele wurden, warf man sie einfach von den Mauern in die Schluchten hinab.

4. Als Titus auf einem seiner Rundgänge diese Schluchten mit Toten gefüllt und das dicke Blut sah, das aus den verwesenden Leichen floß, breitete er seufzend seine Hände aus und rief die Gottheit zum Zeugen an, daß dies nicht sein Werk sei. So sah es in der Stadt aus. Die Römer hingegen waren, da die Aufrührer, von Zaghaftigkeit und Hunger geschwächt, keine Ausfälle mehr machten, guter Dinge; denn sie hatten an Getreide und anderen Lebensmitteln, die ihnen aus Syrien und den benachbarten Provinzen zugeführt wurden, keinen Mangel. Viele stellten sich in der Nähe der Mauer auf, zeigten ihren reichen Vorrat an Speisen und reizten durch ihren Überfluß den Hunger der Feinde noch mehr. Da aber all dieser Jammer die Empörer nicht nachgiebig machte, fing Titus aus Mitleid mit dem Rest der Einwohner und um wenigstens die bisher Überlebenden vor dem Untergang zu retten, wieder an, Wälle zu errichten, so schwer sich auch das Bauholz beschaffen ließ. Da für die früheren Werke bereits alle Bäume im Umkreis der Stadt gefällt worden waren, mußten die Soldaten das Holz aus einer Entfernung bis zu neunzig Stadien herbeiholen. Allein der Antonia gegenüber warfen sie vier Dämme auf, weit größer als die früheren; der Caesar aber ritt von einer Legion zur andern und trieb die Arbeiter zur Eile an, um den Räubern zu zeigen, daß sie in seiner Hand seien. Sie allein indes fühlten keine Reue wegen ihrer Freveltaten; es war, als hätten sie ihre Seelen von den Körpern getrennt (347) und gebrauchten beide, wie wenn sie nicht ihnen gehörten. Kein Leiden rührte ihre Seele, keinen Schmerz empfand ihr Körper: wie Hunde zerfleischten sie das tote Volk, und mit den Kranken füllten sie die Gefängnisse.

13. Kapitel: Judäische Überläufer

1. Simon ließ sogar Matthias, mit dessen Hilfe er sich der Stadt bemächtigt hatte, eines qualvollen Todes sterben. Matthias, Sohn des Boethos, einer der Hohenpriester, der beim Volk sehr angesehen war und sein Vertrauen in hohem Grade besaß, hatte, als die Zeloten im Bunde mit Joannes Jerusalem drangsalierten, die Bürger überredet, Simon als Retter aufzunehmen, ohne ihm vorher Bedingungen zu stellen oder Schlimmes zu argwöhnen. Kaum jedoch war Simon eingezogen und Herr der Stadt geworden, als er den, der für ihn eingetreten war, wie die anderen zu seinen Feinden rechnete, wie wenn er jenen Schritt nur aus Dummheit getan hätte. Er wurde vor Simon geführt, als Römerfreund angeklagt und von dem Tyrannen, der ihm nicht einmal gestattete, sich zu verteidigen, mit drei seiner Söhne zum Tode verurteilt; der vierte war schon vorher zu Titus entkommen. Als er Simon bat, ihn zum Dank dafür, daß er ihm die Stadt geöffnet, vor seinen Söhnen hinrichten zu lassen, gab dieser Befehl, ihn zuletzt zum Tode zu führen. So wurde er auf den Leichen seiner Kinder, die man vor seinen Augen ermordet hatte, getötet, wozu er an einen für die Römer sichtbaren Ort geführt worden war. Dies hatte Simon dem grausamsten seiner Anhänger, Ananos, dem Sohne des Bagadates, aufgetragen, der noch die höhnische Frage an Matthias richtete: ob nun die, zu denen er habe entlaufen wollen, ihm helfen würden? Die Leichen verbot Simon zu beerdigen. Nach ihnen wurde ein Priester Ananias, Sohn des Masbalos, ein angesehener Mann, ferner der Ratsschreiber (348) Aristeus von Ammaus und fünfzehn weitere hervorragende Männer aus dem Volke hingerichtet. Den Vater des Josephus hielt man in strengem Gewahrsam, und öffentlich ließ man bekanntmachen, daß die Einwohner wegen Verdachts des Verrats sich nicht an einer Stelle zusammenrotten oder unterhalten dürften. Teilnehmer an gemeinsamen Trauern waren ohne Untersuchung zu töten.

2. Auf Grund dieser Ereignisse berief Judas, des Judas Sohn, einer von Simons Unterbefehlshabern, dem die Bewachung eines Turmes anvertraut war, zum Teil vielleicht

aus Mitleid mit den grausam Ermordeten, hauptsächlich jedoch aus Sorge um sein eigenes Leben, die zehn Zuverlässigsten seiner Untergebenen zu sich und sprach zu ihnen: „Wie lange noch wollen wir solche Greuel dulden? Oder welche Hoffnung auf Rettung haben wir, wenn wir diesem Nichtswürdigen treu bleiben? Kämpft nicht schon der Hunger gegen uns? Sind nicht die Römer nahezu in der Stadt? Und wie treulos benimmt sich Simon gegen die, die ihm Gutes getan! Müssen wir nicht bei ihm in steter Angst vor Hinrichtung leben, während wir auf das Wort der Römer bauen können? Übergeben wir ihnen die Mauer, und retten wir uns selbst und die Stadt! Dem Simon geschieht kein Unrecht, wenn er eher verzweifelt und seine Schandtaten büßen muß." Nachdem er die zehn für seinen Plan gewonnen hatte, sandte er gegen Morgen die übrige ihm unterstellte Mannschaft an verschiedene Plätze weg, damit nichts von dem Anschlag verraten würde, und rief selbst um die dritte Stunde vom Turm aus die Römer an. Von diesen nahmen die einen den Antrag verächtlich auf, andere hegten Mißtrauen, und die meisten mochten aus dem Grunde nichts davon wissen, weil sie doch binnen kurzem ohne Gefahr die Stadt in ihre Gewalt zu bekommen gedachten. Als aber Titus mit seinen Schwerbewaffneten sich eben der Mauer nähern wollte, kam Simon, der den Anschlag erfahren hatte, ihm zuvor, besetzte in aller Eile den Turm, ließ die Männer ergreifen, sie vor den Augen der Römer niedermachen und ihre verstümmelten Leichen die Mauer hinabwerfen.

3. Um jene Zeit wurde Josephus, der mit seinen Ermahnungen nicht nachließ, bei einem Rundgang um die Mauer von einem Stein am Kopfe getroffen, so daß er betäubt zu Boden stürzte. Die Judäer stürzten heraus und würden ihn in die Stadt geschleppt haben, wenn der Caesar nicht sofort Leute zu seinem Schutz geschickt hätte. Während des folgenden Kampfes wurde Josephus fast ohne Bewußtsein von dem, was vorging, weggetragen; die Empörer aber erhoben in der Meinung, den Mann aus dem Wege geräumt zu haben, nach dessen Tod sie verlangten, ein lautes Freudengeschrei. Bald verbreitete sich die Nachricht in der Stadt und rief bei den Bewohnern große Niedergeschlagenheit hervor, weil sie den für tot hielten, auf dessen Einfluß

hin sie zu den Römern überzugehen wagen konnten. Als die Mutter des Josephus im Gefängnis den Tod ihres Sohnes erfuhr, äußerte sie ihren Wächtern gegenüber, seit Jotapata habe sie dies erwartet; sie habe bei Lebzeiten des Josephus seiner nie froh werden können; ihren Dienerinnen gegenüber klagte sie jedoch insgeheim, das sei der Lohn, daß sie Mutter so vieler Kinder geworden sei: den Sohn nicht begraben zu dürfen, von dem sie einst bestattet zu werden gehofft habe. Doch sollte die falsche Kunde ihr keinen langen Kummer und den Räubern keine lange Freude bereiten. Josephus, der sich rasch von seiner Wunde erholt hatte, erschien vor der Mauer und rief seinen Gegnern zu, bald würden sie ihm für diesen Wurf Genugtuung geben müssen; das Volk hingegen forderte er abermals auf, sich zu ergeben. Sein Anblick flößte den Bürgern wieder Zuversicht, den Empörern Schrecken ein.

4. Manche Überläufer sprangen in der Not unmittelbar von der Mauer hinab; andere stürmten mit Steinen in der Hand hervor, als wollten sie kämpfen, und flohen dann zu den Römern. Hier aber traf sie ein traurigeres Los als die in der Stadt: Die Sättigung, die sie bei den Römern fanden, führte ihren Tod rascher herbei als der Hunger, dem sie bis dahin ausgesetzt waren; denn wenn sie bei den Feinden anlangten, waren sie infolge des Mangels, den sie gelitten, aufgedunsen und wie wassersüchtig; überluden sie sich dann gierig den leeren Magen, so platzte dieser auf. Nur die kamen mit dem Leben davon, die erfahren genug waren, ihren Heißhunger zu bezwingen und dem Körper die Speise, an die er nicht mehr gewöhnt war, allmählich zuzuführen. Auf die so Geretteten wartete jedoch ein anderes Unglück. Bei den Syrern ertappte man nämlich einen Überläufer, der aus seinem Kot Goldstücke auslas. Diese pflegten die Judäer ja, wie erzählt, zu verschlucken, ehe sie sich hinauswagten, da die Empörer alle durchsuchten; und es war eine Menge Gold in der Stadt: Man kaufte für zwölf attische Drachmen (349), was sonst fünfundzwanzig galt. Da nun die List bei einem, der sie angewandt, entdeckt war, durchlief bald alle Lagerplätze das Gerücht, die Überläufer seien, wenn sie ankämen, ganz mit Gold gefüllt. Viele Araber und

Syrer(350) schnitten infolgedessen den Gnadensuchenden die Bäuche auf, um sie nach Gold zu durchsuchen. Keine schlimmere Mißhandlung ist wohl den Judäern widerfahren: In einer einzigen Nacht wurde gegen 2000 Überläufern der Leib aufgeschlitzt.

5. Als Titus diese Greueltat erfuhr, hatte er nicht übel Lust, die Schuldigen mit Reiterei umzingeln und mit Lanzen niederstechen zu lassen. Nur die große Anzahl hielt ihn davon ab, da er mehr hätte strafen müssen, als auf jene Weise ermordet worden waren. Er befahl daher die Anführer der Hilfstruppen und der Legionen – denn auch römische Soldaten wurden der Teilnahme bezichtigt – zu sich und fragte sie entrüstet, ob es wirklich unter seinen Kriegern welche gebe, die solche Verbrechen um eines unsicheren Gewinns willen verüben könnten, und ob sie sich nicht ihrer aus Gold und Silber gefertigten Waffen schämten. Die Araber und Syrer aber fuhr er an: „Also wollt ihr in einem fremden Krieg zuerst eure Leidenschaften eigenmächtig befriedigen und dann eure grausame Mordlust und euren Judäerhaß den Römern anhängen; denn leider haben sich sogar Legionäre an eurem Treiben beteiligt!" Hierauf drohte er den fremden Truppen mit Hinrichtung, wenn noch einmal jemand bei einer solchen Greueltat betroffen würde; den Legionen aber befahl er, die Verdächtigen zu ermitteln und ihm vorzuführen. Die Geldgier indes achtet, wie es scheint, keiner Strafe; ein entsetzliches Verlangen nach Gewinn ist dem Menschen angeboren, und keine Leidenschaft treibt ihn so unaufhaltsam ins Verderben wie die Habsucht, während doch sonst die Begierden ihre Grenzen haben und durch Furcht gebändigt werden können. Freilich hatte hier Gott das ganze Volk verurteilt, und er ließ ihm jedes Rettungsmittel zum Verderben ausschlagen. Was der Caesar unter Drohungen verboten hatte, das beging man jetzt heimlich an den Überläufern: Die Barbaren fingen die Flüchtlinge ab, ehe sie von anderen entdeckt waren, und stießen sie nieder; dann spähten sie umher, ob nicht ein Römer zusehe, schnitten die Unglücklichen auf und holten aus ihren Eingeweiden den scheußlichen Lohn. Nur bei einigen wenigen fanden sie überhaupt etwas; die meisten wurden um einer trügerischen Hoffnung willen ermordet. Immerhin brachte ihr trauriges Schicksal

viele andere, die überzugehen im Sinne hatten, von ihrem Vorhaben wieder ab.

6. Unterdessen verlegte sich Joannes, als beim Volk nichts mehr zu holen war, darauf, den Tempel zu berauben. Eine Menge der dort befindlichen Weihgeschenke, gottesdienstlichen Geräte, Mischgefäße, Schüsseln und Tische ließ er einschmelzen; auch die von Augustus und seiner Gemahlin gestifteten Weinkrüge schonte er nicht. Die römischen Caesaren hatten den Tempel stets in Ehren gehalten und seinen Schmuck vermehrt; jetzt raubte ein Judäer die Geschenke der Ausländer. Gottgeweihte Gegenstände, sagte er zu seiner Umgebung, dürfe man ohne Bedenken zu Ehren der Gottheit verwenden, und es sei nicht mehr als recht, daß die, die für das Heiligtum kämpften, auch von ihm versorgt würden. So holte er das im inneren Tempel befindliche heilige Öl und den heiligen Wein, den die Priester aufbewahrten, um ihn über die Brandopfer zu gießen, und verteilte beides unter seine Leute, die jeder mehr als ein Hin(351) davon versalbten und vertranken. Ich kann nicht verschweigen, was ich dabei fühle: Wenn die Römer das Gesindel nicht vernichtet hätten, so wäre die Stadt, glaube ich, von der Erde verschlungen(352), von einer Sintflut überschwemmt oder, wie Sodom, vom Feuer des Himmels verzehrt worden; denn sie beherbergte ein viel gottloseres Geschlecht, als das war, über das jene Strafgerichte hereinbrachen. Der Wahnsinn dieser Frevler stürzte das ganze Volk ins Verderben.

7. Wozu aber soll ich die Drangsale einzeln aufzählen? Versicherte doch Mannaios, des Lazaros Sohn, der um diese Zeit zu Titus floh, daß durch ein einziges Tor, das er zu bewachen hatte, von dem Tage an, da das Lager vor der Stadt errichtet worden war, also vom vierzehnten des Monats Xanthikos, bis zum Neumond des Panemos 115 880 Leichen hinausgetragen worden seien – alle aus der ärmeren Schicht. Er hatte die Toten nicht aus eigenem Antrieb gezählt, sondern weil er aus der Stadtkasse den Beerdigungslohn auszahlen mußte.(353) Die anderen wurden von ihren Angehörigen begraben; das Begräbnis aber bestand darin, daß man die Leichen aus der Stadt trug und hinabstürzte. Viele angesehene Überläufer, die nach ihm kamen, gaben die Gesamtzahl der Leichen von Armen, die zu den

Toren hinausgeworfen wurden, mit 600 000 an; die Zahl der übrigen war nicht zu ermitteln. Als die Kraft nicht mehr ausreichte, um die Armen vors Tor zu tragen, habe man, sagten sie weiter, die Leichen in die größeren Häuser zusammengeschleppt und eingeschlossen. Das Maß Weizen sei für ein Talent verkauft worden, und als man wegen der Einschließung der Stadt auch keine Gräser mehr habe sammeln können, sei die Not bei manchen so gewachsen, daß sie die Kloaken und alten Kuhmist durchstöbert hätten, um irgend etwas Eßbares zu finden; was man sonst nur mit Ekel habe sehen können, sei Nahrungsmittel geworden. Die Römer fühlten Erbarmen, als sie dies hörten; die Empörer aber, die alles mit eigenen Augen sahen, blieben ungerührt und ertrugen starren Sinnes das Äußerste. Das Verhängnis, das über der Stadt und über ihnen selbst schwebte, hatte sie völlig verstockt.

SECHSTES BUCH

1. Kapitel: Römischer Angriff auf die Antonia

1. Von Tag zu Tag wurden nun die Leiden Jerusalems schrecklicher, da das Unglück die Empörer immer mehr erbitterte und die Hungersnot, die im Volke wütete, auf sie selbst überzugreifen begann. Die Haufen von Leichen, die sich bald in der ganzen Stadt auftürmten, boten einen entsetzlichen Anblick und verbreiteten einen pestialischen Gestank, ja sie hinderten die Kämpfer bei ihren Ausfällen, denn sie mußten wie Männer, die an zahllose Tote auf dem Schlachtfeld gewöhnt sind, im Vordringen über Leichen hinwegklettern. Aber weder Schauder noch Mitgefühl ergriff sie, wenn sie auf die Leichen traten, noch sahen sie in dieser Beschimpfung der Toten ein schlimmes Vorzeichen ihres eigenen Untergangs, sondern mit Händen, befleckt vom Blut ihrer Landsleute, stürzten sie zum Kampf gegen die Fremden hinaus, als wollten sie – so scheint es mir – die Gottheit tadeln, daß sie zögere, sie zu strafen. Denn es war schon nicht mehr Hoffnung auf Sieg, was sie zum Krieg trieb, sondern Verzweiflung an irgendeiner Rettung. Die Römer vollendeten, obwohl das Herbeischaffen des Bauholzes(354) ihnen viele Mühe verursachte, die Wälle in einundzwanzig Tagen, wobei sie, wie gesagt, das an die Stadt angrenzende Gelände bis auf neunzig Stadien im Umkreis völlig kahl machten. Wahrhaft kläglich war die Gegend anzuschauen: Sie, die zuvor mit Bäumen und Parks geschmückt war, lag jetzt allenthalben verwüstet und des Holzes beraubt. Kein Fremder, der das alte Judäa und die herrlichen Vorstädte Jerusalems gesehen, hätte beim Anblick der damaligen Verödung seine Tränen und Seufzer über das Ausmaß der Veränderung zurückhalten können. Denn jede Spur von Schönheit hatte der Krieg vernichtet, und wenn jemand, der früher die Örtlichkeit gekannt, plötzlich auf sie gestoßen wäre, er

würde sie nicht wiedererkannt, sondern die Stadt, obwohl sie vor ihm lag, gesucht haben.

2. Die Vollendung der Wälle gab übrigens den Römern nicht geringeren Anlaß zu Besorgnissen als den Judäern. Diese mußten nämlich die Einnahme der Stadt befürchten, wenn es ihnen nicht gelang, die Wälle in Brand zu stecken. Den Römern dagegen schwand jede Aussicht, sie zu erobern, wenn auch diese Werke vernichtet würden; denn an Bauholz war Mangel, und die Soldaten waren von den Strapazen geschwächt und durch die sich häufenden Rückschläge entmutigt. Dazu kam, daß die in der Stadt herrschende Not bei den Römern größere Niedergeschlagenheit erzeugte als bei den Bewohnern; denn sie fanden ihre Gegner trotz ihrer entsetzlichen Leiden unnachgiebiger als zuvor, ihre eigenen Hoffnungen immer wieder vereitelt, ihre Wälle durch die List der Feinde, ihre Kriegsmaschinen durch die Festigkeit der Mauern unwirksam gemacht, sich selbst im Handgemenge gegenüber der Tollkühnheit ihrer Gegner im Nachteil. Das Wichtigste aber war die Erkenntnis, daß die Judäer eine Seelenstärke besaßen, die sie über Zwietracht, Hunger, Krieg und so viele andere Drangsale sich hinwegsetzen ließ. Sie kamen zu der Ansicht, daß die Kampflust ihrer Gegner ebenso unüberwindlich sei wie ihre Ausdauer im Unglück; denn was würden sie – vom Glück begünstigt – nicht unternehmen, da schon das Mißgeschick sie immer trotziger mache. Diese Erwägungen veranlaßten die Römer, an den Wällen noch stärkere Wachtposten als früher aufzustellen.

3. Die Mannschaft des Joannes in der Antonia machte, um sich gegen einen bevorstehenden Mauerdurchbruch zu sichern, noch ehe die Widder aufgestellt waren, einen Angriff auf die Werke. Doch gelang ihnen das Unternehmen diesmal nicht. Sie brachen zwar mit Fackeln hervor, zogen sich aber, bevor sie die Wälle erreicht hatten, um eine Hoffnung ärmer wieder zurück. Vor allem fehlte ihrem Plan offenbar die Einmütigkeit, da sie in kleineren Haufen, die keine Fühlung miteinander hatten, und ängstlich zaudernd, kurz, gar nicht in der sonstigen Art der Judäer hervorbrachen. Es mangelte an allem, was dieses Volk sonst auszeichnete: Kühnheit, Ungestüm, festgeschlossener Angriff und der Wille, selbst angesichts einer Niederlage

nicht zurückzuweichen. Zudem mußten sie, während ihr eigenes Vorgehen die frühere Energie vermissen ließ, die Römer in einer stärkeren Stellung als gewöhnlich sehen; diese deckten mit ihren Körpern und Rüstungen die Dämme so vollständig, daß nirgends eine Lücke zu bemerken war, wo man Feuer hätte anlegen können, und jeder einzelne war fest entschlossen, lieber zu sterben, als seinen Posten aufzugeben. Alle ihre Hoffnungen waren ja, wenn diese Werke ebenfalls in Flammen aufgingen, zunichte gemacht. Schließlich empörte sich auch das Ehrgefühl der Soldaten darüber, daß immer List über Tapferkeit, Tollheit über Bewaffnung, Masse über Erfahrung, Judäer über Römer siegen sollten. Die Geschütze, in deren Bereich die Angreifer kamen, wirkten übrigens kräftig mit. Fiel einer von ihnen, hielt er seinen Hintermann auf, und die mit weiterem Vordringen verbundene Gefahr nahm ihnen allen Mut. Von denen, die den Bereich der Wurfgeschosse durchbrochen hatten, flohen die einen, ehe sie ins Handgemenge gerieten, erschreckt über die wohlgeordnete, festgeschlossene Linie der Feinde; die anderen zogen sich, von Wurfspeeren verwundet, zurück. Schließlich kehrten alle, indem sie sich gegenseitig Feiglinge schalten, unverrichtetersache wieder um. Dieser Angriff fand am Tage des Neumonds im Monat Panemos statt. Nach dem Rückzug der Judäer brachten die Römer ihre Sturmböcke heran, während sie von der Antonia aus mit Felsbrocken, Feuerbränden, eisernen und allen möglichen anderen Geschossen, die den Judäern die Not in die Hand gab, beworfen wurden. Diese suchten, so großes Vertrauen sie auch auf die Mauern setzten und so geringschätzig sie von den Belagerungsmaschinen dachten, die Römer zu hindern, sie heranzubringen. Die Römer dagegen schrieben den Eifer, mit dem die Judäer die Antonia vor den Stößen zu schützen trachteten, der Schwäche der Mauer zu und arbeiteten in der Hoffnung, die Fundamente möchten schadhaft sein, auch ihrerseits mit äußerster Anstrengung: Jedoch widerstanden die Mauern dem Ansturm. Aber die Römer ließen sich, obwohl sie ständig beschossen wurden, durch die Gefahr, die ihnen von oben drohte, nicht im mindesten abschrecken, sondern setzten die Sturmböcke weiter wirksam ein. Da sie aber immer noch im

Nachteil waren und namentlich durch die Steinwürfe Verluste erlitten, bildeten einige von ihnen mit ihren Schilden ein Schutzdach über sich, untergruben mit Händen und Brechstangen die Fundamente und brachen nach hartnäckiger Mühe vier Quadersteine heraus. Die einbrechende Nacht ließ beide Seiten ruhen. Da aber stürzte die Mauer zusammen, als an der Stelle, wo Joannes gegen die früheren Wälle einen unterirdischen Gang gegraben hatte, der Stollen einbrach.

4. Dieses Ereignis bewirkte hinsichtlich des Kampfgeistes der beiden Parteien das Gegenteil von dem, was man hätte erwarten sollen. Die Judäer, die der Einsturz hätte verzagt machen sollen, waren zuversichtlich, da er ihnen nicht unerwartet kam und sie Vorkehrungen getroffen hatten, überdies die Antonia stand. Den Römern aber verdarb die unverhoffte Freude über den Zusammenbruch der Mauer sogleich wieder der Anblick einer zweiten, die von den Männern des Joannes dahinter errichtet worden war. Diese schien zwar leichter zu erstürmen als die erste, weil deren Trümmer den Aufstieg erleichterten; und man durfte annehmen, daß sie schwächer als die Antonia sei und als provisorischer Bau rasch zerstört werden könne. Dennoch wagte sich niemand hinauf, weil sicheres Verderben die ersten Angreifer erwartete.

5. Titus glaubte, daß die Kampfesfreude der Krieger vornehmlich durch hoffnungerweckenden Zuspruch gehoben werden könnte und Ermunterungen und Versprechen oft die Gefahren vergessen, ja manchmal den Tod verachten lehrten. Er versammelte die tapfersten seiner Leute, um ihren Mut zu erproben, und sprach zu ihnen: „Mitkämpfer! Eine Aufmunterung zu gefahrlosen Unternehmen ist nicht nur eine Beschimpfung derer, an die sie gerichtet wird, sondern zieht auch dem, von dem sie ausgeht, den Vorwurf unmännlicher Gesinnung zu. Ich meine, man braucht den Mann nur zu gefährlichen Unternehmen anzufeuern, da die anderen ein jeder wohl aus eignem Antrieb vollführen wird. Daß das Ersteigen der Mauer schwierig ist, gebe ich auch unumwunden zu; aber daß mit Schwierigkeiten zu kämpfen gerade dem ziemt, der nach Tugend strebt, daß es schön ist, ruhmvoll zu sterben, und daß die mutige Tat denen, die sie zuerst wagen, nicht unbelohnt

bleiben wird, davon möchte ich sprechen. In erster Linie sollte euren Mut das anfeuern, was manchen vielleicht abschrecken würde, ich meine die Beharrlichkeit der Judäer und ihre zähe Ausdauer im Unglück. Es wäre doch eine Schande, wenn ihr als Römer und als meine Soldaten, die ihr im Frieden Krieg führen gelernt habt und im Krieg gewöhnt seid zu siegen, an Kraft oder Mut euch von den Judäern übertreffen ließet, und zwar jetzt, da ihr den Sieg beinahe in der Hand habt und euch des göttlichen Beistands erfreut. Unsere Rückschläge sind ja nur Folgen des verzweifelten Mutes der Judäer; ihre Leiden dagegen werden durch eure Tapferkeit und das Eingreifen der Gottheit vergrößert. Denn Bürgerkrieg, Hungersnot, Belagerung, Einsturz von Mauern ohne Zutun der Maschinen – was bedeutet das anders als Gottes Zorn über sie, Hilfe jedoch mit uns? Uns soll man doch nicht nachsagen, daß wir Schwächeren unterlegen wären und dazu noch göttlichen Beistand von der Hand gewiesen hätten! Wäre es nicht schändlich, wenn die Judäer, denen eine Niederlage keinen Schimpf bringt, weil sie sich wiederholt der Knechtschaft haben fügen müssen, dennoch, um sie nicht erneut zu erleiden, den Tod verachten und immer wieder in unsere Reihen einbrechen – nicht in der Hoffnung auf Sieg, sondern lediglich um ihre Tapferkeit zu beweisen –, während wir, die Beherrscher fast aller Länder und des Meeres, für die schon nicht zu siegen eine Schmach bedeutet, mit so gewaltiger Streitmacht ruhig dasitzen und warten wollten, bis Hunger und Elend mit unseren Feinden aufgeräumt haben, ohne einen einzigen kräftigen Schlag gegen sie zu versuchen, da wir doch mit einem kleinen Einsatz alles gewinnen können? Ersteigen wir die Antonia, so haben wir die Stadt; denn wenn sich auch mit denen da drinnen noch ein leichter Kampf entspinnen sollte, was ich übrigens nicht glaube, so verbürgt uns doch die Lage unserer Stellungen über den Köpfen unserer Feinde einen raschen und vollständigen Sieg. Ich will jetzt nicht den Tod in der Schlacht preisen und die Unsterblichkeit derer, die im heißen Kampfe fallen; aber ich wünsche denen, die anders denken, den friedlichen Tod auf dem Krankenbett, wo mit dem Körper auch die Seele zum Grabe verurteilt ist. Welcher Tapfere wüßte nicht, daß die auf dem

Schlachtfeld durch das Schwert vom Leibe befreiten Seelen das reinste Element, der Äther, aufnimmt und unter die Sterne versetzt, von wo sie als gute Geister und gnädige Heroen ihren Nachkommen erscheinen, während die in kranken Körpern dahinsiechenden, wenn sie auch noch so rein wären von Sünden und Befleckung, die Nacht der Unterwelt verhüllt, wo tiefe Vergessenheit sie umfängt und Leib, Leben und Gedächtnis ihnen auf einmal genommen wird? Wenn aber überhaupt dem Menschen der unvermeidliche Tod bestimmt und das Schwert ein erträglicherer Diener dabei ist als irgendeine Krankheit, wäre es da nicht unedel, wenn wir dem allgemeinen Nutzen zu opfern uns weigerten, was wir dem Schicksal einmal opfern müssen? Bisher sprach ich unter der Voraussetzung, daß die, die den Angriff wagen, nicht lebendig davonkommen würden; aber die Tapferen können sich selbst aus der größten Gefahr retten. Die Trümmer sind ja zunächst nicht schwer zu ersteigen; ist das gelungen, kann der neue Bau mit Leichtigkeit zerstört werden. Geht ihr also in größerer Anzahl mit frischem Mut an die Sache heran, muntert ihr euch gegenseitig auf und unterstützt einander, dann wird euer entschlossenes Vorgehen schnell den Hochmut der Feinde brechen. Vielleicht wird das Unternehmen keinen Tropfen Blut kosten, wenn ihr es nur richtig angreift. Natürlich werden sie euch während des Anstiegs abzuwehren versuchen. Habt ihr aber erst mit List und Gewalt das Ziel erreicht, so werden sie euch keinen Widerstand mehr leisten, selbst wenn ihr anfänglich nur wenige sein solltet. Ich meinerseits werde es als Ehrensache betrachten, denjenigen von euch, der zuerst die Mauer ersteigt, durch entsprechende Belohnungen zum Gegenstand des Neides zu machen. Wer überlebt, soll befehligen, die jetzt seinesgleichen sind; der Lohn der Tapferkeit folgt aber auch den Gefallenen!"

6. Während dieser Ansprache des Titus schreckte das Heer noch immer vor der Größe der Gefahr zurück; nur einer von denen, die in den Kohorten(355) dienten, ein geborener Syrer namens Sabinos, zeigte sich als tapferer und unerschrockener Mann. Und doch hätte man ihn seinem Äußeren nach kaum für einen Soldaten gehalten. Seine Haut war schwarz, er selbst hager und ausgemergelt.

Aber in dem schmächtigen, für die ihm innewohnende Kraft viel zu winzigen Körper lebte eine heldenhafte Seele. Dieser Mann erhob sich als erster und sprach: „Gern opfere ich mich dir, Caesar. Als erster will ich die Mauer ersteigen. Nur wünsche ich mir zu meinem Mut und gutem Willen noch dein Glück hinzu. Sollte es mir aber nicht vergönnt sein, meinen Anschlag durchzuführen, so wisse, daß der Mißerfolg mir nicht unerwartet kommt, sondern daß ich aus freiem Entschluß für dich sterben will." Als er dies gesprochen, hielt er mit der Linken den Schild über seinen Kopf, zog mit der Rechten das Schwert und ging – etwa um die sechste Stunde des Tages – auf die Mauer zu. Von den übrigen folgten ihm nur elf Mann, die es ihm an Tapferkeit gleichtun wollten; er aber stürmte, wie von einer höheren Macht getrieben, allen voran. Die Posten auf der Mauer warfen mit Speeren nach ihnen, überschütteten sie von allen Seiten mit einem Hagel von Pfeilen und wälzten ungeheure Steinblöcke auf sie herab, die einige von den elfen mit fortrissen. Sabinos jedoch warf sich mutig den Geschossen entgegen, und obwohl er unter dem Pfeilregen fast verschwand, hielt er nicht eher ein, als bis er oben auf der Mauer angelangt war und die Feinde vertrieben hatte. Die Judäer wandten sich nämlich, erschreckt über seine Kraft und Geistesgegenwart, zur Flucht; auch glaubten sie nicht anders, als daß noch mehrere mit ihm die Höhe erklommen hätten. Doch auch hier müßte man dem Schicksal grollen, weil es so neidisch ist auf die Tapferkeit und außerordentliche Taten stets zu vereiteln sucht. Denn als dieser Mann sein Unternehmen zu Ende geführt hatte, glitt er aus, strauchelte über einen Stein und fiel mit lautem Krach hin. Die Judäer wandten sich um, und als sie ihn verlassen am Boden liegen sahen, beschossen sie ihn von allen Seiten. Er stemmte sich aufs Knie und verteidigte sich noch eine Zeitlang mit vorgehaltenem Schild, wobei er mehrere von denen, die ihm nahe kamen, verwundete; endlich jedoch ließ er, über und über mit Wunden bedeckt, die Rechte sinken und starb, von Pfeilen ganz bedeckt. Um seiner Tapferkeit willen hätte er ein besseres Los verdient, doch entsprach sein Fall seinem Unternehmen. Von den elfen wurden drei, die gleichfalls bereits die Höhe erstiegen hatten, durch Steinwürfe getötet, während die übrigen acht, verwundet, geborgen und ins Lager geschafft werden konnten. Das geschah am dritten des Monats Panemos.

7. Zwei Tage später taten sich zwanzig Mann der auf den Wällen postierten Wachmannschaften zusammen und rückten, nachdem sie auch noch den Adlerträger der fünften Legion, zwei Mann aus den Reiterschwadronen(356) und einen Trompeter für ihr Unternehmen gewonnen, um die neunte Stunde der Nacht geräuschlos über die Trümmer auf die Antonia vor. Sie töteten die vordersten Posten, die im Schlafe lagen, besetzten die Mauer und ließen den Trompeter das Signal blasen. Daraufhin sprangen sogleich die übrigen Wachtposten auf und flohen, ohne sich nach der Zahl der Angreifer umzusehen; denn der Schreck und das Trompetensignal hatten in ihnen die Vorstellung erweckt, die Feinde seien in Masse heraufgeklettert. Sobald der Caesar das Signal hörte, ließ er das Heer sich sofort waffnen und stieg mit den Heerführern und den Auserwählten an der Spitze die Burg hinauf. Die Judäer zogen sich in den Tempel zurück, in den die Römer ebenfalls durch den unterirdischen Gang, den Joannes gegen die Römer geführt hatte, eindrangen. Die Aufrührer wehrten sich, obwohl sie in zwei feindliche Parteien unter Joannes und Simon gespalten waren, gegen sie gemeinschaftlich mit Kraft und Mut, wie sie nicht größer hätten sein können; denn sie sahen wohl in der Besetzung des Heiligtums durch die Römer das Ende, wie umgekehrt die Römer darin den Anfang ihres Sieges erblickten. So entspann sich an den Toren ein harter Kampf; während die Römer gewaltsam drängten, um den Tempel in Besitz zu nehmen, suchten die Judäer dagegen sie auf die Antonia zurückzuwerfen. Von Geschossen und Wurfspeeren konnte man beiderseits keinen Gebrauch machen; das Schwert ziehend drangen sie aufeinander ein, und bald war in der Hitze des Gefechts nicht mehr zu unterscheiden, auf welcher Seite der einzelne stritt. Die Männer bildeten eine einzige wirre Masse, die sich im Gedränge gegeneinander verschob, und niemand konnte Zurufe im allgemeinen Getöse verstehen. Hüben wie drüben floß viel Blut, und die Kämpfenden zertraten den Gefallenen Glieder und Rüstungen. Je nachdem der Kampf sich zugunsten der einen oder andern Seite

neigte, erscholl das aufmunternde Geschrei der Überlegenen oder das Klagegeheul der Weichenden. Es gab weder Raum zur Flucht noch zur Verfolgung, und so wogte der Kampf unter steigender Verwirrung unentschieden hin und her. Wer ganz nach vorn geschoben wurde, mußte entweder töten oder sich töten lassen, da an Flucht nicht zu denken war; denn die Nachrückenden drängten die eigenen Leute vorwärts, so daß nicht der kleinste Zwischenraum zwischen den Streitenden blieb. Endlich gewann der wilde Mut der Judäer über die Kriegskunst der Römer die Oberhand, die Schlachtordnung begann zu wanken, nachdem der Kampf von der neunten Stunde der Nacht bis zur siebenten des Tags gedauert hatte. (357) Auf seiten der Judäer war die ganze Streitmacht, die sich wegen der drohenden Eroberung der Stadt zur größten Tapferkeit angespornt fühlte, im Gefecht gewesen, bei den Römern aber nur ein Teil des Heeres, da die Legionen, auf die die Kämpfenden ihre Hoffnungen setzten, die Burg noch nicht erstiegen hatten. Aus diesem Grunde begnügten sie sich vorläufig damit, die Antonia zu halten.

8. Als der Zenturio Julianos, ein nicht unbedeutender Mann aus der bithynischen Truppe und, was Kriegserfahrung, Körperstärke und Unerschrockenheit betraf, der hervorragendste, den ich in diesem Krieg kennenlernte, die Römer weichen und sich nur noch schwach verteidigen sah, sprang er vor – er hatte neben Titus auf der Antonia gestanden – und trieb allein die schon siegreichen Judäer in eine Ecke des inneren Tempelhofes zurück. Die ganze Masse der Feinde floh vor ihm, da seine Stärke und Kühnheit ihnen übermenschlich vorkam. Er aber warf sich mitten in ihren auseinanderreißenden Reihen von einer Seite zur andern und stieß nieder, wen er erreichen konnte – ein Anblick ebenso erstaunlich für den Caesar wie schreckenerregend für die anderen. Doch auch ihn erreichte das Schicksal, dem kein Sterblicher entrinnen kann. Gleich den übrigen Soldaten trug er Schuhe, die mit scharfen Nägeln dicht beschlagen waren; während er über das Pflaster rannte, glitt er aus und fiel rücklings nieder. Das laute Klirren seiner Rüstung veranlaßte die Fliehenden umzukehren. Sogleich erhoben die Römer auf der Antonia aus Besorgnis für den Mann ein lautes Geschrei; die Judäer aber umring-

ten ihn in dichten Haufen und stießen von allen Seiten mit Speeren und Schwertern auf ihn ein. Manchen Stoß fing er mit dem Schilde auf, und immer wieder versuchte er aufzustehen; aber immer wieder wurde er von der Überzahl seiner Angreifer zu Boden geschlagen. Doch selbst auf dem Boden liegend, verwundete er noch viele seiner Gegner mit dem Schwert. Es währte nämlich geraume Zeit, bis er getötet wurde, weil er den Nacken einzog und alle tödlich verwundbaren Stellen durch Helm und Panzer gedeckt waren. Erst als sie ihm die Glieder abgehauen hatten und niemand ihm Hilfe zu bringen wagte, erlag er. Tiefbewegt war der Caesar, als er diesen tapferen Mann vor den Augen aller niedergemacht sah. Ihn selbst hinderte seine Lage zu helfen; die aber, die es hätten tun können, lähmte der Schreck. Schließlich wurde Julianos, der wenige von denen, die ihn töteten, unverwundet ließ, nach hartem Todeskampf mit Mühe vollends umgebracht und hinterließ nicht nur bei den Römern und dem Caesar, sondern auch bei seinen Feinden ein ruhmreiches Andenken. Die Judäer bemächtigten sich des Leichnams, schlugen die Römer abermals zurück und schlossen sie auf der Antonia ein. Auf seiten der Judäer hatten sich in diesem Gefecht besonders hervorgetan: Alexas und Gyphtaios von der Schar des Joannes; von der des Simon: Malachias, Judas, Sohn des Merton, und Jakob, Sohn des Sosas, der Anführer der Idumäer; von den Zeloten die zwei Brüder Simon und Judas, Söhne des Ari.

2. Kapitel: Kämpfe um den Tempel

1. Titus gab nun seinen Soldaten Befehl, die Grundmauern der Antonia zu zerstören, um dem ganzen Heere den Zugang zu erleichtern. Als er an diesem Tage – es war der siebzehnte des Monats Panemos – erfuhr, daß das tägliche Opfer(358) aus Mangel an Männern(359) zum großen Leidwesen des Volkes eingestellt worden sei, beschied er Josephus zu sich und trug ihm auf, dem Joannes ähnlich wie früher vorzustellen, er möge, wenn er von so bösartiger Leidenschaft für den Kampf besessen sei, mit einer beliebigen Anzahl hervortreten, ohne die Stadt und den

Tempel mit sich ins Verderben zu reißen, und endlich aufhören, das Heiligtum zu beflecken und gegen den Gott zu freveln. Es solle ihm indes freistehen, den unterbrochenen Opferdienst durch Judäer, die er dazu auswählen möge, wiederaufzunehmen. Josephus stellte sich so, daß er nicht von Joannes allein, sondern auch von der Menge gehört werden konnte, und verkündete, was der Caesar ihm aufgetragen, in hebräischer Sprache(360) und ermahnte sie eindringlich, sie möchten doch die Vaterstadt schonen, das Feuer, das den Tempel schon erfaßt habe, abwehren und dem Gott das Sühnopfer(361) wieder darbringen. Diese Worte nahm das Volk niedergeschlagen und schweigend entgegen; der Tyrann aber überhäufte Josephus mit Schmähungen und Flüchen und erklärte schließlich, er fürchte keine Eroberung, denn die Stadt stehe unter des Gottes Herrschaft. Darauf antwortete Josephus mit lauter Stimme: „Freilich, du hast sie ja dem Gotte rein bewahrt, und das Heiligtum ist immer noch unbefleckt; gegen deinen Verbündeten, auf den du hoffst, hast du natürlich nicht das mindeste verbrochen, und er empfängt von dir die hergebrachten Opfer! Wenn jemand dir, gottloser Mensch, dein tägliches Brot wegnähme, so würdest du in ihm deinen Feind sehen; nun glaubst du, an dem Gott, dem du seinen uralten Dienst geraubt, einen Bundesgenossen im Kampfe zu haben? Und willst du deine Frevel den Römern zur Last legen, die noch heute unsere Gesetze achten und darauf dringen, daß die von dir abgeschafften Opfer dem Gott wieder dargebracht werden? Wer sollte nicht über die unnatürliche Veränderung in der Stadt jammern und wehklagen, wenn Fremde und Feinde wiedergutzumachen suchen, was du gefrevelt, während du selber, ein Judäer, der unter dem Gesetz aufgewachsen ist, schlimmer gegen dieses wütest, als ein Feind es vermöchte? Aber es ist keine Schande, Joannes, auch noch im letzten Augenblick von seinen Untaten abzurücken. Zu dem Entschluß, die Stadt zu retten, sollte dich das edle Beispiel des Königs der Judäer Jojachin(362) reizen, der damals, als der Babylonier mit seinem Heere gegen ihn heranzog, freiwillig die Stadt verließ, ehe sie gestürmt wurde, und sich mit seiner Familie in selbstgewählte Kriegsgefangenschaft begab, um nicht die ehrwürdigen Stätten den Feinden überantworten und das Gotteshaus einäschern lassen zu müssen. Darum wird er auch bei allen Judäern in einem heiligen Liede gefeiert, und sein Gedächtnis, von Jahrhundert zu Jahrhundert sich erneuernd, bleibt unsterblich bei den Nachgeborenen. Ein edles Vorbild, Joannes, selbst wenn Gefahr mit seiner Nachahmung verbunden ist! Nun verbürge ich dir aber auch noch Begnadigung von seiten der Römer. Bedenke, daß ich dir als Landsmann rate und als Judäer diese Zusicherung gebe; denn du mußt darauf achten, von wem und in welchem Sinne dir ein Rat erteilt wird! Ich aber werde nie in meinem Leben so ganz Kriegsgefangener sein, daß ich mein Volk verleugnete und mein Vaterland vergäße! Du aber tobst wieder gegen mich und überhäufst mich mit Schmähungen! Tatsächlich verdiente ich noch Härteres, weil ich dem Schicksal zum Trotz noch mit Ratschlägen komme und Menschen, die von Gott verurteilt sind, mit Gewalt retten will! Wer kennt nicht die Schriften der alten Propheten und den Orakelspruch gegen diese unglückliche Stadt, der sich schon erfüllt? Dann, weissagten sie(363), werde sie eingenommen, wenn jemand anfange, das Blut seiner Landsleute zu vergießen. Sind jetzt nicht die Stadt und der Tempel voll von Leichen derer, die ihr ermordet habt? Der Gott also, Gott selbst führt mit den Römern das Feuer heran, das den Tempel reinigen und die so mit Greueln belastete Stadt vernichten soll!“

2. So sprach Josephus weinend und klagend und vermochte endlich vor Schluchzen nicht weiterzureden. Selbst die Römer hatten Mitleid mit seinem Schmerz und achteten seinen guten Willen; die Anhänger des Joannes aber zeigten sich nur um so erbitterter gegen die Römer und brannten vor Verlangen, sich des Josephus zu bemächtigen. Viele Vornehme wurden jedoch durch die Rede gerührt; und während einige von ihnen, eingeschüchtert durch die Wachen der Aufrührer und obwohl sie nun ihr eigenes Verderben wie das der Stadt vor Augen sahen, an Ort und Stelle blieben, erspähten andere eine günstige Gelegenheit zu gefahrloser Flucht und gingen zu den Römern über. Unter diesen befanden sich die Hohenpriester Joseph und Jesus sowie Söhne von Hohenpriestern: drei Söhne Ismaels, der zu Kyrene enthauptet worden war, vier Söhne des Matthias und ein Sohn jenes andern Matthias, der,

nachdem sein Vater und seine drei Brüder von Simon, Sohn des Gioras, ermordet worden waren, wie oben erzählt, geflüchtet war. Mit den Hohenpriestern flohen auch viele andere Vornehme zu den Römern. Der Caesar nahm sie nicht nur freundlich auf, sondern ließ sie, weil er wußte, daß sie sich unter einem Volk von fremden Sitten nicht wohl fühlen würden, nach Gophna ziehen, wo sie vorläufig bleiben sollten; sobald der Krieg ihn weniger in Anspruch nähme, wolle er einem jeden sein Vermögen zurückerstatten. Froh und in voller Sicherheit begaben sie sich in das ihnen angewiesene Städtchen. Sobald sie aber nicht mehr zu sehen waren, streuten die Empörer – in der Absicht, die übrigen von der Flucht abzuschrecken – abermals das Gerücht aus, die Überläufer seien von den Römern niedergemacht worden. Eine Zeitlang hatte diese List, wie bereits früher, Erfolg, da Furcht die anderen vom Überlaufen abhielt.

3. Später aber, als Titus diese Männer aus Gophna zurückkommen und in Begleitung des Josephus vor den Augen des Volkes rings um die Mauer gehen ließ, flohen abermals viele zu den Römern. Zu einer Schar vereinigt, stellten sie sich vor der römischen Linie auf und flehten unter Klagen und Tränen die Empörer an, sie möchten die ganze Stadt den Römern öffnen und ihre Vaterstadt retten oder doch wenigstens den Tempel gänzlich räumen und den Altar ihnen erhalten; denn nur im äußersten Notfall würden die Römer es wagen, das Heiligtum in Brand zu stecken. Das aber versetzte die Empörer in noch größere Wut; sie antworteten den Überläufern mit Schmähungen und stellten auf den heiligen Toren die Skorpione, Katapulte und Ballisten(364) auf, so daß der Tempel selbst wie eine Festung aussah, während das Rund des Tempelhofes wegen der Menge der dort aufgehäuften Leichen einem Totenacker glich. Im Heiligtum wie im Allerheiligsten trieben sie sich, die Hände noch heiß vom Blut ihrer ermordeten Mitbürger, bewaffnet umher und begingen solche Untaten, daß die Römer den gleichen Unwillen gegenüber den Judäern empfanden, die so gegen ihre eigenen Heiligtümer frevelten, wie ihn die Judäer empfunden hätten, wenn die Römer so mutwillig gegen sie selbst vorgegangen wären. Unter den Soldaten fand sich keiner, der

nicht mit Ehrfurcht und mit dem Wunsche, daß die Räuber vor dem Eintritt unheilbaren Unglücks noch andern Sinnes werden möchten, zum Tempel geblickt hätte.

4. Überaus betrübt rief Titus nochmals den Anhängern des Joannes die vorwurfsvollen Worte zu: „Habt nicht ihr, verruchte Frevler, jene Mauer um das Heiligtum gezogen? Habt nicht ihr daran jene Steinplatten angebracht, auf denen in griechischer und eurer eigenen Schrift das Verbot, die Schranke zu überschreiten, eingegraben steht? Und haben nicht wir euch gestattet, die Übertreter dieser Vorschrift, selbst wenn es ein Römer war, mit dem Tode zu bestrafen? Wieso tretet ihr Elenden jetzt darin auf Leichen herum und besudelt den Tempel mit dem Blute von Fremden und Einheimischen? Ich rufe die Götter meines Landes und den, der früher einmal über dieser Stadt wachte (jetzt, glaube ich, tut er es nicht mehr), ich rufe mein Heer, die bei mir weilenden Judäer und euch selbst zu Zeugen auf, daß nicht ich euch zwang, diese Stätte zu entweihen. Wenn ihr einen andern Kampfplatz wählen wollt, so wird kein Römer das Heiligtum betreten oder schänden. Ja, den Tempel erhalte ich euch selbst gegen euren Willen."

5. Als Josephus ihnen diese Worte des Caesars übermittelte, zeigten die Räuber und der Tyrann in dem Glauben, daß nicht Wohlwollen, sondern Feigheit diese Botschaft eingegeben habe, nur Verachtung. Da erkannte Titus, daß diese Menschen weder Mitleid mit sich selbst fühlten, noch Sorge um den Tempel hegten, und ging, obwohl ungern, wieder zu kriegerischen Maßnahmen über. Ihnen mit der ganzen Streitmacht entgegenzurücken, war freilich wegen der Enge des Raums unmöglich; er wählte daher aus jeder Zenturie(365) die dreißig tapfersten Soldaten aus, wies je tausend einem Tribun zu, unterstellte diese dem Oberkommando des Cerealis(366) und gab Befehl, um die neunte Stunde der Nacht die Wachen zu überfallen. Er selbst bewaffnete sich und war bereit, mit hinunterzusteigen; seine Freunde aber hielten ihn unter Hinweis auf die Größe der Gefahr und die Vorhaltungen der Heerführer zurück, er werde der Sache mehr nützen, wenn er ruhig auf der Antonia bleibe und den Soldaten gegenüber das Amt des Kampfrichters versehe, als wenn er hinabsteige und sich

vor allen in Gefahr begebe; unter den Augen des Caesars würden sich alle als tapfere Streiter erweisen. Diesen Vorstellungen gab der Caesar nach und erklärte den Soldaten, er wolle nur darum zurückbleiben, damit er ihren Einsatz beurteilen könne, so daß kein Tapferer unbemerkt und unbelohnt, kein Feigling unbestraft bliebe; er, der die Macht habe zu strafen und zu belohnen, müsse Beobachter und Zeuge von allem sein. Um die angegebene Stunde entließ er die für den Anschlag bestimmte Mannschaft und begab sich selbst auf einen Aussichtspunkt der Antonia, wo er dem Ausgang mit Spannung entgegensah.

6. Die Angreifer fanden die Wachen jedoch nicht, wie sie gehofft hatten, im Schlafe, sondern diese sprangen mit lautem Geschrei auf und begannen unverzüglich das Handgemenge. Auf den Hilferuf der Vorposten stürzten auch die übrigen in dichten Haufen aus dem Innern hervor. Den Anprall der ersten hielten die Römer aus; die nachfolgenden aber warfen sich auf ihre eigenen Leute, und viele behandelten Freunde als Feinde. Am Schlachtruf einander zu erkennen, war wegen des beiderseitigen verworrenen Geschreis nicht möglich, und den Gebrauch der Augen verhinderte die Nacht, abgesehen davon, daß die einen ihre Wut, andere die Furcht blind machte. Deshalb hieben alle ohne weiteres drauflos, mochte es treffen, wen es wollte. Die Römer, die ihre Schilde dicht aneinanderschlossen und in geordneten Abteilungen vorgingen, litten durch diese Verwirrung weniger, zumal jeder von ihnen sein Losungswort kannte. Die Judäer aber, die sich immer wieder zerstreuten und planlos bald vordrangen, bald zurückwichen, hielten sich nicht selten gegenseitig für Feinde, und mancher empfing in der Dunkelheit den fliehenden Freund wie einen angreifenden Römer. Auf diese Weise wurden mehr von ihren eigenen Leuten als von den Feinden verwundet, bis endlich der Tag graute und der Stand des Kampfes zu erkennen war. Da erst schieden sie sich in Gefechtslinien, und Wurfgeschosse wie Verteidigungswaffen konnten in guter Ordnung angewandt werden. Beide Seiten ließen in Ausdauer und Zähigkeit nicht nach. Bei den Römern, die sich vom Caesar beobachtet wußten, wetteiferte Mann mit Mann, Abteilung mit Abteilung, und jeder hoffte, dieser Tag werde ihm, wenn er tapfer kämpfe,

eine Beförderung bringen; die Judäer fühlten sich sowohl durch die Sorge für ihr eigenes Leben und das Heiligtum als auch durch die Gegenwart des Tyrannen aufgestachelt, der sie bald durch Zuspruch, bald durch Geißelhiebe und Drohungen anfeuerte. Der Kampf blieb fast auf denselben Raum beschränkt und wogte nur selten hin und her; denn keiner der streitenden Teile hatte Platz zur Flucht oder zur Verfolgung. Bei jeder Wendung des Gefechts erklang lärmender Zuruf der Römer von der Antonia, die ihren Kameraden zujubelten, wenn sie im Vorteil waren, oder sie ermunterten standzuhalten, wenn sie sich rückwärts wandten. Es war wie ein Schaugefecht; denn kein Zwischenfall des Kampfes entging Titus und seiner Umgebung. Endlich trennten sich die Streitenden, die den Kampf in der neunten Stunde der Nacht begonnen hatten, nach der fünften des Tages; keiner hatte den andern zum Weichen gebracht, und so blieb der Ausgang des Treffens unentschieden. Von den Römern hatten sich viele im Kampf hervorgetan; auf seiten der Judäer von der Schar Simons: Judas, des Merton, und Simon, des Hosea Sohn, von den Idumäern: Jakob, des Sosas, und Simon, des Thakeas Sohn, von den Leuten des Joannes: Gyphtaios und Alexas, von den Zeloten: Simon, der Sohn des Ari.

7. Unterdessen hatte der übrige Teil des Römerheeres nach siebentägiger Arbeit die Grundmauern der Antonia zerstört und einen breiten Weg zum Tempel hinauf geebnet. Da sie auf diese Weise der ersten Ringmauer nahe gekommen waren, begannen die Legionen Wälle aufzuwerfen, einen gegenüber der nordwestlichen Ecke des inneren Vorhofs, den zweiten in der Nähe der nördlichen Galerie, zwischen den beiden Toren, den dritten an der westlichen Säulenhalle des äußeren Vorhofs, den vierten außen bei der nördlichen Säulenhalle. Der Bau dieser Werke war jedoch mit großer Mühe und vielen Schwierigkeiten verknüpft, da sie noch das Bauholz aus einer Entfernung bis zu hundert Stadien herbeischaffen mußten. Zuweilen gerieten sie, wenn sie in dem Gefühl ihrer Überlegenheit die nötige Vorsicht vergaßen, in feindliche Hinterhalte, während andererseits die Judäer, die keine Hoffnung auf Rettung hatten, sich immer tollkühner benahmen. Manche Reiter zum Beispiel ließen, wenn sie Holz oder Futter

sammelten, solange sie beschäftigt waren, ihre Pferde frei weiden, die dann von den in Rotten hervorbrechenden Judäern abgefangen wurden. Da der Fall sich öfter wiederholte, glaubte der Caesar zu Recht, daß mehr die Nachlässigkeit seiner Männer als die Tapferkeit der Judäer an diesen Verlusten schuld sei, und beschloß, durch strenges Einschreiten die Leute zu besserer Bewachung ihrer Pferde anzuhalten. Er befahl dementsprechend, einen der Soldaten, der beraubt worden war, hinzurichten und bewirkte durch dieses abschreckende Beispiel, daß die übrigen ihre Pferde bewachten. Sie ließen sie von da an nicht mehr frei grasen, sondern ritten zu ihren Unternehmungen, als wären sie mit den Tieren verwachsen. In dieser Weise waren die Legionen mit der Belagerung des Tempels und dem Aufwerfen von Wällen beschäftigt.

8. Einen Tag nach dem Vordringen der Römer rotteten sich die Empörer, die nicht mehr plündern konnten und vom Hunger gedrängt wurden, in Massen zusammen und machten um die elfte Stunde des Tages einen Ausfall auf die römische Postenkette am Ölberg. Sie erwarteten, leicht durchbrechen zu können, da sie die Römer unvorbereitet und mit der Körperpflege beschäftigt glaubten. Die Römer aber hatten ihr Anrücken rechtzeitig bemerkt und liefen von den benachbarten Posten schnell zusammen, um ihnen das Übersteigen des Walles und den gewaltsamen Durchbruch zu verwehren. Es entspann sich ein heftiges Gefecht, in dem auf beiden Seiten kühne Taten vollbracht wurden. Die Römer suchten ihre Kraft und ihre Kriegskunst, die Judäer ihr wildes Ungestüm und ihre schrankenlose Wut zur Geltung zu bringen. Jene wurden vom Ehrgefühl geleitet, diese von der Not. Die Judäer, die schon wie in einem Netz gefangen saßen, entschlüpfen zu lassen, dünkte den Römern die größte Schande; den Judäern hingegen schien es die einzige Hoffnung auf Rettung, wenn sie die Ringmauer mit Gewalt durchbrachen. Ein Mann aus den Reiterkohorten namens Pedanius drängte, als die Judäer sich schon zur Flucht wandten und in das Tal hinuntergetrieben wurden, sein Pferd in scharfem Galopp an ihre Flanke, faßte einen der fliehenden Feinde, einen kräftig gebauten und gut bewaffneten Jüngling am Fußgelenk – so tief hatte er sich von seinem in vollem Lauf

befindlichen Pferde herabgebeugt und damit nicht nur die Kraft seiner Rechten und seines ganzen Körpers, sondern auch seine Gewandtheit im Reiten bekundet – und jagte mit ihm davon. Wie ein Kleinod brachte er den Gefangenen zum Caesar. Titus bewunderte die Kraft des Mannes, befahl, den Jüngling wegen seiner Teilnahme am Angriff auf die Mauer zu bestrafen, und wandte dann seine Aufmerksamkeit wieder den Kämpfen um den Tempel und dem Bau der Wälle zu.

9. Da die Judäer in den Gefechten fortgesetzt schwere Verluste erlitten, die Kämpfe langsam, aber stetig einem Höhepunkt zugingen und sich dem Heiligtum immer mehr näherten, schnitten sie wie von einem brandigen Körper die schon angesteckten Glieder ab, um das Ausbreiten der Krankheit zu verhüten. Sie zündeten die nordwestliche Tempelhalle dort, wo sie mit der Antonia zusammenhing, an und rissen noch weitere zwanzig Ellen ab.(367) Mit eigenen Händen legten sie zuerst den Feuerbrand an die heiligen Gebäude. Zwei Tage später, am vierundzwanzigsten des genannten Monats, steckten die Römer die benachbarte Halle in Brand. Als die Flammen bereits fünfzehn Ellen weit um sich gegriffen hatten, deckten die Judäer das Dach ab und zerstörten, ohne Rücksicht auf die Werke, die Verbindung zur Antonia. Obwohl sie den Brand hätten verhindern können, blieben sie daher ruhig und maßen sein Ausbreiten nur an ihrem eigenen Nutzen. Mittlerweile hörten die Gefechte rund um den Tempel nicht auf, sondern beständig fanden Scharmützel zwischen kleineren Abteilungen statt.

10. In diesen Tagen trat aus der Mitte der Judäer ein Mann namens Jonathan, klein von Gestalt und unansehnlich, seiner Herkunft und auch seinen übrigen Verhältnissen nach unbedeutend, bei dem Grabmal des Hohenpriesters Joannes(368) hervor, erging sich in übermütigen Reden gegen die Römer und forderte den Tapfersten von ihnen zum Zweikampf heraus. Die meisten der dort stehenden Soldaten beachteten ihn nicht, manche fürchteten ihn auch wohl; anderen kam der vernünftige Gedanke, mit einem, der den Tod suche, dürfe man sich in keinen Kampf einlassen, weil Verzweifelte maßlos ungestüm seien und die Gottheit leicht durch Bitten bewegen. Dann aber

verrate es auch weniger Mut als Tollkühnheit, sein Leben im Kampfe mit Menschen zu wagen, gegen die ein Sieg keinen Ruhm einbringe und von denen besiegt zu werden nicht bloß schimpflich, sondern auch gefährlich sei. Geraume Zeit hindurch trat niemand hervor; als aber der Judäer, ein großer Prahlhans und übermütig gegen die Römer, seinen Gegnern weiterhin in scharfen Spottreden Feigheit vorwarf, sprang einer von den Reiterschwadronen mit Namen Pudens, empört über diese Reden und die Anmaßung, vielleicht auch in unbesonnener Geringschätzung des winzigen Gegners, auf ihn zu. Bei dem nun folgenden Zweikampf ließ den Pudens, obwohl er im allgemeinen dem Judäer überlegen war, das Glück im Stich. Er fiel zu Boden, und sofort sprang Jonathan hinzu und tötete ihn; dann trat er auf den Leichnam, schwenkte mit der Rechten das blutige Schwert, mit der Linken den Schild, frohlockte dem Heere gegenüber, prahlte mit dem Fall des Gegners und verhöhnte die zuschauenden Römer, bis ihn mitten in seinem Tanzen und Prahlen der Zenturio Priscus mit einem Pfeil durchbohrte. Judäer wie Römer erhoben, freilich aus verschiedenen Beweggründen, ein lautes Geschrei; der Getroffene aber sank, sich vor Schmerzen krümmend, auf den Leichnam seines Gegners hin – ein Beweis, wie schnell im Kriege Vergeltung dem unverdienten Glück folgt.

3. Kapitel: Judäische Kriegslist. Die Tat der Maria

1. Mittlerweile fuhren die Empörer nicht nur fort, die Mannschaften auf den Wällen zu bekämpfen, sondern bedienten sich am siebenundzwanzigsten des genannten Monats wieder einer Kriegslist. Sie füllten den Raum zwischen dem Gebälk und dem Dach der westlichen Säulenhalle mit trockenem Holz, Erdharz und Pech und zogen sich dann, scheinbar ermattet, zurück. Eine Anzahl unvorsichtige Römer setzten eifrig den Weichenden nach und erkletterten mit Hilfe von Leitern die Halle; die besonneneren dagegen, denen der unvermutete Abzug der Judäer verdächtig vorkam, blieben zurück. Als aber viele auf die

Halle hinaufgeklettert waren, steckten die Judäer sie der ganzen Ausdehnung nach von unten in Brand. Plötzlich loderten an allen Seiten die Flammen empor und versetzten die außer Gefahr befindlichen Römer in Schrecken, die vom Brande überraschten aber in Verzweiflung. Rings von Feuer umgeben, stürzten sie sich teils in die hinter ihnen liegende Stadt, teils mitten unter die Feinde hinab; viele, die versuchten, sich durch einen Sprung zu den Ihrigen zu retten, brachen sich die Glieder. Den meisten schnitten die Flammen jeden Ausweg zur Flucht ab, und manche suchten dem Feuer dadurch zuvorzukommen, daß sie sich selbst mit dem Schwert töteten. Dem sich ausbreitenden Feuer fielen schließlich auch die zum Opfer, die bereits eines andern Todes gestorben waren. So aufgebracht nun der Caesar über den Verlust war, da die Männer ohne Befehl die Halle erstiegen hatten, so fühlte er doch auch wieder Mitleid mit ihnen. Obwohl niemand ihnen beizuspringen vermochte, war es für die Sterbenden doch ein Trost, daß sie den Schmerz dessen sahen, für den sie ihr Leben hingaben; denn sie konnten deutlich wahrnehmen, wie er sich zu nähern versuchte, ihnen zurief und seine Umgebung aufforderte, nach Kräften Hilfe zu leisten. Diese Zurufe und seine tiefe Bewegung nahm jeder wie eine glänzende Bestattung auf und ging so mit Freuden in den Tod. Einigen wenigen gelang es übrigens, dem Feuer dadurch zu entgehen, daß sie sich auf die breite Wandmauer der Halle zurückzogen; hier wurden sie jedoch von den Judäern umzingelt und, nachdem sie längere Zeit Widerstand geleistet hatten, schließlich niedergemacht.
2. Der letzte, der fiel, war ein junger Mann namens Longus, dessen Tat einen Glanz über diesen Vorfall warf; und wenn auch alle Umgekommenen des Andenkens würdig sind, so benahm er sich doch offenbar am tapfersten. Die Judäer hatten ihn, weil sie seine Körperstärke bewunderten und sie anders ihn nicht zu töten wußten, aufgefordert, herabzusteigen und sich ihnen zu ergeben. Auf der andern Seite beschwor ihn sein Bruder Cornelius, ihre Ehre und die römischen Waffen nicht zu schänden. Von dieser Bitte beeindruckt, holte er im Angesicht beider Heere mit dem Schwerte aus und tötete sich selbst. Ein anderer von den vom Feuer Umringten, Sertorius mit

Namen, rettete sich durch eine List. Er rief seinem Zeltgenossen Lucius mit lauter Stimme zu: „Ich setze dich zum Erben meines Vermögens ein, wenn du näher kommst und mich auffängst!“ Lucius lief bereitwillig herzu, Sertorius sprang auf ihn herab und war gerettet, Lucius selbst jedoch wurde so heftig gegen das Steinpflaster geschmettert, daß er auf der Stelle tot war. Der ganze Vorfall nahm den Römern zwar für den Augenblick allen Mut, machte sie aber zugleich für die Zukunft vorsichtiger, indem er sie lehrte, die hinterlistigen Anschläge der Judäer zu vereiteln, durch die sie bisher – hauptsächlich weil sie die Örtlichkeit und den Charakter ihrer Gegner nicht kannten – so manche Schlappe erlitten hatten. Die Halle brannte übrigens bis zu dem Turm nieder, den Joannes während des Kampfes mit Simon über den vom Xystos herausführenden Toren erbaut und nach sich selbst benannt hatte. Was noch stand, rissen die Judäer vollends ein und bedeckten die Leichen der gefallenen Römer mit den Trümmern. Tags darauf ließen die Römer auch die ganze nördliche Halle bis zur östlichen in Flammen aufgehen, wo die beiden Hallen über dem Kedrontal einen Winkel miteinander bildeten und die Tiefe furchterregend war. So lagen die Dinge in der Umgebung des Tempels.

3. In der Stadt forderte unterdessen die Hungersnot zahllose Opfer und erzeugte unsägliches Elend. Wo in einem Haus auch nur eine Spur von Nahrungsmitteln sich zeigte, entbrannte ein förmlicher Kampf; die besten Freunde wurden handgemein miteinander und suchten sich die armseligsten Brocken zu entreißen, um ihr Leben zu fristen. Selbst den Sterbenden gestattete man nichts, und die Räuber durchsuchten demgemäß auch alle, die in den letzten Zügen lagen, ob sich einer vielleicht nur sterbend stelle und noch irgendwelche Nahrungsmittel in den Falten seiner Kleider verborgen halte. Mit vor Hunger weit aufgerissenem Munde rannten sie wie tolle Hunde umher, schlugen wie Betrunkene die Türen ein und stürmten in ihrer Verzweiflung zwei- oder dreimal in einer Stunde in das gleiche Haus. Alles trieb die Not ihnen zwischen die Zähne: Dinge, die nicht einmal die unreinsten Tiere fressen können, lasen sie auf und scheuten sich nicht, sie zu verzehren. Über Gürtel und Schuhe machten sie sich endlich her und kau-

ten sie, wie auch das Leder, das sie von den Schilden rissen. Manchem diente ein Büschel Heu als Speise; andere verkauften Halme, die sie gesammelt hatten, in geringsten Mengen zu vier attischen Drachmen. Doch was brauche ich die unverschämte Gier nach allen möglichen toten Dingen zu schildern, die der Hunger hervorgerufen hatte? Ich bin im Begriff, über eine Tat zu berichten, wie sie weder bei den Griechen noch bei den Barbaren je verübt wurde – schrecklich zu erzählen, unglaublich zu hören. Gern würde ich, um nicht bei der Nachwelt in den Ruf eines abenteuerlichen Lügners zu kommen, diesen Vorfall verschwiegen haben, hätte ich nicht unzählige Zeugen unter meinen Zeitgenossen. Übrigens würde ich auch meiner Vaterstadt einen schlechten Dienst erweisen, wenn ich die Wiedergabe dessen, was sie in Wirklichkeit zu erdulden hatte, unterdrücken wollte.

4. Eine Frau von jenseits des Jordans, Maria mit Namen, Tochter Eleazars aus dem Dorfe Bethezuba (das Wort bedeutet: Ysop-Haus) (369), ausgezeichnet durch Geburt und Reichtum, war mit der übrigen Menge nach Jerusalem geflohen, wo sie in die Belagerung geriet. Ihr sonstiges Vermögen, das sie aus Peräa in die Stadt mitbrachte, hatten ihr die Tyrannen bereits weggenommen, und die ihr noch verbliebenen Kleinodien sowie Nahrungsmittel, die ausfindig zu machen waren, raubten ihr deren Anhänger, die Tag für Tag in ihr Haus stürzten. Große Erbitterung bemächtigte sich infolgedessen der Frau, und oft brachte sie mit Schmähungen und Verwünschungen die Räuber (370) gegen sich auf. Als aber keiner sie aus Zorn oder Mitleid tötete und sie es müde war, immer nur Nahrung für andere zu suchen, was jetzt auch erfolglos war, ihr der Hunger in den Eingeweiden und noch heftiger ihr Zorn brannte, schritt sie zu einem Akt, der wider alle Natur war. Sie ergriff ihr Kind, einen Säugling, und sprach: „Armer Kleiner! In Krieg, Hunger und Aufruhr – für wen soll ich dich da erhalten? Bei den Römern erwartet uns Sklaverei, falls sie uns überhaupt am Leben lassen; stärker als Sklaverei aber ist der Hunger, und die Empörer sind grausamer als beides. So komm, werde mir Speise, den Tyrannen ein Rachegeist, den Lebenden eine Fabel, wie sie allein fehlt, um das Elend der Judäer voll zu machen!" Mit

diesen Worten erschlägt sie ihr Kind, brät es und verzehrt die eine Hälfte; die andere bedeckt und verwahrt sie. Im Nu aber sind die Empörer wieder da und drohen ihr, wie sie den fluchwürdigen Braten riechen, sie augenblicklich zu ermorden, wenn sie nicht zeige, was sie zubereitet habe. Daraufhin deckt sie mit den Worten, sie habe noch ein schönes Stück aufgespart, die Reste ihres Kindes auf. Schauder und Entsetzen ergriff die Räuber, und sie standen bei diesem Anblick wie festgewurzelt. Maria fuhr fort: „Das ist mein leibliches Kind und das mein Werk. Eßt, denn auch ich habe gegessen; seid nicht weichherziger als eine Frau, nicht gefühlvoller als eine Mutter! Achtet ihr aber die Gesetze, und graut euch vor meinem Opfer – gut, so will ich euren Anteil gegessen haben, und auch der Rest verbleibe mir." Zitternd schlichen die Empörer hinaus, dieses eine Mal als Feiglinge, und nur ungern ließen sie der Mutter dieses Mahl. Bald verbreitete sich das Gerücht von diesem Greuel in der ganzen Stadt, und jeder schauderte, wenn er sich die Tat vorstellte, als hätte er sie selbst verübt. Die Hungernden aber drängten sich zum Tode und priesen die Vorangegangenen glücklich, daß sie solchen Jammer nicht mehr gesehen und gehört hätten.

5. Schnell war die Kunde von diesem Vorfall auch zu den Römern gelangt. Manche wollten es nicht glauben, andere fühlten Mitleid; die meisten aber haßten jetzt das Volk nur noch mehr. Der Caesar seinerseits rechtfertigte sich vor dem Gott, da er Frieden, Selbständigkeit und Verzeihung für alle früheren Unternehmungen den Judäern angeboten habe; sie aber hätten statt Eintracht Zwietracht, statt Frieden Krieg, statt Überfluß und Wohlstand Hunger vorgezogen, mit eigner Hand an das Heiligtum, das die Römer erhalten wollten, Feuer gelegt; und sie seien auch dieses Mahles wert. Er aber wolle jetzt den Greuel des Kannibalismus mit den Trümmern ihres Landes bedecken und der Sonne nicht mehr den Anblick einer Stadt lassen, in der sich Mütter so nährten. Eher noch als die Mütter freilich hätten die Väter eine solche Speise verdient, weil sie nach so grenzenlosem Jammer noch unter den Waffen blieben. – Während er so redete, überzeugte er sich mehr und mehr von der völligen Verzweiflung der Empörer;

jetzt, meinte er, nachdem sie dies alles durchgemacht, würden sie ihre Gesinnung wohl nicht mehr ändern, während, wenn sie es nicht wirklich erlebt hätten, ihre Umkehr wahrscheinlich gewesen wäre.

4. Kapitel: Der Tempel in Brand

1. Als zwei der Legionen am achten des Monats Loos die Wälle vollendet hatten, ließ der Caesar die Sturmböcke gegen die westliche Galerie des Tempelhofs heranbringen. Vorher hatte die stärkste Belagerungsmaschine trotz sechstägigen unausgesetzten Stoßens nichts gegen die Mauerwand ausrichten können, da die Quader wegen ihrer Größe und der Festigkeit ihres Gefüges ihr wie anderen widerstanden. Andere untergruben mittlerweile die Fundamente des nördlichen Tores und brachen nach angestrengter Arbeit die vordersten Steine los, während das Tor selbst, von den inneren Quadern gehalten, stehen blieb. Schließlich verzweifelten die Römer an der Wirksamkeit ihrer Maschinen und Hebbäume und legten deshalb Leitern an die Halle an. Die Judäer beeilten sich nicht, sie dabei zu stören; kaum aber waren die Römer oben, als sie sich ihnen entgegenwarfen und sie kopfüber von der Mauer hinunterstießen oder gegen die Brüstung drängten und niedermachten. Viele wurden, als sie die Leitern verließen und sich mit ihren Schilden noch nicht gedeckt hatten, durchbohrt, während andere dadurch verletzt wurden, daß die Judäer Leitern, die mit Bewaffneten dicht besetzt waren, von oben her umwarfen. Auch die Judäer verloren eine Menge Leute. Die Träger der Feldzeichen kämpften besonders hart, da sie deren Verlust für große Schande hielten. Schließlich bemächtigten sich jedoch die Judäer auch der Feldzeichen und hieben alles nieder, was heraufgestiegen war. Die übrigen Römer, entsetzt über das Schicksal der Getöteten, zogen sich zurück. Auf seiten der Römer fiel keiner, der nicht vorher etwas vollbracht gehabt hätte; unter den Empörern zeichneten sich wieder dieselben durch Tapferkeit aus, die sich schon in den früheren Gefechten hervorgetan hatten, und außer ihnen noch Eleazar, der Neffe des Tyrannen Simon. Als Titus erkannte, daß die Schonung

fremder Heiligtümer seinen Soldaten nur Verwundungen und Tod bringe, befahl er, Feuer an die Tore zu legen.

2. Um diese Zeit gingen Ananos von Ammaus, der blutdürstigste unter den Anhängern des Simon, und Archelaos, der Sohn des Magaddates, zu ihm über; sie hofften auf Gnade, weil sie die Judäer zu einer Zeit verließen, als diese im Vorteil waren. Ihre Handlung kam aber dem Caesar verächtlich vor, und da er außerdem erfuhr, wie grausam sie sich gegen ihre Landsleute verhalten hätten, zeigte er nicht übel Lust, sie beide hinrichten zu lassen. Nur die Not, sagte er, habe sie hergetrieben, nicht ihre Neigung. Sie hätten keinen Anspruch auf Begnadigung, zumal sie aus der von ihnen selbst in Brand gesteckten Vaterstadt geflohen seien. Gleichwohl stand er trotz seines Zorns zu dem einmal gegebenen Wort und entließ die Männer, ohne sie indes in der Behandlung den übrigen gleichzustellen. Unterdessen hatten die Soldaten Feuer an die Tore gelegt, und das überall schmelzende Silber öffnete den Flammen den Zugang zu dem hölzernen Gebälk, von wo aus sie die Hallen ergriffen. Als die Judäer den Brand rings um sich auflodern sahen, verloren sie alle Energie und jeden Mut; vor lauter Bestürzung getraute sich niemand, Widerstand zu leisten, sondern gelähmt standen sie und sahen zu. So niederschlagend das Feuer auf sie wirkte, so lernten sie doch auch daraus nichts für das Kommende; vielmehr zeigten sie sich, als sei die Einäscherung des Tempels schon beschlossene Sache, nur um so erbitterter gegen die Römer. Den ganzen Tag und die folgende Nacht hindurch wütete das Feuer; denn die Römer konnten die Hallen nur einzeln und nicht alle zugleich in Brand setzen.

3. Tags darauf beorderte Titus einen Teil des Heeres zum Löschen und ließ zugleich bei den Toren einen Weg anlegen, um den Legionen den Aufstieg zu erleichtern. Dann beschied er die Befehlshaber zu sich. Die sechs vornehmsten traten zusammen, nämlich Tiberius Alexander, der Präfekt der gesamten Streitkräfte (371), Sextus Cerealis, der Anführer der fünften, Larcius Lepidus, der Anführer der zehnten, Titus Phrygius, der der fünfzehnten Legion, ferner Fronto Heterius, der Präfekt der beiden alexandrinischen Legionen, und Marcus Antonius Julianus, der Pro-

kurator von Judäa. An diese schlossen sich die übrigen Prokuratoren und Kriegstribunen an, und Titus hielt mit ihnen allen Kriegsrat über den Tempel. Die einen meinten, man solle dem Kriegsrecht freien Lauf lassen; denn solange der Tempel als Sammelpunkt aller Judäer noch stehe, würden sie niemals aufhören, an Empörung zu denken. Andere äußerten ihre Ansicht dahin, daß man, wenn die Judäer den Tempel räumten und niemand mehr zu seiner Verteidigung das Schwert ziehe, ihn erhalten, wenn sie dagegen bei ihrem Widerstand beharrten, ihn verbrennen solle. In diesem Falle sei er eine Festung und kein Tempel mehr, wobei sich nicht die Römer einer Gottlosigkeit schuldig machten, sondern die, die sie dazu genötigt hätten. Titus erklärte jedoch, man solle, selbst wenn die Judäer vom Tempel herab sich wehren würden, seine Rache nicht an leblosen Dingen statt an Menschen nehmen und unter keinen Umständen ein so herrliches Bauwerk niederbrennen. Der Schaden treffe im Grunde die Römer, während er, wenn er erhalten bleibe, eine Zierde des Reiches sein werde. Dieser Ansicht traten Fronto, Alexander und Cerealis bei. Darauf entließ der Caesar die Versammlung und befahl den Unterbefehlshabern, ihren Truppen Ruhe zu gönnen, damit sie sich für die kommenden Gefechte stärken könnten; nur aus den Kohorten las er eine Anzahl Leute aus, die den Weg durch die Trümmer bahnen und das Feuer löschen sollten.
4. An diesem Tage lähmten Ermattung und Bestürzung den Judäern die Kraft; am folgenden aber sammelten sie ihre Streitkräfte und machten mit erneutem Mut um die zweite Stunde durch das östliche Tor einen Ausfall gegen die Wachen des äußeren Tempelhofes. Diese setzten dem Angriff nachdrücklichen Widerstand entgegen und schlossen ihre Reihen, indem sie sich mit ihren Schilden wie mit einer Wand deckten. Dennoch war offensichtlich, daß sie sich nicht lange würden halten können, da die Angreifer ihnen an Zahl und Tollkühnheit überlegen waren. Der Caesar, der von der Antonia aus den Kampf beobachtete, kam jedoch der ungünstigen Wendung des Gefechts zuvor und eilte mit seinen besten Reitern zu Hilfe. Diesem Angriff hielten die Judäer nicht stand. Sie flohen, nachdem die ersten gefallen waren, größtenteils davon. Sobald aber

die Römer abzogen, griffen sie wieder an, um sofort wieder zu fliehen, wenn jene sich wendeten. Um die fünfte Stunde des Tages waren die Judäer schließlich überwältigt und in das Innere des Tempels eingeschlossen.

5. Titus kehrte hierauf in die Antonia zurück, entschlossen, am folgenden Tag in aller Frühe mit seiner ganzen Heeresmacht anzugreifen und den Tempel einzuschließen. Über diesen hatte der Gott jedoch schon längst das Feuer verhängt, und es war nun wieder der Unglückstag – der zehnte des Monats Loos – gekommen, an dem der frühere Tempel vom Babylonierkönig eingeäschert worden war; nur waren es diesmal die Einheimischen selbst, durch deren Veranlassung und Schuld er den Flammen zum Opfer fiel. Kaum hatte sich nämlich Titus entfernt, als die Empörer nach kurzer Ruhepause abermals gegen die Römer ausrückten. Hierbei kam es zum Handgemenge zwischen der Besatzung des Tempels und den Mannschaften, die das Feuer in den Gebäuden des inneren Vorhofs löschen sollten, wobei diese die Judäer bis zum Tempelgebäude zurückdrängten. In diesem Augenblick ergriff einer der Soldaten, ohne einen Befehl abzuwarten oder die schweren Folgen seiner Tat zu bedenken, wie auf höheren Antrieb ein brennendes Holzscheit und schleuderte es, von einem Kameraden hochgehoben, durch eine kleine goldene Tür, durch die man von Norden her in die den Tempel umgebenden Gemächer eintrat. Sowie die Flammen aufloderten, stießen die Judäer angesichts der Größe des Unglücks einen Schrei aus und eilten, ohne der Gefahr zu achten oder ihre Kräfte zu schonen, zu Hilfe; denn was sie bisher vor dem Äußersten zu bewahren gesucht hatten, drohte unterzugehen.

6. Ein Eilbote meldete Titus, was vorgefallen war. Schnell sprang dieser von seinem Lager im Zelt, wo er eben vom Kampf ausruhte, auf und lief, wie er war, zum Tempel hin, um dem Brand Einhalt zu tun. Ihm folgten alle Befehlshaber und die erschreckten Legionäre. Lärm und Wirrwarr begleiteten die ungeordnete Bewegung einer solchen Menschenmenge. Der Caesar wollte durch Schreien und Handbewegungen den Soldaten zu verstehen geben, sie sollten löschen; sie aber hörten sein Rufen nicht, da es von lautem Geschrei übertönt wurde, und die Zeichen sei-

ner Hand beachteten sie nicht, weil sie teils vom Kampfe, teils von ihrer Erbitterung abgelenkt wurden. Weder Vorstellungen noch Drohungen vermochten den Andrang der Legionen aufzuhalten: die Wut allein leitete sie. An den Eingängen kam es zu einem solchen Gedränge, daß viele von ihren Kameraden zertreten wurden; viele gerieten auf die noch glühenden und rauchenden Trümmer der Hallen und teilten so das Schicksal der Besiegten. In die Nähe des Tempels gekommen, stellten sie sich, als hörten sie nicht einmal die Befehle des Caesars, und schrien ihren Vordermännern zu, sie sollten Feuer in den Tempel werfen. Die Empörer konnten ihrerseits nichts mehr tun; denn rings um sie war Tod oder Flucht. Ganze Haufen von Bürgern, lauter schwache, unbewaffnete Leute, wurden niedergemacht, wo immer der Feind sie traf. Um den Altar türmten sich die Toten in Masse; das Blut floß an seinen Stufen, und die Leichen derer, die oben auf ihm ermordet wurden, glitten an seinen Wänden herunter.

7. Als der Caesar dem Ungestüm seiner rasend gewordenen Soldaten nicht mehr Einhalt zu bieten vermochte und die Flammen immer weiter um sich griffen, betrat er mit den Befehlshabern das Allerheiligste und sah sich an, was es enthielt. Alles fand er weit erhaben über den Ruf, den es bei Fremden genoß, und ganz entsprechend dem Ruhm und der hohen Meinung unter den Einheimischen. Da das Feuer bis in die innersten Räume noch nicht vorgedrungen war, sondern nur erst die an den Tempel anstoßenden Gemächer verzehrte, glaubte er mit Recht, das Gebäude selbst könne noch gerettet werden. Er versuchte deshalb persönlich die Soldaten zum Löschen anzuhalten; dem seiner Leibwache angehörenden Zenturio Liberalius befahl er, die Widerspenstigen durch Stockschläge zu zwingen. Aber ihre Erbitterung, ihr Haß gegen die Judäer und ihre ungezügelte Kampfeslust waren stärker als die Rücksicht auf den Caesar und die Furcht vor dem, der ihnen wehren wollte. Die meisten feuerte die Aussicht auf Plünderung an, da sie glaubten, es müsse, weil sie außen alles von Gold gefertigt sahen, das Innere erst recht voller Schätze sein. Während der Caesar voreilte, um die Soldaten zurückzuhalten, hatte schon einer von denen, die ins Innere eingedrungen waren, im Dunkel(372) Feuer unter die Tür-

angeln gelegt; als jetzt plötzlich auch von innen eine Flamme hervorschoß, zogen sich die Offiziere mit dem Caesar zurück, und niemand hinderte mehr die Soldaten, draußen Feuer zu legen. So ging der Tempel gegen den Willen des Titus in Flammen auf.

8. Obwohl man den Untergang eines Werkes beklagen muß, das von allen, die wir sahen oder von denen wir hörten, hinsichtlich seiner Pracht und Größe, der Kostbarkeit seiner einzelnen Teile und des Rufes seines Allerheiligsten das Staunenswerteste war, so mag man doch reichen Trost finden in dem Gedanken an das Schicksal, dem nichts Lebendiges, keine Werke und keine Gegend der Erde entrinnen kann. Und staunenswert ist auch die Genauigkeit, mit der seine Zyklen ablaufen. Bestimmte es doch, wie gesagt, zur Zerstörung sogar denselben Monat und denselben Tag, an dem der Tempel schon einmal von den Babyloniern in Asche gelegt worden war.(373) Von seiner ersten Erbauung durch den König Salomon(374) bis zu der Zerstörung in unseren Tagen, die in das zweite Regierungsjahr Vespasians fiel, rechnet man 1131 Jahre, 7 Monate und 15 Tage, und vom zweiten Bau, für den im zweiten Jahre der Regierung des Kyros der Prophet Haggai seine Stimme erhob, bis zur Zerstörung unter Vespasian 639 Jahre und 45 Tage.

5. Kapitel: Folgen des Tempelbrandes. Die Vorzeichen der Zerstörung.

1. Während der Tempel brannte, raubten die Soldaten, was sie fanden, und töteten, die ihnen in die Hände fielen. Kein Erbarmen hatten sie mit dem Alter, keine Achtung vor der Würde. Kinder und Greise, Laien und Priester wurden ohne Unterschied ermordet. Unter allen Schichten wütete der Krieg, ganz gleich, ob die Menschen um Gnade flehten oder sich zur Wehr setzten. In das Prasseln der überall hervorbrechenden Flammen mischte sich das Stöhnen der Niedergeworfenen. Wegen der Höhe des Hügels und der Größe des brennenden Gebäudes konnte man glauben, die ganze Stadt stehe in Flammen; grausiger aber und gellender läßt sich nichts denken als das Geschrei,

das über dem Ganzen lag. Denn während die römischen Legionen in geschlossenem Zuge vordrangen und ihre Kriegsrufe anstimmten, erschollen gleichzeitig die Klageschreie der von Feuer und Schwert umringten Empörer; und darein klangen die Weherufe des oben abgeschnittenen Volkes, das angsterfüllt flüchtete und in die Hände der Feinde fiel. Mit dem Geschrei derer auf dem Hügel verband sich das der Volksmenge in der Stadt, wo viele der Unglücklichen, die der Hunger schon ausgemergelt und stumm gemacht hatte, beim Anblick des brennenden Tempels den Rest ihrer Kräfte zusammenrafften und klagten; der Widerhall von Peräa und den umliegenden Bergen machte das Getöse noch entsetzlicher. Jedoch fürchterlicher als der Lärm waren die Leiden. Der Tempelberg schien vom Grund her zu glühen und rings in Feuer gehüllt; aber noch voller als die Flammenbäche schienen die Blutströme zu fließen, und zahlreicher als die Mörder waren die Gemordeten. Vor Leichen sah man den Boden nicht mehr; über Berge von Toten stürmten die Soldaten den fliehenden nach. Die Masse der Räuber durchbrach mit Mühe die römischen Kolonnen und schlug sich in den äußeren Vorhof und von da in die Stadt durch, während der Rest des Volkes in die äußere Halle floh. Einige Priester rissen zunächst die Spieße vom Tempel mitsamt ihren Fundamenten aus Blei herunter und schleuderten sie gegen die Römer, als sie aber damit nichts ausrichteten und das Feuer über sie hereinbrach, zogen sie sich auf die etwa vier Meter breite Tempelwand zurück, wo sie einstweilen blieben. Zwei vornehme Judäer, die sich vor die Wahl gestellt sahen, entweder zu den Römern überzugehen und so ihr Leben zu retten oder aber auszuharren und das Schicksal der übrigen zu teilen, stürzten sich in die Flammen und verbrannten mit dem Tempel. Es waren Meir, des Belgas, und Joseph, des Dalaios Sohn.

2. Da die Römer der Ansicht waren, daß es nach der Einäscherung des Tempels keinen Sinn mehr habe, die umliegenden Gebäude zu schonen, steckten sie auch alles übrige in Brand, nämlich die Reste der Hallen und alle Tore mit Ausnahme des östlichen und des südlichen, die sie indes später gleichfalls zerstörten. Hierauf verbrannten sie auch die Schatzkammern, in denen ungeheure Summen

Geld, große Mengen Kleider und andere Kostbarkeiten, kurz, die gesamten Schätze der Judäer aufgehäuft waren, da die Reichen dort ihr Vermögen untergebracht hatten. Schließlich wandten sie sich nach der noch unversehrten Halle des äußeren Tempelhofes, in die sich Frauen und Kinder aus dem Volk und ein zusammengewürfelter Haufen, insgesamt etwa 6000 Menschen, geflüchtet hatten. Bevor der Caesar wegen dieser Leute einen Beschluß faßte oder den Offizieren einen Befehl erteilte, zündeten die Soldaten in ihrer Wut die Halle an, so daß die einen mitten in den Flammen umkamen, die anderen getötet wurden, während sie daraus hervorstürzten; von der ganzen Menge wurde keine Seele gerettet. Die Schuld an ihrem Untergang trug übrigens ein falscher Prophet, der an jenem Tage den Bewohnern der Stadt verkündet hatte, der Gott heiße sie zum Tempel hinaufsteigen, wo sie die Zeichen ihrer Rettung schauen würden. Die Tyrannen hatten nämlich damals zahlreiche Propheten unter das Volk gesteckt, damit sie mahnten, es solle der Hilfe des Gottes gewärtig sein – einmal, um dem Überlaufen zu wehren und die, die keine Furcht oder Vorsicht kannten, durch Hoffnung zum Bleiben zu bewegen. Im Unglück läßt sich der Mensch leicht überreden; und wenn gar ein Betrüger ihm Befreiung von drückendem Elend vorspiegelt, geht der Leidende ganz in Hoffnung auf.

3. So wurde das unglückliche Volk damals von Betrügern und angeblich vom Gott Gesandten überredet; den klaren, die künftige Verwüstung andeutenden Vorzeichen dagegen schenkten sie weder Beachtung noch Glauben, sondern sie überhörten, als wären sie betäubt und hätten weder Augen noch Verstand, die lauten Warnungen des Gottes. So war es, als ein schwertähnlicher Stern über der Stadt stand und ein Komet ein ganzes Jahr lang am Himmel blieb, als vor dem Aufstand und den ersten kriegerischen Bewegungen, während das Volk beim Fest der ungesäuerten Brote am achten des Monats Xanthikos versammelt war, um die neunte Stunde ein so starkes Licht den Altar und den Tempel umstrahlte, daß man glauben konnte, es sei heller Tag, eine Erscheinung, die fast eine halbe Stunde anhielt. Die Unkundigen freilich sahen darin ein gutes Vorzeichen; von den Schriftgelehrten aber wurde es sogleich auf die spä-

teren Ereignisse gedeutet. An diesem Feste warf eine Kuh, die als Schlachtopfer zum Altar geführt wurde, mitten im Tempel ein Lamm. Dann sah man das östliche Tor des inneren Vorhofs, das von Erz und ungeheuer schwer war, so daß zwanzig Mann es abends nur mit Mühe schließen konnten, das von eisenbeschlagenen Querbalken gehalten wurde und Riegel hatte, die tief in die aus einem Steinblock gearbeitete Schwelle eingelassen waren, um Mitternacht sich plötzlich von selbst öffnen. Die Tempelwächter meldeten es eiligst ihrem Hauptmann, der sich unverzüglich hinaufbegab, aber kaum imstande war, das Tor schließen zu lassen. Abermals legten die Laien diesem Vorfall eine günstige Bedeutung bei: Der Gott, meinten sie, öffne ihnen die Tür des Heils. Die Gelehrten aber erkannten, daß es mit der Sicherheit des Tempels zu Ende gehe und daß sich das Tor den Feinden öffnen werde; sie legten es als ein Vorzeichen der Verwüstung aus. Wenige Tage nach dem Fest, am einundzwanzigsten des Monats Artemisios, zeigte sich eine gespenstische, kaum glaubliche Erscheinung. Was ich erzählen will, könnte man für ein Märchen halten, wäre es nicht auch von Augenzeugen berichtet und von dem Unglück gefolgt worden, das nach derartigen Zeichen einzutreten pflegt. Vor Sonnenuntergang sah man im ganzen Lande Streitwagen in der Luft und bewaffnete Scharen durch die Wolken jagen und Städte umkreisen. Weiter hörten die Priester, als sie in der Nacht des Festes, das Pentekoste genannt wird, wie ihr Dienst es mit sich brachte, in den inneren Vorhof traten, zuerst ein Getöse und Rauschen und dann den vielstimmigen Ruf: „Laßt uns hinwegziehen!“ (375) Noch unheimlicher ist folgendes: Ein gewisser Jesus, des Ananos Sohn, ein ungebildeter Bauer, kam vier Jahre vor Ausbruch des Krieges, als die Stadt sich noch tiefen Friedens und großen Wohlstandes erfreute, an dem Fest, an dem der Sitte gemäß alle Judäer dem Gott zu Ehren Laubhütten errichten, zum Tempel und fing plötzlich an zu rufen: „Kampfgeschrei aus Osten, Kampfgeschrei aus Westen, Kampfgeschrei aus den vier Windrichtungen; wehe über Jerusalem und das Heiligtum, wehe über Bräutigame und Bräute, wehe über das ganze Volk!“ Tag und Nacht rief er so, in allen Gassen umherlaufend. Einige vornehme Bürger, die sich über das

Wehgeschrei ärgerten, ergriffen den Menschen und schlugen ihn. Er aber fuhr fort, ohne etwas für sich oder gegen seine Peiniger vorzubringen, seine früheren Worte zu wiederholen. Mit Recht glaubten daher die Vorsteher, daß er unter einem übernatürlichen Antrieb handle. Sie führten ihn vor den römischen Prokurator, wo er, obwohl bis auf die Knochen durch Geißelhiebe zerfleischt, weder um Gnade bat noch Tränen vergoß, sondern jeden Hieb nur in jammervollem Tone mit dem Ruf erwiderte: „Wehe Jerusalem!" Als Albinus(376) – dies war der Prokurator – ihn fragte, wer und woher er sei und weshalb er so rufe, gab er auch hierauf keine Antwort, sondern fuhr mit seinem Klagegeschrei über die Stadt fort, bis Albinus, von seinem Wahnsinn überzeugt, ihn laufenließ. Die ganze Zeit hindurch bis zum Ausbruch des Krieges verkehrte er mit keinem seiner Mitbürger, noch sah man ihn mit jemand reden – sondern Tag für Tag klagte er, wie wenn er ein Gebet hersage: „Wehe Jerusalem!" Er fluchte keinem von denen, die ihn jeden Tag schlugen, noch dankte er denen, die ihm zu essen gaben: Für niemand hatte er eine andere Antwort als jene Unglücksprophezeiung. Besonders laut aber ließ er seinen Ruf an Festtagen erschallen; und obwohl er dies sieben Jahre und fünf Monate lang fortsetzte, wurde seine Stimme weder heißer noch matt, bis er endlich bei der Belagerung seine Weissagung in Erfüllung gehen sah und Ruhe fand. Während er nämlich eines Tages auf der Mauer ging und gellend herabrief: „Wehe der Stadt, dem Volk und dem Heiligtum", und schließlich hinzusetzte: „Wehe auch mir", traf ihn ein aus einer Wurfmaschine geschleuderter Stein und machte seinem Leben ein Ende; mit dem Klageruf auf den Lippen verschied er.

4. Bedenkt man dies alles, so findet man, daß der Gott sich um die Menschen sorgt und ihnen durch manche Vorzeichen zu erkennen gibt, was zu ihrem Heile dient, daß aber Torheit und selbstverschuldetes Elend sie ins Verderben stürzt. So hatten auch die Judäer durch die Zerstörung der Antonia den Tempel viereckig gemacht, obwohl in ihren Orakeln geschrieben stand: dann solle die Stadt und der Tempel erobert werden, wenn dieser ein Viereck würde.(377) Was sie jedoch am meisten zum

Kriege getrieben hatte, war ein zweideutiger Orakelspruch, der sich gleichfalls in ihren heiligen Schriften fand, wonach um diese Zeit einer aus ihrem Lande die Weltherrschaft erlangen würde.(378) Dies bezogen sie auf einen ihres Stammes, und auch viele ihrer Weisen irrten sich in der Auslegung des Spruches. Das Orakel aber wies auf die Herrscherwürde des Vespasian hin, der in Judäa zum Imperator ausgerufen wurde. Doch es ist den Menschen nicht möglich, dem Schicksal zu entrinnen, selbst wenn sie es vorhersehen. Die Judäer deuteten manche der Vorzeichen nach ihren Wünschen, über andere wieder setzten sie sich leichtsinnig hinweg, bis endlich der Fall ihrer Hauptstadt und ihr eigenes Verderben sie von ihrem Unverstand überzeugten.

6. Kapitel: Titus' Rede an die Judäer

1. Als die Empörer in die Stadt geflohen waren und der Tempel mit allen seinen Nebengebäuden in Flammen stand, brachten die Römer ihre Feldzeichen(379) in den Tempelhof, pflanzten sie gegenüber dem östlichen Tore auf, opferten ihnen dort und begrüßten unter lauten Beifallsrufen Titus als Imperator. Mit Beute waren alle Soldaten so beladen, daß in Syrien der Preis für das Pfund Gold um die Hälfte sank. Während die Priester sich noch immer auf der Tempelmauer verborgen hielten, bat ein vom Durst gepeinigter Knabe die römischen Posten um Gnade und klagte ihnen seine Not. Aus Mitleid mit seiner Jugend und seiner schlimmen Lage sagten sie ihm auch Schonung zu. Daraufhin kam er herab, trank, füllte ein mitgebrachtes Gefäß mit Wasser und flüchtete eiligst wieder zu den Seinen hinauf. Die Wachen konnten ihn nicht mehr erwischen und überhäuften ihn wegen seiner Wortbrüchigkeit mit Flüchen. Der Knabe aber entgegnete, er habe keineswegs eine Abmachung verletzt, denn er habe sie um Gnade gebeten, nicht um bei ihnen zu bleiben, sondern um hinabzusteigen und Wasser holen zu können; beides habe er getan und somit offenbar sein Wort gehalten. Die hintergangenen Soldaten wunderten sich über seine Schlauheit, zumal der Knabe noch sehr jung war. Am fünf-

ten Tage kamen übrigens die Priester, von Hunger getrieben, herab und wurden von den Wachen vor Titus geführt, den sie baten, ihr Leben zu schonen. Er erklärte ihnen jedoch, die Zeit der Begnadigung sei für sie vorüber, und da auch der Tempel, um dessentwillen er wohl Grund gehabt hätte, ihnen das Leben zu schenken, zerstört sei, so zieme es ihnen als Priestern, mit dem Tempel unterzugehen. So befahl er, sie hinzurichten.

2. Jetzt baten die Tyrannen und ihre Mitkämpfer, die überall besiegt waren und durch die Ringmauer auch jeden Weg zur Flucht abgeschnitten sahen, den Caesar um eine Unterredung. Titus, der von Natur menschenfreundlich gesinnt war, hatte den lebhaften Wunsch, wenigstens die Stadt zu retten. Da auch seine Freunde annahmen, daß die Räuber jetzt nachgiebiger geworden seien und ihm dazu rieten, stellte er sich am westlichen Rande des äußeren Vorhofs auf, wo oberhalb des Xystos Tore und eine Brücke die obere Stadt mit dem Tempel verbanden; diese Brücke lag jetzt zwischen den Tyrannen und dem Caesar. Auf beiden Seiten stand die Menge dichtgedrängt: um Simon und Joannes die Judäer, erregt wegen der erhofften Begnadigung, um den Caesar die Römer, begierig, seine Forderung zu hören. Titus befahl den Soldaten, ihre Erbitterung zu bezähmen und mit dem Schießen einzuhalten, ließ einen Dolmetscher neben sich treten und begann zum Zeichen, daß er der Sieger sei, als erster zu reden: „Nun, seid ihr endlich der Leiden eures Vaterlandes satt, ihr, die ihr, ohne unsere Macht und eure Schwäche zu bedenken, in unvernünftiger Wut und Tollheit das Volk, die Stadt und den Tempel zugrunde gerichtet habt und gerechterweise selbst zum Verderben verurteilt seid, die ihr, seitdem Pompeius euch unterwarf, unablässig auf Empörung hingearbeitet und endlich den offenen Krieg gegen die Römer begonnen habt! Auf was baut ihr denn eigentlich? Habt ihr euch auf eure Menge verlassen? Seht, ein sehr kleiner Teil der römischen Heeresmacht ist mit euch fertig geworden! Auf die Treue von Bundesgenossen? Aber welches Volk außerhalb unseres Reiches sollte denn die Judäer den Römern vorziehen? Auf eure Körperkraft? Aber selbst die Germanen sind uns untertan! Auf die Festigkeit eurer Mauern? Welche Mauer ist mächtiger als der Ozean,

von dem umgeben doch die Briten den Waffen der Römer huldigen! Auf euren entschlossenen Mut und die Verschlagenheit eurer Anführer? Aber ihr wißt, daß selbst die Karthager uns unterlagen! Somit hat euch nichts anderes gegen die Römer in Waffen gebracht als deren Milde. Wir gaben euch das Land in Besitz, wir setzten über euch Könige aus eurem eignen Stamm, wir beließen euch eure heimischen Gesetze und erlaubten euch nicht allein zu Hause, sondern auch unter Fremden nach eurem Gutdünken zu leben; vor allem gestatteten wir euch, für euren Gottesdienst Steuern zu erheben und Gaben zu sammeln, ohne die Spender zu rügen oder zu hindern, so daß ihr reicher wurdet als wir selbst und euch mit unserem Gelde gegen uns rüstetet. Dann wurdet ihr durch den Genuß so bedeutender Vergünstigungen übermütig, wandtet euch gegen die, die sie euch gewährten, und bespritztet nach Art unzähmbarer Schlangen mit eurem Gift, die euch schmeichelten. Es mag hingehen, daß ihr die Trägheit Neros verächtlich fandet; aber während ihr euch da wie zerbrochene und abgerissene Glieder eines Körpers in hinterhältiger Weise ruhig verhieltet, habt ihr, als die Krankheit des Reiches(380) zunahm, euch in eurem wahren Wesen gezeigt und euch mit unverschämten Plänen und maßlosen Erwartungen getragen. Da kam mein Vater ins Land, nicht um euch wegen der Ereignisse um Cestius zu strafen, sondern um euch zu warnen. Denn hätte er eure Nation vernichten wollen, so hätte er die Wurzel angreifen und sogleich diese Stadt zerstören müssen; aber er tat es nicht, sondern verwüstete nur Galiläa und die Nachbargebiete, um euch Zeit zur Besinnung zu lassen. Doch seine Menschenfreundlichkeit hieltet ihr für Schwäche, und unsere Milde ließ eure Tollkühnheit nur noch größer werden. Nach Neros Tod benahmt ihr euch wie Schurken: Unsere inneren Wirren machten euch Mut, und als ich mit meinem Vater nach Ägypten abgezogen war, mißbrauchtet ihr die Gelegenheit zu Kriegsrüstungen und scheutet euch nicht, diejenigen, die ihr zuvor als mildgesinnte Feldherren kennengelernt hattet und die jetzt Herrscher geworden waren, herauszufordern. Als dann das Reich sich in unseren Schutz begab, alles wieder beruhigt war und ferne Völker Gesandte schickten, um uns zu beglückwünschen: da waren wiederum nur die Judäer unsere Feinde. Gesandtschaften gingen von euch über den Euphrat, um dort den Aufruhr zu predigen; neue Ringmauern wurden gebaut; Aufstand, Tyrannenkämpfe, Bürgerkrieg brachen aus – lauter Tatsachen, die sich nur bei gemeinen Menschen ereignen. Nun kam ich vor die Stadt mit traurigen Aufträgen, die mein Vater mir ungern erteilt hatte; ich hörte, das Volk sei friedlich gesinnt und freute mich. Vor dem Beginn des Krieges forderte ich euch auf, von ihm abzustehen; noch lange, nachdem er begonnen hatte, schonte ich euch, begnadigte die Überläufer, hielt den Flüchtlingen mein Wort, erbarmte mich der vielen Gefangenen, verhängte die härtesten Strafen über ihre Unterdrücker, führte nur mit Zögern meine Maschinen gegen eure Mauern heran, hielt die Mordlust meiner Soldaten im Zaum und bot euch nach jedem Sieg, als wäre ich besiegt, Frieden an. Als ich dann dem Tempel nahe gekommen war, wandte ich aus wissentlicher Vergeßlichkeit das Kriegsrecht nicht an, bat euch, euer eignes Heiligtum zu schonen, bewilligte euch freien Abzug und Sicherheit oder auch, wenn ihr es so wolltet, Gelegenheit zum Kampf an einem andern Ort. Aber an all das habt ihr euch nicht gekehrt und den Tempel mit eignen Händen in Brand gesteckt. Und nun, ihr Verdammten, ladet ihr mich zu Unterhandlungen ein? Was könnt ihr denn noch retten, das dem Untergegangenen gleichkäme? Welchen Schutz verdient ihr, nachdem der Tempel zerstört ist? Aber trotzdem steht ihr noch in Waffen da und wollt selbst in der äußersten Not nicht den Anschein von Bittenden erwecken. Ihr Unseligen! Worauf pocht ihr? Ist euer Volk nicht tot, der Tempel dahin, mein die Stadt, in meiner Hand euer Leben? Trotz alledem haltet ihr es noch für heldenhaft, euch gegen den Tod zu wehren? Doch ich will mit eurer Verblendung nicht wetteifern: Werft ihr die Waffen weg und ergebt euch, so schenke ich euch das Leben; wie ein milder Hausvater werde ich nur die Unverbesserlichen strafen, die übrigen aber für mich gewinnen."

3. Darauf entgegneten die Aufrührer: Gnade könnten sie von ihm nicht annehmen, denn sie hätten geschworen, dies nicht zu tun. Dagegen bäten sie um freien Abzug mit Frauen und Kindern durch die Umwallung; sie würden in

die Wüste ziehen und ihm die Stadt überlassen. Empört darüber, daß sie, die Überwundenen, ihm noch wie Sieger Bedingungen vorschreiben wollten, ließ Titus ihnen verkünden: Kein Überläufer solle sich mehr zeigen, und keiner auf Gnade rechnen, denn er werde niemand verschonen. Sie sollten sich vielmehr mit aller Kraft wehren und sich zu retten suchen, wie sie könnten; er werde jetzt nur noch nach Kriegsrecht verfahren. Danach erlaubte er seinen Soldaten, die Stadt in Brand zu stecken und zu plündern. Jenen Tag warteten sie noch; am folgenden aber legten sie das Archiv, die Akra, das Rathaus(381) und den Bezirk Ophel in Asche, wobei sich das Feuer bis zum Palast der Helena verbreitete, der mitten in der Akra stand. Auch die Gassen und die Häuser, die mit Leichen von Verhungerten angefüllt waren, gingen in Flammen auf.

4. An diesem Tag erschienen die Söhne und die Brüder des Königs Izates mit vielen vornehmen Bürgern vor dem Caesar und baten um Gnade. Obwohl Titus gegen alle Überlebenden aufs äußerste erbittert war, konnte er doch seinen Charakter nicht verleugnen und nahm die Männer auf. Einstweilen ließ er sie alle bewachen; die Söhne und die anderen Verwandten des Königs führte er später gefesselt nach Rom, wo sie ihm als Geiseln dienen sollten.

7. Kapitel: Jerusalem brennt

1. Die Aufrührer griffen nun den Königspalast(382) an, in den wegen seiner festen Bauweise viele Judäer ihren Besitz gebracht hatten. Sie vertrieben die Römer, mordeten die ganze dort versammelte Volksmenge, gegen 8400 Menschen, und raubten das Geld. Zwei von den Römern nahmen sie gefangen, einen Reiter und einen Fußsoldaten. Diesen machten sie auf der Stelle nieder und schleppten ihn durch die Stadt, als wollten sie sich in dem Leichnam dieses einen Mannes an allen Römern rächen; der Reiter dagegen, der ihnen einen guten Rat in bezug auf ihre Rettung zu geben versprach, wurde vor Simon geführt. Als er aber hier nichts zu sagen wußte, übergab man ihn einem der Anführer, Ardalas mit Namen, zur Hinrichtung. Dieser

fesselte ihm die Hände auf dem Rücken, verband ihm die Augen und brachte ihn an eine den Römern sichtbare Stelle, um ihn zu enthaupten. Während aber der Judäer das Schwert zog, gelang es dem Gefangenen, zu den Römern zu fliehen. Weil er so den Händen der Feinde entronnen war, konnte Titus es nicht über sich bringen, ihn hinrichten zu lassen; da er es aber für schimpflich hielt, wenn ein römischer Soldat sich lebendig gefangennehmen ließ, nahm er ihm die Waffen ab und stieß ihn aus der Legion aus, was für einen Mann von Ehre härter ist als die Todesstrafe.

2. Am nächsten Tag verjagten die Römer die Räuber aus der unteren Stadt und steckten alles bis zum Siloa in Brand. Während sie sich an dem Brand der Stadt freuten, entging ihnen jedoch die Beute, da die Empörer alles ausgeleert und sich mit dem Raub in die obere Stadt zurückgezogen hatten. Sie empfanden keine Reue wegen ihrer Untaten, sondern brüsteten sich damit wie mit Wohltaten. Angesichts der brennenden Stadt erklärten sie, wohlgemut und lachend den Tod erwarten zu wollen, da das Volk gemordet, der Tempel in Asche gelegt, die Stadt in Flammen und so den Feinden nichts übriggelassen sei. Josephus aber wurde auch jetzt, trotzdem es bereits zum Äußersten gekommen war, nicht müde, sie zu bitten, den Rest der Stadt zu erhalten; allein so ernst er ihnen ihre Grausamkeit und Gottlosigkeit vorhielt und so dringend er ihnen zu ihrer eigenen Rettung riet, trug er doch nichts als Hohn davon. Da sie nun einerseits wegen ihres Eides sich nicht ergeben mochten, andererseits aber wie in einer Falle gefangen saßen und den Römern keinen entsprechenden Widerstand leisten konnten, zerstreuten sie sich, weil das Morden ihnen zur zweiten Natur geworden war, in den Außenbezirken der Stadt und lauerten in den Trümmern den Judäern auf, die zu den Römern übergehen wollten. In der Tat fingen sie viele, die, von Hunger entkräftet, nicht zu fliehen vermochten, töteten sie und warfen ihre Leichen den Hunden vor. Jede Todesart kam ihnen leichter vor als verhungern; deshalb flohen sie auch zu den Römern, obwohl sie dort keine Gnade mehr zu erwarten hatten, und ließen sich freiwillig von den mordgierigen Empörern fangen. So fand sich bald in der ganzen Stadt

kein Ort mehr, der nicht voll von Opfern des Hungers oder des Aufruhrs gelegen hätte.

3. Ihre letzte Hoffnung setzten nun die Tyrannen und ihr Anhang von Banditen auf die unterirdischen Gänge, in denen sie vor Entdeckung sicher zu sein glaubten; wenn nach der Eroberung der Stadt die Römer abgezogen wären, wollten sie aus den Gängen hervorkommen und fliehen. Das war indes nur ein schöner Traum: Vor dem Gott und den Römern sich zu verbergen, sollte ihnen nicht beschieden sein. Im Vertrauen auf diese unterirdischen Gelasse steckten sie inzwischen noch mehr von der Stadt in Brand als die Römer; wollten die Bewohner der brennenden Gebäude in die Gräben fliehen, stießen sie sie nieder und plünderten sie; und wenn sie bei einem etwas Eßbares fanden, verschlangen sie es gierig, auch wenn es mit Blut befleckt war. Um die Beute bekriegten sie sich untereinander, und wäre nicht die Eroberung dazwischengekommen, so hätten sie, glaube ich, in ihrer tierischen Verrohung selbst die Leichen angefressen.

8. Kapitel: Völlige Eroberung der Stadt

1. Da die obere Stadt wegen ihrer Lage auf einem Abhang ohne Wälle nicht einzunehmen war, beorderte der Caesar am zwanzigsten des Monats Loos die Abteilungen seines Heeres zur Schanzarbeit. Schwierig war die Herbeischaffung von Holz; denn die Umgebung der Stadt war, wie ich schon sagte, beim Bau der früheren Wälle bis auf eine Entfernung von hundert Stadien davon entblößt worden. Die vier Legionen errichteten ihre Werke an der Westseite der Stadt gegenüber dem Königspalast, während die Hilfstruppen und die übrigen Einheiten in der Nähe des Xystos, der Brücke und des Turmes(383) arbeiteten, den Simon während des Kampfes mit Joannes als Stützpunkt für seine Unternehmungen gebaut und nach sich selbst benannt hatte.

2. In diesen Tagen traten die Anführer der Idumäer insgeheim zusammen, berieten, ob sie sich ergeben sollten, und schickten fünf Mann mit der Bitte um Begnadigung zu Titus. In der Hoffnung, die Tyrannen würden nach

dem Abzug der Idumäer, von denen so viel im Kampfe abhing, ebenfalls nachgeben, sagte ihnen der Caesar nach einigem Zögern auch Schonung zu und sandte die Männer zurück. Simon aber hatte von der Vorbereitung des Abzugs Wind bekommen; er ließ sogleich die fünf, die zu Titus gegangen waren, töten, die Anführer, unter denen Jakob, des Sosas Sohn, der vornehmste war, ergreifen und ins Gefängnis werfen. Die Masse der Idumäer, die ohne ihre Führer hilflos waren, ließ er aufs schärfste bewachen, indem er die Posten auf der Mauer verstärkte. Gleichwohl waren diese nicht imstande, der allgemeinen Flucht Einhalt zu tun; zwar wurden viele ermordet, doch waren die, denen die Flucht gelang, noch zahlreicher. Die Römer nahmen sie alle auf; während Titus in seiner Milde die früheren Anordnungen außer acht ließ, enthielten sich die Soldaten, teils aus Übersättigung, teils aus Gewinnsucht des Mordens. Sie ließen nämlich allein die Bürger laufen und verkauften die übrige Menge mit Frauen und Kindern in die Sklaverei, und zwar wegen der Menge der Gefangenen und der geringen Anzahl Käufer zu Spottpreisen. Obwohl Titus hatte verkünden lassen, daß kein Überläufer allein kommen dürfe (sie sollten ihre Familien mitbringen), gewährte er auch solchen Flüchtlingen Aufnahme; zugleich aber ließ er diejenigen aussondern, die den Tod verdienten. Eine ungeheure Menge wurde in die Sklaverei verkauft; von den Bürgern wurden über 40 000 begnadigt, und der Caesar ließ sie ziehen, wohin es ihnen beliebte.
3. Um diese Zeit kam auch ein Priester mit Namen Jesus, der Sohn des Thebuthi, dem der Caesar unter der Bedingung, daß er etliche der heiligen Kleinodien ausliefern würde, unter einem Eidschwur Schonung zugesagt hatte. Er holte aus der Tempelmauer zwei Leuchter, ähnlich den im Tempel aufbewahrten, Tische, Mischgefäße und Schalen, alles massiv von reinem Gold; zugleich übergab er die Vorhänge, die hohenpriesterlichen Gewänder mit den Steinen und viele andere beim Gottesdienst verwendete Geräte. Auch der Schatzmeister des Tempels, Phineas, der ergriffen worden war, übergab Gewänder und Gürtel der Priester, einen reichen Vorrat von Purpur- und Scharlachstoff, der für Ausbesserungen des Vorhangs bereitgehalten wurde, ferner viel Zimt und Kassia (384) und eine Menge

anderer Gewürze, von denen man ein Gemisch jeden Tag dem Gott zu Ehren anzündete. Er lieferte noch eine bedeutende Anzahl weiterer Kleinodien und heiligen Zierates aus und verschaffte sich dadurch, obwohl er erst nach harter Gegenwehr gefangen worden war, die Begnadigung, die den Überläufern gewährt wurde.

4. Als nach achtzehntägiger Arbeit am siebenten des Monats Gorpiaios die Wälle vollendet waren, brachten die Römer die Maschinen heran. Einige der Empörer gaben jetzt die Stadt verloren und zogen sich von der Mauer in die Akra zurück; andere verschwanden in die unterirdischen Gänge; eine beträchtliche Schar aber verteilte sich auf der Mauer und suchte die mit den Sturmböcken anrückenden Feinde abzuwehren. Doch auch diese überwanden die Römer, da sie an Zahl und Kraft überlegen waren, zumeist aber weil sie mit frischem Mut gegen Verzagte und Erschöpfte kämpften. Und als ein Stück der Mauer eingestoßen und ein Teil der Türme durch die Gewalt der Sturmböcke zum Wanken gebracht war, flohen ihre Verteidiger sofort. Selbst der Tyrannen bemächtigte sich jetzt eine Angst, die zu der Gefahr in gar keinem Verhältnis stand; denn noch ehe die Feinde durchgebrochen waren, standen sie schon wie gelähmt und wußten nicht, ob sie fliehen oder bleiben sollten. Da sah man sie, die einst so hochfahrend waren und sich mit ihren Schandtaten gebrüstet hatten, demütig und zitternd, eine Veränderung, die selbst bei so schlechten Menschen bemitleidenswert war. Sie wollten nun zwar einen Angriff auf die Ringmauer machen, sich durch die Postenkette durchschlagen und so das Freie gewinnen; als sie aber ihre alten Getreuen, die geflohen waren, wohin die Not sie trieb, nirgends mehr sehen konnten und obendrein Boten meldeten, die ganze westliche Mauer sei zerstört, andere, die Römer seien eingedrungen und auf der Suche nach ihnen schon ganz nahe, und schließlich etliche, deren Augen die Furcht täuschte, sogar versicherten, sie sähen die Feinde bereits auf den Türmen – da warfen sie sich zu Boden, jammerten über ihre Verblendung und vermochten, als wären ihnen die Sehnen durchschnitten, sich nicht mehr vom Fleck zu rühren. Hier offenbarte sich die Macht des Gottes über die Ruchlosen und das Glück der Römer. Die Tyrannen begaben sich

nämlich selbst ihrer Sicherheit und stiegen freiwillig von den Türmen herab, wo sie niemals durch Gewalt, sondern nur durch Hunger hätten bezwungen werden können; die Römer aber, denen die schwächeren Mauern so viel zu schaffen gemacht hatten, gewannen die, gegen welche kein Belagerungswerkzeug etwas ausgerichtet hätte, durch die Gunst des Glücks; denn die oben beschriebenen drei Türme würden jeder Maschine getrotzt haben.

5. Nachdem die Empörer diese Türme verlassen hatten oder vielmehr vom Gott daraus vertrieben waren, flohen sie schleunigst in die Schlucht unterhalb des Siloa (385); als sie sich von ihrem Schrecken ein wenig erholt hatten, warfen sie sich gegen den dortigen Teil der Ringmauer. Ihre Kühnheit aber entsprach nicht mehr der Notwendigkeit, denn Angst und Elend hatten ihre Kraft gebrochen. So wurden sie von den Wachen bald zurückgeschlagen, zerstreuten und versteckten sich in den unterirdischen Gängen. Unterdessen hatten die Römer die Mauern besetzt, die Feldzeichen auf den Türmen aufgepflanzt und unter Händeklatschen und Jubel den Siegesgesang angestimmt, da das Ende des Krieges ihnen viel leichter geworden war, als sein Anfang erhoffen ließ. Sie konnten es kaum fassen, daß sie ohne Schwertstreich die letzte Mauer erstiegen hatten, und wußten nicht, was sie denken sollten, als sie keinen Feind erblickten. Mit gezogenem Schwert strömten sie in die Gassen, stießen jeden nieder, der ihnen in den Weg kam, und verbrannten die Häuser mit allen, die darin Zuflucht gesucht hatten. Oft fanden die Plünderer, wenn sie der Beute wegen in ein Haus eingedrungen waren, ganze Familien tot und die Räume voller Leichen von Verhungerten – ein Anblick, über den sie sich derart entsetzten, daß sie mit leeren Händen wieder herauskamen. Ihr Mitleid mit den Umgekommenen erstreckte sich jedoch nicht auf die Lebenden: Niederstoßend, was ihnen in den Weg kam, versperrten sie die engen Gassen mit Toten und überschwemmten die Stadt mit Blut, so daß manche Feuersbrunst durch Blut gelöscht wurde. Gegen Abend stellten sie das Morden ein; der Brand aber wütete die ganze Nacht hindurch fort. Am achten Gorpiaios ging die Sonne über dem brennenden Jerusalem auf, einer Stadt, die während ihrer Belagerung von so vielen Drangsalen

heimgesucht wurde, daß sie, hätte sie seit ihrer Gründung ebensoviel Glück genossen, in der Tat beneidenswert gewesen wäre; durch nichts anderes hatte sie so großes Unglück verdient, als daß sie ein Geschlecht erzeugte wie dieses, das sie ins Verderben stürzte.

9. Kapitel: Gefangennahme des Joannes. Zahl der Verluste

1. Als Titus in die obere Stadt einzog, bewunderte er ihre Festigkeit und besonders die der Türme, die die Tyrannen in ihrem Wahnsinn verlassen hatten. Indem er die Höhe der massiven Bauten, die Größe der einzelnen Steinblöcke und die Genauigkeit der Zusammenfügung sowie ihre gewaltige Länge und Breite betrachtete, rief er aus: „Mit Gott haben wir gekämpft! Er war es, der die Judäer von diesen Bollwerken vertrieb – denn was vermöchten Menschenhände oder Maschinen gegen solche Türme?" Viele derartige Bemerkungen machte er gegenüber seinen Freunden. Dann gab er die Gefangenen der Tyrannen, die man in den Turmverließen gefunden hatte, frei. Als er später den noch erhaltenen Teil der Stadt vollends zerstören und die Mauern schleifen ließ, befahl er, die drei Türme als Denkmal seines Glücks, das ihm selbst uneinnehmbare Bollwerke bezwingen half, stehen zu lassen.
2. Da die Soldaten des Mordens müde waren und immer noch eine Menge Überlebende zum Vorschein kamen, befahl der Caesar, nur die, die bewaffnet waren und Widerstand leisteten, zu töten, die übrigen dagegen lebendig gefangenzunehmen. Doch machten die Soldaten außer den von Titus Bezeichneten auch die Alten und Schwachen nieder; die aber, die im blühenden Alter standen und noch verwendbar waren, trieben sie in den Tempel und schlossen sie in den Frauenvorhof ein. Zum Wächter über sie bestellte der Caesar einen seiner Freigelassenen, während sein Freund Fronto jedem das verdiente Schicksal zusprechen sollte. Dieser ließ die Empörer und Räuber, die sich gegenseitig denunzierten, hinrichten; die schönsten und größten Jünglinge wählte er aus, um sie für den Triumphzug aufzubewahren. Von den übrigen Gefangenen

schickte Titus die mehr als siebzehn Jahre alten in die Bergwerke Ägyptens; die meisten jedoch verschenkte er in die Provinzen, wo sie in den Arenen entweder durchs Schwert oder durch wilde Tiere umkommen sollten. Was unter siebzehn Jahren war, wurde verkauft. Während der Tage, da Fronto die Auswahl traf, starben noch 11 000 vor Hunger, teils weil die Wächter ihnen aus Haß keine Lebensmittel gaben, teils weil sie die dargebotene Nahrung verweigerten. Freilich mangelte es auch für eine solche Menge an Getreide.

3. Die Gesamtzahl der in diesem Kriege Gefangenen belief sich auf 97 000; ums Leben kamen während der Dauer der Belagerung 1 100 000. Die meisten waren geborene Judäer, aber nicht aus Jerusalem; denn aus dem ganzen Land waren sie zum Fest der ungesäuerten Brote zusammengeströmt, und da sie hier ganz unversehens von der Belagerung überrascht wurden, war bei dem engen Zusammenwohnen der Ausbruch der Pest und später auch der noch verderblicheren Hungersnot unvermeidlich. Daß die Stadt eine solche Menschenmenge fassen konnte, ergibt sich aus einer unter Cestius stattgefundenen Zählung. Um Nero, der vom judäischen Volk sehr geringschätzig dachte, die Stärke Jerusalems zu beweisen, beauftragte Cestius die Hohenpriester, wenn möglich, die Bevölkerung zu zählen. Diese ermittelten am sogenannten Passah, an dem von der neunten bis zur elften Stunde Opfer dargebracht werden und um jedes Opfer sich eine Gesellschaft von zehn, oft wohl auch zwanzig Männern sammelt (einer allein darf das Opfermahl nicht verzehren), durch Zählung 256 500 Opfertiere. Nehmen wir auf jedes Opfermahl nur zehn Teilnehmer, erhalten wir eine Zahl von 2 700 000, und zwar lauter reine und geweihte Personen; denn Aussätzige, Geschlechtskranke, menstruierende Frauen und anderweitig Verunreinigte durften an diesem Opfer nicht teilnehmen, ebensowenig Ausländer, die etwa zum Gottesdienst sich eingefunden hatten.

4. Viele Festteilnehmer kamen demnach von auswärts. Damals hatte das Schicksal das ganze Volk wie in ein Gefängnis eingeschlossen, und die Stadt war mit Menschen vollgepfropft, als der Krieg über sie kam. Darum war auch die Menge der Umgekommenen größer als bei irgendeiner

anderen Heimsuchung, die je von Menschen oder von einem Gott heraufbeschworen wurde. Nachdem die Römer alle, die sich noch gezeigt hatten, getötet oder gefangengenommen hatten, suchten sie die in die unterirdischen Gänge Geflüchteten und stießen, nachdem sie die Erde durchbrochen hatten, alle nieder, die ihnen in die Hände fielen. Auch in diesen Gängen fand man noch über 2000 Tote, die teils sich selbst, teils einander das Leben genommen hatten, zumeist aber dem Hunger erlegen waren. Den eindringenden Soldaten wehte infolgedessen ein so schrecklicher Leichengeruch entgegen, daß viele von ihnen sich schnell wieder zurückzogen; andere, die die Habgier hineintrieb, mußten über Haufen von Leichen steigen. In der Tat stieß man in den Gängen auf eine Menge Kostbarkeiten, und die Gewinnsucht hielt jedes Mittel für erlaubt. Auch viele Gefangene der Tyrannen wurden herausgebracht; denn selbst im letzten Augenblick gaben diese ihre Grausamkeit nicht auf. Dafür strafte sie der Gott aber beide, wie sie es verdienten. Joannes, der samt seinen Brüdern in den unterirdischen Gängen Hunger litt, bat endlich doch die Römer um die so oft verschmähte Gnade; Simon dagegen ergab sich, nachdem er sich lange gegen die Notwendigkeit gesträubt hatte, worauf noch näher einzugehen sein wird. Er wurde zur Hinrichtung beim Triumph aufbewahrt. Joannes aber zu lebenslänglicher Einkerkerung bestimmt. Die Römer steckten nun auch noch die entfernten Stadtteile in Brand und machten die Mauern dem Erdboden gleich.

10. Kapitel: Frühere Schicksale Jerusalems

1. So fiel Jerusalem im zweiten Jahre der Regierung Vespasians, am achten des Monats Gorpiaios. Fünfmal war es früher erobert, nun zum zweitenmal zerstört worden. Der ägyptische König Asochaios (386), dann Antiochos, später Pompeius und nach ihm Sosius im Bündnis mit Herodes eroberten die Stadt; doch sie ließen sie stehen. Vor ihnen aber hatte der König von Babylon sie eingenommen und zerstört, 1468 Jahre und sechs Monate nach ihrer Gründung. Der erste Erbauer Jerusalems war ein kanaa-

näischer Herrscher, dessen Name in der Landessprache „gerechter König“(387) bedeutet. Das war er in der Tat, und darum diente er zuerst dem Gott als Priester, wie er auch zuerst das Heiligtum gründete und die Stadt, die früher Solyma hieß, Hierosolyma nannte.(388) Später vertrieb der judäische König David die Kanaanäer aus der Stadt und bevölkerte sie mit seinen Stammesgenossen; 477 Jahre und 6 Monate nach ihm wurde sie dann von den Babyloniern zerstört. Von David, dem ersten judäischen König in Jerusalem, bis zur Zerstörung durch Titus verflossen 1179, von der ersten Gründung bis zur letzten Eroberung 2177 Jahre.(389) Weder das hohe Alter der Stadt noch ihr ungeheurer Reichtum, noch die Verbreitung ihres Volkes über die ganze Erde, noch der große Ruf ihres Gottesdienstes vermochten sie vor dem Untergang zu bewahren. Dies war das Ende der Belagerung Jerusalems.

SIEBENTES BUCH

1. Kapitel: Schleifung Jerusalems

1. Da das Heer jetzt nichts mehr zu morden und zu rauben hatte und nichts mehr da war, an dem es seine Wut hätte auslassen können (aus bloßem Mitgefühl würden die Soldaten niemand geschont haben), befahl der Caesar, die ganze Stadt und den Tempel zu schleifen. Nur die Türme Phasael, Hippikos und Mariamme, die die anderen überragten, sowie der westliche Teil der Ringmauer sollten stehen bleiben: diese, um ein festes Lager für die zurückbleibende Besatzung zu bilden, die Türme, um der Nachwelt Zeugnis zu geben, wie herrlich und wie stark befestigt die Stadt war, die der römischen Tapferkeit erlag. Alle übrigen Teile der Stadtmauer machten die Sieger so völlig dem Erdboden gleich, daß spätere Besucher kaum Grund hätten zu glauben, die Stätte sei jemals bewohnt gewesen. Dies war das Ende der prächtigen, weltberühmten Stadt Jerusalem infolge des Wahnsinns der Umstürzler.

2. Als Besatzung beschloß der Caesar die zehnte Legion sowie einige Reiterschwadronen und kleinere Abteilungen Fußvolk zurückzulassen. Nachdem er nunmehr alle kriegerischen Operationen erledigt hatte, verlangte es ihn, dem gesamten Heer für die Erfolge seine Anerkennung auszusprechen und denen, die sich hervorgetan hatten, die verdienten Belohnungen auszuhändigen. Zu diesem Zweck ließ er inmitten des früheren Lagers eine große Tribüne errichten und bestieg sie mit den höheren Offizieren, damit er von dem ganzen Heer gehört werden konnte. Er dankte ihnen für die gute Gesinnung, die sie ihm gegenüber ständig an den Tag gelegt hätten. Er lobte ihren Gehorsam, den sie während des ganzen Krieges trotz vieler und schwerer Gefahren neben großer persönlicher Tapferkeit bewiesen hätten, um auch ihrerseits beizutragen, die Herrschaft des Vaterlandes auszubreiten und der Welt zu

zeigen, daß weder ein an Zahl überlegener Gegner noch starke Festungswerke, noch große Städte, noch unsinnige Tollkühnheit und tierische Wildheit den römischen Waffen trotzen könnten, selbst wenn die Feinde hin und wieder vom Glück begünstigt würden. Der langwierige Krieg sei nun, sagte er, so rühmlich zu Ende geführt, wie es bei seinem Beginn kaum zu wünschen war. Aber noch rühmlicher und ehrenvoller sei es für sie, daß die Herrscher und Lenker des Römischen Reiches, die sie gewählt und in die Heimat vorausgeschickt hätten, weit und breit mit Jubel begrüßt würden, daß man überall ihrem Beschlusse zustimme und den Wählern dafür Dank wisse. Ihnen allen zolle er darum Bewunderung und Achtung, sagte er weiter, da er wisse, daß bei keinem der gute Wille hinter der Fähigkeit zurückgeblieben sei. Denen aber, die, mit größerer Körperkraft ausgerüstet, sich im Kampf besonders ausgezeichnet, ihr Leben mit Heldentaten geschmückt und den Ruhm des Feldzugs durch siegreiche Unternehmungen erhöht hätten, wolle er jetzt die entsprechenden Auszeichnungen und Belohnungen verleihen, und keiner, der mehr als andere zu leisten sich bemühte, solle der gebührenden Anerkennung verlustig gehen. Daran liege ihm sehr, wie er überhaupt viel lieber das wackere Verhalten seiner Kriegsgefährten belohne, als ihre Fehler bestrafe.

3. Sogleich befahl er den damit beauftragten Personen, diejenigen zu verlesen, die während des Krieges irgendeine glänzende Tat vollbracht hatten. Indem er sie beim Namen rief, lobte er jeden einzelnen, der vortrat, und zeigte eine Freude, als wenn die Taten von ihm selbst vollbracht worden wären. Zugleich überreichte er ihnen goldene Kränze, goldene Halsketten, kleine goldene Speere oder silberne Feldzeichen und ließ jeden in einen höheren Rang aufrücken. Auch verteilte er an sie aus der Kriegsbeute noch Gold, Silber, kostbare Kleidungsstücke und andere Gegenstände in Hülle und Fülle. Als er allen die nach seiner Meinung verdiente Auszeichnung zuerkannt hatte, sprach er einen Segenswunsch über das Heer, stieg unter dem Jubel der Menge herab und brachte die Siegesopfer dar. Vor den Altären standen schon viele Stiere bereit; diese wurden als Opfer geschlachtet, ihr Fleisch an die Truppen zum Mahl verteilt. Er selbst schmauste mit

den Heerführern drei Tage lang und entließ dann die fremden Truppen, wohin es ihnen beliebte. Der zehnten Legion übertrug er die Bewachung von Jerusalem, anstatt sie wieder über den Euphrat zu schicken, wo sie früher gestanden hatte. Die zwölfte Legion dagegen, der er nicht vergessen konnte, daß sie unter Cestius den Judäern unterlegen war, verwies er ganz aus Syrien, wo sie in Raphanaiai gelegen hatte, und schickte sie nach Melitene, einer Landschaft am Euphrat auf der Grenze zwischen Armenien und Kappadokien. Zwei Legionen, die fünfte und fünfzehnte, wollte er bis zu seiner Ankunft in Ägypten bei sich behalten. Hierauf zog er mit seiner Armee nach Kaisareia am Meer, wo er auch die Menge der Beute unterbringen und die Kriegsgefangenen bewachen ließ, da der Winter die Abfahrt nach Italien verhinderte.

2. Kapitel: Gefangennahme Simons bar Giora

1. Um die Zeit, als der Caesar Titus die Belagerung Jerusalems am eifrigsten betrieb, bestieg Vespasian in Alexandreia ein Handelsschiff und setzte nach Rhodos über. Von hier fuhr er auf Dreiruderern(390) weiter, besuchte alle Städte, an denen sein Weg ihn vorbeiführte, und wurde überall mit Beifallsrufen empfangen. Dann setzte er von Jonien nach Griechenland und weiter von Korkyra nach dem Japygischen Vorgebirge über(391), von wo er seine Reise zu Land fortsetzte. Unterdessen brach Titus von Kaisareia am Meer auf und begab sich nach Kaisareia Philippu, wo er längere Zeit verweilte und Spiele aller Art aufführen ließ. Eine Menge Kriegsgefangener fand dabei den Tod, indem sie entweder den wilden Tieren vorgeworfen oder gezwungen wurden, in Massen gegeneinander zu kämpfen. Hier war es auch, wo Titus die Gefangennahme Simons, des Sohnes des Gioras, erfuhr, die sich folgendermaßen zutrug.

2. Simon hatte während der Belagerung Jerusalems die obere Stadt inne. Als aber das römische Heer die Mauern erobert hatte und die ganze Stadt verwüstete, nahm er seine vertrautesten Freunde und einige Steinhauer mit den für ihre Arbeit nötigen eisernen Werkzeugen sowie Pro-

viant für mehrere Tage mit und begab sich in einen der geheimen unterirdischen Gänge. So weit der alte Gang reichte, folgten sie ihm; als sie aber auf festes Erdreich stießen, begannen sie zu graben, in der Hoffnung, weiter vordringen, an einer sicheren Stelle hervorkommen und sich auf diese Weise retten zu können. Beim wirklichen Versuch mußten sie sich allerdings bald von der Aussichtslosigkeit ihrer Bemühungen überzeugen; denn die Arbeiter waren unter großen Anstrengungen nur wenig vorwärts gekommen, als die Lebensmittel, so sparsam man auch mit ihnen umgegangen war, auszugehen drohten. Da zog Simon, um die Römer zu schrecken und damit zu täuschen, einen weißen Leibrock an, befestigte darüber ein purpurnes Obergewand und stieg an der Stelle, wo früher der Tempel gestanden hatte, aus der Erde empor. Die ihn sahen, waren zunächst verblüfft und blieben stehen; dann aber traten sie näher und fragten, wer er sei. Simon gab ihnen hierauf keine Antwort, sondern ersuchte sie, den Feldherrn zu holen. Eiligst liefen sie zu Terentius Rufus, der als Befehlshaber des Heeres zurückgeblieben war und nun erschien. Als er von Simon den Sachverhalt erfahren hatte, ließ er ihn fesseln und bewachen und teilte dem Caesar mit, wie man seiner habhaft geworden war. So gab der Gott den Simon zur Strafe für die Grausamkeit gegenüber seinen Mitbürgern, gegen die er so schrecklich gewütet hatte, seinen Todfeinden in die Hand, und zwar nicht mit Gewalt bezwungen, sondern freiwillig zur Bestrafung unterworfen, das gleiche, wofür er viele auf die falsche Anklage hin, daß sie es mit den Römern hielten, grausam hatte ermorden lassen. Denn die Bosheit kann dem Zorn des Gottes nicht entfliehen, und die Gerechtigkeit ist nicht kraftlos, sondern sie ereilt im Lauf der Zeit stets diejenigen, die sich gegen sie vergangen haben, und sucht die Übeltäter mit einer Strafe heim, die um so empfindlicher ist, als sie ihr schon entronnen zu sein glauben, weil sie nicht augenblicklich der Tat folgte. Das erfuhr auch Simon, als er den ergrimmten Römern in die Hände fiel. Sein Auftauchen aus dem Schoß der Erde bewirkte übrigens, daß in jenen Tagen noch viele der anderen Aufrührer in den unterirdischen Gängen entdeckt wurden. Als Titus nach Kaisareia am Meer zurückgekehrt war, führte man ihm den Tyrannen gefesselt vor; er befahl, ihn für den Triumph aufzubewahren, den er in Rom zu feiern gedachte.

3. Kapitel: Feste zu Ehren Vespasians. Lage der Judäer in Antiocheia

1. Während seines dortigen Aufenthaltes beging er aufs glänzendste den Geburtstag seines Bruders. Ihm zu Ehren hatte er dafür die Bestrafung vieler gefangener Judäer aufgehoben; mehr als 2500 wurden teils in Kämpfen mit wilden Tieren, teils auf dem Scheiterhaufen, teils in den Kämpfen miteinander getötet. Aber trotz dieser unzähligen Todesarten, denen die Judäer erlagen, schien den Römern die Strafe noch nicht schwer genug. Hierauf begab sich der Caesar nach Berytos, einer römischen Kolonie in Phönikien, wo er längere Zeit verweilte, um den Geburtstag seines Vaters mit größtem Aufwand für prächtige Spiele und sonstigen Pomp zu feiern.(392) Auch hier mußte auf die gleiche Weise wie früher eine Menge Gefangener das Leben lassen.

2. Um diese Zeit gerieten auch die Judäer in Antiocheia, die bisher von der Not des Krieges verschont geblieben waren, in schlimmen Verdacht und die Gefahr, beseitigt zu werden. Der dortigen Bürgerschaft hatte sich eine große Erregung gegen sie bemächtigt, teils infolge von unbegründeten Anschuldigungen, die in jüngster Zeit erhoben worden waren, teils auch wegen einiger älteren Vorfälle. Diese muß ich kurz schildern, um die Erzählung der späteren Begebenheiten verständlich zu machen.

3. Das judäische Volk lebt unter den Bewohnern der verschiedenen Länder über die ganze Erde zerstreut; am meisten aber ist es in der seinem Stammlande benachbarten Provinz Syrien und hier wieder vorzugsweise in Antiocheia wegen der Größe dieser Stadt mit der übrigen Bevölkerung vermischt. Dort war ihnen von den Königen nach Antiochos freie Niederlassung zugestanden worden. Obwohl Antiochos, mit dem Beinamen Epiphanes, Jerusalem zerstört und den Tempel geplündert hatte, wurden von seinen Nachfolgern auf dem Thron alle ehernen Weih-

geschenke den Judäern zu Antiocheia gegeben, um sie in der Synagoge niederzulegen, und ihnen dieselben bürgerlichen Rechte wie den Griechen verliehen. Auch die späteren Könige behandelten sie in der gleichen Weise, und da sich ihre Zahl beträchtlich vermehrte, verschönerten sie den Tempel durch kunstvolle und prächtige Geschenke. Sie zogen viele Griechen zu ihrem Glauben herüber, wodurch sie diese gewissermaßen zu einem Bestandteil ihrer eigenen Gemeinde machten. Um die Zeit der Kriegserklärung, als Vespasian gerade in Syrien gelandet war und überall der Haß gegen die Judäer stark war, trat ein Mitglied der judäischen Gemeinde namens Antiochos, der um seines Vaters, des Vorstehers der antiochenischen Judäer, willen hohes Ansehen genoß, im Theater vor der dort versammelten Bürgerschaft auf und klagte seinen eigenen Vater und die übrigen Judäer an, sie planten, in einer bestimmten Nacht die ganze Stadt in Brand zu stecken. Zugleich lieferte er einige ortsfremde Judäer als angebliche Mitglieder der Verschwörung in die Hände der Antiochener. Diese vermochten ihren Zorn darüber nicht zu zügeln und ließen für die Ausgelieferten im Theater einen Scheiterhaufen errichten, auf dem sie sofort verbrannt wurden. Dann schickten sich die Griechen an, über die Masse der Judäer herzufallen; sie glaubten, ihre Vaterstadt um so sicherer retten zu können, je schneller sie an ihnen Rache nähmen. Antiochos fachte ihre Erbitterung noch weiter an, und um seine Bekehrung und seinen Haß gegen die judäischen Gebräuche zu beweisen, opferte er nicht nur selbst nach griechischer Sitte, sondern schlug auch vor, die übrigen gleichfalls dazu zu nötigen; an der Weigerung werde man dann die Verschwörer erkennen. Die Antiochener machten auch wirklich die Probe, aber nur wenige unterwarfen sich; die Widerspenstigen wurden hingerichtet. Antiochos erhielt nun vom römischen Statthalter Soldaten, mit deren Hilfe er seine Mitbürger aufs schlimmste bedrängte. Er verbot ihnen, am siebenten Tag(393) zu feiern, und zwang sie, wie an gewöhnlichen Tagen zu arbeiten. Er wußte seinen Maßregeln solchen Nachdruck zu geben, daß nicht nur in Antiocheia, sondern entsprechend auch in anderen Städten diese Feier eine Zeitlang aufhörte.

4. Bald nachdem die Judäer zu Antiocheia dieses Leid

erduldet, traf sie ein zweites Unglück, zu dessen näherem Verständnis eben die vorstehende Erzählung beitragen sollte. Als nämlich der viereckige Markt, das Rathaus, das Archiv und die Basiliken (394) abbrannten und nur mit äußerster Anstrengung ein Übergreifen des Feuers auf die ganze Stadt verhütet werden konnte, bezichtigte Antiochos die Judäer der Brandstiftung. Und selbst wenn die Antiochener nicht schon vorher so schlecht auf sie zu sprechen gewesen wären, hätte diese Verleumdung in der ersten Aufregung über das Unglück wirken müssen. Aber nach dem, was sich kürzlich ereignet hatte, waren sie geneigt, den Angaben des Antiochos erst recht Glauben zu schenken, so daß die Antiochener, als hätten sie mit eigenen Augen die Judäer das Feuer anlegen sehen, sich wie rasend auf die Verleumdeten stürzten. Nur mit Mühe gelang es dem Legaten Gnaeus Collega, ihre Aufregung zu beschwichtigen, indem er verlangte, daß man ihn über das Geschehene zunächst dem Caesar berichten lasse; Caesennius Paetus, den Vespasian zum Statthalter von Syrien ernannt und bereits abgeschickt hatte, war noch nicht angekommen. Durch genaue Untersuchung ermittelte Collega den wahren Sachverhalt: Von den Judäern, die Antiochos beschuldigt hatte, war keiner mit dabeigewesen, sondern der ganze Brand stellte sich als das Werk einiger Verbrecher heraus, die in hohem Grade verschuldet waren und geglaubt hatten, sie würden, wenn sie das Rathaus und die städtischen Urkunden durch Feuer vernichteten, aller Forderungen ledig. Solange aber die Untersuchung noch im Gange war, schwebten die Judäer wegen ihrer Zukunft in angstvoller Erwartung.

4. Kapitel: Vespasian in Rom. Die Germanen und die Sarmaten

1. Die Nachricht, wie begeistert sein Vater von allen Städten Italiens erwartet worden sei und wie besonders Rom ihm den herzlichsten und glänzendsten Empfang bereitet habe, erfreute den Caesar Titus von Herzen, da sie seine Besorgnisse zerstreuten. Denn selbst als Vespasian noch in weiter Ferne war, schlugen ihm in Italien bereits alle

Herzen entgegen, wie wenn er schon da wäre: Die bloße Erwartung erzeugte – so groß war das Verlangen nach ihm – schon den Eindruck seiner wirklichen Ankunft, und dabei war die allgemeine Zuneigung durchaus frei von jedem Zwang. Der Senat, angesichts des Unheils, das der rasche Wechsel der Herrscher zur Folge gehabt, konnte sich nichts Besseres wünschen, als wieder einen durch ehrwürdiges Alter und den Ruhm kriegerischer Taten ausgezeichneten Imperator zu erhalten, von dem man überzeugt sein konnte, daß er seine hohe Stellung nur zum Besten seiner Untertanen nutzen würde. Das Volk aber, durch die inneren Wirren erschöpft, sah seiner Ankunft mit noch größerem Verlangen entgegen, weil es nicht nur dauernde Befreiung von seinem Elend, sondern auch geordnete Verhältnisse und Wohlstand vertrauensvoll erwartete. Das Heer vor allem schaute mit besonderer Zuversicht auf ihn; kannte es doch am besten die Bedeutung der von ihm so glücklich beendeten Kriege. Zudem wünschten sie, die die Unfähigkeit und Feigheit der anderen Imperatoren zur Genüge erfahren hatten, diese Schmach zu tilgen. In ihm sahen sie den Mann, der allein ihre Ehre und ihren Ruhm wiederherstellen könnte. Da somit die ganze Bevölkerung das größte Wohlwollen für ihn an den Tag legte, eilten ihm die angesehenen Männer der Stadt, zu ungeduldig, ihn in Rom zu erwarten, bis weit vor die Stadt entgegen. Aber auch den anderen Bürgern war jeder Aufschub, ihn zu treffen, unerträglich; sie strömten daher in solchen Mengen hinaus – das Gehen erschien einfacher und leichter als das Bleiben –, daß über der Stadt zum erstenmal eine wohltuende Ruhe lag; denn die Zahl derer, die ihm entgegenzogen, überwog die der Zurückbleibenden weit. Als nun endlich gemeldet wurde, daß er sich der Stadt nähere, und die Vorausgeeilten die große Leutseligkeit rühmten, die er jedermann bezeige, da wartete die ganze übrige Bevölkerung mit Frauen und Kindern am Wege, um ihn zu empfangen. Wo er vorüberkam, begrüßte ihn die Menge, begeistert durch das Schauspiel und seine freundliche Erscheinung mit den verschiedensten Zurufen als Wohltäter, Retter und allein würdigen Beherrscher Roms. Vor Kränzen und Räucherwerk sah die Stadt wie ein Tempel aus. Nur mit Mühe konnte der Gefeierte durch die Masse des ihn umdrängenden Volkes hindurch in den Palast gelangen, wo er den Hausgöttern Dankopfer für seine glückliche Ankunft darbrachte. Die Menge begann unterdessen zu feiern; nach Tribus, Geschlechtern und Komitien ließen sich die Einwohner zu den Mahlzeiten nieder und flehten unter Trankopfern den Gott an, daß er Vespasian selbst noch viele Jahre dem Römischen Reiche erhalten und seinen Söhnen(395) wie deren spätesten Nachkommen den Thron unbestritten bewahren möge. Nach diesem freudigen Empfang, den Rom Vespasian bereitet hatte, nahm die Stadt schnell an Wohlstand zu.

2. Geraume Zeit vorher, als Vespasian noch in Alexandreia weilte und Titus Jerusalem belagerte, empörte sich ein großer Teil der Germanen, mit denen die benachbarten Gallier gemeinsame Sache machten: Vereint hegten sie große Hoffnung, die römische Herrschaft abschütteln zu können. Was die Germanen zu Abfall und Krieg trieb, war zunächst ihr Charakter, der sie vernünftigen Ratschlägen unzugänglich macht und sie bei der geringsten Aussicht auf Erfolg sich blindlings in Gefahren stürzen läßt; dann aber auch der Haß gegen ihre Beherrscher, weil sie wissen, daß ihr Volk noch von niemand außer den Römern bezwungen worden ist. Den meisten Mut jedoch machte ihnen die günstige Gelegenheit. Da sie das Römische Reich infolge des häufigen Wechsels der Imperatoren innerlich erschüttert sahen und Kunde erhielten, daß alle Teile des Reiches sich in Verwirrung und Schwankung befänden, glaubten sie, Verlegenheiten und Zwietracht der Römer geschickt für sich ausbeuten zu können. Aufgereizt und mit solchen Hoffnungen erfüllt, wurden sie von ihren Anführern Classicus und Civilis, die offenbar schon lange den Aufruhr geplant hatten, aber erst jetzt, durch die Zeitumstände ermutigt, ihre Gedanken enthüllten und sich anschickten, mit den ohnehin dazu geneigten Völkerschaften den Versuch zu wagen. Schon hatten die meisten Stämme der Germanen sich dem Aufstand angeschlossen und die übrigen sich nicht widersetzt, als Vespasian wie auf einen Wink der Vorsehung dem früheren Statthalter in Germanien, Petilius Cerealis, ein Schreiben zusandte, worin er ihm den Titel eines Konsuls verlieh und den Befehl erteilte, zur Übernahme der Verwaltung nach

Britannien zu gehen. Auf der Reise nach seinem Bestimmungsort erhielt Cerealis die Kunde von dem Abfall der Germanen, und da diese sich bereits gesammelt hatten, überfiel er sie, brachte ihnen in einer Schlacht schwere Verluste bei und zwang sie dadurch, ihr wahnwitziges Unternehmen aufzugeben und zu vernünftiger Überlegung zurückzukehren. Sie würden übrigens, auch wenn Cerealis nicht so schnell in ihr Land geeilt wäre, für ihr Beginnen doch bald bestraft worden sein. Denn kaum war die Nachricht von ihrem Abfall nach Rom gelangt, als der Caesar Domitian, ohne sich lange zu besinnen, wie ein anderer in seinem noch ganz jugendlichen Alter getan haben würde, seiner vom Vater ererbten Tapferkeit und einer über seine Jahre hinaus gereiften Kriegserfahrung gemäß ans Werk ging und sogleich gegen die Barbaren aufbrach. Das bloße Gerücht von seinem Anrücken nahm ihnen so völlig den Mut, daß sie sich ihm unterwarfen und es schon als Gewinn betrachteten, daß sie, ohne besonderen Verlust erlitten zu haben, sich wieder unter das vorige Joch beugen durften. Nachdem Domitian in Gallien Vorkehrungen getroffen hatte, daß dort nicht so leicht wieder ein Aufstand ausbrechen konnte, zog er, ruhmbedeckt und ausgezeichnet durch Taten, die sich nicht von seinem Alter, wohl aber von dem Sohn eines solchen Vaters erwarten ließen, wieder in Rom ein.

3. Zugleich mit dem erwähnten Aufstand der Germanen brach auch eine Empörung von Skythen aus. Der volkreiche Skythenstamm der Sarmaten war unbemerkt über den Ister nach Mösien (396) vorgedrungen, hatte sich mit großem Ungestüm und, besonders furchtbar durch das völlig Unerwartete seines Angriffs, auf die Römer geworfen, einen großen Teil der Besatzungstruppen niedergemacht, den Legaten Fonteius Agrippa trotz heftiger Gegenwehr getötet und das angrenzende Land plündernd und verwüstend durchzogen. Als Vespasian diese Vorgänge und die Verheerung Mösiens erfuhr, sandte er, um die Sarmaten zu strafen, den Rubrius Gallus ab, dem es gelang, einen großen Teil von ihnen in mehreren Schlachten zu töten, während die Überlebenden entsetzt in ihre Heimat flohen. Hiermit war der Krieg zu Ende, und der Feldherr sorgte für die künftige Sicherheit der Gegend, indem er sie mit

zahlreicheren und stärkeren Besatzungen versah, so daß den Barbaren der Übergang über den Ister ganz unmöglich wurde. So war der Kampf in Mösien schnell entschieden.

5. Kapitel: Der Triumph

1. Eine Zeitlang hielt sich der Caesar Titus, wie erwähnt, in Berytos auf. Von dort besuchte er dann die Städte Syriens und gab in jeder prunkvolle Spiele, bei denen judäische Kriegsgefangene durch ihren Tod die Schaulust befriedigen mußten. Auf dieser Reise besichtigte er auch einen merkwürdigen Fluß, der mitten zwischen Arkea im Königreich des Agrippa und Raphanaiai fließt und eine seltsame Eigenschaft besitzt. Solange er fließt, ist er wasserreich und hat ein ziemlich starkes Gefälle; sechs volle Tage aber versiegt er von der Quelle an, so daß sein ganzes Bett trockenliegt. Dann fließt er am siebenten Tage, als ob keine Unterbrechung erfolgt wäre. Er hält diese Ordnung stets genau ein, weshalb man ihn – nach dem heiligen siebenten Tage der Judäer – Sabbatfluß genannt hat. (397)

2. Als die Bewohner von Antiocheia erfuhren, daß Titus sich der Stadt nähere, vermochten sie sich vor Freude nicht mehr innerhalb ihrer Mauern zu halten, sondern eilten ihm mehr als dreißig Stadien weit entgegen, wobei nicht nur Männer, sondern auch eine Menge Frauen und Kinder zur Stadt hinauszogen. Als sie ihn sich nähern sahen, stellten sie sich zu beiden Seiten des Weges auf, streckten ihm zur Begrüßung die Hände entgegen und geleiteten ihn unter mancherlei Zurufen in die Stadt. In ihre Glückwünsche flochten sie die beharrliche Bitte ein, Titus möge die Judäer aus der Stadt vertreiben. Der Caesar ging darauf nicht ein, sondern hörte die Klagen stillschweigend an. Gleichwohl schwebten die Judäer, da es ungewiß war, was er zu tun vorhatte, eine Zeitlang in höchster Angst. Titus hielt sich nämlich in Antiocheia nicht auf, sondern reiste nach Zeugma am Euphrat weiter. Hier erwartete ihn eine Gesandtschaft des Partherkönigs Vologeses, die ihm aus Anlaß seines Sieges über die Judäer einen goldenen Kranz überreichte. Er nahm das Geschenk

an, ließ die Gesandten bewirten und kehrte dann nach Antiocheia zurück. Der inständigen Bitte des Stadtrates und der Bürgerschaft, in ihr Theater zu kommen, wo das versammelte Volk auf ihn wartete, kam er freundlich nach; als sie ihm jedoch erneut hartnäckig zusetzten und stürmisch die Vertreibung der Judäer aus der Stadt verlangten, erteilte er ihnen die treffende Antwort: „Aber das Land, in das man sie als Judäer verweisen müßte, ist doch zerstört, und es gibt keinen Ort mehr, der sie aufnehmen würde." Mit diesem Anliegen abgewiesen, brachten die Antiochener ein zweites vor: Titus möge die ehernen Tafeln, auf denen die Privilegien der Judäer geschrieben standen, für ungültig erklären. Aber auch diese Bitte gewährte er ihnen nicht, sondern ließ bezüglich der Judäer zu Antiocheia alles beim alten. Hierauf reiste er nach Ägypten ab. Als er auf seinem Wege an Jerusalem vorüberkam und die Verwüstung mit der einstigen Pracht der Stadt verglich, auch die Größe der geschleiften Bauwerke und ihre ehemalige Schönheit sich ins Gedächtnis rief, da bedauerte er den Untergang der Stadt. Anstatt sich, wie mancher an seiner Stelle getan haben würde, mit der Eroberung einer so gewaltigen Festung zu brüsten, verwünschte er vielmehr die Anstifter der Empörung, die das Strafgericht über die Stadt heraufbeschworen hatten. Er bekundete damit, wie wenig es in seiner Absicht gelegen habe, seine Tapferkeit durch das Elend der Bestraften erhöht zu sehen. Von den ungeheuren Reichtümern der Stadt wurde in den Trümmern noch ein großer Teil gefunden. Das meiste gruben die Römer aus, doch führten die Angaben der Gefangenen immer wieder zu neuer Entdeckung von Gold, Silber und anderen kostbaren Gegenständen, die von den Besitzern wegen der ungewissen Wechselfälle des Krieges in der Erde verborgen worden waren.

3. Titus setzte nun die beschlossene Reise nach Ägypten fort, durchquerte so schnell wie möglich die Wüste und langte in Alexandreia an. Da er von hier nach Italien überzusetzen beabsichtigte, entließ er die beiden Legionen, die ihn begleitet hatten, in ihre früheren Standquartiere, die fünfte nach Mösien, die fünfzehnte nach Pannonien. Dann gab er Befehl, aus den Kriegsgefangenen die An-

führer Simon und Joannes sowie weitere 700 durch Größe und Schönheit ausgezeichnete Männer auszuwählen und unverzüglich nach Italien zu befördern, weil er sie im Triumph aufzuführen gedachte. Seine Überfahrt ging nach Wunsch vonstatten, und Rom empfing ihn ähnlich wie seinen Vater und ging ihm entgegen. Besonders ehrenvoll war es für Titus, daß sein Vater selbst ihm entgegenging und ihn begrüßte. Für die Bevölkerung war es höchste Freude, die drei Fürsten nun beisammen zu sehen. Wenige Tage darauf beschlossen diese, den Triumph für ihre Taten gemeinsam zu begehen, obwohl der Senat jedem von ihnen einen besonderen Triumph bewilligt hatte. Weil der Tag, an dem die Siegesfeier stattfinden sollte, vorher bekanntgemacht wurde, blieb von der zahlreichen Bevölkerung Roms nicht ein Mann zu Hause: Jedes Plätzchen, wo man noch eben stehen konnte, war besetzt und nur so viel Raum übriggelassen worden, wie der Zug, den man sehen wollte, unbedingt erforderte.

4. Nachdem noch während der Nacht das Heer in Rotten und Zenturien unter seinen Führern ausgerückt und vor den Toren – nicht des oberen Palastes, sondern in der Nähe des Isistempels, wo die Imperatoren ihre Nachtruhe gehalten hatten – aufgestellt worden war, traten zu Beginn der Morgendämmerung Vespasian und Titus lorbeerbekränzt und mit dem üblichen Purpurgewand bekleidet hervor und gingen nach der Halle der Octavia. (398) Hier erwarteten sie der Senat, die obersten Magistrate und die Vornehmsten aus dem Ritterstande. Vor der Halle war eine Tribüne errichtet, auf der elfenbeinerne Sessel für sie bereitstanden. Kaum waren sie hinaufgestiegen und hatten Platz genommen, als das Heer in Beifallsgeschrei ausbrach und laut die Taten der Gefeierten pries. Auch die Soldaten waren ohne Waffen, in seidenen Kleidern und mit Lorbeer bekränzt. Vespasian nahm ihre Glückwünsche entgegen, bat jedoch bald, da er sprechen wollte, durch ein Zeichen um Ruhe. Als überall Stille eingetreten war, erhob er sich, verhüllte sein Haupt fast ganz mit dem Gewand und sprach das herkömmliche Gebet; dasselbe tat auch Titus. Nach dem Gebet hielt Vespasian an die Anwesenden eine kurze Ansprache und entließ dann die Soldaten zu dem bei dieser Gelegenheit üblichen, von den

Imperatoren ihnen bereiteten Frühstück. Er selbst begab sich an das Tor, das nach den Triumphzügen benannt ist, die der Sitte gemäß durch dieses ihren Weg nehmen. Hier stärkten sich die drei durch einen Imbiß, zogen sich die Triumphgewänder an, brachten den Göttern, die bei dem Tor ihre Standbilder haben, ein Opfer dar und ließen den Zug abmarschieren, der sich durch die Theater bewegte, damit das Volk ihn besser sehen könne.

5. Es ist unmöglich, die Menge der hierbei gezeigten Sehenswürdigkeiten und die in jeder Hinsicht überwältigende Pracht der Kunstwerke, Luxusgegenstände und Naturseltenheiten gebührend zu schildern. Denn beinahe alles Bewundernswerte und Kostbare, das begüterte Menschen nach und nach in ihren Besitz gebracht haben und das bei jedem Volk wieder anderer Art ist, war an diesem Tag in kolossaler Menge beisammen und gab einen Begriff von der Größe des Römischen Reiches. Silber, Gold und Elfenbein in den verschiedensten Formen und Bearbeitungen sah man nicht sosehr als Prunkstücke eines Festzuges als vielmehr wie in einem Strom daherfließen. Gewänder, aus dem seltensten Purpur gewebt oder nach Art der babylonischen Kunst mit Bildwerken aufs feinste durchstickt, schimmernde Edelsteine, in goldene Kronen oder in andere Fassungen gefügt, wurden in solchen Mengen vorbeigetragen, daß es irrig schien, so etwas für selten zu halten. Auch Bilder ihrer Götter von erstaunlicher Größe, sämtlich aus kostbaren Stoffen und mit hervorragender Kunstfertigkeit gearbeitet, wurden mitgeführt, ebenso Tiere der verschiedensten Arten, jedes mit passendem Schmuck versehen. Selbst die zahlreichen Männer, die sie führten, trugen purpurne, goldgestickte Gewänder. Ganz herrlich und staunenerregend war der reiche Schmuck derer, die auserwählt waren, den eigentlichen Festzug zu bilden. Sogar die Schar der Gefangenen war nicht ungeschmückt, sondern die bunte Pracht ihrer Kleidung entzog dem Auge den Anblick von Verunstaltungen. Die größte Bewunderung aber erregte der Aufbau der tragbaren Schaugerüste. Ihre Größe rief überall, wo sie vorbeikamen, die Besorgnis wach, sie möchten zusammenbrechen, da viele drei, auch vier Stockwerke hatten; dabei war ihre ganze Ausstattung von unbegreiflicher Schönheit. Manche waren mit

goldgestickten Teppichen behängt, und an allen hatte man Kunstwerke aus Gold und Elfenbein angebracht. In unzähligen einzelnen Nachbildungen war der Krieg in seinen verschiedenen Episoden aufs anschaulichste dargestellt. Man sah blühendes Land der Verwüstung anheimfallen, ganze Haufen von Feinden, die getötet wurden, andere, die flohen, wieder andere in Gefangenschaft geraten; riesige Mauern brachen unter den Stößen der Maschinen zusammen; starke Festungen wurden eingenommen, Ringmauern volkreicher Städte erstiegen, das Heer drang ins Innere ein und erfüllte alles mit Mord; man sah die flehenden Gebärden der Wehrlosen, Feuerbrände in Heiligtümer geschleudert; Häuser, über ihren Bewohnern niedergerissen; endlich nach so vieler Zerstörung und Trauer Wasserströme, die sich nicht über angebautes Erdreich oder zur Erquickung für Menschen und Tiere, sondern über ein noch überall brennendes Land ergossen – denn alle diese Leiden hatten die Judäer sich zugezogen, indem sie diesen Krieg begannen. Die künstlerische Ausführung und Pracht dieser Darstellungen führten die kriegerischen Ereignisse den damit Unbekannten so vor Augen, als wenn sie selbst dabeigewesen wären. Auf jedem Schaugerüst stand der Befehlshaber der eroberten Stadt in dem Aufzug, wie man ihn gefangengenommen hatte. Auch zahlreiche Schiffe(399) folgten, Beutestücke wurden in Mengen vorbeigetragen, unter denen besonders diejenigen Aufsehen erregten, die man aus dem Tempel von Jerusalem genommen hatte: ein goldener Tisch im Gewicht von mehreren Talenten und ein gleichfalls goldener Leuchter(400), aber von ganz anderer Form wie die bei uns(401) gebräuchlichen. Aus dem Fußgestell erhob sich ein säulenartiger Schaft, von dem schlanke Seitenarme in Form eines Dreizacks ausgingen; an jeden der Arme befand sich oben eine eherne Lampe; davon gab es also sieben, eine Zahl, die bei den Judäern als heilig gilt. Das Gesetz der Judäer(402) wurde als letztes Beutestück zur Schau getragen. Hierauf kamen noch eine Anzahl Männer mit Bildsäulen der Siegesgöttin, die aus Gold und Elfenbein verfertigt waren. Dahinter ritt Vespasian selbst, gefolgt von Titus, und Domitian ritt diesem zur Seite in prachtvollem Schmuck auf herrlichem Rosse.

6. Das Ziel des Festzuges war der Tempel des Iuppiter Capitolinus, wo man haltmachte. Es ist nämlich eine alte Sitte, dort zu warten, bis ein Bote den Tod des feindlichen Heerführers meldete. Dies war Simon, des Gioras Sohn, der mit den anderen Gefangenen im Triumph aufgeführt worden war. Dann wurde ihm ein Strick umgeworfen und er auf eine Höhe über dem Forum geschleppt, wobei seine Wächter ihn geißelten. An dieser Stelle werden nach römischem Gesetz die verurteilten Verbrecher hingerichtet. Als sein Tod gemeldet wurde, erhob sich ein allgemeines Jubelgeschrei; danach begannen die Opfer, die unter den vorgeschriebenen Gebeten glücklich zu Ende geführt wurden, worauf die Imperatoren in den Palast zurückkehrten. Einige der Festteilnehmer zogen sie zu ihrer Tafel; für die übrige Menge aber waren in ihren Heimen reiche Mahlzeiten bereitet. Denn diesen Tag feierte die Stadt Rom als Dankfest für den siegreichen Feldzug, als das Ende der inneren Wirren und als den Anfang einer, wie man hoffte, glücklichen Zukunft.

7. Nach dem Triumph und der völligen Befriedung des Reiches beschloß Vespasian, der Friedensgöttin einen Tempel(403) zu bauen, und er vollendete in sehr kurzer Zeit ein Werk, das alle menschlichen Erwartungen übertraf. Er verwendete zu dem Bau nicht nur die ungeheuren Mittel, die ihm sein persönlicher Reichtum an die Hand gab, sondern er schmückte ihn auch mit älteren Meisterwerken der Malerei und Bildhauerkunst. In diesem Heiligtum sollte alles gesammelt und niedergelegt werden, zu dessen Besichtigung im einzelnen man sonst die ganze Welt hätte durchreisen müssen. Hierin ließ er auch die goldenen Gefäße aus dem Tempel von Jerusalem bringen, die für ihn besonders wertvoll waren. Das Gesetz der Judäer und die purpurnen Vorhänge des Allerheiligsten befahl er in den Palast zu schaffen und dort aufzubewahren.

6. Kapitel: Eroberung von Machairus

1. Unterdessen war Lucilius Bassus mit einem Heer, das er von Cerealis Vetilianus übernommen hatte, als Legat nach Judäa gesandt worden, hatte das Kastell Herodeion

samt der Besatzung zur Übergabe gezwungen und zog nun die ganze, zum großen Teil in kleinere Heerhaufen zersplitterte Streitmacht sowie die zehnte Legion an sich, um damit gegen Machairus (404) zu marschieren. Es war durchaus notwendig, diese Festung zu zerstören, da sie sonst wegen ihrer Stärke viele Judäer zum Abfall gereizt haben würde, zumal die natürliche Beschaffenheit des Platzes geeignet war, einer Besatzung festes Vertrauen, den Angreifern aber Furcht und Mutlosigkeit einzuflößen. Die natürliche Befestigung wird durch einen felsigen Hügel gebildet, der zu beträchtlicher Höhe ansteigt und schon deshalb sich schwer einnehmen läßt; dabei hat die Natur selbst dafür gesorgt, daß er so gut wie gar nicht zugänglich ist. Er ist nämlich auf allen Seiten von schwindelnd tiefen Schluchten umgeben, die man nicht leicht durchqueren und unmöglich mit Erde ausfüllen kann. Der westliche Taleinschnitt, der bis zum Asphaltsee reicht, hat eine Längenausdehnung von sechzig Stadien, und dazu erreicht gerade nach dieser Seite hin Machairus seine höchste Erhebung. Die Schluchten im Norden und Süden stehen zwar an Tiefe der ersteren nach, machen aber gleichfalls einen Angriff unmöglich. Der östliche Einschnitt ist nicht weniger als hundert Ellen tief und wird von einem Machairus gegenüberliegenden Höhenzug abgeschlossen.

2. Der judäische König Alexander (405) war der erste, der die günstige Lage dieses Ortes erkannte und hier eine Festung errichtete, die jedoch später von Gabinius im Kriege mit Aristobulos geschleift wurde. Als Herodes König geworden war, schien ihm der Platz besonderer Aufmerksamkeit und möglichst starker Befestigung wert, hauptsächlich wegen der Nachbarschaft der Araber, gegen deren Land hin die Festung einen günstig gelegenen Punkt bildet. Demzufolge umgab er einen weiten Raum mit Mauern und Türmen und gründete eine Stadt, von der ein Pfad zum Gipfel führte. Darüber hinaus baute er auch noch um den oberen Gipfel selbst eine Mauer und errichtete an ihren Ecken Türme von je 160 Ellen Höhe. Mitten in dem befestigten Raum ließ er dann einen Palast mit weitläufigen und prunkvollen Räumen bauen; auch legte er an den geeignetsten Stellen eine Reihe von Zisternen an, um das Wasser aufzufangen und die Umgebung reich-

lich damit zu versorgen und suchte so, als wolle er sich mit der Natur in einen Wettstreit einlassen, die Uneinnehmbarkeit, die sie dem Platze verliehen, durch künstliche Befestigungen noch zu überbieten. Ferner versah er den Ort mit einer Menge von Geschossen und Kriegsmaschinen und bemühte sich, die Bewohner in jeder Beziehung so auszurüsten, daß sie selbst der langwierigsten Belagerung trotzen konnten.

3. Im Innern des Palastes wuchs einmal eine Raute von erstaunlicher Größe, die einem Feigenbaum an Höhe und Umfang nichts nachstand. Es hieß, sie stehe seit Herodes' Zeiten, und sie wäre vielleicht noch lange dort geblieben, hätten nicht die Judäer, als sie die Festung besetzten, sie umgehauen. Ferner gibt es in dem Tal, das im Norden die Stadt begrenzt, einen Ort, der Baaras(406) heißt und eine Wurzel gleichen Namens erzeugt. Diese Wurzel ist von flammenroter Farbe und gibt zur Abendzeit Strahlen von sich. Nähert man sich ihr und will man sie anfassen, so ist es schwer, sie festzuhalten, da sie sich fortbewegt und nicht eher stehenbleibt, als bis man den Urin oder das Menstruationsblut einer Frau auf sie gießt. Aber selbst dann ist die Berührung tödlich, wenn man die Wurzel nicht so trägt, daß sie von der Hand herabhängt. Man kann sie übrigens auch auf folgende ungefährliche Weise gewinnen: Nachdem man sie ringsum durch Graben gelokkert hat, bis nur noch ein kleiner Teil der Wurzel in der Erde steckt, bindet man einen Hund daran. Wenn nun das Tier dem, der es angebunden, schnell folgen will, wird sie leicht ganz herausgezogen. Der Hund aber stirbt auf der Stelle, gleichsam als stellvertretendes Opfer für den, der das Gewächs nehmen wollte; denn jetzt kann man sie ohne Gefahr in die Hand nehmen. Trotz dieser Gefahren wird sie wegen einer besonderen Eigenschaft eifrig gesucht. Die sogenannten Dämonen, das heißt die Geister schlechter Menschen, die in die Lebenden hineinfahren und sie töten, wenn keine Hilfe kommt, werden durch jene Wurzel sogleich vertrieben, wenn man sie nur in die Nähe der Kranken bringt. An diesem Ort fließen auch warme Quellen von verschiedenartigem Geschmack: die einen sind bitter, andere ganz süß. Zahlreiche kalte Quellen befinden sich nicht nur unten in der Ebene dicht nebeneinander,

sondern – was noch merkwürdiger ist – in der Nähe erblickt man eine Höhle von nicht bedeutender Tiefe, die durch einen überhängenden Felsen gedeckt ist. Oberhalb dieses Felsens ragen, nur wenig voneinander entfernt, zwei Erhöhungen wie weibliche Brüste hervor, und es entströmt der einen eine ganz kalte, der andern eine sehr heiße Quelle; beide gemischt geben ein überaus angenehmes, heilkräftiges, besonders nervenstärkendes Bad. Außerdem hat der Ort auch Schwefel- und Alaunschiefergruben.

4. Nachdem Bassus den Platz von allen Seiten besichtigt hatte, beschloß er, durch Ausfüllen der östlichen Talschlucht sich einen Zugang zu verschaffen. Er ging sogleich ans Werk, um baldmöglichst Wälle aufwerfen und damit die Belagerungsarbeiten erleichtern zu können. Die eingeschlossenen Judäer trennten sich nun von den Fremden und zwangen sie, da sie in ihnen ohnehin nur Gesindel erblickten, in der unteren Stadt zu bleiben und hier den ersten feindlichen Anprall auszuhalten; das höher gelegene Kastell besetzten sie selbst, weil es stark befestigt war und auch aus Vorsorge für ihre eigene Rettung: Sie hofften auf Gnade, wenn sie den Römern die Burg übergäben. Zunächst jedoch wollten sie versuchen, die Belagerung überhaupt zu vereiteln. Tag für Tag unternahmen sie kühne Ausfälle, bei denen sie mit den Römern handgemein wurden und ihrerseits zwar viele Leute verloren, aber auch viele Römer töteten. Was den einen oder anderen den Sieg brachte, war jedesmal die Ausnutzung einer günstigen Gelegenheit: Die Judäer behielten die Oberhand, wenn sie die Römer überrumpelten, diese dagegen, wenn sie von ihren Wällen aus den Angriff rechtzeitig bemerkten und ihn in dichtgeschlossenen Reihen erwarteten. Mit solchen Plänkeleien sollte indes die Belagerung ihr Ende nicht erreichen; vielmehr wurden die Judäer durch einen Zufall ganz unversehens zur Übergabe des Kastells gezwungen. Unter den Belagerten befand sich ein äußerst verwegener und tapferer Jüngling mit Namen Eleazar. Er hatte sich bei den Ausfällen stets hervorgetan, indem er die Menge anfeuerte, sich in den Kampf zu stürzen und die Römer an den Schanzarbeiten zu hindern; auch hatte er in den einzelnen Scharmützeln den Gegnern empfindliche Verluste beigebracht, seinen Gefährten, die sich mit ihm hin-

auswagten, den Angriff leicht gemacht und ihnen den Rükken gedeckt, indem er als letzter den Kampfplatz verließ. Eines Tages, als das Gefecht bereits entschieden war und man sich beiderseits zurückgezogen hatte, blieb Eleazar, um die Feinde zu verhöhnen und weil er glaubte, es werde keiner von ihnen den Kampf wieder aufnehmen, draußen vor dem Tor und fing mit den auf der Mauer stehenden Judäern ein Gespräch an, in das er sich ganz vertiefte. Diesen günstigen Augenblick erspähte ein im römischen Heer dienender Ägypter namens Ruphos, lief, ehe man sich dessen versah, plötzlich herzu, hob den Jüngling samt seiner Rüstung auf und trug ihn, während die Zuschauer vor Schreck wie gelähmt waren, ins Lager der Römer. Dort gab der Feldherr Befehl, ihn nackt auszuziehen und vor den Augen der Stadtbewohner zu geißeln. Die Judäer wurden durch das Schicksal des Jünglings aufs tiefste erschüttert; die ganze Stadt jammerte und klagte mit einer Heftigkeit, die zu dem Unglück des einen Mannes in keinem Verhältnis stand. Als Bassus dies merkte, benutzte er die Stimmung der Belagerten zu einer Kriegslist; er suchte ihr Mitleid derart zu steigern, daß sie, um den Mann zu retten, die Festung übergeben würden; und seine Hoffnung wurde nicht enttäuscht. Er ließ also ein Kreuz aufrichten, als sollte Eleazar sogleich daran geschlagen werden. Kaum sahen dies die Judäer in der Festung, als sie noch schmerzlicher bewegt wurden und unter Schluchzen ausriefen, solchen Jammer könnten sie nicht ertragen. Obendrein flehte auch Eleazar sie an, sie möchten ihn doch nicht die qualvollste aller Todesarten erdulden lassen, sondern sich selbst dadurch retten, daß sie der Kraft und dem Glück der Römer nachgäben, zumal alles übrige schon unterjocht sei. Seine Vorstellungen machten sie vollends mutlos, und da sich auch viele Einwohner der Festung aufs Bitten verlegten (Eleazar gehörte einer weitverzweigten und zahlreichen Familie an), ließen sie sich gegen ihre eigentliche Gesinnung zum Mitleid bewegen und sandten unverzüglich eine Gesandtschaft ab, die wegen Übergabe des Kastells unterhandeln und sich nur freien Abzug und die Freilassung Eleazars ausbedingen sollte. Die Römer und ihr Befehlshaber nahmen diesen Vorschlag an. Als aber die zahlreichen Bewohner der unteren Stadt von dem

Sondervertrag der Judäer hörten, beschlossen sie, in der Nacht heimlich zu fliehen. Wie sie aber die Tore öffneten, hinterbrachten die, die den Vergleich geschlossen hatten, dem Bassus die Neuigkeit, sei es, weil sie den Leuten ihre Rettung mißgönnten, sei es, weil sie befürchteten, man könnte sie selbst für deren Entweichen verantwortlich machen. Die tapfersten der Flüchtlinge schlugen sich durch und entkamen; von denen dagegen, die man noch im Innern der Stadt antraf, wurden 1700 Männer getötet und die Frauen und Kinder in die Sklaverei verkauft. Den Vertrag mit den Judäern aber, die ihm die Festung übergeben hatten, glaubte Bassus halten zu müssen; er ließ sie abziehen und gab ihnen Eleazar frei.

5. Als er diese Aufgabe erledigt hatte, rückte er in Eilmärschen nach einer Waldschlucht mit Namen Jardes, wo nach einer ihm zugegangenen Meldung viele bei der Belagerung von Jerusalem und Machairus geflohene Judäer sich gesammelt haben sollten. In der Tat fand er bei seiner Ankunft die Nachricht bestätigt. Er umzingelte zunächst die ganze Gegend mit seiner Reiterei, die den Judäern, die sich durchzuschlagen versuchen würden, die Flucht unmöglich machen sollte; dem Fußvolk befahl er, den Wald, in den die Gegner sich geflüchtet hatten, umzuhauen. Infolgedessen sahen sich die Judäer genötigt, eine verwegene Tat zu unternehmen, um sich durch einen tollkühnen Kampf vielleicht noch zu retten. Sie stürzten sich also in Massen unter lautem Geschrei hervor und warfen sich auf die sie umzingelnden Römer. Diese aber wichen nicht um Haaresbreite, und der Kampf zog sich bei der verzweifelten Kühnheit auf der einen und der zähen Ausdauer auf der andern Seite in die Länge. Sein Ende freilich gestaltete sich sehr ungleich: Von den Römern waren im ganzen nur zwölf Mann gefallen und einige verwundet; von den Judäern entkam dagegen keiner aus dem Treffen, sondern über 3000 wurden niedergemacht. Unter ihnen war ihr Anführer Judas, des Ari Sohn, von dem ich oben erwähnte, daß er bei der Belagerung Jerusalems eine Abteilung befehligt und sich durch einen der unterirdischen Gänge gerettet hatte.

6. Um diese Zeit schickte der Caesar an Bassus und an Liberius Maximus, der damals Prokurator war, den

schriftlichen Befehl, das gesamte Land der Judäer zu verpachten. Eine neue Stadt wollte er nicht gründen; doch behielt er sich das Land als persönliches Eigentum vor. Nur 800 ausgedienten Veteranen wies er im Bezirk von Ammaus, das dreißig Stadien von Jerusalem entfernt liegt, Ländereien an. Allen Judäern aber, wo sie auch wohnen mochten, legte er eine jährliche Kopfsteuer(407) von zwei Drachmen auf, die sie für das Kapitol wie früher für den Tempel zu Jerusalem entrichten sollten. So stand es zu dieser Zeit um das judäische Volk.

7. Kapitel: Niederlage des Königs Antiochos von Kommagene. Die Alanen

1. Vier Jahre waren seit der Thronbesteigung des Vespasian verflossen, als den Kommagenerkönig Antiochos und dessen ganzes Haus ein schweres Unglück aus folgender Veranlassung traf. Caesennius Paetus, der damalige Statthalter von Syrien, schrieb – ob der Wahrheit gemäß oder aus Haß gegen Antiochos, ist nicht mit Bestimmtheit ermittelt worden – nach Rom, Antiochos und sein Sohn Epiphanes gingen mit dem Gedanken um, von den Römern abzufallen, und hätten zu diesem Zweck bereits mit dem Partherkönig ein Bündnis geschlossen; man müsse sie deshalb überraschen, damit sie nicht einen Vorsprung gewännen und schließlich noch das ganze Römische Reich in einen Krieg stürzten. Diese Anzeige konnte Vespasian, nachdem sie ihm einmal erstattet war, natürlich nicht auf sich beruhen lassen, da die Nachbarschaft der beiden Könige energischere Vorbeugungsmaßregeln erforderte. Samosata, die Hauptstadt von Kommagene, liegt am Euphrat und würde den Parthern, wenn diese etwas Derartiges im Schilde führten, den Übergang recht leicht gemacht und einen sicheren Zufluchtsort geboten haben. Paetus fand also mit seiner Meldung Glauben und erhielt Vollmacht, die ihm zweckmäßig erscheinenden Anordnungen zu treffen. Er zögerte auch nicht, sondern fiel plötzlich, ohne daß Antiochos und die Seinen etwas Derartiges erwartet hatten, mit der sechsten Legion sowie einigen Kohorten und

Reiterschwadronen in Kommagene ein; außerdem begleiteten ihn die Könige Aristobulos von Chalkidike (408) und Soaimos von Emesa. Sie stießen bei ihrem Vormarsch auf keinen Widerstand; denn niemand von den Einwohnern wollte die Hand zur Gegenwehr erheben. Als Antiochos die unerwartete Nachricht erhielt, dachte er nicht im entferntesten daran, mit den Römern Krieg zu führen, sondern beschloß, alles stehen- und liegenzulassen, seinem Königreich den Rücken zu kehren und sich mit Frau und Kindern heimlich davonzumachen; auf diese Weise glaubte er sich in den Augen der Römer von dem auf ihm lastenden Verdacht reinigen zu können. Er zog also 120 Stadien weit aus der Stadt in die Ebene und schlug dort ein Lager auf.

2. Paetus entsandte eine Abteilung seiner Truppen, Samosata zu besetzen und die Stadt zu halten; er selbst brach unterdessen mit dem Rest seines Heeres gegen Antiochos auf. Doch der König ließ sich auch durch diese Zwangslage nicht bestimmen, etwas Kriegerisches gegen die Römer zu unternehmen, sondern harrte, sein Schicksal beklagend, der Dinge, die da kommen würden. Seinen jugendlichen, kriegskundigen und durch Körperkraft hervorragenden Söhnen indes fiel es nicht ebenso leicht, sich dem Schicksal widerstandslos zu beugen: Epiphanes und Kalinikos griffen daher zu den Waffen. In einem heißen vom Morgen bis zum Abend währenden Gefecht bewiesen sie ausgezeichnete persönliche Tapferkeit und zogen sich bei einbrechender Nacht zurück, ohne besondere Verluste erlitten zu haben. Antiochos aber schien es selbst nach dieser so günstig verlaufenen Schlacht nicht geraten auszuhalten, sondern er floh mit seiner Gattin und seinen Töchtern nach Kilikien. Durch diesen Schritt brach er den Mut seiner Soldaten, und da diese der Meinung waren, er habe den Thron aufgegeben, fielen sie von ihm ab und gingen zu den Römern über, ohne aus ihrer Verzweiflung ein Hehl zu machen. Epiphanes und seine Leute mußten deshalb, ehe sie von allen Kampfgenossen verlassen waren, vor dem Feinde fliehen. Nur zehn Reiter folgten ihnen über den Euphrat; sie begaben sich, aus aller Gefahr erlöst, zu dem Partherkönig Vologeses, von dem sie nicht als Flüchtlinge verachtet, sondern, als wenn sie sich noch in

ihrer früheren glücklichen Lage befänden, höchst ehrenvoll behandelt wurden.

3. Als Antiochos nach Tarsos in Kilikien gekommen war, wurde er von einem Zenturio ergriffen, den Paetus ihm nachgeschickt hatte, und gefesselt nach Rom gebracht. Vespasian aber duldete es nicht, daß der König in diesem Aufzug zu ihm geführt würde; er wollte lieber die alte Freundschaft respektieren, als ihm wegen des Krieges unversöhnlichen Groll nachtragen. Er gab daher Befehl, ihm schon unterwegs die Fesseln abzunehmen, die Reise nach Rom abzubrechen und in Lakedämon zu bleiben; außerdem wies er ihm so bedeutende Geldeinkünfte an, daß er nicht nur gut, sondern sogar königlich leben konnte. Als Epiphanes und sein Gefolge, die bis dahin das Schlimmste für den Vater befürchtet hatten, dies erfuhren, fühlten sie sich von schwerer Sorgenlast befreit und hofften, nun auch für sich selbst von Vespasian Verzeihung zu erlangen, zumal Vologeses ihretwegen nach Rom geschrieben hatte. Denn so günstig auch ihr Los war, hielten sie es doch für unerträglich, außerhalb des Römischen Reiches zu leben. In der Tat sicherte Vespasian ihnen Straflosigkeit zu, worauf sie sich nach Rom begaben; als nicht lange danach auch ihr Vater aus Lakedämon eintraf, blieben sie und genossen alle möglichen Ehrenbezeugungen.

4. Das Volk der Alanen, ein Skythenstamm, der, wie ich schon früher erwähnte(409), in der Gegend des Tanais und des Mäotischen Sees wohnte, plante um diese Zeit einen Raubzug nach Medien und noch weiter zu unternehmen und unterhandelte deshalb mit dem König der Hyrkaner; denn dieser ist Herr des Passes, den König Alexander mit eisernen Toren(410) verschlossen hatte. Als der Hyrkanerkönig ihnen den Durchzug gestattete, fielen sie in zahlreichen Horden über die nichts ahnenden Meder her und plünderten das stark bevölkerte, an Nutzvieh aller Art reiche Land völlig aus, ohne daß jemand ihnen Widerstand zu leisten wagte. Der Herrscher des Landes, Pakoros(411), floh entsetzt in unzugängliche Gebiete und gab ihnen alles preis; nur mit Mühe gelang es ihm, durch Zahlung von hundert Talenten seine Gattin und seine Nebenfrauen, die in Gefangenschaft geraten waren, loszukaufen. Die Alanen setzten ohne Schwierigkeit und ohne auf

Widerstand zu stoßen ihren Raubzug fort und drangen, alles verwüstend, bis nach Armenien vor. Tiridates (412), der dortige König, rückte ihnen entgegen und lieferte ihnen ein Treffen, wäre aber beinahe lebendig gefangen worden. Ein Gegner hatte aus der Ferne eine Schlinge über ihn geworfen und würde ihn fortgeschleppt haben, wenn es dem König nicht gelungen wäre, den Strick noch rechtzeitig mit dem Schwert zu zerhauen und sich auf diese Weise zu retten. Durch den Kampf noch wilder geworden, verheerten die Alanen das ganze Land und kehrten dann mit einer Menge Gefangener und der Beute, die sie in beiden Königreichen zusammengeraubt hatten, wieder in ihr Land zurück.

8. Kapitel: Belagerung Masadas

1. Nach dem Tode des Bassus übernahm Flavius Silva das Amt des Prokurators von Judäa. (413) Er fand das ganze Land unterjocht mit Ausnahme einer einzigen Festung, die noch im Abfall beharrte und gegen die er nun alle Truppen aus der Umgegend konzentrierte. Diese Festung, Masada genannt, wurde von Sikariern besetzt gehalten, an deren Spitze ein einflußreicher Mann namens Eleazar stand, ein Nachkomme jenes Judas, der, wie berichtet, zu der Zeit, als Quirinius als Zensor nach Judäa gesandt worden war, viele Judäer aufgestachelt hatte, sich der Schätzung zu widersetzen. Auch jetzt hatten sich die Sikarier gegen alle verschworen, die sich den Römern fügen wollten, und behandelten sie in jeder Beziehung als Feinde, indem sie ihnen die Habe raubten und fortschleppten und die Häuser in Brand steckten. Sie stellten diese Judäer den Fremden gleich, da sie die so heiß umstrittene Freiheit verraten und eingestandenermaßen die römische Knechtschaft erwählt hätten. Solche Reden waren aber nur der Deckmantel, hinter dem sie ihre Grausamkeit und Habgier zu verbergen suchten, wie aus ihren Taten deutlich hervorging. Denn die anderen Judäer hatten ja ihren Abfall mitgemacht und sich am Kampfe gegen die Römer beteiligt, nur um von den Händen der Sikarier noch schlimmere Greuel erdulden zu müssen. Wies jemand den

Sikariern die Grundlosigkeit ihres Vorwandes nach, so unterdrückten sie den, der ihnen mit Fug und Recht ihre Bosheit vorwarf, nur um so ärger. Jene Zeit war überhaupt so voller Ruchlosigkeit unter den Judäern, daß es kein Verbrechen gab, das damals nicht begangen worden wäre; und hätte man allen Scharfsinn aufgewendet, um neue zu erfinden, würde man wohl keine mehr entdeckt haben. Das private wie das öffentliche Leben krankte in gleicher Weise an diesem Übel, und überall wetteiferte man darin, sich gegenseitig in Freveln gegen den Gott und Ungerechtigkeit gegen den Nächsten zu überbieten. Die Gewalthaber unterdrückten die Volksmassen, und diese suchten die Mächtigen zu vernichten; jene gelüstete es nach tyrannischer Herrschaft, das Volk nach Gewalttat und Beraubung der Reichen. Die Zügellosigkeit und das grausame Wüten gegen die eigenen Landsleute aber waren von den Sikariern ausgegangen, die den Verfolgten gegenüber keine Beleidigung unausgesprochen und keine Tat zu ihrem Verderben unversucht ließen. Doch sie erschienen noch gemäßigt im Vergleich zu Joannes. Denn dieser mordete nicht nur alle Bürger, die ihm gute und nützliche Ratschläge erteilten, und behandelte sie wie die schlimmsten Feinde, sondern er stürzte sein ganzes Vaterland in namenloses Unheil, wie es nur von einem Menschen ausgehen konnte, der sich erdreistet hatte, sich gegen den Gott zu empören. Auf seinem Tisch sah man verbotene Speisen, und die Reinheitsvorschriften unserer Vorfahren beobachtete er nicht, so daß die Verletzung der Pflichten gegen den einzelnen wie gegen die Gesamtheit bei einem Manne nicht wundernehmen konnte, der so in Gottlosigkeit versunken war. Und nun Simon, des Gioras Sohn, welche Verbrechen verübte er nicht? Oder gab es irgendeine Mißhandlung, die er nicht an freigeborenen Judäern begangen hätte, obwohl er gerade ihnen seine Stellung als Gewaltherrscher verdankte? Dämpften etwa freundschaftliche Beziehungen und Bande des Blutes ihre Mordgier? Denn an Fremden sich zu vergreifen, gehörte, wie sie meinten, zu den gewöhnlichen Schlechtigkeiten; eine recht glänzende Rolle dagegen wollten sie durch grausames Wüten gegen ihre nächsten Angehörigen spielen. Doch auch sie wurden übertrumpft durch die Raserei der Idumäer. Dieser Abschaum erdolchte die Hohenpriester, damit keine Spur von Gottesfurcht mehr erhalten bleibe, und vernichtete alles, was von staatlicher Ordnung übrig war, indem sie überall die Gesetzlosigkeit einführten. Darin gediehen die sogenannten Zeloten, die ihren Namen durch ihre Taten rechtfertigten. Denn jedes Werk der Bosheit suchten sie nachzuahmen, und allem, was die Geschichte von früheren Untaten berichtet, eiferten sie nach. Ihrer eigenen Vorstellung nach sollte der Name, den sie sich beilegten, allerdings auf den Eifer im Guten hindeuten – unmenschlich wie sie waren –, um die von ihnen Mißhandelten damit zu verhöhnen oder weil sie wirklich die größten Schlechtigkeiten für gute Werke hielten. Darum fand auch jeder von ihnen das verdiente Ende, indem der Gott über sie die gebührende Strafe verhängte: Qualen, wie die menschliche Natur sie nur immer zu ertragen fähig ist, brachen über sie herein, und auch das letzte aller Leiden, den Tod, mußten sie unter den verschiedensten Foltern erdulden. Gleichwohl kann man sagen, daß sie weniger Leiden ertragen mußten, als sie zugefügt hatten; eine völlige Vergeltung war nicht möglich. Diejenigen nach Gebühr zu beklagen, die als Opfer ihrer Grausamkeit fielen, ist hier nicht der Ort, und ich wende mich daher wieder dem Lauf meiner Erzählung zu.

2. Gegen Eleazar und die Sikarier, die mit ihm Masada besetzt hielten, rückte der römische Heerführer an der Spitze seiner Truppen heran. Die Umgebung unterwarf er ohne Mühe und legte in die geeignetsten Orte Besatzungstruppen; die Festung selbst umgab er mit einer Ringmauer, um den Belagerten die Flucht zu erschweren, und verteilte auf dieser die Wachtposten. Dann wählte er einen für die Belagerung besonders zweckmäßigen Lagerplatz an der Stelle, wo die Felsen des Kastells in den benachbarten Berg übergingen, obgleich dieser Ort das Herbeischaffen des Proviants sehr schwierig machte; denn von den dazu beorderten Judäern mußten nicht nur die Nahrungsmittel aus großer Entfernung und unter Strapazen herangebracht, sondern auch das Trinkwasser ins Lager geschafft werden, da in der Nähe des Platzes keine Quelle war. Nachdem Silva so die nötigen Vorbereitungen getroffen hatte, begann er mit den Belagerungsarbeiten, die

wegen der Festigkeit des Kastells größtes Geschick und Anstrengung erheischten. Die Burg ist nämlich folgendermaßen beschaffen:

3. Einen Felsen von bedeutendem Umfang und beträchtlicher Höhe umgeben auf allen Seiten unabsehbar tiefe, abschüssige und für Menschen wie Tiere unzugängliche Schluchten, und nur an zwei Stellen gestattet der Fels einen schwierigen Zugang von unten her. Der eine dieser Pfade kommt vom Asphaltsee im Osten, der andere, leichter zu begehende, vom Westen. Den ersteren nennt man wegen seiner Enge und vielfachen Windungen den Schlangenpfad. Er führt nämlich um die Vorsprünge des Abhangs, kehrt wiederholt gegen sich selbst zurück und streckt sich dann wieder in die Länge, so daß er sich nur langsam dem Ziele nähert. Beschreitet man diesen Weg, muß man sich abwechselnd mit jedem Fuß fest anstemmen; denn gleitet man aus, ist man unrettbar verloren, da zu beiden Seiten tiefe Abgründe gähnen, deren furchtbarer Anblick auch den Beherztesten zaghaft machen kann. Ist man auf diesem Pfade dreißig Stadien weit hinaufgestiegen, hat man den Gipfel vor sich, der jedoch nicht in eine schlanke Spitze ausläuft, sondern eine ebene Fläche bildet. Auf ihr hatte zuerst der Hohepriester Jonathan (414) eine Festung angelegt, die er Masada nannte. Später gab der König Herodes sich viele Mühe, sie in guten Stand zu setzen. Er umzog den sieben Stadien im Umfang messenden Gipfel mit einer zwölf Ellen hohen und acht Ellen breiten Ringmauer aus weißen Quadern und errichtete darauf 32 je fünfzig Ellen hohe Türme, aus denen man in die Wohnungen gelangen konnte, die an die innere Seite der Mauer in deren ganzer Länge angebaut waren. Die eigentliche Gipfelfläche ließ der König, weil sie besonders fetten und fruchtbareren Boden hatte als jedes Ackerland in der Ebene, zum Anbau frei, damit bei etwaigem Mangel an Proviantzufuhr die Leute, die dem Kastell ihre Rettung anvertrauen würden, keine Not zu leiden brauchten. Auch einen Königspalast erbaute er an dem westlichen Zugang unterhalb der Gipfelmauer. Dieser Palast, dessen Front nach Norden sah, hatte überaus hohe und starke Mauern sowie an den Ecken vier Türme von je sechzig Ellen Höhe. Die innere Ausstattung seiner Säle, Hallen und Bä-

der war mannigfaltig und prunkvoll, die Säulen waren überall Monolithen, die Wände und Fußböden mit Mosaiksteinen ausgelegt. Ferner hatte er an allen Stellen, wo Wohnhäuser lagen, auf dem Gipfel, bei dem Palast und vor der Mauer, eine beträchtliche Anzahl großer Zisternen in den Felsen hauen lassen, um dadurch einen ebenso reichen Wasservorrat zu schaffen, als wenn Quellen vorhanden gewesen wären. Vom Palast aus führte zur Gipfelhöhe ein in den Stein gehauener, von außen unsichtbarer Weg. Aber auch von den offenen Pfaden konnte der Feind nur schwer Gebrauch machen. Der östliche ist wegen seiner oben geschilderten Beschaffenheit nicht zu begehen; den westlichen aber hatte der König an der engsten Stelle durch einen mächtigen Turm geschützt, der nicht weniger als tausend Ellen von der eigentlichen Festung entfernt stand und den man weder umgehen noch ohne weiteres einnehmen konnte. Selbst friedlichen Besuchern des Kastells war dadurch der Zugang erschwert. So hatten sich Natur und Kunst vereinigt, um die Festung gegen feindliche Angriffe zu sichern.

4. Noch größere Bewunderung mußte die reiche Fülle der im Innern aufgespeicherten Vorräte erregen sowie die lange Zeitdauer, während der sie sich gehalten hatten. Es lagen dort Massen von Getreide, die auf Jahre hinaus reichen konnten, desgleichen war ein bedeutender Vorrat an Wein, Öl, Datteln und allerlei Hülsenfrüchten in der Festung aufgehäuft. Als Eleazar mit seinen Sikariern sich des Platzes durch List bemächtigt hatte, fand er alles noch unverdorben und so frisch, als wäre es eben erst hineingebracht worden – und doch war seit der Aufspeicherung dieser Vorräte bis zur Eroberung des Kastells durch die Römer fast ein Jahrhundert verstrichen. Tatsächlich fanden auch die Römer den Rest der Früchte noch völlig genießbar. Als Grund dieser Dauerhaftigkeit darf man wohl die Beschaffenheit der Luft annehmen, die wegen der hohen Lage der Festung von allen unreinen Dünsten, wie sie näher an der Erde vorzukommen pflegen, frei ist. Weiter fand sich eine Menge von Herodes dort aufgestapelter Waffen aller Art vor, die für 10 000 Mann ausreichten, sowie unbearbeitetes Eisen, Erz und Blei. Diese Zurüstungen hatten übrigens ihre guten Gründe. Herodes soll die

Festung als Zufluchtsort für sich selbst in Aussicht genommen haben, da er eine doppelte Gefahr argwöhnte: die eine von seiten des judäischen Volkes, von dem er befürchtete, es könnte ihn stürzen und das frühere Königshaus(415) wieder auf den Thron bringen; die größere und bedenklichere aber von seiten der ägyptischen Königin Kleopatra. Diese verbarg nämlich ihre Absichten nicht, sondern drängte Antonius ständig, er solle Herodes ermorden lassen und ihr das Königreich Judäa schenken. In der Tat mußte man sich wundern, daß der bis zu sklavischer Unterwerfung in sie verliebte Antonius ihrem Begehren nicht bereits entsprochen hatte, zumal niemand erwartete, daß er sich weigern würde, ihr gefällig zu sein. Derartige Besorgnisse hatten Herodes zur Befestigung Masadas bewogen, die er nun den Römern als letzte Arbeit im Kriege gegen die Judäer hinterließ.

5. Als der römische Feldherr, wie erwähnt, den ganzen Platz von außen mit einer Ringmauer umgeben und die sorgfältigsten Vorkehrungen getroffen hatte, daß niemand von der Besatzung entrinne, begann er die Belagerung, obwohl er nur eine einzige Stelle gefunden hatte, die sich zur Errichtung von Wällen eignete. Hinter dem Turme, der den von Westen in den Palast und zum Gipfel führenden Weg beherrschte, befand sich eine felsige Anhöhe von bedeutender Breite, die ziemlich weit vorsprang, dabei aber dreihundert Ellen tiefer als Masada lag. Diese Anhöhe, die man den weißen Felsen nannte, ließ Silva besetzen und befahl seinen Leuten, einen Wall zu errichten. Bald erhob sich infolge eifriger Arbeit der zahlreichen Mannschaft ein fester Damm von hundert Ellen Höhe. Da aber die Aufschüttung nicht fest und hoch genug schien, um den Maschinen als Standort zu dienen, wurde auf ihrer Oberfläche noch ein fünfzig Ellen breiter und ebenso hoher Oberbau aus großen Steinblöcken errichtet. Die Maschinen selbst besaßen eine ähnliche Einrichtung wie die früher von Vespasian und dann auch von Titus zu Belagerungszwecken erfundenen; außerdem wurde noch ein ganz mit Eisen beschlagener, sechzig Ellen hoher Turm aufgeführt, von dessen Brüstung aus die Römer mit Skorpionen und Ballisten die Verteidiger der Mauern zurücktrieben und sie verhinderten, auch nur den Kopf zu heben.

Zugleich ließ Silva einen gewaltigen Sturmbock bauen und ihn unausgesetzt gegen die Mauer stoßen, und mit vieler Mühe gelang es ihm, eine Bresche in sie zu legen, so daß sie zusammenstürzte. Schnell aber hatten die Sikarier innen eine zweite Mauer errichtet, der selbst die Maschinen nichts mehr sollten anhaben können. Damit sie durch Elastizität die Gewalt der Stöße abzuschwächen imstande sei, wurde sie folgendermaßen konstruiert. Sie fügten starke Balken mit den Enden aneinander, so daß zwei Reihen im Abstand der Mauerbreite nebeneinander herliefen; den Raum zwischen beiden Balkenlagen füllten sie mit Erde aus. Damit beim Höherwerden des Walles die Erde nicht nachgebe, verbanden sie die längs liegenden Balken durch andere, die sie quer anbrachten, wodurch der ganze Bau Ähnlichkeit mit einem Blockhaus hatte. Auf diese Weise wurden die Stöße der Maschinen durch die weiche Masse, gegen die sie erfolgten, unwirksam gemacht; ja, der Bau setzte sich sogar durch die Erschütterungen und wurde infolgedessen noch fester. Als Silva dies bemerkte, glaubte er, die Schanze leichter durch Feuer zerstören zu können, und befahl den Soldaten, brennende Fackeln dagegenzuschleudern. Wirklich fing die Mauer, die ja größtenteils aus Holz bestand, bald Feuer und loderte, infolge ihrer lockeren Bauart durch und durch entzündet, in hellen Flammen auf. Nun erhob sich aber beim Beginn des Brandes ein Nordwind, der den Römern gefährlich wurde: Er blies die Flamme von der Festung weg und ihnen ins Gesicht. Fast verzweifelten sie deswegen an dem Erfolg, da sie die Einäscherung ihrer Maschinen befürchteten. Plötzlich jedoch drehte sich der Wind wie durch göttliche Fügung, schlug nach Süden um und jagte in voller Stärke die Flammen gegen die Mauer zurück, die von oben bis unten brannte. Daran erkannten die Römer den Beistand des Gottes und kehrten froh ins Lager zurück, entschlossen, am folgenden Tage zu stürmen. In der Nacht wurde alles sehr sorgfältig bewacht, damit niemand heimlich entweichen konnte.

6. An Flucht jedoch dachte Eleazar nicht, wie er sie auch keinem andern gestattet haben würde. Vielmehr überlegte er, da er die Mauer vom Feuer zerstört sah und kein weiteres Mittel zur Rettung oder Verteidigung ausfindig ma-

chen konnte, wie die Römer die Frauen und Kinder behandeln würden, wenn sie in ihre Hände fielen, und kam zu dem Entschluß, daß alle in den Tod gehen müßten. Weil er, wie die Dinge standen, dies für das beste hielt, versammelte er die mutigsten seiner Gefährten und suchte sie mit folgenden Worten zur Tat zu entflammen: „Schon lange sind wir, meine Mitkämpfer, entschlossen, weder den Römern noch sonst jemand untertan zu sein außer dem Gott allein, weil er der wahre und rechtmäßige Gebieter der Menschen ist; jetzt ist der Augenblick gekommen, unsern Entschluß durch Taten zu verwirklichen. Entehren wir uns nicht selbst, indem wir, die wir früher nicht einmal eine ungefährliche Sklaverei ertragen wollten, jetzt mit der Sklaverei uns freiwillig die schrecklichsten Qualen aufbürden, die uns sicher bevorstehen, wenn wir in die Hände der Römer fallen. Denn wie wir die ersten waren, die sich auflehnten, sind wir auch die letzten, die noch gegen sie kämpfen. Ich halte es für eine besondere Gnade Gottes, daß er uns in den Stand setzt, ehrenvoll als freie Menschen unterzugehen, was anderen, die unversehens überwältigt wurden, nicht vergönnt war. Wir wissen ja, daß wir morgen früh in Feindeshand geraten werden; aber noch haben wir die freie Wahl, mit unsern Lieben einen edlen Tod zu sterben. Das können die Feinde nicht verhindern, so gern sie uns auch lebendig in ihre Gewalt bekommen möchten, ebensowenig wie wir nicht mehr imstande sind, sie im Kampf zu besiegen. Vielleicht hätten wir gleich zu Anfang, als unser Streben nach Freiheit auf Widerstand bei unsern Landsleuten und auf noch größeren bei unseren Feinden stieß, den Ratschluß des Gottes erkennen sollen, daß er das ihm einst so teure Volk der Judäer verderben wollte. Denn wäre er uns gnädig geblieben oder nur wenig über uns erzürnt gewesen, würde er dem Untergang so vieler Menschen nicht ruhig zugeschaut und seine heilige Stadt nicht dem Feuer und der Zerstörungswut unserer Feinde preisgegeben haben. Sollten wir noch zu hoffen wagen, es könnte uns gelingen, allein von dem ganzen judäischen Volke übrigzubleiben und unsere Freiheit zu retten, als hätten wir gegen den Gott nicht gesündigt und an keinem Frevel uns beteiligt, während wir doch gerade die Lehrmeister der anderen gewesen sind? Ihr seht, wie der Gott unsere eitlen Erwartungen Lügen straft, indem er eine Plage über uns kommen läßt, die unsere Hoffnungen völlig zuschanden macht. Nicht einmal die Uneinnehmbarkeit dieser Festung konnte uns retten. Und hat uns nicht Gott selbst, obwohl wir einen reichen Vorrat an Proviant, eine Menge Waffen und allen sonstigen Bedarf in Überfluß besitzen, jede Hoffnung auf Rettung genommen? Nicht der Zufall ließ das anfangs den Feinden zugewandte Feuer gegen die von uns errichtete Mauer umschlagen, sondern der Zorn des Gottes wegen der vielen Frevel, die wir wie Wahnsinnige gegen die eignen Landsleute begangen haben. Die Strafe dafür aber wollen wir nicht von unseren Todfeinden, den Römern, sondern vom Gott durch unsere eigne Hand erleiden; sie wird milder sein als andere. Ungeschändet sollen unsere Frauen sterben, und unsere Kinder, ohne die Sklaverei zu kennen. Und sind sie vorangegangen, wollen wir selbst einander den Liebesdienst erweisen und uns die Freiheit als Leichentuch bewahren! Zuvor aber wollen wir unsere Kostbarkeiten und die Burg durch Feuer vernichten; denn ich bin sicher, daß die Römer sich ärgern werden, wenn sie weder uns noch die Beute kriegen. Nur die Nahrungsmittel wollen wir übriglassen, damit sie nach unserm Tod zum Zeugnis dienen, daß nicht der Hunger uns bezwang, sondern daß wir, wie von Anfang an so auch jetzt noch entschlossen waren, den Tod der Sklaverei vorzuziehen."

7. So sprach Eleazar; aber nicht alle waren mit seinen Worten einverstanden. Einige zwar gingen mit wahrem Eifer daran, seinen Vorschlag zu verwirklichen, und zeigten sich beinahe erfreut, weil sie einen solchen Tod für ehrenvoll hielten. Die weichherzigeren seiner Leute dagegen ergriff Mitleid mit den Frauen und Verwandten, und da auch ihnen selbst der sichere Untergang vor Augen stand, sahen sie einander unter Tränen an und gaben dadurch ihre Abneigung zu erkennen. Als Eleazar ihre verzagte Stimmung sah und bemerkte, daß ihr Mut infolge seines so weitgehenden Rates zusammenbrach, fürchtete er, daß sie durch ihr Jammern und Weinen auch noch diejenigen rühren würden, die seine Worte mutigen Herzens angehört hatten. Er fuhr deshalb fort, sie zu ermuntern, und begann, während er sich hoch aufrichtete und

flammende Begeisterung ihn durchdrang, eine schwungvolle Rede über die Unsterblichkeit der Seele. Mit erhobener Stimme, den Blick fest auf die Weinenden gerichtet, sprach er: „Ich habe mich sehr getäuscht, als ich glaubte, mit tapferen Männern für die Freiheit zu kämpfen, die zu sterben entschlossen sind, wenn sie nicht ehrenvoll leben können. Leider habt ihr, was Tapferkeit und Mut anlangt, vor jedem beliebigen andern nichts voraus, da ihr den Tod selbst dann fürchtet, wenn er euch vom größten Elend befreien soll, anstatt ihm ohne Zögern und ohne einen Rat abzuwarten ins Auge zu schauen. Seit der ersten Regung unseres Bewußtseins wurde uns durch väterliche und göttliche Überlieferung die Lehre eingeprägt, die unsere Vorfahren durch Taten und Gesinnungen auch bekräftigten, daß nicht der Tod, sondern das Leben für die Menschen ein Unglück ist. Denn der Tod gibt den Seelen die Freiheit und eröffnet ihnen den Zugang zu dem ihnen eigenen und reinen Ort, wo sie kein Leid mehr treffen soll. Solange sie aber noch in einem sterblichen Leib gefangen und von seinen Gebrechen angesteckt sind, muß man sie in Wahrheit als tot bezeichnen; denn die Verbindung von Göttlichem und Sterblichem ist unnatürlich. Freilich kann die Seele auch Großes vollbringen, während sie noch dem Körper innewohnt, indem sie ihn zum Werkzeug der Empfindung macht, unsichtbar ihn bewegend zu Taten, die über seine sterbliche Natur hinausgehen. Aber erst wenn sie frei von der sie zur Erde ziehenden Schwere ihre wahre Heimat erreicht hat, wird sie einer glücklichen Wirksamkeit und allseits ungehemmten Kraft teilhaftig und bleibt, wie Gott selbst, dem menschlichen Auge unsichtbar. Allerdings kann sie auch, solange sie sich noch im Körper befindet, nicht geschaut werden: Ungesehen kommt sie, und niemand wird ihrer gewahr, wenn sie wieder geht, und wiewohl sie selbst ihrer Natur nach eins und unveränderlich ist, wird sie doch die Ursache von Veränderungen des Körpers. Denn womit die Seele sich verbindet, das lebt und gedeiht; wovon sie sich aber trennt, das verwelkt oder stirbt ab – so groß ist die Fülle der ihr innewohnenden Unsterblichkeit. Der deutlichste Beweis für das Gesagte sei euch der Schlaf, in dem die Seelen, ungestört vom Leibe, in sich selbst zurückgezogen der höchsten Ruhe genießen, mit dem der Gott, dem sie verwandt sind, verkehren, überall hinschweifen und vieles Zukünftige weissagen. Wie sollte man den Tod fürchten, wenn man die Ruhe des Schlafes liebt? Und ist es nicht ein Zeichen von Torheit, wenn wir die irdische Freiheit zu erringen suchten und doch die ewige uns mißgönnten? Wir sollten daher schon auf Grund unserer Erziehung anderen ein Beispiel für Todesbereitschaft geben. Haben wir aber auch noch Vorbilder aus fremden Völkern nötig, so laßt uns auf die Inder schauen, die sich der Philosophie befleißigen. Diese edlen Männer ertragen das Leben nur widerwillig als einen notwendigen Dienst, den sie der Natur schulden, und beeilen sich, die Seele aus den Banden des Körpers zu lösen. Ohne daß ein Leid sie drückt oder quält, nur aus Sehnsucht nach dem unsterblichen Zustand, kündigen sie den anderen an, daß sie gesonnen sind, von der Welt zu scheiden. Niemand hindert sie daran, vielmehr preist jedermann sie glücklich und gibt ihnen Aufträge an verstorbene Verwandte mit – so fest und zuversichtlich glauben sie an eine Wiedervereinigung der Seelen. Nachdem sie die Aufträge entgegengenommen haben, übergeben sie ihren Leib dem Feuer, um die Seelen in möglichster Reinheit vom Körper zu trennen, und sterben unter Lobgesängen. Ihre Lieben geleiten sie mit leichterem Herzen zum Tode als andere Menschen ihre Mitbürger zu einer weiten Reise; denn sich selbst beweinen sie, jene aber preisen sie selig, weil sie in die Reihen der Unsterblichen aufgenommen werden. Müssen wir uns nicht schämen, daß wir uns zu der Gesinnung der Inder nicht emporschwingen können und durch unsere Zaghaftigkeit das Gesetz unserer Väter, um das die Welt uns beneidet, schmählich beschimpfen? Aber auch wenn man uns von jeher das Gegenteil gelehrt hätte, daß nämlich das Leben das höchste Gut des Menschen und der Tod ein Unglück sei, so mahnt uns doch unsere gegenwärtige Lage, ihn standhaft zu ertragen, da der Wille Gottes und die Notwendigkeit ihn verlangen. Schon lange nämlich hat der Gott, wie mir scheint, über das gesamte Volk der Judäer dieses Urteil gefällt: Wir sollen das Leben verlieren, weil wir es nicht nach seinem Ratschluß genutzt haben. Rechnet es nicht euch als Schuld noch den Römern als Verdienst an, daß der Krieg gegen sie uns alle ins Verderben gestürzt hat. Denn nicht durch ihre Kraft ist es geschehen, sondern eine höhere Macht hat es gefügt, daß sie die Sieger scheinen. Waren es römische Waffen, durch die die Judäer zu Kaisareia ums Leben kamen? Nein, sie dachten nicht im entferntesten an Abfall, sondern während sie den Sabbat feierten, fiel der Pöbel von Kaisareia über sie her, metzelte sie mit Frauen und Kindern nieder, ohne Widerstand zu begegnen, und scheute sich dabei nicht einmal vor den Römern, die nur uns, die Abtrünnigen, als Feinde betrachteten. Doch man wird einwenden, die Bewohner von Kaisareia hätten stets mit den Judäern im Streit gelegen und nur eine günstige Gelegenheit benutzt, um einen alten Haß zu stillen. Was aber sollen wir von den Judäern zu Skythopolis sagen, die den Griechen zu Gefallen Krieg gegen uns führten, anstatt mit uns, ihren Stammesgenossen, die Römer zu bekämpfen. Großen Nutzen hatten sie von dem Wohlwollen und der Treue gegen ihre Mitbürger! Mitsamt ihren Familien wurden sie unbarmherzig von ihnen hingeschlachtet; das war der Dank für ihre Hilfe. Was sie uns wehren wollten, den Griechen anzutun, das geschah ihnen selbst, als hätten sie es gewünscht. Doch es würde zu weit führen, wollte ich alles im einzelnen hier vorbringen: Ihr wißt, daß es keine Stadt in Syrien gibt, die nicht ihre judäischen Bewohner umgebracht hätte, obwohl diese uns feindlicher waren als die Römer. So haben die Damaskener, ohne den geringsten Vorwand erdichten zu können, ihre Stadt durch ein scheußliches Blutbad befleckt, indem sie 18 000 Judäer mit ihren Frauen und Kindern ermordeten. In Ägypten soll die Anzahl der durch Folter gestorbenen Judäer 60 000 überschritten haben. Allerdings starben diese derart im fremden Land, weil sie schutzlos ihren Feinden preisgegeben waren, aber fehlte denn denen, die in ihrem eignen Land gegen die Römer Krieg führten, etwas, was ihnen Hoffnung auf den Sieg hätte geben können? Waffen, Mauern, uneinnehmbare Festungen und ein Mut, ungebrochen durch die Gefahren im Befreiungskampf, ermutigten das ganze Volk zum Abfall. Aber nachdem dies alles nur kurze Zeit vorgehalten und uns mit hochfliegenden Hoffnungen erfüllt hatte, stellte es sich in der Folge als Ursache größeren Unglücks dar. Eine Festung nach der andern wurde erobert und fiel den Feinden in die Hände, als wäre sie nur deshalb so ausgerüstet gewesen, um den Sieg der Römer noch glänzender zu gestalten, und nicht, um die zu retten, die sie erbaut hatten. Die in der Schlacht Gefallenen waren glücklich zu preisen, denn sie starben, um die Freiheit zu verteidigen, nicht, um sie zu verraten. Wer aber wollte nicht die bemitleiden, die in römische Gefangenschaft gerieten? Und wer möchte nicht lieber in den Tod gehen, als ihr Schicksal zu teilen? Von ihnen starben die einen auf der Folterbank oder durch Feuer und Geißelhiebe; andere wurden, von wilden Tieren halb zerrissen, lebendig zu einem zweiten Mahl für die Bestien aufbewahrt – zum Gespött und zur Kurzweil ihrer Peiniger. Am beklagenswertesten aber sind die Lebenden, die oft um den Tod gebeten haben und ihn nicht finden können. Und wo ist jene große Stadt, die Hauptstadt des judäischen Volkes, die durch so viele Ringmauern befestigt, durch so viele Kastelle und feste Türme geschützt war, die Stadt, die kaum die Masse des Kriegsgeräts faßte und so viele Männer in sich schloß, die für sie stritten? Wo ist sie hingekommen, von der man glaubte, daß der Gott sie gegründet habe? Völlig ist sie zerstört, und als einziges Andenken blieb nur das Lager ihrer Verwüster übrig, das noch auf ihren Trümmern steht. Elende Greise liegen bei der Asche des Tempels und wenige Frauen, die von den Feinden für ihre gemeinen Lüste aufgespart sind. Denkt einer an das alles, wie mag er da die Sonne noch schauen wollen, selbst wenn er fortan in Sicherheit leben könnte? Und wer ist so sehr Feind des Vaterlands, wer so unmännlich und feig, daß es ihm nicht leid tun würde, auch nur bis heute leben zu müssen? Wären wir alle gestorben, bevor wir die heilige Stadt von Feindeshand zerstört und den geweihten Tempel so frevelhaft vernichtet sahen! Freilich wurden wir durch die nicht unedle Hoffnung hingehalten, sie noch einmal an dem Feind rächen zu können; nun aber auch diese dahin ist und wir einsam der Not gegenüberstehen, wollen wir nicht zögern, ehrenvoll zu sterben. Laßt uns Erbarmen haben mit uns selbst, mit unsern Frauen und Kindern, solange es uns noch freisteht, solche Barmherzigkeit zu üben. Denn zum Tod sind wir geboren und die, die wir gezeugt haben. Selbst die Glücklichsten können ihm nicht entgehen. Mißhandlung aber und Sklaverei und der Anblick unserer Frauen, die mit ihren Kindern geschändet wurden, das sind keine Übel, die Naturnotwendigkeit den Menschen auferlegt, sondern sie widerfahren ihnen um ihrer eignen Feigheit willen, weil sie nämlich, obwohl sie ihnen durch den Tod entgehen könnten, diesen verweigern. Wir dagegen sind, stolz auf unsern Mut, von den Römern abgefallen und haben noch jüngst ihrem Angebot, unser Leben zu retten, kein Gehör geschenkt. Wem sollte es nicht einleuchten, wie schwer ihre Rache uns treffen würde, wenn sie uns lebend in ihre Gewalt bekämen? Wehe den Jünglingen, deren kräftige Körper viele Martern aushalten müssen! Wehe auch den Greisen, die ihres Alters wegen die Qualen nicht mehr ertragen können! Da wird der eine seine Gattin sehen, die weggeführt und vergewaltigt wird, ein anderer die Stimme seines Kindes hören, das nach dem Vater schreit, dem die Hände gebunden sind! Doch nein! – Solange diese Hände noch frei sind und das Schwert zu halten vermögen, sollen sie uns den besten Dienst erweisen! Unversklavt von den Feinden wollen wir sterben, als freie Männer mit Kindern und Frauen aus dem Leben scheiden. Das befehlen unsere Gesetze(416), das erflehen von uns unsere Frauen und Kinder; in die Notwendigkeit hat uns Gott versetzt, und das Gegenteil davon liegt im Wunsche der Römer: Sie fürchten, es möchte auch nur ein einziger von uns vor dem Fall der Festung sterben. Eilen wir daher, ihnen statt der erhofften Freude über unsere Gefangennahme das Erschrecken über den Tod und das Staunen über unsere Kühnheit zu hinterlassen!“

9. Kapitel: Selbstmord der Verteidiger von Masada

1. Als er mit seinen Ermahnungen fortfahren wollte, unterbrachen ihn alle, drängten, von unaufhaltsamem Ungestüm ergriffen, zur Tat und rannten wie besessen davon. Einer suchte dem andern zuvorzukommen, und jeder glaubte sich dadurch besonders tapfer und entschlossen zu zeigen, daß er sich nicht unter den Letzten finden ließ – ein solch gieriges Verlangen hatte sich ihrer bemächtigt, ihre Frauen und Kinder sowie sich selbst untereinander

zu morden. Auch erkaltete, wie man vielleicht hätte meinen können, ihr Eifer nicht, als sie zur Ausführung schritten, sondern sie beharrten bei dem Entschluß, den sie während Eleazars Rede gefaßt hatten. Obgleich in ihnen freund- und verwandtschaftliche Gefühle lebendig waren, überwog die Vernunft, die ihnen sagte, daß sie so am besten für ihre Liebe sorgten. So setzten sie, indem sie ihre Frauen liebevoll umarmten, ihre Kinder herzten und sie unter Tränen zum letztenmal küßten, ihren Entschluß ins Werk, als stände ihnen eine fremde Hand zu Gebot; Trost fanden sie dafür, daß sie zum Morden gezwungen wurden, in dem Gedanken an die Mißhandlungen, die ihre Angehörigen erdulden müßten, wenn sie in Feindeshand fallen würden. Schließlich erwies sich keiner als zu schwach für das grausige Werk, sondern alle erfüllten die Aufgabe an ihren Nächsten. Opfer der Not, die es den Unglücklichen als das kleinste Übel erscheinen ließ, mit eigener Hand Frauen und Kinder hinzuschlachten! Unfähig, den Schmerz über ihre Tat zu ertragen, und in dem Gefühl, ein Unrecht an den Toten zu begehen, wenn sie diese auch nur eine kurze Zeit überlebten, schleppten sie eiligst alles Wertvolle auf einen Haufen zusammen, steckten es in Brand und wählten hierauf zehn ihrer Genossen aus, die alle übrigen töten sollten. Hingestreckt an der Seite seiner Gattin und seiner Kinder und die Arme über sie ausbreitend, bot jeder von ihnen bereitwillig seine Kehle dem mit dem traurigen Amt Beauftragten dar. Kaum hatten diese ohne zu zögern alle getötet, als sie durchs Los die gleiche Entscheidung für sich selbst trafen: Der, auf den das Los fiel, sollte die anderen neun und endlich sich selbst umbringen; alle hegten das feste Vertrauen zueinander, daß jeder von ihnen das gleiche tun und das gleiche leiden werde. So unterzogen sich die neun dem Tod durchs Schwert; der letzte Überlebende untersuchte noch den Haufen der Daliegenden, ob nicht etwa einer übriggeblieben sei, der zum Sterben seiner Nachhilfe bedürfe. Als er sie alle tot fand, legte er Feuer an den Palast, durchbohrte dann sich selbst mit kräftiger Hand und sank neben seiner Familie nieder. Sie starben überzeugt, keine Seele übriggelassen zu haben, die in die Gewalt der Römer geraten könnte. Eine bejahrte Frau jedoch sowie eine Verwandte Eleazars, eine an Verstand und Bildung die meisten ihres Geschlechts weit überragende Frau, hatten sich, während die Gedanken der anderen von der Ermordung der Gefährten in Anspruch genommen waren, heimlich mit fünf Kindern in eine unterirdische Wasserleitung verkrochen. Die Zahl der Toten, Frauen und Kinder eingerechnet, belief sich auf 960. Diese Schreckenstat geschah am fünfzehnten des Monats Xanthikos.

2. Frühmorgens machten sich die Römer, die auf Widerstand rechneten, bereit, verbanden ihren Wall und die Mauer durch Fallbrücken und begannen den Angriff. Als sie keinen Feind sahen, sondern überall eine unheimliche Leere, im Innern des Kastells Feuer, sonst aber Stille gewahrten, konnten sie sich nicht denken, was geschehen war. Endlich stimmten sie, wie als Signal zum Schießen, den Schlachtruf an, um dadurch den einen oder andern von den Bewohnern hervorzulocken. Dieses Geschrei hörten die beiden Frauen, krochen sogleich aus den unterirdischen Gängen heraus und unterrichteten die Römer über das Vorgefallene; besonders die eine wußte alles, was gesprochen und getan worden war, aufs genaueste zu erzählen. Die Römer schenkten ihr, weil sie die ungeheuerliche Tat nicht glauben wollten, nur wenig Aufmerksamkeit, sondern bahnten sich, indem sie den Brand zu löschen versuchten, einen Weg durch die Flammen und drangen in den Palast ein. Als sie aber hier die Menge der Gemordeten entdeckten, freuten sie sich nicht über den Untergang der Feinde, sondern bewunderten den edlen Entschluß und die unerschütterliche Todesverachtung so vieler bei der Tat beteiligten Menschen.

10. Kapitel: Sikarierunruhen in Alexandreia

1. Als Masada auf diese Weise erobert war, ließ der Feldherr eine Besatzung zurück und zog mit seinen Truppen nach Kaisareia ab. In Judäa war kein Feind übriggeblieben, sondern das Land war durch den langen Krieg in seiner ganzen Ausdehnung völlig unterjocht, wodurch auch viele der in den entfernt liegenden Gebieten Wohnenden in eine mißliche Lage gerieten. Darüber hinaus mußten

kurz nach diesem Ereignis zu Alexandreia in Ägypten eine Menge Judäer das Leben lassen. Die Sikarier, denen die Flucht dorthin geglückt war, hatten nämlich nicht genug daran, daß sie mit heiler Haut davongekommen waren, sondern suchten aufs neue Unruhen zu stiften, indem sie viele ihrer Gastgeber beredeten, sich für die Freiheit zu erheben, die Römer nicht für besser zu halten als sich selbst und keinen Herrn anzuerkennen außer Gott. Als ein Teil der vornehmeren Judäer(417) sich ihnen widersetzte, räumten sie diese aus dem Wege, die anderen aber wiegelten sie erst recht auf. Angesichts dieses wahnwitzigen Treibens glaubten die Vorsitzenden des Ältestenrates, es nicht mit ihrer Sicherheit vereinbaren zu können, wenn sie die Sikarier noch länger gewähren ließen. Sie beriefen daher eine Versammlung der judäischen Bürger ein, deckten die Anschläge der Sikarier auf und entlarvten sie als die Urheber allen Unglücks. Jetzt aber, fuhren sie fort, da diesen Männern trotz der gelungenen Flucht keine Rettung winke (denn sowie sie von den Römern erkannt seien, würden sie sofort hingerichtet), suchten sie in ihr verdientes Schicksal auch noch andere mit hineinzuziehen, die sich niemals an ihren Umtrieben beteiligt hätten. Die Vorsitzenden ermahnten darum das Volk, sich vor dem Unheil, das die Aufrührer stiften wollten, in acht zu nehmen und durch ihre Auslieferung sich den Römern gegenüber zu rechtfertigen. In Erkenntnis der großen Gefahr, die ihnen drohte, folgten sie dem Rat, stürzten sich auf die Sikarier und machten sie dingfest. 600 wurden so auf der Stelle gefangengenommen; andere, die sich in das Innere Ägyptens und besonders nach Theben geflüchtet hatten, wurden bald darauf ergriffen und eingeliefert. Ihr Starrsinn und ihre Tollheit oder Seelenstärke – wie man es nennen will – rief allgemeines Erstaunen hervor, denn alle Martern und körperlichen Verstümmelungen, die man an ihnen vollzog, damit sie den Caesar als ihren Gebieter anerkennen sollten, vermochten nicht einen von ihnen zum Nachgeben zu bewegen oder ihm das geforderte Bekenntnis abzuzwingen. Vielmehr verharrten sie in ihrer durch keinen Zwang zu beugenden Gesinnung, als wenn ihr Körper gegen Folter und Flammen völlig abgestumpft wäre, ihre Seele aber sogar Freude darüber empfände. Die größte Verwunderung jedoch erregten bei den Zuschauern die kleinen Knaben: Denn auch von ihnen war keiner dahin zu bringen, den Caesar seinen Herrn zu nennen – so sehr überwog die Größe ihres Mutes die Schwäche ihres Körpers.

2. Lupus, der damalige Statthalter von Alexandreia (418), berichtete schleunigst über diese Bewegung nach Rom. Vespasian, der überzeugt war, daß die Neuerungssucht der Judäer nie zur Ruhe kommen werde, und zugleich befürchtete, sie möchten sich wieder zu größerer Stärke zusammentun und auch andere zum Abfall verleiten, befahl Lupus, den judäischen Tempel im sogenannten Onias-Distrikt (419) zu zerstören. Dieser Tempel liegt in Ägypten und verdankt seinen Ursprung und seinen Namen folgender Veranlassung. Onias, der Sohn des Simon, einer der Hohenpriester zu Jerusalem, war vor Antiochos, dem König von Syrien, als dieser die Judäer mit Krieg überzog, nach Alexandreia geflohen. Hier fand er freundliche Aufnahme bei Ptolemaios, der Antiochos (420) haßte, und versprach diesem dafür, er werde das ganze judäische Volk auf seine Seite bringen, wenn der König seinem Vorschlag Gehör schenken wolle. Ptolemaios (421) sicherte ihm alle mögliche Unterstützung zu, und Onias bat um die Erlaubnis, irgendwo in Ägypten einen Tempel erbauen und einen Gottesdienst nach der Sitte seiner Väter einrichten zu dürfen. Dann nämlich, meinte er, würden die Judäer gegen Antiochos, der den Tempel von Jerusalem verwüstet hatte, noch hartnäckiger kämpfen, gegen Ptolemaios aber um so größere Anhänglichkeit an den Tag legen und sich wegen der freien Religionsausübung massenhaft in seinem Lande ansiedeln.

3. Diesen Ausführungen pflichtete der König bei und schenkte ihm einen Platz im Bezirke von Heliopolis, 180 Stadien von Memphis entfernt. Hier legte Onias zunächst Festungswerke an und baute dann den Tempel, jedoch nicht nach dem Muster des Jerusalemer, sondern in der Weise, daß er mehr einer Burg glich, die aus großen Quadern bestand und sich etwa sechzig Ellen hoch erhob. Dem Altar dagegen gab er eine ähnliche Gestalt, wie sie der in der Heimat aufwies, und er schmückte auch den Tempel mit ähnlichen Weihgeschenken. Nur bei dem Arm-

leuchter machte er eine Ausnahme. Er ließ keinen stehenden Leuchter verfertigen, sondern eine goldene Lampe, die blendend strahlte und an einer goldenen Kette aufgehängt war. Das Heiligtum umgab er mit einer Backsteinmauer, die massiv steinerne Tore hatte. Der König schenkte ihm noch ein weiteres ausgedehntes Grundstück, von dessen Ertrag die Priester ihr reichliches Auskommen haben und die Aufwendungen für den Gottesdienst bestreiten sollten. Onias aber hatte dabei keine lauteren Absichten, sondern ließ sich von seinem Haß gegen die Judäer in Jerusalem leiten, denen er es nicht vergessen konnte, daß sie ihn zur Flucht genötigt hatten; er glaubte, durch den Bau dieses Tempels eine Menge Judäer von dort weglocken zu können. Es gab übrigens auch eine alte Prophezeiung, die schon vor mehr als 600 Jahren ergangen war und in der ein Mann namens Jesaja den Bau dieses Tempels in Ägypten durch einen Judäer vorhergesagt hatte.(422) Das ist also der Ursprung dieses Tempels.

4. Nachdem Lupus, der Befehlshaber von Alexandreia, den entsprechenden Bescheid aus Rom erhalten, erschien er in dem geweihten Bezirk und schloß den Tempel, aus dem er zuvor einige Weihgeschenke fortgenommen hatte, ab. Bald darauf aber starb er. Sein Nachfolger im Amt, Paulinus, entfernte nicht nur alle Weihgeschenke, wobei er die Priester bedrohte, falls sie etwas verheimlichten, sondern er verbot auch den Frommen, die heiligen Räume zu betreten, und machte, indem er auch die Tore verschloß, den Tempel völlig unzugänglich. Keine Spur von Gottesdienst blieb an dem Ort zurück. Von der Erbauung des Tempels bis zu seiner Schließung waren 343 Jahre verflossen.(423)

11. Kapitel: Der Sikarier Jonathan in Kyrene

1. Der Wahnsinn der Sikarier steckte, wie eine Seuche, auch Kyrene und seine Nachbarstädte an. Dorthin hatte sich ein verruchter Mensch mit Namen Jonathan, ein Weber, geflüchtet, der eine beträchtliche Schar besitzloser Leute an sich zog und sie in die Wüste führte, wo er ihnen Wunder und Erscheinungen zu zeigen versprach. Sein be-

trügerisches Treiben erregte zwar im allgemeinen wenig Aufmerksamkeit; gleichwohl sahen die vornehmsten Judäer in Kyrene sich veranlaßt, seinen Auszug und sein Vorhaben dem Statthalter der libyschen Pentapolis (424), Catullus, zu melden. Dieser sandte Reiterei und Fußvolk aus, die den unbewaffneten Haufen leicht überwältigten. Der größere Teil fiel im Handgemenge; einige wurden gefangengenommen und vor Catullus geführt. Der Anstifter des Unternehmens, Jonathan, war allerdings für den Augenblick entkommen, wurde aber nach langer und sorgfältiger Nachforschung im ganzen Lande schließlich doch verhaftet. Als er vor Catullus gebracht wurde, verstand er die Sache so zu drehen, daß er selber straflos ausging; dagegen gab er dem Statthalter Anlaß zu ungerechtesten Handlungen, indem er lügenhafterweise die reichsten Judäer beschuldigte, sie hätten ihm zu seinem Anschlag geraten.

2. Catullus griff diese Verleumdungen begierig auf und übertrieb die Sache durch hochtönende Worte, damit es den Anschein gewinne, als habe auch er einen Judäischen Krieg beendigt. Noch schlimmer war es, daß er, der hier so leichtgläubig war, den Sikariern auch noch Unterricht im Verleumden gab. So brachte Jonathan auf sein Geheiß einen Judäer namens Alexander, dem Catullus schon lange feind war und seinen Haß offen gezeigt hatte, zur Anzeige und verwickelte auch Alexanders Gattin Berenike in die Beschuldigungen. Nach diesen beiden ließ er alle vermögenden Judäer, dreitausend Mann auf einmal, hinrichten. Er glaubte das ungefährdet tun zu können, weil er das Vermögen der Getöteten zu den Einkünften des Caesars hinzufügte.

3. Damit nicht anderswo die Judäer seine Ungerechtigkeiten enthüllen könnten, dehnte er sein Lügensystem noch weiter aus und beredete Jonathan sowie einige von dessen Mitgefangenen, die angesehensten Judäer in Alexandreia und Rom aufrührerischer Umtriebe zu bezichtigen. Unter denen, die auf diese Weise heimtückisch verklagt wurden, befand sich auch Josephus, der Verfasser des vorliegenden Geschichtswerkes. Catullus aber wurde in seinen Hoffnungen bezüglich des Anschlags getäuscht. Denn als er mit dem gefesselten Jonathan und dessen Genossen in

Rom ankam und glaubte, daß, weil die Verleumdungen in seinem Namen und durch ihn vorgebracht waren, von jeder weiteren Untersuchung Abstand genommen würde, ließ Vespasian, dem die Sache verdächtig vorkam, den wirklichen Tatbestand genau erforschen. Nachdem er sich von der Grundlosigkeit der gegen jene Männer erhobenen Beschuldigungen überzeugt hatte, sprach er sie auf Verwendung des Titus frei. Gegen Jonathan hingegen verhängte er die verdiente Strafe: Er wurde gegeißelt und dann lebendig verbrannt.

4. Der Milde der Herrscher hatte Catullus es diesmal zu danken, daß er nicht härter als mit einem Verweis bestraft wurde. Nicht lange danach befiel ihn aber eine komplizierte, unheilbare Krankheit, und endlich fand er, nicht nur körperlich, sondern auch seelisch zerstört, einen qualvollen Tod. Schreckbilder verfolgten ihn unablässig, und oft schrie er, er sehe die Schatten der von ihm Gemordeten neben seinem Lager stehen; er vermochte sich dann nicht mehr zu halten und sprang aus dem Bett, als nahe man ihm mit Folter und Feuer. Immer schlimmer wurde die Krankheit; schließlich faulten ihm die Eingeweide und traten aus seinem Körper heraus. So starb er – ein Beispiel, so deutlich wie kein anderes, daß die göttliche Vorsehung den Nichtswürdigen bestraft.

5. Hiermit schließe ich die Geschichte, die ich meinem Versprechen gemäß mit aller Sorgfalt für diejenigen geschrieben habe, die zu erfahren wünschten, wie dieser Krieg der Römer gegen die Judäer verlief. Über die Darstellung sei das Urteil den Lesern anheimgestellt; was die Wahrheit anlangt, so habe ich, wie ich zuversichtlich behaupten darf, auf diese in der ganzen Schrift mein einziges Augenmerk gerichtet.

ANMERKUNGEN

1 Die *Muttersprache* der innerasiatischen Völker — gemeint sind hier vor allem die in der babylonischen, kleinasiatischen und persischen Diaspora lebenden Judäer, die Syrer und die übrigen vorderasiatischen Völkerstämme — war zu dieser Zeit das Aramäisch. Diese semitische Sprache hatte sich bereits seit der achämenidischen Herrschaft als Handels- und Verkehrssprache durchzusetzen begonnen. Im 1. Jahrhundert u. Z. hatte es selbst bei den Judäern Palästinas das Hebräisch bereits weitgehend verdrängt, so daß diese Sprache nur noch als Kultursprache lebte.

2 Mit den *inneren Übeln* der Zeit sind zweifelsohne die Unsicherheit und die despotische Willkür während der Regierungszeit Neros (54—68) gemeint.

3 Titus trug den Titel *Caesar* als Sohn des Imperators Vespasian bei dessen Lebzeiten. Als Kaiser hieß er: Imperator Titus Caesar Vespasianus Augustus. Seit Hadrian trug den Titel nur noch der designierte Nachfolger.

4 Der Machtkampf zwischen dem König des Seleukidenreiches (Zentrum: Syrien) *Antiochos IV. Epiphanes* und dem König von Ägypten *Ptolemaios VI. Philometor* um den Besitz des Gebietes, das die Römer Palästina nannten (also Judäa, Teile Phönikiens und des Libanons), führt in die Zeit um 174 v. u. Z.

5 Der Hohepriester, der sich damals in Jerusalem durchsetzte, hieß Jason (gräzisiert aus Jehošua), nicht *Onias.* Die Einzelheiten dieser innerjudäischen Ereignisse sind in dem zweiten Werk des Flavius Josephus, den „Judäischen Altertümern", behandelt.

6 Antiochos IV. eroberte *die Stadt* Jerusalem im Jahre 170. Der nach Ägypten fliehende *Onias,* der Sohn des Hohenpriesters Onias III., war selbst nie Hoherpriester, sondern eben durch die Machenschaften Jasons verdrängt worden.

7 Die *passende Stelle* ist VII 10,2.

8 Diese Darstellung vom Ausbruch des *Makkabäeraufstandes* entspricht in keiner Weise den zeitgenössischen Quellen. Danach war bereits seit etwa 174 v. u. Z. ein Kleinkrieg der judäischen Bauern und Handwerker gegen die großen Grundeigentümer im Gange, die sowohl die Steuerpacht in der Hand hatten, durch die sie das Volk ausplünderten, wie auch durch gegenseitige Überbietungen beim Bestechen der königlichen Beamten und der Könige (seleukidischen wie ptolemäischen) selbst das Land ruinierten. Das Vorgehen des Antiochos IV. trieb auch große Teile des städtischen Mittelstandes und sein Kultverbot sogar religiös gebundene Kreise auf die Seite der aufständischen Bauern. Judas Makkabaios (von hebr. maqabi = Hämmerer) stammte aus einer der Priesterfamilien, die außerhalb Jerusalems — er lebte in Modin, westlich der Hauptstadt — eine sozial untergeordnete Rolle spielten.

9 Die Figur des Vaters *Matathias* ist vielleicht nur legendär. In den „Altertümern" XII 6,1 heißt er Matathias, Sohn des Joannes, des Sohnes Simons, des Sohnes Hasmons. Von diesem Vorfahr stammt der Name Hasmonäer für die königliche Dynastie, die aus der Familie der Makkabäer hervorging.

10 Im *Gebirge* führten die judäischen Bauern zunächst einen Bandenkrieg vorwiegend gegen reiche Grundeigentümer. Als sich Antiochos IV. auf deren Seite stellte und ein Heer schickte, organisierten sie sich unter der Führung Judas' und besiegten die Seleukiden wiederholt. 140 v. u. Z. wurde Judäa unter Simon, dem Bruder Judas', schließlich auch formell unabhängig.

11 Judas war der *drittälteste* Sohn des Matathias. Der älteste war Simon.

12 Das *Bündnis mit den Römern* war rein formal und brachte den Makkabäern keine praktische Unterstützung.

13 Antiochos IV. *Epiphanes* führte das Heer gegen Judas nicht selbst, sondern schickte seine Feldherren Lysias und Gorgias. Er selbst starb während eines Zuges nach

Osten. Sein Sohn und Nachfolger, Antiochos V. Eupator, war zu dieser Zeit noch ein Kind.

14 Das Heer führte Lysias. Das Städtchen *Bethsur* wurde erst nach der Schlacht von den seleukidischen Truppen eingenommen.

15 *Toparchie* (aus gr. topos = Ort und archein = herrschen): ein Verwaltungskreis, bei den Seleukiden der Strategie untergeordnet.

16 Über den *Tod des Judas Makkabaios* herrscht viel Verwirrung. Nach den „Altertümern" (abgekürzt Ant. = Antiquitates) XII 11,2 fiel er bei Bezetha, nach dem historisch zuverlässigsten 1. Makkabäerbuch bei Laisa (Elasa).

17 *Joannes* wurde von Nabatäern, einem arabischen Stamm, getötet, als er dort um Unterstützung bat.

18 *Jonathan* wurde 160 v. u. Z. Nachfolger seines Bruders.

19 Der *junge Antiochos* ist der sechste dieses Namens mit dem Beinamen Dionysios.

20 *Simon* stellte sich 143 an die Spitze der Judäer. Sein Verbündeter gegen Tryphon ist *Antiochos VII. Sidetes.*

21 Die *Meder* waren vor der Begründung des Persischen Reiches der Achämeniden Mitte des 6. Jahrhunderts die beherrschende Macht im iranischen Hochland. Im 2. Jahrhundert v. u. Z. hatten sie keine Bedeutung mehr. Hier muß es richtig „Parther" heißen. Die Parther waren die führende Kraft im Kampf gegen die Seleukiden, die den Iran nach dem Auseinanderfallen des Alexanderreiches wieder vereinigten.

22 Die *170 Jahre* beziehen sich auf den Beginn der Seleukidenära 312 v. u. Z. Tatsächlich war Juda bereits 332 von Alexander erobert und unter makedonische Oberhoheit gestellt worden.

23 *Simon* wurde 135 v. u. Z. ermordet.

24 Jedes 7. Jahr galt bei den Judäern als *Sabbatjahr*. In diesem Jahr soll nach 3. Buch Mosis das Land nicht bearbeitet werden. Was dennoch wächst, gehört allen Bewohnern und selbst den Tieren des Landes. Es hat den Anschein, als ob dieses Sabbatjahr sogar im 1. Jahrhundert u. Z. noch gesetzlich in Kraft war, hören wir doch im Talmud häufig von Strafen, die den

Übertretern auferlegt wurden. Tacitus berichtet, daß Caesar den Judäern für das Sabbatjahr die Steuern erließ. Daß während des Sabbatjahres kein Krieg geführt werden durfte, wie hier zu schließen ist, läßt sich sonst nicht nachweisen, ist aber wahrscheinlich, da sich strenggläubige Israeliten während des Sabbattages sogar der Verteidigung enthielten. Nichtkriegsführung während eines ganzen Jahres war praktisch natürlich nicht möglich, wenn das Land angegriffen wurde.

25 Zenon der Hüftlahme (Kotylas) beherrschte den Stadtstaat *Philadelpheia* im Transjordanland, das heutige Amman.

26 Das *Talent* ist ursprünglich ein Gewicht (auch: die Waagschale), das im Handel 36 kg betrug und dann die diesem Gewicht entsprechende Menge Edelmetall, gewöhnlich Silber. Es wurde in 60 Minen zu je 100 Drachmen unterteilt. Daneben gab es ein Goldtalent, das den zehnfachen Wert des Silbertalents hatte. Im Neuen Testament wird als Talent das syrische Pfund bezeichnet, das etwa den Wert von $^1/_4$ Silbertalent hatte.

27 *Meder* = Parther (s. Anm. 21).

28 Tatsächlich zog Hyrkanos 130 v. u. Z. wohl mit Antiochos nach Parthien und griff erst nach dessen Tod die *syrischen Städte* an. *Sikim* und *Garizin* sind allerdings Ort und Berg in Samarien. *Kuthäer* ist ein anderer Ausdruck für Samarier. Die Judäer bezeichneten die Samarier nach einem Ort in Babylonien, wohl um damit anzudeuten, daß sie keine „reinen" Israeliten seien. Während der assyrischen Fremdherrschaft in diesem Gebiet waren ebenfalls unterworfene Babylonier, vielleicht aus Kutha, hier angesiedelt worden.

29 *Sebaste* ist das griechische Wort für Augustus, jedoch in der weiblichen Form (Polis = Stadt ist auch im Griech. weiblichen Geschlechts). Herodes benannte die Stadt also nach dem ersten römischen Kaiser.

30 Antiochos VIII. *Aspendios* ist bekannter unter dem Beinamen Grypos (der Krumme oder mit der Habichtsnase). Aspendos war eine Stadt in Pamphylien

(Südküste Kleinasiens). In den Altertümern nennt Josephus als Gegner jedoch Antiochos IX. Kyzikenas (Kyzikus = Halbinsel im jetzigen Marmara-Meer), den Halbbruder und Rivalen Antiochos VIII.

31 Natürlich empörte sich die Bevölkerung nicht aus *Neid* gegen Joannes Hyrkanos (137—106). In Ant. XIII 10,5 spricht Josephus genauer davon, daß sein angehäufter Reichtum den Neid der Judäer erregt habe. Dem steht ein erneutes Absinken des Lebensniveaus gegen Ende der Regierungszeit des Hyrkanos gegenüber, nachdem zur Zeit Simons eine spürbare Besserung eingetreten war. Die makkabäischen Volksführer wurden seit Joannes Hyrkanos zu hasmonäischen Dynasten. Die zeitgenössischen Quellen sprechen von Willkür, Grausamkeit, Ausraubung, ungerechter Bereicherung. Dagegen erhob sich das Volk unter Führung pharisäischer, also besonders städtisch-handwerklicher Kreise.

32 Seit 539, dem traditionellen Jahr der *Rückkehr aus der Babylonischen Gefangenschaft*, waren bis 106 tatsächlich erst 433 Jahre verflossen. Die angegebenen 471 Jahre würden zu der ganz sinnlosen Jahreszahl 577 v. u. Z. führen. Tatsächlich ist auch 539 nur eine erste kleine Gruppe nach Judäa zurückgekehrt. Rückwanderer kamen in Gruppen noch bis zur 2. Hälfte des 5. Jahrhunderts. Vor allem aber war von den Babyloniern 596 und 587 überhaupt nur ein Teil der Oberschicht weggeführt worden. *Das Volk* blieb in Judäa wohnen.

33 Das *Laubhüttenfest* (hebr. Sukkot) war ein Erntefest, das nach dem Einbringen der Ernte sieben Tage lang gefeiert wurde. In Erinnerung an den Wüstenaufenthalt nach dem Auszug aus Ägypten sollte die Bevölkerung in dieser Zeit in Laubhütten wohnen.

34 *Stratonsturm* wurde nach dem Wiederaufbau durch Herodes Kaisareia am Meer genannt und zu einer bedeutenden Stadt.

35 1 *Stadion* = etwa 185 m. Das Stadion ist, da es auf dem Fuß als Grundeinheit beruht, keine feste Maßeinheit. Bei Josephus liegt offenbar das Stadium Italicum zugrunde, dessen Fußeinheit etwa 31 cm beträgt.

36 *Aristobulos I.* starb 105 v. u. Z.

37 *Ptolemaios Lathuros* (die Erbse) floh nach Cypern, nicht nach Ägypten.

38 *Arabien* ist hier wie zumeist das Land der Nabatäer, die die Halbinsel Sinai und den östlich angrenzenden Kulturstreifen bis zur Wüste mit der Hauptstadt Petra bewohnten.

39 *Gaulana* ist wohl mit Ant. XIII 13,5 in Gadara (Galaaditis) zu verbessern.

40 *Demetrios Eukairos* war König von Damaskus. Die Existenz solcher kleinen Monarchien zeigt, wie weit das Seleukidenreich sich bereits aufgelöst hatte, wenngleich auch Demetrios seleukidischer Abstammung war.

41 *Antiochos XII. Dionysos,* der Bruder des Demetrios Eukairos, herrschte 86—85 v. u. Z. und war nicht *der letzte Seleukide.* Nach ihm regierte noch Antiochos XIII. Asiatikos bis 72. 64 v. u. Z. wurde das Gebiet römische Provinz.

42 *Antipatris* hieß zu dieser Zeit noch Chabarzaba.

43 *Ptolemaios Mennaios* war Tyrann von Chalkis, *Aretas* der König der Nabatäer. Chalkis ist das Gebiet zwischen Libanon und Antilibanon. Unter Koilesyrien (eigentlich das hohle Syrien) verstand man ursprünglich ebenfalls diese Niederung zwischen den beiden Gebirgen, dann aber auch das östlich angrenzende Land um Damaskus, zum Teil auch das ganze Land südlich von Laodikeia bis Rapheia.

44 *Alexander Jannaios* starb 79 v. u. Z.

45 Nach Strabon XVI 749 nahm *Tigranes* von Armenien, der 72 v. u. Z. Syrien eroberte, die gefangene Kleopatra, Tochter des Ptolemaios Physkon, als Gefangene mit und ließ sie hinrichten. Kleopatra war mit mehreren der letzten Seleukidenkönige verheiratet.

46 *Alexandra* starb 70 v. u. Z.

47 Die *Idumäer,* im alttestamentlichen Sprachgebrauch Edomiter, werden von der jüdischen Tradition auf Esau, den Bruder des Erzvaters Jakob, zurückgeführt. Sie bewohnten ursprünglich das Gebiet der Arabah-Senke südlich des Toten Meeres. Zeitweise waren sie von dem Staate Juda abhängig. Nach der Zerstörung

Jerusalems 587 drängten sie in alte judäische Siedlungsgebiete bis Hebron vor. Erst von dem Hasmonäer Joannes Hyrkanos wurden sie wieder unterworfen und nahmen auch erst zu dieser Zeit gezwungenermaßen die israelitische Religion an.

48 Der Begriff *Heiligtum* steht im allgemeinen für den gesamten Tempelbezirk (hieron), *Tempel* (naos) für das eigentliche Tempelgebäude.

49 Die *Einnahme* Jerusalems erfolgte 63 v. u. Z.

50 Wahrscheinlich hat Hyrkanos die *Mauer* wiederaufgebaut. So stellt es Josephus auch in Ant. XIV 5,2 dar.

51 Nach Appian, Syriaca 51, waren zwischen *Scaurus* und *Gabinius* noch zwei weitere Legaten in Syrien: Marcius Philippus 61–60 v. u. Z., Lentulus Marcellinus 59–58.

52 Gabinius nahm die *Bezirkseinteilung* 57 v. u. Z. vor.

53 *Ptolemaios XI. Auletes* von Ägypten war 58 v. u. Z. gestürzt worden. Er bestach Gabinius, ihm zu helfen.

54 Zu der Bemerkung über die *parthischen Flüchtlinge* bemerkt Reinach, sie zeige, da sie nichts mit dem Zusammenhang zu tun hat, daß Josephus gedankenlos eine andere Darstellung ausschreibt.

55 *Crassus* trat sein Amt 54 an und fiel 52 v. u. Z. bei Karrhai.

56 *C. Cassius Longinus,* der später zu den Hauptverschwörern gegen Caesar zählte, war Quästor im Heer des Crassus gewesen.

57 *An anderer Stelle* ist allerdings nirgends von dieser Sache die Rede. Auch hier drängt sich der Verdacht auf, daß Josephus eine Quelle abschreibt. Natürlich bleibt die Möglichkeit offen, daß die Stelle verlorengegangen ist oder daß Josephus vergessen hat, wieder darauf zurückzukommen.

58 *Aristobulos* wurde 49 v. u. Z. ermordet.

59 Q. Caecilius Metellus Pius *Scipio* war der Schwiegervater des Pompeius und Legat von Syrien. 52 v. u. Z. war er mit Pompeius zusammen Konsul.

60 *Mithridates* war Verbündeter Caesars.

61 *Jamblichos* und Ptolemaios, Sohn des Soaimos, sind sonst nicht bekannte Kleinfürsten des Libanongebietes.

62 Über den *Bezirk des Onias* vgl. Anm. 419.
63 *Judäerlager* sonst nicht bekannt.
64 Die offizielle Erlaubnis zum *Mauerbau* erhielt ganz sicher Hyrkanos (so auch Ant. XIV 8,5). Jerusalem kann auch nicht die *Vaterstadt* des Antipatros genannt werden, der ja aus Idumäa stammt. *Prokurator* ist der Titel, der in der Luther-Bibel mit Landpfleger wiedergegeben wird.
65 Der weltliche Titel des Hyrkanos war Ethnarch (wörtlich: Erster des Volkes), nicht *König*.
66 *Herodes* war zu dieser Zeit fünfundzwanzig Jahre alt.
67 Nach Ant. XIV 9,4 f. *vertagt Hyrkanos die Sitzung* und riet Herodes zu fliehen.
68 *Caesar* wurde am 15. März 44 v. u. Z. ermordet.
69 Die *Städte von geringerer Bedeutung* sind Lydda und Thamna.
70 Der *junge Caesar* ist Caesar Octavianus (Augustus). Der *Krieg* brach 43 v. u. Z. aus.
71 Bei der *Statthalterschaft* des Herodes dürfte es sich kaum um die Präfektur, sondern eher um die Prokuratur gehandelt haben.
72 Die entscheidende Schlacht bei *Philippoi* in Makedonien fand 42 v. u. Z. statt.
73 M. Valerius *Messala* Corvinus, Senator, war Redner und literarischer Mäzen. Er unterstützte nacheinander Cassius, Antonius und Octavianus.
74 *Tetrarch*, wörtlich: der Beherrscher des vierten Teiles eines Gebiets (Luther: Vierfürst), zumeist jedoch Herrscher eines kleinen Landes.
75 *Partherkönig* Orodes I.
76 *Eichwald* (Drymos) am Fuße des Karmelgebirges.
77 *Pentekoste* ist ein Erntefest, das am fünfzigsten (griech. pentekoste) Tag nach Passah gefeiert wird (= Pfingsten). Ursprünglich entsprach dies wohl dem Beginn der Weizenernte, die sieben Wochen nach der Gerstenernte begann.
78 *Pakoros* als Vermittler dürfte der Mundschenk dieses Namens, nicht der Fürstensohn sein.
79 *Mariamme* ist die Tochter des Hyrkanos, die Mutter der Mariamme, die später Herodes' Frau werden sollte.

80 Die *Braut* ist Mariamme, Tochter Alexanders, des Aristobulos Sohn, und Mariammes, der Tochter Hyrkanos'.

81 Nach Ant. XIV 13,10 ließ Antigonos dem Hyrkanos die Ohren abschneiden, was etwas glaubwürdiger klingt.

82 Die *Parther* zogen 40 v. u. Z. ab.

83 Zu dem *Wohlwollen* des Antonius für Herodes muß noch hinzugefügt werden, daß der Idumäer ihm Geld versprochen hatte.

84 *Caesar* ist wiederum Octavianus.

85 *Die in Höhlen hausenden Räuber* sind zum größten Teil ökonomisch ruinierte Bauern oder Tagelöhner, die einen Kleinkrieg gegen die sie ausbeutende Staatsgewalt führen (vgl. dazu die Einführung).

86 Nach Cassius Dio XLIX 24 hat Antonius *Samosata* nicht einnehmen können.

87 *König Antiochos* beherrschte Kommagene, dessen Hauptstadt Samosata war.

88 Unter *Veteranen* sind in diesem Zusammenhang langgediente, nicht ausgediente Soldaten zu verstehen.

89 Die Herodianer wurden im *See* Genezareth ertränkt.

90 Von Samosata aus ging Antonius (nach Plutarch, Antonius 34) nicht nach *Ägypten*, sondern nach Athen.

91 Das *Dorf* ist Isanai, in dessen Nähe Pappos sein Lager aufgeschlagen hatte.

92 Die *Belagerung* Jerusalems begann 37 v. u. Z.

93 Mariamme, *die Tochter Alexanders*, ist also eine Hasmonäerin, in direkter Linie ein Nachkomme des Makkabäers Simon.

94 *Antigone* spielt hier nicht auf die Tochter des Oidipus in der griechischen Mythologie an, sondern ist lediglich die weibliche Form des Namens Antigonos.

95 Mit dem *Tod des Antigonos* 37 v. u. Z. endet die männliche Linie der Hasmonäer. Mit Agrippa I. und II. kommen allerdings später Nachkommen der Hasmonäerin Mariamme und des Herodes nochmals auf den Königsthron.

96 Antonius führte seinen Feldzug nicht gegen die *Parther*, sondern gegen die Armenier, deren König Artabazes, Sohn des Tigranes, war.

97 *Das siebente Jahr der Regierung* ist hier vom Tode des Antigonos an gerechnet, also 30 v. u. Z. Die Jahresrechnung für die Herrschaft des Herodes ist oft widersprüchlich, weil er von den Römern bereits 40 zum König ernannt wurde, das Land aber erst 37 wirklich erobert hatte und zu herrschen beginnen konnte.

98 Bei *Aktion* an der Westküste Mittelgriechenlands besiegte Octavianus 30 v. u. Z. Antonius und Kleopatra und machte sich damit zum Alleinherrscher im Römischen Reich.

99 Die *Gladiatoren* waren Eigentum (Sklaven) des Antonius oder Kleopatras. Sie versuchten, sich nach der Niederlage des Antonius bei Aktion von Kyzikos am heutigen Marmara-Meer nach Ägypten durchzuschlagen. Daran wurden sie von Quintus Didius, dem Präfekten von Syrien, gehindert.

100 Die *Galater,* keltische Volksstämme, waren in den achtziger Jahren des 3. Jahrhunderts v. u. Z., von Norden kommend, nach Griechenland eingefallen. Nachdem sie dort besiegt wurden, gingen sie nach Kleinasien über. Nach einer erneuten Niederlage siedelten sie sich in Phrygien, im Raum der heutigen türkischen Hauptstadt Ankara, an. Sie lebten in Stammesverbänden, dienten viel als Söldner bei den hellenistischen Königen.

101 Die *Aktiade,* in Erinnerung an den Sieg von Aktion, war ein Zeitraum von fünf Jahren, doch wurde die erste Aktia, ein Festspiel mit musischen und gymnastischen Wettkämpfen, bereits 28 v. u. Z., also bereits drei Jahre nach dem Sieg gefeiert.

102 Marcus Vipsanius *Agrippa* war der Schwiegersohn des Octavianus. Er ließ das Pantheon in Rom erbauen.

103 Der *Umbau des Tempels* begann wohl erst im 18. Jahr der Regierung des Herodes, also etwa 20/19 v. u. Z.

104 *Der Caesar* = Augustus, griech. Sebastos.

105 Der *Berg* ist wohl das Hermongebirge, in dem der Jordan tatsächlich entspringt. *Paneion* liegt an einem Nebenarm etwa 20 km südlich davon.

106 *Kypron* nannte Herodes das Kastell zu Ehren seiner Mutter Kypros.

107 *Zwanzig Ellen:* im Text steht orgyia = Klafter, das wären etwa 37 m. Clementz vermutet, daß die judäische 'ammah = Elle gemeint ist. Das ergäbe etwa 10 m Tiefe.

108 *Nero Claudius Drusus* (38—9 v. u. Z.) war der Sohn der Livia, der Gattin des Augustus, und der Vater des Germanicus.

109 Da die Rechnung nach *Olympiaden* 776 v. u. Z. begann, kommen wir mit der 192. Olympiade in den Vierjahreszeitraum von 12—8 v. u. Z.

110 Die *Gymnasien* (von gymnos = nackt) waren Stätten der Jugenderziehung. Ursprünglich vorwiegend der körperlichen Ertüchtigung gewidmet, wurden sie allmählich immer mehr auch zu Zentren der geistigen Bildung, aber auch des gesamten Kultur- und Kultlebens.

111 Der *Gymnasiarch* war verantwortlich für die Durchführung kultischer Feste, die häufig mit Darbietungen sportlicher Art, auch mit Wettkämpfen verbunden waren.

112 Nach judäischem Recht konnte sich nur der Mann von der Frau *scheiden,* wozu ein Scheidebrief genügte. Die Frau hatte dieses Recht erst seit der hellenistischen Zeit in wenigen Ausnahmefällen.

113 Die *Volksgenossen* des Hyrkanos jenseits des Euphrat bildeten eine beträchtliche Kolonie sogenannter babylonischer Judäer. Ihr Aufenthalt in Mesopotamien geht im wesentlichen auf die Wegführung der judäischen Oberschicht durch Nebukadnezar 597 und 586 v. u. Z. zurück.

114 Die *Söhne Mariammes* hießen Alexander und Aristobulos, die *Töchter* Salampsio und Kypros.

115 Da *Galater* erst fünf Jahre später, nach dem Tode der Kleopatra, die Leibgarde des Herodes bildeten (vgl. Anm. 100), erhält die Darstellung etwas Fragwürdiges.

116 Aristobulos *heiratete* Berenike, Alexander die Glaphyra.

117 Nach Ant. XVI 4,1 ff. fand die *Verhandlung* gegen die Herodessöhne in Aquileia statt.

118 Die Begriffe *Verwandte und Freunde* sind hier in dem Sinne gebraucht, wie sie auch an den hellenistischen

Königshöfen verwandt wurden, nämlich als Titel für Würdenträger, die dem König besonders nahestanden und seine Vertrauten und Berater bildeten. Daher kann Herodes sagen, daß er die Verwandten seiner Söhne „bestimmen“ wird.

119 Von den *Brüdern* des Herodes lebte zu dieser Zeit allerdings nur noch Pheroras.

120 *Temenos,* ein mythischer König von Argos, war ein Nachkomme des Herakles. Die makedonischen Könige führten ihr Geschlecht auf ihn zurück, so auch Archelaos, König von Kappadokien, der Vater der Glaphyra. Mütterlicherseits rühmte er sich, von Dareios, Sohn des *Hystaspes* (so muß es richtig heißen!), abzustammen, der als Dareios I. 521—486 Großkönig des Perserreiches war.

121 Die *älteste Tochter* war Salampsio, Tochter der Mariamme.

122 Der *Neffe* war Phasaelos, der Sohn Phasaelos', des Bruders Herodes'.

123 „Die“ Königin ist immer Mariamme.

124 *Syllaios* wird *Stellvertreter* genannt, da Obadas regierungsunfähig gewesen sein soll. Die *Ehe* mit Salome kam nicht zustande, da Syllaios sich weigerte, zur mosaischen Religion überzutreten.

125 *Verwandte,* s. Anm. 118.

126 Mit dem *Vaterland* des Eurykles, Sparta, existierte ein altes Bündnis, das im 1. Makkabäerbuch 12,21 erwähnt wird.

127 Die *Ältesten* der *Provinz* Syrien sind die obersten einheimischen Beamten.

128 Der *Prokurator Volumnius* ist nicht unbedingt identisch mit dem Lagerkommandanten gleichen Namens in 27,1.

129 Des Antipatros *Onkel* war Theudion, der Bruder der Doris.

130 Die *Schwester* Mariammes, der *Tochter des Aristobulos,* war die aus dem Neuen Testament bekannte Herodias.

131 Des Herodes Sohn, Herodes, stammte von Mariamme II, der Tochter des *Hohenpriesters* Simon aus dem Geschlecht Boethos.

132 Mit der hingerichteten Mariamme hatte Herodes nicht *neun,* sondern zehn *Frauen* gehabt.

133 *Töchter Mariammes,* vgl. Anm. 114; *Phasaelos* vgl. Anm. 122.

134 Die *Geldgeschenke* an die Pharisäer waren um so beleidigender für Herodes, weil dieser sie wegen Eidverweigerung zu einer Geldstrafe verurteilt hatte.

135 Zu den römischen *Anklagen* gegen Syllaios, die für unseren Zusammenhang unwesentlich sind, vgl. Ant. XVI 10,8.

136 *Nikolaos* von Damaskus war ein bekannter Schriftsteller, Verfasser einer Weltgeschichte, von der wir nur wenige Fragmente besitzen. Josephus scheint ihn verschiedentlich benutzt zu haben.

137 Die *Unterwelt* oder das Scheol entspricht in der hebräischen Vorstellung zwar dem griechischen Hades, ist aber mythologisch nicht so stark durchgebildet. Sie ist das Reich der Schatten, in dem es keine Wirklichkeit gibt. Der Dualismus Himmel (Paradies) — Hölle (Unterwelt) wurde erst vom Christentum scharf herausgebildet und ist stärker von griechischen Vorstellungen geprägt worden.

138 Publius Quintilius *Varus* war 13 v. u. Z. Konsul, 6—4 Statthalter von Syrien und wurde im Jahre 7 u. Z. Befehlshaber der römischen Truppen in Germanien. Nach der Niederlage seiner Truppen gegen die Cherusker 9 u. Z. im Teutoburger Wald gab er sich selbst den Tod.

139 Die *Schriftgelehrten* gehörten im 1. Jahrhundert v. u. Z. und u. Z. zumeist der pharisäischen Richtung unter den Judäern an. Sie deuteten die Heilige Schrift, insbesondere die fünf Bücher Mosis aus und erläuterten sie. Sie sind die geistigen Väter der Mischna, einer Sammlung traditioneller Vorschriften, die nicht in der Bibel enthalten sind, und der beiden Gemarot (jerusalemische und babylonische Gemara), zweier Kommentare zur Mischna. Mischna und Gemara zusammen ergeben den Talmud. Es gibt also einen jerusalemischen und einen babylonischen Talmud, wobei die Mischna in beiden Fällen gleichlautend ist. Schriftgelehrter war kein Beruf. Sie kamen zumeist

aus Handwerker- und Händlerkreisen, doch kann man vereinzelt Vertreter aus allen übrigen Berufsschichten vom Tagelöhner bis zum Großgrundbesitzer finden.

140 Die alte demokratische Institution der *Volksversammlung* hat in Judäa nie aufgehört zu existieren, doch war sie zur Zeit des Herodes von untergeordneter Bedeutung. Selbstredend nahmen an ihr im wesentlichen nur Jerusalemer teil und auch von denen nur solche, die sich einen Verdienstausfall leisten konnten. Tagelöhner und Kleinbauern waren also nicht vertreten, Frauen und Sklaven waren ausgeschlossen.

141 Bei *Kallirrhoe* gab es warme Schwefelquellen, später auch „Herodesbäder" genannt. Der Ort lag nordöstlich des *Asphaltsees,* wie das Tote Meer wegen seiner Asphaltvorkommen genannt wurde.

142 *Gelbsucht* wurde im Griechischen als „schwarze Galle" bezeichnet. Clementz deutet die Krankheit des Herodes als Leberschrumpfung (Zirrhose) oder Leberkrebs.

143 *Archelaos* und *Antipas* waren Söhne der Samarierin Malthake, einer der zehn Frauen des Herodes.

144 Der *Tod* des Herodes ist auf das Jahr 4 v. u. Z. anzusetzen.

145 Das *Passahfest,* ursprünglich ein nomadisches Frühlingsfest, wird in der jüdischen Tradition bis heute in Erinnerung an den legendären Auszug der Hebräer aus Ägypten unter der Führung Mosis begangen. Zum Passahmahl gehören Passahlamm, *ungesäuertes Brot* und Wein, die in Erinnerung an die Flucht in Eile verzehrt werden. Das Fest dauerte acht Tage. Vgl. auch Anm. 320.

146 *Varus* war als Statthalter von Syrien Vorgesetzter des *Sabinus.*

147 *Gaius Caesar,* Sohn des Marcus Vipsanius Agrippa und des Augustus Tochter Julia, wurde i. J. 4 u. Z. auf Betreiben Livias, der Gattin des Augustus, ermordet.

148 *Sebastener* = Samarier, vgl. Anm. 29.

149 Die *Reiterschwadronen* (alae) bestanden aus Hilfstruppen und umfaßten 500 Reiter, während die Reiterabteilungen der Legionen 120 Reiter stark waren.

150 *Staatliche Selbständigkeit* heißt hier beschränkte Autonomie unter römischer Oberhoheit, aber ohne von

Rom eingesetzten König, schon gar nicht einen idumäischen.

151 Die erste *Rückkehr von Exulanten aus dem babylonischen Exil* wird von der jüdischen Tradition in das Jahr 539, also zur Zeit des persischen Königs Kyros gelegt. Wahrscheinlich fand eine erste größere Rückwanderung erst um 522, also zur Zeit des Kambyses statt. Während der Herrschaft des Xerxes (484–465) sind uns keine Rückkehrergruppen bekannt. Die mit Esra zurückkehrenden Judäer trafen entweder 456 oder, was wahrscheinlicher ist, um 430 in Judäa ein. Nach welcher Quelle Josephus Esra in die Zeit des Xerxes legt (Ant. XI 5,1), wissen wir nicht, vielleicht ist es nur ein Gedächtnisfehler des Autors.

152 Als *Griechenstädte* bezeichnet Josephus solche, deren Bevölkerung überwiegend (oder nur die Mehrheit der herrschenden Schicht?) aus Griechen oder Makedonen bestand.

153 Das Dorf *Jamneia,* bei dem das Gebiet des Zenodoros lag, war galiläisch; die Stadt *Jamneia,* die Salome erhielt, lag in Judäa.

154 *Vienna* ist das heutige Vienne in Südfrankreich.

155 Archelaos wurde i. J. 6 u. Z., also im 10. Jahre seiner Regierung, *verbannt.*

156 Die *Chaldäer* waren ursprünglich ein semitischer Stamm im südlichen Mesopotamien. 626 begründete Nebopolassar die chaldäische Dynastie in Babylonien, die sich bis zur Eroberung durch Persien 539 (Kyros) hielt. Seit dieser Zeit wird der Name Chaldäer sowohl für die Babylonier (so besonders in der judäischen Tradition) wie auch allgemein für Astrologen gebraucht, da die Astrologie in Babylon besonders entwickelt war. Wahrsagerei und Astrologie hingen eng zusammen.

157 Die *Schwagerehe* war nach judäischem Recht nicht gestattet, wenn aus der ersten Ehe Kinder vorhanden waren.

158 Die wörtliche Bedeutung von *Pharisäer* ist nach der überwiegenden Anschauung „die Abgesonderten“; die *Sadduzäer* sollen sich nach dem davidischen Priester Zadduk genannt haben; *Essener* oder Essäer wird

häufig mit dem aramäischen Wort assaja = Arzt in Verbindung gebracht. Über die Essener wissen wir heute durch die seit 1947 in Qumran am Toten Meer gefundenen Handschriften aus dem 2. Jahrhundert v. u. Z. bis 1. Jahrhundert u. Z. mehr, als uns Josephus berichtet. Die Texte wurden in deutscher Übersetzung veröffentlicht von Hans Bardtke, Die Handschriftenfunde am Toten Meer. Die Sekte von Qumran, Berlin 1958.

159 Die *Sonnenanbetung* oder wohl besser Sonnenverehrung scheint eine alte judäische Volkssitte zu sein, die allerdings im Widerspruch zum offiziellen Tempelkult stand. Der Prophet Ezechiel aus dem 6. Jahrhundert v. u. Z. verurteilt sie (Ez. 8,16).

160 Die *fünfte Stunde* des Tages ist 11 Uhr vormittags.

161 Das griechische Wort lesteia, das hier mit *bewaffneter Aufstand* wiedergegeben ist, wurde von Clementz und anderen mit „Straßenraub" übersetzt. Es ist aber der gleiche Ausdruck, mit dem der politische oder soziale Aufstand von Josephus als „Räuberei" diffamiert wird. Wir ziehen hier diese Deutung vor, da es absurd erscheint, wenn betont wird, daß die Essener „Straßenraub" verabscheuen sollen.

162 Die *Engellehre* hat — wie manch anderer Zug (z. B. der Gut-Böse-Dualismus) — starke Ähnlichkeit mit Vorstellungen der aus Persien stammenden zoroastrischen Religion. Vom Essenismus ist andererseits viel in das Christentum eingegangen. „Engel" stammt übrigens vom griechischen angelos = der Bote. So übersetzte die griechische Bibel (Septuaginta) den hebräischen Ausdruck malah. Götterboten sind im alten Orient eine übliche Vorstellung. Das Bild des weiblichen geflügelten Botens ist erst spätchristlich.

163 Es ist nicht sicher, ob mit dem *Gesetzgeber* Moses gemeint ist, der nach jüdischer Tradition die sogenannte Tora (= das Gesetz), enthalten in den fünf Büchern Mosis (= Pentateuch), verfaßt haben soll, oder vielmehr der legendäre Gründer der Gemeinde von Qumran, der sogenannte „rechte Lehrer" (von manchen „Lehrer der Gerechtigkeit" übersetzt), der im 2. Jahrhundert v. u. Z. gelebt haben dürfte.

164 Mit dem *Lichtglanz der Gottheit* könnte, falls Josephus sich die Redeweise der Essener zu eigen gemacht haben sollte, wiederum die Sonne gemeint sein.

165 Die *Inseln der Seligen* oder seligen Inseln werden erwähnt bei Hesiod, Werke und Tage, Verse 170 ff.

166 Die *dreijährige Brautprobe* ist unverständlich. Tatsächlich ist der griechische Text an dieser Stelle verderbt. Es dürfte sich sinnvollerweise um drei weibliche Zyklen handeln. Die *Reinigung* der Frau vor dem Koitus ist kultisches Gesetz, doch ist hier mit diesem Ausdruck die Menstruation gemeint. Die Schwangerschaft mußte also spätestens im vierten Monat der Probezeit eintreten.

167 Die ersten *Prokuratoren* von Judäa waren: 6 u. Z. Coponius, 9 Marcus Ambivius, 11 Annius Rufus, 14 Valerius Gratus, 25 Pilatus. Prokurator wird von Luther mit „Landpfleger" verdeutscht (curare = „pflegen, sorgen").

168 Die *signa* sind die römischen Feldzeichen, die das Bildnis des Caesars trugen und von seiten der Truppen eine gewisse kultische Verehrung genossen.

169 *Bildwerke* waren bei den Judäern nicht absolut verboten, wohl aber die Darstellung von Menschen, da diese ja als Ebenbild des Gottes Jahwe betrachtet wurden.

170 *Gaius* Julius Caesar, genannt Caligula (= Stiefelchen), als C. Caesar Augustus Germanicus 37—41 Kaiser.

171 Die *große Ebene* wird gemeinhin die Ebene von Jesreel oder auch von Megiddo genannt. Sie erstreckt sich nordöstlich des Karmelgebirges.

172 *Memnon* ist in der griechischen Mythologie ein König der östlichen Äthiopen, der die Königsburg von Susa gebaut haben soll, Sohn des Thitonos und der Göttin der Morgenröte Eos.

173 Tacitus berichtet sachlicher (Historien V 7), daß der *Sand* am Belusflusse durch Beimischung von Salpeter zu Glas verarbeitet wird.

174 Die *Herrschaft des Lysanias* ist Abilene am Libanon. Agrippa erhielt sie 41 u. Z.

175 *Agrippa,* Sohn Agrippas (des „Großen"), war beim Tod seines Vaters 44 u. Z. siebzehn Jahre alt.

176 *Agrippa II.* war von 49—101 König, jedoch über wechselnde Gebiete.

177 Das *ehemalige Gebiet des Varus* ist nicht die Provinz Syrien, die er verwaltet hatte, sondern eine Privatbesitzung unbekannter Lage.

178 *Herodes*, König von Chalkis.

179 *Abela* darf nicht mit Abilene am Libanon verwechselt werden, das bereits zum Herrschaftsgebiet Agrippas gehörte. Hier ist eine Stadt in Peräa gemeint.

180 *Sikarier* ist abgeleitet von dem lateinischen Wort sica, das einen gekrümmten Dolch bezeichnet. Mit diesem Begriff ist wohl keine Parteibezeichnung verbunden.

181 *Festus* 61 u. Z., Albinus 63 u. Z.

182 *Florus* 64 u. Z.

183 Josephus benutzt einen syro-makedonischen *Kalender,* der sich zum römischen annähernd folgendermaßen verhält:
Dios = November
Appellaios = Dezember
Audynaios = Januar
Peritios = Februar
Dystros = März
Xanthikos = April
Artemisios = Mai
Daisios = Juni
Panemos = Juli
Loos = August
Gorpaios = September
Hyperberetaios = Oktober

184 Diese Form des *Opfers* war Aussätzigen vorbehalten.

185 *Tiberius Alexander,* früherer Prokurator von Judäa und selbst geborener Judäer, war der Schwager Berenikes.

186 Berenike war *Königin,* da sie in erster Ehe mit Herodes, dem König von Chalkis, verheiratet gewesen war.

187 *Die Hohenpriester* erscheint hier im Plural, da auch die gewesenen Hohenpriester den Titel weiterführten. Dies ist wohl darauf zurückzuführen, daß der Hohepriester ursprünglich lebenslänglich amtierte. Erst seit der Seleukidenzeit begannen die Könige, Hohepriester abzusetzen und selbst Nachfolger zu bestimmen.

188 *Bezetha* = die Neustadt (griech. Kainopolis, vielleicht abgeleitet von Bet-zajit = Olivenhaus).

189 *Rat* = Sanhedrin (aus dem Griechischen Synedrion). Diese Körperschaft ist vermutlich aus dem im 5. Jahrhundert v. u. Z. noch nachweisbaren Rat der Ältesten hervorgegangen, der zu dieser Zeit als eine Art Volksvertretung dem persischen Statthalter (peḥa) gegenüberstand. Im 1. Jahrhundert u. Z. ist der Hohepriester Vorsitzender des Sanhedrin, dem die reichsten und angesehensten Grundeigentümer, seit der Herrschaft der Alexandra (79–70 v. u. Z.) wohl auch Handwerker und Großhändler, angehören. Seine Befugnisse waren vor allem richterlicher Art, auch oblag ihm eine begrenzte innere Gesetzgebung und Exekutive, soweit sie nicht den römischen Interessen widersprach. In der Zeit judäischer Könige, also der Hasmonäer und Herodianer, gab es zwischen diesen beiden Institutionen beständige Reibereien.

190 Nichtjudäern war es *gestattet*, den Außenhof des Tempels zu betreten.

191 *Xystos* ist eigentlich der überdeckte Säulengang eines Gymnasions, hier der Versammlungsplatz.

192 *Xerxes* hat, um die Fahrt seiner Schiffe um den stürmischen Berg Athos zu vermeiden, einen Kanal durch die chalkidische Landzunge Akte bauen und seine Flotte dort hindurch, also nicht „auf dem Lande", fahren lassen. Über den Hellespont hat er eine Brücke schlagen lassen, so daß seine Truppen „über das Meer zu Fuß gingen".

193 *Agesilaos* leitete die Feldzüge gegen Tissaphernes und Pharnabazos 396–394.

194 *Istros* = die untere Donau, Danubium = die obere Donau.

195 *Gadeira* oder Gades = das heutige Cádiz an der Südwestküste Spaniens.

196 Die *sechs Stäbe* sind das Rutenbündel (fasces), das in den senatorischen Provinzen dem Prokonsul von prätorischem Rang als Zeichen seines Ranges vorangetragen wurde.

197 *Asia*, das Gebiet um Pergamon, war eine senatorische Provinz mit einem Statthalter im Konsulrang.

198 Die *Heniochen* waren ein Stamm der Kolcher, die im westlichen Kaukasus lebten.

199 Die *Taurer* bewohnten die Krim.

200 *Pontos* = Schwarzes Meer; *See Maiotis* = Asowsches Meer.

201 *Städte in Gallien* soll es nach Appian, Celt. I 2, über achthundert gegeben haben.

202 *Säulen des Herakles* = Gibraltar.

203 Von der Größe der *britischen Insel* hat Josephus keine Vorstellung, da die eigentlichen Eroberungen durch die Römer erst 43 u. Z. begannen. Noch 60 u. Z. konnten Aufständische Londinium (London) und Camulodunum (Colchester) einnehmen. Immerhin waren auch die damals den Römern bereits bekannten Gebiete ganz beträchtlich größer als Judäa. Eine Beschreibung Britanniens besitzen wir von Agricola aus dem Jahre 84 u. Z.

204 Der *dritte Erdteil* = Afrika. Nur die drei Erdteile Europa, Asien, Afrika waren ja bekannt.

205 Mit *Äthiopen* dürften hier die Schwarzafrikaner überhaupt gemeint sein.

206 Die *zwei täglichen Opfer* für die römische Nation und den Caesar bestanden aus zwei Lämmern und einem Stier und wurden seit Augustus vom Kaiser bezahlt.

207 Das *Fest des Holztragens*, das im Spätsommer begangen wurde, diente in seinem Ursprung tatsächlich dazu, immer genügend Brennmaterial für die Brandopfer am Tempel zu haben.

208 Der *obere Palast* ist der ehemalige Königspalast Herodes' des Großen.

209 Der Ausdruck *königliche Türme* bezieht sich darauf, daß sie von König Herodes erbaut worden waren.

210 Für Fanatiker steht im griechischen Text *zelotai*, das später immer mit „Zeloten" übersetzt sein wird. Die Verwendung des Ausdrucks an dieser Stelle halte ich für eine Ungenauigkeit des Autors. „Zeloten" sind bei Josephus sonst nur die Anhänger Eleazars, des Simon Sohn. Näheres vgl. IV. Buch, 3. Kap.

211 *Gaba* in Galiläa, die sogenannte Reiterstadt, war von Herodes für seine Reiterveteranen gegründet worden und daher prorömisch.

212 *Alexander* = der Makedonenkönig Alexander der Große.

213 *Delta* ist eines der fünf Stadtviertel Alexandreias, die mit griechischen Buchstaben Alpha, Beta, Gamma, Delta, Epsilon benannt waren.

214 *Antiochos* IV. von Kommagene, 38—72 u. Z.

215 Der *Hipparch* (von hippos = Pferd) ist ein Reiterkommandant (magister equitum).

216 Als *Skorpion* wird hier eine Wurfmaschine bezeichnet, mit der Spieße abgeschnellt wurden.

217 Die Niederlage des Cestius fällt in das *Jahr* 66.

218 Nach dem griechischen Text wurde nach Idumäa neben Jesus, Sohn des Sapphias, geschickt: Eleazar, *Sohn des Neos.* Da ein Name Neos sonst nicht bekannt, auch weder aus dem Griechischen noch aus dem Semitischen sinnvoll ableitbar scheint, „verbessert" man gewöhnlich in: Eleazar, Sohn des Ananias, und identifiziert diesen mit dem rebellischen Tempeloberst gleichen Namens. Tatsächlich wird dieser bei den Empörern im Tempel nicht mehr erwähnt. Völlige Sicherheit bei dieser Textänderung besteht jedoch kaum.

219 *Gaulanitis* gehörte eigentlich zum Gebiet Agrippas, war aber abgefallen. Nach der Vita des Josephus war *Sepphoris* im Gegenteil römerfreundlich, und gerade deshalb konnte er sie getrost sich selbst überlassen.

220 Mit *Anführern* ist hier der Ausdruck taxiarchoi übersetzt, der auch „Zenturio" bedeutet, an dieser Stelle aber allgemein gebraucht ist.

221 Nach dem griechischen Text kann sich *Vertrauen* auch auf die Söldner beziehen. Das wäre historisch vielleicht sogar sinnvoller, grammatisch und stilistisch allerdings weniger gut.

222 Eine römische *Amphora* entsprach etwa 26¼ l, eine griechische Amphora etwa 19½ l. Da hier griechische Münzen als Äquivalenzmittel genannt sind, dürfte das griechische Hohlmaß gemeint sein.

223 Statt *syrische Flüchtlinge* soll es wohl „tyrische" (aus der phönikischen Stadt Tyros) heißen.

224 Von den vier *abgefallenen Städten* brachte er Gischala nicht auf seine Seite, wie sich in der Folge zeigt.

225 Titus Flavius Vespasianus (geb. 9 u. Z.) hatte bis dahin Kriegsdienste in Thrakien, Germanien, Britannien und Afrika getan.

226 Claudius war der Stiefvater Neros, des Sohnes der Agrippina, den er adoptiert hatte.

227 *Mauern* waren häufig mit hölzernen Türmen und Bollwerken versehen, die natürlich *verbrannt* werden konnten.

228 Antiocheia in Syrien war *die dritte Stadt* hinter Rom und Alexandreia.

229 Nach Vita 394 ist hier *Cestius Gallus* eingesetzt. In den Manuskripten des Judäischen Krieges steht jedoch Caesennius Gallus, das ist der Kommandeur der 12. Legion.

230 Mit *Länge* ist die Ost-West-, mit *Breite* die Nord-Süd-Ausdehnung gemeint.

231 Die *15 000 Einwohner* für das kleinste Dorf sind entweder Verschreibung oder unsinnige Übertreibung.

232 Hier ist mit *Länge* die Süd-Nord-, mit *Breite* die Ost-West-Ausdehnung gemeint. *Pella* gehörte bereits zur Dekapolis.

233 Die *Breite* ist wieder die Ost-West-Ausdehnung.

234 In der rabbinischen Tradition wird Jerusalem sogar der *Nabel* der Welt genannt.

235 Agrippas Königreich ist in der *Breite* von Nord nach Süden gemessen.

236 Die *Kohorte* umfaßte normalerweise 600 Mann, 10 Kohorten bildeten eine Legion. Bei den 1000 Mann umfassenden Kohorten handelte es sich wohl um selbständige Einheiten, die keiner Legion unterstanden und als Hilfstruppen gebildet wurden.

237 *Antiochos* IV. von Kommagene.

238 Der römische Schwerbewaffnete hatte üblicherweise einen *Sklaven* als Waffenträger.

239 Nach Polybius VI 40 bedeuten *die drei Trompetensignale:* 1. Zelte niederholen und Gepäck einsammeln, 2. Tragtiere bepacken, 3. Abmarsch.

240 *Säge* und *Axt* für Lagerbau, Bau von Belagerungswällen usw.; *Riemen* zum Fesseln von Gefangenen; *sichelförmiges Messer* zum Durchschneiden von Riemen.

241 Der Vortrab wurde durch das *Los* im täglichen Wechsel bestimmt.

242 Adler, hier *heilige Zeichen*, werden von Tacitus (Ann. II 17) Schutzgeister der Legionen genannt.

243 Daß *ein Zenturio* für die Ordnung des ganzen Heeres verantwortlich war, erscheint unwahrscheinlich. Selbst ein Zenturio pro Legion dürfte diese Aufgabe nicht bewältigt haben.

244 Mit *Eisen* dürften Pfeilspitzen und ähnliches gemeint sein.

245 Die *Morgenwache* war die letzte der vier Wachen, in die die Nacht eingeteilt war. Sie stand also von 3 bis 6 Uhr morgens.

246 *Sturmbrücken* wurden von den beweglichen Belagerungstürmen aus gegen Mauern geschlagen.

247 *Griechisches Heu* = Triganella Foenum Graecum.

248 *Traianus* ist der Vater des späteren Kaisers Imp. Caesar Nerva Traianus Augustus (98—117).

249 Das *dreizehnte Jahr* Neros ist 67 u. Z.

250 *Titus* war etwa vier Jahre jünger als *Josephus.*

251 An *sonstigen Zeichen* nennt Tacitus (Hist. II 78): eine umgestürzte Zypresse stand wieder auf; ein Orakel des Karmel-Priesters Basilides.

252 *Andromeda* war die Tochter des Äthiopenkönigs Kepheus. Zur Sühne für die Eitelkeit ihrer Mutter Kassiopeia wurde sie an einen Felsen geschmiedet und einem Meerungeheuer preisgegeben. Perseus tötete es und befreite Andromeda. Später wurde sie als Sternbild an den Himmel versetzt.

253 Die *Klagezeit* war in Judäa sonst sieben Tage. Nur für Moses (5. Mose 34,8) und dessen Bruder Aaron (4. Mose 20,29) weist die Tradition eine dreißigtägige Trauer nach. Auch diesen Zug sollte man für die Beurteilung unseres Autors im Auge behalten.

254 *Flötenspieler* für die Trauermusik sind auch im Matthäus-Evangelium (9,23) nachgewiesen. Sie standen im Tagelohn.

255 Nach Vita 156 hatten die Einwohner von Tiberias Josephus zum *Mauerbau* gezwungen.

256 *der es versuchen sollte* steht nicht im Text, muß aber sinngemäß ergänzt werden.

257 Der *See Gennesar* = im Neuen Testament: Genezareth, besser: See Tiberias.

258 Im *Paneion* („Pans Grotte") entspringt tatsächlich die östliche Jordanquelle.

259 Die Erzählung von der *Phiale* und dem Experiment des Philippos entspricht nicht den Tatsachen.

260 *Rabenfische* = Loracinus niger, ein 50 cm langer Stachelflosser.

261 Den *Isthmos* von Korinth wollte Nero durchstechen lassen. Das Werk blieb unvollendet.

262 Der *kleine Jordan* ist der mittlere Quellfluß, der zwar am kürzesten, dennoch am wasserreichsten ist.

263 Zwei *Tempel des goldenen Kalbs* wurden von Jerobeam in Dan und Bethel errichtet (1. Kön. 12,29). Dan ist das spätere Lais Dan bei Kaisareia Philippu.

264 *Kamel* ist wie auch der von Josephus natürlich benutzte griechische Ausdruck kamelos vom Semitischen (hebr. gamal, aram. gamla) abgeleitet.

265 Die *Dächer der Häuser* waren infolge des steil abfallenden Geländes an einer Seite vom Erdboden aus erreichbar.

266 *Mucianus* war Statthalter in Syrien und einer der eifrigsten Befürworter Vespasians für den Kaiserthron.

267 Der *Tabor* liegt am nordöstlichen, Skythopolis am südöstlichen Rand der großen Ebene von Jesrael. Die geographische Lagebezeichnung ist also inkorrekt, wenn Josephus nicht an eine andere Ebene denkt, für die sich allerdings kaum etwas anbietet.

268 *Dreißig Stadien* hoch ist natürlich Unsinn. Drei Stadien kommt etwa hin, da der Tabor etwas über 600 m hoch ist und sich etwa 40 m über seine Umgebung erhebt.

269 *Gischala* (sprich: Gis-chala) ist uns nur aus Josephus bekannt.

270 Der hier genannte *Antipas* ist möglicherweise mit dem Antipas von II 17,4 identisch.

271 Die 24 Klassen der hohenpriesterlichen Familien waren erst von den Makkabäern eingeführt worden, die damit die hasmonäische Linie, die sich auf einen davidischen Priester Jojarib zurückführte, an die Spitze der Priesterordnungen brachten und das Hohepriestertum für sich beanspruchten. Die Klasse *Enia-*

chin scheint die 21. zu sein, die 1. Chron. 24,17 als Jachin bezeichnet ist.

272 Die Wiedereinführung der *Hohenpriesterwahl* durch die Zeloten zeigt, daß sie Agrippa, der von den Römern das Recht der Einsetzung erhalten hatte, als König nicht anerkannten.

273 Der *heiligste Name* ist der des mosaischen Gottes Jahwe, den der Hohepriester in der Stirnplatte trug. Dieser Name wurde und wird von den strenggläubigen Juden nicht ausgesprochen.

274 *Meder* = hier: Assyrer.

275 Die *Zugänge nach oben,* das heißt zum hochgelegenen Tempel.

276 *Zacharias, Sohn des Baris* oder Bariskaios oder Baruch, könnte unter Umständen mit dem Zacharias, Sohn des Berechja, aus Matth. 23,35 identisch sein. In diesem Fall wäre erwiesen, daß die Weherufe über die Pharisäer und Schriftgelehrten nicht von Jesus, sondern aus der späteren Gemeinde stammen. Möglich ist aber auch ein Bezug von Matth. 23,35 auf 2. Chron. 24,19 ff., wobei Zacharias, Sohn des Jojada, mit Zacharias, Sohn des Berechja, das heißt dem Propheten Sacharja (hebr. für Zacharias) durcheinandergebracht wurde.

277 *Gorion* vielleicht identisch mit Gorion, Sohn des Joseph, aus IV 3,9.

278 *Theater* spielt auf die prunkvollen, aber makabren Gladiatorenspiele an.

279 Die angeführten *Weissagungen* oder *Sprüche* sind im Alten Testament nicht zu finden. Clementz verweist zu unrecht auf Mi 3,9—12 und Ez 24,9—13, wo nur von Rechtsbeugung, Prophetie für Geld und Unzucht die Rede ist.

280 Vgl. Anm. 145.

281 Mit *Heiligtümer* können eigentlich nur die Bethäuser in den Orten gemeint sein, wenn man nicht an heilige Anlagen fremder Religionen denken will.

282 *Aufstand des Vindex* näher beschrieben bei Cassius Dio 63,22—24; Plutarch, Galba 4 ff.

283 *Bethleptenpha* ist III 3,5 nicht unter den Toparchien genannt.

284 Die *große Ebene* darf nicht verwechselt werden mit der Ebene gleichen Namens von Jesreel. In die *Länge* der großen Ebene sind offenbar die beiden Seen mit einbezogen.

285 Die Geschichte von *Elisa* kann nachgelesen werden in 2. Kön. 2,18–22.

286 *Dattelhonig* = der ausgepreßte Fruchtsirup.

287 *Balsam* oder Opobalsam (opos = Saft) wurde durch drei jährliche Incisionen in die Rinde des Balsamstrauches mit Steinen oder Scherben gewonnen. Da er zu Medikamenten (z. B. gegen Augenkrankheiten) verarbeitet wurde, war er sehr exportintensiv und gewinnbringend. Das Holz des Balsamstrauchs wurde als Duftstoff ausgeführt.

288 Die Blätter des *Henna*strauchs wurden zum Färben der Nägel verwandt.

289 Aus den Früchten des *Myrobalanus* wurde ein für Heilzwecke verwendetes Öl gepreßt.

290 Die *vorzügliche Beschaffenheit* (des Wassers) kann nach anderer Lesart auch als „düngende Kraft" (eugonon) verstanden werden.

291 Tatsächlich ist das Wasser des Toten Meeres nicht *leicht,* sondern infolge seines hohen Salzgehaltes spezifisch schwerer als andere Wasser und trägt deshalb „leicht".

292 Der *Farbenwechsel* tritt zu verschiedenen Tageszeiten auf, da infolge der veränderten Sonnenbestrahlung die Verdunstung des salzreichen Wassers verschieden stark ist.

293 Die *Sodomsäpfel* sind nach Clementz die Früchte der Asclepias gigantea, die schon bei leichtem Druck aufplatzen und außer der dünnen Schale innen nur Fasern zeigen.

294 *Nero* gab sich i. J. 68 u. Z. auf der Flucht selbst den Tod.

295 C. *Nymphidius* Sabinus, seit 65 u. Z. Präfekt der Prätorianer, versuchte nach Neros Tod die Macht zu übernehmen, wurde aber von der Prätorianergarde getötet.

296 Ofonius *Tigellinus,* seit 62 u. Z. ebenfalls Prätorianerpräfekt, Vertrauter Neros, beging Selbstmord, nachdem er von Otho zum Tode verurteilt worden war.

297 Von den *vielen griechischen und römischen Schriftstellern* sind uns bekannt Dio Cassius (LXIII 27) und Sueton, Nero (47 f.).

298 In bezug auf *Hebron* scheint sich Josephus auf andere Traditionen als das 1. Buch Mosis (Kap. 35) zu beziehen.

299 Die Grabhöhle von Mahpela, wo Sara, Abraham, Isaak und Jakob liegen sollen, ist später mit einer Moschee überbaut worden.

300 Die *Terebinthe* von Hebron war nach der Kirchengeschichte des Sozomenos (2,4) noch im 5. Jahrhundert u. Z. Schauplatz eines judäischen Festes, das Terebinthos genannt wurde.

301 *Otho* regierte etwa von Januar bis April 69 u. Z.

302 Hier offenbart Josephus plötzlich, daß nur ein Teil der *Idumäer* früher abgezogen war.

303 Der *Adiabenerkönig Izates* hatte ebenso wie seine Mutter Helena, die zum mosaischen Glauben übergetreten war, sich ein Pyramidengrab in Jerusalem bauen lassen. Seine Verwandte *Grapte* ist sonst unbekannt.

304 Der *Hohepriester Matthias,* Sohn des Boethos, wurde später von Simon hingerichtet (V 13,1).

305 Die *Pastophorien* sind Priesterkammern, in denen Kultkleider und -gefäße aufbewahrt wurden. Sie umschlossen in mehreren Stockwerken den inneren Hof von drei Seiten.

306 *Vitellius* hatte neben Töchtern einen *Sohn,* der aber durch einen Sprachfehler fast stumm war. Einen Sohn aus erster Ehe hatte er wahrscheinlich selbst getötet.

307 Der *Bruder* Vespasians war Sabinus, zu dieser Zeit Präfekt von Rom, der *zweite Sohn* der spätere Kaiser Domitian.

308 Der antike *Hafen von Alexandreia* lag östlich des Damms, der die Stadt mit der Insel Pharos verband, während der heutige große Hafen auf der Westseite liegt. Heute ist die ehemalige Insel *Pharos* mit dem Festland durch Anschwemmungen unmittelbar verbunden, und die Stadt hat sich über das angeschwemmte Land bis auf die ehemalige Insel ausgedehnt.

309 Von weiteren *Vorzeichen* berichten Tacitus, Historien, II 78; Sueton, Vespasian, 5; Dio Cassius LXIV 1.

310 *Antonius Primus* führte die 7. Legion Galbiana in Pannonien. Ihm schloß sich die 3. Legion Gallica, die in Mösien stand, an.

311 Die *fremden Kaufleute* waren zu einem gerade in Cremona abgehaltenen Jahrmarkt zusammengekommen (Tacitus, Historien, II 32f.).

312 Es *drängte* Vespasian wohl vor allem deshalb nach Rom, weil sein Sohn Domitian deutliche Herrschergelüste zeigte.

313 Der *Mendesische Nomos* (Bezirk) liegt im östlichen Nildelta. Hauptstadt war Mendes.

314 Der *Tempel des Zeus Kasios* (Iuppiter Casius) lag auf dem Berg Kasios, südlich des Sirbonis-Sees, auf dem das Grab des Pompeius sich befand.

315 Die *anderen Wurfmaschinen* heißen wörtlich die „Scharfgespitzten", vielleicht sind sie identisch mit den „Skorpionen", mit denen Speere katapultiert wurden.

316 Der *Aufbruch des Titus* von Kaisareia erfolgte im Frühjahr 70.

317 Die hier geschilderte *Marschordnung* ist wohl die gebräuchliche. Sie differiert in Einzelheiten mit der III 6,2 geschilderten.

318 Der *Psephinosturm* bildete die Nordwestecke der Mauer.

319 *Skopos* bedeutet etwa „Späher, Wächter".

320 Das *Fest der ungesäuerten Brote* beginnt nach der Passahfeier und dem Verzehren des Passahlamms. Gedachte man zur Passahfeier dem Vorabend (der Vorbereitung) des Auszugs aus Ägypten, so am Fest der ungesäuerten Brote dem Beginn des Exodus selbst. Sieben Tage lang aß man ungesäuertes Brot. Zu diesem Fest sollten alle männlichen Judäer vor dem Gott, also im Tempel, erscheinen.

321 Die Wendung *erste Befreiung* aus der ägyptischen Hörigkeit ist merkwürdig. Die Übersetzung von Clementz: „Anfang ihrer Befreiung", gibt zwar inhaltlich etwas Richtiges wieder, ist aber grammatikalisch wohl nicht zu vertreten. Sollte Josephus an die pto-

lemäische Oberherrschaft über Judäa von 323—198 (von kleinen Unterbrechungen abgesehen) als zweite ägyptische Hörigkeit gedacht haben? Oder war, wie Thackeray annimmt, ein griechischer Schreiber am Werk, der die Verhältnisse nicht kannte und aus dem Aramäischen falsch übersetzte?

322 Kultisch *unreine* Personen durften den Tempel nicht betreten. Unrein ist unter anderem der Aussätzige, die Wöchnerin, der Geschlechtskranke, die Menstruierende, wer einen Toten berührt, wer Unreines gegessen hat.

323 Das *Herodes*-Grab bezieht sich wohl auf Herodes von Chalkis, einen Enkel Herodes' des Großen.

324 Der *Taleinschnitt* ist das sogenannte Tyropoion (= Käsemachertal).

325 Der *Hügel der oberen Stadt* = der Zion.

326 Die *Ratshalle* war der Treffpunkt des Sanhedrin (vgl. Anm. 189).

327 „Der Sohn kommt“: der Ausruf habben (= der Sohn) entstand vielleicht aus ha-eben (= der Stein).

328 *Lager der Assyrer* ist eine Bezeichnung des Ortes, wo das Heer des Assyrerkönigs Senaherib (Sanherib), das 701 Jerusalem belagerte, sein Lager errichtet hatte. Dieser Ort lag vermutlich im Westen der späteren Bezetha.

329 *Alexander* hier: Alexander Jannaios.

330 *Hohepriester Joannes* hier: Joannes Hyrkanos.

331 Als *Phalanx* (eigentl. „Baumstamm“, „Holzblock“, vgl. das stammverwandte deutsche Lehnwort „Balken“) bezeichnete man die geschlossene Schlachtordnung eines Heeres, insbesondere auch die Schlachtreihe der Schwerbewaffneten.

332 *Sold* wurde zur Zeit Vespasians alle vier Monate ausgezahlt.

333 Die *Legende von Abram und Sara* erzählt Josephus offenbar nicht nach dem Pentateuch (1. Mose 12,10—20), sondern nach einer mündlichen Überlieferung.

334 Ein *Pharao Necho* ist uns erst aus dem 7. Jahrhundert v. u. Z. bekannt.

335 *Sara* ist übrigens ursprünglich gar kein Vorname, son-

dern bedeutet soviel wie „*Fürstin*“; deshalb wird sie auch als solche bezeichnet.

336 Für *Land der Philister* steht wörtlich im griechischen Text „Palästina“, für *Philister* „Syrer“, woraus Clementz „Assyrer“ gemacht hatte. „Palästina“ vom griechischen Palaistine = Philistäa (schon von Herodot erwähnt) wurde als Begriff der politischen Geographie erst von den Römern eingeführt.

337 Die *Zymbel* (Zimbel) ist eine Art kleines Becken, bestehend aus Metallscheiben, mit denen der Rhythmus geschlagen wurde.

338 Der *Gesetzgeber* = Moses.

339 *Unser König* = Hiskia. Im Text steht weiter unten versehentlich Zedekia statt Hiskia (hier korrigiert).

340 Von dem früheren *Wasserwunder* ist sonst nichts bekannt.

341 *Antiochos Epiphanes* hier: der Sohn des Kommagenerkönigs Antiochos IV. Kommagene, das seit Tiberius zu Rom gehörte, war von Caligula wieder zu einem Klientelkönigtum gemacht worden. Vespasian unterstellte es dem Statthalter von Syrien. Kommagene lag am oberen Euphrat. Die bedeutendste Stadt war Samosata.

342 *Struthionteich* heißt wörtlich vielleicht „Sperlingsteich“ (struthos), *Amygdalonteich* ist „Mandelteich“.

343 Es ist unmöglich festzustellen, welche *Mariamme* hier gemeint ist.

344 *Peristereonfels* = Taubenfels, sonst nicht bekannt.

345 Das *Grabmal des Hohenpriesters Ananos* dürfte dem Vater des (IV 5,2) getöteten Hohenpriesters gleichen Namens gehört haben.

346 *Alexander* hier: Alexander Tiberius.

347 *Seelen von den Körpern trennen:* diese Stelle ist unsicher, der griechische Text offenbar in Unordnung.

348 *Ratsschreiber,* also Schreiber beim Sanhedrin, sind im allgemeinen im Tagelohn stehende Bedienstete gewesen. Hier handelt es sich offensichtlich um einen „höheren Angestellten“ des Sanhedrin oder sogar um ein Mitglied dieses Rates, dem die Schreiber unterstanden.

349 Die *attische Drachme* war eine gängige Silbermünze von etwas über 4 g Gewicht.

350 *Araber und Syrer* sind hier Hilfstruppen im römischen Heer.

351 Das Hohlmaß *Hin* enthält 12 Log, von denen eins nach rabbinischer Tradition den Inhalt von 6 Eierschalen enthält. 6 Hin ergaben 1 Bat.

352 Wie die Erwähnung von Sintflut und Sodom, so spielt auch der Ausdruck *von der Erde verschlungen* auf eine alttestamentliche Legende, nämlich die von der Rotte Kora an (4. Mose 16,1—35). Diese Erzählung diente dazu, den sozialen Unterschied zwischen Priestern und Leviten zu „erklären".

353 Clementz hat an dieser Stelle nach seiner Dindorfschen Textausgabe eine sinngemäß andere Übersetzung, die jedoch der Situation nicht entspricht.
Das etwas weiter unten genannte *Maß* (metron) entsprach dem römischen modius („Scheffel"), der mit 8¾ l angegeben wird.

354 Für das *Bauholz* stand den Römern in der näheren Umgebung Jerusalems kein eigentlicher Wald zur Verfügung, sondern nur Gärten und Haine mit Fruchtbäumen (Feigen, Oliven, Datteln).

355 *Kohorten* hier: Hilfstruppen.

356 *Reiterschwadronen* (alae, griech. ilai) ebenfalls Hilfstruppen.

357 Die *neunte Stunde der Nacht bis zur siebenten des Tages* das ist von drei Uhr nachts bis ein Uhr nachmittags.

358 Das *tägliche Opfer* (Tamid) wurde morgens und abends dargebracht und bestand jeweils aus einem einjährigen Lamm, Mehl vermengt mit Olivenöl, ¼ Hin Wein (2. Mose 29,38—41).

359 Statt *Mangel an Männern* (andron) könnte es auch sinnvoller „Mangel an Lämmern" (arnon) heißen, wenn man eine Verschreibung im griechischen Text annimmt.

360 Es ist sehr anzunehmen, daß Josephus seine Ansprachen nicht in *hebräischer* Sprache, die fast nur noch im Kult gebraucht wurde, sondern aramäisch gehalten hat. Die hier wiedergegebenen Redetexte sind allerdings nur literarische Leistungen.

361 Beim *Sühnopfer* oder Sündopfer (enagismos) wird das

Blut des Opfertieres auf bzw. vor den Altar gebracht und auf dem Altar Fett, Eingeweide und Nieren verbrannt.

362 *Jojachin* (Jechonias) ergab sich 596 v. u. Z. den Babyloniern, die, ganz im Gegensatz zu dem, was Josephus hier glauben machen will, die Oberschicht samt dem König und seiner Familie sowie die Schmiede und Zimmerleute (um neue Kriegsvorbereitungen zu verhindern) nach Babylon wegführten, den Tempel innen zerstörten und den Tempelschatz raubten.

363 Es ist ungewiß, ob wir die *Weissagung,* auf die Josephus sich hier bezieht, aus anderen Quellen kennen. Vorgeschlagen wurde Oracula Sibyllina IV 115 ff., die aber jünger zu sein scheint.

364 *Skorpion,* vgl. Anm. 216; *Katapult* (katapeltes) ist eine Art Pfeilgeschütz; *Ballisten* (lithobolos) sind Steinschleudern.

365 Die *Zenturie* bestand, wie der Name besagt (centum = 100), aus hundert Mann. Die *Tribunen,* von denen jede Legion (bis zu 6000 Mann und 360 Reiter) sechs hat, heißen im Griechischen bezeichnenderweise Chiliarchen (Tausendschaftsführer).

366 *Sextus Cerealis Vettulenus* war Kommandeur der 5. Legion.

367 für *zwanzig Ellen* steht im Text: 20 pecheis. 1 pechys (= Unterarm, eigentlich: Ellbogen) ist etwa 0,45 m. Clementz gibt dieses Längenmaß als „Elle“ wieder.

368 *Hohepriester Joannes* hier: Joannes Hyrkanos.

369 *Ysop* = ein Gewürz, ähnlich dem Thymian, das auch bei kultischen Reinigungen eine Rolle spielte.

370 Für *Räuber* steht hier im griech. Text harpagai, das im Gegensatz zu lestai als „Raubgesindel“ verstanden werden muß.

371 Tiberius Alexander war natürlich nicht *Oberbefehlshaber* (so Clementz) im Kampf, das war Titus selbst, sondern praefectus castrorum = „Generalquartiermeister“, der die Oberaufsicht über alle Lager hatte.

372 *im Dunkel* ist unsicherer Text.

373 Die *Niederbrennung des Tempels* durch Nebukadnezar ereignete sich 586 v. u. Z.

374 Die *Grundsteinlegung* des Tempels durch Salomon würde somit in das Jahr 960 v. u. Z. fallen.

375 Über die gleiche *Luftspiegelung* und die *Stimme* berichtet auch Tacitus, Historien, V 13. Die Frage der Abhängigkeit ist nicht zu beantworten, zumal Vergil, Äneis, VIII 528 f., zeigt, daß solche Schilderungen nahezu topisch waren, das heißt von vielen Autoren immer wieder gebraucht wurden.

376 *Albinus* war von 62—64 Prokurator.

377 Da der *Tempel* ursprünglich viereckig oder besser *quadratisch* gebaut war, kann nur gemeint sein, daß er infolge der Einäscherung der angebauten Antonia wieder viereckig wurde.

378 Die *Voraussage der Weltherrschaft* berichten auch Tacitus, Historien, V 13, und Sueton, Vespasian, 4, ohne Josephus dabei zu nennen.

379 Zu den *Feldzeichen* vgl. Anm. 168. Opferungen vor den Bildern sind sonst jedoch nicht bekannt.

380 Die *Krankheit des Reiches* waren die Thronwirren, die nach Neros Tod zwischen Galba, Otho und Vitellius ausbrachen.

381 *Rathaus* = Sitz des Sanhedrin.

382 *Königspalast* = Palast des Herodes in der Oberstadt.

383 Bei dem *Turm* dürfte es sich um den von Joannes auf der Ostseite gebauten handeln (vgl. VI 3,2). Josephus hat die Namen verwechselt.

384 *Kassia* oder Kasienlorbeer. Die Rinde dieser Staude wurde sowohl als Duftstoff wie auch als Gewürz verwendet.

385 Der *Siloateich* und seine Quelle gehören zu einem Wasserleitungssystem, das König Hiskia Ende des 8. Jahrhunderts v. u. Z. in Jerusalem anlegen ließ.

386 *Asochaios* (Sesostris) eroberte Jerusalem zur Zeit des König Rehabeam, des Sohnes Salomons (in 1. Kön. 14,25 wird Sesostris Šišak genannt, sein ägyptischer Name lautet Šešonk).

387 *„Gerechter König“* = Melchisedek, er soll zur Zeit Abrahams gelebt haben.

388 Die Ableitung des Namens Jerusalem von Solyma — *Hierosolyma* = heiliges Solyma ist unrichtig, da dieser griechische Name ja seinerseits nur eine lautliche

Ableitung des hebräischen Jerušalem ist. Die Bedeutung des hebräischen Namens, dem wohl ein kanaanäisches Šalem zugrunde liegt, ist unsicher.

389 Die *Jahreszählungen* in diesem Kapitel sind ungenau. Die verschiedenen Handschriften weichen hier voneinander ab.

390 *Dreiruderer* (Trieren) haben drei Reihen Ruder übereinander, die bei den Griechen zumeist von Freien in Lohnarbeit, bei den Römern von Sklaven bedient wurden.

391 Vespasian setzte 69 *nach Italien* über.

392 Domitian, der *Bruder* des Titus, wurde im Oktober 52 u. Z. geboren, sein *Vater* Vespasian im November 9 u. Z.

393 Der *siebente Tag* = Sabbat.

394 *Basiliken* waren ursprünglich Königspaläste, dann Gebäude für Gericht und Börse.

395 Die beiden *Söhne* Vespasians wurden zwar Kaiser (Titus 79—81, Domitian 81—96), doch mit der Ermordung Domitians, der sich als Tyrann entpuppte, endete bereits die flavische Dynastie.

396 Die zwei römischen Provinzen Unter- und Ober*mösien* umfaßten etwa das heutige Nordbulgarien und Teile von Serbien und Mazedonien. Die Hauptstädte waren Ratiaria und Oescus, beide an der unteren Donau gelegen.

397 Nach Plinius, Naturgeschichte, XXXI 11, floß der *Sabbatfluß* sechs Tage lang und versiegte am siebenten. Damit würde er auch seinem Namen gerechter.

398 Der *obere Palast* lag auf dem Palatinum, einem der sieben Hügel Roms; der Tempel der Isis und des Sarapis (Iseum et Serapeum), zweier ägyptischer Gottheiten, deren Kult bereits in Rom Einzug gehalten hatte, lag auf dem Campus Martius („Marsfeld"). Die *Halle der Oktavia* (Porticus Octaviae), nach der Schwester des Augustus benannt, lag am Fuße des Capitolinus-Hügels.

399 Die *Schiffe* waren wohl mehr Kähne vom Genezareth.

400 Bei dem *goldenen Leuchter* handelt es sich um den berühmten siebenarmigen, der auch im Relief des Titusbogens zu sehen ist.

401 *bei uns* dürfte sich, obwohl der Judäer Josephus spricht, auf Rom beziehen.

402 Das *Gesetz der Judäer* kann nur in Form einer Torarolle gezeigt worden sein.

403 Der *Friedenstempel* (Templum Pacis) wurde auf dem Forum Vespasiani etwa 75 u. Z. fertiggestellt. Er stand östlich des Forums Romanum.

404 In *Machairus* war Joannes, den man den Täufer nannte, gefangengehalten und hingerichtet worden.

405 *Alexander* hier: Alexander Jannaios.

406 Mit *Baaras* könnte die Alraunwurzel gemeint sein.

407 Die *jährliche Kopfsteuer* ersetzte die bisherige Tempelsteuer, die von jedem über 20 Jahre alten Judäer auch außerhalb Palästinas in Höhe von 1/2 Schekel = 2 Drachmen gezahlt werden mußte.

408 *Chalkidike* könnte das ehemalige Königreich des Herodes, des Enkels Herodes des Großen, sein. *Aristobulos* wäre dann dessen Sohn.

409 Ein Zusammenhang zwischen dem Einfall der *Alanen* nach Medien und dem Judäischen Krieg ist nicht zu finden. Sie wurden übrigens auch vorher noch nicht *erwähnt*.

410 Die *eisernen Tore* am Paß im Taurusgebirge sind sicherlich ein Mißverständnis des Autors. Der Paß wird von Arrian, Anabasis Al., I 15, „Kaspische Tore" genannt.

411 *Pakoros* war Satrap von Medien, während sein Bruder Vologeses I. nach Artabanos König der Parther wurde.

412 *Tiridates,* König von Armenien, war ebenfalls ein Bruder Vologeses' I.

413 *Flavius Silva* war 73 u. Z. Prokurator.

414 *Hohepriester Jonathan* hier: der Bruder des Judas Makkabaios. Er stand 160—143 an der Spitze des Widerstandes gegen die Seleukiden und war der erste hasmonäische Hohepriester. Zumindest ist von Judas nicht überliefert, daß er dieses Amt übernommen hat.

415 Bei dem *früheren Königshaus* ist wohl mehr an die Hasmonäer als an die Davididen zu denken.

416 Den Selbstmord befahlen *die Gesetze* der Judäer, soweit wir sie kennen, nirgends.

417 Die *vornehmen Judäer* bildeten einen Ältestenrat (gerusia) mit Archonten an der Spitze.

418 Es ist fraglich, ob der *Statthalter Lupus* mit M. Rutilius Lupus identisch ist, der bei Ausbruch der judäischen Erhebung in Alexandreia unter Traian 116 u. Z. Statthalter von Ägypten war.

419 *Der Oniastempel* stand bei Leontopolis, nordöstlich von Memphis. Sein Gründer war Onias, Sohn des Onias (III.). Dieser war der *Sohn Simons.*

420 *Antiochos* hier: Antiochos IV. Epiphanes.

421 *Ptolemaios* hier: Ptolemaios Philometor 182—146.

422 In *Jesaja 19,18 f.* wird ein Altar Jahwes in Ägypten prophezeit. Der Name der Stadt soll Ir-Heres heißen, was von manchen als Stadt der Zerstörung, von anderen als Stadt der Sonne (Heliopolis) gedeutet wird.

423 Seit dem *Bau des Tempels* waren 243 Jahre (170 v. u. Z. bis 73 u. Z.), nicht 343 Jahre vergangen.

424 Zur *libyschen Pentapolis* gehörten Kyrene, Barke, Apollonia, Ptolemais, Taucheira (Arsinoe).

NAMENREGISTER

INHALT